U0361452

DAS
RECHTSGESCHÄFT

# 法律行为论

杨代雄 著

北京大学出版社
PEKING UNIVERSITY PRESS

# 王泽鉴教授序

　　《民法典》于 2020 年 5 月 28 日颁布,并于 2021 年 1 月 1 日施行,是中国民法及法治社会建设的里程碑。杨代雄教授在此关键时刻,发表出版《法律行为论》,具有深远的意义。《民法典》的使命在于适应社会主义市场经济的发展,维护个人尊严,保障人民的合法权益。法律行为体现意思自治原则,使个人能够参与市场经济活动,从事买卖、租赁、劳动关系、财产变动、金融交易等社会生活,具有重要制度性的功能。

　　从概念体系与原理上看,中国民法基本上系继受德国民法。法律行为乃德国民法的核心制度,体现德国法学的风格特色及精华。本书作者以 19 世纪德国普通法为基础,从事理论发展史(Dogmengeschichte)的研究,研读、整理、分析 200 年来的重要著作及学说见解,并整合中国民法学的丰硕成果,以博学、慎思、明辨、笃行的长期努力,致力于建构法律行为的理论体系,阐明其基本原则,明确解释适用的问题,对民法学的开展及司法实践,作出了重大贡献。

本书第一章阐述法律行为的价值基础。作者采用"私法自治"的概念，深值赞同，不仅是因为约定成俗，而且较诸"私人自治"或"私的自治"，其更能体现私法的价值理念。本书深入说明私法自治的内容，尤其是私法自治与合同自由，并探究私法自治的限度，论述定型化条款的规律、强制缔约，尤其是承租人及劳动者的保护，体现现代合同社会的重要课题。

必须指出的是，法律行为（尤其是合同自由）所体现的私法自治是私法主体的一种基本权利，基于个人的人格发展自由，个人得自由决定其生活资源的使用、收益及处分，因而得自由与他人为生活资源的交换。法律保障人民的财产权，使财产所有人得依财产的存续状态行使其自由使用、收益及处分的权能，以确保人民所赖以维系个人生存及自由发展其人格的生活资源。法律保障人民合同自由，使合同当事人得自由决定其缔约方式及缔约内容，以确保与他人交换生活资源的自由。唯因个人生活技能强弱有别，可能导致整体社会生活资源分配过度不均，为求资源之合理分配，国家得依法律限制人民自由，进而限制人民的财产权。国家的立法、行政、司法并负有保障合同自由、促进人格自由发展、维护人格尊严的义务。

本书第一章第二节阐释法律行为制度中的信赖保护原则、理论发展史及信赖保护的二元结构，并说明积极信赖与消极信赖思想背景、理论构成与制度的形成及区别，增进对此重要课题的理解。值得特别提出的是本书二个重要见解：

第一，关于积极信赖保护、私法自治与法律行为效力的关系，学说上有以 Flume 教授为代表所主张的一元论，认为信赖保护仅包括消极损害，积极利益只能因法律行为的生效而得到保护，且法律行为的效力仅以私法自治为基础；亦有 Canaris 教授所倡导的二元论，强调信赖保护与法律行为效力都能使当事人的积极利益获得保护。二者各有其适用领域，并列互存。本书深入分析此两种学说，认为应采交叉论：

"一元论、二元论与包含论均存在缺陷。积极信赖保护、私法自治与法律行为效力之间的关系应该如此界定:法律行为效力与积极信赖保护在适用领域上存在交叉之处,有瑕疵法律行为的效力需要以信赖原则为基础,无瑕疵法律行为的效力一般不需要求助于信赖原则,私法自治原则足以为其提供正当基础。除了有瑕疵法律行为的约束力之外,积极信赖保护还体现在代理权表象责任(涉及法律行为的归属问题)等领域。"此项论证具有相当说服力,足供参考。

第二,关于消极利益与信赖保护的适用关系,本书认为:"事实上,消极信赖利益与作为积极信赖保护之目标的履行利益存在重叠之处,只是观察视角不同而已。从金额核算上看,履行利益往往包含了消极信赖利益,因为当事人因信赖合同的效力而投入的费用在合同有效的情况下是通过履行利益得到补偿的,缔约时的成本收益核算已经考虑到这个因素。而当事人丧失其他订约机会所遭受的信赖利益损失可能等同于履行利益损失,因为其他订约机会中的成交价可能等同于被撤销的那份合同的成交价。有时,某一项利益既可以说是消极信赖利益,也可以说是履行利益。比如,承租人装修房屋的费用在租赁合同无效的情形中属于消极信赖利益损失,但在租赁合同因出租人违约而被解除情形中,该费用损失属于履行利益损失,因为若合同正常履行承租人本来可以享受到经过装修的租赁房带来的利益。"此项见解深具启示性。应补充说明的有二:

(1)消极信赖利益与履行利益是两种不同损害赔偿的计算方法,具有重叠性,从而发生消极信赖利益超过积极信赖利益时得否请求损害赔偿的问题。

(2)消极信赖利益与履行利益是两种不同的损害赔偿。本书认为,租赁物具有瑕疵,而承租人整修的费用,系属履行利益,实值赞同。解除租赁契约后,不影响此项履行利益的请求权,亦值肯定。

法律体系的建构,除概念形成、法律原则外,尚须明辨异同而为分类,此系法学研究的任务,有助于更深刻理解体系构成的内容及明确法律的适用。本书区别法律事实与法律行为,并将法律行为加以分类,如单方行为、合同与决议、财产行为与身份行为、有因行为与无因行为、生前行为与死因行为等,最值肯定的是关于负担行为与处分行为的论述。

诚如本书所指出,负担行为(Verpflichtungsgeschäft,债权行为),是指使当事人负担给付义务的行为。处分行为(Verfügungsgeschäft,物权行为、准物权行为),是指直接使一项既存财产权利得以变动的法律行为,所谓变动包括权利移转、被设定负担、变更或消灭。二者是对财产行为的进一步划分。在德国民法采此分类及物权行为(处分行为)无因性理论,体现德国法的特色及思维方法,对于理解德国民法及其解释适用具有根本的重要性。中国民法是否区别负担行为及处分行为、应否采物权行为无因性,系立法及法学研究的争议问题。本书深入检视负担行为及处分行为在法之适用的问题,提出三个值得重视的观点:

(1)负担行为与处分行为区分的必然性:只要区分了物权与债权,则负担行为与处分行为的区分就是民法理论逻辑的必然要求,与民事立法是否明确规定该区分无关。即便立法上未作规定,理论及实践上也应区分负担行为与处分行为。

(2)负担行为与处分行为的区分尚未成为我国法律实务工作者的一般观念,由此导致某些案件的处理混沌不清。

(3)最高人民法院《关于适用〈中华人民共和国公司法〉若干问题的规定(三)》(法释〔2011〕3 号,法释〔2020〕18 号修订)第 25 条第 1 款和第 27 条第 1 款中的"请求认定处分股权行为无效""参照民法典第三百一十一条"之表述意味着法院需要判定股权处分行为是否有效而非判定股权转让之负担行为(股权买卖)是否有效,后者的效力判断显然与《民法典》第 311 条的无权处分和善意取得规则无关。此项于《民法典》制定后修订的司法解释已经承认了处分行为是一项独立的法律行为,需要进行独立的效力判断。这是负担行为与处分行为之区分在我国的实证法基础。

法律行为以意思表示为核心,凡法律行为必具备意思表示,体现个人意思自主原则及私法自治的价值理念。意思表示,是指表意人将希望发生某种私法效果的意思表达于外部的行为。意思表示包括客观要件的表示行为及主观要件的意思。本书提出一个重要的基本问题:意思表示主观要件包括哪些因素?兹以本书所介绍德国法上"特里尔葡萄酒的拍卖"这个著名的教学案例作为出发点加以说明:一个异乡人在特里尔的一个市场中看见一个熟人,遂举手打招呼,碰巧此时市场内正举行一场葡萄酒拍卖会,按照拍卖规则,举手意味着提出比上一个报价高100马克的报价,当拍卖师宣布成交时,一无所知的异乡人觉得莫名其妙。这个案例经过长期争论后,学说上提出意思表示包含三个主观要素,即行为意思、表示意识及法律效果意思。所谓表示意识,是指行为人认识其表示具有某种法律上的意义。为便于理解,图示如下:

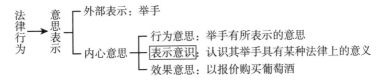

**图1　意思表示的构成要件**

争论的关键在于表示意识是否为意思表示的构成要件。在本书所引述的"储蓄所保证案"(BGHZ 91,324)中,德国联邦最高法院明确承认在欠缺表示意识时,如果意思表示可归责于表意人,仍得成立,因为"意思表示法不仅植基于自决,它还保护表意受领人的信赖以及交易安全"。德国通说采此见解,认为表示意识不是意思表示的构成要件,欠缺表示意识仅构成错误。

本书的论述具有三点意义:

第一,追溯理论发展史,探究通说形成的过程,明确其争点,指明未来发展的方向。

第二,明辨各种学说的异同,深刻检视其论点,尤其是指出自己的见解,肯定表示意识非属意思表示的构成要件。

第三,其论述内容具法释义学的深度,有助于促进法学研究的方法。

法律人的任务在于法之适用,即将抽象的法律规范适用于具体的案例,例如,甲美食平台的外送员乙,在外送丙餐厅食物的途中发生车祸,自己受伤、撞伤路人,或因过失侵害订餐者丁的身体健康。在此美食平台案例同时发生法律解释及法律行为解释(尤其是当事人契约类型的认定)的问题。此为法律人的主要工作,体现法律人的能力。

本书第三章详细地说明了意思表示的概念与功能、意思表示解释与合同解释的关系、补充性意思表示解释的一般问题,以及意思表示解释的方法及特别问题。

法律行为的解释,包括意思表示及合同解释,从而亦得专章讨论法律行为解释。为使读者便于区别法律规范解释与法律行为解释目的与方法的不同,参酌本书相关见解,图示如下:

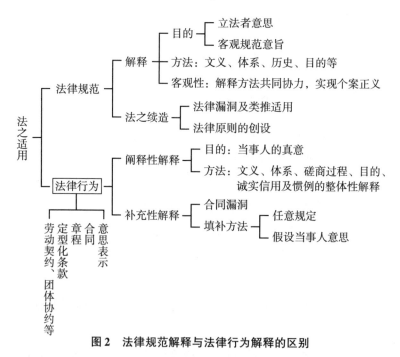

**图2　法律规范解释与法律行为解释的区别**

再要强调的是,法之适用包括法律解释及法律行为解释,系认事用法的核心课题,乃法律人的任务。前揭图示或有益于更清楚地理解认识本书所阐述的意思表示解释方法论,及其在司法上的实践。

本书第七章以"法律行为的归属"为主题,建立《民法典》的代理制度。在现代分工的社会,法律行为多依代理为之,代理与法律行为关系密切,具有扩大及补充私法自治的重要功能。

《民法典》关于代理的规定多承继《民法通则》,而有特殊的概念(如委托代理),若干规定产生解释适用的疑义。本书结合比较法的研究,阐明若干代理制度结构性的问题,借以检讨解释实务上的重要案例:

(1)代理权授予的法律性质。

(2)代理权授予与其基本关系(委托、雇佣等),尤其是关于代理权授予有因性、无因性的理论。

(3)代理权授予是否为债之发生原因。

(4)代理的要件及法律效果。

(5)无权代理与表见代理的关系,明确其成立要件及法律效果。

值得提出的是,法学理论或法释义学不是由文本,而是由案例所提出。为使读者更深刻思考理解本书的内容,经由案例学习法律,强化法之适用的思维能力,特参照本书就代理制度的论述设计一个基本案例,以供参考:

甲委任乙到丙经营的画廊选购一幅某画家最近的作品:

(1)乙以甲的名义与丙就 A 画订立买卖契约,双方同时履行,丙将 A 画交付于乙,试说明其债权关系及物权变更。若乙擅以自己名义将 A 画出售于丁,并为交付时,其法律关系如何?又若乙系以自己名义购买 A 画时,其法律关系有何不同?

(2)乙受丙诈欺,误以为 A 画为真迹而购买,或丙因错误,误以为 B 画为 A 画而出售时,甲、乙、丙各得主张何种权利?

（3）甲对乙的委任自始不存在，或甲以意思表示错误撤销对乙的委任，乙明知或不知其事，而以甲的名义向丙购买 A 画。甲拒绝付款，丙以乙之前曾多次以甲名义购画，甲负有履行契约或履行利益损害赔偿责任，有无理由？

（4）乙冒甲的名义，向丙以较低价格购画。

综据前面对杨代雄教授《法律行为论》的介绍及导读，应可肯定这是一本具有开创性的学术著作。在方法论上，本书连接 19 世纪德国普通法对法律行为的学说及其后的发展，并结合中国民法 30 年来累积的卓越研究成就，致力于建构中国民法法律行为的理论体系。本书内容精细深入，解析判例学说，提出自己的见解，详为论证，对社会主义市场经济的发展、维护人格尊严，以及保障人民合法权益，具有重大意义。再要强调的是，法律行为体现私法自治的价值理念及意思自主的原则，乃民法的核心制度。此类法学著作有助于提升法释义学的研究方法，厚植民法学发展的基础，并强化司法实践的功能。在某种程度上，本书对中国民法学的意义，相当于 Flume 教授名著《法律行为论》对德国民法学的贡献。

王泽鉴

台湾大学名誉教授

# 自　序

　　法律行为是私法上的核心概念。私法问题归根结底是私权问题。从逻辑上看,私权问题可以分为私权一般问题与私权特殊问题。特殊问题即物权、债权、继承权、人格权、身份权等私权各自面临的问题,如用益物权的内容、债权的消灭等。一般问题即各种私权面临的共同问题,如私权主体、私权变动、私权救济中的共同问题。关于私权特殊问题的理论即物权法理论、债权法理论、继承法理论等。关于私权一般问题的理论即私权一般理论。法律行为是私权变动诸原因中最重要的一种,因此,法律行为理论是私权变动一般理论的重要组成部分。在私法学体系中,法律行为理论尽管只是在民法总论被阐述,但其体系辐射效应却遍及私法的各个领域。债权法上的合同、物权法上的合同、各种权利的抛弃、形成权的行使、遗嘱、结婚、协议离婚、收养、票据法上的票据行为以及公司法、合伙企业法等团体法上的权利让与合同、章程、决议等皆为法律行为,须适用法律行为规则与理论。毫不夸张地说,私法各领域无论如何特殊,皆有一根线与法律行为理论相连。

作为私法理论体系的核心部分,法律行为理论值得深入探究。这个领域的经典著作是维尔纳·弗卢梅的《法律行为论》。该书的鲜明特点是一以贯之地弘扬私法自治理念,以此为指针,对法律行为的所有一般问题予以透彻观察。毫无疑问,该书对于法律行为理论的研习具有重要指引作用。不过,该书在注重私法学传统中的自由保护的同时,却未对另一条思想脉络予以足够重视。后者即由托玛修斯(Thomasius)开启、冯·蔡勒(von Zeiller)传承、韦斯帕赫(Wellspacher)发扬并最终由卡纳里斯(Canaris)集大成的信赖保护思想。私法自治固然是法律行为制度的价值基础,但并非唯一重要的价值。除了私法自治之外,法律行为制度与理论应当充分重视信赖保护,因为法律行为终究是人与人交往的手段,没有信赖则无从交往。事实上,在近几十年来的私法实践与理论发展中,注重信赖保护已经成为一种趋势。鉴于此,本书秉持私法自治与信赖保护并重的立场,对法律行为理论诸问题予以研究。

本书撰写过程伴随我国《民法典》的编纂与颁布实施。《民法典》为法律行为理论研究构筑了实证法基础,同时也成为法律行为理论发展的新起点。本书尊重《民法典》及其司法解释中的法律行为规则,但也在可能的限度内通过法律解释与续造寻求其完善与发展之路。

杨代雄

二〇二一年初夏

于上海苏州河畔格致楼

# 简目录

# 详目录

# 第一章　法律行为的价值基础

法律行为制度建立在私法自治、信赖保护与公序良俗等私法价值的基础上。此类私法价值相互制约、相互补充，构成法律行为制度的内部体系。公序良俗是对私法自治的限制，私法自治不得突破公序良俗之底线。这一点充分体现在法律行为无效制度上，即违背公序良俗是法律行为无效的重要原因。《民法典》第153条第2款对此有明文规定，本书第六章第一节也将专门予以探讨。此处需要深入考察的是私法自治、信赖保护以及二者之间的关系，二者几乎贯穿法律行为制度的整个体系，成为法律行为具体规则的灵魂。

## 第一节 法律行为制度中的私法自治原则

### 一、私法自治原则的内涵

(一)私法自治的含义

私法自治也称为意思自治①,是指民事主体在不违反强行法和公序良俗的前提下,有权自由地决定或处分自己的事务,有权根据自己的意志设立、变更、消灭民事法律关系或者发生私法上的其他效果。《民法典》第5条规定的自愿原则实际上就是私法自治原则的核心内涵。自愿原则主要以双方当事人之间的关系为视角,当事人应当在自愿的基础上与他人建立民事法律关系。除此之外,私法自治还着眼于民事主体与国家之间的关系:对于民事主体在法律限度之内的自由行为,国家无正当理由、非经正当程序不得任意干涉,不得任意否定行为的法律效力。

私法自治原则以承认民事主体具备理性能力为前提。作为一个理性的人,民事主体在社会生活中能够对自己的事务作出合理的判断,形成最有利于实现自己利益的决策,并据此采取相应的行动。民法尊重民事主体的独立人格与理性能力,赋予民事主体充分的决策与行动自由。行为自由主要表现为法律行为自由,即民事主体可以通过

① 汉语中的"私法自治"源于德国法学术语 Privatautonomie,关于该词如何翻译,存在争议。有的将其译为"私的自治"[参见韩世远:《合同法总论》(第4版),法律出版社2018年版,第17页],有的将其译为"私人自治"。如果采用直译法,则将 Privatautonomie 译为"私的自治"比较准确。不过,译为"私法自治"也不背离 Privatautonomie 的本意。Autonomie 意为"自治",既包括公法层面上的自治,或者说公法关系上的自治,一个国家内的某个地区享有自治权,无论是在古代还是在现代都比较常见;也包括私法层面上的自治,或者说私法关系上的自治,私法上的主体在一定限度内有权自由决定自己的利益。就后者而论,无论称为"私法自治"还是称为"私人自治""私的自治",皆无不可。鉴于"私法自治"这一用语已经约定俗成,本书沿用之。

法律行为设立、变更、消灭民事法律关系,这可以称为"法律关系形成自由"。私法自治、法律行为与民事法律关系这三个概念具有内在关联,法律行为是私法自治的主要工具,民事法律关系是法律行为的结果,在法律行为的实施过程中,民事主体实现私法自治。就民事主体相互间的关系而言,法律行为的内容具有相当于法律的效力,民事主体自由地达成一项法律行为相当于私人立法——制定一项在双方当事人内部具有约束力的"法律"作为其自治的准则,由此产生的以权利义务为内容的民事法律关系就是一种自治性的私法秩序,其在效力上优先于任意性民法规范。民法的主要任务是赋予这种私法秩序合法性与安定性。这种意义上的私法自治主要体现在合同自由、遗嘱自由、婚姻自由等方面。

(二)私法自治的内容

从逻辑上看,法律行为自由意义上的私法自治包括四个层面:

其一,当事人可以依自己的意思设计、处置民事法律关系,即"可以自治"。具体而言,当事人可以自由决定是否实施法律行为(决定是否缔约的自由)、[①]自由选择法律行为的相对人、自由决定法律行为内容(内容自由)、自由选择法律行为的形式(形式自由)、自由选择行为的时间、地点等。民法教科书中所谓的合同自由(契约自由)一般指的就是这些内容。当然,合同自由不仅体现在合同订立阶段,还体现在合同存续期间。合同成立后,各方当事人可以自由地达成合意,对合

---

① 在德国私法文献中,决定是否缔约的自由被称为缔约自由(Abschlussfreiheit),包括积极缔约自由(positive Abschlussfreiheit)与消极缔约自由(negative Abschlussfreiheit)。前者是指法律允许当事人通过合同规范其法律关系,或者说法律给当事人提供了通过合同规范其法律关系的可能性;后者是指当事人可以自由决定不缔结合同,仅有一方当事人的缔约意思不足以成立合同,合同的成立需要另一方当事人的同意。Vgl. Reinhard Bork,in:Staudinger Kommentar BGB,2015,Vor § § 145 – 156 Rn. 12 – 14.

同进行解除、变更或者更新①。此为法律行为变动自由。合同订立与变动原则上须由各方当事人共同决定,例外的是一方当事人依法或者依约享有合同订立或者合同变动的单方决定权,此即形成权,如解除权、选择权(Optionsrecht)。所谓选择权,是指权利人可以依据自身需要选择通过单方意思表示订立或者变更一份合同的权利。此份合同有时也被称为主合同(Hauptvertrag)。选择权由双方当事人预先在合同中创设,它可能是一份独立的合同,也可能只是拟变更的合同(主合同)的一部分。前者可称为选择权合同,后者可称为选择权条款。通过行使选择权订立或者变更合同并未违反合同自由原则,因为选择权基于合意而产生,一方当事人自愿给予另一方当事人选择权,等于自愿放弃了将来在订立或者变更主合同时的决定权,主合同的订立或者变更是选择权合同或者选择权条款中的合同自由的延续。选择权通常适用于如下情形:选择权人对于自己将来是否需要订立或者变更合同尚无确定计划,但又想掌握主动权,使对方当事人受到约束,在选择权人需要订立或者变更合同的时候无须再与对方当事人磋商②。例如,租赁合同约定,租期届满前,承租人提前 2 个月通知出租人续租的,租期延续 1 年,租金等交易条件不变,承租人据此享有续租选择权;买卖合同约定,货物分 5 批交付,每批货物交付前,买受人有权提前 5 日通知出卖人增加或者减少本批供货数量,增减幅度不超过

---

① 合同更新(Novation)与合同变更有所不同。合同变更亦称为债务变更,是指在保持债的同一性的前提下对债的内容进行更改。合同更新亦称债务更新,是指以新的债务关系取代旧的债务关系,实际上是把废止债务合意与创设债务合意相结合,导致旧债消灭,新债发生,所以债务关系丧失同一性,诉讼时效、履行地、管辖等因此发生变化。典型的债务更新如把买卖价款债务转变为借贷债务,把保证债务转变为借贷债务,把侵权损害赔偿债务转变为借贷债务,交互计算(Kontokorrent:往来账)余额承认。Vgl. Christian Grüneberg, in: Palandt Kommentar BGB, 79. Aufl. , 2020, § 311 Rn. 8 - 10; Medicus/Lorenz, Schuldrecht I: Allgemeiner Teil, 21. Aufl. , C. H. Beck, 2015, S. 135(Rn. 319 - 320);王洪亮:《债法总论》,北京大学出版社 2016 年版,第 193 页。

② Reinhard Bork, Allgemeiner Teil des Bürgerlichen Gesetzbuchs, 4. Aufl. , 2016, S. 272 (Rn. 695).

50%,买受人据此享有合同变更选择权。买回权(Wiederkaufsrecht)也是一种选择权,[1]买卖合同附买回权条款的,出卖人依约作出的买回意思表示到达买受人时,即成立买回合同。与之相对的卖回权(Wiederverkaufsrecht)同样也是一种选择权,[2]此种权利通常存在于股权交易合同中,合同约定在一定条件下原股东有义务回购股权,从新股东的视角看,其享有卖回权。股票期权(包括认股权)也是选择权[3]。甚至有学说认为先买权也是一种选择权[4]。选择权与预约不同。预约通常使双方当事人承受负担,[5]而选择权仅使一方当事人承受负担;预约仅使当事人取得缔约请求权,本约的成立尚需对方当事人作出意思表示,而选择权则是形成权,仅依权利人的单方意思表示即可按照既定交易条件成立合同或者变更合同。

其二,当事人只受自己意思的约束,不受不能归属于自己的他人意思或者不自由、不真实意思的约束,即"不受他治"(Schutz vor Fremdbestimmung),主要表现为:无权代理行为效力待定,无行为能力人实施的法律行为无效,限制行为能力人实施的法律行为效力待定,受欺诈或者胁迫实施的法律行为可撤销,意思表示错误的法律行为可撤销。这些情形中的意思表示都不体现当事人的真实意思。合同是双方的意思表示一致,当事人必须遵守合同意味着必须遵守双方的意思,其中包括对方的意思,但这不等于说其受对方意思的约束。合同中尽管存在两个意思表示,但双方都仅受各自意思的约束,对方的意思表示只有经过自己的同意才能产生约束力,此时该当事人实际上是

---

① Jürgen Ellenberger, in: Palandt Kommentar BGB, 79. Aufl. , 2020, Vor §145 Rn. 23.

② Barbara Grunewald, in: Erman Kommentar BGB, 15. Aufl. , 2017, §456 Rn. 5.

③ 参见[德]怀克、温德比西勒:《德国公司法》,殷盛译,法律出版社2010年版,第475页。

④ Jörg Neuner, Allgemeiner Teil des Bürgerlichen Rechts, 12. Aufl. , 2020, S. 429 (§36 Rn. 9).

⑤ 理论上也承认仅使一方当事人负担缔约义务的预约。Vgl. Jürgen Ellenberger, in: Palandt Kommentar BGB, 79. Aufl. , 2020, Vor §145 Rn. 19.

受自己的同意的约束。或者说,对方的意思表示只有与自己的意思表示一致才能产生约束力,此时该当事人实际上仍然是受自己意思表示的约束。

其三,当事人应当受自己意思的约束,对自己的意思表示负责(自我负责),即"必须受治于己"。其典型表现是"合同必须严守",当事人必须按照约定履行义务,不得任意撤销、解除或变更合同,除非各方当事人达成解除或者变更合同的合意,或者一方当事人依据法律规定享有撤销权、解除权。

其四,当事人的意思只能约束自己,不能约束他人,即"不能治他",主要表现为合同的相对性,即合同原则上只能在双方当事人之间产生效力,尤其不能给第三人设定义务,否则,从第三人的角度看,导致其受他人意思的约束,即"受治于他人",违背前述第二层含义。民法上不承认"第三人负担合同"①。《民法典》第523条虽规定当事人可以约定由第三人向债权人履行债务,但该约定并未使第三人负担一项对债权人的义务。该条中的"债务人应当向债权人承担违约责任"表明,债权债务关系仍然存在于债权人与债务人之间,并未因该约定而改变。此种约定如果由债务人与第三人达成,则属于履行承担合意,第三人是该合意的当事人,通过该合意为自己设定负担,该合意并非真正意义上的"第三人负担合同"。与此不同,民法承认"第三人利益合同",即利他合同。《民法典》第522条第2款对此有明文规定。利他合同是合同相对性原则的例外,双方当事人通过此种合同为第三人创设一项债权,使合同对第三人发生效力。即便如此,第三人的私法自治仍未被完全排除,因为《民法典》第522条第2款第1分句规定第三人享有拒绝权,可以在合理期限内明确拒绝接受债权。

---

① Christian Grüneberg, in: Palandt Kommentar BGB, 79. Aufl., 2020, Einf. v. §328 Rn.10.

## 二、私法自治的限度

私法自治并非绝对的、无限制的。任何自由都是相对的、有限度的。即便是在旗帜鲜明地奉行个人主义的近代民法中，私法自治也受到一定的限制，比如受公序良俗原则的限制。《拿破仑法典》第 6 条明确规定："任何人不得以特别约定违反有关公共秩序与善良风俗之法律。"甚至有学者断言，合同自由史就是合同自由的限制史①。

在现代民法中，随着社会模式的变迁，国家加强了对民事生活领域的干预，私法自治原则受到了越来越多的限制。之所以如此，主要是因为在现代社会中人的经济、社会地位出现明显的强弱分化，同时社会的高度分工也导致人们在专业知识、信息等方面产生不对称现象。日本法学家星野英一指出，近代民法立法者眼中的人是"强而智"的人，而现代民法所面对的却是"弱而愚"的人。"强而智"的人是普遍具备理性能力的平等的人，所以近代民法强调私法自治，任由民事主体按照其意志自由地处分其利益。然而，当在现实生活中很多人变成"弱而愚"的人，或者被发现本来就属于"弱而愚"的人时，私法自治就表现出各种弊端。② 消费者、劳动者、贫困的住房承租人都属于"弱而愚"的人，他们在与大企业、企业主、拥有不动产的富人进行交易的过程中，缺乏足够的对话能力，导致签订权利义务关系不均衡的合同。按照前述法律行为自由意义上的私法自治的第三层含义，当事人必须对自己的意思表示负责，即便是利益失衡的合同，也必须遵守，但这样就产生了很不公平的结果。

现代民法立法者意识到，自治是以平等为前提的，只有双方当事

---

① Vgl. Jan Busche, in: Münchener Kommentar BGB, 8. Aufl. ,2018, Vor § 145 Rn. 3.

② 参见〔日〕星野英一:《私法中的人》，王闯译，载《民法总则论文选萃》，中国法制出版社 2004 年版，第 289—310 页。

人地位平等,自治才能产生正当的结果,①这里所谓的平等主要是事实上的平等,而不仅仅是规范意义上的平等。近代民法立法者观念中的平等是规范意义上的平等,即"当事人的法律地位应该是平等的"。作为一种价值追求,规范意义上的平等当然值得推崇,但不能简单地从这种意义上的平等(应然平等)推导出应该完全放任当事人进行自治之结论。真正可以支撑私法自治的是实然平等,即当事人的社会经济地位与能力在事实上的平等。如果国家发现在某一民事生活领域中显然不存在这样的实然平等,就应当考虑以某种方式介入当事人之间的关系,对不均衡的关系结构予以矫正。

基于以上保护弱者的考虑以及维护社会经济秩序等方面的考虑,现代各国普遍在民法中加强了对私法自治的限制,主要表现为:

(一)格式条款的规制

格式条款是一方当事人为了重复使用而预先拟定,并在订立合同时未与对方协商的条款。在现代交易活动中,格式条款被普遍使用。大企业单方面拟定合同条款,相对人只能全盘接受。虽然在理论上也可以选择不做交易,即"全盘不接受",但有时在不充分知情的状态下选择了全盘接受,有时不得不做这样的交易,没有选择余地,因为对方是垄断性的企业,如电信公司、电力公司、银行,双方的磋商平等性(Verhandlungsparität)不复存在②。由此达成的交易往往包含不公平的内容,是一种虚假的自治,需要国家公权力的介入,纠正或取缔某些条款,对合同进行内容控制(Inhaltskontrolle),以实现合同公正。这是对私法自治内涵中的"公权力不得介入私人关系"以及"必须受治于己"(自我负责)的突破。我国《民法典》第 496—498 条在格式条款订入、格式条款解释等方面对格式条款予以规制,保护格式合同相对人的利益。

---

① 参见王轶:《民法原理与民法学方法》,法律出版社 2009 年版,第 41 页。

② Jan Busche,in:Münchener Kommentar BGB,8. Aufl. ,2018,Vor §145 Rn. 7.

（二）强制缔约

1. 强制缔约的理论基础

德国法学家尼佩代（Nipperdey）于 1920 年提出了强制缔约（Kontrahierungszwang）理论，①其将强制缔约定义为：基于法秩序上的某一条规范，一方当事人在欠缺意思约束（Willensbindung）的情况下有义务与另一方当事人订立包含特定内容或者应由中立方确定内容的合同。② 依据强制缔约理论，当事人在某些情形中将会被迫与他人订立合同，其合同自由在很大程度上被限制，③包括决定是否缔约的自由、选择与何人缔约的自由，甚至决定以何种内容缔约的自由也受到限制。后者意味着强制缔约义务人应当订立包含权利人可以合理期待之适当内容的合同；否则，义务人很可能通过提出权利人难以接受的交易条件架空强制缔约义务④。

强制缔约可以在合同自由的固有结构中找到理论依据。合同自由并不意味着一方当事人可以完全按照自己的意愿决定法律关系。就双方合同而论，合同的成立需要另一方当事人的同意，所以法律关系由双方当事人共同决定，一方当事人的自由受到另一方当事人的自由的限制，合同是双方的自由的妥协。此种情形中当事人合同自由受到的限制是一种事实限制（faktische Beschränkung）。⑤ 通常情况下，这种事实限制具有正当性。例外的是，在特定领域仅存在一个相对人或者只有极少数相对人可供选择，相对人不愿意缔约或者提出无法接受

---

①　德文单词 Kontrahierungszwang 直译为"缔约强制"，鉴于我国学者通常使用"强制缔约"一词，本书从之。

②　Jan Busche,in:Münchener Kommentar BGB,8. Aufl. ,2018,Vor §145 Rn. 12.

③　此处探讨的强制缔约是法定强制缔约，不包括意定强制缔约。所谓意定强制缔约，是指当事人通过一项合意使自己负担缔约义务，如预约。Vgl. Jürgen Ellenberger,in:Palandt Kommentar BGB,79. Aufl. ,2020,Vor §145 Rn. 9；Christian Armbrüster in:Erman Kommentar BGB,15. Aufl. ,2017,Vor §145,Rn. 27.

④　Reinhard Bork,in:Staudinger Kommentar BGB,2015,Vor §§145 – 156 Rn. 15.

⑤　Jan Busche,in:Münchener Kommentar BGB,8. Aufl. ,2018,Vor §145 Rn. 12.

的交易条件。此时,当事人的合同自由(积极缔约自由)因受到相对人的合同自由(消极缔约自由)的事实限制而欠缺正当性,合同自由的实现遭遇障碍,消除障碍需要以某种方式限制相对人的合同自由。

符合以上特征的相对人通常是在市场上处于垄断或强势地位且供应生活必需用品或服务的企业,如电业、水务、供热、电信、公共交通企业、医疗机构等。① 对其合同自由予以限制在理论上有多种可能的途径。一是直接规定在此类企业与客户之间存在以有偿供应为给付的法定债务关系。此为以法律规则取代合同规则。二是尽可能将此类企业的相关行为解释为向特定范围内的公众发出的要约,在这种情况下,公众可以根据需要向其作出承诺,使合同成立。此为通过意思表示解释限制企业的合同自由,使其受"解释出来的要约"的约束。三是使此类企业负担强制缔约义务,客户向其发出要约后,其必须作出承诺。第一种途径不甚妥当,因为企业与客户之间的债务关系的具体内容不可能全部由法律直接规定,毋宁大部分内容仍然需要由一份合同予以确定。即便在订立合同时企业的缔约自由受到限制,也不能说合同的订立不受其意思决定,其不能决定的充其量只是是否缔约,而不是以何种内容缔约。第二种途径也不能解决全部问题。民法固然承认向不特定人发出的要约(Publikumsofferte),②但构成此类要约仍然需要一项比较具体的行为,比如,超市在货架上陈列商品并标出价格,商家往自动售货机里摆放商品,公交公司派出车辆沿既定路线行驶并在各站点停靠③。这类情形的共同点在于,依事物的本质或社会一般观念,客户作出意思表示后,客观上没必要再给予企业进一步考

---

① 参见王洪亮:《债法总论》,北京大学出版社 2016 年版,第 56 页。

② Dieter Leipold, BGB I: Einführung und Allgemeiner Teil, 6. Aufl., 2010, S. 181; Helmut Köhler, BGB Allgemeiner Teil, 44. Aufl., 2020, S. 106 (§8 Rn. 9); Principles of European Contract Law, Art. 2:201.

③ Jürgen Ellenberger in: Palandt Kommentar BGB, 79. Aufl., 2020, §145 Rn. 8; Reinhard Bork, in: Staudinger Kommentar BGB, 2015, §145 Rn. 7 – 10.

虑、调整或磋商的机会。反之，某些情形欠缺此种特征。比如，电信公司、电业公司虽然也设立营业部门，每天营业时间内都有员工在此上班，但这种一般性的活动显然不宜解释为向不特定人发出的要约。客户向此类企业作出意思表示后，企业需要做必要的审查后再决定缔约，审查的内容可能包括客户的身份、客户是否处于企业的营业区域内、客户是否具备享受某些服务的资质等。因此，比较妥当的做法是把客户请求缔约的意思表示定性为要约，把企业同意缔约的意思表示定性为承诺。

最合理的是第三种途径，使处于垄断或强势地位且供应生活必需用品或服务的企业负担强制缔约义务，不得拒绝客户的要约。就其本质而论，强制缔约制度是在协调双方当事人合同自由的过程中为了保障一方当事人的合同自由而对另一方当事人的合同自由予以必要限制，给弱势方增加自由，给强势方减少自由，使双方的缔约地位（社会经济地位与法律自由的统一体）恢复平衡。从这个意义上说，强制缔约制度既是对合同自由（消极缔约自由）的限制，也是对合同自由（积极缔约自由）的强化。

2. 强制缔约的类型

（1）一般强制缔约与特别强制缔约

以强制缔约义务的规范基础为准，强制缔约可以分为一般强制缔约（allgemeiner Kontrahierungszwang）与特别强制缔约（besonderer Kontrahierungszwang）。特别强制缔约是指由法律规则特别规定在某种情形中一方当事人负担强制缔约义务。一般强制缔约是指在欠缺特别规定的情况下，从法律的一般规则中推导出强制缔约义务。我国法律有不少条文规定了特别强制缔约，如《民法典》第648条第2款和《电力法》第26条第1款规定了供电企业的强制缔约义务，《民法典》第810条规定了公共运输承运人的强制缔约义务，《执业医师法》第24条以及《医疗机构管理条例》第31条规定了执业医师和医疗机构的强制缔约义务[①]，《机动车交通事故责任强制保险条例》第 10 条第 1 款规定了从事机动车交通事故责任强制保险业务的保险公司的强制缔约义务。此外，按照《劳动合同法》第 14 条第 2 款的规定，符合条件的劳动者要求用人单位订立或者续订劳动合同的，用人单位有义务与其订立劳动合同。此处用人单位订立劳动合同的义务在性质上也是强制缔约义务，其立法目的是保护处于弱势地位的劳动者，赋予劳动者订立劳动合同的主动权[②]。

应当注意的是，《民法典》第 494 条第 3 款并非关于一般强制缔约的规定。该款中的"依照法律、行政法规的规定负有作出承诺义务"表明，当事人并非因该款规定负担承诺义务，而是因其他法律、行政法规的规定负担承诺义务。也就是说，该款本身并非承诺义务的规范基础，适用该款的前提是当事人因其他法律、行政法规的规定负担承诺义务。此种承诺义务显然是特别强制缔约。

从比较法看，在德国法中，如果双方当事人是企业，强制缔约请求权的基础通常是《反限制竞争法》(GWB)第 33 条结合第 20 条。[③] 如果一方是消费者，以往的通说认为强制缔约的请求权基础是《德国民法典》第 826 条：企业拒绝缔约构成"以违背善良风俗的方式加害他人"，须承担《德国民法典》第 249 条意义上的旨在回复原状的损害赔偿责任，最终结果是被判令缔约。不过，《德国民法典》第 826 条要求加害人主观上是故意的。为避免这一苛刻要件，很多学者另寻出路。拉伦茨主张对涉及铁路运输、能源供应等企业的强制缔约义务的特别法规定予以整体类推，解决相对人为消费者时的一般强制缔约问题。[④]

---

① 参见王利明：《合同法研究(第一卷)》(第 3 版)，中国人民大学出版社 2015 年版，第 314 页。

② 参见全国人大常委会法制工作委员会编：《中华人民共和国劳动合同法释义》，法律出版社 2007 年版，第 44 页。

③ Reinhard Bork，in：Staudinger Kommentar BGB，2015，Vor § § 145 - 156 Rn. 18.

④ Karl Larenz，Lehrbuch des Schuldrechts，Bd. 1，14. Aufl.，C. H. Beck'sche Verlagsbuchhandlung，München，1987，S. 48.

布舍尔(Busche)主张从合同法价值体系中直接推导出特定前提下的一般强制缔约请求权,无须借道背俗侵权规则。[1] 多数学者则主张类推《德国民法典》第 1004 条,赋予消费者"准不作为请求权"(quasinegatorischer Unterlassungsanspruch)。这样,消费者根本不需要证明缔约义务人具有过错就可以请求企业不再拒绝缔约,即请求对不作为(不缔约)予以不作为(das Unterlassen eines Unterlassens),"负负得正",结果就是请求缔约。[2] 由于一般强制缔约是从其他规范中推导出来,是侵权损害责任或者不作为请求权适用的间接结果,所以也被称为间接强制缔约;反之,特别强制缔约是特别规则直接规定的结果,所以也被称为直接强制缔约[3]。

就我国而论,《反垄断法》第 17 条第 1 款第 3 项可以视为一般强制缔约的规范基础。依该项规定,禁止具有市场支配地位的经营者"没有正当理由,拒绝与交易相对人进行交易",该行为构成滥用市场支配地位的行为。既然无正当理由拒绝缔约被法律所禁止,那么,在无正当拒绝理由的情况下,具有市场支配地位的经营者就有义务缔约。反过来说,交易相对人对具有市场支配地位的经营者享有强制缔约请求权。具有市场支配地位的经营者的强制缔约义务直接从《反垄断法》第 17 条第 1 款第 3 项的规定中产生,无须借助侵权法规则先将其拒绝缔约行为认定为侵权行为,然后适用恢复原状意义上的损害赔偿责任或者适用《民法典》第 179 条第 1 款第 1 项规定的"停止侵害",最后再从中推导出"必须缔约"之结论。此种教义学构造虽合乎逻辑,但过于迂回,只能在欠缺法律明确规定的情况下不得已而为之。至于

---

① Jan Busche, in: Münchener Kommentar BGB, 8. Aufl., 2018, Vor § 145 Rn. 22.

② Vgl. Reinhard Bork, in: Staudinger Kommentar BGB, 2015, Vor § § 145 – 156 Rn. 27; Christian Armbrüster in: Erman Kommentar BGB, 15. Aufl., 2017, Vor § 145, Rn. 29; Dirk Looschelders, Schuldrecht Allgemeiner Teil, 18. Aufl., Verlag Franz Vahlen, 2020, S. 52 ( § Rn. 6).

③ Jürgen Ellenberger in: Palandt Kommentar BGB, 79. Aufl., 2020, Vor § 145 Rn. 9.

不具有市场支配地位的经营者在特定条件下是否负担强制缔约义务，由于不能适用《反垄断法》第 17 条第 1 款第 3 项，所以只能考虑采用迂回的教义学构造。当然，对此应当采取克制立场，谨慎认定不具有市场支配地位的经营者拒绝缔约是否构成侵权及其责任形式。首先，经营者拒绝缔约须违背公序良俗，比如构成种族歧视、地域歧视、性别歧视等。其次，原则上只有自然人才能主张经营者拒绝缔约构成侵权，企业不能主张，否则将对合同自由造成过度干预，动摇以企业为基本单元的市场经济体系。

（2）强制要约与强制承诺

以强制缔约义务的主体为准，强制缔约可以分为强制要约与强制承诺。通常意义上的强制缔约是指强制承诺[①]。从比较法看，德国法的文献仅在例外情况下才认为强制缔约义务人有义务作出一项要约，即由于强制缔约请求权人自己（因信息不充分）无法作出一项内容足够具体的要约，其可以催告义务人作出一项要约。[②] 我国《民法典》第 494 条同时规定了强制要约（第 494 条第 2 款）和强制承诺（第 494 条第 3 款）。所谓强制要约是指义务人须及时发出合理要约，使相对人可以通过承诺订立合同。按照参与《民法典》起草工作的人士的解释，属于强制要约的是上市公司强制要约收购。[③] 依据《证券法》第 65 条第 1 款的规定，通过证券交易所的证券交易，投资者持有或者通过协议、其他安排与他人共同持有一个上市公司已发行的有表决权股份达到 30% 时，继续进行收购的，应当依法向该上市公司所有股东发出收购上市公司全部或者部分股份的要约。依据《证券法》第 73 条第 1 款的规定，采取协议收购方式的，收购人收购或者通过协议、其他安排与

---

① 参见王利明：《合同法研究（第一卷）》（第 3 版），中国人民大学出版社 2015 年版，第 312 页。

② Vgl. Reinhard Bork, in: Staudinger Kommentar BGB, 2015, Vor § 145 – 156 Rn. 29.

③ 参见黄薇主编：《中华人民共和国民法典合同编解读》（上册），中国法制出版社 2020 年版，第 113 页。

他人共同收购一个上市公司已发行的有表决权股份达到30%时,继续进行收购的,应当依法向该上市公司所有股东发出收购上市公司全部或者部分股份的要约。但是,按照国务院证券监督管理机构的规定免除发出要约的除外。① 在上述强制要约收购规则中,股份收购人的强制要约义务发生前提是"继续进行收购",所以,如果收购人不想继续进行收购,则其没有义务作出要约。从这个意义上说,强制要约收购情形中的缔约强制性程度弱于强制承诺情形,在一定条件下收购人仍然可以选择是否缔约,其负担的仅为有条件强制缔约义务。鉴于强制要约与传统意义上的强制缔约在价值基础上存在较大差别,所以,仅当法律有特别规定时,才能认定一方当事人有强制要约义务。易言之,就强制要约而论,不存在一般强制缔约,仅存在特别强制缔约。

3. 强制缔约的法律效果

符合强制缔约要件的,则在双方当事人之间发生一个法定债务关系,类似于先合同债务关系。② 在该关系中,一方当事人对另一方当事人享有强制缔约请求权。就强制承诺而论,请求权人可以向法院诉请义务人对其要约作出承诺。③ 此为强制缔约义务的强制履行。在德国法上,法院就此作出的生效判决依据《德国民事诉讼法》第894条可以替代义务人的承诺表示(拟制意思表示),借此成立合同。④ 而且,请求权人可以将承诺之诉与目标合同的给付之诉合并提起。⑤ 此种做法比较便利,可资借鉴。请求权人不起诉而径直请求义务人对其要约作

---

① 《证券法》第74条第1款规定了上市公司的股票被证券交易所依法终止上市交易时收购人的强制承诺义务。

② Christian Armbrüster in:Erman Kommentar BGB,15. Aufl. ,2017,Vor § 145 Rn.31.

③ 强制缔约仍然遵循合意原则,需要双方意思表示一致。这使其区别于所谓的"强制合同"(diktierter Vertrag),即在某些情形中通过行政行为或者裁判行为直接在双方当事人之间创设合同关系,根本无须任何意思表示。比如,离婚时由法官直接判决在一方的房屋上成立租赁关系。Vgl. Reinhard Bork, in:Staudinger Kommentar BGB,2015,Vor § § 145 - 156 Rn.35.

④ Jan Busche,in:Münchener Kommentar BGB,8. Aufl. ,2018,Vor § 145 Rn.23.

⑤ Reinhard Bork,in:Staudinger Kommentar BGB,2015,Vor § § 145 - 156 Rn.33.

出承诺,义务人拒绝的,构成债务不履行,请求权人可以依据《民法典》第577条结合第468条请求义务人承担损害赔偿责任。

（三）租赁合同关系中承租人的特殊保护

现代民法对处于弱势地位的承租人给予特殊保护。例如,"买卖不破租赁"规则,租赁物在承租人按照租赁合同占有期限内发生所有权变动的,不影响租赁合同的效力(《民法典》第725条),承租人可以继续占有、使用租赁物,这意味着租赁合同可以对第三人(买受人)发生效力,这是对私法自治内涵中的"不能治他"的突破,或者说是对合同相对性的突破。再如,《民法典》第726条规定了房屋承租人的优先购买权。出租人出卖房屋的,承租人在同等条件下有优先购买权。这是对出租人"选择缔约相对人的自由"的限制,在相对人的选择上出租人不能完全自治。此外,《民法典》第734条第2款还规定房屋承租人在租期届满时享有优先承租权,以维持其居住关系的稳定。

（四）劳动合同关系中劳动者的特殊保护

劳动者与企业在社会经济地位上差距悬殊,缺乏与企业平等的对话能力,所以需要国家公权力的介入,对契约自由予以必要的限制,以维护劳动者的正当利益。比如,按照我国《劳动合同法》第19条第1款的规定,劳动合同期限3个月以上不满1年的,试用期不得超过1个月;劳动合同期限1年以上不满3年的,试用期不得超过2个月;3年以上固定期限和无固定期限的劳动合同,试用期不得超过6个月。再如,按照《劳动合同法》第14条第2款的规定,有下列情形之一,劳动者提出或者同意续订、订立劳动合同的,除劳动者提出订立固定期限劳动合同外,应当订立无固定期限劳动合同:其一,劳动者在该用人单位连续工作满10年的;其二,用人单位初次实行劳动合同制度或者国有企业改制重新订立劳动合同时,劳动者在该用人单位连续工作满10年且距法定退休年龄不足10年的;其三,连续订立2次固定期限劳动合同,且劳动者没有本法第39条和第40条第1项、第2项规定的情形,续订劳动合同的。以上都是关于合同期限约定自由的限制。除此之外,国家关于劳动者最低工资标准的规定也体现了公权力对合同自由的限制。

(五)合同关系中消费者的特殊保护

消费者与经营者的对话能力通常不平等。一方面是因为双方经济地位不平等,另一方面是因为信息不对称。消费者对于交易事项通常缺乏足够的认识,容易在信息不充分、时间仓促、甚至受到经营者诱导的情况下轻率地作出意思表示,其决断自由(Entschließungsfreiheit)受到妨碍。为保护消费者的决断自由,维护合同公正,当代各国法律普遍对消费者予以特殊保护,规定了有利于消费者的缔约控制(Vertragsabschlusskontrolle)[①]。最具代表性的是赋予消费者一项撤回权。在一定期间(冷静期)内,消费者对于已经订立的合同可以反悔,有权任意撤回合同,无须任何理由。这也是对"契约必须严守"原则的限制。例如,在德国法上,按照《德国民法典》第355条的规定,基于法律的特别规定,消费者可以在订立合同后的2周之内以书面形式或寄回货物的方式向经营者表示撤回其当初缔结合同的意思表示。所谓的法律特别规定,主要包括第312条(上门交易情形中的撤回权)、312b条(远程交易情形中的撤回权)、第495条(金钱消费借贷合同中的撤回权)、第501条(分期付款交易中的撤回权)、第505条(分期供应合同中的撤回权)。

我国法律也赋予消费者撤回权。按照我国《消费者权益保护法》第25条的规定,经营者采用网络、电视、电话、邮购等方式销售商品,消费者有权自收到商品之日起7日内退货,且无须说明理由。当然,相较之下,我国法律上的消费者撤回权适用范围略显狭窄。一方面,在交易标的上,《消费者权益保护法》第25条仅规定商品交易适用消

---

① Jan Busche, in: Münchener Kommentar BGB, 8. Aufl., 2018, Vor §145 Rn. 8.

费者撤回权,未规定服务交易(如在线购买美容、健身、培训等服务)也适用撤回权。实务中对于服务交易,可以类推适用《消费者权益保护法》第 25 条。另一方面,《消费者权益保护法》第 25 条仅规定远程交易适用消费者撤回权,未规定上门交易适用消费者撤回权,而在上门交易情形中,消费者的决断自由同样值得保护。

除了消费者撤回权之外,《消费者权益保护法》第 26 条第 2 款、第 3 款还规定,经营者不得以格式条款、通知、声明、店堂告示等方式,作出排除或者限制消费者权利、减轻或者免除经营者责任、加重消费者责任等对消费者不公平、不合理的规定,否则,此类规定无效。这是有利于消费者的合同内容控制。与格式条款规制的一般规则(《民法典》第 497 条)相比,《消费者权益保护法》第 26 条的规制力度更大,条文中没有"主要权利"之类的限制性表述。

(六)强制保险制度

最有代表性的是机动车交通事故责任强制保险,要求任何拥有机动车的人都必须投保这种险(《道路交通安全法》第 17 条、《机动车交通事故责任强制保险条例》第 2 条)。这是对当事人决定是否缔约之自由的限制,其目的是分散风险,确保受害人得到及时的救济。

(七)情势变更原则

所谓情势变更,是指在合同成立生效之后,因不可归责于双方当事人的原因导致作为交易之基础或环境的客观情势发生异常变动,如果继续按照合同约定履行债务显然有失公平。情势变更的法律后果是允许处于不利地位的当事人请求变更或解除合同。传统民法奉行"契约必须严守"原则,认为双方当事人订立合同后,应当自己承担交易风险,无论交易环境发生何种异常变动,都不应当影响合同的效力。进入现代社会后,诸如世界大战、金融危机之类的大规模突发性事件曾经几度造成社会经济形势剧烈动荡,很多本来公平的合同由于货币贬值、物价暴涨等原因丧失了公平性,①现代民法或判例普遍确立情势变更原则,对丧失公平的合同予以矫正。情势变更原则是基于公平原则与诚信原则对契约自由的一种限制。《民法典》第533条明确规定了情势变更原则。

(八)反垄断法对私法自治的限制

市场资源的日益集中导致某些大企业取得垄断地位,这些垄断企业对市场具有很强的控制力,如果完全放任他们自由地行动,将会破坏市场的平等竞争机制,使小企业以及消费者处于任人宰割的境地。为此,现代各国均制定了反垄断法,对垄断企业的契约自由予以限制,以维护其他市场主体的经济自由。我国也不例外。按照我国《反垄断法》第13条等条款的规定,企业之间不得达成分割市场的协议,不得达成定价协议以维持垄断地位。

# 第二节 法律行为制度中的信赖保护原则

信赖保护原则体现在诸多私法制度中,尤其是在法律行为制度中。就法律行为制度中的信赖保护而论,我们最熟悉的莫过于缔约过失责任,但这其实只是信赖保护的一种,即消极信赖保护(negativer Vertrauensschutz),保护的效果是使信赖方的利益恢复至缔约之前的状态。除此之外,还存在另一种信赖保护,即积极信赖保护(positiver Vertrauensschutz)②,保护的效果是使法律行为发生约束力或者使其效

---

① 物价暴涨如双方当事人签订合同时柴油价格每吨550元,2年后结算工程款时,柴油价格涨至每吨1250元,若仍按2年前的柴油价格计算工程款显失公平。判例参见沈阳高等级公路建设总公司与孙某某建设工程施工合同纠纷案,最高人民法院民事裁定书(2017)最高法民申3108号。

② 关于积极信赖保护与消极信赖保护的区分,详见 Claus-Wilhelm Canaris, Die Vertrauenshaftung im deutschen Privatrecht, C. H. Beck'sche Verlagsbuchhandlung, München, 1971,S. 5。

果归属于一方当事人从而使信赖方获得预期的利益。① 对于积极信赖保护及其与消极信赖保护的关系,需要予以重点考察。

## 一、信赖保护的二元结构:积极信赖保护与消极信赖保护

### (一)古典自然法中信赖保护思想的萌芽

古典自然法的允诺和契约理论中即已出现信赖保护思想。格劳秀斯、普芬道夫、托玛修斯等均对允诺和契约的约束力问题予以探讨。其中,对我们而言比较有意义的是关于错误及其后果的论述。格劳秀斯认为,如果某人基于对某一事实的设想而作出允诺,而该设想被证明是错误的,则允诺没有约束力,其可以撤销或改正该允诺,但如果其并非因为该错误的设想才作出允诺,则允诺仍然有效。不过,格劳秀斯认为,如果错误方在情势的考察或者意思的表达方面有过失,就必须赔偿对方当事人因此遭受的全部损失。② 该赔偿责任体现了对受诺人信赖的保护,但仅仅是消极信赖保护。与格劳秀斯不同,勒修斯(Lessius)认为错误方有过失的,不享有撤销权,允诺产生约束力。③ 这在性质上属于积极信赖保护。当然,无论格劳秀斯还是勒修斯都没有明确使用"信赖保护"这样的表述。

普芬道夫明确地对单方允诺与契约区别对待。就单方允诺而言,错误的后果与格劳秀斯的观点相似。就契约而言,普芬道夫区分了动机错误和涉及契约标的的错误。他认为,动机错误仅在如下前提下才

---

① 值得注意的是,近年来我国出现了一些研究信赖保护的民法文献,其中有些在探讨具体规则时涉及积极信赖保护问题,有些在阐述一般理论时提到积极信赖保护。这方面的主要文献参见朱广新:《信赖保护原则及其在民法中的构造》,中国人民大学出版社 2013 年版,第 93—112 页;马新彦:《信赖原则在现代私法体系中的地位》,载《法学研究》2009 年第 3 期;叶金强:《表见代理中信赖合理性的判断模式》,载《比较法研究》2014 年第 1 期。

② Hugo Grotius, *The Rights of War and Peace*, Vol. 2, edited by Richard Tuck, Liberty Fund, Indianapolis, 2005, pp. 149 – 150.

③ Martin Josef Schermaier, Die Bestimmung des wesentlichen Irrtums von den Glossatoren bis zum BGB, 2000, S. 178.

是重要的:契约尚未履行并且相对人知道某种情势是错误方缔约的动机。涉及契约标的的错误导致契约无效,因为契约要求物及其品性(qualities)被理解,否则就没有清楚的同意。如果契约因错误而无效,有过错的错误方应当负损害赔偿责任。[①] 在消极信赖保护方面,普芬道夫与格劳秀斯的立场一致。

与格劳秀斯、普芬道夫相比,托玛修斯在信赖保护方面走得更远。他认为,语言是重要的社会纽带,法律要求相对人接受允诺人未表达出来的想法约束是不可思议的。具有决定性的是,当事人把什么作为其意思表达出来,所以,不必考虑其理由。如果受诺人既非恶意也无过失,并且争议的事项并未被明示地作为条件,则允诺人应该自己承受错误的后果。就双方允诺而言,动机错误也是无关紧要的,即便合同尚未履行亦然。[②] 至少可以肯定的是,托玛修斯不承认任何动机错误可以影响契约的效力。在动机错误情形中,相对人得到的并非仅是契约无效时的消极利益赔偿,毋宁是契约有效所带来的积极利益,这是一种积极信赖保护。

(二)消极信赖保护理论与制度的形成

古典自然法学家尽管主张在意思表示错误情形中错误方应该赔偿相对人的损失,但并未对该赔偿责任的理论基础予以阐述,所以,只能说当时出现了消极信赖保护的萌芽。直至19世纪中后期,真正意义上的消极信赖保护理论与制度才得以形成。其标志是缔约过失概念的诞生。这个由鲁道夫·冯·耶林提出的概念被誉为"法学上的发现"[③]。这里所涉及的仍然是那个老问题:在意思表示错误的情形中,

---

① Samuel Pufendorf, *De jure naturae et gentium libri octo*, the photographic reproduction of the edition of 1688, Clarendon Press, Oxford, 1934, pp. 408–410.

② Martin Josef Schermaier, Die Bestimmung des wesentlichen Irrtums von den Glossatoren bis zum BGB, 2000, S. 240–243.

③ 参见〔德〕汉斯·多勒:《法学上之发现》,王泽鉴译,载王泽鉴:《民法学说与判例研究》(第四册),中国政法大学出版社2005年版,第7页。

错误方应否赔偿因其过失而给对方当事人造成的损失？古典自然法学中的争论转移到民法教义学之中，[①]学者们开始以更加专业的眼光考察这个问题。

在耶林之前，萨维尼认为不发生赔偿责任，因为错误导致双方欠缺合意，契约未成立，谈不上契约上的过失，而阿奎利亚法上的契约外责任（侵权责任）也不适用于此。[②] 瑞歇尔曼（Richelmann）则认为虽然契约的无效排除了履行诉权，但不能排除基于过失的损害赔偿诉权。[③] 耶林在结论上赞同瑞歇尔曼的观点。这个问题的讨论随着 1856 年"科隆电报案"的判决而逐渐成为法学界的热点。在该案中，被告向原告发出一封电报，委托后者购买 1000 股奥地利信贷股票，电报局弄错了，把购买写成出售。原告很快就按照电报内容执行委托，并电告被告，被告称弄错了。原告遂重新购回那 1000 股股票，为此损失了67,198 古尔登钱。原告向科隆地方法院起诉要求被告赔偿损失。法院认为，被告发生错误，该错误涉及合同的标的，所以欠缺合意，需要考察其他因被告的过错而构成的义务基础：鉴于电报在目前仍是一种或多或少不精确、不可靠的交往手段，所以使用该手段的当事人应该自己承担通信障碍或者通信错误带来的后果并依《法国民法典》（当时科隆适用《法国民法典》！）第 1382 条赔偿对方当事人的损失，因为使用电报本身就是一种过错。[④]

耶林了解到了该判决。他认为该案的裁判结论值得肯定，因为就

---

① 《普鲁士普通邦法》发挥了媒介作用，该法第 1 部分第 4 章第 79 条规定："如果表意人因自己的重过失或一般过失陷于错误，而且相对人不知道表意人陷于错误，则表意人有义务赔偿因其过错产生的损害." Vgl. Christian Friedrich Koch, Allgemeines Landrecht für die preussischen Staaten:mit Kommentar in Anmerkungen,Bd. I,4. Aufl. ,1862,S. 185.

② Friedrich Carl von Savigny,System des heutigen Römischen Rechts,Bd. 3,1840,S. 295.

③ Heinrich Richelmann,Der Einfluß des Irrthums auf Verträge:Ein civilistischer Versuch,1837,S. 129.

④ Haferkamp,Der Kölner Telegrafenfall,in:Ulrich Falk/Luminati/Schmoeckel( Hg. ),Fälle aus der Rechtsgeschichte,2008,S. 255.

此类案件而言,生活不能满足于简单地宣告契约无效,毋宁无可辩驳地要求一项损害赔偿诉权。问题是,如何协调该诉权与契约无效这一结果的关系? 在他看来,该诉权的标的是买受人的利益,其有两种形式。一是维持契约所带来的利益,即履行利益,据此,买受人可以得到假如契约有效其本来可以得到的全部金钱利益。二是契约未缔结所带来的利益,据此,买受人可以得到假如契约缔结之外部事实根本未发生其本应享有的利益。第一种利益简称积极利益,第二种利益简称消极利益。比如,买受人因为错误而退货,积极利益是出卖人本来可以从该货物买卖中获得的利润,消极利益是出卖人支出的包装费和运费,如果买受人及时地将纠正错误,则无此项损失。积极利益的赔偿以契约有效为前提,消极利益的赔偿以契约无效为前提。就后者而论,被告受指责的并非契约无效,而是被告本应知道契约无效事由,但仍缔结契约并间接地给原告带来损害。[1] 这就是所谓的缔约过失。耶林认为,对于消极利益损失,欺诈之诉与阿奎利亚法诉权(侵权诉权)都有不足之处。后者要求有外在标的物(物或人身)的物质损害,前者尽管适用于各种损害,包括一般的财产损失,但要求存在欺诈(dolus)。为了解决前面讨论的案例,应该寻求第三条路径——尽管契约无效,但应把损害赔偿建立在契约上过错的基础上。其诱因是意图中的表面上已经完成的缔约。该损害赔偿的特性在于过错与契约关系之间的关联性。毫无疑问,在契约外关系中也会发生错误,尽管可能也导致同样重大的损害,但不因此发生损害赔偿义务。在已经成立的契约关系中,错误将导致损害赔偿义务。如果在形成中的契约关系中发生的错误导致同样的结果,则无异于说,其也适用契约责任(contractliche Haftung)之原则。非错误方对错误方享有契约上的请

---

① Rudolf von Jhering, Culpa in contrahendo oder Schadensersatz bei nichtigen oder nicht zur Perfection gelangten Verträgen, Jahrbücher für die Dogmatik des heutigen römischen und deutschen Privatrecht, Bd. 4, S. 7 – 17.

求权。事实上,在错误情形中,契约仍具有一定的效力。所谓的"无效"是狭义的,并非完全无效,而是欠缺特定的效力,即履行之义务。但契约还会产生其他义务,比如返还已交付的标的物、损害赔偿义务。该义务是契约上的损害赔偿义务。①

从今天的视角看,耶林把缔约过失责任定性为一种契约责任,欠缺足够的说服力。尽管如此,其通过区分消极利益与积极利益从而证明以前者为赔偿对象的缔约过失责任的合法性的尝试无疑是一大创举,在学理层面上为消极信赖保护开辟了道路。此后,契约无效或被撤销情形中的损害赔偿责任成为德国民法学者研究的一个重要课题。《德国民法典》虽未对其设置一般规定,但在第122条、第307条②以及第179条第2项分别就错误、自始客观不能、无权代理情形中的消极信赖保护予以规定。学说则以《德国民法典》第242条关于诚信原则之规定为基础,逐步拓展消极信赖保护的适用范围。

(三)积极信赖保护理论与制度的形成

与消极信赖保护类似,积极信赖保护最初也与意思表示错误相关。如前所述,古典自然法学家托玛修斯的错误论中已经包含了积极信赖保护思想的萌芽。通过其弟子作为媒介,托玛修斯的思想对近代民事立法与民法学说产生了很大的影响。就前者而言,主要体现在《巴伐利亚民法典》(Codex Maximilianeus Bavaricus civilis)和《奥地利普通民法典》(ABGB)中。

按照《巴伐利亚民法典》第4编第1章第25条规定,允诺人的错误原则上不影响契约的效力,但如果满足如下两个条件则例外:首先,错误必须涉及契约的主要事项或被明确地作为契约条件的次要事项;

---

① Ebenda,S. 22 – 32.
② 2002 年修订后的《德国民法典》删除了第 306 条和第 307 条,自始客观不能的合同不再是自始无效,债务人的责任不再限定于消极利益损害赔偿。参见〔德〕莱因哈德·齐默曼:《德国新债法》,韩光明译,法律出版社 2012 年版,第 94 页。

其次,该错误必须是由相对人的故意或过失而不是由第三人导致的,否则应该由错误方自己承担不利后果。① 按照 1811 年《奥地利普通民法典》第 871—876 条的规定,如果发生意思表示错误,仅当满足如下两个条件时,契约才无效:其一,该错误涉及契约的主要事项或者当事人的意图着重指向并予以表示的该事项的重要性质;其二,该错误系因相对人错误陈述的误导而发生,或者虽系因第三人或允诺人的过错而发生但相对人对此显然应当知悉。② 据此,错误方主张契约无效的权利被大大限缩,无过错且未作错误陈述的相对人的信赖得到强有力保护,可以获得契约有效情形中的积极利益。相较之下,《奥地利普通民法典》的上述规定比《巴伐利亚民法典》更接近于积极信赖保护理论。因为,在错误是由错误方自己或者第三人导致的情形中,《奥地利普通民法典》考虑到相对人对该错误应否知悉,即是否具有善意的信赖,而《巴伐利亚民法典》在这两种情形中一律规定契约有效,不论相对人应否知悉,这种规范模式更接近于纯粹表示主义。

《奥地利普通民法典》在意思表示错误问题上的信赖保护思想的直接来源是其本土法学家蔡勒的理论。蔡勒认为,契约的生效要求双方当事人的意思在表示上达成一致,不应该允许一方当事人主张自己的内心想法与表示不一致。否则将会危及交易法则。相对人对于允诺履行的期待应该受到保护。据此,错误即便涉及契约的标的,仅当相对人从意思表示或事务的性质中显然能够知悉该错误的情况下,才导致契约无效。③ 从内容上看,蔡勒的理论已经具备了现代积极信赖保护理论的基本要素。

相较之下,德国民法学者对积极信赖保护的理论阐述比奥地利学

① Max Danzer, Das Bayerische Landrecht vom Jahre 1756 in seiner heutigen Geltung, 1894, S. 215.

② Moriz von Stubenrauch, Das allgemeine bürgerliche Gesetzbuch vom 1. Juni 1811, Bd. 3, 1858, S. 27 ff..

③ Franz Edlen von Zeiller, Das natürliche Privat-Recht, 3. Aufl., 1819, S. 138 – 145.

者晚了很多。直到 19 世纪末,哈特曼(Hartmann)和莱昂哈德
(Leonhard)才提出现代意义上的信赖主义。哈特曼在与耶林的缔约
过失理论商榷的过程中,否定错误方的消极利益赔偿义务。哈特曼认
为,法学应该探究的是依据法的实践动机和诚信,一项意思表示应否
产生约束力。仅当意思与表示的不一致可以被相对人知悉的情况下,
表意人才有权撤销意思表示。对于意思与表示不一致的问题,意思主
义和表示主义都不能给出令人满意的方案:如果一方当事人的内在想
法无关紧要,那么另一方当事人的内在想法当然也不重要。"无论表
意人的意思还是表示受领人的期待都不应该单独发挥决定性作
用。"①同样,在确定意思表示的效力时,莱昂哈德也不仅仅考虑相对
人对表示的理解,还考虑相对人的理解是否具有正当理由,也就是说,
其对表示的意义是否具有正当的信赖,如果有,则意思表示依该意义
发生效力,不论是否与表意人的内在意思相一致。②

如果说到此为止的积极信赖保护理论仅仅是对个别问题的零星
论述,那么莫里茨·韦斯帕赫的《对民法中的外部构成事实的信赖》一
书的出版标志着现代意义上的积极信赖保护理论体系的形成。韦斯
帕赫主张,现代民法奉行如下原则:基于对依据法律或者交易观念构
成一项权利、法律关系或其他法律要素的表象形式的外部构成事实之
信赖而实施法律行为的人,其信赖受保护。此项原则的适用范围包括
但不限于意思表示、无权代理。就无权代理而论,如果 A 将 B 置于一
个依交易观念涉及一定范围内代理权的地位,或者 A 向外界公开其授
予 B 代理权之事实,则第三人的信赖值得保护,即便 A 实际上没想授
权 B,也应认定代理权存在。就意思表示而论,相对人可以信赖意思

---

① Martin Josef Schermaier, Die Bestimmung des wesentlichen Irrtums von den Glossatoren bis zum BGB, 2000, S. 567 – 571.

② Rudolf Leonhard, Der Irrthum bei nichtigen Verträgen nach römischem Rechte, 1882, S. 71 – 76.

的外在符号,所以错误原则上由表意人承担不利后果。① 韦斯帕赫甚至认为,一个精神病人订立的合同是有效的,除非其证明相对人在缔约时知道其欠缺行为能力。法律不应该仅考虑精神病人的利益保护。在交易法中,同情道德比在其他领域更没理由使意思欠缺或自由的意思决定之欠缺成为合同效力之障碍。在人与人之间的外部法律交往中,作为权利和行为之规范的不能是内在、隐蔽的东西,只能是外在、可识别的东西。②

积极信赖保护理论对 20 世纪的私法制度产生了深远的影响。法律行为领域中的代理权表象责任(表见代理、容忍代理)得到普遍承认,意思表示解释理论由主观主义转向客观—信赖主义,意思瑕疵情形中表意人的撤销权受到更多的限制。按照《意大利民法典》第 1428 条的规定,仅当错误能够被相对人识别时,才导致意思表示可撤销。按照《荷兰民法典》第 3 编第 35 条规定,对于一个在特定意义上理性地理解一项表示的人,不得主张意思之欠缺③。据此,在意思与表示不一致时,法律给予积极信赖保护。④ 按照《欧洲合同法原则》(PECL,由欧盟的"欧洲合同法委员会"于 1982 年至 2002 年起草)第 4 - 103 条第 1 款的规定,对于表示错误,仅当对方当事人犯了同样的错误或者导致错误或者知道或应当知道错误并且违背诚实信用及公平交易准则使错误方维持错误,并且其知道或应当知道该错误对于错误方而言是严重的情况下,错误方才可以撤销意思表示。而按照该条第 2 款的规定,如果依当时的情势,错误是不可原谅的,或者错误方承担了或依当时情势应承担错误之风险,则错误方不得撤销意思表示。通过这些

---

① Moriz Wellspacher,Das Vertrauen auf äußere Tatbestände im bürgerlichen Rechte,1906,S. 267 - 271.

② Ebenda,S. 102 - 119.

③ 依《荷兰民法典》第 3 编第 33 条、第 34 条第 2 款的规定,意思是法律行为的构成要件(生效要件),意思欠缺的法律行为可被宣告无效。

④ Peter Loser,Die Vertrauenshaftung im schweizerischen Schuldrecht,2006,S. 36 - 44.

限制,错误方撤销意思表示的机会明显减少,相对人的信赖获得强有力的保护。

(四)两种信赖保护的区别

两种信赖保护的目标明显不同。就积极信赖保护而论,当事人的信赖得到满足。信赖方被置于如下地位:仿佛其以为存在的法律状况真的存在,或者其所期待的未来行为已经发生,信赖保护的目标与合同类似,是追求变化或者说获得增值。与此不同,消极信赖保护的目标是使因信赖破灭而发生的损失得以补偿。信赖方被置于如下地位:仿佛其从未产生过信赖。① 具体而言,消极信赖利益损失主要包括:(1)缔约过程中发生的费用,如差旅费、通信费、交易文本费等。(2)为了将来履行而支出的储备、采购费用;如果信赖方已经作出给付,则为了货物的寄送、包装、设备的安装、取货必须支出的费用以及为支付价款而动用资金所遭受的利息损失。(3)丧失的订约机会,意思表示的受领人必须证明,基于对表示有效性的信赖,其放弃了与第三人缔结一项本来已经具体计划的法律行为,或者没有去寻求事后可证明其存在的与第三人缔约之其他机会。② 该赔偿责任的理由在于,表示受领人基于对表示有效性的信赖,将其只能一次作出的或者在相关时点其仅具备一次给付能力的给付从市场上撤回。③ (4)如果表示受领人与第三人缔结了合同,则因该合同关系而发生的费用和损失。尤其是第三人对表示受领人主张债务不履行的损害赔偿请求权,因为表示受领人无法从表意人那里获得给付,从而无法将其移转给第三人。但仅在该合同缔结于表意人作出表示之后的情况下,才需要赔偿。(5)补救性合同产生的损失。它是在表意人撤销意思表示后缔结

---

① Ebenda,S. 67.

② Peter Mankowski,Beseitigungsrechte,2003,S. 564 – 567.

③ Rudolf von Jhering,Culpa in contrahendo oder Schadensersatz bei nichtigen oder nicht zur Perfection gelangten Verträgen,Jahrbücher für die Dogmatik des heutigen römischen und deutschen Privatrecht,Bd. 4,S. 20f.

的,旨在弥补与表意人缔结的合同落空后形成的漏洞。如紧急出售标的物或购进标的物。[①] (6)为了利用标的物而投入的费用,比如我国最高人民法院《关于审理城镇房屋租赁合同纠纷案件具体应用法律若干问题的解释》第7条第2款规定的租赁合同无效情形中承租人装修房屋的费用。

事实上,消极信赖利益与作为积极信赖保护之目标的履行利益存在重叠之处,只是观察视角不同而已。从金额核算上看,履行利益往往包含了消极信赖利益,因为当事人因信赖合同的效力而投入的费用在合同有效的情况下是通过履行利益得到补偿的,缔约时的成本收益核算已经考虑到这个因素。而当事人丧失其他订约机会所遭受的信赖利益损失可能等同于履行利益损失,因为其他订约机会中的成交价可能等同于被撤销的那份合同的成交价。有时,某一项利益既可以说是消极信赖利益,也可以说是履行利益。比如,承租人装修房屋的费用在租赁合同无效的情形中属于消极信赖利益损失,但在租赁合同因出租人违约而被解除情形中,该费用损失属于履行利益损失,因为若合同正常履行承租人本来可以享受到经过装修的租赁房所带来的利益。

尽管如此,两种信赖保护在方向上仍然不同。从保护力度上看,积极信赖保护通常强于消极信赖保护。因此,瑞士民法学者莫林(Morin)将前者称为"强式信赖保护",将后者称为"弱式信赖保护"。[②]

### 二、积极信赖保护、私法自治与法律行为效力的关系

(一)学说争议

关于积极信赖保护、私法自治与法律行为效力的关系,以往存在三种学说:一元论、二元论与包含论。争论的焦点在于积极利益保护

---

① Peter Mankowski, Beseitigungsrechte, 2003, S. 567 – 570.

② Peter Loser, Die Vertrauenshaftung im schweizerischen Schuldrecht, 2006, S. 67.

的法律途径：究竟是只能借助于基于私法自治的法律行为的约束力抑或是也可以借助于积极信赖保护。

### 1. 一元论

一元论认为，信赖保护的结果仅包括消极利益损害赔偿责任，积极利益只能因法律行为的生效而得到保护，且法律行为的效力仅以私法自治为基础。这实际上否定了积极信赖保护。这其中最有代表性的是弗卢梅的学说，其一元论体现在两个方面。一方面，就意思瑕疵而言，某些学者提出了与私法自治相对立的信赖保护原则，主张仅以表示作为意思表示的基本要素，弗卢梅对此表示反对。他认为，有瑕疵的意思表示之所以不应该像意思主义所主张的那样被认定为"自动"无效的理由是自我负责，它仍然是私法自治的组成部分。[1] 另一方面，弗卢梅认为，所谓的"代理权表象责任"仍然属于依法律行为授予代理权，不是独立于法律行为之外的积极信赖责任。《德国民法典》第171条规定的授权通知不是单纯的宣示或告知，其目的是赋予代理人以代理资格，即便事先已经作出授权行为，该通知也是对该授权的确认；即便事先的授权无效，该通知也独立生效，其属于独立的单方法律行为。第172条规定的出具授权书并由代理人向第三人出示以及司法实践中普遍承认的所谓容忍代理亦然。[2]

### 2. 二元论

二元论的主要代表是卡纳里斯。他认为，积极信赖保护与法律行为效力都能使当事人的积极利益获得保护，二者各有其适用领域，是并列的。一方面，积极信赖保护不应该"侵占"法律行为的效力领域。法律行为的效力基础是私法自治原则，该原则与信赖原则相互独立。无瑕疵法律行为的约束力根本不需要借助信赖原则。在意思瑕疵情

---

[1] Werner Flume, Allgemeiner Teil des bürgerlichen Rechts, Bd. 2: Das Rechtsgeschäft, 4. Aufl., 1992, S. 60 – 61.

[2] Ebenda, S. 823 – 828.

形中,为使表意人受其在有瑕疵的自决状态中设置的规则的约束,可以通过补充性的自我负责要素得以正当化。如果认为这么做违背了私法自治,想在私法自治之外寻找一个诸如信赖原则那样独立的正当基础,则意味着对法律行为理论予以伦理空壳化,这是不可接受的。[①]另一方面,积极信赖保护的效果(信赖责任)不应该也没必要借助于法律行为理论予以解释。应该区分建构性的表示和宣示性的表示(konstitutive und deklaratorische Erklaerungen)。法律行为的客观构成事实始终以建构性的表示为前提,它使一项规则发生效力,而不仅仅指明一项已经生效的规则。宣示性表示的约束力只涉及信赖责任,不涉及法律行为。把《德国民法典》第 171 条及以下各条以及容忍代理纳入法律行为理论是行不通的。意思表示无效情形中(如虚伪表示)的第三人保护也只能求助于信赖责任,当事人就该法律行为向第三人发出的通告并非一项新的法律行为,而是单纯的宣示性的表示。[②]

3. 包含论

第三种学说认为,法律行为的效力基础既包含私法自治因素,也包含信赖保护因素。积极信赖保护与法律行为效力难以明确区分,前者具有广阔的适用领域,包含了后者的适用领域。从这个意义上说,可以称之为包含论。持该说的学者有奥地利法学家弗朗茨·比德林斯基、瑞士学者罗泽尔(Loser),德国法学家埃瑟尔(Esser)、雅各比(Jacobi)、科英等人。比如,弗朗茨·比德林斯基认为,尽管私法自治在法律行为制度中具有优先地位,但法律行为制度不能仅立足于该原则,必须考虑与私法自治冲突的其他原则,它们构成多元化的原则体系。合同约束力的根源不仅在于自决原则,还在于自由行为涉及其他人的外部效果(如另一方当事人的信赖状态)在个案中依据基本原则

---

① Claus-Wilhelm Canaris, Die Vertrauenshaftung im deutschen Privatrecht, 1971, S. 412 – 422.

② Ebenda, S. 425.

的综合考量可以归责于行为人。从根本上说,自我负责原则——而不是自决原则——才是法律行为不受当事人已经变化了的意思之影响的约束力的根源。该原则关注作为表示行为之可归责后果的表示受领人的信赖地位,其对法律行为中表达出来的法律效果产生了信赖并且可能以此为基础作出广泛的安排。① 罗泽尔认为,看起来最令人信服的结论是:合同约束力既非仅仅基于意思自决原则,亦非仅仅基于信赖原则,毋宁是以二者之结合为基础。但同时他认为应该区分合同约束力(合同责任)与信赖责任。不应该把除了自决以外也因信赖而发生的责任称为信赖责任,毋宁说该责任是合同责任,体现为当事人受合同的约束,由于它使当事人获得履行利益,所以也是积极信赖保护。② 合同责任的信赖相关性并未危及信赖责任在法教义学上的独立性,信赖保护不等于信赖责任。真正意义上的信赖责任是在涉及法律行为的特别结合关系中因信赖而发生的契约外责任。除了缔约过失责任之外,它还包括在存在权利表象及其他信赖状况之情形中的善意保护。③与此类似,埃瑟尔也指出,合同理论通过将表示作为构成要素,已经体现了信赖思想④。

(二)对诸学说的评析

一元论显然欠缺说服力。包括容忍代理等情形在内的代理权表象责任无论如何不能解释为依法律行为授予代理权。被代理人向第三人发出的授权通知以及由代理人向第三人出示的授权书在性质上属于观念通知,并非意思表示。授权法律行为发生在被代理人与代理人之间,如果该法律行为无效但在法律上却认定代理行为有效,是因为授权通知或授权书造成了代理权表象,第三人对此产生信赖,法律

① Franz Bydlinski,System und Prinzipien des Privatrechts,1996,S. 150 – 157.
② Peter Loser,Die Vertrauenshaftung im schweizerischen Schuldrecht,2006,S. 82 – 92.
③ Ebenda,S. 816.
④ Josef Esser, Grundsatz und Norm in der richterlichen Fortbildung des Privatrechts, 4. Aufl. ,1990,S. 373.

给予积极信赖保护。容忍代理是指被代理人放任他人作为其代理人出现,相对人依据诚实信用可以而且事实上已经认为该他人被授予代理权,在法律上应当将该他人视为享有代理权。[①] 该代理权并非因为被代理人作出授权意思表示而发生,而是因为被代理人的容忍态度引发了代理权表象,法律为保护第三人的信赖而拟制出来的。信赖保护的对象不仅限于消极利益,也包括积极利益,即通过履行对被代理人有约束力的法律行为给第三人带来的利益。

二元论也不能完全令人满意。有瑕疵的法律行为如果发生约束力,不能说与信赖原则毫无关系。[②] 比如,真意保留(单方虚伪表示)的意思表示原则上有效,除非相对人明知道表意人系真意保留。如果仅依私法自治原则,表意人作出的表示因为与其内心意思不一致,不应该发生约束力,否则就等于说表意人受其意思之外的其他因素支配,这已经不是"自治",而是"他治"。卡纳里斯试图通过重新诠释法律行为概念,使真意保留的意思表示留在私法自治的框架之内。他认为,法律行为的本质在于使一项规则发生效力(In-Geltung-Setzung),因此,从私法自治的基本思想就可以直接得出结论:真意的保留是无关紧要的,因为表意人知道甚至愿意进行效力安排,其因此在无瑕疵的自决(Selbstbestimmung)状态中创设了一个法规则。在这种情形中,并非仅仅存在法律行为的表象,而是存在真正的法律行为。[③] "自治""自决"被他界定为当事人在自觉的状态下创设行为规则,无论是依其真意创设还是非依其真意创设。问题是,尽管行为规则的创设是有意识的,但并不意味着表意人愿意使该规则发生约束力。真正意义上的

---

[①]　Christoph Hirsch,Der Allgemeine Teil des BGB,6. Aufl. ,2009,S. 318.

[②]　我国学者朱广新认为,在决定有瑕疵法律行为的效力时,信赖保护原则起补充作用。参见朱广新:《信赖保护原则及其在民法中的构造》,中国人民大学出版社2013年版,第110页。

[③]　Claus-Wilhelm Canaris,Die Vertrauenshaftung im deutschen Privatrecht,1971,S. 419 - 421.

自治绝不仅仅包含"意识"因素,还应该包含"意愿"因素。如果在欠缺第二个因素的情况下仍然使一项行为规则发生约束力,则与其说是完全的自治,毋宁说是自治与其他原则之间的妥协。就真意保留而论,意思表示之所以违背表意人意愿而发生约束力,是因为相对人对该表示产生信赖。法律需要保护这样的信赖,否则,法律行为作为私人法律交往基本手段的功能将难以实现。在相对人明知道表意人系真意保留的情况下,意思表示无效恰恰表明关于真意保留的法律规定不仅仅植根于私法自治原则:如果采用卡纳里斯的自治概念,真意保留情形中表意人仍然在自治,意思表示应该一律有效,不论相对人是否知悉真意的保留。法律将该意思表示的有效性与相对人的主观状态联系起来,目的只有一个,即把不存在善意信赖的相对人排除在真意保留意思表示约束力的保护范围之外。

关于通谋虚伪表示的法律规则可以为上述结论提供佐证。卡纳里斯的理论无法解释如下现象:在真意保留情形中,表意人在自觉状态下创设的行为规则具备约束力,但为何在通谋虚伪表示情形中,表意人在自觉状态下创设的行为规则不具备约束力?如果说在第一种情形中表意人在自治,那么在第二种情形中表意人也在自治,依私法自治原则,二者在法律效果上不应有所区别。显然,仅依私法自治原则无法得出令人信服的结论。通谋虚伪表示之所以无效,是因为相对人明知道意思表示的虚伪性。既然其对于意思表示并无信赖,法律自然就没必要通过使意思表示产生约束力以保护其信赖。只有将私法自治与信赖原则相结合,才能对真意保留与通谋虚伪表示的法律规则提供合乎逻辑的解释。

法律行为约束力与积极信赖保护在适用领域上并非泾渭分明,二者存在密切关联。弗朗茨·比德林斯基与罗泽尔等人看到了这一点,但夸大了二者的关联性。需要求助于信赖保护原则的仅仅是部分法律行为的约束力。就无瑕疵法律行为而论,之所以发生约束力,原因在于私法自治原则。如前所述,法律行为自由意义上的私法自治意味着当事人应当受自己意思的约束,对自己的意思表示负责,即自我负责。这正是无瑕疵法律行为的效力基础。弗朗茨·比德林斯基把自我负责与信赖保护混为一谈,是不恰当的,因为并非仅当相对人对意思表示产生信赖时,表意人才应该自我负责。尽管私法自治意味着行为自由,但不等于说当事人作出意思表示后,可以自由地撤销之。至少对于契约而言,不允许这么做。甲的意思表示作出后,如果与乙的意思表示达成合意,甲就不能撤销,理由不在于乙对甲的意思表示已经产生了信赖,而是在于意思表示作为人与人之间法律交往的手段,一旦与相对人的意思表示达成合意,就已经在双方当事人之间形成了一种涉及双方利益的私法秩序,该私法秩序必须具备相当的严肃性与确定性,不能因为某一方当事人改变主意就随便推翻该秩序——就像不能因为某些参与立法表决的人事后改变主意而否定法律的效力那样。只有在一方当事人的意思表示存在瑕疵的情况下,才允许其撤销已经与对方当事人的意思表示达成合意的意思表示。一如自由,自我负责也是现代伦理与法律上的一项基本准则,因为自由与责任相生相伴,伦理人在享受自由的同时也应该为自由行为的后果负责。

(三)结论:交叉论

总之,一元论、二元论与包含论均存在缺陷。积极信赖保护、私法自治与法律行为效力之间的关系应该如此界定:法律行为效力与积极信赖保护在适用领域上存在交叉之处,有瑕疵法律行为的效力需要以信赖原则为基础,无瑕疵法律行为的效力一般不需要求助于信赖原则,私法自治原则足以为其提供正当基础。除了有瑕疵法律行为的约束力之外,积极信赖保护还体现在代理权表象责任(涉及法律行为的归属问题)等领域。

### 三、信赖保护原则对于私法自治原则的限制与补充

从整个法律行为制度体系的层面看,私法自治原则仍然处于核心

地位。信赖保护原则对于私法自治原则具有限制与补充功能。特定条件下,意思表示的内容虽然背离表意人真实意思,但为了保护相对人的信赖,仍然使表意人受该表示内容的约束。例如,在真意保留情形中,除非相对人知道真意保留,否则意思表示依其客观意义对表意人发生效力;在第三人欺诈情形中,除非相对人知道或者应当知道欺诈行为,否则受欺诈的表意人不得撤销法律行为;在无权代理情形中,相对人有值得保护的信赖且被代理人存在可归责性的,代理行为虽然不符合被代理人的意愿,但仍然对被代理人发生效力,借名行为与冒名行为也是如此;就意思表示解释而言,通过规范性解释确定的表示内容即便不符合表意人的真实意思,仍然对表意人发生效力,表意人充其量只享有意思表示错误规则中的撤销权,撤销之后,相对人依然可以主张消极信赖保护。

在以上情形中,从一方当事人(表意人、被代理人)的角度看,私法自治受到限制,该当事人例外地受到"他治";从另一方当事人(相对人)的角度看,虽然不能基于私法自治原则从法律行为中取得权利,但可以基于信赖保护原则从法律行为或者法律规则中取得权利,体现了信赖保护原则对私法自治原则的补充功能。

# 第二章 法律行为的概念与类型

## 第一节 法律事实体系中的法律 行为

### 一、作为权利变动原因的法律事实

万物皆有因果,权利变动亦然。法律规范将特定法律效果与构成要件(Erfordernisse;Bestandteile)联系起来,这些构成要件之整体被称为事实构成(Tatbestand)。在事实构成与法律效果之间存在因果关系,前者是后者的原因。权利变动是法律效果的一种①,所以,事实构成是权利变动的原因。通常而论,私法上的事实构成就是法律事实(juristische

---

① 法律效果是法律上的某种变化,除了权利义务变动之外,还包括自然人权利能力与行为能力的取得、法人的成立与终止、法律地位(如预告登记地位)的取得等。

Tatsache）①。从这个意义上说，法律事实是权利变动的原因。

## 二、法律事实的分类

### （一）通说关于法律事实的分类

一般认为，私法上的法律事实可以分为人的行为以及人的行为之外的其他事实。后者亦称自然事实②，包括事件与状态。状态，如下落不明、精神障碍、时间的经过、善意、知悉、设施造成的妨害状态或危险状态、遗失物无人认领状态、不动产位置相邻、雇佣关系的存续等。事件，如出生、死亡、自然原因导致的火灾、自然原因导致的动产混合等。有些事件与人的行为相关，但此人并非系争法律关系的当事人。例如，甲杀害乙，致乙死亡，丙因此继承乙的遗产。从继承这一法律效果的视角看，乙的死亡尽管由甲的加害行为造成，但仍为事件（因第三人的行为引发的事件）。此时，继承法仅关注乙死亡这一结果，不关注导致乙死亡的加害行为。反之，从甲的损害赔偿责任的视角看，甲的加害行为则是行为，不是事件，因为损害赔偿法关注的不仅仅是乙死亡这一结果，毋宁还关注该结果是否由赔偿义务人甲的行为导致。

在各种法律事实中，最重要的是行为，即法律上的行为（juristische Handlung，Rechtshandlung）③。依通说，行为可以分为适法行为（rechtmäßige Rechtshandlung）与违法行为。违法行为包括侵权行为、

---

① 恩内克策卢斯与尼佩代认为，事实构成除了法律事实之外，还包括权利，比如，就所有权让与这一法律效果而言，让与人的权利是事实构成的组成部分（Vgl. Enneccerus/Nipperdey，Allgemeiner Teil des Bürgerlichen Rechts，15. Aufl.，J. C. B. Mohr，Tübingen，1960，S. 859）。不过，冯·图尔却认为，所有的事实构成都是法律事实，在所有权让与的情形中，让与人所有权的存在是一种状态，即法律状态（rechtlicher Zustand），它与事实状态、行为等同属于法律事实（Vgl. Andreas von Tuhr，Der Allgemeine Teil des Deutschen Bürgerlichen Rechts，zweiter Band，erste Hälfte，1914，S. 9）。

② 参见史尚宽：《民法总论》，中国政法大学出版社2000年版，第301页。

③ 在德国法学文献中，Rechtshandlung 有最广义、广义与狭义之分。详见朱庆育：《民法总论》（第2版），北京大学出版社2016年版，第109页。

债务不履行行为与其他违法行为①。适法行为又可以细分为表示行为（Erklärung）与非表示行为，后者即事实行为（Realakt）。表示行为包括意思表示与其他表示行为，后者被称为准法律行为（rechtsgeschäftsähnliche Handlung）。② 意思表示是法律行为的要素，单方法律行为仅由一个意思表示构成，多方法律行为由多个意思表示构成。

　　法律行为的根本特征在于，之所以发生特定法律效果，是因为行为人想要发生该法律效果并且将其意愿表达于外部（意思表示），法律在行为人的意愿与法律效果之间建立了因果关联。与此形成鲜明对比的是，事实行为导致的法律效果不取决于行为人的意愿，即便行为人不想发生该法律效果，也会依法（ex lege）发生该法律效果。可以将事实行为定义如下：以发生某种事实效果为本旨但依法发生特定法律效果的适法行为。事实行为，如先占、占有之取得或放弃、交付③、加工、建造房屋、创作学术或文艺作品、无因管理、导致补偿责任的紧急避险④等。

　　介于意思表示与事实行为之间的是准法律行为。与事实行为不同，准法律行为包含了一项表示（在这方面与法律行为类似），行为人借此表达了一项意愿、观念、感情等心理活动。不过，即便行为人表达了一项意愿，法律效果的发生也并非因为行为人想使其发生，毋宁说，

---

　　① 　缔约过失也是违法行为，但目前通说认为其也属于债务不履行行为，因为行为人违反的先合同义务也是债务。侵权行为与债务不履行行为之外的其他违法行为还包括：违反身份法义务的行为，如有配偶者与他人同居，违反夫妻忠实义务；某些导致丧失权利的行为，如伪造、篡改遗嘱的行为，情节严重的，导致行为人丧失继承权（《民法典》第 1125 条第 1 款）。后一种行为在某些文献中被称为"失权行为"（Verwirkung）。Vgl. Enneccerus/Nipperdey, Allgemeiner Teil des Bürgerlichen Rechts, 15. Aufl., 1960, S. 869；参见史尚宽：《民法总论》，中国政法大学出版社 2000 年版，第 304 页。

　　② 　Reinhard Bork, Allgemeiner Teil des Bürgerlichen Gesetzbuchs, 4. Aufl., Mohr Siebeck, 2016, S. 118（Rn. 277）.

　　③ 　Astrid Stadler, Allgemeiner Teil des BGB, 19. Aufl., 2017, S. 131.

　　④ 　个别文献将导致补偿责任的紧急避险、行使追寻权的行为视为与事实行为并列的合法行为。Vgl. Enneccerus/Nipperdey, Allgemeiner Teil des Bürgerlichen Rechts, 15. Aufl., 1960, S. 868.

该法律效果直接由法律规定(在这方面与事实行为类似)。所以,此类表示行为与法律行为不尽相同,只能称为准法律行为。

准法律行为包括意思通知(Willensmitteilung)、观念(事实)通知(Vorstellungsmitteilung)与感情表示(Gefühlsäußerung)。意思通知最典型者如债务履行之催告。在我国民法中,此项催告发生诉讼时效中断之效果,债权人在催告时是否希望或者意识到该效果的发生,在所不问。属于意思通知的还有:追认权行使之催告、要约之拒绝、①给付之拒绝、给付受领之拒绝、债务承担同意之拒绝、债务人同意履行等。观念通知也称事实通知,是指当事人将其对某项事实的认识告知对方当事人。例如,债权让与通知、买卖物瑕疵告知、授权通知、租赁物让与通知、②债权申报、股东会的会议通知、货物签收、在告知单上签字确认、在催款单签字承认债务等皆为观念通知。感情表示即宥恕③。我国《继承法》(已废止)第7条第3款规定,继承人遗弃被继承人或者虐待被继承人情节严重的,丧失继承权。对此,最高人民法院《关于贯彻执行〈中华人民共和国继承法〉若干问题的意见》(以下简称《继承法司法解释》)(已废止)第13条规定,如果继承人事后确有悔改表现且被继承人生前表示宽恕的,可不确认其丧失继承权。此处所谓宽恕即民法原理上的宥恕(Verzeihung),其具备阻却继承权丧失之效力④。《民法典》第1125条第2款将宥恕的适用范围扩张于继承人因伪造、篡改、隐匿、销毁遗嘱或者以欺诈、胁迫手段妨碍遗嘱行为且情节严重而丧失继承权之情形。

准法律行为依其与法律行为的共同点以及利益状况,可以准用法

---

① 参见史尚宽:《民法总论》,中国政法大学出版社2000年版,第303页。
② 参见〔德〕卡尔·拉伦茨:《德国民法通论》,王晓晔、邵建东等译,法律出版社2003年版,第711页。
③ 参见王泽鉴:《民法总则》,北京大学出版社2009年版,第239页。
④ 我国台湾地区"民法"第1053条规定,夫妻宥恕对方通奸行为的,不得再以对方通奸为由请求离婚。

律行为制度中关于行为能力、代理、意思瑕疵、可撤销、同意、追认、无效、意思表示解释等规则。

（二）法律事实的另一种分类

部分学者把违法行为视为事实行为的一种①。这样，人的行为就被划分如下：（1）表示行为，包括意思表示与准法律行为；（2）事实行为，包括合法的事实行为与违法的事实行为，如侵权行为、债务不履行行为等。这种分类并非毫无道理。将表示行为与事实行为统称为适法（合法）行为且将其与违法行为并列，面临一些逻辑问题。例如，甲擅自将乙所有的木料加工成桌子，此举侵害乙的木料所有权，具有违法性，但依前述通说，甲的加工行为属于事实行为，而事实行为属于适法行为，结果是：甲的违法加工行为属于适法行为。同理，某人违法在土地上建造房屋的行为也属于适法行为中的事实行为。两种情形皆产生自相矛盾的结论。

为克服此种"违法行为构成适法行为"的逻辑困境，有学者提出如下解释：此乃一项自然行为受数重法律评价因而对应数项规范行为之问题。具体而言，违法建造行为的违法性存在于公法领域，在私法领域则属于合法行为（事实行为），可以使建造人取得房屋所有权；加工他人之物分别对应侵权规范与所有权取得规范。就前者而论，此举属于违法行为（侵权行为），就后者而论，此举属于合法行为（事实行为）。② 此种观点虽有一定解释力，但不能令人完全信服。一项自然行为确实可受数重法律评价，比如，甲将乙打成重伤，此举一方面在刑法上被评价为犯罪，须判处刑罚；另一方面在民法上被评价为侵权，需承担损害赔偿责任。不过，法律评价不限于将某项行为评价为违法或

---

① 参见〔德〕迪特尔·梅迪库斯：《德国民法总论》，邵建东译，法律出版社2000年版，第160页；李永军：《民法总论》（第2版），中国政法大学出版社2012年版，第166页；马俊驹、余延满：《民法原论》（第4版），法律出版社2010年版，第74页；王利明：《民法总则研究》（第3版），中国人民大学出版社2018年版，第160页。

② 参见朱庆育：《民法总论》（第2版），北京大学出版社2016年版，第84页。

合法,毋宁说,大多数情况下,法律评价的内容是某项行为应当产生何种法律效果。就违法建造行为而论,公法(行政法)评价的内容是违法建造应当产生何种公法上的责任,私法评价的内容是违法建造可否使建造人取得房屋所有权。至于该建造行为的违法性问题,一旦认定其违反公法规定,则其即具备违法性。不能说该违法性仅涉及公法视角下的建造行为,不涉及私法视角下的建造行为。公法上的违法性与私法上的违法性不能人为割裂,在侵权法上,违反保护性法律的侵权行为之违法性恰恰表现为违反公法(如刑法)规范。公法上的违法性给一项行为留下的印记在私法上不可能消失,无论从公法视角看还是从私法视角看,该行为都是违法行为。当然,违法性对于该行为在公法上的评价与在私法上的评价可能具有不同意义。在公法上,违法性导致行为人承担某种公法上的责任。在私法上,违法性可能对该行为的法律评价产生负面影响,也可能不产生负面影响。是否产生负面影响,取决于价值衡量。违法性只是对一项行为进行私法评价需要考量的因素之一,如果其他更强有力的因素要求赋予该行为一种有利于行为人的法律效果,则在法律评价时应当忽略违法性,使该行为发生此种法律效果。违反强行法的法律行为并非当然无效,表明违法性在私法上未必皆导致否定性法律评价。具备违法性的行为也可能使行为人取得私法上的权利,如合同债权、所有权等。

综上,在对法律事实进行分类时,没必要先将行为划分为适法(合法)行为与违法行为,此种划分意义不大。在私法上,违法性与合法性对于行为效果未必具有决定意义。以合法性作为表示行为与事实行为的共同属性,实属勉强。相对而言,二者的个性大于共性,没必要将二者并置于"适法行为"这一抽象概念之下;反之,事实行为与侵权行为、债务不履行行为的共性更多,三种均不包含心理活动的外部表示,与表示行为形成鲜明反差。这种差别对于行为在私法上的评价以及规则适用具有更为重要的意义。据此,更为可取的做法是:首先将行为划分为表示行为与非表示行为(事实行为),至于合法行为与违法行为之划分,只能处于第二层级。这种分类不仅可以更好地解决违法建造、加工他人之物等行为之定性问题,而且可以解决**违法的法律行为之定性问题**:一如违法建造行为可以定性为事实行为,**违法的法律行为可以定性为表示行为**,因为事实行为与表示行为不再是"适法行为"的下位概念,如此定性不至于出现**"违法行为是适法(合法)行为"**的尴尬结论。

## 第二节　法律行为的概念与分类

在德国民法文献中,法律行为通常被定义为:基于法秩序,依当事人意愿发生所表示之法律效果的行为①;或者被定义为:旨在发生当事人所欲之法律效果的行为②。我国《民法典》第 133 条将法律行为定义为:"民事主体通过意思表示设立、变更、终止民事法律关系的行为。"上述法律行为定义皆强调法律效果与意思的关联性。法律行为的根本特征就在于:法律效果由意思表示的内容决定。从这个意义上说,法律行为是私法自治的工具。当事人通过意思表示创设规则,此项规则决定了权利义务关系的内容及其变动,在当事人之间如同法律规则那样发生效力,当事人据此实现私人事务的自我治理。

为了全面理解法律行为概念,需要厘清如下问题:法律行为的"合法性"问题;法律行为与其他部门法上行为的关系问题;法律行为与其他社会交往行为的关系问题;法律行为与意思表示的关系问题。

---

①　Reinhard Bork, Allgemeiner Teil des Bürgerlichen Gesetzbuchs, 4. Aufl. , 2016, S. 161 (Rn. 395).

②　参见〔德〕卡尔·拉伦茨:《德国民法通论》,王晓晔、邵建东等译,法律出版社 2003 年版,第 426 页;〔德〕迪特尔·梅迪库斯:《德国民法总论》,邵建东译,法律出版社 2000 年版,第 142 页。

### 一、法律行为的"合法性"问题

《民法通则》(已废止)第 54 条给法律行为下定义时强调法律行为是合法行为,在第 58 条使用"无效的民事行为"之表述,创造了"民事行为"这一新概念。与此不同,《民法典》第 133 条并未规定法律行为是合法行为,第 153 条以下诸条文使用"民事法律行为无效"之表述。这一立法上关于法律行为概念的立场变化是近年来我国法学界关于法律行为"合法性"问题争论的结果①。

我国民法学界有两种观点。② 第一种观点认为,法律行为是合法行为,具有合法性③。第二种观点认为,法律行为不以合法性为特征,违法从而无效的法律行为也是法律行为④。第一种观点的主要理由如下:其一,从法律行为的概念史看,自其于 18 世纪后期在德国诞生时起,主流学说就一直将法律行为归入适法(合法)行为。在对我国民法学影响深远的苏联民法学中,主流学说亦为如此。其二,概念定义可以分为立法定义与本质定义。本质定义是学术定义,指向被定义事物之共相,旨在揭示此概念与彼概念的本质区别。譬如,"人是理性的动物"系本质定义,这仅意味着在抽象层面上"拥有理性"是人与动物的本质区别,并不意味着每一个具体的人都必须具备理性要素,所以"(具体

---

① 关于法律行为"合法性"问题学术争论的详细介绍,参见朱庆育:《民法总论》(第 2 版),北京大学出版社 2016 年版,第 90—102 页。

② 易军的观点比较独特,认为法律行为原则上为合法行为,仅例外情况下才为违法行为,着眼于常态,理论上将法律行为定性为合法行为并无不可。参见易军:《法律行为为"合法行为"之再审思》,载《环球法律评论》2019 年第 5 期,第 59 页。

③ 朱庆育:《民法总论》(第 2 版),北京大学出版社 2016 年版,第 92—103 页;梁慧星:《民法总论》(第 5 版),法律出版社 2017 年版,第 64 页;张谷:《对当前民法典编纂的反思》,载《华东政法大学学报》2016 年第 1 期,第 12 页。

④ 参见董安生:《民事法律行为》,中国人民大学出版社 1994 年版,第 100—105 页;李永军:《民法总论》(第 2 版),中国政法大学出版社 2012 年版,第 176—178 页;龙卫球:《民法总论》(第 2 版),中国法制出版社 2002 年版,第 425—427 页;王利明:《民法总则研究》(第 3 版),中国人民大学出版社 2018 年版,第 160 页。

的)非理性人是人"之命题成立。同理,以合法性为要素的法律行为定义也是本质定义,其在抽象层面表述了法律行为的共相,但并不意味着具体法律行为都是合法、有效的,所以"无效法律行为是法律行为"之命题与法律行为本质定义并不矛盾。《民法通则》(已废止)的失误在于,立法者误以学术定义的方法进行立法定义,导致所谓法律行为"合法性"矛盾。① 其三,法律行为属于合法行为,具有合法性,是就法律行为是民事主体实现意思自治的合法手段而言,与民事主体实施的某个具体法律行为因其目的内容违法而无效之间并不矛盾。②

上述理由未必充分。首先,德国主流学说固然将法律行为归入适法(合法)行为,但除了内特布拉德、达贝罗等早期学者在给法律行为下定义时强调其合法性之外,其他学者在下定义时通常并未以合法性作为法律行为概念之要素,其所强调的毋宁是法律行为效果与当事人意思之间的关联性,即意思决定效果。尽管在进行法律事实的分类时,主流学说仍然将法律行为置于适法(合法)行为概念之下,但在阐述法律行为的具体问题时,并未将因违反禁止性法律规范而无效的法律行为排除在法律行为概念之外。法律事实的分类在当代德国民法教科书中的地位渐趋式微,很多教科书甚至未设专门部分对法律事实的分类予以一般阐述,只是在法律行为章节中探讨法律行为与其他行为的区别,借此阐明法律行为与准法律行为、事实行为的关系。这也是当代德国民法学"轻概念、重实践"之学术风格的体现。因此,仅以部分教科书在对法律事实的分类予以一般阐述时将法律行为当作适法(合法)行为的一种为由,断言法律行为皆为适法(合法)行为,欠缺足够的说服力。其次,无论学术定义抑或立法定义,皆为定义。凡是定义,皆须表述概念的根本特征,以便将此概念应包含的所有事物纳入其中,将不应包含的事物排除在外。抽象与具体不能割裂,所谓抽

---

① 参见朱庆育:《民法总论》(第2版),北京大学出版社2016年版,第102—103页。
② 参见梁慧星:《民法总论》(第5版),法律出版社2017年版,第64页。

象就是从各具体事物中抽取共性(本质属性),借此构造概念。理想状态下,用于定义抽象概念的本质属性应当为各具体事物普遍具备,否则,该定义即存在改进余地。就法律行为概念而论,传统主流学说以"合法性"定义法律行为,将法律行为限定为合法行为,但违法的法律行为并不具备合法性,若严格遵循逻辑,必须将此类违法的法律行为排除在法律行为概念之外。然而,即便在概念的定义和分类上采取"法律行为合法说"的学者,也大都认为因违法而无效的法律行为也是法律行为。如此,则法律行为定义中的"合法性"要素岂非形同虚设?或者更进一步,此项定义本身岂非形同虚设?由此可见,以"合法性"定义法律行为并非上策。其所引发的"违法的法律行为是合法行为"之悖论,无法通过区分"抽象的法律行为"与"具体的法律行为"得以化解。前者若不能完全涵盖后者,就应当考虑重新定义,以"设权性"之类的属性取代"合法性"作为法律行为的本质属性。一味固守法律行为的"合法性",无异于削足适履。最后,我们可以说法律行为是实现意思自治的手段,但不能断言法律行为是实现意思自治的合法手段。因为,法律行为作为自治手段究竟是否合法,还需要在个案中予以评判,不能先入为主地贴上合法标签。如果法律行为内容违法或被用于违法目的,则其并非实现自治的合法手段。仅因民法一般性地允许民事主体通过法律行为创设或者变更法律关系即将其称为合法行为,实无必要。

综上所述,法律行为并不必然具备合法性,不应将法律行为定义为适法(合法)行为。《民法通则》(已废止)为了坚守法律行为的合法性,创造出"民事行为"之概念,用于指称无效、可撤销等法律行为,实属多余。为避免"违法的法律行为是合法行为"之悖论,与其创造模糊不清的新概念,不如给法律行为摘掉适法(合法)行为的"小帽子",①

---

① 恩内克策鲁斯与尼佩代曾经反对"适法行为"之概念,理由是:根本不存在普遍适用于各种"适法(合法)行为"的法律规范,这个抽象概念没有意义。Vgl. Enneccerus/Nipperdey, Allgemeiner Teil des Bürgerlichen Rechts, 15. Aufl. , 1960, S. 862 – 864.

淡化适法(合法)行为与违法行为之概念区分在私法中的意义。实际上,适法行为这个概念在民法上本就没有太大意义。在这方面,《民法典》所做的立法改进值得肯定。

### 二、法律行为与其他部门法上行为的关系

行为是法学上的基本概念。除了民法上有行为之外,刑法、行政法、经济法等部门法上也有行为。各部门法上行为的共同点是其能成为法律事实,引发一定的法律效果。作为民法上行为的最重要类型,法律行为在本质上是民事主体的自治行为,民事主体通过意思表示创设规则,据此处置其相互间的利益关系。在这方面,法律行为不仅区别于民法上的其他行为,也区别于其他部门法上的行为。刑法上的犯罪行为、行政法上应受处罚的违法行为、经济法上的垄断行为等,要么与意思表示毫无关系,要么虽涉及意思表示(如合同中涉及垄断的条款),但行为的法律效果不受意思表示决定。

与法律行为比较接近的是行政行为,如行政许可、行政处罚。与法律行为类似,行政行为也是由行为人(行政机关)表达一项意思,据此发生、变更或消灭某一法律关系。法律关系的变动由行政机关单方面决定,无须相对人的参与,所以,行政行为类似于民法上行使形成权的单方法律行为。不过,行政行为与法律行为终究存在根本区别。法律行为是利益主体处置自己利益的自治行为,行政行为则否,行政机关并非利益主体,其实施的行政行为是旨在维护社会公共利益的管制行为。因此,行政行为中虽然也有意思因素,但起主导作用的并非意思因素,毋宁是合法性[①]。行政机关必须依据法定条件与程序实施行政行为,与法律行为的当事人不同,其意思决定并非自由决定,而是依法决定。事实上,行政行为所引发的法律效

---

[①]　参见〔德〕维尔纳·弗卢梅:《法律行为论》,迟颖译,法律出版社 2013 年版,第 48—51 页。

果(如罚款、吊销执照、取得实施某种活动的权利)通常已由法律明确规定,符合法定条件即应发生此项法律效果,只是需要由行政机关通过行政行为将法律规则中的抽象效果转变为由特定相对人承担的具体效果而已。这与法律行为当事人通过意思表示自由创设法律效果截然不同。

如果将所谓行政合同定性为行政行为,则该行政行为与民法上的法律行为存在诸多共性,区别主要在于,行政合同涉及公共利益,当事人至少有一方是公法主体,民事合同通常不涉及公共利益,当事人是私法主体——也包括作为私法主体参与法律关系的国家机关。就法律效果与双方当事人表示内容的关联性而论,行政合同与民事合同并无区别。从这个角度看,将行政合同与民事合同一并纳入法律行为概念,未尝不可。若不存在关于行政合同的特别规定,则可以将民法上的法律行为规则准用于行政合同。

与法律行为相关的还有国际条约。国际条约在本质上是国家与国家之间订立的合同(契约),只不过在缔约主体、所涉利益、争议解决等方面与民事合同存在差异而已。条约的法律效果与缔约方表示内容之间亦存在关联性,作为意定的规则创设行为,其亦具备法律行为的本质属性。

总之,从概念史的视角看,法律行为一词在德国法上自其诞生之日起就专指民法上通过意思表示创设法律效果的行为。时至今日,其用法仍未发生根本变化。将法律行为用于统称各部门法上各种具有法律意义的行为,显然不妥。否则,一方面导致法律行为概念的空壳化,将其变成"法律上的行为";另一方面导致先占、加工、无因管理等行为以及侵权行为在民法领域也应被称为法律行为,因为它们都是具有法律意义的行为。尽管国际条约与行政合同也具备法律行为的本质属性,将其纳入法律行为概念合乎逻辑,但只为了两种特殊情形而改变约定俗成的概念,并无太大必要。尤其是国际条约,将其纳入法律行为概念毫无实践意义①。因此,使用"法律行为"一词时,应当仅指民法上的法律行为。

### 三、法律行为与一般社会交往行为的关系

法律行为只是人与人社会交往行为的一种特殊类型。从概念上看,法律行为与一般社会交往行为的根本区别在于,法律行为以意思表示为要素,一般社会交往行为则欠缺意思表示。不过,在现实生活中,一般社会交往行为通常也涉及一方当事人向另一方当事人作出某种许诺或者类似的意向表达,此类表达并非都能轻而易举地与意思表示区别开来,所以,法律行为与一般社会交往行为有时容易混淆。

(一)法律行为与情谊行为

1. 情谊行为的概念

情谊行为(Gefälligkeitshandlung),也称好意施惠②,有广义与狭义之分。狭义的情谊行为仅指无偿向他人提供好处且不构成法律行为的行为。广义的情谊行为泛指一切无偿向他人提供好处的行为,既包括狭义的情谊行为,也包括构成法律行为的情谊合同(Gefälligkeitsvertrag)。③ 情谊合同即赠与合同、无偿委托合同、无偿保管合同、借用合同等无偿合同。④ 有学说将狭义的情谊行为进一步划分为纯粹情谊行为(日常情谊行为)和附保护义务情谊行为(Gefälligkeit mit Schutzpflicht)⑤。附保护义务情谊行为介于纯粹情谊

---

① 萨维尼虽然认为国际条约也是契约,但又强调其特殊性,主张应避免将私法规则随意适用于国际条约。Vgl. Friedrich Carl von Savigny, System des heutigen Römischen Rechts, Bd. 3, 1840, S. 310.

② 参见王泽鉴:《债法原理》(第2版),北京大学出版社2013年版,第209页。

③ 本书中的"情谊行为"如无特别说明,指的是狭义的情谊行为。

④ Ernst A. Kramer, in: Münchener Kommentar BGB, 5. Aufl. , 2007, Einleitung zum Buch 2, Rn. 32.

⑤ 施莱伯(Schreiber)把附保护义务情谊行为称为情谊关系(Gefälligkeitsverhältnis)。不过,在很多文献中,情谊关系与情谊行为同义。Klaus Schreiber, Haftung bei Gefälligkeiten, Jura, 2001, S. 810 – 815.

行为与情谊合同之间。纯粹情谊行为既不产生给付义务,也不产生保护义务(附随义务);情谊合同既产生给付义务,也产生保护义务;附保护义务情谊行为地位居中,虽不产生给付义务,但施惠者(Gefällige)对受惠者(Benefiziar)负担保护义务。①

教义学上最为困难的问题是:应否以及在何种条件下认定一项情谊行为产生保护义务?从比较法看,2002 年《德国民法典》修订之前,德国学者多认为尽管契约外的情谊行为不发生原给付请求权,但施惠者经常承担一定的保护义务。这是一种法定债务关系,类似于缔约过程中的先合同义务,二者都属于特别结合关系,学理上被统称为"准法律行为债务关系",也被称为"法定保护关系"(gesetzliche Schutzverhältnisse)②。其规范基础是旧《德国民法典》第242 条(依诚信原则履行债务)。③ 2002 年修订后的《德国民法典》第311 条第 2 款第 3 项规定,与缔约磋商"类似的交易接触"也能发生第241 条第 2 款规定的保护(顾及)义务。多数学者据此认为,情谊行为通常不属于该项规定的"类似的交易接触",因为情谊行为一般不涉及交易。仅在例外情形中,情谊行为才构成"类似的交易接触",据此产生保护义务。④ 前提是,某人以类似于缔结法律行为的方式自愿给与他人危害其法益的可能性。例如,在双方既存的业务联系中,一方向另一方提供没有约束力的咨询,此项咨询对另一方具有重要的经济意

---

① Dennnis Spallino, Haftungsmaßstab bei Gefälligkeit, Verlag Versicherungswirtschaft GmbH, Karlsruhe, 2016, S. 8 – 11;Klaus Schreiber, Haftung bei Gefälligkeiten, Jura 2001, S. 810 – 815.

② Claus-Wilhelm Canaris, Ansprüche wegen „positiver Vertragsverletzung" und „Schutzwirkung für Dritte" bei nichtigen Verträgen:Zugleich ein Beitrag zur Vereinheitlichung der Regeln über die Schutzpflichtverletzungen, JZ1965, S. 482.

③ Klaus Schreiber, Haftung bei Gefälligkeiten, Jura, 2001, S. 810 – 815;Ernst A. Kramer, in:Münchener Kommentar BGB, 5. Aufl. , 2007, Einleitung zum Buch 2, Rn. 83.

④ Feldmann/Löwisch, in:Staudinger Kommentar BGB, 2012, § 311 Rn. 109;Christian Grüneberg, in:Palandt Kommentar BGB, 79. Aufl. , 2020, Einl v §241 Rn. 8.

义或者因其系职业活动框架内提供的而使另一方产生信赖。① 当然，仍有部分学者认为，不必过分拘泥于"类似的交易接触"之文义，应在更大范围内承认情谊行为可以产生保护义务。在任何特定人之间有意识且有目的进行的广义交易接触中都应承认这种旨在关照交往伙伴的债务关系。这种接触使受惠者有权信赖其相对人（尤其是作为专业人士的相对人）将以特别的注意对待其和其财产。此项义务的归责基础是受惠者对施惠者的规范性正当的且可归责于施惠者的信赖，受惠者因该信赖而向施惠者客观显著地敞开其利益。② 据此，如下情谊行为皆可产生保护义务：银行提供免费咨询；③好意同乘；④俱乐部向观众免费开放体育场；债权人希望债务人放弃时效抗辩，一家与债务人具有密切经济联系的企业参与了以此为目的的协调行为，最终债权因未及时行使而罹于时效。⑤

　　因为我国《民法典》不存在类似于《德国民法典》第 311 条第 2 款第 3 项之规定，所以不可能通过对"类似的交易接触"进行目的论扩张推导出情谊行为中的保护义务。我国《民法典》第 509 条第 2 款规定债人应依诚信原则履行通知、协助、保密等义务。此类义务即附随义务，也就是保护义务。该款虽为合同债务的履行原则，但依据我国《民法典》第 468 条之规定，也可以适用于合同外债务，如单方法律行为（捐助、遗赠）产生的债务、法定债务等。从这个意义上说，我国《民法典》第 509 条第 2 款类似于旧《德国民法典》第 242 条，是各种债务履行的一般原则，具备保护义务（附随义务）一般条款的功能。德国民法教义学当初能从旧《德国民法典》第 242 条推导出先合同义务、后合

① Dirk Olzen, in: Staudinger Kommentar BGB, 2015, § 241 Rn. 406.

② Ernst A. Kramer, in: Münchener Kommentar BGB, 5. Aufl., 2007, Einleitung zum Buch 2, Rn. 38 – 39.

③ Claus-Wilhelm Canaris, Die Reform des Rechts der Leistungsstörungen, JZ 2001, S. 520.

④ Reinhard Bork, Allgemeiner Teil des Bürgerlichen Gesetzbuchs, 4. Aufl., 2016, S. 267 (Rn. 683).

⑤ Johann Kindl, in: Erman Kommentar BGB, 15. Aufl., 2017, § 311 Rn. 22.

同义务(nachvertragliche Schutzpflichten)、无效合同中的保护义务、情谊行为中的保护义务等,[1]我国民法教义学也可以将我国《民法典》第509条第2款规定的保护义务扩张适用于某些包含特别信赖关系的情谊行为,以便保护受惠者的信赖利益。当然,还可能从别的规范中推导出此种保护义务,比如类推《民法典》第500条关于缔约过失责任的规定。如果某些情谊行为接近于缔约过程中的交往行为,施惠者与受惠者之间产生特别信赖,则可以产生类似于先合同义务的保护义务。[2]某种情谊行为究竟应否产生保护义务,取决于当事人之间的利益状况、身份状况、行为的经济意义以及风险分配等因素。

2. 情谊行为的法律效果

狭义的情谊行为虽不产生给付义务,但一方基于情谊行为从另一方那里得到利益却不构成不当得利,因为情谊行为构成保有给付的合法原因[3]。就此而论,狭义的情谊行为具有不当得利阻却效力。此外,情谊行为还阻却无因管理的成立,情谊行为不构成无因管理[4]。

当然,关于狭义的情谊行为的法律效果,最重要的是责任问题。如果情谊行为产生保护义务,则在施惠者违反保护义务的情况下,须向遭受损害的受惠者承担债务不履行损害赔偿责任。如果情谊行为不产生保护义务,受惠者因情谊行为遭受损害的,只能适用侵权责任。有疑问的是情谊关系中的责任标准。就违反保护义务的责任而论,施惠者的保护义务类似于先合同义务,所以,其债务不履行损害赔偿责

---

[1] Ernst A. Kramer, in: Münchener Kommentar BGB, 5. Aufl., 2007, Einleitung zum Buch 2, Rn. 83.

[2] 我国有学者认为存在情谊关系与法律关系混合之情形,此时当事人具备限制性的约束意思,所以负有特定的注意和保护义务,比如帮邻居或熟人照看小孩、医生提供免费治疗、关于投资的自愿咨询与建议。参见韩世远:《合同法总论》(第3版),法律出版社2011年版,第82页。

[3] Christian Grüneberg in: Palandt Kommentar BGB, 79. Aufl., 2020, Einl. v § 241 Rn. 8; Feldmann/Löwisch, in: Staudinger Kommentar BGB, 2012, § 311 Rn. 14,认为按照《德国民法典》第814条之精神,情谊行为阻却不当得利返还请求权的产生。

[4] Christian Grüneberg in: Palandt Kommentar BGB, 79. Aufl., 2020, Einf. v § 677 Rn. 2.

任应参照缔约过失责任的标准。鉴于情谊行为具有无偿性和利他性，学理上的主流观点认为，施惠者的债务不履行损害赔偿责任应类推适用与该情谊行为类似的无偿合同（情谊合同）的责任限制规则。因为，情谊关系中的债务人不应承担比合同关系中的债务人更为严格的责任。所谓类似的无偿合同，是指假如情谊行为的当事人具有约束意思，则该行为将会成为的那种无偿合同。[1] 例如，给予的恩惠是无偿提供场所或者物品使用的，应类推适用借用合同的责任限制规则；给予的恩惠是无偿帮忙处理事务的，应类推适用无偿委托合同的责任限制规则。就无偿委托合同而论，我国《民法典》第 929 条第 1 款第 2 句规定受托人对委托人的损害赔偿责任以故意或者重大过失为要件。据此，与之类似的情谊行为如果产生保护义务，施惠者违反保护义务的损害赔偿责任也应以故意或者重大过失为前提。在这方面，施惠者违反保护义务的责任与缔约过失责任具有共性：依学理上的主流观点，缔约过失责任有时也适用责任限制规则，前提是当事人拟缔结的合同类型（如赠与合同、无偿保管合同）存在责任限制规则[2]。当然，有学说认为，合同关系中的责任限制规则系针对给付义务违反的损害赔偿责任，未必皆可类推适用于情谊关系或者缔约过程中违反保护义务的责任，甚至也不能当然适用于该合同关系中违反保护义务的责任。在德国判例（BGHZ 93,23）上，主流观点认为责任限制规则类推适用的前提是行为人违反的保护义务与合同标的（给付义务）存在关联性[3]。与之相反的观点则认为，责任限制规则原则上可以类推适用于各种保

---

① Ernst A. Kramer, in: Münchener Kommentar BGB, 5. Aufl. , 2007, Einleitung zum Buch 2, Rn. 42; Dirk Olzen, in: Staudinger Kommentar BGB, 2015, § 241 Rn. 538 – 539; Christian Grüneberg in: Palandt Kommentar BGB, 79. Aufl. , 2020, § 311 Rn. 28.

② Christian Grüneberg in: Palandt Kommentar BGB, 79. Aufl. , 2020, § 311 Rn. 28.

③ Johann Kindl, in: Erman Kommentar BGB, 15. Aufl. , 2017, § 311 Rn. 25.

护义务①。更为可取的做法是,依据责任限制规则之目的以及受损害的利益类型决定其可否类推适用于某种保护义务,包括合同关系中的保护义务、先合同保护义务以及情谊关系中的保护义务。

关于情谊关系中的侵权责任应否适用责任限制规则,也存在疑问。有学说认为,类似合同关系中的责任限制规则对于情谊关系中的侵权责任也有适用余地。理由是,在有合同的情况下,无法否认合同责任限制规则可以影响侵权责任,相应地,将无偿合同的法律评价类推适用于情谊行为时,也须承认合同责任限制规则可以影响侵权责任。此项论据的理论基础可以溯源于请求权竞合理论中的相互影响说,合同请求权的某些要素可以影响侵权请求权。② 按照我国《民法典》第1217条的规定,好意同乘情形中发生交通事故造成无偿搭乘人损害的,应当减轻机动车一方的侵权损害赔偿责任,但机动车使用人有故意或者重大过失的除外。这表明,好意同乘关系中的侵权责任在一定程度上受无偿委托合同责任限制规则的影响。之所以未完全适用该规则,主要是因为机动车事故责任是一种特殊侵权责任,具有危险责任因素。合同责任限制规则对机动车使用人的优待与危险责任的严格性相互妥协,产生了好意同乘关系中的特殊责任模式。

如果情谊关系中的债务(保护义务)不履行责任与侵权责任均适用合同责任限制规则,则两种责任存在一定共性。不过,二者仍然存在区别,主要表现为:其一,侵权责任原则上只能保护绝对权及类似法益,而违反保护义务的债务不履行责任则可以保护纯粹经济损失;其二,违反保护义务的债务不履行责任包含义务人为其履行辅助人的过

---

① Canaris, Ansprüche wegen „positiver Vertragsverletzung" und „Schutzwirkung für Dritte" bei nichtigen Verträgen: Zugleich ein Beitrag zur Vereinheitlichung der Regeln über die Schutzpflichtverletzungen, JZ1965, S. 481; Tiziana J. Chiusi, in: Staudinger Kommentar BGB, 2013, § 521 Rn. 10.

② Dirk Olzen, in: Staudinger Kommentar BGB, 2015, § 241 Rn. 540 – 543; Rüdiger Wilhelmi, in: Erman Kommentar BGB, 15. Aufl., 2017, Vor § 823 Rn. 26 – 28.

错负责,①而侵权责任则不适用如此严格的规则②;其三,侵权责任须由受害人负责证明加害人有过错,而违反保护义务的债务不履行责任就过错要件应采用证明责任倒置。上述区别意味着探讨情谊行为是否产生保护义务仍有必要,违反保护义务的债务不履行责任可以解决侵权责任无法解决的某些问题。例如,甲无偿搭乘乙的车,途中双方发生口角,乙将甲撵下车后继续驾车前行,附近没有公交站点,甲迫不得已叫了一辆出租车。假如当初未形成好意同乘关系,甲本可以乘坐地铁回家,交通费用显然低于途中由乘坐乙的车被迫改乘出租车支出的费用。此项费用差额是施惠者乙违反情谊关系中的保护义务而给受惠者甲造成的信赖利益损失,属于纯粹经济损失。此种情形显然不适用侵权责任,只能适用违反保护义务的债务不履行责任。

3. 情谊行为与法律行为的辨析

从事实层面看,狭义的情谊行为与法律行为的根本区别在于:前者不具备约束意义(意思),后者具备。对此,应依表示受领人视角判定,关键是在个案情形中依诚实信用并考虑交易习惯,受领人可否推断出对方当事人具备约束意思③。需要考虑的相关具体因素包括恩惠的种类、其动机或目的、其对于受领人的经济和法律意义、该意义得以体现的情境、双方当事人的利益状况、所托付物品的价值、受益人对给付产生的信赖、给付方因瑕疵给付而陷入的责任风险,等等④。至于行为的无偿性和利他性,并非决定性因素,因为赠与合同、无偿委托合同、无偿保管合同、借用合同等"情谊合同"也是无偿和利他的。无偿给予他人一项好处,可能是情谊行为,但也可能构成无偿的情谊合同。

---

① 《民法典》第593条可以解释为包含履行辅助人过错归属规则。

② 《民法典》第1191条和第1192条规定的雇主责任即便被解释为雇主不能通过证明自己无过错而免责,其对受害人的保护力度也未必比得上履行辅助人过错归属规则,因为履行辅助人的范围比雇员更为宽泛。

③ 参见王泽鉴:《债法原理》(第2版),北京大学出版社2013年版,第209页。

④ Ernst A. Kramer, in: Münchener Kommentar BGB, 5. Aufl. , 2007, Einleitung zum Buch 2, Rn. 32;参见王洪亮:《债法总论》,北京大学出版社2016年版,第16页。

实践中应综合考虑上述因素予以判定。

学理上一般认为构成情谊行为的是:邀请参加宴会、好意同乘①、火车过站叫醒、②在邻居外出度假期间照看其房子、为邻居照管小孩、③汽车销售商允许他人将汽车停放在其场地上、在他人汽车电瓶出现故障时无偿为其提供启动辅助、彩票共同体(Lottotippgemeinschaft)的一个成员为众人填写彩票④、为他人免费提供食宿(即便受惠者为此向施惠者提供辅助性劳务亦然),等等⑤。此外,为问路者指路、为亲友高考填志愿提供咨询、⑥私人之间无偿帮忙干活等也应认定为情谊行为。反之,通常构成情谊合同的是:运输企业之间借用卡车司机、医生提供免费诊疗、亲属之间达成的贵重物品保管约定、宣称把建筑任务交给一个建筑师竞赛获奖者完成⑦,等等。

在双方之间已经存在合同关系的情况下,一方为另一方提供额外服务或便利,或者双方因该合同关系发生纠纷时一方为了妥协而向另一方许诺一项利益,通常不是情谊行为,应当具备法律约束力。第一种情形比如顾客请求宾馆帮其保管贵重物品,宾馆同意保管。第二种情形比如建筑工程质量有瑕疵但已过保修期,发包方要求维修,承包

① 如果营运车辆允许某人免费搭乘,则另当别论。依我国《民法典》第 823 条第 2 款规定,此时也适用运输合同中的损害赔偿责任。这表明双方当事人之间也成立一项(无偿)运输合同,并非情谊行为。相同观点,参见王雷:《论情谊行为与民事法律行为的区分》,载《清华法学》2013 年第 6 期,第 168 页。

② 参见王泽鉴:《债法原理》(第 2 版),北京大学出版社 2013 年版,第 209 页。

③ 参见谢鸿飞:《论创设法律关系的意图:法律介入社会生活的限度》,载《环球法律评论》2012 年第 3 期,第 12 页。

④ 在德国法上,彩票共同体究竟构成情谊行为抑或合伙合同,存在争议。情谊行为说是主流观点。合伙说参见〔德〕怀克、温德比西勒:《德国公司法》,殷盛译,法律出版社 2010 年版,第 77 页。

⑤ Ernst A. Kramer, in: Münchener Kommentar BGB, 5. Aufl. , 2007, Einleitung zum Buch 2, Rn. 33.

⑥ 参见王雷:《论情谊行为与民事法律行为的区分》,载《清华法学》2013 年第 6 期,第 169 页。

⑦ Ernst A. Kramer, in: Münchener Kommentar BGB, 5. Aufl. , 2007, Einleitung zum Buch 2, Rn. 82.

方表示"瓷砖脱落、墙面开裂、水管爆裂等事宜……为维护与你司友好关系,公司在资金异常紧张的情况下,一直努力尽责,并决定安排对上述已过保修期的项目进行修复,以表示我方的诚意",此项许诺并非无约束力的情谊行为①。再如租赁合同约定承租人提前终止合同时无权要求退还预付的租金,但当承租人终止合同并要求返还租金时,出租人同意退还部分租金的,也不宜认定为情谊行为②。

有学者认为,商事营利性营业中的无偿行为不构成情谊行为,比如商场用班车免费运送前来购物之顾客,开发商免费运送乘客前去看房等③。实际上,此类行为构成缔约准备(Anbahnung)行为,由此产生的相关问题(如损害赔偿责任)可以适用缔约过失责任规则,无须求助于情谊行为理论。彩票销售点的销售员与潜在客户建立"竞彩 QQ群",客户向销售员发送拟购买的当期 6 张彩票数据,销售员回复称均已出票,但开奖后却只交给客户 5 张彩票,缺少的那张恰恰是中奖的彩票,销售员称当时忘记购买这张票。法院认为客户与销售员之间成立无偿委托合同关系,但销售员不可能预见到客户欲购买的彩票是否能够中奖,故其不存在故意或重大过失,无须赔偿客户之损失。④ 此种情形究竟构成委托合同抑或情谊行为,不无疑问。从风险承担的角度看,不宜认定为委托合同,否则,在因销售员重大过失导致未购买本可以中奖之彩票的情况下,销售员须承担巨额损害赔偿责任,与其从中可能获得的利益(提高销售业绩)显然不成比例。因此,在此种情形中,采用情谊行为说更为妥当。从利益归属的角度看,假如销售员按

---

① 参见深圳华泰企业公司与东莞市龙城房地产开发有限公司建设工程合同纠纷案,广东省高级人民法院民事裁定书(2014)粤高法民申字第 2175 号。

② 持相反观点的判例,参见杨某某与吴某某房屋租赁合同纠纷案,安徽省宿州市中级人民法院民事判决书(2016)皖 13 民终 74 号。

③ 参见王雷:《论情谊行为与民事法律行为的区分》,载《清华法学》2013 年第 6 期,第 168 页。

④ 参见李某与重庆市体彩中心、马某、向某、谢某等彩票纠纷案,重庆市渝中区人民法院民事判决书(2011)中区民初字第 03148 号。

照客户的指示购买了一张彩票而该彩票幸运地中了奖,则销售员的购买行为应当认定为有权代理行为,彩票权利归属于客户。尽管客户与销售员之间不成立委托合同,但客户通过 QQ 群或者微信向销售员发出的指示构成代理权授予行为,销售员取得代理权。此项代理权欠缺基础关系,属于"孤立的代理权"。销售员不向客户交付彩票的,客户可以向其主张所有物返还请求权。如果销售员按照客户指示购买了一张彩票但未中奖,客户不支付彩票价款,则销售员就其垫付的彩票价款可以向客户主张不当得利返还请求权(求偿型不当得利)。情谊行为虽具有阻却不当得利的效力,但在此种情形中,只能阻却销售员的帮忙行为构成不当得利,不能阻却价款垫付行为导致的不当得利,因为销售员无意于将价款利益给与客户,其欲施加的恩惠是帮忙。

(二)法律行为与人际关系约定

情谊行为只是一般社会交往行为的一种类型,其特点是一方当事人给与另一方当事人某种恩惠。[①] 在日常社会交往中,有时当事人之间并无恩惠授受,仅达成某种以人际交往为内容的约定。[②] 与情谊行为一样,此类人际关系约定也不具有法律约束力。例如,同学聚餐约定采用"AA 制";朋友相约一起逛街;"驴友"相约共同旅游,各自负担费用;同学相约共同报考某个学校;同居者关于避孕的约定。此类约定不创设法律上的权利义务关系,当事人并未因该约定取得给付(协力实现特定目标)请求权。

当然,与情谊行为类似,人际关系约定在一定前提下也能产生保护义务。数人相约共同旅游,虽各自承担费用,但在一人遭遇危险时,其他人在力所能及的范围内有义务提供援助。如果在能够帮助的情

---

① 在德语中,Gefallen 的本意是指一方出于友情为另一方做的事情,也就是"帮忙"。
② 区分情谊行为与家庭协议等其他社会交往行为的观点,参见谢鸿飞:《论创设法律关系的意图:法律介入社会生活的限度》,载《环球法律评论》2012 年第 3 期,第 13 页。

况下未加援助,则受害方享有损害赔偿请求权①。数人依"AA 制"聚餐时共同饮酒,其中一人醉酒不能自理,则其他人在自己比较清醒的情况下有义务将其送回住处②。同居者未遵循避孕约定,导致小孩"错误出生",亦须向另一方承担违反保护义务的损害赔偿责任。在上述情形中,违反保护义务的损害赔偿责任也应以义务人具有故意或者重大过失为前提,否则对义务人过于严苛,毕竟保护义务并非因为有对价的行为而发生。

(三)法律行为与无约束力的交易约定

在交易实践中,存在很多不具有约束力的交易约定。此类约定虽无法律约束力,但从经济功能的角度看,其对于交易的开展也发挥某种作用。在法律上需要辨别某项交易约定究竟属于法律行为抑或属于无约束力的交易约定。这里重点考察的是君子协议、交易意向、备忘录。

1. 法律行为与君子协议

君子协议(gentlemen's agreement),是指当事人虽然就某项给付达成约定,但欠缺法律上的约束意思,所以不发生法律约束力。③ 君子协议不构成民法上的合同,当事人缔结君子协议时作出的表示不构成要

---

① 参见〔德〕维尔纳·弗卢梅:《法律行为论》,迟颖译,法律出版社 2013 年版,第100 页。

② 共同饮酒中的损害赔偿问题不可一概而论,须考虑是否因一人宴请(情谊行为)而饮酒以及是否存在不适当的强行劝酒行为等因素。如果因一人宴请而饮酒,则宴请者须依前述情谊行为原理负担保护义务;如果共同饮酒(无论采用宴请制还是"AA 制")者实施不适当的强行劝酒导致某人醉酒并引发损害,则该共同饮酒者须依侵权责任法的规则(包括过失相抵规则)承担侵权责任。

③ 我国民法学界对于"君子协议"概念的理解存在分歧。有学者以"君子协议"泛指各种没有法律拘束力的道德协议,包括家庭成员之间的协议、朋友之间的协议、其他社会行为导致的君子协议。据此,情谊行为也被视为君子协议(参见张平华:《君子协定的法律分析》,载《比较法研究》2006 年第 6 期,第 72—73 页)。有学者认为,"君子协议"仅指从事本应由法律调整的行为的当事人,明示或默示排除司法管辖、履行请求权或违约责任的协议,不包括家庭协议和情谊行为(参见谢鸿飞:《论创设法律关系的意图:法律介入社会生活的限度》,载《环球法律评论》2012 年第 3 期,第 13 页)。

约。之所以达成君子协议,通常是因为当事人知道法律不会承认其约定的效力,比如约定的内容违反禁止性法律规定,也可能是因为当事人相信无约束力的允诺也会被遵守,所以法律约束是不必要的,①或者当事人根本不愿意让法律介入,有意识地将协议的执行力限制在道德层面上②。

这种约定不能产生可诉请履行的原给付义务,也就是说其欠缺"正常的合同效力",但不可否认的是,当事人经常出于社会、经济或道德原因事实上履行了约定。究竟是否存在约束意思,需要在个案中通过解释予以确定,至于是否使用"君子协议"这一用语,则并非唯一的决定性因素。③ 即便当事人没有将自己的约定称为"君子协议",但如果明确表示"本协议无法律效力",或者虽无明确表示,但依客观标准,通常情况下一般人不认为当事人具有受法律约束的意思,也应认定该约定属于君子协议④。就约定内容违反禁止性法律规定而论,如果双方当事人明知道违法,则其约定显然欠缺约束意思,构成君子协议,例如,两家企业达成我国《反垄断法》第 13 条规定的以分割市场为内容的垄断协议,多数情况下双方都知道违法,但都期望对方能自觉遵守协议。如果双方当事人不知道违法,则其约定具备约束意思,构成无效的法律行为。如果双方当事人误以为违法但实际上不违法,则究竟构成君子协议抑或法律行为,在学理上存在争议。有学者认为,此时不构成法律行为,因为双方当事人达成约定时并不想发生法律效果⑤。有学者认为,此时双方当事人并未放弃合同的约束力,只是容忍了对

---

① Reinhard Bork, in: Staudinger Kommentar BGB, 2003, Vor §§145-156, Rn. 3.

② 参见朱广新:《合同法总则》(第 2 版),中国人民大学出版社 2012 年版,第 158 页。

③ Ernst A. Kramer, in: Münchener Kommentar BGB, 5. Aufl., 2007, Einleitung zum Buch 2, Rn. 44.

④ 参见张平华:《君子协定的法律分析》,载《比较法研究》2006 年第 6 期,第 76 页。

⑤ Vgl. Enneccerus/Nipperdey, Allgemeiner Teil des Bürgerlichen Rechts, 15. Aufl., 1960, S. 897.

臆想中的禁止性法律规定之违反而已,所以仍构成法律行为①。

很多学者认为,尽管不构成合同,但君子协议当事人之间的关系可能比较紧密,由此产生一种以注意和保护为内容的法定债务关系,违反该债务关系将导致损害赔偿责任。在这方面其与情谊关系类似。② 不过,对此应当持审慎态度,仅当在君子协议履行过程中一方对另一方确实产生值得保护的信赖时,才能认定另一方负担相应的注意或保护义务。

2. 法律行为与交易意向

在交易实践中,缔约当事人有时向对方表达交易意向,比如发送意向函(letter of intent),或者当场在一份交易意向书上签字。一般而言,意向函欠缺约束意思,不构成要约。它只是一种意图表示,当事人借此表示进入认真的缔约谈判。当事人也经常明确表示相关条款没有约束力。此时,它充其量只是一项要约邀请。但这种信函可以导致信赖,并成为缔约过失责任的基础,比如后来情况表明,当事人根本没打算进行认真的谈判。随着谈判的进展,意向函中包含的意图表示可能获得相对人的同意,从而形成一项预备协议(Vorfeldvereinbarung),即对谈判费用、告知义务、保密义务、独占协商③等事项进行约定④。此项协议具备法律约束力。⑤ 当然,拟订立的

---

① 参见〔德〕维尔纳·弗卢梅:《法律行为论》,迟颖译,法律出版社 2013 年版,第 109 页。

② Ernst A. Kramer, in: Münchener Kommentar BGB, 5. Aufl. , 2007, Einleitung zum Buch 2, Rn. 44.

③ 在"山西金盟实业有限公司、太原市锅炉修理安装公司与山西华嘉盛房地产开发有限公司合同纠纷案"中,被告与原告签订了包含独占协商条款的意向书,但仍然与第三人协商并购事项,最后因与第三人订立了合同而导致违反意向书,被法院判决承担违约责任。详见山西省高级人民法院民事判决书(2000)晋经二终字第 10 号。

④ 有学者将此类约定称为意向书程序性条款,并认为其具备法律效力,违反者需要承担损害赔偿责任。参见许德风:《意向书的法律效力问题》,载《法学》2007 年第 10 期,第 80 页。

⑤ Vgl. Ernst A. Kramer, in: Münchener Kommentar BGB, 5. Aufl. , 2006, Vor §145 Rn. 48.

合同本身尚未成立。

如果双方当事人经过磋商之后达成初步共识并据此订立一份交易意向书,其效力如何,不无疑问。意向书可能不具备法律约束力,也可能构成预约,甚至个别情况下还可能构成本约。① 具体言之,如果意向书中包含了"本意向书不具有法律约束力""双方的具体权利义务由正式合同确定"或"本意向书对任何一方都不产生权利或义务"等效力排除条款,则其当然不具备法律约束力②。如果意向书中未包含此类条款,但约定了下一步缔约过程中各方当事人的某些义务,则至少可以认定其构成具有约束力的预备协议。③ 如果意向书未包含此类约定,则需要通过解释确定其应否发生预约的效力。④

当事人订立的意向书已对交易主要事项达成共识且约定将来一定期限内订立合同的,该意向书构成预约。如果没有作这样的约定,则通常不能认定为预约,也不宜认定为本约。比如,在"澳华资产管理有限公司与洋浦经济开发区管理委员会建设用地使用权纠纷案"中,澳华公司此前受让的两块土地使用权因规划调整无法建设为酒店,遂

---

① 参见崔建远主编:《合同法》(第 6 版),法律出版社 2016 年版,第 26 页。

② 参见谢鸿飞:《论创设法律关系的意图:法律介入社会生活的限度》,载《环球法律评论》2012 年第 3 期,第 14 页;陆青:《〈买卖合同司法解释〉第 2 条评析》,载《法学家》2013 年第 3 期,第 119 页;朱广新:《合同法总则》(第 2 版),中国人民大学出版社 2012 年版,第 157 页。

③ 在北京市第一中级人民法院审理的"北京靓妃生物科技有限公司诉北京喜隆多购物中心有限公司租赁合同纠纷案"中,原、被告在一份《商户租赁意向协议书》中约定"乙方同意在本意向协议书签订之日向甲方一次性支付人民币壹万元整为租赁该铺位的认租意向金,乙方在如约支付认租意向金后,享有在同等条件下优先承租上述意向商铺的权利"。法院认为该意向书构成合同,但并非租赁合同本身,而是关于意向金与优先承租权(形成权)的合同。其实该合同属于预备协议。案情详见北京市第一中级人民法院民事调解书(2011)一中民终字第 987 号。

④ 在上海市第二中级人民法院对"仲某某诉上海市金轩大邸房地产项目开发有限公司合同纠纷案"作出的民事判决(《最高人民法院公报》2008 年第 4 期)中,双方当事人在一份《金轩大邸商铺认购意向书》中约定"仲某某向金轩大邸房地产公司支付购房意向金 2000 元,取得小区商铺优先认购权,金轩大邸房地产公司负责在小区正式认购时优先通知仲某某前来选择认购中意商铺,预购面积为 150 平方米,小区商铺的均价为每平方米 7000 元(可能有 1500 元的浮动)"。法院认为该意向书构成预约。

与洋浦开发区管委会交涉,双方订立《关于建设高档酒店的投资意向书》,约定"洋浦管委会同意为澳华公司在新英湾沿海一带协调置换相同面积的土地使用权,澳华公司对置换后的土地应进行酒店开发"。最高人民法院认为,本案投资意向书并不具备合同的基本要素。从标题看,该文件明确为"意向书",并非常用的"合同""协议"等名称;从内容看,该文件对于双方的权利义务以及法律责任约定并不明确;从具体措辞看,双方约定洋浦管委会"协调置换土地",表明从"协调"到真正"置换"还是需要经过再协商、再约定。因此,该投资意向书的性质仅为磋商性、谈判性文件,不构成合同。①

当然,在个别情形中,双方当事人达成的书面合意尽管名为"意向书",但包含了交易主要事项的明确约定,且约定"本协议自签订之日起生效",此意向书应认定为合同。② 约定以将来特定事实的发生为生效要件且内容完备的意向书应当解释为附停止条件合同③。我国实践中存在持这种观点的判例④。有时,虽未约定"本协议自签订之日起生效",但达成意向书后,当事人已经实际履行部分义务,对方接受了,也应认定该意向书构成合同,具备法律效力⑤。依意思表示解释规则,从实际履行和受领的行为可以推断出当事人对于意向书内容具备约束意思。

3. 法律行为与备忘录或草约

备忘录(memorandum),是指双方当事人对于在合同谈判过程中就合同要点达成的共识所作的记录。在欧陆普通法时代以及在当代

①  参见澳华资产管理有限公司与洋浦经济开发区管理委员会建设用地使用权纠纷案,最高人民法院民事裁定书(2014)民申字第 263 号。

②  参见何某某诉厦门名龙企业有限公司、谢某某研究成果权属、返还侵占财物纠纷案,福建省高级人民法院民事判决书(1997)闽知终字第 01 号。

③  参见陈进:《意向书的法律效力探析》,载《法学论坛》2013 年第 1 期,第 149 页。

④  参见广东华骏经济发展有限公司与湖北铁兴科贸有限公司合作协议纠纷案,广东省广州市中级人民法院民事判决书(2010)穗中法民二终字第 943 号。

⑤  参见许德风:《意向书的法律效力问题》,载《法学》2007 年第 10 期,第 86 页。

德国、奥地利民法中,这种记录被称为 Punktation,①我国学者通常将其译为"草约"②或"临时协议"③。

从比较法看,依据《奥地利普通民法典》第 885 条之规定,如果当事人就合同主要条款已经草拟文件并经双方当事人签名,虽然尚未形成正式文件,但据此就已经确立了权利义务关系。《德国民法典》制定之前,若干立法文本中也采用类似于奥地利民法的立场。比如《德意志普通债法草案》(1866 年的"德累斯顿草案")第 82 条规定:"如果缔约当事人对于依法构成合同本质的事项达成合意,为了对该合意进行固定签署了一份临时记录(Punktation),仅仅将次要事项留待日后协商,有疑义时,应认定该记录本身包含了一项有约束力的合同……"《萨克森民法典》第 827 条也有类似规定。温德沙伊德认为,当事人达成 Punktation 可能仅仅为了便于记忆,并不想使自己受到约束,此时其没有法律意义。不过,当事人也可能具备约束意图。比如,当事人已经就合同主要事项达成合意,次要事项可以依据法律规则予以确定,此时当事人可以请求执行合同。如果当事人已经就所有事项达成合意,但需要附加一个特殊形式,则要么成立预约,要么名为 Punktation 实为合同本身。就后者而论,如果是法定形式,则 Punktation 无约束力;如果是意定形式,则可以请求完成形式。④《德国民法典》并未完全采纳上述立场。依据《德国民法典》第 154 条第 1 款第 2 句,有疑义时,即便关于个别事项达成的谅解已经被记录于书面文件,其也不产生约束

---

① 在欧陆普通法时代,Punktation 具有多种含义:其一,指已经构成一项完备合同的文件;其二,指对谈判内容的书面记录;其三,指对合同主要内容的记录,而次要事项尚需进一步协商,此时实际上也已经成立合同;其四,指一份尚需正式拟定的合同文书的草案,其已经包含了合同的主要事项。当时的德国法学家辛滕尼斯(Sintenis)认为,只有第四种情形才是真正的 Punktation,其余三种情形都是不真正的 Punktation, Vgl. Sintenis, Das practische gemeine Civilrecht, Bd. 2, Das Obligationenrecht, Leipzig: Carl Focke, 1847, S. 249。

② 参见〔德〕维尔纳·弗卢梅:《法律行为论》,迟颖译,法律出版社 2013 年版,第 755 页;《奥地利普通民法典》,周友军、杨垠红译,清华大学出版社 2013 年版,第 142 页。

③ 参见汤文平:《德国预约制度研究》,载《北方法学》2012 年第 1 期,第 148 页。

④ Vgl. Bernhard Windscheid, Lehrbuch des Pandektenrechts, Bd. I, 6. Aufl., 1887, S. 204.

力。因为起草者认为此种记录并未给意思的解释提供线索，不能据此断定当事人具备约束意图①。不过，该款仅仅是解释规则，并未绝对排除 Punktation 发生效力的可能性。某些情形中的 Punktation，依据通过解释而确定的当事人意思，也能产生约束力，前提是其内容比较完备，通过合同漏洞填补即可以确定其未达成合意的内容。②

我国《民法典》未规定备忘录的效力问题，根据最高人民法院《关于审理买卖合同纠纷案件适用法律问题的解释》（法释〔2012〕8 号，法释〔2020〕17 号修订）第 2 条的规定，当事人签订备忘录，约定在将来一定期限内订立买卖合同，构成预约。据此，备忘录可能构成预约，相应地，备忘录中的表示可能构成预约的要约。实际上，在实践中，备忘录有多种类型。有些备忘录纯粹是为了记录谈判的阶段性成果，以作为下一步谈判的基础，因此没有法律约束力；有些备忘录构成预约，具有法律约束力；有些备忘录内容完备且包含约束意义，构成本约。

从司法判例看，最后一种备忘录不在少数。在"黄某某、苏某某与周大福代理人有限公司、亨满发展有限公司以及宝宜发展有限公司合同纠纷案"中，当事人签订《有关买卖宝宜发展有限公司股份的备忘录》，约定周大福公司和亨满公司向黄某某转让宝宜公司股权和股东贷款权益，黄某某须支付 2000 万元诚意金。最高人民法院认为，从合同形式、当事人订约资格、意思表示、对价、合同目的等方面考察，《备忘录》《买卖股权协议》及其四份补充协议均符合香港特别行政区合同法上关于合同有效的条件。③ 在香港锦程投资有限公司与山西省心血管疾病医院、第三人山西寰能科贸有限公司中外合资经营企业合同纠纷案中，订立中外合资企业合同后，当事人对出资义务履行时间予

---

① Vgl. Mugdan, Die gesammten Materialien zum Bürgerlichen Gesetzbuch für das Deutsche Reich, Bd. 1, 1899, S. 442.

② Vgl. Reinhard Bork, in: Staudinger Kommentar BGB, 2003, Rn. 11.

③ 参见黄某某、苏某某与周大福代理人有限公司、亨满发展有限公司以及宝宜发展有限公司合同纠纷案，最高人民法院民事判决书(2015)民四终字第 9 号。

以变更并形成备忘录,最高人民法院认为,该备忘录系合资三方在平等、自愿、协商一致的基础上达成的,其内容反映了合资各方的真实意思表示,虽未经原审批机关批准,但因为不构成对原合同的实质性变更,其目的并非刻意规避审批机关的审批事项,所以仍然有效,具有约束力。[①] 此为关于合同变更事宜的谈判备忘录。实践中比较常见的还有当事人在合同履行过程中发生纠纷,为了解决纠纷达成关于和解或债务承认的谈判备忘录,法院通常也认定其具备法律效力[②]。

无论构成预约、变更协议、和解合同抑或债务承认合同,备忘录均构成法律行为。

4. 法律行为与"安慰函"

安慰函(letter of comfort),也称为保护人声明(Patronatserklärung),是指对于债权人与债务人之间的交易具有利益关系的第三人为促成或者维持该交易向债权人表示将对债务的履行提供必要支持。[③] 该第三人即为保护人。第三人可能是政府,但更常见的是债务人的母公司或者关联企业。安慰函究竟是否构成法律行为,不可一概而论,须通过解释予以判定。[④] 德国民法理论区分了"刚性"保护人声明(harte

---

① 参见香港锦程投资有限公司与山西省心血管疾病医院、第三人山西寰能科贸有限公司中外合资经营企业合同纠纷案,最高人民法院民事判决书(2010)民四终字第 3 号。

② 参见武汉长发物业有限公司与武汉东富物业发展有限公司联建纠纷案,最高人民法院民事判决书(1997)民终字第 27 号;中铁二十二局集团第四工程有限公司与安徽瑞讯交通开发有限公司、安徽省高速公路控股集团有限公司建设工程施工合同纠纷案,最高人民法院民事判决书(2014)民一终字第 56 号;香港维达科技有限公司与青岛前湾集团公司中外合资经营合同财产返还纠纷案,山东省青岛市中级人民法院民事判决书(2003)青民四初字第 117 号;昆明策骏贸易有限责任公司与李某某租赁合同纠纷案,云南省昆明市中级人民法院民事判决书(2015)昆民一终字第 27 号;广东五华二建工程有限公司诉深圳亚太房地产开发有限公司建设工程施工合同纠纷案,广东省深圳市中级人民法院民事判决书(2014)深中法房再字第 6 号。

③ Ernst A. Kramer, in: Münchener Kommentar BGB, 5. Aufl. , 2007, Einleitung zum Buch 2, Rn. 87;参见〔德〕迪特尔·梅迪库斯:《德国债法分论》,杜景林、卢谌译,法律出版社 2007 年版,第 429 页。

④ 参见杨良宜:《合约的解释》,法律出版社 2015 年版,第 70 页。

Patronatserklärung)与"柔性"保护人声明( weiche Patronatserklärung )。前者构成法律行为,后者不构成法律行为。

"刚性"保护人声明如母公司向子公司的债权人( 贷款人) 表示"将配备足够资金供子公司还贷"或者"确保子公司具备还债能力"。此种声明产生一项保护人对债权人的合同义务。与保证不同,保护人的义务原则上并非表现为保护人直接向债权人支付债款,毋宁表现为保护人为债务人提供履行债务所需资金。具体操作上,保护人可以向子公司(债务人)增资,也可以将资金借给子公司用于还债。当然,保护人也可以自愿选择直接向债权人清偿债务,拉伦茨认为保护人此时行使的是替代权( Ersetzungsbefugnis )。在债务人陷入破产的情况下,保护人例外的有义务直接向债权人清偿,否则将导致保护人声明目的的落空。[①]

"柔性"保护人声明如母公司向子公司的债权人表示"维持子公司的信誉符合我公司的经营政策"或者"我公司完全信任子公司的偿债能力"。[②] 依规范性解释,此种声明显然欠缺约束意义,所以不发生合同义务,充其量只能发生保护义务[③]。违反该义务的,须承担损害赔偿责任。比如,保护人知道债务人经营状况恶化却依然声明"完全信任子公司的偿债能力",或者保护人表示将来继续参与子公司,但后来却决定不再参与,且未及时通知债权人。[④]

辨别"柔性"保护人声明与"刚性"保护人声明须综合考虑文件的名称、措辞和背景。如果措辞比较委婉、含糊,则应当认定为"柔性"保护人声明。

---

① 　Larenz/Canaris,Lehrbuch des Schuldrechts,Bd. Ⅱ/2,13. Aufl. ,1994,S. 82 – 83.

② 　Ernst A. Kramer, in: Münchener Kommentar BGB,5. Aufl. ,2007, Einleitung zum Buch 2,Rn. 87.

③ 　Christian Grüneberg in: Palandt Kommentar BGB,79. Aufl. ,2020, § 311 Rn. 24.

④ 　Larenz/Canaris,Lehrbuch des Schuldrechts,Bd. Ⅱ/2,13. Aufl. ,1994,S. 83 – 84.

### 四、法律行为与意思表示的关系

(一)学说概况

在早期民法文献中,法律行为与意思表示并未被严加区别。这其中最有代表性的是萨维尼,在他看来,意思表示就是法律行为,它是直接指向法律关系的发生或消灭的行为人的意思①。潘得克顿法学的集大成者温德沙伊德也认为,法律行为就是意思表示②。《德国民法典第一草案立法理由书》指出,一般而言,意思表示与法律行为被作为同义词使用③。

在当代民法文献中,通说认为,法律行为并不等同于意思表示,意思表示仅为法律行为的核心要素④。当然,很多文献并未在实质意义上严格区分意思表示与法律行为。值得注意的是,德国学者德特勒夫·莱嫩(Detlef Leenen)提出一种新学说,在实质意义上明确区分意思表示与法律行为。在他看来,意思表示是决定法律行为发生何种法律效果的工具。意思表示创设了法律行为,法律行为创设了通过私法自治决定的法律效果。意思表示的效力与法律行为的效力并不等同,意思表示无效导致法律行为不成立,此时无须探究法律行为是否有效。反之,无效法律行为的前提是成立一项法律行为,而成立一项法律行为需要有效的意思表示。⑤ 意思表示的效力仅限于使法律行为成立,至于该法律行为成立后可否生效,则取决于其是否符合法秩序规定的生效要件。例如,买受人向出卖人发出解除买卖合同的意思表

---

① Friedrich Carl von Savigny, System des heutigen Römischen Rechts, Bd. 3, 1840, S. 6.

② Bernhard Windscheid, Lehrbuch des Pandektenrechts, Bd. I, 6. Aufl., 1887, S. 186.

③ Motive zu dem Entwurfe eines Bürgerlichen Gesetzbuches für das Deutsche Reich, Bd. I., Verlag von J. Guttentag, 1888, S. 126.

④ Enneccerus/Nipperdey, Allgemeiner Teil des Bürgerlichen Rechts, 15. Aufl., 1960, S. 895;参见〔德〕汉斯·布洛克斯、沃尔夫·迪特里希·瓦尔克:《德国民法总论》,张艳译,中国人民大学出版社2019年版,第52—53页。

⑤ Detlef Leenen, BGB Allgemeiner Teil: Rechtsgeschäftslehre, 2. Aufl., 2015, S. 54f.

示,该意思表示到达出卖人后即发生效力,但这仅仅意味着成立了一项作为单方法律行为的解除行为。该解除行为是否有效,需要根据买受人是否享有解除权予以判断。同理,在订立合同时,双方意思表示的生效仅导致合同成立,是否违法或背俗仅涉及合同效力的判断,不涉及意思表示效力的判断。表意人是否欠缺行为能力、意思表示是否虚伪则涉及意思表示的效力判断,一旦据此判定意思表示无效,即导致法律行为不成立。无行为能力并非法律行为无效事由。反之,意思表示存在错误、欺诈、胁迫等事由的,撤销的客体并非意思表示,而是法律行为,所以,意思表示不会因为撤销而丧失效力,撤销仅导致法律行为丧失效力。[①]

（二）意思表示与法律行为的概念区分

莱嫩的观点值得借鉴,但某些方面需要斟酌。意思表示不等同于法律行为。单方法律行为仅由一个意思表示构成,意思表示与法律行为看似没有实质区别,但仍应区分。个别单方法律行为除了一个意思表示之外,还要求具备其他构成要件。例如代书遗嘱、打印遗嘱、录音录像遗嘱等单方法律行为除了需要遗嘱人作出意思表示之外,还需要两个以上见证人在场见证,其见证行为是遗嘱的特别成立要件。这与自书遗嘱不同。自书遗嘱的遗嘱人采用书面形式作出意思表示,"采用书面形式"是其表示行为的组成部分而不是表示行为之外的要素。反之,见证人的见证行为无法纳入表示行为,只能是表示行为之外的要素,与遗嘱人的表示行为共同构成一项单方法律行为。当然,不能据此认为见证人也是法律行为的当事人,因为,决定法律行为效果的只有遗嘱人,见证人仅起到辅助作用。一如结婚行为需要官方行为的辅助,但却不能说政府机关是结婚行

---

① Ebenda,S.74f.

为的当事人。①

　　多方法律行为由数个意思表示构成，是数个意思表示的结合体，意思表示与法律行为的区别比较明显。与单方法律行为类似，某些多方法律行为的构成要件不限于数个意思表示，毋宁还包括事实行为或者官方行为。例如，结婚行为，不仅需要双方当事人达成结婚合意，还需要在婚姻登记机关进行登记，婚姻登记是官方行为，与结婚合意共同构成结婚之法律行为；作为负担行为的实践（要物）合同，如保管合同，依据《民法典》第 890 条之规定，合同自保管物交付时成立，所以交付也是保管合同的构成要件②，仅有合意不足以构成保管合同。

　　关于物权行为的构成要件，不无疑问。就德国法而论，民法总论著作大都认为，在双方当事人的物权合意之外，还需要完成交付或者登记，交付之事实行为或者登记之官方行为与物权合意共同构成物权行为③。部分物权法著作也持这种观点④。个别学者认为，交付是物权行为的构成要件，而登记则是物权行为之外的生效要件⑤。之所以

---

　　① 与遗嘱有所区别的是动产所有权抛弃。动产所有权抛弃一方面要求所有权人作出抛弃所有权的意思表示，另一方面要求其放弃占有，但这并不当然意味着放弃占有是动产所有权抛弃法律行为的构成要件。在动产所有权人作出明示的抛弃意思表示情况下，可以毫无困难地把抛弃意思表示单独视为一项物权行为，同时把放弃占有视为如同交付那样的公示行为，二者共同导致物权变动（所有权消灭）。动产所有权人也可以不做出明示的抛弃意思表示，而是通过实施放弃占有之行为作出抛弃意思表示。尽管如此，在逻辑上仍然可以区分抛弃意思表示与放弃占有。动产所有权人的行为一方面构成意思实现，性质上也是默示意思表示；另一方面构成"放弃占有"。后者同样可以视为抛弃之单方法律行为之外的物权变动公示行为，只是在事实上与抛弃意思表示纠缠在一起而已。

　　② 参见韩世远：《合同法总论》（第 4 版），法律出版社 2018 年版，第 82 页。

　　③ Enneccerus/Nipperdey, Allgemeiner Teil des Bürgerlichen Rechts, 15. Aufl. , 1960, S. 910；Brox/Walker, Allgemeiner Teil des BGB, 44. Aufl. , 2020, S. 53（ § 5 Rn. 4）；参见〔德〕维尔纳·弗卢梅：《法律行为论》，迟颖译，法律出版社 2013 年版，第 30 页。

　　④ Hans Josef Wieling, Sachenrecht, Bd. 1, 2. Aufl. , 2006, S. 36；Ralph Weber, Sachenrecht, Bd. 1, 2. Aufl. , 2010, S. 100；Martin Wolff/Ludwig Raiser, Sachenrecht, 10. Aufl. , 1957, S. 117 - 119.

　　⑤ 〔德〕卡尔·拉伦茨：《德国民法通论》，王晓晔、邵建东等译，法律出版社 2003 年版，第 428 页。

如此,大概是因为就动产物权变动而言,物权合意在交付之前并无约束力,当事人可以任意撤回(通说!),①将这种欠缺约束力的合意视为法律行为,不符合法律行为概念的本质。反之,就不动产物权变动而言,物权合意在一定条件下具备约束力,可以单独构成法律行为。还有部分学者将物权合意视为合同,而将合同之外的交付或登记与物权合意一并视为处分行为的构成要件②。近年来,将物权合意视为合同已经成为德国通说,而且学者们通常仅谈论物权变动的双重要件(物权合意与交付或登记)以及物权合意的效力,很少谈论物权行为的构成要件③。

　　在物权行为概念首创者萨维尼的合同理论中,合同是意思表示的一种类型,物权合同是合同的一种类型④。据此,合乎逻辑的结论是:物权合同是一种意思表示。不过,萨维尼在从让渡(traditio:旨在让与所有权的交付)概念中推导出物权合同概念时,认为让渡是真正的合同,其包含了双方当事人关于让与(Übertragung)占有和所有权的意思表示,但仅有意思表示尚不足以构成完整的让渡,还要加上移转占有之外部行为。此项外部行为并未改变作为让渡之基础的合同的本性。设立地役权或抵押权,仅须借助单纯之合同即可完成,无须让渡。⑤ 上述语句隐含了一个逻辑矛盾:一方面认为作为物权合同的让渡包含物权意思表示与移转占有,另一方面认为只有作为让渡之基础的物权意思表示才是合同。此项逻辑矛盾似乎是后来德国民法学关于物权行

---

　　① 〔德〕鲍尔、施蒂尔纳:《德国物权法》(上册),张双根译,法律出版社2004年版,第88—89页。

　　② Jan Wilhelm, Sachenrecht, 3. Aufl. , 2007, S. 13; Westermann, Sachenrecht, 7. Aufl. , 1998, S. 274 - 279.

　　③ Wolfgang Wiegand, in: Staudinger Kommentar BGB, 2017, Vor § § 929 - 931 Rn. 11; Quack, in: Münchener Kommentar BGB, 4. Aufl. , 2004, § 929, Rn. 43; Walter Bayer, in: Erman Kommentar BGB, 15. Aufl. , 2017, § 929 Rn. 2.

　　④ Friedrich Carl von Savigny, System des heutigen Römischen Rechts, Bd. 3, 1840, S. 307 - 312.

　　⑤ Ebenda, S. 312 - 313.

为、物权合同、物权合意、交付(登记)之关系的学术争论的根源。

法律行为的必备要素是意思表示,如果法律未明确规定某种法律行为的成立尚需意思表示之外的其他要件,则将数项意思表示形成的合意视为法律行为,并无不可。至于该合意是否具备约束力(拘束力),并无决定意义。遗嘱在遗嘱人死亡前不具备约束力,[①]可被其任意撤销或者变更,但从未有人据此认为在遗嘱人死亡前遗嘱不构成法律行为。同理,即便法律上不承认在交付或者登记之前物权合意具备约束力,也不妨碍将其视为物权合同或物权行为。此项不具备约束力的物权行为并非毫无意义。约束力被排除仅仅意味着当事人可以任意撤销或解除物权行为,但只要当事人尚未撤销或解除,已经成立的物权行为就一直存在,一旦完成动产交付或不动产登记,该物权行为与交付或登记即共同导致物权变动。由此可见,欠缺约束力的物权行为在法律上仍然具备一定功能,即物权变动的要件功能。一如遗嘱人死亡并非遗嘱之构成要件,动产交付与不动产登记亦非物权行为之构成要件,毋宁说,二者仅为物权行为之生效要件。如此,则物权合意等同于物权合同,亦等同于双方物权行为,[②]交付与登记是物权行为之外的法律事实。

综上,在大多数情况下,法律行为仅由一个或者数个意思表示构成。尽管如此,考虑到某些法律行为除了意思表示之外,尚有其他构成要件,所以,在概念上仍应区分意思表示与法律行为。

(三)意思表示与法律行为的效力区分

意思表示与法律行为的区分不仅体现在概念层面上,也体现在法律效力层面上。意思表示的效力包括两个方面。一是形式效力,即所

---

① 参见金可可:《〈民法总则〉与法律行为成立之一般形式拘束力》,载《中外法学》2017年第3期,第660页。

② 在采用登记对抗主义的物权变动情形中,物权行为毫无疑问仅由物权合意构成,如地役权设立行为、土地承包经营权转让行为、动产抵押权设立行为等。

谓的意思表示形式约(拘)束力,据此,意思表示一旦生效,表意人就不得任意撤回、撤销或变更。就要约而论,形式效力就是要约的形式约(拘)束力。二是实质效力,也可称为意思表示的形成力,即意思表示生效后,可以与内容一致的其他意思表示共同形成一项法律行为,或者其本身就可以形成一项单方法律行为。就要约而论,有些文献将此种效力称为要约的实质约(拘)束力①。意思表示不发生效力的,法律行为因欠缺构成要素而不成立。无论单方法律行为还是多方法律行为,皆为如此。意思表示发生效力的,并不意味着法律行为必然发生效力。就单方法律行为而论,一个意思表示生效即导致法律行为成立。就合同而论,须多个意思表示皆生效且达成一致,法律行为才成立。如果某种法律行为有特别成立要件,则还须符合该要件才能成立。至于成立后的法律行为是否生效,则是另一个问题,诚如莱嫩所言,需要依据法律行为本身的生效要件予以判断。

表意人作出表示时无民事行为能力的,尽管可能存在具备特定效果意义的表示,但表意人缺乏必要的意思能力,所以不能意识到自己的行为在民法上具备表示价值,欠缺表示意识,而且没有归责能力,意思表示不成立。由于意思表示不成立,所以法律行为也不成立。这涉及意思表示的构成判断,而非如莱嫩所言涉及意思表示的效力判断。限制民事行为能力人作出具备特定效果意义的表示,其意思能力足以形成表示意识②,行为意思更不成问题,尽管其意思能力不足以支撑系争意思表示中的效果意思,但仅效果意思存在能力瑕疵并不妨碍意思

---

① 参见陈自强:《民法讲义 I:契约之成立与生效》,法律出版社 2002 年版,第 62 页;韩世远:《合同法总论》(第 4 版),法律出版社 2018 年版,第 129 页。

② 行为意思、表示意识与效果意思对表意人意思能力的要求逐步升高:无行为能力人也可能具备行为意思,因为行为意思仅仅意味着某人的举动受自己意志的控制,不是在抽搐、梦游等状态下发生,只要具备如同占有取得意思那样的"最低限度的意思"(自然意思)即可,6 岁的孩子可以具备占有取得意思,也可以具备行为意思;表示意识要求表意人意识到其举动在民法上具备(无论何种)表示价值,涉及法律判断,所以对其意思能力的要求高于行为意思,限制民事行为能力人以及完全民事行为能力人才可能具备表示意识;效果意思要求表意人认识到其表示将会发生某种具体的法律效果,所以对其意思能力的要求高于表示意识。

表示的成立。该意思表示依生效规则(如意思表示到达规则)发生效力后,单独或与其他意思表示结合构成法律行为,但表意人的能力瑕疵导致该法律行为存在瑕疵的,效力待定。在真意保留的情况下,相对人明知道真意保留的,表意符号欠缺效果意义,意思表示因欠缺客观要件而不成立,法律行为也不成立;相对人不知道真意保留的,表意符号具备效果意义,且表意人具备行为意思与表示意识,意思表示成立,法律行为可以成立且生效。在通谋虚伪表示的情况下,双方当事人都欠缺约束意思(Bindungswille),①且对此相互都知道,所以双方的表意符号都欠缺效果意义,不构成意思表示,法律行为不成立。此处也仅涉及意思表示构成判断,而非如莱嫩所言涉及意思表示效力判断。在表意人无行为能力、真意保留、通谋虚伪表示等情形中,如果实证法将法律行为规定为无效法律行为(如我国《民法典》第144条、第146条),应当理解为该法律行为因不成立而不能发生效力。

意思表示存在错误、欺诈、胁迫等事由的,意思表示成立,可依意思表示生效规则发生效力,但属于有瑕疵的意思表示。此类瑕疵究竟导致意思表示可撤销抑或导致法律行为可撤销,是立法选择问题。无论立法上如何选择,理论上皆可予以合理解释。具体而言,如果立法上规定此类瑕疵导致意思表示可撤销,则撤销后意思表示丧失效力,法律行为因欠缺构成要件不成立。反之,如果立法上规定此类瑕疵导致法律行为可撤销,其理论基础在于:意思表示是法律行为的构成要件,意思表示的瑕疵导致法律行为有瑕疵,单方法律行为自不待言,多方法律行为虽然只有一个意思表示存在瑕疵,但该瑕疵导致该意思表示与其他意思表示的结合存在瑕疵,无论如何,作为法律行为当事人的表意人均有权撤销法律行为。从这个意义上说,我国民法规定错

① Ernst A. Kramer, in: Münchener Kommentar BGB, 5. Aufl., 2006, § 117 Rn. 1; Florian Jacoby&Michael von Hinden, in: Kropholler Studienkommentar BGB, 13. Aufl., 2011, § 117 Rn. 1.

误、欺诈、胁迫等事由导致法律行为可撤销,未尝不可。

　　与意思表示可撤销模式相比,法律行为可撤销模式的优势是在法律效果上更为直截了当:撤销直接导致法律行为丧失效力,无须先导致意思表示无效,再导致法律行为不成立,最后再解释为因法律行为不成立导致其不能发生效力。当然,法律行为可撤销模式也有劣势,在解释由两个以上意思表示构成的法律行为的撤销问题时面临障碍。比如3个人以上达成的合伙合同、公司章程、股东会决议等。甲、乙、丙订立合伙合同后,丙主张并证明订约时受到欺诈。如果允许丙撤销合同,则甲、乙之间的合伙关系也因合同被撤销而消灭。对此,只能考虑将丙的撤销解释为"部分撤销",即仅撤销合伙合同中与丙相关的内容,也就是丙与甲、乙的合伙权利义务关系,而甲、乙之间的合伙权利义务关系不受影响。不过,"部分撤销"无法解释决议的撤销问题。社团法人的社员甲主张并证明在社员大会作出决议时其受到社员乙的欺诈,甲显然无法仅对决议予以部分撤销。如果说甲仅撤销由多数同意构成的决议中属于自己的那个"同意",则等同于撤销自己的意思表示(投票),并非真正意义上的"部分撤销"。"部分撤销"是指撤销法律行为的部分内容,而非撤销法律行为的部分构成要素。撤销法律行为的部分构成要素在概念上就是撤销意思表示。法律行为可撤销模式的此种劣势恰好是意思表示可撤销模式的优势:一个合伙人以意思表示存在瑕疵为由只能撤销自己的意思表示,其他合伙人的意思表示不受影响,仍可以在其相互间成立合伙关系;一个投票人以意思表示存在瑕疵为由只能撤销自己的投票,如果扣除该投票,其他人的投票仍然符合多数决的比例,则决议效力不受影响。

　　综上所述,在法律行为可撤销模式下,意思表示与法律行为之关系的逻辑序列是:意思表示成立→意思表示生效→法律行为成立→法律行为生效。法律行为生效是终极目标,在通往终极目标的道路上,每个环节都可能出现障碍。第一个环节的障碍是意思表示欠缺构成要件;第二个环节的障碍如意思表示未到达或者意思表示(要约)的有效期届满;第三个环节的障碍如欠缺合意、欠缺特别成立要件;第四个环节的障碍更多,包括法律行为因违法或者背俗而无效、法律行为欠缺特别生效要件、法律行为可撤销、法律行为效力待定等。在意思表示可撤销模式下,上述第二个环节的障碍更多,包含了意思表示可撤销。这意味着,在此环节不仅须从意思表示是否到达、期限是否届满等视角对意思表示进行效力判断,还须从意思表示瑕疵视角对意思表示效力进行实质性判断。

### 五、法律行为的分类

#### (一)单方法律行为、合同与决议

#### 1. 概述

依据法律行为当事人的数量及其意思表示的相互关系,可以将法律行为分为单方法律行为、合同与决议。单方法律行为是指仅依一方当事人的意思表示即可发生特定效果的法律行为,如遗嘱、所有权抛弃、捐助行为、一人有限责任公司的设立行为以及形成权的行使行为(解除、抵销等)。合同与决议统称为多方法律行为①。合同有时也被称为契约、协议②,此类用语的含义并无本质区别③。民法文献中经常

---

① Helmut Köhler, BGB Allgemeiner Teil, C. H. Beck, 44. Aufl. ,2020, S. 39(§5 Rn. 9);参见〔德〕卡尔·拉伦茨:《德国民法通论》,王晓晔、邵建东等译,法律出版社 2003 年版,第432—433 页。

② 有学者曾经区分了合同与协议(Vereinbarung),后者指设立社团的合意。冯·图尔与弗卢梅对此提出批评。Vgl. Andreas von Tuhr, Der Allgemeine Teil des Deutschen Bürgerlichen Rechts, zweiter Band, erste Hälfte, 1914, S. 237;参见〔德〕维尔纳·弗卢梅:《法律行为论》,迟颖译,法律出版社 2013 年版,第 721 页。

③ 我国台湾地区有些文献区分了契约与合同行为,其所谓合同行为指的是由两个以上同向平行、内容一致的意思表示构成的法律行为,如社团法人之设立行为。此种区分实无必要。概念区分参见史尚宽:《民法总论》,中国政法大学出版社 2000 年版,第 310 页。

把合同称为双方法律行为①。大多数情况下，这种说法没什么问题。当然，合同并非一概只有双方当事人。有些合同存在 3 个以上当事人，如 3 个以上当事人订立合伙合同、公司设立合同、②公司增资合同等。此类合同并非双方法律行为，而是多方法律行为③。据此，合同应当定义为：由数个达成一致的意思表示构成的多方法律行为。至于合同中的数个意思表示究竟是同向关系（如公司设立合同）抑或是相向关系（如买卖合同），则在所不问。我国《民法典》第 134 条第 1 款中的"民事法律行为可以基于双方或者多方的意思表示一致成立"表明合同是多方法律行为，既包括双方合同，也包括三方以上当事人订立的合同。

通说认为，决议在性质上既非单方法律行为，亦非合同，毋宁是一种独立类型的法律行为。我国《民法典》第 134 条第 2 款明确规定决议是一种法律行为，与第 1 款规定的单方法律行为、合同并列。与合同相比，决议的特殊之处在于采用多数决原则，不需要全部意思表示达成一致，仅需多数意思表示达成一致即可；决议一旦生效，对于投反对票的成员以及未参与表决的成员也有约束力。④决议多见于公司法及其他社团法人制度，如公司股东（大）会决议、董事会决议、社会团体法人成员大会决议。除此之外，合伙、集体经济组织、建筑物区分所有

---

① 参见朱庆育：《民法总论》（第 2 版），北京大学出版社 2016 年版，第 137 页。

② Reinhard Bork, Allgemeiner Teil des Bürgerlichen Gesetzbuchs, 4. Aufl., 2016, S. 172 (Rn. 434).

③ 我国民法文献中有一种观点将多方法律行为理解为由内容相同且平行（同向）的数个意思表示构成的法律行为，如合伙协议、社团设立行为。与之相对的是双方法律行为，即合同（契约），由两个相对（对向）的意思表示构成。是否有必要作此区分，有待推敲。实际上，我国《民法典》已经把合伙合同规定在合同编中。此外，原《中外合资经营企业法》（2020年 1 月 1 日被《外商投资法》取代）第 2 条、第 3 条等也把旨在设立中外合资经营企业的合意称为合同。上述观点参见王利明：《民法总则研究》（第 3 版），中国人民大学出版社 2018 年版，第 493—494 页；梁慧星：《民法总论》（第 5 版），法律出版社 2017 年版，第 165—166 页。

④ 参见〔德〕汉斯·布洛克斯、沃尔夫·迪特里希·瓦尔克：《德国民法总论》，张艳译，中国人民大学出版社 2019 年版，第 53 页；Astrid Stadler, Allgemeiner Teil des BGB, 19Aufl., 2017, S. 116。

权人大会（业主大会）、破产债权人会议甚至共有人等共同体也以决议方式决定共同事务①。《民法典》第 134 条第 2 款虽仅规定法人、非法人组织的决议，但不能据此将其他共同体的类似共同决定排除在决议概念之外。

民法理论上还存在共同法律行为（gemeinsames Rechtsgeschäft）这一概念，也有人称之为共同行为（Gesamtakt）②。有时，法律行为一方当事人并非只有一个人，而是由数个人组成。数个人共同作出内容一致的意思表示，由此成立的法律行为即为共同法律行为。以此种方式达成的法律行为可能是合同，也可能是单方法律行为③。前者如两个人共同与出租人订立一份租赁合同，后者如享有终止权的两个共同承租人共同作出终止合同的意思表示。显然，共同法律行为并非与单方法律行为、合同并列的另一种法律行为，毋宁只是在行为主体构成方面存在特殊性的单方法律行为或者合同。部分学者认为共同法律行为是一种独立类型的多方法律行为，其与合同的区别在于：在合同中，数个意思表示相互（gegenseitig）作出，存在交换关系，反之，在共同法律行为中，数个人作出内容一致且平行的（parallele）意思表示④。此种学说不合逻辑。就合同而论，所谓"相互""交换"着眼于双方当事人之间数个意思表示的相互关系，这些意思表示构成一个法律行为。反之，就共同法律行为而论，所谓"平行"着眼于处于一方当事人地位的数个人作出的数个意思表示的相互关系，在订立合同的情况下，这些

① 《民法典》第 301 条中的"应当经占份额三分之二以上的按份共有人或者全体共同共有人同意"虽未使用"决议"一词，但其"同意"在本质上亦为决议。同理，《民法典》第 278 条、第 280 条中的业主大会或者业主委员会的决定亦为决议。

② 冯·图尔反对使用 Gesamtakt 一语，因为其多有歧义。Vgl. Andreas von Tuhr, Der Allgemeine Teil des Deutschen Bürgerlichen Rechts, zweiter Band, erste Hälfte, 1914, S. 230.

③ Andreas von Tuhr, Der Allgemeine Teil des Deutschen Bürgerlichen Rechts, zweiter Band, erste Hälfte, 1914, S. 229–230.

④ Enneccerus/Nipperdey, Allgemeiner Teil des Bürgerlichen Rechts, 15. Aufl., 1960, S. 911;［德］汉斯·布洛克斯、沃尔夫·迪特里希·瓦尔克：《德国民法总论》，张艳译，中国人民大学出版社 2019 年版，第 53 页。

平行的意思表示本身并未构成一个法律行为（合同），而是与对方当事人的意思表示共同构成一个法律行为；在实施单方法律行为的情况下，这些平行的意思表示虽构成一个法律行为，但并非在数个表意人之间成立法律行为，法律行为的效力并非指向数个表意人的内部关系，①毋宁指向数个表意人（如承租人）与其他人（如出租人）的外部关系，所以，法律行为仍是单方法律行为，不是在数个表意人之间成立的多方法律行为。

2. 关于决议性质的争论

对于决议的法律行为属性，学界一直存在反对说，认为决议并不直接设立、变更或消灭法律关系，所以并非法律行为。反对说至少可以追溯于奥托·冯·基尔克（Otto von Gierke）的理论。基尔克认为，法律行为的效果在于创设法律关系，所以，那些仅改变权利客体属性（如物的可移动性）或者仅创设权利主体的行为（如设立社团法人或者财团法人）并非法律行为，即便包含意思行为（Willensaktion）亦然。此外，法律行为也不包括旨在形成统一的共同意思（Gemeinwille）或者共同体意思（Gemeinschaftwille）的团体或者共同体内部意思过程（Willensvorgänge），即决议。② 对此，冯·图尔提出不同见解。他认为，决议是合同之外的另一种多方法律行为。决议并不欠缺法律行为的特征，即存在指向某个法律效果并导致其发生的意思表示。此外，决议也可以在决议参与者之间创设法律关系（如按份共有人在共有物管理与使用上的法律关系）。对于所涉及的共同事务，决议为法人或者人合共同体（Personengemeinschaft）形成内部法律关系。例如，通过决议可以为法人选任或者解任代表人（机关），通过决议可以授权代表

---

① 海因茨·许布纳正确地指出，与决议不同，共同法律行为并未给数个共同行为人的内部关系创设规则。Vgl. Heinz Hübner, Allgemeiner Teil des Bürgerlichen Gesetzbuches, Walter de Gruyter, Berlin, 1984, S. 268.

② Otto von Gierke, Deutsches Privatrecht, Bd. 1, Duncker & Humblot, Leipzig, 1895, S. 283.

人并使其有义务实施执行决议所必需的行为,尤其是与第三人实施法律行为。不过,通过决议不能使法人与第三人之间成立一份合同。决议既非要约,亦非承诺,毋宁仅为法人的代表人提出要约或者作出承诺的基础。[1] 恩内克策鲁斯与尼佩代也认为社团决议是可以形成社团内部法律关系的法律行为,投票是一项意思表示。[2] 在目前德国法学界,认为决议属于法律行为的观点已经成为通说,学者们普遍认为决议是多方法律行为的一种特殊形态,是具有法律约束力的集体意思形成[3]。我国学者也大多认为决议是一种法律行为[4]。

毫无疑问,决议参与者通过投票表达了一项意思,要么同意决议事项,要么不同意决议事项。就此而论,决议就是通过投票形成共同意思。实际上,只要数人拥有一项共同利益,在决定如何处置共同利益时就需要形成共同意思(表达出来的共同意思)。比如,甲、乙打算合租一处房屋,首先需要二人就是否承租以及以何种条件承租等事项进行内部沟通并形成共同意思,然后才由二人对外以共同法律行为的方式与出租人订立租赁合同。在租赁合同履行过程中,如果打算变更合同(如延长租期)或者终止合同,也需要二人形成共同意思之后再与出租人实施法律行为。社团的设立也是如此,甲、乙、丙作为设立人,需要就社团的设立形成共同意思。社团设立后,运营过程中的重大事项需要作为社团成员的甲、乙、丙形成共同意思,决定如何安排、处理。在上述诸情形中,旨在设立社团的共同意思显然是法律行为,此项共

---

① Andreas von Tuhr, Der Allgemeine Teil des Deutschen Bürgerlichen Rechts, zweiter Band, erste Hälfte, 1914, S. 234 – 236.

② Enneccerus/Nipperdey, Allgemeiner Teil des Bürgerlichen Rechts, 15. Aufl. , 1960, S. 912.

③ Reinhard Bork, Allgemeiner Teil des Bürgerlichen Gesetzbuchs, 4. Aufl. , 2016, S. 173 (Rn. 436 – 437); Karsten Schmidt, Gesellschaftsrecht, 2002, S. 436.

④ 参见朱庆育:《民法总论》(第2版),北京大学出版社2016年版,第137页;王利明:《民法总则研究》(第3版),中国人民大学出版社2018年版,第495页;梁慧星:《民法总论》(第5版),法律出版社2017年版,第166页。

同意思在甲、乙、丙之间创设了权利义务关系，使各方负担了出资、协力等义务。旨在合租房屋的共同意思如果包含约束意思，也是法律行为，在合租人之间创设了临时合伙关系。[①] 旨在变更或者终止租赁关系的共同意思也是法律行为，因为其导致合租这一临时合伙关系的变动。此类共同意思由于要求数人的意思完全一致，即达成合意，所以实际上已经构成合同。对社团重大事项予以决定的共同意思（决议）也发生社员所欲的法律效果。此种法律效果是组织法上的。社团成立之后，设立人之间的法律关系在很大程度上转化为组织法上的关系[②]，即社团内部关系。社团内部关系通常并非社员个人之间直接以经济利益为内容的实体权利义务关系，毋宁表现为社员身处其中的社团各机关之间的关系、机关成员之间的关系、机关成员与机关之间的关系、机关与社团法人之间的关系以及社员与社团法人之间的关系。除了社员与社团法人之间的关系可以表述为权利义务关系（如分红请求权、出资缴纳义务）之外，社团内部关系表现为职权关系，以权力与职责为内容。职权关系也是广义法律关系的一种，与狭义法律关系的区别在于，狭义法律关系表现为一个主体与其他主体之间的权利义务关系，而职权关系则是作为一个主体的团体内部各组成部分之间的关系。如果在法律上没有把这些组成部分视为一个整体并赋予其主体资格，则他们的关系就是主体间关系。例如，数个共有人构成一个共同体，但未被赋予主体资格，所以，尽管各共有人可以被称为共同体的组成部分，但其在共有物管理、使用、处分等共同事务上的关系仍然是主体间关系。这种主体间关系显然是狭义法律关系。夫妻共同体亦

---

① 参见〔德〕怀克、温德比西勒：《德国公司法》，殷盛译，法律出版社 2010 年版，第 77 页；〔德〕迪特尔·梅迪库斯：《德国债法分论》，杜景林、卢谌译，法律出版社 2007 年版，第 385 页。

② 不能说设立人之间的合同关系已被社团组织法关系完全覆盖，因为设立人订立的《合作协议》之类的合同可能规定了社团成立后运营过程中的各方权利义务，如追加出资义务、为社团提供技术支持之义务、股权回购义务、担保义务、竞业禁止义务等。此类合同条款依然有效，在设立人之间发生纠纷时可以作为裁判依据。

然。当这种低级共同体被强化为高级共同体时,如共有人共同体被改造为合伙企业甚至有限责任公司,共同体各成员的主体间权利义务关系就转化为主体内各部分(机关和机关成员)之间的职权关系,不能再称为狭义法律关系,只能视为广义法律关系。

以职权关系为主要内容的社团内部关系依社团章程与法律规则而确定,在此框架内,因社团机关的决议而变动。章程本身的修改也是决议的效果。有些决议仅涉及社团内部事务的处理,比如涉及社团法人财务预算的决议,使社团法人执行机关有权按照预算方案为法人各部门分配资金使用额度。有些决议使社员与社团法人之间发生某种权利义务关系,比如关于公司盈余分配方案的决议使股东对公司取得具体的分红请求权①,关于(同比例)增资的决议使股东负担向公司缴纳增资款的义务,对各股东与公司均有法律约束力。② 有些决议涉及社团外部事务的处理,如应否与外部第三人实施某项法律行为。通过此类决议,社团法人权力机关授予代表机关对该法律行为的代表权。有些决议涉及社团的存续,如关于解散公司的股东会决议、关于延长公司经营期限的股东会决议。社团内部关系变动、社团延续或者终止,皆为私法上的效果,因此,发生此类效果的决议在性质上也是法律行为。③ 在公司法实践中,经常发生的关于决议应否有效的纠纷印证了决议的法律行为属性。如果决议不具备法律行为属性,而是类似于加工行为、保管行为、运输行为、无因管理之类的事实行为,则又何须判定其效力? 恰恰因为决议能够依私法自治原则发生特定法律效果,所以那些不愿意让该法律效果发生的当事人才会主张认定其无效

---

① 参见最高人民法院《关于适用〈中华人民共和国公司法〉若干问题的规定(四)》第13—14条。

② 参见浙江华鼎集团有限责任公司与浙江浩然置业有限公司民间借贷纠纷案,最高人民法院民事裁定书(2019)最高法民申4637号。

③ 关于批准董事会或监事会报告的股东会决议通常不导致社团内部关系发生变动,所以不是法律行为,但此类决议表达了社员对董事会或监事会工作的共同认识或态度,是表示行为的一种,与观念通知、意思通知等准法律行为类似。

或者将其撤销。

关于决议的效力，有疑问的是：如果某项决议具有授权效力，使决议机关之外的另一个机关取得某项业务执行权或者代表权，则授权效力如何发生？例如，关于公司担保的股东会决议如何使法定代表人取得代表公司为他人提供担保的权力？对此，有两种教义学构造可供选择。一是在股东会作出决议后，由股东会向法定代表人出示决议，此举构成股东会对法定代表人的授权行为，属于单方法律行为。在法定代表人出席股东会会议的情况下，当场宣布决议结果等同于向法定代表人出示决议。甚至可以进行更为灵活的处理，考虑到仅涉及团体内部各机关之间的授权，股东会通过决议作出的授权表示可以例外地定性为无需受领的意思表示，即便法定代表人未在场，决议结果的宣布亦发生授权效果。此项宣布就是以授权为内容的共同意思的表达。一如遗嘱，无须到达继承人即可发生效力。二是股东会形成决议时立即发生授权效力，此项效力直接基于决议而发生，一如利他合同使第三人直接取得请求权，无须在决议行为之外另行实施一项授权之单方法律行为。此种构造下的决议具有涉他效力。从结果看，第一种教义学构造下的灵活处理方案与第二种教义学构造并无实质区别。就后者而论，仅存在一项多方法律行为（决议）；就前者而论，在逻辑上虽有一项多方法律行为（决议）与一项单方法律行为（授权行为），但多方法律行为达成的同时单方法律行为亦已达成，二者在事实上重叠。

无论如何，社团权力机关或者执行机关的决议不能直接使社团与外部第三人发生法律关系，其在本质上并非向外部第三人作出的意思表示。当然，如果公司法定代表人在关于担保的股东会决议或者董事会决议上签字并将其交付给相对人（债权人），则相当于法定代表人在获得股东会或者董事会授权之后代表公司向相对人作出同意担保的意思表示。该意思表示与相对人的意思表示达成合意的，可以在公司与相对人之间成立担保法律关系①。

3. 决议的成立与生效

决议以投票的方式形成。通说认为,投票是一项需受领的意思表示。② 至于何人为该意思表示的受领人,则存在争议。就社员大会(如股东会)决议而论,有学说认为投票意思表示的受领人是社团法人,在社员大会的会议召开期间,由大会主席代理社团法人受领意思表示,在闭会期间,则由董事会代理社团法人受领意思表示。③ 有学者认为,投票意思表示的受领人是其他社员,社员大会主席或社团董事长是其他社员的受领代理人。④ 有学者认为,投票意思表示的受领人是社团大会主席或社团董事会,但社团大会主席或社团董事会并非意思表示的相对人,投票既非向社团法人亦非向其他社员作出的意思表示,其根本不存在相对人。⑤ 学者争议的实践意义在于,如果认为投票意思表示是以社团法人或者其他社员为相对人的意思表示,则相对人的代理人知道投票人系真意保留或与其通谋的,可能导致该投票无效。⑥ 从比较法看,上述第一种学说目前在德国为多数说。不过,即便采用这种学说,学者也普遍认为投票不适用真意保留与通谋虚伪表示规则,在

---

① 代表性案例,参见重庆朝天门国际商贸城股份有限公司与重庆商投石化有限公司企业借贷纠纷案,最高人民法院民事判决书(2018)最高法民终 816 号。不过,在该案中,最高人民法院认为公司董事会决议虽经法定代表人签字并交付给相对人,但仍不构成对外作出的意思表示,因为《董事会决议》是公司内部文件,其中意思表示的效力并不能当然及于公司之外的任何第三方,仅能说明北京贸易公司、青岛化工公司具有向债权人就案涉债务提供担保的效果意思,该意思以《董事会决议》为载体,仅在公司内部发生效力,不能认定客观上已外化……"

② Reinhard Bork, Allgemeiner Teil des Bürgerlichen Gesetzbuchs, 4. Aufl., 2016, S. 173(Rn. 437).

③ Dieter Reuter, in: Münchener Kommentar BGB, 5. Aufl., 2006, §32 Rn. 40; Günter Weick, in: Staudinger Kommentar BGB, 2005, §32 Rn. 30.

④ 参见〔德〕怀克、温德比西勒:《德国公司法》,殷盛译,法律出版社 2010 年版,第177 页。

⑤ Werner Flume, Die juristische Person, Springer Verlag, 1983, S. 249.

⑥ Werner Flume, Die juristische Person, 1983, S. 249.

这方面,投票类似于向机关作出的意思表示(amtsempfangsbedürftige Willenserklärung)。① 此类意思表示的受领人仅具有形式意义,不宜据此决定法律关系的实质内容。②

有疑问的是,如果按照社团章程或者法律规定,决议须经出席会议的社员多数票通过③,则出席会议但投弃权票的,在认定是否多数通过决议时应当如何处理。有学说认为,弃权票不应计入总票数,因为这符合投弃权票社员的本意,其应与未出席的社员同样对待。④ 有学说认为,弃权票应按照赞成票处理,因为投弃权票意味着社员不想反对决议事项⑤。相较之下,第一种学说更为可取。投弃权票意味着社员放弃通过投票参与形成共同意思的机会。如果将弃权票计入总票数,则其实际上发挥了反对票的作用,加大了决议通过的难度,结果是弃权者也参与形成共同意思,违背弃权者的本意。当然,如果法人章程对于弃权票的效果有规定,则依其规定。

决议通常在会议上作出,但法律上也允许不经过会议即形成决议。例如,按照我国《公司法》第37条的规定,股东对于决议事项以书面形式一致表示同意的,可以不召开股东会会议,直接作出决定,并由全体股东在决定文件上签章。这就是学理上所谓的书面表决。⑥

决议可能存在瑕疵,包括内容瑕疵与程序瑕疵。内容瑕疵即决议内容违反禁止性法律规定、公序良俗或者章程规定。程序瑕疵(形式瑕疵)即决议的召集、表决程序违反法律或章程规定。按照《民法典》

① Dieter Reuter, in: Münchener Kommentar BGB, 5. Aufl. , 2006, § 32 Rn. 41.
② Reinhard Singer, in: Staudinger Kommentar BGB, 2017, § 116 Rn. 12, § 117 Rn. 3.
③ 如我国《公司法》第16条第3款、第103条第2款。
④ 参见〔德〕汉斯·布洛克斯、沃尔夫·迪特里希·瓦尔克:《德国民法总论》,张艳译,中国人民大学出版社2019年版,第325页;Günter Weick, in: Staudinger Kommentar BGB, 2005, § 32 Rn. 30.
⑤ 参见〔德〕迪特尔·梅迪库斯:《德国民法总论》,邵建东译,法律出版社2000年版,第843页。
⑥ 参见〔德〕卡尔·拉伦茨:《德国民法通论》,王晓晔、邵建东等译,法律出版社2003年版,第210页。

第 85 条及《公司法》第 22 条的规定,程序瑕疵导致决议可撤销,但按照最高人民法院《关于适用〈中华人民共和国公司法〉若干问题的规定(四)》[以下简称《公司法司法解释(四)》]第 4 条的规定,仅存在对决议未产生实质影响的轻微程序瑕疵,决议并非可撤销。内容瑕疵的决议如果违反禁止性法律规定或者公序良俗,无效;如果违反法人章程规定,可撤销。除了决议无效、可撤销之外,《公司法司法解释(四)》第 5 条还规定若干情形中决议不成立,例如,公司未召开股东会且不符合书面表决条件、虽召开股东会但未对决议事项进行表决、出席会议人数或表决权数不符合要求、表决结果未达到规定比例。在这些情形中,要么股东会欠缺决议能力,要么股东会对决议事项未形成符合要求的共同意思,所以决议不成立。决议成立且不存在无效事由的,决议自成立时生效。①

与决议瑕疵不尽相同的是投票(表决)瑕疵。如前所述,决议是法律行为,投票则是构成该法律行为的意思表示。投票意思表示如果存在欠缺行为能力、错误、欺诈、胁迫等无效或可撤销事由,依据意思表示的一般原理,应为无效或可撤销。无效或被撤销的投票等同于没有投票,不应计入赞成票、反对票或总票数。如果去除该票,表决结果仍然达到规定通过比例,则决议效力不受影响。② 否则,决议效力受影响。我国民法未规定意思表示无效、可撤销,仅规定法律行为无效、可撤销,所以,如何处理投票瑕疵,是一个难题。实践中可以考虑将法律行为无效、可撤销规则类推适用于投票瑕疵,姑且将投票视为一项法律行为予以处理。

(二) 财产行为与身份行为

财产行为即以财产关系变动为效果的法律行为。财产关系变动

---

① 参见浏阳市新文学校与张某某侵权责任纠纷案,最高人民法院民事判决书(2019)最高法民再 399 号。

② 参见〔德〕迪特尔·梅迪库斯:《德国民法总论》,邵建东译,法律出版社 2000 年版,第 843 页;〔德〕怀克、温德比西勒:《德国公司法》,殷盛译,法律出版社 2010 年版,第 180 页。

可能是物权关系变动,此时,财产行为即物权行为;也可能是债权关系变动,此时,财产行为多为债权行为,但也可为在性质上与物权行为相同的处分行为,如债权让与。除此之外,以股权、专利权、商标权等财产权变动为效果的法律行为也是财产行为。

身份行为即以身份关系变动为效果的法律行为。例如,结婚行为成立夫妻关系,离婚行为终止夫妻关系,收养行为成立亲子关系。此外,协议监护中的协议、设立成年人意定监护的协议等也是身份行为。应当注意的是,身份行为有时引发财产法上的效果,例如,结婚行为所成立的夫妻关系包括夫妻财产关系,离婚行为引发夫妻共有财产分割。身份行为涉及基本的伦理秩序,所以通常需要具备特定的形式,通常不得附条件,当事人决定法律关系内容的自由受严格限制,而且只能由本人实施法律行为,不适用代理。①

继承法上的法律行为如何定性,不无疑问。部分学者将其视为身份行为。② 不过,在罗马法上,继承法被视为“物法”的一部分。在萨维尼等近代学者的理论中,继承权亦被视为财产权③。因此,将继承法上的法律行为一律定性为身份行为,显然不妥。遗赠扶养协议创设了扶养义务,包含了身份法上的效果,可谓身份行为与财产行为的混合。与此不同,遗赠、旨在处分遗产的遗嘱以及放弃继承皆为财产行为。与其他财产行为相比,遗嘱、放弃继承的特殊性是要求当事人之间存在特定身份关系。

(三)负担行为与处分行为

1. 负担行为与处分行为的概念

负担行为(Verpflichtungsgeschäft)是指使当事人负担给付义务的

---

① 参见〔德〕卡尔·拉伦茨:《德国民法通论》,王晓晔、邵建东等译,法律出版社2003年版,第435页。

② 参见郑玉波:《民法总则》,中国政法大学出版社2003年版,第298页。

③ Friedrich Carl von Savigny, System des heutigen Römischen Rechts, Bd. 1, 1840, S. 380–382.

行为。处分行为(Verfügungsgeschäft)是指直接使一项既存财产权利得以变动的法律行为,所谓变动包括权利移转、被设定负担、变更或消灭。二者是对财产行为的进一步划分。

负担行为的效果是在当事人之间创设债权债务关系,因此,也被称为债权行为①。通常而言,负担行为是合同,如买卖合同、租赁合同、赠与合同等。仅在例外情况下,单方法律行为才可以成为负担行为,如捐助行为②。

处分行为的处分客体包括物权、债权、股权、知识产权等财产权。以物权为处分客体的处分行为被称为物权行为,如所有权让与、他物权设立。以债权等其他财产权为处分客体的处分行为被称为准物权行为③。债权让与虽为债权法上的法律行为,但该行为会导致一项既存的债权移转,所以是处分行为,而不是负担行为。债务免除、免责的债务承担亦然④。处分行为可以是双方法律行为,即处分合同;也可以是单方法律行为,如所有权抛弃。有学者认为,处分行为的处分客体除了权利之外,还包括法律关系。例如,当事人通过一项法律行为终止合同、解除合同、撤销合同、撤回合同。⑤ 鲁道夫·佐姆将通过行使形成权处分一项法律关系的行为称为"处分性形成行为"(verfügende Gestaltungsgeschäfte)⑥。大多数情况下,行使形成权的法

---

① 参见王泽鉴:《民法总则》,北京大学出版社 2009 年版,第 243 页。

② 在德国法上,悬赏广告也是单方法律行为和负担行为。我国民法学界关于悬赏广告的性质存在单方法律行为说与契约说之分歧。最高人民法院《关于适用〈中华人民共和国合同法〉若干问题的解释(二)》(已废止)在"合同的订立"部分的第 3 条规定了悬赏广告,采用契约说。《民法典》第 499 条亦采契约说。

③ 参见王泽鉴:《民法总则》,北京大学出版社 2009 年版,第 244 页。

④ Christian Grüneberg in: Palandt Kommentar BGB, 79. Aufl., 2020, Überbl v §311, Rn. 6.

⑤ Karl-Heinz Schramm, in: Münchener Kommentar BGB, 5. Aufl., 2006, §185 Rn. 7; Andreas von Tuhr, Der Allgemeine Teil des Deutschen Bürgerlichen Rechts, zweiter Band, erste Hälfte,1914,S. 242 – 243.

⑥ Rudolf Sohm, Der Gegenstand:Ein Grundbegriff des Bürgerlichen Gesetzbuches, Duncker & Humblot,1905,S. 12.

律行为都以变动一项既存的法律关系为效果①,因此将其纳入处分行为概念未尝不可。这是广义的处分行为,除了所谓处分性形成行为之外,还包括当事人就一项既存法律关系的变动达成的合意,如关于抵销的合意②、关于合同解除的合意、关于合同变更的合意、关于合同转让(合同债权债务关系概括移转)的合意等③。广义处分行为概念甚至还包括双方当事人通过单纯合意让与"开放占有",此项合意也是法律行为④,占有人据此处分其占有之法律地位。

2. 负担行为与处分行为区分的必然性

只要区分了物权与债权,则负担行为与处分行为的区分就是民法理论逻辑的必然要求,与民事立法是否明文规定该区分无关。即便立法上未作规定,理论及实践上也应区分负担行为与处分行为。在基于法律行为的物权变动情形中,物权变动与债权发生是两个法律效果。当事人先订立动产买卖合同,后进行交付,在交付生效主义下,买卖合同不可能立即导致动产所有权移转,只能在买卖双方之间发生债权债务关系,它是债的发生原因。动产所有权移转之法律效果的发生必须另有其因。事实行为意义上的交付本身不可能成为动产所有权移转的原因,否则该动产所有权移转就不是基于法律行为的物权变动,毋宁是基于事实行为的物权变动。这个问题不可能通过如下方式得以解决:把"基于法律行为的物权变动"中的法律行为理解为买卖合同,并把买卖合同与交付视为物权变动的共同原因。如果说买卖合同是

---

① 个别行使形成权的行为仅以创设债权债务关系为效果,并非处分行为。如行使优先购买权或买回权的法律行为,其效果是使双方当事人负担给付义务。

② 《民法典》第569条中的"经协商一致,也可以抵销"指的就是基于合意的抵销,即约定抵销。参见最高人民法院民法典贯彻实施工作领导小组主编:《〈中华人民共和国民法典〉合同编理解与适用(一)》,人民法院出版社2020年版,第676页。

③ Christian Grüneberg in: Palandt Kommentar BGB, 79. Aufl., 2020, Überbl v §311, Rn. 6.

④ 参见〔德〕鲍尔、施蒂尔纳:《德国物权法》(上册),张双根译,法律出版社2004年版,第119页。

物权变动的原因,就必然意味着买卖合同的法律效果除了债权效果之外,还包括物权效果。因为,基于法律行为的物权变动是因法律行为而发生的物权效果,在所谓的"共同原因"之中,属于法律行为的只有买卖合同,基于法律行为的物权效果只能解释为基于买卖合同的物权效果。一旦承认买卖合同既发生债权效果,也发生物权效果,则其就不再是单纯的债权行为,因为债权行为只能成为债权发生的原因。同时成为债权发生与物权变动之原因的买卖合同必须解释为既包含债权合意,也包含物权合意,两项合意共存于一个交易事实之中。物权行为与债权行为之区分依然不可避免。显然,将买卖合同视为"基于法律行为的物权变动"中的法律行为,并不能给物权行为否定说提供实质帮助。只要物权变动的原因是法律行为,该法律行为就只能是物权行为,债权行为只能发生债权效果,不能发生物权效果。这是逻辑上的必然。

在无权处分情形中,负担行为与处分行为的区分体现得尤为明显。如果出卖人并非标的物所有权人,买卖合同依然有效(根据《民法典》第 597 条第 1 款的规定,出卖人须承担违约责任),但买受人却不能取得标的物所有权,除非构成善意取得。不区分负担行为与处分行为,就无法解释上述现象。如果认为此时只存在一项法律行为,则为了避免无权处分导致买受人取得所有权,就必须否定该法律行为之效力。结果是,买受人不仅得不到所有权,而且也不能取得合同债权,无法享受债权法上的保护。试图不否定法律行为效力,仅以欠缺处分权为由阻却买受人取得所有权,并不能令人信服。在物权法上,处分权是指有权通过一项法律行为改变物权的归属或其他状态的权利。享有处分权就可以实施该法律行为,欠缺处分权就不能实施该法律行为。如果实际上实施了该法律行为,其效力即存在障碍。因此,以欠缺处分权为由阻却物权变动实际上就是通过否定法律行为效力阻却物权变动。不可能把处分权与法律行为割裂,在无权处分情形中,法律行为效力问题无可回避。欲阻却买受人从无权处分人手中取得所有权,必然要否定法律行为的效力。只有承认存在两项法律行为,才能仅否定其中一项法律行为的效力,保留另一项法律行为的效力,一方面阻却买受人取得所有权,另一方面使买受人享受债权法保护。被否定效力的法律行为就是处分行为,保留效力的法律行为就是负担行为。

在若干特殊交易类型中,显然存在专门针对权利变动的合意。例如,按照《民法典》第403条的规定,动产抵押权自抵押合同生效时设立。动产抵押权设立是物权变动,抵押合同直接发生该物权变动效果,显然包含了物权合意。土地承包经营权转让、土地经营权设立、地役权设立等采用登记对抗主义(意思主义)的不动产物权变动合同也都包含了物权合意。如果仅将此类合同解释为债权合同,就会出现"以物权变动为内容的债权合同"之悖论。

股权让与、债权让与等权利变动在我国也采用意思主义,以此类权利变动为内容的合同显然也是处分合同。值得注意的是,最高人民法院《关于适用〈中华人民共和国公司法〉若干问题的规定(三)》[以下简称《公司法司法解释(三)》](法释〔2011〕3号,法释〔2020〕18号修订)第25条第1款和第27条第1款中的"请求认定处分股权行为无效的""人民法院可以参照民法典第三百一十一条的规定处理"之表述意味着法院需要判定股权处分行为是否有效而非判定股权转让之负担行为(股权买卖)是否有效,后者的效力判断显然与《民法典》第311条的无权处分和善意取得规则无关。此项于《民法典》制定后修订的司法解释已经承认了处分行为是一项独立的法律行为,需要进行独立的效力判断。这是负担行为与处分行为之区分在我国的实证法基础。

事实上,如果严格遵循逻辑法则,物权变动的意思主义只能解释为物权意思主义,所谓债权意思主义是个伪命题:法律行为的根本特征是法律效果与意思表示之间存在因果关联,债权意思表示与债权效果存在关联,与物权效果关联、能够决定其发生与否的只能是物权意思表示。在所有权保留买卖中,双方当事人达成"标的物所有权自全部价款支付完毕时移转给买受人"之约定,此项约定专门针对所有权移转,显然是物权合意。在占有改定情形中,由于未依常规模式交付标的物,双方当事人为了避免所有权是否已经移转之争议,必然要明示或默示地达成"标的物所有权立即移转给买受人"之约定,此项约定也是物权合意。就简易交付而论,《民法典》第 226 条规定:"动产物权设立和转让前,权利人已经占有该动产的,物权自民事法律行为生效时发生效力。"此处"民事法律行为"显然包含了物权合意,否则,仅有债权合意如何使物权变动在合意生效时发生效力?在现实交付的情形中,物权行为否定论尚且可以宣称物权因债权行为加上交付行为而变动,而在简易交付情形中,并无真正的交付行为,如果否定物权行为,就等于说物权因债权行为而变动,这显然是个悖论。

3. 负担行为与处分行为区分的法律意义

区分负担行为与处分行为有如下意义:首先,在理论上承认负担行为独立于处分行为,使实践中对二者的法律效力予以分别判断具备了可能性。处分行为因某种事由(如欠缺处分权)不发生法律效力的,不影响负担行为的法律效力。① 负担行为的效果仅为产生双方当

---

① 负担行为与处分行为的区分尚未成为我国法律实务工作者的一般观念,由此导致某些案件的处理混沌不清。例如,在"郑某某诉上海库珀文化传媒有限公司、赵某某、第三人浙江天猫技术有限公司、浙江天猫网络科技有限公司其他合同纠纷案"[上海市虹口区人民法院民事判决书(2019)沪 0109 民初 23931 号]中,原、被告双方订立《公司及网络店铺转让合同》,法院将该合同认定为被告将其在《天猫商户服务协议》项下的合同权利义务一并转让给原告,由于合同转让须经作为合同相对人的天猫公司同意,而本案天猫公司事后已经明确表示不同意,所以原、被告订立的合同已经成立但不发生效力。法院认为,该合同具有形式拘束力,鉴于被告的行为违反合同主要债务,原告有权解除合同并请求返还财产与损害赔偿,而在判定损害赔偿时,法院又依据缔约过失责任条款处理。同一份合同既构成违约,又构成缔约过失,显然自相矛盾,违背逻辑。实际上,按照负担行为与处分行为区分原则,本案原、被告订立《公司及网络店铺转让合同》时达成了两项合意,一是负担合意,二是处分合意。

事人之间的债权债务关系,债务的履行可能需要实施一项处分行为。该处分行为可否实施,实施后可否发生效力,属于债务的履行障碍问题,不涉及作为债务发生原因的负担行为之效力判断。负担行为的效果具有相对性,对第三人的权利没有影响,所以,当事人缔结一项负担行为之后,就同一标的物仍然可以与其他相对人缔结一项负担行为。同一标的物上的这两项负担行为都有效,两个相对人都取得债权,两项债权不相排斥。

其次,处分行为与负担行为不同,其有效性以处分人对处分客体享有处分权为前提。以一项财产权为处分客体的,享有处分权的通常是该财产权的权利人,如所有权人、股权人、债权人。处分权是这些财产权的权能。不过,在某些情形中,权利人的处分权会被剥夺或限制。例如,破产程序开始后,破产债务人对破产财产不再享有处分权,处分权被赋予破产管理人。被继承人指定遗嘱执行人的,尽管被继承人死亡后遗产归继承人共有,但作为共有人的继承人对遗产并无处分权,处分权由遗嘱执行人享有。财产被采取查封、扣押等强制措施的,权利人的处分权受到限制,此即所谓相对处分禁令(relatives Verfügungsverbot)。在民法原理上,违反相对处分禁令的处分行为相对于受该禁令保护的特定人不生效力,相对于其他人发生效力。[①]在权利人未被剥夺或限制处分权的情况下,其可以将处分权授予他人。

---

(接上页)依据前者,被告有义务将其与天猫公司之间的合同关系转让给原告,原告有义务支付对价,一如买卖合同中的出卖人有义务转让买卖物所有权,买受人有义务支付价款。依据后者,被告与天猫公司之间的合同关系被转让给原告,一如出卖人通过处分合意向买受人转让买卖物所有权。处分合意直接涉及被处分的合同关系的相对人即天猫公司的利益,所以须经天猫公司同意,否则不发生效力。反之,负担合意具有相对性,仅在原、被告双方之间发生债的效力,无须经天猫公司同意。本案的争议焦点恰恰在于负担合意的效力,应依区分原则认定原、被告达成的处分合意不发生效力,但负担合意发生效力,被告违反负担合意创设的债务,原告有权解除合同并请求违约损害赔偿。

① 参见〔德〕卡尔·拉伦茨:《德国民法通论》,王晓晔、邵建东等译,法律出版社 2003 年版,第 652 页。

授权行为是单方法律行为。被授权人以自己的名义实施处分行为,处分行为对授权人发生效力。在这方面,授权处分与代理不同,代理人须以被代理人的名义实施法律行为。权利人将处分权授予他人,并不导致自己丧失处分权,其本人仍然可以行使处分权。①

最后,处分行为适用客体特定原则(Spezialitätsprinzip)。最迟于处分行为生效时,处分客体须特定,而且须就一个客体达成一项处分行为,不能就数个客体达成一项处分行为。② 反之,负担行为不适用客体特定原则,订立买卖合同时,即便买卖物尚不存在或者尚未特定化,也不影响合同生效。

(四)有因行为与无因行为

区分负担行为与处分行为,必然要回答处分行为与负担行为在效力判断上是何关系之问题。该问题在民法文献中经常也被表述为:处分行为究竟是有因行为抑或是无因行为? 有因行为(kausales Rechtsgeschäft)亦称要因行为;无因行为亦称不要因行为、抽象行为(abstraktes Rechtsgeschäft)。一般认为,有因行为与无因行为是对财产给予行为(Zuwendungsgeschäft)的分类。财产给予行为是指一方当事人向另一方当事人或第三人给予一定财产的行为,包括给予一项权利,也包括通过免除债务、代为清偿债务、债务承担等方式给予某种财产利益。财产给予行为可以是处分行为③,也可以是负担行为。财产给予须有法律原因(causa, Rechtsgrund),否则取得财产即欠缺正当性,构成不当得利。原因就是使财产给予具备正当性的理由。原因可能存在于法律行为内部,作为法律行为的组成部分,也可能存在于法律行为外部。在第一种情形中,法律行为本身包含了原因,是为有因

---

① 参见〔德〕卡尔·拉伦茨:《德国民法通论》,王晓晔、邵建东等译,法律出版社 2003年版,第 438 页。

② 参见王泽鉴:《民法总则》,北京大学出版社 2009 年版,第 245 页。

③ 当然,并非任何处分行为都是财产给予行为。例如,所有权抛弃是处分行为,但不是财产给予行为。

行为。在第二种情形中,法律行为本身不包含原因,需要从外部寻求财产给予的正当原因,是为无因行为。[①]

绝大多数负担行为被认为是有因行为,最典型的是买卖合同。出卖人负担将标的物所有权移转给买受人的义务,原因是买受人负担向其支付价款的义务。给付义务与对待给付义务互为原因,该原因是买卖合同的组成部分。当然,也存在无因负担行为,如票据行为旨在使出票人或承兑人负担债务,是负担行为,原因存在于基础关系(如买卖合同、借贷合同)中,并非票据行为的组成部分,所以是无因行为。

就有因行为而论,原因的功能主要在于保障契约公正。在古罗马大部分时间里,法律通过合同类型法定主义保障契约公正。据此,受法律保护从而能产生诉权的合同仅限于要式买卖、要式口约等要式合同以及借贷、寄存、质押等实践合同。此类合同要么采用特定形式,要么一方当事人已经作出给付,庄严的形式或者实际给付使诉权的取得具备充分正当性。合同类型的限定以及形式主义对交易实践的制约随着罗马版图的扩张日益凸显出弊端,因此,在罗马法发展的中后期,诺成买卖、租赁等诺成合同以及各种无名合同的法律效力逐渐获得承认。原因逐渐取代合同形式成为保障合同公正的手段。法学家主要通过考量双方当事人给付之间的关系决定是否赋予诉权。[②] 中世纪注释法学家延续了这一趋势,强化了原因对于合同的意义并且构建了原因理论体系。[③] 借道多玛与波蒂埃的著作,原因理论被《法国民法典》

---

① Brox/Walker, Allgemeiner Teil des BGB, 44. Aufl., 2020, S. 55(§5 Rn. 12).

② 参见〔意〕彼德罗·彭梵得:《罗马法教科书》,黄风译,中国政法大学出版社1992年版,第308—309页。

③ 关于原因概念在民法学说史上的地位变迁,参见徐涤宇:《原因理论研究——关于合同(法律行为)效力正当性的一种说明模式》,中国政法大学出版社2005年版,第43—100页;娄爱华:《大陆法系民法中原因理论的应用模式研究》,中国政法大学出版社2012年版,第27—88页。

吸收。①

实际上,原因概念对于合同公正的保障功能并非毫无缺陷。就赠与合同、无偿保管、无偿借用等无偿合同而论,原因理论始终无法提供令人满意的解释。很难说清楚无偿合同的原因究竟是什么。有学者认为慷慨、酬谢、礼节等动机是无偿合同的原因②;有学者笼统地将无偿合同的原因称为获利原因,即为了对方而放弃某项利益且法律不禁止其放弃③;有学者干脆将"无偿地作出给付"本身视为赠与、使用借贷、无偿委托等无偿合同的原因④。原因既为有因行为的组成部分,则将动机视为无偿合同的原因显然不妥,因为动机是法律行为之外的因素,并非法律行为的组成部分。至于上述第二种观点,无异于宣称"只要一方当事人愿意无偿给予另一方当事人某项利益即可赋予合同约束力",这事实上已经放弃了作为合同公正之保障手段的原因,取而代之的是当事人的意愿。第三种观点则陷入"无偿给付的原因是无偿给付"之逻辑怪象。

依据现代法上的私法自治原则,只要当事人真诚地就财产给予达成合意,不违反禁止性法律规定且不违背公序良俗,该合意就应发生效力。问题的关键不在于财产给予是否存在对价等原因,毋宁在于依据何种因素判定此项合意是否真诚,或者说判定当事人是否具有自我约束之意。原因充其量只是考量的因素之一。如果财产给予存在对价,则当事人之间的合意无疑是真诚的,应当具备约束力。如果财产给付欠缺对价,则须考察其他因素以判定当事人之间的合意应否具备约束力。其他因素包括:合意是否采用书面形式、公证形式等特殊形

---

① 参见〔德〕维尔纳·弗卢梅:《法律行为论》,迟颖译,法律出版社 2013 年版,第 201 页。

② 同上书,第 202 页。

③ 参见〔意〕彼德罗·彭梵得:《罗马法教科书》,黄风译,中国政法大学出版社 1992 年版,第 66 页。

④ Larenz/Wolf, Allgemeiner Teil des bürgerlichen Rechts, 9. Aufl., 2004, S. 419.

式;财产给予方是否已为给付;财产给予是否旨在增进社会公益或者履行道德义务等。即便不存在此类因素,也不意味着合意必然欠缺约束力,毋宁应当依据社会一般观念以及典型行为之类型化等标准决定合意的效力。新近修订的《法国民法典》第 1128 条已经放弃了以原因作为合同效力基础之规范模式。在英美契约法上,与大陆法系原因概念具有类似功能的约因概念也已渐趋式微。

如果说原因不适合作为合同效力基础,那么其也不适合用于解释不当得利。因为,既然合同效力不取决于原因之有无,那么在欠缺原因的情况下也可能成立有效的合同,从而,一方基于该合同给予另一方财产,显然不构成不当得利。虽无原因而获利,亦不发生不当得利,这表明原因概念对于不当得利亦非不可或缺。就给付目的不达之不当得利而言,所谓给付目的实际上只是财产给予的动机而已。特殊之处在于,双方当事人就该动机达成了明示或者默示合意,譬如,甲母以甲将来与乙结婚为目的给乙一件财物,但后来甲、乙未结婚。[1] 理论上未必需要将此项动机视为财产给予的原因,而且事实上也并无太多学者如此认为。就此而论,我国民法将不当得利定义为"没有法律根据取得利益",而不像传统民法理论那样将其定义为"没有正当原因获得利益"[2],并非毫无可取之处。此种定义的优势在于可以回避那个说不清道不明的"原因"。就其本质而言,不当得利是欠缺正当基础的得利。所谓正当基础不限于对价意义上的原因(causa),毋宁说,正当基础在于使对方得利的意愿以及特殊情形中的给付目的。通常情况下,只要受益方得利符合受损方在利益变动时的真实意愿,就不构成不当得利。至于此项意愿是否具备"原因",在所不问。双方当事人是否基于此项意愿达成法律行为,也无决定意义,因为情谊行为也可能使他

---

① Florian Jacoby&Michael von Hinden, in: Kropholler Studienkommentar BGB, 13. Aufl., 2011,§812 Rn. 15.

② Hartwig Sprau in: Palandt Kommentar BGB,79. Aufl.,2020,§812 Rn. 6.

人"正当"得利,但却不构成法律行为。

既然原因已经丧失了现实解释力,则其仅剩下概念史意义。将所谓的无因行为称为抽象行为更为合适,实际上在德国法文献中也一直使用抽象行为这一术语。抽象性意味着财产给予行为的效力独立于基础关系,譬如,物权行为的效力不受债权行为效力之有无的影响,票据行为(负担行为)的效力不受基础关系是否成立以及是否存在抗辩之影响。至于作为基础行为的法律行为本身是否包含所谓的原因,在所不问。无论是物权行为还是票据行为,都有可能以赠与合同之类的无偿合同为基础行为,而此类无偿合同很难说存在原因。从这个意义上说,基础行为未必是所谓的有因行为。与其坚守有因行为与无因行为之古老分类,不如采用基础行为与抽象行为之概念。当然,这对概念之前提是采用抽象原则。如果不采用抽象原则,则根本不存在抽象行为之概念。

从法价值看,抽象原则未必妥当。就负担行为与处分行为之关系而论,在负担行为不发生效力的情况下,处分行为依然有效显然不符合当事人的本意。通常而言,出卖人作出向买受人让与买卖物所有权之意思表示时,是以买卖合同有效为前提的,反之,买受人向出卖人让与价金所有权时亦然。另外,买卖双方在受让买卖物或价金所有权时也以买卖合同有效为前提:买受人不可能一方面以买卖合同有效为前提让与价金所有权,另一方面不以买卖合同有效为前提受让买卖物所有权。既然以负担行为之有效为处分行为发生效力之前提通常符合双方当事人之本意[①],则在法律上将处分行为之效力与负担行为之效力挂钩,未尝不可。无论将负担行为之有效解释为处分行为的法定生效要件,抑或将负担行为视为处分行为的交易基础从而适用法律行为基础障碍规则,或者在欠缺法律行为基础障碍规则的情况下适用意思

---

① 如果当事人明确约定处分行为的效力不以负担行为的有效为前提,则另当别论。此时,处分行为具备意定的抽象性。

表示错误(双方动机错误)规则,皆为可取之选择。负担行为与处分行为的关系类似于汽车发动机与传动轴的关系。发动机与传动轴虽为两个独立的部件,但后者发挥作用以前者处于工作状态为前提。负担行为无效如同发动机停止工作,处分行为在权利变动中的传动作用也就无从发挥。

(五)生前行为与死因行为

死因行为,是指当事人对其死亡后的法律关系予以处置从而于其死亡后才发生效力的法律行为。遗嘱、遗赠皆为死因行为。当事人通过遗嘱既可以对其死亡后的财产关系予以处置,借此发生遗嘱继承、遗嘱信托、捐助等法律效果,也可以对身份关系予以安排,譬如父母通过遗嘱为子女指定监护人。死因行为之外的法律行为皆为生前行为。

某些法律行为虽以死亡为条件,却非死因行为。例如,人寿保险合同以被保险人的死亡为给付保险金的条件,但显然不能将其视为死因行为,因为保险合同在被保险人死亡前已经生效,投保人的保险费缴纳义务已经发生。即便双方当事人约定将出卖人死亡作为买卖合同生效的条件,该合同亦非死因行为,毋宁属于附始期法律行为,在出卖人死亡前,买卖合同已经发生形式约束力和期待权。① 比较容易混淆的是以死亡为条件的赠与②,其本质上属于赠与合同,即生前行为,但却以赠与人在受赠人之前死亡为生效条件,这看起来十分接近于遗赠。但其与遗赠的区别在于,以死亡为条件的赠与需要赠与人在生前和受赠人达成赠与合意,在赠与人死亡后,如果受赠人依然生存,则赠

---

① 参见史尚宽:《民法总论》,中国政法大学出版社 2000 年版,第 312 页;〔德〕维尔纳·弗卢梅:《法律行为论》,迟颖译,法律出版社 2013 年版,第 175 页。

② 我国学者通常将以死亡为条件的赠与(Shenkung auf den Todesfall)称为或译为死因赠与,该用语不贴切。因为与"死因"对应的德文单词为"von Todes wegen",自然不应再将"auf den Todesfall"译为"死因",否则无异于先入为主地将"Shenkung auf den Todesfall"定性为死因行为。

与合同即刻发生效力,无须受赠人另行表示接受赠与。鉴于以死亡为条件的赠与在功能上与遗赠类似,《德国民法典》第 2301 条规定其通常准用关于遗赠的规定。

(六)其他分类

1. 诺成行为与实践行为

诺成行为,是指当事人达成意思表示一致即可成立的法律行为。实践行为亦称要物行为,是指在合意之外,还以物的交付为特别成立要件的法律行为。在我国民法上,绝大多数法律行为是诺成行为,仅保管合同、定金合同以及自然人之间的借贷合同等少数合同是实践行为。

实践行为源于罗马法。罗马市民法上的合同类型法定主义导致受诉权保护的合同类型十分有限,为了满足实践需要,罗马法逐渐承认借贷、寄存、质押等法定类型之外的合同在已经交付标的物的情况下,可以使交付方取得以返还标的物为内容的诉权。交付之事实是当事人取得诉权的前提。现代民法理论将实践合同的功能定位为赋予当事人在交付前慎重斟酌的机会①,交付推迟了合同请求权发生的时间,是当事人的保护手段。

2. 有偿行为与无偿行为

有偿行为,是指一方当事人负担给付义务以对方当事人负担对待给付义务为前提的法律行为。无偿行为,是指一方当事人负担给付义务不以对方当事人负担对待给付义务为前提的法律行为。有偿行为如买卖合同、租赁合同、承揽合同等。无偿行为如赠与合同、借用合同、无偿委托合同。

鉴于无偿行为中的给付义务没有对价,法律上通常优待给付义务人,减轻其注意义务与损害赔偿责任,譬如,无偿受托人或无偿保管人

---

① 参见王泽鉴:《债法原理》(第 2 版),北京大学出版社 2013 年版,第 150 页。

仅就故意或重大过失承担损害赔偿责任。此外,就普通赠与合同而言,我国民法还规定赠与人在赠与财产权利移转之前享有任意撤销权。

3. 要式行为与不要式行为

要式行为,是指法律规定或当事人约定须采用特定形式的法律行为。前者是法定要式行为,后者是意定要式行为。不要式行为,是指无须采用特定形式的法律行为。从古代民法到现代民法经历了从法律行为形式强制主义到形式自由主义的演进过程。现代民法中的法律行为以不要式为原则,以要式为例外。我国《民法典》第135条原则上亦采用形式自由主义,除非法律、行政法规特别规定某种法律行为须采用特定形式或者当事人约定法律行为须采用特定形式。

《民法典》及其他法律明确规定需要采用书面形式的合同主要有借款合同(自然人之间借款另有约定的除外)、保证合同、租期6个月以上的租赁合同、融资租赁合同、保理合同、建设工程合同、技术开发合同、技术转让合同、技术许可合同、物业服务合同、抵押合同、质押合同、建设用地使用权出让合同、建设用地使用权流转(转让、互换、出资、赠与等)合同、地役权合同、居住权合同、成年人意定监护协议等。其他法律明确规定应当采用书面形式的合同主要包括:土地承包合同、土地承包经营权流转合同、房地产转让合同、房屋租赁合同、船舶所有权转让合同、定期租船合同、光船租赁合同、专利权或专利申请权转让合同、著作财产权的转让合同、设立合伙企业的合伙协议、合伙企业的入伙协议、劳动合同、保险合同的变更协议等。某些单方法律行为也是要式行为,如遗嘱。按照《民法典》第1134—1139条的规定,遗嘱应当采用自书、代书、打印签名、录音录像、公证以及"口头 + 见证"等形式。此外,某些合同的单方解除表示也须采用书面形式,如《民法典》第946条规定的业主解除物业服务合同之表示、第948条规定的不定期物业服务合同的任意解除表示、《劳动合同法》第37条规定的劳动者任意解除表示等。

# 第三章　意思表示的一般原理

## 第一节　意思表示的概念与构成

民法教科书通常将意思表示定义为:表意人将希望发生某种私法效果的意思表达于外部的行为。据此,意思表示包含主观要件与客观要件。客观要件即表示行为,主观要件即意思。至于意思表示的主观要件具体包括哪些因素,则存在不同的观点。①

--------

① 意思表示概念并非一个"纯理论"问题,它还具有重要的实践意义,因为民商事法律实践中的很多案件都涉及意思表示。以下这个例子足以表明意思表示概念对于法律实践的重要性:国外某汽车厂商与中国某汽车销售商订立汽车经销合同,履行一段时间后,汽车厂商行使合同中保留的终止权,按照约定的期间(6个月)通知销售商终止经销合同,但此后汽车厂商由于内部沟通不畅,负责配送货物的部门仍然按照原定计划向经销商供应车辆,经销商对每一批车辆都如数受领且继续销售。汽车厂商在发出终止通知后的继续供货行为是否构成一项撤回终止表示的默示(可推断)意思表示或可以使经销合同继续生效的其他意思表示? 汽车厂商的法定代表人认为自己并无实施继续供货行为的意思,这种意思因素(行为意思)的欠缺可否阻却意思表示的成立? 毫无疑问,这些问题值得在理论上予以深入探究。

### 一、意思表示的主观要件

（一）学说史

自古典自然法学家格劳秀斯、普芬道夫、沃尔夫提出允诺（promissio）、意思表示（declarata mea voluntate；Erklärung des Willens）等概念之后，在法律行为领域，民法学者关注的焦点就逐渐从"合意""契约无效"转移到"意思""意思瑕疵"。19 世纪前期，最有代表性的是萨维尼在《现代罗马法体系》中对意思表示的论述。

萨维尼认为，意思表示就是法律行为[1]，它是直接指向法律关系的发生或消灭的行为人的意思。对此，需要考虑三个因素：意思本身、意思的表示、意思与表示的一致[2]。意思与表示依其本质不是相互独立的——就像一个人的意思与另一个人的意思那样，只能偶然达成一致。毋宁说，应该将二者联系起来予以考察。因为，本来只应该把意思本身视为唯一重要、有效的，只是由于它是内在、不可见的东西，所以才需要一个符号，意思在其中可以被另一方当事人知悉。这个表达意思的符号就是表示。意思与表示的一致并非偶然，毋宁是合乎其本质的关系。不过，这种自然的关系可能受到干扰，由此产生了意思与表示之间的矛盾，从表示中产生了意思的错误表象。可以把这种情形称为"欠缺意思的表示"。无意的意思欠缺是不真正的错误——关于意思表示动因的错误是真正的错误。不真正的错误可以分为根本错误（wesentlicher Irrtum）与非根本错误，前者导致意思被排除，所以意思表示当然无效（ipso jure nichtig）。[3]

---

[1]　Friedrich Carl von Savigny, System des heutigen Römischen Rechts, Bd. 3, Berlin, 1840, S. 6.

[2]　Ebenda, S. 99.

[3]　Ebenda, S. 257 – 276.

后世学者一般都把萨维尼的以上论述视为意思主义的代表。① 之所以称为意思主义,是因为萨维尼显然把意思放在意思表示概念的核心位置,表示仅仅是实现意思的辅助手段。一般而言,表示只有在忠实地反映了意思的情况下才有效力,如果它的客观意义与意思不一致,它就不再是该意思的表示,易言之,该意思并未被表达出来,不构成意思表示,当然不能发生效力。从这个意义上说,萨维尼把"意思与表示的一致"作为意思表示的构成要素②,相当于把"与意思一致的表示"作为意思表示的构成要素。其所谓的意思表示三要素实际上只有两要素,即意思本身以及与该意思一致的表示。

普赫塔在意思表示构成问题上同样也采意思主义。他认为,法律行为的一般内容以特定意思及其表示的存在以及二者的一致性为基础。意思与表示不一致导致法律行为不成立,无论是故意的不一致还是无意的不一致。③ 这个观点与萨维尼的观点大同小异,都将"意思

---

① Ulf Werba, Die Willenserklärung ohne Willen, 2005, S. 17; Martin Josef Schermaier, Die Bestimmung des wesentlichen Irrtums von den Glossatoren bis zum BGB, 2000, S. 537.

② 本书在同一意义上使用"构成要素"与"构成要件"这两个术语。在德语民法文献中,讨论意思表示的构成、意思表示的构成要素、意思表示的构成要件时,学者们使用的术语丰富多样。在很多文献中可以看到 Tatbestand 这个词,用于指称意思表示的事实构成,通常并不意味着意思表示不可或缺的构成要素。类似的还有 Bestandteil 与 Tatbestandsglieder,海因里希·雷曼在其《民法总论》(1922 年版)一书第 106、107 页中用它指称意思表示的组成部分,但并非不可或缺。与此不同,以下几个术语通常用来指称意思表示不可或缺的构成要素(件):(1)Tatbestandsmoment(Vgl. Rudolf Henle, Vorstellungs-und Willenstheorie in der Lehre von der juristischen Willenserklärung, 1910, S. 98);(2)Tatbestandselement(Vgl. Alfred Manigk, Das rechtswirksame Verhaltens, 1939, S. 118);(3)Tatbestandsstück(Vgl. Alfred Manigk, Das rechtswirksame Verhaltens, 1939, S. 122);(4)notwendiger Tatbestandteil [Vgl. Hans-Joachim Musielak, Zum Verhältnis von Wille und Erklärung, AcP211(2011), S. 794];(5)Tatbestandsmerkmale(Vgl. Detlef Leenen, Ist das so richtig? -Typen von Defiziten der Zivilrechtsdogmatik, JuS 2008, S. 581; Reinhard Singer, Selbstbestimmung und Verkehrsschutz im Recht der Willenserklärungen, C. H. Beck'sche Verlagsbuchhandlung, München, 1995, S. 252);(6)konstitutives Erfordernis(Vgl. Ulf Werba, Die Willenserklärung ohne Willen, 2005, S. 31);(7)tatbestandliches Erfordernis(Vgl. Ulf Werba, Die Willenserklärung ohne Willen, 2005, S. 51);(8)konstituierende Voraussetzung(Jörg Neuner, Was ist eine Willenserklärung, JuS 2007, S. 885);(9)Voraussetzung für das Vorliegen einer WE(Ulrich Eisenhardt, Zum subjektiven Tatbestand der Willenserklärung, JZ 1986, S. 877)。

③ Georg Friedrich Puchta, Lehrbuch der Pandekten, 9. Aufl., 1863, S. 84, 100.

与表示的一致"作为意思表示的构成要素。

普赫塔只是传承了萨维尼的意思主义,而齐特尔曼则将意思主义发扬光大。在《错误与法律行为》一书中,齐特尔曼借鉴 19 世纪后期的心理学理论,对意思表示进行心理分析。他的工作始于对行为(Handlung)概念的重构。以往的通说认为,行为是一种身体运动,它由某种有意识的意思活动(Willensact)①导致。作为行为的发生原因,这种意思活动是独立于行为之外的一种事实。齐特尔曼主张把意思活动纳入行为概念。这样,行为就是部分心理、部分生理的事件整体。它包括两个方面、三个要素:外在方面即身体运动;内在方面即意思和意识。② 意思,或者说意思活动,是直接刺激运动神经的心理原因。意识指的是精神的一种属性、状态或活动形式。精神的表现形式可以分为两种:有意识的和无意识的。就意思活动而论,如果一项意思活动伴随着关于该意思活动内容的观念,则该意思活动就是有意识的。这个观念不仅仅指关于"意思想要"(dass der Wille will)的观念,还指关于"意思想要什么"(was der Wille will)的观念。当我意欲举手时,举手就是我意思的内容;与之相伴随的是我关于举手的观念。也就是说,我以观念的形式对意思的内容予以把握。③ 齐特尔曼认为,行为的外在方面扩及于身体运动的结果,与此相应,行为的内在方面指向的对象也扩及于该结果。狭义的意思仅指关于身体运动本身的意思,也可以称为直接意思;广义的意思还包括指向身体运动之结果的意思,也可以称为间接意思或意图(Absicht)。同样,狭义的意识指向身体运动本身,广义的意识还包括指向结果的观念。④

齐特尔曼认为,意思表示是一种特殊的行为。其特殊之处在于:

---

① Willensact 也可以译为"意思行为",此处为了与"行为"相区别,译为"意思活动"。

② Ernst Zitelmann, Irrtum und Rechtsgeschäft: Eine psychologisch-juristische Untersuchung, 1879, S. 29 – 31.

③ Ebenda, S. 67 – 76.

④ Ebenda, S. 180 – 186.

就所有其他行为而论,直接意思体现于行为之中,间接意思,即意图则并不体现于行为本身之中,而是体现于行为的结果之中,因为这个结果就是精神层面上的意图在现实层面上的对应物。与此不同,表示行为(Erklärung)固然也体现直接意思,而且意图最终也在结果中被实现,但意图在表示行为之中就已经具有一个真实的镜像,因为,表示行为不仅是实现意图的手段,还是该意图直接的客观符号。易言之,它表达了间接意思(意图),它是间接意思的表达,从这个意义上说,它是意思表示。这种意义上的意思表示是意图表示,不是直接意思的表示。就法律上的意思表示而言,关于法律效果的意图以及对该意图的表示是法律效果发生的要件——这也是客观法实现私法上的主体自治的形式。① 如果欠缺关于法律效果的意图,法律行为就没有成立,什么也没有发生。如果欠缺关于表示行为本身的观念或者对此存在不正确的观念,亦然。也就是说,错误阻却法律行为的构成。②

显然,齐特尔曼把表意人关于表示行为的意识及意思(直接意思)、关于表示行为之结果的意识及意图(间接意思)均视为意思表示的构成要素,旗帜鲜明地采用意思表示构成上的意思主义。

受齐特尔曼意思表示理论的影响,19 世纪末 20 世纪初,学者们普遍开始关注意思表示的构成要素问题。学说争议主要涉及意思表示的主观要素。当时学者提出的意思表示主观要素种类繁多且用语杂乱,大体上可以归结为如下几种③:

(1)指向表示行为的意思。大体上指的是我们当下民法学中所谓的行为意思。有的学者称为"直接意思"(unmittelbarer Wille),如马尼克(Manigk);有的学者称为"行动意思"(Betätigungswille),如亨勒

---

① Ebenda,S. 242 – 245.

② Ebenda,S. 344.

③ Vgl. Ulf Werba,Die Willenserklärung ohne Willen,2005,S. 20 – 21. 此处对学说的梳理主要参考 Ulf Werba 的相关论述,但在学说归类上与 Ulf Werba 略有不同。

（Henle）；有的学者称为"表示意思"（Erklärungswille），如比洛（Bülow）、布伦斯（Bruns）、冯·图尔；有的学者称为"执行意思"（Ausführungswille），如科勒（Kohler）；有的学者称为"行为意思"（Handlungswille），如豪泽尔（Hauser）。

（2）指向特定表示内容或表示意义的意思或意识。在这方面具有代表性的是莱昂哈德。他认为，"意思"包括两种：一是在表示中体现出来的思想，即"表达出来的意思"（erklärter Wille），它与"法律行为内容"同义；二是发生于该表示之前的内在思想，即"未被表达出来的意思"。后者分别指向因果序列的四个环节：表示行为、表示内容、表示效力（Erklärungsgeltung）、法律行为效果。① 另一位学者卡尔·沃尔夫认为，意思表示需要一个关于意义的意图（Bedeutungsvorsatz）。②

（3）作出某种——无论具备什么内容——表示的意思或意识，或者关于作出一项具备某种内容的法律行为上的表示、告知的意思或意识。冯·图尔认为，构成意思表示，要求表意人意识到通过其行为正在作出一项具备某种内容的告知（Mitteilung）。据此，在"特里尔葡萄酒拍卖案"中，举手打招呼的异乡人由于欠缺这种告知意识，其行为不构成意思表示。反之，如果 A 弄混了两封信，误将一封要约当作贺信邮寄给 B，因其具备告知意识，所以该信件构成意思表示，A 只能通过撤销使之无效。应当注意的是，冯·图尔所谓的告知意识并非指行为人意识到从其行为中可以推断出一项法律行为上的效果意思，即便其仅意识到其行为构成一项涉及法律行为以外的事实内容之告知亦可。弄混一封普通信件和一封法律行为信件与弄混两封法律行为信件的后果是一样的。③ 与此不同，恩内克策卢斯、艾茨巴赫尔（Eltzbacher）、

① Rudolf Leonhard, Der Allgemeine Theil des Bürgerlichen Gesetzbuchs, 1900, S. 456.
② Karl Wolff, Mentalreservation, Jherings Jahrbücher für die Dogmatik des bürgerlichen Rechts, Bd. 81 (1931), S. 53ff.
③ Andreas von Tuhr, Der Allgemeine Teil des Deutschen Bürgerlichen Rechts, zweiter Band, erste Hälfte, 1914, S. 403 – 404.

保罗·厄尔特曼、济格尔(Siegel)等人要求表意人的意思或意识指向
法律行为上的表示。比如,恩内克策卢斯认为,如果 A 想以 1000 马克
向 B 购买一匹马,A 首先形成以 1000 马克购买这匹马的决定,即关于
买卖法律效果的意愿,然后产生以具有约束力的方式向出卖人表述该
意愿的意图,前者只是纯粹内在的、法律上无关紧要的事实,并非意思
表示的必备要素,后者则是意思表示的必备要素。① 艾茨巴赫尔认为,
表意人应当具备表示意思(Erklärungswille),即把指向法律效果的特
定意愿表达出来的意思。②皮宁斯基(Pininski)认为,对于一项有效的
意思表示而言,表示意愿(das Wollen der Erklärung)——通过一项行
为显示表意人的内在意图的意愿,或者说对意图进行表达的意思——
是不可或缺的。仅当表示是一项特定的内在意图可认知的表达时,它
在法律上才发挥作用,因此,我们的意思必须指向我们行为的这种属
性,以便使我们的表示成为所欲的。据此,表意人必须具备这样的意
愿:其行为具有作为特定意图之表达的意义。③ 保罗·厄尔特曼认为,
意思表示的外在成分是通告(Kundmachung),除此之外,还要具备内
在成分,表意人应当具有通过其行为通告一项意思的意思,这就是表
示意思。表示意思指向行为的表示价值,表意人必须意识到其行为具
备某种(无论何种!)表示价值,但不需要意识到其行为具备特定的表示
价值,否则《德国民法典》第 119 条关于错误导致意思表示可撤销的规定
就是多余的。④ 济格尔认为,构成一项意思表示,要求表意人具备关于

---

① Ludwig Enneccerus, Rechtsgeschäft, Bedingung und Anfangstermin, Erste Abtheilung, 1888, S. 63.

② Paul Eltzbacher, Die Handlungsfähigkeit nach deutschen bürgerlichen Recht, Band 1, Berlin, S. 145, zitiert nach Rudolf Henle, Vorstellungs-und Willenstheorie in der Lehre von der juristischen Willenserklärung, 1910, S. 131.

③ Leo Pininski, Der Thatbestand des Sachsbesitzerwerbs nach gemeinem Recht, Band 2, Leipzig, 1888, S. 392 – 393, zitiert nach Rudolf Henle, Vorstellungs-und Willenstheorie in der Lehre von der juristischen Willenserklärung, 1910, S. 108.

④ Paul Oertmann, Kommentar zum Bürgerlichen Gesetzbuche, erstes Buch, Allgemeiner Teil, 1908, S. 307.

表示价值的意识,但不要求其具备通告意图(Kundmachungsabsicht)。有时,行为人虽具备前者但不具备后者。比如,A 与 B 约定通过射击对 B 的要约表示承诺。某日,A 发现一只狐狸,想射杀之,他知道 B 将会听见枪声并将其理解为承诺,尽管他不想将其用于通告(表示)目的,但仍然开了枪,此时构成意思表示,通告意图无关紧要,具备关于表示价值的意识足矣。[①]

(4)指向表示内容之效力的意思。大体上指的是效力意思或约束意思。比如,莱昂哈德认为,"关于表示内容的意愿"和"关于表示内容之效力的意愿"不应当被混淆。因为,如下情形中仍可能存在"关于表示内容之效力的意愿":表意人没有认识到表示的内容,但却违背意愿地将其纳入买卖契约,无论如何,其愿意为该内容负责,尽管可能不符合其愿望。具有决定性的恰恰是这种效力意思(Geltungswille),而不是内容意思(Inhaltswille)。[②]

(5)效果意思。大多数学者都提到这种意思,但在用语上多有分歧。有的称为 Geschäftswille,如布伦斯、艾茨巴赫尔;有的称为 Wirkungswille,如佩尔尼策(Pernice)、恩德曼(Endemann);有的称为 Erfolgswille,如冯·图尔;有的称为 Rechtsfolgewille,如艾伦伯格(Ehrenberg)与布罗德曼(Brodmann);有的称为 erklärter Wille,如莱昂哈德、亨勒;有的称为 Absicht,如马尼克。

随着民法学的发展,某些要素或其用语逐渐被弃用或边缘化。首当其冲的是上述第二种要素。所谓"关于表示内容的意愿"与效果意思很难予以清晰的区分,表示内容实际上就是法律行为的效果,即权利义务关系。甲作出意思表示,以 10,000 元价格向乙购买某一匹马,

---

① Julius Siegel, Die Privatrechtlichen Funktionen der Urkunde: Eine Studie zur Lehre von den Willenserklärungen nach dem Recht des Bürgerlichen Gesetzbuchs unter Berücksichtigung der Zivilprozeßordnung, AcP111(1914), S. 14 – 15.

② Rudolf Leonhard, Der Allgemeine Theil des Bürgerlichen Gesetzbuchs, 1900, S. 456.

其表示的内容是"甲以 10,000 元价格向乙购买这匹马",而"甲以 10,000 元价格向乙购买这匹马"用法律语言予以表述的话就是买卖合同这项法律行为的法律效果:甲负担了 10,000 元的价款支付义务,乙负担了这匹马的交付义务。可见,表示内容就是法律行为的效果,关于表示内容的意思就是关于法律行为效果的意思即效果意思。莱昂哈德通过把前者界定为发生于表示之前的内在思想,即"未被表达出来的意思",使之与效果意思区别开来的尝试并无太大实益。所谓"表达出来的"效果意思如果与"未被表达出来的"关于表示内容的意思不一致,则它实际上已经不是意思了,毋宁是表示所具备的意义:该意义通过对表示予以解释而被确定。因此,需要加以区分的是内在的效果意思与外在的表示意义,而不是"关于表示内容的意愿"与效果意思。

至 20 世纪中期,基本上已经没有学者将与效果意思相区别的"关于表示内容的意愿"作为意思表示的主观要素。效力意思(Geltungswille)或约束意思也未得到太多学者的强调。自海因里希·雷曼的《民法总论》问世之后,学者们逐渐把目光集中到上述第一种、第三种和第五种意思(意识)上。海因里希·雷曼将这三种意思(意识)分别称为行为意思(Handlungswille)、表示意识(Erklärungsbewußtsein)、效果意思(Geschäftswille)。在他看来,行为意思对于意思表示的成立(Vorhandensein)而言是不可或缺的[1],效果意思则并非不可或缺,因欠缺与表示客观意义一致的效果意思并不导致意思表示不成立,仅使得表意人依据《德国民法典》第 119 条取得一项撤销权。[2]

---

[1] Heinrich Lehmann, Allgemeiner Teil des Bürgerlichen Gesetzbuches, 2. Aufl., 1922, S. 107.

[2] Ebenda, S. 178.

　　至于表示意识是否意思表示必备的主观要素，则存在疑问。这个疑问并非始于海因里希·雷曼。自从赫尔曼·伊塞(Isay)对"特里尔葡萄酒拍卖案"进行探讨之后，表示意识对于意思表示的意义就成为学界争论的焦点。在这个教学案例中，一个异乡人在特里尔的一个市场中看见一个熟人，遂举手打招呼，碰巧此时市场内正举行一场葡萄酒拍卖会，按照拍卖规则，举手意味着提出比上一个报价高100马克的报价，当拍卖师宣布成交时，一无所知的异乡人觉得莫名其妙。赫尔曼·伊塞认为，该案中异乡人的动作应该被解释为发出意思表示，理由是：只要表意人意识到或者因过失未意识到从其行为中可以推断出一个特定的意思，即足以构成意思表示。[1]也就是说，表示意识并非意思表示的构成要件，有时，表意人的过失可以替代表示意识。

　　对于赫尔曼·伊塞的观点，学界褒贬不一。反对者如马尼克[2]、海因里希·雷曼[3]、尼佩代[4]。赞成者如鲁道夫·亨勒[5]、埃尔利希·丹茨[6]等。在20世纪中期的学术界，表示意识肯定说略占上风。从司法实务看，德国帝国法院确立了如下原则：当事人必须受相对人依诚实

　　[1]　Hermann Isay, Die Willenserklärung im Thatbestande des Rechtsgeschäfts nach dem Bürgerlichen Gesetzbuch für das Deutsche Reich, Jena, 1899, S. 25. Zitiert nach Hans-Joachim Musielak, Zum Verhältnis von Wille und Erklärung, AcP211(2011), S. 782.

　　[2]　马尼克认为，对于意思表示的构成，表示意识是不可或缺的。在用语上，他时而将表示意识称为 Erklärungsbewußtsein，时而称为 Erklärungsvorsatz，时而称为 Kundgebungszweck。Vgl. Alfred Manigk, Das rechtswirksame Verhaltens, 1939, S. 123, 132, 142.

　　[3]　Vgl. Heinrich Lehmann, Allgemeiner Teil des Bürgerlichen Gesetzbuches, 2. Aufl., 1922, S. 174.

　　[4]　尼佩代认为，仅当行为人意识到从其行为中可以推断出一项效果意思的情况下，其行为才是意思表示，据此，在"特里尔葡萄酒拍卖案"中，异乡人的举手不构成意思表示。Vgl. Enneccerus/Nipperdey, Allgemeiner Teil des Bürgerlichen Rechts, 15. Aufl., 1960, S. 901 – 902.

　　[5]　Rudolf Henle, Vorstellungs-und Willenstheorie in der Lehre von der juristischen Willenserklärung, 1910, S. 141.

　　[6]　对于意思表示的构成，埃尔利希·丹茨认为无须任何内在的意思要素。Vgl. Erich Danz, Die Auslegung der Rechtsgeschäfte, 1897, S. 31ff.

信用和交易习惯对其表示可得理解的意义约束。① 据此,欠缺表示意识的意思表示的有效性得到承认。在具有代表性的判例(RGZ95,122)中,帝国法院认为,每个人都应当使其行为依交易习惯而不仅仅依其内在意思对自己发生效力,该原则不仅适用于商法领域,还普遍适用于民法。不过,德国联邦最高法院对此却迟迟未作明确表态。直到著名的"储蓄所保证案"(BGHZ91,324),德国联邦最高法院才明确承认在欠缺表示意识时,如果意思表示可归责于表意人,则其成立,因为"意思表示法不仅植根于自决,它还保护表意受领人的信赖以及交易安全"。在该案中,原告曾要求其客户提供银行保证,客户答应了。于是被告储蓄所在1981年9月8日通知原告,其已经为该客户的债务作了保证。原告把这份函件看作保证允诺并在1981年9月17日作出承诺。后来表明,储蓄所误以为已经存在一项保证义务,其写这份函件并不是想发出旨在设定保证义务的表示,而只想提到臆想中存在的保证。1981年9月24日,储蓄所通知称其尚未承担前一封函件提到的保证义务。直到同年10月6日其才发函表示撤销。联邦最高法院认为,尽管欠缺表示意识,但仍成立保证意思表示,并认为储蓄所10月6日的函件不构成"不迟延的撤销"。1981年9月24日的函件并未提到意思瑕疵,所以不构成撤销表示。②

　　"储蓄所保证案"的判决对学说产生重要影响,自此以后,表示意识否定说逐渐占据上风,最终成为德国的通说。当代大多数德国民法学者认为表示意识不是意思表示的构成要件,欠缺表示意识仅构成错误。③

---

　　① Reinhard Singer,Selbstbestimmung und Verkehrsschutz im Recht der Willenserklärungen,1995,S.59.

　　② BGHZ91,324.

　　③ Vgl. Ulf Werba,Die Willenserklärung ohne Willen,2005,S.31.

当然仍有一些学者坚守肯定说。①

　　关于行为意思是否意思表示的构成要素，目前德国的通说认为行为意思是意思表示的构成要素。不过，也有个别学者认为行为意思不是意思表示的构成要素。按照这种学说，意思表示不需要任何主观要素，在效果意思、表示意识和行为意思都欠缺的情况下，仍有可能构成一项意思表示②，这是意思表示构成问题上的绝对客观说。与绝对客观说相反的是绝对主观说，认为效果意思、表示意识和行为意思都是意思表示不可或缺的主观要素，若欠缺其一，即导致意思表示不成立。③ 当然，这种观点很难得到支持。把效果意思视为意思表示不可或缺的主观要素不仅违背当前学界的理论共识，而且显然不符合各国的现行法规定。鉴于此，关于意思表示的构成要件问题，以下仅对表示意识与行为意思予以探讨。

---

　　① 　值得注意的是诺依纳（Neuner）的学说。诺依纳认为，传统意思表示理论的三分法（行为意思、表示意识和效果意思）既不精确也不妥当。在他看来，意思表示的内部要件应当划分为能力要件（kompetenzielle Voraussetzungen）与意图要件（intentionale Voraussetzungen），欠缺这两个要件之一即导致意思表示不成立。能力要件要求表意人具有行为自由与意思自由。欠缺行为自由，如表意人被他人抓住手强行点击鼠标、因身体被人碰撞而反射性举手或者因梦游、癫痫病发作而处于无意识状态。欠缺意思自由，如表意人未成年或者具有精神障碍。意图要件，包括交流意思（Kommunikationswille）与参与意思（Partizipationswille）。交流意思是指与他人实施社会交往行为的意思。欠缺交流意思如表意人举手驱赶苍蝇，并非想作出意思表示。所谓"脱手的意思表示"也欠缺交流意思。参与意思相当于传统理论中的表示意识。此种新的要件分类是否合理且必要，有待推敲。Vgl. Jörg Neuner, Allgemeiner Teil des Bürgerlichen Rechts, 12. Aufl. ,2020, S. 365 – 369（§32 Rn. 1 – 25）.

　　② 　Ulf Werba, Die Willenserklärung ohne Willen, 2005, S. 164; Detlef Leenen, Ist das so richtig? -Typen von Defiziten der Zivilrechtsdogmatik, JuS 2008, S. 579 – 580; Nikolaus Brehmer, Wille und Erklärung, 1992, S. 65; Martin Josef Schermaier, in: HKK BGB, vor §§116 – 124 Rn. 14; Christof Kellmann, Grundprobleme der Willenserklärung, JuS 1971, S. 614.

　　③ 　Ulrich Eisenhardt, Zum subjektiven Tatbestand der Willenserklärung, JZ 1986, S. 879; Alfred Manigk, Das rechtswirksame Verhaltens, 1939, S. 122 – 127, S. 142. 不过，Manigk 的观点比较特殊。他认为，在表示之外还应当存在一项哪怕仅仅对表示内容起否定作用的真实效果意思。据此，与表示内容一致的真实效果意思并非意思表示的构成要件，表示错误情形中仍然成立一项意思表示。这种观点与效果意思否定说并无太大差别。把与表示内容相悖的效果意思作为意思表示构成要件唯一可能的作用是区分意思表示与社交约定，达成社交约定的人没有任何效果意思，无论该意思是否与表示内容一致。

(二)对意思表示主观要件肯定说与否定说的评析

1. 表示意识肯定说与否定说评析

关于欠缺表示意识时可否构成一项意思表示,表示意识肯定说的主要理由①如下:其一,如果欠缺表示意识时仍然构成意思表示,那么尽管表意人可以以错误为由撤销表示,但必须负担信赖损害赔偿义务。这个法律后果过于严厉,因为表意人根本没有意识到自己参与了法律行为上的交往。仅当行为人具备表示意识即有意识地制造了信赖基础时,相对人的信赖保护才具有内在合法性。②其二,信赖保护不是承认无意识之表示构成意思表示并使其在一定条件下发生约束力的充分理由,由此充其量只能得出应当对相对人的消极利益予以赔偿的结论,这个目标通过缔约过失责任即可实现。在表示错误情形中,因为撤销权被除斥而发生的积极约束力的深层次理由并不在于信赖保护,毋宁在于普遍的交易保护。③ 其三,既然在戏谑表示情形中,欠缺认真的效果意思可以导致表示无效——该表示是表意人所欲的,那么在根本没有意识到构成一项表示的情况下,表示更应当无效,因为

① 此处考察的对象不包括那些纯粹基于《德国民法典》相关条文解释的理由,因为这些立足于特定实证法的纯解释论理由对我们并无太大的借鉴意义。比如:(1)把表示意识看作意思表示在概念上的构成要件,与《德国民法典》第119条并不矛盾。欠缺表示意识的,根本不成立《德国民法典》第119条意义上的"作出一项表示",第119条的适用前提是:表意人不想作出这种内容的表示,但毕竟想作出一项表示(Vgl. Paul Oertmann, Kommentar zum Bürgerlichen Gesetzbuche, erstes Buch, Allgemeiner Teil., Carl Heymann, Berlin, 1908, S. 308; Heinrich Lehmann, Allgemeiner Teil des Bürgerlichen Gesetzbuches, 2. Aufl., 1922, S. 174; Enneccerus/Nipperdey, Allgemeiner Teil des Bürgerlichen Rechts, 15. Aufl., 1960, S. 901; Thomas Lobinger, Rechtsgeschäftliche Leistungspflicht und autonome Bindung, 1999, S. 178)。(2)《德国民法典》第116条及以下各条规定的真意保留、通谋虚伪表示、表示错误等存在瑕疵的意思表示均以表意人存在表示意识为前提,这表明,欠缺表示意识的行为根本不构成《德国民法典》中的意思表示,哪怕是有瑕疵的意思表示(Vgl. Alfred Manigk, Das rechtswirksame Verhaltens, 1939, S. 123)。

② Heinrich Lehmann, Allgemeiner Teil des Bürgerlichen Gesetzbuches, 2. Aufl., 1922, S. 174; Enneccerus/Nipperdey, Allgemeiner Teil des Bürgerlichen Rechts, 15. Aufl., 1960, S. 901.

③ Reinhard Singer, Selbstbestimmung und Verkehrsschutz im Recht der Willenserklärungen, 1995, S. 172.

后一种情形的可归责性弱于前一种情形。① 其四,在表示错误情形中采用可撤销模式赋予表意人选择机会是有意义的,因为他毕竟想缔结一项法律行为,而在欠缺表示意识情形中赋予表意人这样的选择机会则是荒唐的,因为他本来不想缔结法律行为,只是偶然地造成了可能对他有利的法律行为表象,此时根本不存在自决行为。② 其五,在欠缺表示意识的情形中,尽管赋予表意人一项撤销权使其有机会通过选择履行契约以避免信赖损害赔偿义务,但却没有理由让相对人接受这种选择,因为应当使相对人免受表意人在行使选择权过程中造成的投机之害。③ 其六,按照否定说,因过失而导致的无意识表示构成错误意思表示,表意人享有撤销权,可以选择使表示有效,也可以选择使其无效,反之,无过失导致的无意识表示不构成意思表示,确定地不发生效力,表意人反而没有选择的机会,这意味着选择可能性变成专门为疏忽大意的表意人保留的奖品,显然不合理。④

表示意识否定说的主要理由⑤如下:其一,如果将表示意识作为意思表示的构成要件,则欠缺表示意识不构成意思表示,表意人不但不需要履行法律行为上的义务,而且也不需要负担意思表示无效后的消

---

① Paul Oertmann, Kommentar zum Bürgerlichen Gesetzbuche, erstes Buch, Allgemeiner Teil, 1908, S. 308;Heinrich Lehmann, Allgemeiner Teil des Bürgerlichen Gesetzbuches, 2. Aufl., 1922, S. 174;Enneccerus/Nipperdey, Allgemeiner Teil des Bürgerlichen Rechts, 15. Aufl., 1960, S. 901;Claus-Wilhelm Canaris, Die Vertrauenshaftung im deutschen Privatrecht, 1971, S. 550; Gerhard Frotz, Verkehrsschutz im Vertretungsrecht, 1972, S. 117, 471.

② Claus-Wilhelm Canaris, Die Vertrauenshaftung im deutschen Privatrecht, 1971, S. 550; Reinhard Singer, Selbstbestimmung und Verkehrsschutz im Recht der Willenserklärungen, 1995, S. 176.

③ Reinhard Singer, Selbstbestimmung und Verkehrsschutz im Recht der Willenserklärungen, 1995, S. 180.

④ Thomas Lobinger, Rechtsgeschäftliche Leistungspflicht und autonome Bindung, 1999, S. 181.

⑤ 同样也不包括那些纯粹基于《德国民法典》相关条文解释的理由,比如,无意识的人与戏谑者都不具备表示意识,但《德国民法典》第105条以及第118条却都规定其表示行为构成意思表示,这表明表示意识并非意思表示的构成要件。Vgl. Rudolf Henle, Vorstellungs-und Willenstheorie in der Lehre von der juristischen Willenserklärung, 1910, S. 141.

极利益损害赔偿责任。这与欠缺效果意思之情形相比较,存在明显的评价矛盾:具备表示意识的表意人在没有任何过错时仍需负责,而欠缺表示意识的表意人即便有重大过失也无须负责。① 其二,表示意识肯定说为了避免让表意人在撤销错误意思表示后赔偿相对人的信赖利益损失,将表示意识视为意思表示的构成要素,但是,这个方案只考虑表意人的利益,未充分考虑相对人的利益,由于相对人不知道表意人欠缺表示意识,其信赖应当得到保护。② 其三,不能从"戏谑表示无效"这一规定中得出"欠缺表示意识之表示更应当无效"的结论。实际上,戏谑表示与欠缺表示意识之情形并非大与小的关系,毋宁说,二者根本不具有可比性。就戏谑表示而论,表意人在作出表示时就已经拒绝了其所包含的法律效果(选择权已用尽!),所以没必要让表意人选择究竟使表示生效抑或通过撤销使之无效。反之,在欠缺表示意识情形中,表意人没有意识到表示及其所创设的法律效果,所以他并未也不可能从一开始就拒绝了这些东西。一旦他意识到了表示,可能会接受其中所包含的法律效果。因此,采用可撤销模式,赋予表意人选择权,看起来是合理的。③ 其四,对于欠缺表示意识与错误这两种情形,应当避免评价上的矛盾。在两种情形中,表示内容同样非其所欲,两种情形都不符合完满自决与自我形构意义上的私法自治思想。从当事人的角度看,其在这两种情形中完全值得被同样保护,因为都可能存在基于谨慎审查的对于一项具备特定内容的意思表示的信赖。如果在对于法律行为而言具备决定性的视角(私法自治与信赖保护)下,两种情形是一样的,则对二者应当做相同处理。一如错误的表意

---

① Ebenda, S. 144.

② Hans-Joachim Musielak, Zum Verhältnis von Wille und Erklärung, AcP211 (2011), S. 787; Nikolaus Brehmer, Wille und Erklärung, 1992, S. 78.

③ Werner Flume, Allgemeiner Teil des bürgerlichen Rechts, Bd. 2: Das Rechtsgeschäft, 4. Aufl., 1992, S. 415; Dieter Medicus, Allgemeiner Teil des BGB, 10. Aufl., 2010, S. 247.

人,欠缺表示意识的表意人也应当享有撤销权。① 其五,尽管无意识表示包含的法律效果仅在极其偶然情况下才恰好完全符合表意人的利益和意愿,但在表示错误情形中,又何尝不是如此。在错误情形中,选择权是有意义的,错误方可以考量,其本来或许不太想作出的履行是否比承担信赖损害赔偿责任更为可取,因为后者不能给其带来任何对待给付。欠缺表示意识之情形亦然,所以规定欠缺表示意识的表示构成意思表示但表意人享有撤销权是有意义的。其六,如果某人发现自己作出了一项很可能导致另一方信赖的无意识的表示,则诚实信用要求其立即向另一方澄清自己欠缺效果意思,不应当允许其随心所欲地期待,在对相对人不利的时刻澄清其欠缺表示意识并主张意思表示不成立。采用与表示错误一样的可撤销模式可以避免这一结果,因为错误方的撤销权适用较短的除斥期间。②

在以上各项理由中,有几项是针锋相对的。具体言之,否定说的第二项理由与肯定说的第一项理由相对。双方争论的焦点是信赖责任的构成要件:是否以有意识地制造信赖事实为要件。否定说的第三项理由与肯定说的第三项理由相对。争论的焦点是可否从"戏谑表示无效"之规定中推导出"欠缺表示意识之表示更应当无效"的结论。否定说的第五项理由与肯定说的第四项理由相对。争论的焦点是有没有必要赋予欠缺表示意识的表意人一项选择权。否定说的第六项理由与肯定说的第五项理由相对,争论的焦点是赋予欠缺表示意识的表意人一项撤销权可否导致其利用该权利进行投机。

本书认为,就上述第一个争论焦点而言,以消极利益赔偿为内容的信赖责任不应当以表意人有意识地制造信赖事实为要件。因为,消

① Franz Bydlinski, Erklärungsbewußtsein und Willenserklärung, JZ 1975, S. 3 – 5; Ulf Werba, Die Willenserklärung ohne Willen, 2005, S. 38; Larenz/Wolf, Allgemeiner Teil des bürgerlichen Rechts, 9. Aufl., 2004, S. 437.

② Franz Bydlinski, Erklärungsbewußtsein und Willenserklärung, JZ 1975, S. 5.

极信赖保护要么以过错原则为归责原则,要么以风险原则为归责原则。"过错"既包括"明知道"(有意识)的状态下而制造了信赖事实,也包括在"应当知道"的状态下而制造了信赖事实,此时表意人对此并无意识。风险原则考虑的是哪一方当事人更容易控制风险或者由哪一方当事人承担风险更为公平,当事人是否知悉自己制造了信赖事实并非决定性因素。可见,无论采用哪种归责原则,都不要求表意人有意识地制造信赖事实。表示意识肯定说的第一项理由站不住脚。

就第二个争论而言,不能简单地说欠缺表示意识的表意人的可归责性弱于戏谑者。欠缺表示意识有两种情形。一是表意人无过失,二是表意人有过失。在第一种情形中,表意人的可归责性弱于戏谑者,所以,运用当然推理的法则,可以从"戏谑表示无效"规则中得出"欠缺表示意识的表示更应当无效"的结论。在第二种情形中,表意人的可归责性并不比戏谑者弱。尽管戏谑者故意作出一项表示,但他依据当时的情势预期他人明白这并非一项认真的意思表示,也就是说,他以为自己的行为不具备表示价值,即便在个别情形中某人有理由相信他的表示是认真的,也不能说他故意使自己的行为产生这样的表示意义,①充其量只能说他对于该表示意义的产生是有过失的。总体上看,戏谑者的可归责性比较弱,并不强于欠缺表示意识的表意人,所以不能从"戏谑表示无效"规则中得出"欠缺表示意识的表示更应当无效"的结论。另外,在欠缺表示意识情形中,相对人信赖的合理性通常强于戏谑表示的相对人。后者要么无信赖,要么轻信,仅在个别情形中才具备合理信赖。因此,法律上规定"戏谑表示无效"比较合理,而规定"欠缺表示意识的表示一律无效"则未必妥当。

就第三个争论而言,欠缺表示意识情形中的选择权问题与表示错

---

① 实际上,戏谑者也欠缺表示意识,戏谑表示是欠缺表示意识之表示的特殊情形,这一点已经被很多学者所承认。如果依据当时的情势可以断定行为人知道其行为将会被理解为一项认真的意思表示,则表明其具备表示意识,其行为构成真意保留而不是戏谑表示。

误情形中的选择权问题并无本质区别。错误方表示出来的法律效果并非其当初想要的那个法律效果,比如,某人想要购买白酒却错误地表示购买葡萄酒,事后他可能发现葡萄酒也符合自己当前的需求,如果法律上赋予他选择权,就可以使葡萄酒买卖合同生效。欠缺表示意识的表意人表示出来的法律效果也不是其想要的,因为其当初不想发生任何法律效果。不过,表意人事后也可能发现该法律效果符合自己当前的需求。在"特里尔葡萄酒拍卖案"那样的案件中,表意人可能发现无意中拍得的葡萄酒物美价廉,值得购买。充其量只能说,与表示错误相比,在欠缺表示意识情形中表示出来的法律效果符合表意人事后需求的可能性相对低一些。但这种概率上的差别并非在选择权问题上对两种情形区别对待的充分理由。如果在表示错误情形中表意人享有选择权,那么在欠缺表示意识情形中表意人也应当享有选择权。尤其是考虑到意思表示无效后表意人很可能需要承担消极利益损害赔偿责任,则更有必要赋予欠缺表示意识的表意人一项选择权,允许其权衡利弊,决定履行合同抑或赔偿相对人的消极利益损失。由此可见,表示意识肯定说的第四项理由欠缺说服力。

就第四个争论而言,选择权当然意味着表意人在一段时间内有机会观望、权衡,选择对自己有利的结果。这种心理过程如果超出合理的限度,就是投机;否则,就不能称为投机。因此,问题的关键并非应否赋予表意人选择权,毋宁是如何设计规则以将该选择权限制在合理的限度内,以防止表意人利用它进行投机。为此,应当对选择权规定较短的行使期间,促使表意人尽快就意思表示的效力作出终局性的决定。赋予表意人选择权有利于鼓励交易,既然交易流程已经启动(至少在相对人方面已经启动),就应当尽量促成交易,选择权使遭遇障碍的交易流程具备继续进行的可能性,只要没有因此给相对人带来太大的麻烦,相对人理应容忍和配合。因此,表示意识肯定说的第五项理由也不充分。

尚未被否定说批判的是肯定说的第二项和第六项理由。就第二项理由而论,其针对的是否定说的第二项理由。后者为了保护相对人的信赖,反对以表示意识为意思表示的构成要件。肯定说则认为使欠缺表示意识的行为构成意思表示并非保护相对人信赖的唯一途径,缔约过失责任也可以实现这一目的。的确,仅就消极信赖保护而论,缔约过失责任也可以使相对人的信赖利益得到赔偿。尽管缔约过失责任以行为人具备过错为要件,而依德国法上的表示错误规则,表意人撤销意思表示后承担无过错损害赔偿责任,所以看起来使欠缺表示意识的行为构成可撤销的意思表示更有利于保护相对人,但依否定说中的主流观点,仅当行为人具备过失时,欠缺表示意识的行为才构成意思表示,适用表示错误规则,[①]因此,肯定说采用的缔约过失责任与否定说采用的错误方损害赔偿责任之间并无本质区别。从这个意义上说,如果只考虑相对人的消极利益赔偿,表示意识肯定说与否定说的争论并无实益。不过,使欠缺表示意识的行为构成意思表示的意义不限于此,肯定说仅仅依据缔约过失责任在消极信赖保护方面与表示错误规则的功能同一性就试图推翻否定说,力度显然不足。

就肯定说的第六项理由而论,从表面上看,有过错的表意人享有选择权,无过错的表意人没有选择权,似乎前者更受优待。然而,意思表示成立对欠缺表示意识的表意人并非只有好处,毋宁还有不利之处:意思表示成立,表意人必须及时地行使撤销权,否则意思表示将发生终局性的效力,易言之,有过错的表意人须承担效力风险;此外,撤销意思表示也存在一定的成本,尤其是如果必须以起诉的方式行使撤销权的话。有过错的表意人固然从选择权中获得利益,但该利益已经

---

① Franz Bydlinski, Erklärungsbewußtsein und Willenserklärung, JZ 1975, S. 5; BGHZ91, 324; BGHZ109, 171; Reinhard Bork, Allgemeiner Teil des Bürgerlichen Gesetzbuchs, 4. Aufl. , 2016, S. 230( Rn. 596); Larenz/Wolf, Allgemeiner Teil des bürgerlichen Rechts, 9. Aufl. , 2004, S. 437, 657.

被其承担的撤销成本与效力风险抵销，无过错的表意人尽管不享有选择权，但也不需要承担撤销成本与效力风险。因此，综合考虑意思表示成立给表意人带来的有利因素与不利因素，有过错的表意人实际上并未"反而获得优待"。

综上，表示意识肯定说的各项理由并不充分，从欠缺表示意识之行为的具体法律效果层面上看，否定说更有说服力。

2. 行为意思肯定说与否定说评析

在意思表示构成问题上，行为意思肯定说的主要理由[①]如下：其一，意思表示是人的外部行为，当然要求存在一项指向该外部行为的意思，即行为意思，在绝对强制（vis absoluta）、反射动作、睡眠或麻醉状态中的动作等情形中，根本不存在行为。[②] 其二，使当事人承担责任要求其具备可归责性，在法律行为交往中，欠缺行为意思者不具备可

---

① 同样也不包括那些纯粹基于《德国民法典》相关条文解释的理由，比如，(1)既然依据《德国民法典》第 105 条第 2 款，在无意识状态或者暂时精神障碍状态下作出的意思表示无效，那么在欠缺行为意思的情况下，纯粹因外在力量导致的行为（如 vis absoluta：绝对强制）当然不构成意思表示。( Vgl. Lehman/Hübner, Allgemeiner Teil des Bürgerlichen Gesetzbuches, 15. Aufl. , 1966, S. 148, 248 ) (2)《德国民法典》之所以没有对 vis absoluta 这样的欠缺行为意思之表示作出规定，是因为行为意思是意思表示概念固有的要素，欠缺行为意思时不成立意思表示，不需要将其规定为无效或可撤销。( Vgl. Rudolf Henle, Vorstellungs-und Willenstheorie in der Lehre von der juristischen Willenserklärung, 1910, S. 152 ) (3)《德国民法典》第 105 条规定未成年人和精神障碍者作出的意思表示无效，这似乎意味着即便欠缺行为意思，意思表示也能成立，只是无效而已，但《德国民法典》是从一个在体系上未经打磨的粗糙的行为意思概念出发，其行为能力概念与行为意思概念存在交叉之处，未成年人和精神障碍者显然具备纯粹心理学意义上的行为意思，对于将意思表示概念建立在行为意思基础上——这是立法当时的通说——的立法者而言，这一点足以让他规定这样的意思表示是成立但无效的。( Vgl. Rudolf Henle, Vorstellungs-und Willenstheorie in der Lehre von der juristischen Willenserklärung, 1910, S. 154 )

② Enneccerus/Nipperdey, Allgemeiner Teil des Bürgerlichen Rechts, 15. Aufl. , 1960, S. 862, 899；Larenz, Die Methode der Auslegung des Rechtsgeschäfts, Alfred Metzner Verlag, Frankfurt a. M. , 1966, S. 34；Larenz/Wolf, Allgemeiner Teil des bürgerlichen Rechts, 9. Aufl. , 2004, S. 436；Werner Flume, Allgemeiner Teil des bürgerlichen Rechts, Bd. 2：Das Rechtsgeschäft, 4. Aufl. , 1992, S. 46；Hans-Joachim Musielak, Zum Verhältnis von Wille und Erklärung, AcP211 ( 2011 ), S. 799.

归责性①,且依相关情势,欠缺行为意思通常可以被知悉,所以相对人并无值得保护的信赖,不应承认构成一项意思表示。② 其三,没有行为意思就不存在私法自治的法律形构(privatautonome Rechtsgestaltung),如果放弃行为意思这一要件,就等于放弃意定效果与法定效果之区分。③

行为意思否定说的主要理由④如下:其一,行为意思是多余的,其所解决的问题可以借助于行为能力这一要件予以解决,绝对强制与反射动作都可以视为欠缺行为能力时的举动。⑤ 其二,有时,某人机械地作出正确的表示(误打误撞),该表示应当构成意思表示,这表明行为意思并非意思表示的必备要素。⑥ 其三,表示错误是指所欲的和所表达的相背离,欠缺行为意思时所欲的和所表达的严重背离,当然构成表示错误,这意味着意思表示成立,但欠缺行为意思的表意人享有撤销权。⑦ 其四,意思表示仅仅是一个归责事实构成,由归责思想和信赖保护支配的意思表示构成要件问题,不应探究表意人的真意,而应探究表示受领人可否信赖客观的表示价值,以及表意人造成的表示事实可否归责于他。真意只能通过撤销权发挥作用。意思表示的归责并

---

① Stephan Lorenz, Der Schutz vor dem unerwünschten Vertrag, C. H. Beck'sche Verlags-buchhandlung,1997,S. 214.

② Larenz/Wolf, Allgemeiner Teil des bürgerlichen Rechts, 9. Aufl. , 2004, S. 436; Hans-Joachim Musielak,Zum Verhältnis von Wille und Erklärung, AcP211(2011), S. 799 – 800.

③ Klaus Hopt, Nichtvertragliche Haftung außerhalb von Schadens-und Bereicherungsausgleich, AcP183(1983), S. 608.

④ 同样也不包括那些纯粹基于《德国民法典》相关条文解释的理由,比如,立法者在《德国民法典》第 105 条第 2 款规定,无意识状态中作出的意思表示无效。只有存在一项意思表示,才能说其无效。因此,立法者认为在无意识状态下也能成立意思表示。无意识状态即欠缺行为意思。这表明,行为意思并非意思表示的构成要件。Vgl. Leenen, Ist das so richtig? -Typen von Defiziten der Zivilrechtsdogmatik, JuS 2008, S. 579.

⑤ 参见[德]耶尔格·诺伊尔:《何为意思表示?》,纪海龙译,载《华东政法大学学报》2014 年第 5 期。

⑥ Ulf Werba, Die Willenserklärung ohne Willen,2005,S. 86.

⑦ Ebenda,S. 85.

不涉及其最终的约束力问题,它仅用于确定在意思表示被撤销后谁应该对因信赖客观表示事实而产生的损害负责。此项归责既可以基于意思,包括表示意识、行为意思,甚至还包括效果意思,也可以基于过错或者风险领域。意思并非唯一的归责基准。①

本书认为,否定说的第一项理由不成立。行为能力不能取代行为意思,二者是不同的民法概念。行为能力是一种法律上的资格,它描述了一种持续一定期间、具备普适性的状态,在这种状态下当事人实施的旨在创设法律效果的各项行为能够发生效力;反之,在无行为能力状态下,当事人实施的旨在创设法律效果的各项行为原则上无效。与此不同,行为意思仅仅针对某一项行为。我们只能说"某人当时(不)具备实施某一项特定行为的行为意思",不能说"某人当时(不)具备实施各项行为的行为意思"。欠缺行为意思的很多情形无法用行为能力概念解释。甲抓住乙的手在合同书上捺手印,乙当时欠缺的只是行为意思而不是行为能力。某人在拍卖会上因抽搐而举手,被理解为报价,也是如此。

否定说的第二项理由实际上涉及选择权问题。在"误打误撞"情形中,表意人完成表示动作之后发现无意中作出了一项符合自己意愿的表示,这仅仅表明该表示符合其事后的效果意思——即便其事先存在关于特定法律效果的想法,但由于其并未最终作出决断(否则其应当有意识地立即作出一项表示),所以该想法并非效果意思。事实上,任何欠缺行为意思的表示,只要表意人事后认可该表示的内容,打算使其生效,都是"误打误撞"。区别仅仅在于表意人发现表示内容"正合我意"的时点或早或晚。因此,说"误打误撞的表示应当构成意思表示"就等于说"应当按照表意人事后的意愿使欠缺行为意思的表示发生效力"。表意人实现事后意愿的过程就是行使选择权。一如欠缺表

① Ebenda,S. 108,138.

示意识之情形,赋予欠缺行为意思的表意人一项选择权也是有必要的。

否定说的第三项理由仅仅从表示错误概念的定义出发对欠缺行为意思的表示予以定性,这在论证方式上存在问题。定义是对概念的内涵所作的表述,它是阶段性而不是终局性的。随着学界在研究过程中对概念获得新的发现或新的理解,概念的内涵不断更新,需要对其予以重新定义。因此,在学术研究的层面上,定义只是认识的结果,不适合作为认识的出发点,否则将得出片面的、武断的结论。在这方面,肯定说的第一项理由存在类似问题,其也是以演绎的方法从一个抽象命题中推导出具体结论。这种方法终究不是十分可靠,因为在人文社会科学领域任何抽象命题都不是亘古不变的真理,一旦该命题被推翻,以其为逻辑支点构建起来的整个理论体系就会土崩瓦解。

否定说的第四项理由和肯定说的第二项理由针锋相对,争论的焦点是欠缺行为意思的表意人是否具有可归责性以及相对人是否具有正当信赖。相较之下,否定说更有说服力。相对人并非都没有值得保护的信赖,某些情形中,相对人根本无法知悉表意人欠缺行为意思,比如因手指失控误击鼠标,处于网络另一端的相对人不可能知道表意人无缔约意图,其对该表示的信赖是正当的。从表意人角度看,其并非在任何情况下都没有过错。尽管表示动作本身不受表意人意志的控制,但有时表意人是因为过失而导致动作失控,比如熬夜上网者因过度疲劳陷入瞌睡状态以致误击了鼠标,很难说其对此不具有可归责性。

肯定说的第三项理由强调,私法自治要求法律行为效果的意定性,后者以行为意思为前提。实际上,如果要求绝对的意定性,即要求法律行为的效果由表意人的真实意思与相对人的真实意思共同决定,则法律行为不仅仅以表意人的行为意思为前提,还要以其表示意识和效果意思为前提。仅具有行为意思,尚不能表明法律效果被表意人的意思决定,因为决定法律效果的意思归根结底是效果意思。也就是说,从"法律行为效果的意定性"中不应当仅得出"行为意思是意思表示构成要件"这一结论,毋宁应当得出"行为意思、表示意识和效果意思都是意思表示构成要件"的结论。这样的结论在今天恐怕很难被人接受。

总之,尽管行为意思否定说的某些理由站不住脚,但其他理由比行为意思肯定说更有说服力。

### 二、基于表示意义的意思表示概念

(一)表示意识与行为意思皆非不可或缺

以上分析表明,关于行为意思与表示意识是否意思表示的构成要件问题,否定说比肯定说更值得赞同,因为其对于欠缺行为意思或表示意识之表示的法律后果提出了更为公平、妥当的具体结论。目前,虽然表示意识否定说在德国已经取得通说地位,但依然有不少学者对此提出质疑。行为意思否定说还仅仅是少数说。[1] 之所以如此,是因为现有的否定说在某些方面还需要加以完善。尤其是如果对于表示意识和行为意思都采用否定说(双重否定说),则应当提出更令人满意的解释,毕竟将所有的意思因素排除在意思表示的构成要件之外的做法与民法学界长久以来所接受的意思表示概念相去甚远。

---

[1]　在我国台湾地区,目前尚未发现持行为意思否定说者。至于表示意识,持否定说者也未占多数,否定说的主要代表包括黄立(参见黄立:《民法总则》,中国政法大学出版社2002年版,第235页)、王泽鉴(王泽鉴:《民法总则》,北京大学出版社2009年版,第319页)、洪逊欣(洪逊欣:《中国民法总则》(增订版),1997年自版,第357页)、陈自强(陈自强:《民法讲义I:契约之成立与生效》,法律出版社2002年版,第217—218页)。在我国大陆,从已经发表的论著看,也没有持行为意思否定说者。持表示意识否定说的学者主要有朱庆育(参见朱庆育:《民法总论》(第2版),北京大学出版社2016年版,第198页)、梁慧星(参见梁慧星:《民法总论》(第5版),法律出版社2017年版,第176页——梁先生所用的术语是表示意思,其内涵与表示意识略有不同)、邵建东(参见邵建东:《表示意识是否意思表示的要素》,载梁慧星主编:《民商法论丛》(第17卷),金桥文化出版(香港)有限公司2000年版,第354—358页)。

　　法律上的构成要件可以分为两种类型,一是刚性要件,即按照事物的本质,绝对不能缺少的要件。比如损害赔偿责任构成要件中的因果关系、损害结果。如果欠缺这样的要件,仍然发生赔偿责任,则毫无正当性。二是柔性要件,即只是基于价值考量才将其作为构成要件,而如果出于其他价值的考虑不将其作为构成要件,也并非显而易见的"错误"。比如损害赔偿责任中的过错,将其作为要件仅具有相对正当性。对于意思表示而言,表示是刚性要件,绝对不可或缺。表示意识和行为意思则充其量只能是柔性要件,是否将其作为构成要件,取决于价值考量,当然也涉及对意思表示概念的理解。

　　在民法理论上,一般认为意思表示是实现私法自治的工具。在意思表示的概念中如果排除任何意思因素,则首先面临如下担忧:这样做是否违背了私法自治原则? 因为,私法自治的本质在于当事人按照自己的意思构建法律关系,没有意思,就没有真正的自治。不过,在意思表示构成要件中是否排除意思因素与私法自治实际上并无必然联系,因为构成要件仅涉及意思表示成立问题,成立的意思表示未必生效,具有决定性的是意思表示的生效要件,即便在成立要件中排除了任何意思因素,但只要在生效要件中包含了各种意思因素,欠缺这些因素将导致意思表示效力瑕疵,就符合私法自治原则,法律行为的效果原则上仍然只能由当事人的意思予以确定。因此,从私法自治角度探讨意思表示构成要件,收效甚微。

　　意思表示的构成要件如果仍有意义,其意义也不在于实现私法自治,而是为了实现其他功能。这里涉及的问题是,为什么要区分意思表示的成立与生效? 就其他法律事实而言,一旦成立就会发生相应的法律效果,不可能一方面成立了,另一方面又不发生法律效果,比如侵权行为、无因管理、不当得利等。唯独意思表示一方面成立了,另一方面却可能不生效。之所以如此,是因为前者的法律效果是由法律直接赋予的,而后者的法律效果是由当事人意思决定的。侵权行为、无因管理等法律事实一旦成立,即导致当事人之间的利益变动,一方的利益因此而减少,另一方——无论是否从中获益——依法就应当填补该项利益缺口,由此发生了以利益回复为内容的权利义务关系。此项法律效果依法发生,与当事人的意愿无关。反之,意思表示虽然成立了,但并未因此导致当事人之间的利益变动,所以没有必要依法直接发生以利益回复为内容的权利义务关系。也就是说,意思表示的成立本身并不会带来某种法律效果。与侵权行为、不当得利等法律事实不同,意思表示指涉的法律效果并非基于客观需要而发生,毋宁基于当事人的主观意愿而发生:当事人希望发生某种利益变动,通过意思表示创设了以该利益变动为内容的权利义务关系,法律如其所愿,承认该关系具有约束力。法律的承认是以审查与评价为基础的,它需要审查表示内容是否符合当事人的真实意思,当事人的意思是否在自由、自决的状态下形成,当事人是否具备形成意思的能力,需要评价当事人的意思是否违背善良风俗和公共利益。审查与评价合格的,意思表示才能生效。从这个意义上说,意思表示的构成所产生的唯一结果是给法律的审查与评价提供一个客体,判断意思表示是否成立仅仅意味着审查当事人的某一项行为是否有资格进入下一道审查与评价程序。关于成立的判断(构成判断)与关于效力的判断(效力判断)之间的关系在某种程度上相当于立案与审判之间的关系,原告起诉后获得立案不等于最终胜诉。

　　既然表示内容是否符合当事人的意思属于效力判断的对象,它就不可能同时属于构成判断的对象,因为同一项因素不可能而且也没必要被重复判断。据此,确定意思表示的构成要件关键在于厘定"表示内容是否符合当事人的意思"这项判断的射程。在其射程所及范围之内,仅涉及意思表示生效问题,不涉及意思表示成立问题。具体而论,在错误(欠缺效果意思)情形中,表示内容体现的是一种效果意思,而表意人内心存在的却是另一种效果意思,这无疑是"表示内容不符合当事人的意思"。这种不符合是"此(表象效果意思)与彼(内在效果意思)"的不符合。在欠缺表示意识情形中,表意人内心根本不存在任何效果意思,我们也可以说"表示内容不符合当事人的意思",这种不符合是"有(表象效果意思)与无(任何效果意思)"的不符合。欠缺行为意思之情形亦然。在意思欠缺的三种情形中,表示内容都背离当事人的意思,区别仅仅在于背离的程度而已。从这个角度看,效果意思、表示意识与行为意思都可以不被当作意思表示的构成要件。无论它们是否欠缺,都可以被纳入效力判断。我们可以完全在意思表示生效要件视角下探讨意思欠缺的法律后果问题,从而"意思"被排除在意思表示构成要件的问题域之外。

从当事人之间的权利义务配置角度看,不把表示意识与行为意思作为意思表示的构成要件更为妥当。承认欠缺表示意识或行为意思的表示构成意思表示可以使表意人获得一项选择权,符合鼓励交易的原则,已如前述。这里需要补充一点,对表示意识和行为意思都采否定说实际上反而有助于防止表意人投机。当然,为了实现这一目的,在具体的法律效果方面,对于欠缺表示意识或行为意思的表示应当采用可撤销模式而不是效力待定模式。后者赋予表意人的选择权是追认权。意思表示成立了,欠缺表示意识或行为意思的表意人可以对其予以追认,追认后意思表示生效,不追认的意思,表示不生效。① 尽管在相对人发现表意人欠缺表示意识或行为意思后可以催告表意人在合理期间内作出是否追认的表示,但在此之前,表意人可以毫无压力地进行观望,不及时作出表态,使相对人遭受投机之害。与此不同,可撤销模式赋予表意人的选择权是撤销权。表意人必须在发现自己欠缺表示意识或行为意思后的合理期间内撤销意思表示,否则意思表示将发生终局性的效力。这种效力风险可以最大限度地防止表意人投

① 托马斯·洛宾格主张效力待定模式。Vgl. Thomas Lobinger, Rechtsgeschäftliche Leistungspflicht und autonome Bindung,1999,S.197.

机。如果对于表示意识与行为意思采肯定说,从表面上看,表意人没有选择权,无从投机,但实际上表意人仍有投机的余地。因为,尽管依肯定说,意思表示因欠缺表示意识或行为意思而不成立,但究竟是否欠缺表示意识或行为意思,只有表意人自己最清楚,是否主张意思表示不成立,基本上由表意人自己掌控。虽然表意人在法律上没有选择权,但在事实上却有选择机会,可以从容地权衡利弊,等待合适的时机决定是否主张欠缺表示意识或行为意思。相对人则完全处于无知和被动状态,无法决定意思表示的命运。这种规范模式在客观结果上显然过于偏袒表意人,忽视了相对人的利益保护。

如前所述,当下德国民法学界通说已经把表示意识排除在意思表示构成要件之外,但大多数学者仍然坚持把行为意思视为意思表示的构成要件。对他们来说,如果不给意思表示的构成要件留下最后一滴意思之血,无异于宣告意思表示的死亡。事实上,仅靠这一滴血根本无法挽救意思表示概念。行为意思对于意思表示的意义没有人们想象得那么大,至少不具备决定性的意义。如果仅以行为意思作为意思表示的主观构成要件,则在概念层面上,意思表示与人的其他行为之间并无区别。无论是意思表示还是侵权行为、无因管理行为、占有取得行为,都是行为,都以行为意思为必备要件,行为意思是它们的共性,那么它们的区别何在? 构成要件是区分此概念与彼概念的标准,它应该能够表征概念的特性,要么单独表征特性,要么与其他构成要件相结合共同表征特性。行为意思显然不具备单独表征意思表示概念特性的功能,所以不应当以行为意思作为意思表示唯一的主观构成要件。在意思表示主观构成要件问题上,作为通说的"表示意识否定说 + 行为意思肯定说"模式行不通。可供选择的模式只剩下双重肯定说与双重否定说。鉴于表示意识肯定说在具体法律效果上欠缺合理性,所以我们只能采用双重否定说。

双重否定说意味着意思表示没有不可或缺的主观构成要件。行为意思与表示意识对于意思表示的构成仅具有如下意义:常态意思表示包括行为意思与表示意识这两个主观因素。如果表意人具备行为意思和表示意识,即可判定成立意思表示,这是常态意思表示。如果不具备,则须审查表意人是否因过失作出欠缺行为意思或表示意识的表示。表意人无过失的,不成立意思表示;表意人有过失的,成立意思表示,这是"病态"意思表示。如果非要把行为意思与表示意识视为构成要件,那也只能说是常态意思表示的构成要件,病态意思表示的构成要件是表意人的过失。但这三种因素都不是作为属概念的意思表示本身的构成要件,因为它们都是可以欠缺的。

我们在此处面临的一个问题是:为什么在欠缺行为意思或表示意识时要求表意人存在过失才成立意思表示,而在仅欠缺与表示内容一致的效果意思(表示错误)时,即便表意人无过失仍然成立意思表示?尽管这种区别对待的做法属于目前的通说,但仍有一些学者持不同观点,他们主张在第一种情形中意思表示的成立也不以表意人的过失为前提。理由主要是意思表示的归责应当采用风险原则而不是过错原则。① 其实,尽管风险原则是现代法上的一条重要归责原则,但不是万能的,它有特定的适用范围与适用前提:要么因为当事人自愿进入一个充满风险的特殊领域;要么为了保护不特定第三人的利益。就意思表示的成立问题而论,在仅欠缺效果意思的情形中,意思表示的成立之所以不以表意人的过失为前提,是因为表意人通过有意识地作出一项表示而积极参与了法律行为交往,在这个特殊活动领域里,人与人需要进行表达、沟通,在决策、表达、理解等环节都存在发生误差的风险,对此,不能仅以过错原则为准,还应当依据风险原则决定由哪一方

---

① Ulf Werba, Die Willenserklärung ohne Willen, 2005, S. 123, 141; Nikolaus Brehmer, Wille und Erklärung, 1992, S. 80, 240; Christof Kellmann, Grundprobleme der Willenserklärung, JuS 1971, S. 614 – 615. 我国学者纪海龙也持这种观点,参见纪海龙:《走下神坛的"意思"——论意思表示与风险归责》,载《中外法学》2016 年第 3 期。

当事人承担不利的后果。与此不同,在欠缺表示意识或行为意思情形中,表意人没有意识到自己已经通过作出一项表示进入了法律行为交往流程。既然不是自愿参与风险活动,就不宜使其承担意外误导相对人的风险。因沟通误差导致的不利后果究竟应否由表意人承担,取决于表意人对此是否具有过失。[①] 无论如何,让一个不知不觉被卷入法律行为交往流程的无辜者承担意思表示成立后的撤销成本、期间压力与效力风险,很难说合乎情理。

(二)意思表示是具备可归责于表意人的特定效果意义之表示

意思表示没有不可或缺的主观构成要件,只有不可或缺的客观构成要件,即具备特定意义的表示。只要存在一项包含了指向特定法律效果之意义的表示,就可能构成意思表示。此处所谓的意义通常指表示的规范意义,即该表示依社会一般观念或交易习惯在特定情景中应当(被理解为)具有何种意义。[②] 规范意义可能与表意人赋予表意符号的意义——主观意义——相同,也可能与该意义不同。在第一种情形中,表意人对表意符号的理解与普通人的理解重合。规范意义也未必等同于特定相对人从表意符号中实际读取的意义,因为特定相对人的理解是个性化的,未必符合社会一般观念。比如,甲整理房屋时打算淘汰一件旧衣服,将其送给乙,没有发现衣服口袋里藏着一枚钻戒。数日后,甲想起那枚戒指,向乙索要。乙通过赠与取得了衣服的所有

---

[①] 卡纳里斯也认为在欠缺表示意识情形中不宜适用风险原则,但他却从中得出表示意识肯定说这个一般结论,认为欠缺表示意识的行为当然无效,行为人无须撤销表示,只需类推《德国民法典》第118条及第122条负担消极利益损害赔偿责任即可,前提是行为人本应当知道其行为具备表示价值。但卡纳里斯又不承认行为人的这种状态属于过错。要言之,卡纳里斯的核心观点是:欠缺表示意识的行为人即便具有可归责性,也不成立意思表示,只发生信赖损害赔偿责任。其主要是为了避免与《德国民法典》第118条发生评价上的矛盾,其认为赋予行为人撤销权(选择机会)是不合理的。Vgl. Claus-Wilhelm Canaris, Die Vertrauenshaftung im deutschen Privatrecht, 1971, S. 427, 486, 550.

[②] Larenz/Wolf, Allgemeiner Teil des bürgerlichen Rechts, 9. Aufl., 2004, S. 510, 514; Brox/Walker, Allgemeiner Teil des BGB, 44. Aufl., 2020, S. 65 (§6 Rn. 15); Werner Flume, Allgemeiner Teil des bürgerlichen Rechts, Bd. 2: Das Rechtsgeschäft, 4. Aufl., 1992, S. 307–313.

权,但并未以同样的方式取得钻戒所有权,因为根本不存在一项由甲作出的让与钻戒所有权的表示。即便乙把甲交付藏在旧衣服中的钻戒的举动理解为让与所有权的表示,其理解也不是该举动的规范意义。依社会一般观念,所有权人通常不会无缘无故地把价值昂贵的钻戒送给别人,据此,乙不应该把交付藏在旧衣服口袋中的钻戒理解为让与所有权的表示。既然该举动不具备关于所有权让与之法律效果的规范意义,那么它就不是让与表示。由于表示是意思表示不可或缺的构成要件,所以该举动不构成让与钻戒所有权的意思表示。仅当表意人赋予表意符号的主观意义与相对人的实际理解一致时,规范意义才不被考虑。此时,表示意义是双方对表意符号的一致理解。

从本质上看,意思表示的成立与生效问题就是表示意义的归责问题。我们每天都会面对很多表意符号,它们具备指向特定法律效果的意义。在法律上需要做的事情就是判断该表示意义可否归责于特定当事人。如果可以归责于他,则至少可以认定成立一项可撤销的意思表示。[①] 可撤销的意思表示只是表示意义的初步归责,因为其仅仅意味着表意人需要以自己的成本及时地消除表示意义,一旦这么做了,表示意义就不会发生终局性的约束力。意思表示的确定生效则是表示意义的最终归责,表示意义发生了终局性的约束力,表意人需要承担由此产生的可能非其所欲的法律效果。在欠缺意思表示的主观因素或者说当表示意义与表意人主观意思不一致时,这种终局性效力的

---

① 例如,某人将车停在马路边的停车位里,没注意公告牌上写的收费条款,以为此处停车无须缴费。当他准备驶离停车位时,管理员要求他缴纳停车费,但却遭到拒绝。在该案中,司机欠缺表示意识和效果意思,但依规范性解释,他的停车行为在当时情景中具备缔结一份以有偿停车为内容的合同的效果意义。鉴于该司机当时没有尽到一般人应有的注意,即具备可归责性,所以应当判定停车行为构成一项默示意思表示。同理,在前述汽车经销合同案中,依规范性解释,汽车厂商继续供应汽车的举动也具备效果意义:使此前发出的终止表示——至少在经过相对人同意之后——丧失效力。尽管汽车厂商这个法人(由法定代表人代表)对此欠缺行为意思,但是由于该法人内部管理不善才导致产生具备该效果意义的默示表示,所以该效果意义可归责于它。

发生有两种原因。一是表意人具备很强的可归责性,比如有重大过失,为了保护相对人的信赖,限制表意人的撤销权,成立一项不可撤销的意思表示。二是本来只成立一项可撤销的意思表示,但由于表意人未及时行使撤销权,导致意思表示确定生效。无论基于哪种原因,法律效果都不是依表意人的真实意思而发生。由此产生的问题是:该法律效果是否仍然具有意定性?

如果说意定性指的是仅依表意人的真实意思确定法律行为的内容,则欠缺主观因素的意思表示所发生的终局性效力确实不是意定的。这种意义上的意定性符合以萨维尼的学说为代表的古典意思表示理论。不过,在当代私法学中是否仍有必要坚持对法律行为效果的意定性作这样的理解,则不无疑问。古典的意定论只能解释无瑕疵法律行为的效果,在解释有瑕疵法律行为的效果时,则会遇到困难。尽管后者是以有瑕疵的意思表示为基础的,实际发生的法律效果与表意人设想的法律效果并不一致,甚至表意人根本就没有设想任何法律效果,但无论如何不能说法律行为所发生的效果是法定的。法定的法律效果(如侵权责任、不当得利返还请求权)是否发生取决于法律规定,法律效果的具体内容也是由法律直接规定的。法律行为的效果,无论该法律行为是否有瑕疵,都不符合这个特征。以一方当事人欠缺效果意思的法律行为为例,无论是故意欠缺效果意思(真意保留)还是无意欠缺效果意思(错误),如果该行为最终发生法律效果,则其内容并非由法律直接规定,毋宁由该方当事人使用的表意符号所具备的规范意义决定。这种规范意义不同于表意人内心的效果意思,也未必等同于相对人内心的效果意思。有时,表意人误解了表意符号的意义,相对人也发生了错误。双方意思表示的规范意义一致,但双方内心的效果意思并不一致,任何一方的效果意思都不是表意符号的规范意义。由此可见,充其量只能说在大多数情况下表意符号的规范意义与相对人对表意符号的理解以及基于该理解所形成的效果意思是一致的,而在少数情况下,二者存在差别。相应地,关于一方当事人欠缺效果意思但却发生终局性效力的法律行为,我们也只能说该法律行为效果的意定性在大多数情形中可以理解为依相对人的效果意思决定法律行为的效果,但在某些情形中不能作这样的理解。更为恰当的说法毋宁是:法律行为效果的意定性是指依表意符号的效果意义决定法律行为的效果。

这个命题具有更强的解释力,一方面可以解释无瑕疵法律行为效果的意定性,因为此种法律行为表意人的效果意思与表意符号的规范意义一致,依规范意义决定法律效果与依效果意思决定法律效果是一回事;另一方面也可以解释有瑕疵法律行为效果的意定性。就后者而论,该命题既可以解释有瑕疵双方法律行为效果的意定性,也可以解释有瑕疵单方法律行为效果的意定性。反之,如果把意定性界定为依当事人——无论是表意人还是相对人——的效果意思决定法律行为的效果,则表意人欠缺效果意思的单方法律行为(如行使解除权的行为)所发生的终局性效力就不是意定的:既不是依表意人的效果意思而定,也不是依相对人的效果意思而定,因为相对人在单方法律行为中根本就没有效果意思,他不需要作出任何意思表示。

如果说法律行为是私人之间的法律的话,则依表意符号的规范意义决定法律行为的效果就相当于依法律条款的规范意义决定法律规则的内容。这与现代法学方法论的基本立场是一致的。按照当前法学方法论的主流观点,法律解释的最终目标只能是探究法律在当下的标准意义或者说规范意义。只有兼顾当下法秩序的基本价值和历史上的立法者的规定意向,才能实现该目标。① 作为意志之产物,法律规则的内容在解释与适用时不再仅仅取决于其制定者的意志,也不再仅仅取决于某个特定解释者自身的意志。那么,同样也是意志之产物的

---

① Karl Larenz/ Claus-Wilhelm Canaris, Methodenlehre der Rechtswissenschaft, 3. Aufl., 1995, S. 138 – 139.

法律行为的效果也不应完全取决于表意人及其相对人的意志(意思)。由符号组成的法律规则与法律行为都是文本,在历史世界中二者都具有超越任何个体的意义。依该意义决定法律规则或法律行为中的法律效果,理所当然。前者的法律效果由公众之法(通常意义上的法律)决定,后者的法律效果由私人之法决定。法律效果的法定性与意定性之区分即植根于此。所谓意定性实际上就是由私人之法自己决定私人之间的权利义务关系;所谓法定性实际上就是由公众之法直接决定人与人之间的权利义务关系。

在这种视角下,"意思"之于意思表示概念不再具有以往那样显而易见的重要性,其在意思表示构成上的基石地位被"意义"所取代。意思表示归根结底是具备效果意义的表示。与效果意思相比,效果意义是一个更为宽泛的概念。它与效果意思时而重合,时而相悖。无论是否重合,只要存在可归责于表意人的效果意义(表示意义),就构成意思表示[1],这是效果意义的初步归责。重合与否,只影响效果意义的最终归责:当效果意思与效果意义不一致时,为了维护表意人的意思自

---

[1] 关于意思表示的概念,拉伦茨提出了效力表示(Geltungserklärung)说。在他看来,意思表示并非单纯对表意人既存效果意思的告知(Mitteilung),毋宁是对效果意思的执行(Vollzug)。如果 A 仅告知 B,A 现在愿意发生某种效果,则 A 此后仍然可以改变想法,转而愿意发生另一种效果。反之,如果 A 向 B 表示自己负担做某事的义务,则该表示具备终局性意义。此种情形中,A 并非在说"某种事物是这样的或者将会是这样的",毋宁在说"此种法律效果现在应当发生"。A 借此放弃了主张其意思变更的可能性,通过该表示使自己受到约束。从这个意义上说,意思表示与制定法一样,都是一种规定行为(bestimmender Akt)。意思表示并非表达存在于其自身之外的另一个事实(内在意思),毋宁包含如下意义:应当如此发生效力(So soll es gelten)。Vgl. Karl Larenz, Die Methode der Auslegung des Rechtsgeschäfts, 1966, S. 33 – 46; Jörg Neuner, Allgemeiner Teil des Bürgerlichen Rechts, 12. Aufl. ,2020,S. 356 –357( §30 Rn. 6). 拉伦茨的效力表示说把意思表示概念的重心从静态的意思转向动态的意思执行,并且揭示了意思表示与立法行为的共性,这是一个重大的理论贡献。本书提出的意思表示概念与效力表示说的意思表示概念并无根本矛盾。效力表示说的意思表示概念着眼于意思表示的发生过程,旨在说明从法律的视角看意思表示如何发生。理解这个概念需要把自己放在表意人的位置去设想如何言说才算作出意思表示。本书提出的意思表示概念着眼于在现实世界中如何判断一个已经发生的事实是否构成意思表示。理解这个概念需要把自己放在观察者的位置,观察待解释的事实是否具备可归责于表意人的效果意义。

决(这是自由原则在私法上的体现),原则上会给其一个消除效果意义的机会,即撤销意思表示的权利,但如果表意人具有很强的可归责性,则为了保护相对人的信赖,可以不给予表意人这样的机会,而使与效果意思相悖的效果意义终局性地归责于表意人。

### 三、意思表示的客观要件

#### (一)表示的概念

意思表示的客观要件是表示。表示并非仅指表意人自愿实施的表示行为,毋宁指的是任何可以传达意义的符号,包括语言、文字、数字、图形、身体动作、信号、沉默以及智能设备(如街边的投币式游戏机)运行等。其中有些符号是当事人自愿行为的产物,包括直接产物,如自愿说出来的话、写出来的字、自愿保持沉默;也包括间接产物,如当事人通过自愿行为给智能设备安装程序,使该程序在特定条件下可以运转,向相对人发出某种信号或作出某种回应。有些符号则是不受当事人意志控制的身体运动、程序运转或其他因素的产物。对于表示的构成而言,重要的并非这些符号究竟是否源于表意人的自愿行为,而是在相对人的眼中它们是否表现为表意人自愿行为的产物。一份包含了交易条款和签章的合同书、一份通过互联网传递的电子订单、拍卖会上合乎拍卖规则的举手,依社会一般观念通常会被人们理解为一项自愿行为的产物,除非其明知道实际情况并非如此。因此,它们理应被视为构成一项表示,尽管有时它们仅仅是不受表意人意志控制的举动导致的。

作为意思表示的客观要件,表示必须具备特定的效果意义,其中包含约束意义,即从相对人视角看,表意符号具备"表意人愿意受表示内容约束"之意义。约束意义在传统民法理论中被称为约束意思(Bindungswille),有些学者将其视为一个独立的构成要件[1],目前大多

---

[1] Vgl. Rudolf Leonhard, Der Allgemeine Theil des Bürgerlichen Gesetzbuchs, 1900, S. 456.

数学者则将其包含于效果意思之中①。相较之下,第二种观点更为可取。完整的效果意思不仅包含表意人关于特定法律关系内容的想法,毋宁还包含使该内容(效果)发生法律约束力的决定。欠缺该决定,意味着表意人的意愿并非终局性的。依受领人视角,只要从外观上看表意人的表示包含了该决定即可。② 因此,传统民法理论中所谓的约束意思在客观—信赖主义下就是约束意义,它是效果意义的组成部分。是否具备约束意义,是意思表示与很多其他行为的区别所在。③

就合同中的意思表示而言,一方面,表示的效果意义必须指向拟缔结合同的必备条款或要素(essentialia negotii);另一方面,表示的效果意义必须指向法律约束力,即"表明经相对人同意,表意人即受该意思表示约束"。就第一方面而论,哪些条款属于合同的必备条款,颇有疑问。依《民法典》第470条之规定,合同条款一般包括:当事人的名称或姓名、住所、标的、数量、质量、价款或报酬、履行期限、履行地点、履行方式、违约责任、解决争议的方法。这些条款显然并非全都是合同的必备条款。毋宁说,该条对合同条款的列举仅仅是示范性的。实践中,不能依据一份合同是否完全具备这些条款来判断其是否成立。

---

① Vgl. Ernst A. Kramer,in:Münchener Kommentar BGB,5. Aufl. ,2007,Einleitung zum Buch 2,Rn.30;Reinhard Bork,in:Staudinger Kommentar BGB,2003,Vor § §145 – 156 Rn.2 – 3.

② 如果,当事人在其出具的文件中明确排除了法律约束力,则显然不应将该文件认定为意思表示。例如,乙公司欠甲公司2500万元的债务,乙公司的关联企业丙公司向甲公司出具承诺函,载明"我司承诺在海外母公司股权融资完成并结汇后第一时间转账给贵司2500万元人民币,此款专项用于乙公司欠贵司的债款,此承诺函不构成我司的还款担保"。其中的"不构成我司的还款担保"表明丙公司不愿意使该承诺函发生法律约束力,该承诺函不构成具备特定效果意义的表示。案情参见上海殷泰纸业有限公司与福州汉鼎网络科技有限公司买卖合同纠纷案,上海市宝山区人民法院民事判决书(2019)沪0113民初1415号。

③ 欠缺效果意义的典型情形如单位为职工划定无偿停车区域,学校为学生指定无偿停放自行车的区域。单位或学校的此类举动均不包含欲订立一项保管合同或其他合同之意,毋宁是为了对公用空间进行规划与管理。对于该公共空间,职工或学生基于其与单位或学校的关系本来就可以合理使用,无须另行订立合同。相关判例,参见彭某某与重庆医科大学保管合同纠纷上诉案,重庆市第五中级人民法院民事判决书(2015)渝五中法民终字第00333号。

相应地,也不能依据一项表示是否包含这些条款来判断其是否构成要约。最高人民法院《关于适用〈中华人民共和国合同法〉若干问题的解释(二)》(以下简称《合同法司法解释(二)》)(已废止)第 1 条第 1 款曾规定,法院能够确定当事人名称或者姓名、标的和数量的,一般应当认定合同成立。这表明,最高人民法院将当事人名称或者姓名、标的和数量视为合同的必备条款。

至于价款或报酬,最高人民法院并未视之为合同的必备条款。依《合同法司法解释(二)》(已废止)第 1 条第 2 款之规定,对此类条款欠缺且当事人达不成协议的,人民法院应当依据《合同法》(已废止)第 61 条、第 62 条、第 125 条等规定予以确定。《合同法》(已废止)第 62 条对应《民法典》第 511 条。依第 62 条第 2 项之规定,价款或者报酬不明确的,按照订立合同时履行地的市场价格履行;依法应当执行政府定价或者政府指导价的,按照规定履行。有疑问的是,对于那些不必执行政府定价或政府指导价的物品或服务,如何按照市场价格履行。某些物品或服务很难说存在市场价格,比如艺术品、古董、宠物、牲畜、二手车、授课、广告代言、演出等。某些物品或服务虽然有市场价格,但其市场价格存在一个波动区间,不同供应商或服务商的价格有所差别,比如建材、布料、耗材等。在双方没有约定的情况下,究竟依市场价格区间中的较低价格抑或较高价格确定合同价款,仍然是个问题。

在德国法上,通说认为,如果双方拟订立的合同是有偿合同,则要约的内容原则上应当包含价款或报酬[①]。《联合国国际货物买卖合同公约》(CISG)第 14 条第 1 款第 2 句也规定要约必须包含价格或者用于确定价格的条款。不过,依该公约第 55 条之规定,在合同已被有效订立的情况下,如果合同未明示或默示地确定价格或者未约定据以确

---

① Jürgen Ellenberger, in: Palandt Kommentar BGB, 79. Aufl., 2020, Einf. vor § 145, Rn. 3; Dieter Medicus, Allgemeiner Teil des BGB, 10. Aufl., 2010, S. 146.

定价格的条款,那么除非有相反证据,否则视为当事人默示地参照了合同订立时在类似情况下(under comparable circumstances)相关交易中的此种货物的通常买卖价格。① 这表明,价款对于合同的成立而言并非不可或缺的内容。欠缺价格条款的,可以参照类似交易中的通常价格。

《国际商事合同通则》( UNIDROIT Principles of International Commercial Contracts, PICC)第5.1.7条借鉴了CISG第55条之规定,但增加了一句:如果不存在此类通常价格,则依合理价格(a reasonable price)履行。值得注意的是,该通则第2.1.2条虽然规定要约的内容必须足够确定,但并未像CISG第14条第1款第2句那样要求要约必须包含价格或者用于确定价格的条款。一项表示是否满足要约的确定性要件,不可一概而论。即便是合同的基本条款,比如关于标的物的精确描述、价格条款,也可以悬而未决,而且并不必然损害要约的确定性。是否满足要约关键取决于一方发出要约时以及对方作出承诺时是否真的想缔结一份具有约束力的协议,并且,所欠缺的条款可否通过合同解释、合同目的、惯例、双方以往交易实践或者第5.1.7条之类的特别规定予以填补。我国《民法典》第466条、第472条、第510条、第511条结合第142条第1款等规定与CISG以及PICC的上述规定存在类似之处,在解释上应否参考后者,不无疑问。

实际上,要约内容的确定性与合同内容的完整性并非完全等价,应当区分两种情况。其一,双方当事人未签订合同书,只是先后向对方作出一项表示。如果一方当事人的表示内容中未包含价格或报酬,并且交易的物品或服务不存在市场价格,则该表示通常不应认定为构

---

① 有学者认为CISG第14条第1款第2句与第55条之间存在规范冲突。参见韩世远:《合同法总论》(第4版),法律出版社2018年版,第80页。

成要约,毋宁仅构成要约邀请。① 虽存在市场价格,但市场价格有较大波动区间的,也不宜认定未包含价格或报酬的表示构成要约。当然,有时可以通过解释确定价格或报酬。比如,甲向乙商店表示购买某种货物若干,乙商店的惯常做法是顾客购买货物超过一定数量的,依本店批发价结算,否则,依本店零售价结算。此时,乙商店可以合理地将甲的表示理解为愿意依本店当日批发价或零售价购买此种货物,所以,依受领人视角解释,甲的表示内容中包含了价格,该表示理应构成要约。要而言之,如果既不存在政府定价或政府指导价,也不存在统一的市场价,未明确包含价格或报酬条款的表示原则上不应认定为要约,除非可以通过规范性解释确定价格或报酬。此外,如果当事人已经实际履行,则视个案情况也可以将当事人欠缺价格或报酬条款的表示认定为要约,并参照市场价格(尽管有弹性!)确定一个合理的价格或报酬,尤其是租赁、承揽等交易。② 其二,双方当事人已经签订合同书,该合同书中未包含价格或报酬条款。此时,既然双方当事人已经在合同书上进行签章,就表明他们确实想缔结一份具备约束力的合同,关于是否订约,双方都已经作出了终局性的决定,因此,认定合同已经成立未尝不可。即便是不存在政府定价、政府指导价或统一的市场价格,并且也无法通过规范性解释确定价格或报酬,但如果涉及的是种类物买卖或者个性化特征不强的给付,裁判者也应尽量参考类似交易或考量其他相关情势确定一个合理价格或报酬。当然,如果涉及的是特定物买卖或者个性化特征较强的给付,并且双方当事人所主张的价格、报酬差距甚大,导致难以确定一个合理价格或报酬,则应认定

---

① 在西藏自治区高级人民法院民事裁定书(2015)藏法民申字第 15 号(王某某与陈某某合同纠纷案)中,双方当事人口头约定转让一处门面房,但未约定价款,因此法院认定合同不成立。

② 郑某某与莆田市中医院、莆田市闽中田野汽车贸易有限公司、莆田市志强汽车贸易有限公司建设用地使用权纠纷案[最高人民法院民事判决书(2014)民提字第 125 号],即依同地段租金标准确定土地使用权租赁合同的租金数额。

合同因欠缺合意而不成立。

（二）默示的表示

1. 概念

《民法典》第 140 条第 1 款规定："行为人可以明示或者默示作出意思表示。"这表明，表示既可以是明示的，也可以是默示的。明示的表示是指表意人以语言、文字或者其他符号明确表达特定效果意义。默示（stillschweigend）的表示，亦称"可推断意思表示"[1]（konkludente Willenserklärung；schlüssige Willenserklärung），是指从表意人的某种行为推断出特定效果意义的意思表示。也有学者称为"间接意思表示"，因为效果意思是通过一项为了其他目的而实施的行为间接地表达出来的。[2] 可据以推断出特定效果意义的行为既包括积极的行为（作为），也包括消极的行为（不作为）。前者如顾客在超市收银台出示货物（默示要约）、无权代理情形中被代理人向相对人作出给付（默示追认）、合同转让未经相对人同意但相对人受领了受让人的给付（默示追认）[3]等。后者即沉默（Schweigen），沉默在某些情形中也具有可推断性。从这个意义上说，沉默意思表示也是默示意思表示的一种。默示意思表示可以分为沉默意思表示与其他可推断意思表示，二者的区别在于据以推断出效果意思的行为方式不同：前者是消极的不作为，后者是积极的作为。因此，前者又可以称为消极可推断意思表示，后者又可以称为积极可推断意思表示。处分行为一般通过积极可推断意思表示达成。比如让与人将动产交付给受让人，从中可以推断其有意将动产所有权立即移转于受让人；股权受让人已经支付全部或者绝大

---

[1] Jens Petersen, Schweigen im Rechtsverkehr, Jura 2003, S. 687ff; Helmut Köhler, BGB Allgemeiner Teil, 44. Aufl., 2020, S. 51（§6 Rn. 4）; Reinhard Bork, Allgemeiner Teil des Bürgerlichen Gesetzbuchs, 4. Aufl., 2016, S. 222（Rn. 571）.

[2] Enneccerus/Nipperdey, Allgemeiner Teil des Bürgerlichen Rechts, 15. Aufl., 1960, S. 943.

[3] 参见裕达建工集团有限公司与耒阳市金桥房地产开发有限公司建设工程施工合同纠纷案，最高人民法院民事判决书（2020）最高法民终 724 号。

部分转让款,在公司未置备股东名册的情况下,股权让与人将公司印章、账户等移交给受让人,从中可以推断其当时有意将股权立即移转于受让人,除非股权转让合同中有相反约定。

比较值得深入探讨的是沉默意思表示。主要问题有二:一是沉默意思表示的类型;二是沉默意思表示与拟制表示(fingierte Erklärung)及其他概念的关系。

2. 沉默意思表示的类型

(1)理论分析与规则解释

《民法典》第 140 条第 2 款规定:"沉默只有在有法律规定、当事人约定或者符合当事人之间的交易习惯时,才可以视为意思表示。"与最高人民法院《关于贯彻执行〈中华人民共和国民法通则〉若干问题的意见(试行)》(已废止)第 66 条第 2 句相比,该款增加了一种沉默意思表示,即依习惯将沉默视为意思表示。这是一个进步,值得肯定。当然,需要被承认的沉默意思表示是否仅限于该款所规定的三种类型,不无疑问。对此,有必要进行比较法考察,在此基础上探讨应否以及如何通过法律解释或者续造扩展沉默意思表示的类型。

在罗马法上,一般认为,对一项行为或者他人提出的问题的单纯沉默通常不构成同意或承认,也不构成拒绝。[①] 与此不同,教会法却奉行如下原则:沉默意味着同意(Qui tacet consentire videtur)。[②] 不过,近现代民法并未继受此项原则。萨维尼对该原则提出批判:"Qui tacet consentire videtur 不能被视为一般规则,毋宁仅涉及后面将要提到的例外。无论如何,关于这样一条抽象规则,不应考虑通过教会法对罗马法所作的更改。"[③]后世学者基本上沿袭了萨维尼的立场。当代德国、

---

① D. 50. 17. 142.

② Jens Petersen, Schweigen im Rechtsverkehr, Jura 2003, S. 687ff.

③ Friedrich Carl von Savigny, System des heutigen Römischen Rechts, Bd. 3, 1840, S. 248.

瑞士①等国的民法学通说认为,沉默原则上不具备表示价值,仅在例外情形中才构成意思表示(同意或拒绝)。②

从比较法看,在德国、瑞士的民法文献中经常被提及的"例外情形"包括:(1)依法律规定构成同意或拒绝的沉默。比如《德国民法典》第416条第1款第2句、第455条第2句、第516条第2款第2句、第545条,《德国商法典》第91a条、第362条,《瑞士债法典》第395条以及《瑞士民法典》第517条第2款③。对于这些法律规定的沉默,学理上存在争议,有的认为属于默示意思表示,有的认为属于拟制表示。(2)依当事人约定构成同意或拒绝的沉默。④但有些学者认为这种情形并非默示意思表示,毋宁是明示意思表示。⑤(3)对一项迟到承诺的沉默。迟到的承诺构成新要约,但考虑到其内容与原要约内容相符,如果原要约人未提出异议,理论界和实务界均有不少人认为应视为同意⑥,但有学者反对⑦。(4)双方当事人已经通过商谈在合同所有重要问题上达成共识,也就是说,合同的筹备已经达到"可订立"(abschlussreif)状态,此时,对要约的沉默通常被视为承诺。⑧(5)针对一项内容完备的要约邀请,发出了一项有拘束力且内容与要约邀请完

---

① 《瑞士债法典》第6条规定在特定情形中可以将沉默视为对要约的承诺。

② Enneccerus/Nipperdey, Allgemeiner Teil des Bürgerlichen Rechts, 15. Aufl. , 1960, S. 944;Jens Petersen,Schweigen im Rechtsverkehr,Jura 2003,S. 687;Jürgen Ellenberger,in:Palandt Kommentar BGB,79. Aufl. ,2020,Einf v §116,Rn. 7;Eugen Bucher,in:Basler Kommentar OR I, 4. Aufl. ,2007, §6 Rn. 4.

③ Eugen Bucher,in:Basler Kommentar OR I,4. Aufl. ,2007, §6 Rn. 11.

④ Brox/Walker,Allgemeiner Teil des BGB,44. Aufl. ,2020,S. 99( §8 Rn. 42).

⑤ Ernst A. Kramer,in:Münchener Kommentar BGB,5. Aufl. ,2006,Vor §116 Rn. 24.

⑥ Christian Armbrüster,in:Erman Kommentar BGB,15. Aufl. ,2017, §147 Rn. 3;Eugen Bucher,in:Basler Kommentar OR I,4. Aufl. ,2007, §6 Rn. 17.

⑦ Dieter Medicus, Allgemeiner Teil des BGB, 10. Aufl. , 2010, S. 157; Jens Petersen, Schweigen im Rechtsverkehr,Jura2003,S. 688.

⑧ BGH NJW 1995,1281;BGH NJW 1996,919;Christian Armbrüster,in:Erman Kommentar BGB,15. Aufl. ,2017, §147Rn. 3.

全相符的要约,对方对此保持沉默。[①] (6)承诺轻微背离要约的内容,依《德国民法典》第 150 条第 2 款构成新要约,受领人对此保持沉默,也意味着同意。[②] (7)在交叉要约情形中,部分学说从双方的沉默中推断出承诺之意[③],但有学者反对,认为依实质合意原则,交叉要约直接导致合同成立[④]。(8)依商事交易习惯,对商人确认函的沉默被视为同意。[⑤] (9)商事交易中,双方当事人先前已存在交易关系,此后,一方对另一方的要约保持沉默,德国有判例(BGHZ 1,353ff.)将该沉默认定为承诺,但未被学界通说认可。部分学者(如弗卢梅和克拉默)认为,如果通过沉默作出承诺已经在当事人之间成为交易习惯(基于先前行为的惯例),则再次沉默也构成承诺。[⑥] 在瑞士法上,有学者认为如果双方当事人订立了交互计算合同、证券保管合同等框架合同,则可以认定双方之间已存在交易关系,在此期间一方对另一方的某项具体要约保持沉默的,视为承诺。[⑦] (10)使沉默者纯获益的合同,依其沉默成立。[⑧] (11)依法律规定负有强制缔约义务的当事人的沉默

① Ernst A. Kramer, in: Münchener Kommentar BGB, 5. Aufl., 2006, §151 Rn. 4; Hans-Georg Knothe, in: Staudinger Kommentar BGB, 2004, Vor §§ 116 – 144 Rn. 76.

② Hans-Georg Knothe, in: Staudinger Kommentar BGB, 2004, Vor §§ 116 – 144 Rn. 76; Larenz/Wolf, Allgemeiner Teil des bürgerlichen Rechts, 9. Aufl., 2004, S. 529.

③ Andreas von Tuhr, Der Allgemeine Teil des Deutschen Bürgerlichen Rechts, zweiter Band, erste Hälfte, 1914, S. 460.

④ Ernst A. Kramer, in: Münchener Kommentar BGB, 5. Aufl., 2006, §151 Rn. 5; Enneccerus/Nipperdey, Allgemeiner Teil des Bürgerlichen Rechts, 15. Aufl., 1960, S. 986 Fn. 6.

⑤ Hans-Georg Knothe, in: Staudinger Kommentar BGB, 2004, Vor §§ 116 – 144 Rn. 73; Christian Armbrüster, in: Erman Kommentar BGB, 15. Aufl., 2017, §147 Rn. 5 – 6; Eugen Bucher, in: Basler Kommentar OR I, 4. Aufl., 2007, §6 Rn. 22.

⑥ Werner Flume, Allgemeiner Teil des bürgerlichen Rechts, Bd. 2: Das Rechtsgeschäft, 4. Aufl., 1992, S. 658; Ernst A. Kramer, in: Münchener Kommentar BGB, 5. Aufl., 2006, §151 Rn. 5; Eugen Bucher, in: Basler Kommentar OR I, 4. Aufl., 2007, §6 Rn. 13.

⑦ Eugen Bucher, in: Basler Kommentar OR I, 4. Aufl., 2007, §6 Rn. 14.

⑧ Christian Armbrüster, in: Erman Kommentar BGB, 15. Aufl., 2017, §147 Rn. 3; Eugen Bucher, in: Basler Kommentar OR I, 4. Aufl., 2007, §6 Rn. 12.

构成承诺。① (12)有时,对一项法律行为享有同意(允许与追认)权的人的沉默构成同意。

上述第(1)和(2)种情形无疑构成意思表示,我国《民法典》第140条第2款已经予以明确规定。② 第(2)种情形究竟属于沉默意思表示抑或明示意思表示,对实践并无影响。③ 从理论上看,将其定性为明示意思表示亦无不可,因为双方当事人已经明确地将沉默约定为表示符号,赋予其表示价值,一方保持沉默时,就是明确地通过这种表示符号表示同意或拒绝,此项表示意义根本无须推断。

第(3)种情形存在争议。在德国法上,肯定说的路径是类推《德国民法典》第149条第2句。④ 依该项规定,对于一项及时发出但因非正常传送而迟延到达的承诺表示,要约人应当不迟延地将该承诺表示的迟延通知受要约人,否则,承诺视为未迟延到达,合同自该承诺到达时成立。该规定的目的是保护受要约人的信赖:受要约人及时发出承诺表示,相信承诺表示能够及时到达,并且可能为了履行合同作了准备,如果要约人能够知悉受要约人陷入此种错误,则依诚实信用原则,他应当及时向受要约人澄清该错误,以避免受要约人因此遭受损失。⑤ 这是对要约和承诺采取到达主义的规范模式下,立法者为平衡缔约双方当事人的利益而进行的权利义务配置。一方面使表意人承担意思表示的传送风险,另一方面使受领人负担通知义务,这是一项不真正

---

① Jürgen Ellenberger, in: Palandt Kommentar BGB, 79. Aufl., 2020, §147, Rn. 3; Hans-Georg Knothe, in: Staudinger Kommentar BGB, 2004, Vor §§ 116 – 144 Rn. 76.

② 最高人民法院《关于审理建设工程施工合同纠纷案件适用法律问题的解释(一)》(法释[2020]25号)第21条也规定依据当事人的约定,沉默可以构成意思表示。

③ 认为依据约定沉默构成默示意思表示的代表性判例,参见沈阳国际汽车城开发有限公司与抚顺中通建设(集团)有限公司建筑安装分公司建设工程施工合同纠纷案,最高人民法院民事裁定书(2018)最高法民申549号。

④ Hans-Georg Knothe, in: Staudinger Kommentar BGB, 2004, Vor §§ 116 – 144 Rn. 76.

⑤ Reinhard Bork, in: Staudinger Kommentar BGB, 2003, §146 Rn. 2.

义务。我国《民法典》第 487 条也有类似规定。① 那么,在承诺表示即便被正常传送也不能及时到达的情形中,受要约人是否也有值得保护的信赖? 至少可以说,如果要约人已经明确指定了承诺期限,而受要约人未在该期限内发出承诺表示,受要约人显然没有值得保护的信赖,因为受要约人知道承诺表示不可能及时到达,而且知道要约人通过指定承诺期限已经表达了不愿意接受逾期到达的承诺表示之意。在要约人没有明确指定承诺期限的情况下,依据我国《民法典》第 481 条第 2 款第 2 项的规定(《德国民法典》第 147 条第 2 款与此类似),承诺表示应当在合理期限内到达。逾期的承诺表示构成一项新要约。如果承诺表示只是稍微超出合理期限到达,则受要约人可能存在值得保护的信赖。一方面,"合理期限"本来就具有弹性,受要约人理解的"合理期限"可能与要约人的理解不同。其以为承诺表示到达的时间并未超出合理期限,但实际上依理性受领人视角却已经超出合理期限。另一方面,要约人既然事先未明确指定承诺期限,就意味着其并未明确表达不愿意接受迟延承诺之意,尽管在法律上其有权不接受迟延承诺,但事实上其未必具有此项意识。因此,受要约人既可能相信承诺表示在合理期限内到达,也可能相信要约人对于承诺表示的稍微迟延并不介意。为避免受要约人产生错误信赖,要约人理应及时发出通知予以澄清。否则,其沉默应当被解释为对构成新要约之承诺表示的同意。在德国法学界,有不少学者也认为在把对迟延承诺的沉默解释为同意时,应当限定于稍微迟延的承诺表示②。

当然,通过类推关于非正常传送所致承诺迟延之规定得出上述结论未必妥当。因为,在非正常传送情形中,要约人对迟延到达承诺的

---

① 《民法典》第 487 条规定:"受要约人在承诺期限内发出承诺,按照通常情形能够及时到达要约人,但是因其他原因致使承诺到达要约人时超过承诺期限的,除要约人及时通知受要约人因承诺超过期限不接受该承诺外,该承诺有效。"

② Jürgen Ellenberger, in: Palandt Kommentar BGB, 79. Aufl., 2020, § 150 Rn. 3; Ernst A. Kramer, in: Münchener Kommentar BGB, 5. Aufl., 2006, § 149 Rn. 6.

沉默并未被视为同意的意思表示，法律只是规定该承诺视为未迟延——我国《民法典》第487条规定"该承诺有效"其实也是此意，因为只有未迟延的承诺才是有效的承诺。这种"未迟延"是拟制的法律状态。① 此项拟制使得本来不能发生效力的承诺表示发生承诺效力，合同成立是因为该承诺与要约一致，除此之外根本不需要另一项明示或默示的意思表示。与此不同，在正常传送但承诺仍稍微迟延的情形中，要约人的沉默则是一项同意的意思表示，唯有如此，合同才能成立：该沉默构成新承诺，与新要约（由迟延到达的原承诺表示转变而来）相结合使合同成立。既然属于意思表示，要约人的沉默就应当适用民法上关于意思表示的规定。在这一点上，此项沉默与前一种情形中要约人的沉默存在本质区别，所以不适合类推。就我国民法而论，《合同法》（已废止）第28条仅规定"受要约人超过承诺期限发出承诺……为新要约"，未规定在承诺期限内发出承诺且经正常传送仍迟延到达之情形发生何种法律后果，构成法律漏洞。② 《民法典》第486条第1分句第2种情形填补了此项法律漏洞，规定在承诺期限内发出但通常不能及时到达要约人的承诺与超过承诺期限发出的承诺一样，都构成新要约。该条第2分句规定："但是，要约人及时通知受要约人该承诺有效的除外。"《民法典》第486条将在承诺期限内发出但通常不能及时到达的承诺与超过承诺期限发出的承诺等视齐观，大体上是妥当的。不过，就前者而言，如果承诺最终只是稍微迟延到达，要约人未及时通知受要约人不接受该承诺的，其沉默应否导致合同成立，仍有探讨之必要。鉴于《民法典》第140条第2款严格限制沉默构成意思表示，并且《民法典》第486条未对此留下解释空间，在实践中遇到此类问题时，比较稳妥的做法是：在要约人没有明确指定承诺期限的情况下，对《民法典》第481条第2款第2项中的"合理期限"予以灵活

---

① Reinhard Bork, in: Staudinger Kommentar BGB, 2003, §149 Rn. 11.
② 杨代雄：《意思表示理论中的沉默与拟制》，载《比较法研究》2016年第6期。

解释,如果受要约人确实存在值得保护的信赖,则应认定其承诺系在合理期限内到达;在要约人明确指定承诺期限的情况下,如果受要约人确实存在值得保护的信赖,则应认定其在承诺期限内发出的承诺仅系意外未及时到达,从而适用《民法典》第487条中的"拟制未迟延"规则。

上述第(4)和(5)种情形与第(8)种情形系基于相同的法律思想。商人确认函是指在商事交易中,双方已经通过商谈或者其他形式的接触达到或接近于订约状态,由一方向另一方发出一份确认函,对商谈结果或合意内容予以重述和固定,以避免双方关系的不确定性和不必要的纠纷。① 鉴于商人确认函在交易实践中被广泛应用,为保护交易安全和相对人信赖,受领人未及时提出异议的,视为同意确认函的内容,合同依该内容成立。② 长久以来,德国联邦最高法院的诸多判例通过援引《德国商法典》第346条确立了此项习惯法规则,并且得到学界通说的承认。瑞士民法学说与判例也承认此项习惯法。③ 无疑,此项习惯法规则有其正当性。可否将其扩及于其他情形,即上述第(4)和(5)种情形? 比较之下,三种情形的确存在共同点:双方就交易事项已经达成基本共识。不过,仅依此项共性就把关于商人确认函之规则适用于第(4)和(5)种情形,似乎有点勉强。因为,除了此项共性之外,对商人确认函的沉默还存在特殊之处:双方不但已经就交易事项达成基本共识,而且在发函人看来双方已经达成意思表示一致,受领人已

---

① Hopt, in: Baumbach Kommentar HGB, 36. Aufl., 2014, §346 Rn. 17; Häublein/Hoffmann-Theinert, in: Beck'scher Online-Kommentar HGB, 13. Aufl., 2016, §346, Rn. 50.

② 在我国的商事交易实践中,商人确认函也不少见,经常被用于对合同进行变更。比如,甲公司与乙公司订立风力发电设备供应合同,双方已经履行了两个年度的供货计划,第三年度即将开始时,乙公司获悉政府即将取消新能源电价补贴。为此,乙公司负责人与甲公司负责人多次磋商,就减少第三年度供货数量达成共识。乙公司随即向甲公司发函,在函件中将双方负责人磋商达成的共识归结为若干条款并予以签章。

③ Eugen Bucher, in: Basler Kommentar OR I, 4. Aufl., 2007, §6 Rn. 22 - 24.

经作出了订约决定①,其发函旨在对合意内容予以事后确认,发函后可以合理地认为受领人通常不会有所异议,相应地,受领人的沉默也就可以合理地被理解为同意。与此不同,在上述第(4)种情形中,商谈虽然也已经达成共识,但一方向另一方发出的是要约,表明其并不认为双方已经达成意思表示一致,否则其没必要再发出一项意思表示。既然如此,其就应当等待对方作出订约决定,即承诺。由于双方此前并未达成意思表示一致,所以对方不作出承诺的可能性不小,从而其沉默不能被要约人合理地理解为承诺。因此,在上述第(4)种情形中,把对要约的沉默视为承诺未必妥当。如果在个案中确实需要认定基于受领人的沉默成立一项合同,只能考虑依函件的具体表述结合相关情事将其解释为商人确认函而不是要约。

就第(5)种情形而论,如果一方向另一方发出内容完备但显然属于要约邀请的交易文件,比如使用了"要约邀请"之类的标题或者文件上包含了"有意者请向我公司发出要约(订单)"之类的语句,则不宜把对要约的沉默视为承诺。因为,尽管要约邀请的内容完备,但发函人既然将其视为要约邀请,就表明其对于订约尚未作出终局性决定,与第(4)种情形类似,其对要约的沉默也不能被要约人合理地理解为承诺。如果该交易文件未使用上述标题或语句,则视情况可以将其解释为要约,这样,该文件受领人作出的意思表示就是承诺,双方据此成立合同。

关于上述第(6)种情形,我国民法的规定与德国民法有所不同。按照我国《民法典》第489条之规定,如果受要约人仅对要约内容作出非实质性变更,则仍为有效的承诺,除非要约人及时表示反对或者要约表明承诺不得对要约的内容作出任何变更。就后一种例外情形而论,受要约人对要约内容进行变更——哪怕是细微变更——的意思表

---

① Hopt,in:Baumbach Kommentar HGB,36. Aufl.,2014,§346 Rn. 17;BGH NJW,1972,820;BGH NJW,1965,965.

示构成新要约,必须经过原要约人的承诺才能成立合同。由于原要约人事先已经明确表示受要约人不得对原要约内容作出任何变更,所以对于新要约,原要约人也必须依同样明确的方式表示同意,以更改此前的立场,不应将其沉默解释为同意。就前一种例外情形而论,从民法原理上看,受要约人仅对要约内容作出非实质性变更的意思表示既可以视为新要约,也可以视为效力待定的承诺。但如果在我国《民法典》第 489 条的规范结构内观察,则第一种定性不成立。因为,按照这种定性,仅对要约内容作出非实质性变更的意思表示,在合理期间届满前要约人尚未作任何表示的,为新要约;在合理期间届满时要约人未表示反对的,为得到沉默同意的新要约;在合理期间届满时要约人表示反对的,为被拒绝的新要约。其中第二项结果本应该是《民法典》第 489 条排除各种例外之后的原则性结论,但事实上该条文中的原则性结论却是"构成有效的承诺",二者并不吻合。反之,第二种定性则契合于《民法典》第 489 条的规范意义:仅对要约内容作出非实质性变更的意思表示,在合理期间届满前且要约人尚未作任何表示的,为承诺,但最终是否有效,尚未确定;在合理期间届满时要约人未表示反对的,该承诺确定有效;在合理期间届满时要约人表示反对的,该承诺确定无效。其中第二项结果与《民法典》第 489 条的原则性结论完全吻合。因此,该条中的仅对要约内容作出非实质性变更的意思表示应当定性为效力待定的承诺而不是新要约。合同并非因为新要约得到原要约人的沉默承诺而成立,毋宁因为要约与确定生效的承诺相结合而成立。"未及时表示反对"虽然是沉默,但其发生的并非意思表示效力,而是异议权在合理期间内未行使而消灭造成的法律效果。此项异议权也是形成权,与追认权类似,但功能相反:追认权行使导致效力待定的行为确定生效,异议权行使导致效力待定的行为确定无效,在这方面与债务免除的拒绝权类似。综上,我国《民法典》第 489 条并不涉及沉默意思表示。对于德国法的上述第(6)种情形,在我国民法上无须借助沉默意思表示概念予以解决。

对于交叉要约,可否直接认定据此成立合同,尚有疑问。如果像《德国民法典》第 145 条那样承认要约具备形式拘束力,生效后不可撤销,则依实质合意原则认定交叉要约成立合同,勉强说得过去。如果像我国《民法典》第 476 条那样规定要约原则上可以撤销,则似乎不宜承认交叉要约可以直接成立合同。因为,甲方向乙方发出要约,在到达之前,乙方也向甲方发出要约的,乙方的要约并不构成承诺,此时,甲方本可以撤销其尚未被承诺的要约,但如果采用实质合意原则,则合同已经通过交叉要约成立,甲方不得再撤销要约,这实际上剥夺了要约人撤销要约的权利,违背我国《民法典》第 476 条的意旨。其实,即便在承认要约具备形式拘束力的德国,主张交叉要约直接成立合同的观点也并未成为多数说。实质合意原则并无充分的说服力,乙方的要约毕竟不是针对甲方的要约作出的同意表示,而真正的合意恰恰是一方同意另一方的意思表示,此时双方都已经作出了最终决断,反之,仅仅内容上的巧合尚不足以构成合意。当前德国一种有影响力的学说认为,仅当两个要约人没有不迟延地提出异议的情况下,合同才成立,此时,一方的沉默构成对另一方要约的承诺。[1] 从法价值看,考虑到我国《民法典》第 476 条之规定,关于交叉要约,这种依沉默成立合同的观点本来更值得借鉴。不过,从实用的角度看,由于我国《民法典》第 140 条第 2 款已经严格限制沉默意思表示的类型,在交叉要约

---

[1] Reinhard Bork, in: Staudinger Kommentar BGB, 2003, § 146 Rn. 7; Reinhard Bork, Allgemeiner Teil des Bürgerlichen Gesetzbuchs, 4. Aufl., 2016, S. 291(Rn. 739). 弗卢梅认为,两个要约人都可以信赖合同已经成立,一方对于合同的成立提出异议的,另一方仍有权对要约作出承诺,但另一方对该异议保持沉默的,合同不成立(Vgl. Werner Flume, Allgemeiner Teil des bürgerlichen Rechts, Bd. 2: Das Rechtsgeschäft, 4. Aufl., 1992, S. 651)。这种观点其实否定了交叉要约可以直接导致合同成立,其隐含的意思是:交叉要约到达后,如果双方都没有及时提出异议,即保持沉默,则合同成立。布洛克斯与瓦尔克虽然未明确主张可以因当事人对交叉要约的沉默而成立合同,但也否认合同可以依实质合意原则而成立。参见〔德〕汉斯·布洛克斯、沃尔夫·迪特里希·瓦尔克:《德国民法总论》,张艳译,中国人民大学出版社 2019 年版,第 48 页。

情形中依沉默成立合同存在较大的解释论障碍,所以采用交叉要约直接成立合同的学说更有助于解决实践问题。

关于上述第(9)种情形,弗卢梅和克拉默等人的观点可资赞同,而且,在我国民法中存在相关的法律依据。依我国《民法典》第140条第2款之规定,在符合当事人之间的交易习惯时,沉默可以视为意思表示。据此,如果在双方当事人先前交易实践中,一方当事人曾不止一次以沉默方式对另一方当事人的要约作出承诺且履行了据此订立的合同,那么依社会一般观念可以认为双方当事人之间已经就此形成交易习惯,此后一方当事人对要约再次沉默的,可以视为作出承诺。①

上述第(10)种情形是否值得肯定,则有疑问。在德国法上,有学者认为可以类推《德国民法典》第516条第2款之规定,承认使一方纯获益合同中的沉默具备承诺效力。② 不过,仔细比较即可发现,《德国民法典》第516条第2款之规定具有特殊的适用前提:在受赠人未参与的情况下,赠与人已经通过某项行为(如第三人清偿)给予受赠人一项利益,赠与人催告受赠人在合理期间内作出承诺表示,受赠人在该期间届满前未表示拒绝。仅在此前提下,受赠人的沉默才发生承诺效

---

① 在厦门市中级人民法院民事判决书(2014)厦民终字第2177号涉及的案件中,房屋出租人与承租人约定,租金按季度提前7日预先支付,迟延支付7日的,出租人有权解除合同。合同订立后,承租人迟延支付第二、第三季度租金均超过7日,但出租人在承租人转账之后均未及时提出异议。第三季度即将届满时,出租人作出解除合同的表示,承租人于受到该表示的同日转账支付第四季度租金。承租人主张出租人已经默示放弃了解除权,但法院判决确认合同已于解除表示到达之日解除。就本案情节而论,该项判决结论无可厚非。不过,如果解除表示在第四季度租金转账完成多日且第三季度已经届满之后才到达,其是否有效则不无疑问。出租人在第二、第三季度已经"不止一次"以沉默方式容忍了迟付租金的承租人继续使用房屋直至该季度届满,使承租人以为只要出租人没有明确对迟付租金行为提出异议,其就可以继续租用房屋,易言之,出租人已经默示放弃了基于本次迟付租金行为的的解除权。因此,当承租人支付了第四季度租金后,即便迟延支付达到7日,依诚信原则,出租人理应尽快提出异议,否则,为保护承租人的信赖,避免其出乎预料地被逐出租赁房,可以将出租人的沉默解释为放弃解除权。出租人只能等待下一次承租人迟延支付达到7日时再行使解除权。

② Ernst A. Kramer, in: Münchener Kommentar BGB, 5. Aufl., 2006, §151 Rn. 5, Fn. 15; Hans-Georg Knothe, in: Staudinger Kommentar BGB, 2004, Vor §§ 116-144 Rn. 76.

力。反之，如果采用先达成合意再履行赠与的方式，则依《德国民法典》第518条，赠与合同须作成公证文书，不可能依受赠人的沉默而成立。如果赠与合意的达成与履行同时进行，则依《德国民法典》第516条第1款，受赠人的沉默也不构成承诺，构成承诺至少要求受赠人实施了一项积极的可推断行为。[①] 因此，即便允许将《德国民法典》第516条第2款类推适用于其他使一方纯获益合同的缔结，赋予受要约人的沉默以承诺效力，也应当要求受要约人已经获得利益且要约人已经催告其在合理期间内作出表示。符合这一要求的情形可谓寥寥无几。

　　就我国民法而论，承认赠与情形中的沉默具备承诺效力没有可行性，因为我国民法欠缺像《德国民法典》第516条第2款那样可以作为解释论支点的规定。关于赠与合同，我国《民法典》第657条规定必须由受赠人表示接受赠与，没有规定受赠人的沉默——哪怕在特定条件下——视为同意。按照我国《民法典》第575条的规定，债权人免除债务的，债务消灭，但债务人在合理期限内拒绝的除外。这表明，债务免除这种使债务人纯获利益的法律行为在我国民法中采用"单方法律行为＋形成权"的规范模式。债务免除法律效果的发生不需要债务人的意思表示，包括沉默的意思表示。债务人在合理期限内未表示拒绝的，不构成同意免除的沉默意思表示，债务在债权人的免除表示到达时即已消灭，合理期限届满仅导致债务人的形成权消灭，不再有机会通过自己的意思表示消除债务免除的法律效果。

　　强制缔约义务人对于要约的沉默可否构成承诺？为避免负担强制缔约义务的企业怠于履行缔约义务，有两种可能的途径。一是客户向企业发出要约后，企业不作出承诺的，客户有权起诉请求法院判令其作出承诺。二是客户向企业发出要约，企业未作出反对表示的，其

①　Koch, in: Münchener Kommentar BGB, 5. Aufl., 2007, § 516 Rn. 15, 49.

沉默视为承诺。第一种途径在学理上已经得到普遍承认,只是在细节上还存在争议。第二种途径比第一种途径更为简便,在客户向企业发出要约且经过合理期间后,依企业的沉默认定合同成立,客户不必先起诉请求法院判令企业作出承诺,而是可以直接请求企业履行合同债务。从法价值看,如果企业依据法律明确规定负担强制缔约义务(如《民法典》第 648 条第 2 款、第 810 条),则直接将其合理期间内的沉默认定为承诺并无不妥之处,因为企业明知道自己有义务与客户缔约,理应尽快审查客户的相关情况并作出回应,否则必须承担不利的法律后果,即合同依其沉默而成立。此后,客户请求企业履行合同的,企业若再无反应,即构成履行迟延。当然,如果客户明知道企业当时缺乏足够的能力履行合同而仍然向其发出要约,则另当别论。与此不同,在欠缺法律明确规定时,企业是否承担一般强制缔约义务尚有疑问,如果要求其对每一项要约都作出回应,否则即依其沉默成立合同,未必妥当,因为这样将导致企业不知不觉间缔结众多合同并陷于履行迟延。总体来看,第二种途径虽然更为简便,但其适用前提存在较大的不确定性,而且由于欠缺相关法律规定,将负担强制缔约义务的企业的沉默认定为承诺须借助于法律续造,此在解释论上面临较大障碍。鉴于此,实践中采用第一种途径更为稳妥。

关于上述最后一种情形,德国民法学界普遍认为沉默具备构成同意的可能性,但学者均认为应对其谨慎判定。仅在特殊情形中,同意权人有义务表达拒绝时[①],或者相关事实必然表明沉默者具有同意的意思,不能作其他解释的,才能认定沉默构成可推断的同意。[②] 比如,无权代理行为发生后,代理人取得代理权且被授权决定是否追认,代理人在很长时间过后依然未作表态的,其沉默视为追认。配偶一方未经授权代理另一方实施法律行为,另一方事后知情但迟迟未作表态

---

① Maier-Reimer, in: Erman Kommentar BGB, 15. Aufl., 2017, § 182 Rn. 12.

② Karl-Heinzn Gursky, in: Staudinger Kommentar BGB, 2004, § 182 Rn. 11.

的,构成沉默追认。①

从法价值看,承认在特定情境下本人的沉默可以构成事前同意,并无不可,这是默示授权的一种情形。某人明知他人正在实施代理行为或无权处分,若不同意,应及时提出异议,予以制止,否则,代理行为或无权处分实施之后将使相对人以及代理人或处分人陷入困境。对于这种举手之劳的事情,如果被代理人或权利人怠于为之,显然有悖于诚信,理应将其沉默解释为同意,使其承受代理行为或处分行为之效果。② 反之,如果被代理人或权利人事后才知悉无权代理或无权处分之事实,则不宜轻易将其沉默视为同意(追认)。就无权代理的沉默追认而论,教义学上最大的障碍在于我国《民法典》第171条第2款之规定(类似的是《德国民法典》第177条第2款)。据此,在相对人催告之后30日内被代理人保持沉默的,法律行为不生效。此项规定表明,立法者并不想通过使无权代理行为生效的惩罚方式迫使被代理人"说话",易言之,在无权代理行为发生后,被代理人有权保持沉默。如果个案中在被代理人保持沉默的情况下非要保护相对人则,必须具备充分的特殊理由。比如,一方面,相对人始终不知道代理人欠缺代理权,否则,相对人理应催告被代理人作出是否追认的表示,不得违背诚信地坐等主张被代理人的沉默构成追认。另一方面,被代理人已经知道无权代理之事实,却在很长时间内未表示异议,其对他人利益漠不关心的态度不符合诚信原则。此外,还要求相对人基于对代理行为有效性的信赖已经实施了某些涉及财产的行为(信赖投入),如长期管理、使用标的物,将其转让、出租,或者将其所有的标的物交付代理人等。不过,**符合上述条件的,被代理人的沉默已非意思表示**。因为,将某人

---

① Karl-Heinz Schramm, in: Münchener Kommentar BGB, 5. Aufl. , 2006, § 182 Rn. 11.

② 有学者归结出如下原则:如果沉默者(在不同意的情况下)本来可以且应当说话,则其沉默视为同意( Qui tacet consentire videtur, ubi loqui potuit ac debuit; Schweigen gilt als Zustimmung, wenn der Schweigende hätte reden können und müssen)。Vgl. Ernst A. Kramer, in: Münchener Kommentar BGB, 5. Aufl. , 2006, § 151 Rn. 6.

的行为(作为或不作为)解释为意思表示系采用受领人视角,即依社会一般观念和交易习惯,从受领人视角看,该行为具备特定表示意义,而在上述情形中,相对人既然以为代理行为有效,就不会期待被代理人的追认表示,从而就不会将被代理人的沉默理解为追认之意思表示。相对人受保护并非因为被代理人的沉默构成默示追认,毋宁是其他形式的信赖保护,即"基于自相矛盾行为的信赖责任"①( Vertrauenshaftung kraft widersprüchlichen Verhaltens):无权代理行为发生后,被代理人一直未表示异议,将代理行为当作有效行为处理,使相对人产生信赖并作出相应投入;现在,被代理人突然主张代理行为无效,其举止前后矛盾,导致相对人信赖落空,陷于困境,为避免这一不公平结果,基于诚信原则,不应当允许被代理人主张代理行为无效。

就无权处分的沉默追认而论,尽管在实证法上没有像《民法典》第171条第2款那样的障碍,但在法价值上没有理由与无权代理区别对待。如果受让人知道无权处分之事实,基于诚信原则也应催告权利人作出是否追认的表示。如果受让人不知道无权处分之事实,则同样也不可能将权利人的沉默理解为追认。权利人知情后的沉默只能产生"基于自相矛盾行为的信赖责任"。

(2)结论

总之,除了《民法典》第140条第2款已经明确规定的依据法律规定、当事人约定以及当事人之间的交易习惯使沉默构成意思表示之外,对于德国、瑞士民法学说与判例所承认的沉默意思表示类型,具有充分正当性以及借鉴必要性的只有两种类型:其一,对商人确认函的沉默;其二,对一项法律行为享有同意权的人在他人实施该法律行为时保持沉默,使该他人以为其已经同意,构成默示授权。对此,只能依据《民法典》第7条规定的诚信原则对《民法典》第140条进行漏洞填

---

① Claus-Wilhelm Canaris, Die Vertrauenshaftung im deutschen Privatrecht, 1971, S. 317 – 319.

补,承认这两种情形中的沉默构成意思表示。

3. 法定沉默意思表示与拟制表示的辨析

在《民法典》第 140 条第 2 款所承认的沉默意思表示诸类型中,最重要的是法定沉默意思表示。我国现行法中有很多规则将当事人的不作为与特定法律效果联系起来,此类法律规则究竟涉及沉默意思表示抑或拟制表示,需要予以分析和辨别。

(1)涉及沉默意思表示的法律规则

其一,《民法典》第 638 条第 1 款。按照该款规定,试用买卖中的买受人在试用期内可以购买标的物,也可以拒绝购买。试用期限届满,买受人对是否购买标的物未作表示的,视为购买。试用买卖是一种特殊的买卖。其特殊之处在于:双方当事人虽然已经就买卖合同的基本内容达成合意,但最终可否发生买卖合同的效力,取决于买受人在试用期届满前是否对标的物表示认可。在德国民法上,试用买卖通常被定性为附停止条件法律行为。其条件就是买受人对标的物的认可(Billigung)。[1] 不过,这种定性未必适当。一方面,就其本义而论,附停止条件法律行为的双方当事人已经完成了意思表示,而且双方的意思表示已经达成一致,法律行为的效力仅仅取决于意思表示之外的某个因素。试用买卖不具备这个特征,买卖合同是否生效恰恰取决于一方当事人基于自由决定的认可。为了解释这种现象,理论上不得不提出"意愿条件"(Wollensbedingung)这一概念,但它始终饱受质疑[2]。另一方面,在买受人对标的物作出认可之前,出卖人承担了较多的义务,比如容许买受人试用,甚至通常需要交付标的物,看起来已经超出了附停止条件法律行为在条件成就前的效力范围,后者仅限于不得撤

---

[1] Peter Mader, in: Staudinger Kommentar BGB, 2004, §454 Rn. 2; Walter Weidenkaff, in: Palandt Kommentar BGB, 79. Aufl., 2020, §454, Rn. 1;〔德〕扬·冯·海因、莉迪亚·贝伊:《要约通知与单纯沉默》,王蒙译,载《华东政法大学学报》2016 年第 2 期。

[2] 〔德〕卡尔·拉伦茨:《德国民法通论》,王晓晔、邵建东等译,法律出版社 2003 年版,第 686—687 页。

回意思表示、不得阻碍条件的成就等。按照拉伦茨的见解,试用买卖合同的订立分为两步:第一步是双方确定买卖合同的内容,但这只是达成了一个意向而已;第二步是因买受人后来的认可而使在第一步中内容确定的合同生效。[1] 这种观点具有一定的说服力,但不够完美,无法解释如下问题:如果买卖双方在第一步仅仅达成交易意向,为何出卖人就要立即负担若干义务?更为妥当的解释是:买卖双方在第一步就已经达成一项具有约束力的合意,其效力不在于发生买卖合同本身的给付义务,毋宁在于发生与标的物试用相关的权利义务。[2] 此项合意是预备性的,其功能是为买卖合同的生效做铺垫,如同须经行政审批的合同,双方关于报批义务的约定也是本身具有约束力的预备性合意,其效力并不取决于目标合同最终是否生效。买受人对试用标的物的认可是买卖合同订立过程的第二步,实际上就是关于买卖合同本身的承诺。尽管此前可能已经商定买卖合同的基本内容,且出卖人已经通过提供买卖物作出了愿意以特定价格出卖该物的意思表示(要约),但买受人对于是否购买标的物尚未作出终局性的决定,而这种决定恰恰是意思表示的本质属性。买受人的认可具备这种属性,是意思表示[3],在性质上是一项承诺。该意思表示可以是明示的表示,也可以是可推断的表示,比如买受人试用之后将货款汇给出卖人。如果买受人在试用期内未作任何积极的表示,按照法律规定,视为认可(购买)。

此项沉默的认可具备意思表示的效力,发生这种效力并非与私法自治没有任何关系。买受人的沉默与出卖人的明示意思表示相结合,

---

[1] 〔德〕卡尔·拉伦茨:《德国民法通论》,王晓晔、邵建东等译,法律出版社 2003 年版,第 687 页。

[2] 《民法典》第 637 条、第 639 条规定试用买卖双方当事人可以对试用期限、使用费等事宜进行约定。

[3] 郑玉波、林诚二、韩世远等认为买受人的认可(承认)在性质上是观念通知,不是意思表示。史尚宽、黄立则认为认可是意思表示。学说概况,参见韩世远:《合同法学》,高等教育出版社 2010 年版,第 407 页。

共同导致在双方之间发生买卖的债权债务关系。该法律关系并非由法律直接规定的,毋宁是意定的,否则无法解释为何需要出卖人的意思表示以及为何出卖人的意思表示存在瑕疵时债权债务关系将会受到影响。事实上,买受人的沉默也是一项真正的意思表示,而不是所谓的拟制意思表示。法律之所以规定买受人的沉默视为认可(购买),是因为已经赋予买受人在试用之后进行自由选择的权利,可以选择购买,也可以选择不购买。如果买受人没有积极表示但却在试用期届满后继续占有标的物,则通常意味着其决定购买。也就是说,从客观的视角看,买受人的沉默具备认可(购买)表示之意义,这是依据社会一般观念推断出来的表示意义。因此,该项沉默也是可推断意思表示。与其他可推断意思表示相比,其特殊之处在于:关于沉默的可推断性是由立法者通过一项规则作出一般化的判定,而不是由法官在个案中依据具体情况作出判定。这意味着在个案中试用买受人的沉默构成认可(购买)表示是没有争议的。不过,这项结论仅仅涉及意思表示的成立,至于沉默的认可(购买)表示最终能否发生法律效力,则是另一个问题。对此,具有决定性的是民法上关于行为能力和意思表示瑕疵的规则。作为一种可推断意思表示,沉默的认可(购买)表示当然也应适用这些规则。如果试用买受人当时欠缺行为能力或者是因为出卖人的欺诈而保持沉默,无疑应当允许其主张意思表示无效或可撤销,否则显然有失公允。

其二,《民法典》第 685 条第 2 款。按照该款规定,第三人单方以书面形式向债权人作出保证表示,债权人接收且未提出异议的,保证合同成立。其中"未提出异议"即为沉默,法律将此种沉默规定为默示承诺。最高人民法院《关于适用〈中华人民共和国担保法〉若干问题的解释》(以下简称《担保法司法解释》)(已废止)第 22 条第 1 款曾有类似规定,《民法典》第 685 条第 2 款将该司法解释规定上升为法律规定。

其三,《民法典》第734条第1款。按照该款规定,租赁期限届满后,承租人的"继续使用"与出租人的"没有提出异议"共同导致租赁合同不定期地延续。"继续使用"构成一项基于积极行为的可推断意思表示。"没有提出异议"则是沉默,它与承租人的可推断意思表示相结合,构成租赁合同续期这一法律效果的发生原因。与试用买卖中的合同生效类似,该法律效果也是意定的而不是法定的。出租人的沉默也是一项可推断意思表示,也应适用民法上关于意思表示的规则——意思表示解释规则除外,因为沉默的可推断性已经由法律统一规定,无须在个案中依相关情势予以解释。与《民法典》第734条第1款类似的还有该法第948条第1款、第976条第2款。

其四,《民法典》第1124条第2款、《公司法》第71条第2款第2句与《企业破产法》第18条第1款第2句。依《民法典》第1124条第2款,受遗赠人应当在知道受遗赠后60日内,作出接受或者放弃受遗赠的表示;到期没有表示的,视为放弃受遗赠。依《公司法》第71条第2款第2句,股东向股东以外的人转让股权,其他股东自接到书面通知之日起满30日未表示是否同意转让的,视为同意转让。此处"视为同意"也是法律明确规定的沉默意思表示。《企业破产法》第18条第1款第2句亦然。

(2)涉及拟制表示的法律规则

沉默有时与拟制表示有关。拟制表示是一个古老的概念。在萨维尼的意思表示理论中,拟制表示被定义为:实在法规则对某些情形赋予意思表示的效力,但却不能因此断言事实上存在一项意思,可以把这种情形称为拟制表示。拟制表示与默示意思表示的区别在于,就前者而论,意思并未被作为一个事实予以承认,所以不必进行意思表示解释,也不取决于个案具体情况。同样,强迫(Zwang)或错误也不能以与默示意思表示类似的方式妨碍拟制表示的效力。[①]

---

① Friedrich Carl von Savigny, System des heutigen Römischen Rechts, Bd. 3, 1840, S. 253 – 255.

　　不过,在当代民法学中,学者们并未完全按照萨维尼的定义使用
"拟制表示"概念,对此存在理解上的分歧。第一种观点认为,如果法
律规范明确规定特定情形中的沉默发生与意思表示等同的效果,这种
沉默就是拟制表示,其本质上不是意思表示,不适用意思表示相关规
则。拉伦茨是该学说的代表,他认为《德国民法典》第 108 条第 2 款第
2 句、第 177 条第 2 款第 2 句、第 416 条第 1 款第 2 句、第 455 条第 2
句、第 545 条、第 612 条、第 625 条、第 632 条规定的都是拟制表示,也
可以称为"规范化的沉默"(normiertes Schweigen)、"替代表示的沉默"
(Schweigen an Erklärungs Statt)①。雷因哈德·波克②、海尔穆特·科
勒③以及沃尔夫冈·布雷姆④等人也持类似观点。第二种观点也认为
上述规范中的沉默是拟制表示,其本质上不是意思表示,但并非一概
不适用意思表示相关规则。如果拟制表示的效果是积极的,即形成某
种法律关系,则有适用意思表示相关规则的余地。反之,如果拟制表
示的效果是消极的,比如《德国民法典》第 108 条第 2 款第 2 句、第 177
条第 2 款第 2 句,则不适用意思表示相关规则。旨在填补合同漏洞的
拟制表示(如《德国民法典》第 612 条)亦然。⑤ 第三种观点认为,《德
国民法典》第 108 条第 2 款第 2 句和第 177 条第 2 款第 2 句并非拟制
表示,毋宁仅仅是立法技术上不必要的迂回构造:本来应当规定"未成
年人(无权代理人)订立的合同未经法定代理人(被代理人)追认的,
不生效",而不是规定"逾期不表示追认的,视为拒绝追认"。真正的
拟制表示是如下情形:着眼于法的安定性,在特定情形中不取决于《德
国民法典》第 133 条、第 157 条中的具体可推断程度,一般性地规定一

　　① Larenz/Wolf, Allgemeiner Teil des bürgerlichen Rechts, 9. Aufl. ,2004, S. 530.

　　② Reinhard Bork, Allgemeiner Teil des Bürgerlichen Gesetzbuchs, 4. Aufl. , 2016, S. 224
(Rn. 575).

　　③ Helmut Köhler, BGB Allgemeiner Teil, 44. Aufl. ,2020, S. 52(§6 Rn. 6).

　　④ Wolfgang Brehm, Allgemeiner Teil des BGB, 6. Aufl. ,2008, S. 112.

　　⑤ Werner Flume, Allgemeiner Teil des bürgerlichen Rechts, Bd. 2:Das Rechtsgeschäft, 4.
Aufl. ,1992, S. 117 – 119.

项沉默具备意思表示效果。比如《德国民法典》第 416 条第 1 款第 2 句、第 455 条第 2 句、第 516 条第 2 款第 2 句、第 545 条、第 625 条,《德国商法典》第 75h 条第 1 款、第 362 条。在这些情形中,从沉默中一般可推断出效果意思之存在,其归根结底也是可推断意思表示,与其他可推断意思表示的区别仅仅在于个案中无须考察沉默的可推断程度。由于法律规定与拟制的表示事实构成中蕴含的效果意思之间存在关联性,所以关于行为能力的规定以及关于意思瑕疵的部分规定应当类推适用。① 第四种观点进一步限缩了拟制表示概念的外延,不仅认为"逾期不表示追认的,视为拒绝追认"并非拟制表示,而且认为只要内在意思仍有法律意义,则法律特别规定的其他沉默也不是拟制表示,毋宁是不可推翻之推定的意思表示。只有如下情形才是拟制表示:行为尽管也如同一项意思表示归责于行为人,但其可能存在的与该归责效果相矛盾的效果意思在法律上却无关紧要。对于这种拟制表示,关于意思瑕疵之法律后果的规定原则上没有适用的余地。属于这种情形的是对存在漏洞的意思表示予以补充的规定,比如《德国民法典》第 612 条规定,如果依据具体情势只有付出酬金才能期待获得劳务,则视为默示地达成了酬金约定。类似的还有《德国民法典》第 632 条、第 653 条、第 689 条。②

相对而言,以拉伦茨为代表的第一种观点和以恩内克彻卢斯与尼佩代为代表的第四种观点对拟制表示这一概念的理解更接近于萨维尼,共同之处在于都认为**拟制表示不是真正的意思表示,不适用意思表示解释和意思瑕疵之规则**。分歧主要在于哪些情形构成拟制表示。

从当代德国法的学说论争来看,《德国民法典》第 108 条第 2 款第

---

① Ernst A. Kramer, in: Münchener Kommentar BGB, 5. Aufl. , 2006, Vor § 116 Rn. 31 – 32; Hans-Georg Knothe, in: Staudinger Kommentar BGB, 2004, Vor § § 116 – 144 Rn. 66 – 72.

② Enneccerus/Nipperdey, Allgemeiner Teil des Bürgerlichen Rechts, 15. Aufl. , 1960, S. 947 – 952.

2 句和第 177 条第 2 款第 2 句的定性是一个焦点。与之相对应的是我国《民法典》第 145 条第 2 款第 2 句和第 171 条第 2 款第 2 句。**从本质上说,其中"未作表示的,视为拒绝追认"并非拟制表示。**限制行为能力人实施的法律行为欠缺生效要件,即行为能力或法定代理人的事先同意,只有经过法定代理人的追认才能生效。追认是一种意思表示,存在该意思表示的,法律行为生效;不存在该意思表示的,法律行为不生效。按照我国《民法典》第 145 条第 2 款第 1 句的规定,相对人可以催告法定代理人在收到通知之日起 30 日内予以追认。这 30 日期间是除斥期间,在该期间内,法定代理人有权追认,期间届满,追认权消灭。此时如果法定代理人仍未表示追认,则不能再作追认。由于不曾存在追认表示而且将来也不可能发生追认表示,所以法律行为确定无效。为此,只要判定"不存在追认表示"即可,不需要判定"存在拒绝追认的表示",因为导致法律行为确定无效的是欠缺追认表示(否定性事实),而不是拒绝追认的表示(肯定性事实),对这种表示的拟制是不必要的。从这个意义上说,我国《民法典》第 145 条第 2 款第 2 句中的"视为拒绝追认"确实多余,本应表述为"法律行为不生效"。《民法典》第 171 条第 2 款第 2 句亦然。

实际上,这两项规定与我国《民法典》第 152 条存在类似之处,都涉及除斥期间届满的法律后果:当事人丧失本来享有的形成权,即追认或者撤销一项法律行为的权利。《民法典》第 152 条第 1 款第 2 项规定胁迫终止之日起 1 年内没有行使撤销权的,撤销权消灭。《民法典》第 145 条第 2 款第 2 句和第 171 条第 2 款第 2 句也可以作类似的表述。对于《民法典》第 152 条,没有人会将其理解为包含了一项拟制的"拒绝撤销"或者"放弃撤销权"表示,因为除斥期间届满依法当然发生撤销权消灭的后果,根本不需要拐个弯借助于拟制表示使撤销权消灭。同理,具备相同规范意旨的《民法典》第 145 条第 2 款第 2 句和第 171 条第 2 款第 2 句也不应解释为拟制表示。

与《民法典》第 145 条第 2 款第 2 句和第 171 条第 2 款第 2 句类似的规则还包括《公司法》第 72 条第 2 句、《企业破产法》第 118 条、《专利法》第 35—37 条①。这些法律规则都规定某种期间届满的法律后果,并非关于拟制表示之规定。

在我国法律中,显然涉及拟制表示的有 3 条法律规则,即《公司法》第 71 条第 2 款第 3 句、《企业破产法》第 18 条第 2 款第 2 句以及《劳动合同法》第 14 条第 3 款。《公司法》第 71 条第 2 款第 3 句规定:"其他股东半数以上不同意转让的,不同意的股东应当购买该转让的股权,不购买的,视为同意转让。"这里涉及的不是沉默意思表示。一方面,"不购买"不等于沉默,"其他股东"可能明确表示不购买,也可能未表示是否购买,只有后者才是沉默。另一方面,"其他股东"既然已经明确表示不同意转让股权,就不能再从其"不购买"中推断出"同意转让"的意思。实际上,该句中的"不购买的,视为同意转让"并非真正的意思表示,毋宁只是立法者基于价值考量②直接使"不购买"发生"同意转让"的效果,从而使股权具备向股东以外的人转让的条件。这项法律效果与"其他股东"的意思毫无关联,显然不是私法自治的体现,所以不适用民法上关于意思表示的规则,比如行为能力、意思表示瑕疵等。

与此类似的是《企业破产法》第 18 条第 2 款第 2 句"管理人不提供担保的,视为解除合同"。③ 该款第 1 句既然已经规定"管理人决定

---

① 这 3 个条文中的"该申请即被视为撤回"实际上指的是专利申请丧失效力。

② 一方面,有限责任公司具备一定的人合性,需要维持股东结构的稳定性。另一方面,股权是一项财产,在资本市场中需要具备一定的流通性,以实现资源优化配置。因此,不应绝对禁止有限责任公司股权转让,妥当的做法是均衡各方利益,为各方配置相应的权利义务。无论如何,不允许出现如下状况:向股东以外的人转让股权,其他股东既不同意该转让,又不愿意自己购买股权,最终导致股权根本无法转让。为此,《公司法》第 71 条第 2 款第 3 句作了如下安排:其他股东要么同意让股东以外的人购买股权,要么自己购买股权。

③ 《企业破产法》第 18 条第 2 款规定:"管理人决定继续履行合同的,对方当事人应当履行;但是,对方当事人有权要求管理人提供担保。管理人不提供担保的,视为解除合同。"

继续履行合同的",即表明管理人并无解除合同之意,所以不能从"管理人不提供担保"中推断出其具备"解除合同"的意思。立法者仅仅是为了保护合同相对人,才规定"管理人不提供担保"这一事实发生"解除合同"的效果。因此,该项规定也仅涉及拟制意思表示而不是可推断意思表示。与之形成对照的是该条第 1 款第 2 句,此处"视为解除合同"是可推断意思表示,因为破产管理人在法定期间内未就是否解除合同作出任何表示,立法者考虑到企业已经进入破产程序,依社会一般观念推断破产管理人具有解除合同之意,所以规定"视为解除合同"。

依《劳动合同法》第 14 条第 3 款之规定,用人单位自用工之日起满 1 年不与劳动者订立书面劳动合同的,视为用人单位与劳动者已订立无固定期限劳动合同。此项规定显然也不涉及可推断意思表示,因为用工已经满 1 年,用人单位就连短期书面劳动合同都不与劳动者订立,又如何能推断其有意与劳动者订立无固定期限劳动合同? 无疑,此项规定的本旨在于惩罚用人单位:怠于订立书面劳动合同的,就必须承受法律强加的无固定期限劳动合同。该合同在性质上也属于拟制意思表示,并非以私法自治为基础,不适用意思表示规则。

综上,沉默与拟制表示之间有密切联系,但并非必然联系。不能说只要法律规定在特定情形中沉默发生与意思表示等同的效果,就构成拟制意思表示。一方面,此类规定有时涉及除斥期间届满的法律后果,有时涉及拟制表示,更多的则涉及默示意思表示。另一方面,构成拟制表示的法律事实未必是沉默,毋宁也可能是积极的行为,比如我国《公司法》第 71 条第 2 款第 3 句中的"不购买"也包括明确表示不购买。拟制表示并非意思表示,不适用意思表示规则。

(三)关于意思实现与"事实合同"

1. 意思实现

意思实现(Willensbetätigung),也称为意思行为(Willensgeschäft),

是一种特殊的意思表示,表意人无须按照意思表示到达规则向相对人作出表示,仅须作出足以表明特定效果意思的行为即可成立意思表示。按照我国《民法典》第 480 条但书的规定,根据交易习惯或者要约表明可以通过行为作出承诺的,承诺无须以通知的方式作出。按照《民法典》第 484 条第 2 款的规定,此种情形中,受要约人作出相应行为时,承诺生效。此种无须通知、仅须作出相应行为即可生效的承诺在性质上就是意思实现。从比较法看,该款规定类似于《德国民法典》第 151 条。学理上有观点认为,除了此种承诺之外,意思实现还适用于其他领域,如所有权抛弃行为。① 据此而论,我国《民法典》第 152 条第 1 款第 3 项中的"以自己的行为表明放弃撤销权"也包含不构成承诺的意思实现。比如,甲因表示错误与乙订立买卖合同,在知道错误之后,甲仍然对乙交付的买卖物进行使用或者处分,即为通过意思实现放弃撤销权。此外,《民法典》第 1142 条第 2 款规定的遗嘱撤回之行为也是意思实现。比如,立遗嘱后,遗嘱人将遗嘱所涉的财产转让给第三人,此项行为构成意思实现,遗嘱因此被撤回。

意思实现在学理上曾被视为与意思表示不同的另一种法律行为。二者的上位概念是意思表达(Willensäußerung),区别在于:意思表示包含通告意图(Kundgebungszweck;Mitteilungsabsicht),表意人的表示行为旨在使人知悉其效果意思;意思实现不包含通告意图,表意人的行为并非旨在使他人知悉其效果意思,毋宁通过该行为直接实现其效果意思,该行为并非表示手段,只是意思的证据(Indiz)而已。马尼克②、冯·图尔③、海因里希·雷曼④等人皆持此说。不过,20 世纪中期

---

① Enneccerus/Nipperdey, Allgemeiner Teil des Bürgerlichen Rechts, 15. Aufl., 1960, S. 899;〔德〕维尔纳·弗卢梅:《法律行为论》,迟颖译,法律出版社 2013 年版,第 89 页。

② Alfred Manigk, Das rechtswirksame Verhaltens, 1939, S. 95.

③ Andreas von Tuhr, Der Allgemeine Teil des Deutschen Bürgerlichen Rechts, zweiter Band, erste Hälfte, 1914, S. 404.

④ Heinrich Lehmann, Allgemeiner Teil des Bürgerlichen Gesetzbuches, 2. Aufl., 1922, S. 105 – 106.

之后,认为意思实现也是一种意思表示的观点逐渐取得主导地位,最终成为通说。[①]

通说值得肯定。意思实现在本质上也是一种意思表示,一种无需受领的意思表示。遗嘱是无需受领的意思表示,仅须遗嘱人将其关于遗产由何人继承的意思以某种方式表达于外部即可,无须向继承人作出表示,更无须使其意思表示到达继承人。遗嘱人甚至可以秘密制作一份遗嘱,在临终前不让任何人知道,以免引发亲属间的争议。[②] 意思实现与之类似。立遗嘱之后,遗嘱人以撕毁遗嘱的方式撤回遗嘱,此为意思实现,撕毁之举可以秘密进行,也可以当众为之。某学者出于赠与意图向学界友人寄送其新出版的一本书,友人收到书后进行阅读并在页面上画线标注,此举足以表明其接受赠与之意,构成意思实现,该意思无须向赠书者表达。没有人会否认秘密制作的遗嘱是一项意思表示,那么,有什么理由否认撕毁遗嘱、在赠书上画线标注等意思实现是一项意思表示呢?如果否认意思实现构成意思表示,则必然也要否认遗嘱构成意思表示。二者的共性在于无须向他人表示效果意思。此项属性只能使二者被定性为无需受领的意思表示,不能使二者被"降格"为意思表示之外的法律行为。如果说与遗嘱相比,意思实现还有特殊之处,那就是借以表达意思的并非语言、文字等符号,而是行为。此项特殊性仅意味着意思实现是一种默示意思表示。

构成意思实现,需要符合一定前提。就构成单方法律行为的意思实现而言,仅须依据社会一般观念、交易习惯甚至表意人的个人习惯可以从其行为中推断出具有此类法律行为所需的效果意思,即可将该行为认定为意思实现。就构成承诺的意思实现而言,除了上述前提之

---

① Enneccerus/Nipperdey, Allgemeiner Teil des Bürgerlichen Rechts, 15. Aufl. , 1960, S. 899; Reinhard Bork, Allgemeiner Teil des Bürgerlichen Gesetzbuchs, 4. Aufl. , 2016, S. 294 ( Rn. 749); Medicus/Petersen, Allgemeiner Teil des BGB, 11. Aufl. , 2016, S. 167 ( Rn. 382 ); Christian Armbrüster, in: Erman Kommentar BGB, 15. Aufl. , 2017, § 151 Rn. 9.

② Brox/Walker, Allgemeiner Teil des BGB, 44. Aufl. , 2020, S. 48 ( § 4 Rn. 25 ).

外,还需要符合如下前提:依据要约人的意思或者交易习惯,承诺无须通知要约人,或者说承诺无须以要约人为指向而发出,当然也无须到达要约人。① 要约人的意思即放弃"向其作出承诺通知"的意思。要约人既可以在要约中表示该意思,也可以在要约之外另行表示该意思;该意思的表示既可以是明示的,也可以是默示的。例如,销售商向潜在客户发出要约的同时寄送了商品,可以据此推断其有意放弃向其作出承诺通知。关于承诺无须通知的交易习惯既包括一般交易习惯,也包括当事人之间形成的特殊交易习惯。特殊交易习惯即当事人之间长期采用"要约+意思实现"的交易模式,如买方向卖方发送信息表示购买若干货物,卖方据此直接向买方发送货物,只要卖方按照要求发送了货物,即便货物尚未送达买方,买卖合同也已成立,买方不得任意解除合同。假如买卖双方之间未形成此种特殊交易习惯,则卖方收到信息后直接向买方发送货物的行为不构成意思实现,仅在货物送达买方时承诺才生效,该承诺为一般的默示意思表示。

　　一般交易习惯指特定行业、领域或者区域习以为常的交易模式。例如,在日式"回转寿司"饭店,按照交易习惯,饭店将不同价位的寿司装在不同颜色的盘子里自动循环传送至每个饭桌旁,此为饭店的要约。顾客根据需要自取寿司食用,其食用行为即构成承诺,此项承诺无须向饭店作出表示,属于意思实现。就餐结束前,饭店根本不关心哪个顾客在什么时刻拿取了哪个盘子。就餐结束后,饭店有权依据已经成立生效的合同请求顾客按照空盘的数量和颜色支付价款。德国法通说认为,依交易习惯,使受要约人纯获利益的要约,受要约人可以采用意思实现的方式予以承诺。例如,债权人发出免除债务的要约、第三人向债权人发出债务加入的要约、债权人向第三人发出债权让与

---

① Reinhard Bork, Allgemeiner Teil des Bürgerlichen Gesetzbuchs, 4. Aufl. , 2016, S. 294 ( Rn. 749).

的要约、保证人向债权人发出保证合同的要约，等等。① 我国《民法典》对于债务免除与债务加入已经采用"单方法律行为 + 形成权（拒绝权）"模式，所以，意思实现在这两种情形中没有适用余地。

如前所述，以意思实现方式作出承诺，虽不要求受要约人向要约人作出承诺表示，但也要求其通过某种行为将承诺意思表现于外部。受要约人仅在内心作出承诺决定，不构成意思实现。② 构成意思实现的行为如对合同标的物予以使用或者处分，寄送或者运送合同标的物，支付全部或者部分价款，为履行合同做必要准备，等等。这些行为无须被要约人所知悉，只要在要约人指定期限或者合理期限内作出即可。按照《民法典》第 638 条第 2 款的规定，试用买卖的买受人在试用期内已经支付部分价款或者对标的物实施出卖、出租、设立担保物权等行为的，视为同意购买。此为我国法律明确规定的意思实现之情形。

如果是使受要约人纯获利益的要约，则对承诺意思的外部化要求比较低。有学说认为，只要在此类要约到达后，受要约人没有通过外部可知的意思表达拒绝接受要约，即可认定构成意思实现。例如，保证人向债权人发出书面的保证要约，债权人收到该文书后保留下来，依据生活观念可以推断债权人同意该保证要约。德国联邦最高法院的判例（BGH NJW 1997，2233；BGH NJW 2000，1563）采用了此种学说。③不过，这种情形在我国民法中没必要求助于意思实现概念。因为，如前所述，我国《民法典》第 685 条第 2 款已经明确规定债权人收到书面保证表示后未提出异议的，保证合同成立。该款规定采用"要约 + 沉默承诺"的规范模式，其中的沉默承诺属于《民法典》第 140 条

---

① Christian Armbrüster, in：Erman Kommentar BGB,15. Aufl. ,2017, § 151 Rn. 3.
② 相反观点，参见〔德〕维尔纳·弗卢梅：《法律行为论》，迟颖译，法律出版社 2013 年版，第 782 页。
③ Christian Armbrüster, in：Erman Kommentar BGB,15. Aufl. ,2017, § 151 Rn. 5.

第 2 款中的法定沉默意思表示。对于使受要约人纯获利益的要约,如果采用上述意思实现学说,则应将债务免除、债务加入、保证合同等在我国现行法上已经采用其他规范模式的法律行为排除在该学说的适用范围之外。比如,在赠与人发出要约并寄送赠与物的情况下,受赠人以意思实现的方式作出承诺的认定标准可以降低,未必需要受赠人对赠与物进行使用或者处分,只要其将赠与物保留下来,未在合理期限内拒绝赠与要约,即可认定受赠人已经以意思实现的方式作出承诺。赠与人此后既不能撤销要约,也不能依据《民法典》第 478 条第 3 项主张要约已经失效并请求受赠人返还赠与物。再如,在投融资担保交易中,第三人向债权人(投资人)出具担保函,表示愿意对交易所涉股权或者应收账款债权等财产权益承担回购义务(不是回购权!)。此类担保函并非保证要约,不能适用《民法典》第 685 条第 2 款,将债权人"接收且未提出异议"解释为沉默承诺,但可以将其认定为意思实现。此外,合同一方当事人向另一方当事人发出旨在变更合同的要约,此项变更使另一方当事人纯获利益的(如降低其应支付的价款),则另一方当事人收到该要约后未在合理期限内拒绝的,也可以认定为以意思实现方式作出承诺。总之,构成意思实现的行为原则上是作为,仅在例外情形中,不作为才可以认定为意思实现。

意思实现也是意思表示,所以也适用意思表示规则以及代理规则。[1] 实施意思实现的表意人必须具有相应的行为能力。意思实现因欺诈、胁迫而实施的,适用意思表示瑕疵与撤销规则。意思实现也可能因表示错误而可撤销,如通过意思实现作出承诺的买受人对买卖价款的数额发生错误认识。此种情形中,买受人行使撤销权的,出卖人有权主张信赖利益损害赔偿,前提是出卖人知悉意思实现,否则其不存在需要保护的信赖。[2] 如果买受人误以为出卖人寄送的商品系其自

---

[1] Reinhard Bork, in: Staudinger Kommentar BGB, 2015, § 151 Rn. 24.

[2] Reinhard Bork, in: Staudinger Kommentar BGB, 2015, § 151 Rn. 23.

己所有之物或者系此前已经订立之买卖合同的标的物,则其对该商品进行使用或者处分会在买卖双方之间发生何种效果,存在争议。德国通说认为,此种情形中,买受人欠缺表示意识或者说欠缺实现意识(Betätigungsbewusstsein),导致其欠缺承诺意思,承诺不发生效力,无须适用错误撤销规则。主要理由是,意思实现并非向要约人作出的意思表示,并未引发要约人的信赖,所以无须依客观主义保护要约人。[①]少数学者则认为,在这方面,意思实现应当适用与其他意思表示相同的规则,欠缺表示意识导致意思实现可撤销。[②]

相较之下,德国法通说更值得借鉴。作为一种无需受领的意思表示,意思实现有其特殊性。在意思表示解释上,意思实现应采用主观主义,不能依理性相对人的视角确定意思表示内容。尽管裁判者在解释时往往也考虑社会一般观念或者交易习惯,但与解释需受领的意思表示不同,裁判者并非以此作为规范性的标准来确定意思表示内容,毋宁说,裁判者仅将此类因素作为探究表意人真意的手段。裁判者据此对表意人真意作出的判断并非终局性的,如果表意人成功地证明其真意与裁判者的判断不一致,则应以其真意为准。因此,在已经证明欠缺表示意识的情况下,意思实现因欠缺真意(主观效果意义)而不成立,相关行为不构成意思表示,无须适用错误撤销规则。当然,如果受要约人以要约人可得而知的方式实施依据社会一般观念或者交易习惯可被理解为承诺的行为,则可以将其行为解释为需受领的默示意思表示。例如,某人将车停入收费的路边临时停车位,误以为免费停车位,站在远处的停车位管理员看到了停车行为。在驾驶者已经证明其欠缺表示意识的情况下,停车行为虽因欠缺真实承诺意思而不构成意思实现,但从处于停车位管理员位置的理性人视角看,该行为可以理

---

① Jan Busche, in: Münchener Kommentar BGB, 5. Aufl., 2006, § 151 Rn 10; Christian Armbrüster, in: Erman Kommentar BGB, 15. Aufl., 2017, § 151 Rn. 9.

② Reinhard Bork, in: Staudinger Kommentar BGB, 2015, § 151 Rn. 16.

解为向其作出的承诺意思表示。经过规范性解释确定的该意思表示之内容为"同意订立停车位有偿使用合同"。驾驶者只能通过行使错误撤销权使合同丧失效力。假如驾驶者在停车时知道是收费停车位,但主观上却不愿意负担停车费支付义务,则构成真意保留。<sup>①</sup> 德国法通说认为,意思实现情形中的真意保留应当准用《德国民法典》第116条,表意人不得通过主张欠缺承诺意思阻止意思实现发生效力。<sup>②</sup>

我国民法未专门规定真意保留,对于此种情形没有可资准用的法律规则。裁判实践中遇到此类问题可以如此处理:要么以证据不充分为由否定构成真意保留,以裁判者的合理判断为准确定意思实现的意义,据此确定合同内容;要么依据诚信原则不允许表意人主张以其故意保留的真意为准确定意思实现的意义。在要约人当时知道表意人实施相关行为的情况下,将该行为解释为意思实现以外的需受领的意思表示,并且采用客观视角确定意思表示的内容,真意保留既不影响意思表示解释,也不导致意思表示错误。

2. "事实合同"

德国法学家京特·豪普特(Haupt)在1941年提出"事实合同"(faktischer Vertrag)理论。其所谓"事实合同"关系包括三种类型:一是公共交通等领域的给付关系,如乘客与公交公司之间的运输关系;二是基于不生效的合伙合同、雇佣合同等产生的继续性债务关系;三是基于社会接触产生的合同关系,如缔约过程中的先合同义务关系、好意同乘关系等。此后,西伯特(Siebert)、西米蒂斯(Simitis)、拉伦茨等学者亦先后发表论著支持"事实合同"理论。该理论认为,在公共交通、能源供应等公共服务领域,当事人之间仅存在事实上的给付提供

---

① 驾驶者在停车时明确向停车位管理员表示不愿意缔结停车位有偿使用合同的,其停车行为不构成意思实现,该合同不成立。停车位经营者可依侵权法或者不当得利法向驾驶者主张权利。

② Christian Armbrüster, in: Erman Kommentar BGB, 15. Aufl., 2017, § 151 Rn. 9.

与给付受领关系,双方并未作出意思表示,没有达成合意。因此,此类关系不应适用意思瑕疵、行为能力等法律行为规则。①

时至今日,"事实合同"理论已被德国法学界放弃。拉伦茨虽曾支持该理论,但在其后期著作中也不再支持。豪普特所称的三种"事实合同"关系已被重新定位。公共交通等领域的给付关系被重新建立在合同的基础上,公共服务提供方与顾客之间通过要约承诺订立合同,意思表示仍然不可或缺,只是经常采用默示意思表示或者意思实现的方式。② 合伙合同、雇佣合同等继续性合同不生效情形中的债务关系问题,可以通过限制法律行为无效的溯及力予以解决;涉及保护义务的,可以通过法定保护义务理论予以解决。至于缔约过程中的先合同义务关系、好意同乘关系等,本来就有缔约过失责任、情谊行为等制度或者理论,无须求助于"事实合同"理论。该理论实属多余,不足采纳。所谓"基于社会典型行为的合同"(faktisch Vertrag aufgrund sozialtypischen Verhaltens)仍未超出法律行为框架,现有法律行为理论足以解释,"社会典型行为"仍然是表示行为。

## 第二节　意思表示的发出与到达

一项表示符合意思表示构成要件的,意思表示即告成立。至于该意思表示何时生效,则是另一个问题。意思表示的成立时点与生效时点可能重合,也可能分离。从意思表示成立到其为他人所知悉,通常存在时间差。究竟以哪个时点作为意思表示的生效时点,涉及风险分配,包括意思表示丢失、延误或错误等风险的分配。通常而论,生效时

---

① 具体内容,详见〔德〕维尔纳·弗卢梅:《法律行为论》,迟颖译,法律出版社2013年版,第111—113页。

② Christian Armbrüster, in: Erman Kommentar BGB, 15. Aufl. , 2017, Vor § 145 Rn. 42.

点越靠近成立时点,表意人的风险越小;反之,生效时点越靠近知悉时点,表意人的风险越大。① 不同类型的意思表示,当事人的利益状况有所不同,所以,意思表示生效的时点应区别对待。

### 一、有相对人的意思表示与无相对人的意思表示

意思表示可以分为有相对人的意思表示与无相对人的意思表示。前者是指向相对人作出的意思表示,在民法文献中经常被称为需受领的意思表示(empfangsbedürftige Willenserklärung);后者是指并非向某个相对人作出的意思表示,在民法文献中经常被称为无需受领的意思表示(nicht empfangsbedürftigeWillenserklärung)。② 有相对人的意思表示造就了一种可能影响相对人利益的法律状态,因此,必须给予相对人知悉的机会,以便有所应对。受领即意味着获得知悉意思表示之机会。要约、承诺、追认、解除合同之表示皆为有相对人的意思表示。无相对人的意思表示不存在需要了解该意思表示的相对人,所以无需受领。遗嘱、捐助表示、抛弃动产所有权之表示皆为无相对人的意思表示。如果将悬赏广告定性为单方法律行为,则其亦属于无相对人的意思表示。③ 反之,如果将悬赏广告定性为要约,则其属于有相对人的意思表示。

抛弃不动产所有权的意思表示须向不动产登记机关作出,被称为需官署受领的意思表示(amtsempfangsbedürftige Willenserklärung),理

---

① Reinhard Bork, Allgemeiner Teil des Bürgerlichen Gesetzbuchs, 4. Aufl., 2016, S. 237 (Rn. 609);Brox/Walker, Allgemeiner Teil des BGB,44. Aufl., 2020,S. 72( §7 Rn. 1).

② Jörg Neuner, Allgemeiner Teil des Bürgerlichen Rechts, 12. Aufl., 2020, S. 375 ( §33 Rn. 4).

③ 参见〔德〕迪特尔·梅迪库斯:《德国民法总论》,邵建东译,法律出版社2000年版,第204页。

论上通常将其视为需受领的意思表示的一种特殊类型。① 如果将有相对人的意思表示中的相对人理解为法律关系相对人,则其仍属于无相对人的意思表示,因为不动产登记机关并非物权关系的当事人。② 这表明,需受领的意思表示实际上与有相对人的意思表示并非完全对应,需受领的意思表示包括部分无相对人的意思表示。反之,无需受领的意思表示也包括部分有相对人的意思表示。例如,以意思实现的方式作出的承诺有相对人(要约人),但该承诺却无需受领;拍卖程序中的落槌也是承诺,有相对人(提出报价的竞买人),但却无需受领,落槌时即便报价最高的竞买人暂时离开现场,承诺也依然生效。③ 因此,需受领的意思表示/无需受领的意思表示与有相对人的意思表示/无相对人的意思表示这两对概念存在交叉之处。各有若干边缘情形与对方并不重叠。仅在忽略这些边缘情形的前提下,两对概念才能相互替换。当然,如果将有相对人的意思表示定义为"需向他人作出的意思表示"(Willenserklärung, die einem anderen gegenüber abzugeben ist),该他人为意思表示的相对人而非法律关系的相对人,则其等同于需受领的意思表示。从法律规则的设计与适用的角度看,需受领的意思表示/无需受领的意思表示这对概念更符合实践需要,可以解释意思表示到达与生效问题。不过,鉴于我国《民法典》第 137 条、第 138 条、第 142 条等条款明确使用有相对人的意思表示/无相对人的意思表示这对概念,本书从之,仅在个别场合才使用另一对概念。

有相对人的意思表示可以分为对话的意思表示与非对话的意思表示。对话的意思表示亦称对在场人的意思表示(Willenserklärung unter Anwesenden),是指以面谈、电话、网络语音或视频通话等即时交

---

① 参见〔德〕迪特尔·梅迪库斯:《德国民法总论》,邵建东译,法律出版社 2000 年版,第 205 页;〔德〕维尔纳·弗卢梅:《法律行为论》,迟颖译,法律出版社 2013 年版,第 163 页;Reinhard Singer/Jörg Benedict, in: Staudinger Kommentar BGB, 2017, §130 Rn. 13。

② 参见史尚宽:《民法总论》,中国政法大学出版社 2000 年版,第 352 页。

③ Brox/Walker, Allgemeiner Teil des BGB, 44. Aufl., 2020, S. 93(§8 Rn. 25)。

流方式作出的意思表示。非对话意思表示亦称对不在场人的意思表示(Willenserklärung unter Abwesenden),是指以书面文件、信函、电子邮件、手机短信、微信留言等非即时交流方式作出的意思表示。

区分有相对人的意思表示与无相对人的意思表示之意义在于,两种意思表示在是否需要到达、发出的认定标准、可否被撤回以及解释原则等方面存在差别。

### 二、意思表示的发出

(一)无相对人的意思表示的发出

无相对人的意思表示不需要向相对人作出,只要表意人完成表示,意思表示即已发出。《民法典》第138条对此予以明文规定。此处所谓完成表示,是指表意人形成效果意思并将其以口头、书面等形式终局性地表达于外部。例如,被继承人起草一份书面遗嘱并在其上签名。

无相对人的意思表示一经发出,即发生效力。意思表示的成立、发出与生效在时点上重合。

(二)有相对人的意思表示的发出

就有相对人的意思表示而论,表意人仅将效果意思表达于外部,尚不构成意思表示的发出。实际上,此项表达也不构成作为意思表示客观要件的表示,仅有此项表达也不足以成立意思表示。有学者试图区分意思表示的成立与意思表示的发出,认为意思表示在表意人将其意思以口头或书面等形式表达出来时,意思表示即告成立,此后,表意人还需要将该表达借助于通常可到达受领人的途径投向受领人,此即发出。例如,A打算通过电子邮件将代理权授予B,当A将授权语句输入电脑时,其意思已经完成表达(Formulierung),意思表示已经成立,当A点击"发送邮件"时,意思表示才被发出。[1] 此种观点值得商

---

[1]　Reinhard Bork, Allgemeiner Teil des Bürgerlichen Gesetzbuchs, 4. Aufl., 2016, S. 237 – 238(Rn. 610).

权。有相对人的意思表示是向相对人作出的意思表示,其在本质上是表意人与他人进行法律交往的手段。因此,作为意思表示客观要件的表示不能仅仅是"将效果意思表达出来",毋宁必须具有指向性,即"向某人表示"。唯其如是,意思表示才有对他人发生作用的可能性,成为法律交往的媒介。将效果意思以文字方式输入电脑或者写在纸上,尚不构成有相对人意思表示之表示,直至表意人将此类文本向相对人发出之时,才构成表示,意思表示于此时成立。从这个意义上说,完成表示、意思表示的成立与意思表示的发出是同一个法律事实。①

与无相对人的意思表示相比,有相对人的意思表示之特殊性并不在于区分完成表示与意思表示的发出,毋宁在于何时完成表示之认定标准。总体来说,有相对人的意思表示之发出(完成)是指表意人将其效果意思表达于外部并使该表达以通常可到达受领人的方式向受领人方向运动。

### 1. 对话的意思表示

对话的意思表示采用"面对面"或者"口对耳"的即时交流方式,表意人使用的表意符号是语音、动作、信号等。只要表意人向相对人发出在交流情境中可被相对人的听觉或者视觉立即识别的表意符号,就构成意思表示的发出。甲在十分嘈杂的环境中用手机打电话通知乙解除合同,乙听不清楚,则甲的解除表示未被发出。甲到市场购鱼,在乙的摊位前询问了带鱼的价格,恰巧听到隔壁摊位老板丙向某顾客发出带鱼的报价,甲顿觉物美价廉,随即转身对丙高声宣称购买两条带鱼,埋头干活的乙也听到甲的言语,以为甲欲向其购买带鱼。丙的报价不构成对甲的要约,因为丙未向甲发出意思表示。同理,甲的购买表示并非向乙发出,不构成对乙的要约。即便采用规范性解释,埋头干活的乙在当时情境中也没有理由仅凭声音将甲的言语理解为向

---

① 梅迪库斯与佩特森认为,意思表示发出之功能在于成立意思表示。Vgl. Medicus/Petersen, Allgemeiner Teil des BGB, 11. Aufl. , 2016, S. 120.

其发出购买表示。甲的购买表示构成对丙的要约。

有疑问的是,表意人向在场者直接递交包含效果意思的纸条,是否为对话的意思表示。学理上对此存在肯定说①与否定说②之分歧。否定说的主要理由是,相对人收到纸条后需要先阅读纸条的内容,所以在表意人与相对人之间无法进行直接交流。此项争论的主要意义在于,如果将此种情形定性为对话的意思表示,则在其构成要约的情况下,相对人必须即时作出承诺;反之,如果将其定性为非对话的意思表示,则相对人的承诺须在合理期限内到达表意人。就此,不可一概而论,如果表意人直接递交给相对人的纸条呈打开状态,相对人接收之后就能直接看到纸条内容,可以即时作出回应,则与表意人向相对人说话并无本质区别,理应将此种情形视为对话意思表示。如果递交的纸条被折叠甚至装在信封之中,则纸条内容未必可被相对人的视觉立即识别,在相对人忙于处理其他事务的情况下,尤为如此。此时,将递交纸条视为非对话意思表示更为妥当。若纸条内容构成要约,则承诺到达的合理期限可以根据个案具体情况予以裁量。

2. 非对话的意思表示

非对话的意思表示需要通过某种信息渠道传递,从意思表示的发出到其被相对人知悉需要经过一段时间。表意人将意思表示送上信息传递渠道,即为发出意思表示。就口头表示而论,可以通过传达人(使者)进行传达,也可以通过手机语音信箱留言、微信语音留言等现代电子传媒手段传递口头表示。以传达为例,表意人向传达人表达了其效果意思并指示传达人将该意思传达给相对人,即为发出意思表

---

① Brox/Walker, Allgemeiner Teil des BGB, 44. Aufl., 2020, S. 73（§7 Rn. 6）;朱庆育:《民法总论》(第2版),北京大学出版社2016年版,第201页。

② Reinhard Bork, Allgemeiner Teil des Bürgerlichen Gesetzbuchs, 4. Aufl., 2016, S. 235（Rn. 605）;王泽鉴:《民法总则》,北京大学出版社2009年版,第326页。

示。① 微信语音留言时,手指按住说话框说完话后松手即为发出意思表示。就通过信函作出意思表示而论,表意人将贴好邮票的信函投入邮筒或交给邮局窗口工作人员即为发出意思表示。表意人委托亲友或雇员传递或寄送信函,也构成意思表示的发出。② 如果通过电子邮件作出意思表示,则写完邮件内容及收件人邮箱地址后点击发送按钮即为发出意思表示。

脱手的意思表示(abhande gekommene Willenserklärung)是否构成意思表示的发出,从而是否成立意思表示,不无疑问。例如,甲拟了一份书面要约,置于桌面上,但尚未决定是否向乙发出,甲之秘书以为甲已经决定发出,遂将该要约寄送给乙。目前德国主流学说认为,脱手的意思表示应与欠缺表示意识作相同处理,在表意人具有可归责性的情况下,意思表示成立。表意人有权依《德国民法典》第119条第1款撤销意思表示,但撤销后应依《德国民法典》第122条承担消极利益损害赔偿责任。③ 当然,也有不少学者持反对说。比如,诺依纳认为,脱手的意思表示的表意人根本不想启动与他人的社会交往过程,意思表示因欠缺交流意思而不成立。不过,表意人须向相对人承担缔约过失责任,而且在表意人有意识制造信赖损害风险的情况下,应当类推适用《德国民法典》第122条中的无过错信赖损害赔偿责任。④ 海尔穆特·科勒认为,非对话的意思表示的发出是指表示依表意人的意思进入交往领域,脱手的意思表示进入交往领域并非基于表意人的意

---

① Reinhard Bork, Allgemeiner Teil des Bürgerlichen Gesetzbuchs, 4. Aufl., 2016, S. 238 (Rn. 612).

② Brox/Walker, Allgemeiner Teil des BGB, 44. Aufl., 2020, S. 73 ( § 7 Rn. 7); 王泽鉴:《民法总则》, 北京大学出版社2009年版, 第323页。

③ Reinhard Singer, in: Staudinger Kommentar BGB, 2017, Vor § § 116 – 144 Rn. 49; Medicus/Petersen, Allgemeiner Teil des BGB, 11. Aufl., 2016, S. 121 ( Rn. 267); Jürgen Ellenberger, in: Palandt Kommentar BGB, 79. Aufl., 2020, § 130 Rn. 4; Werner Flume, Allgemeiner Teil des bürgerlichen Rechts, Bd. 2: Das Rechtsgeschäft, 4. Aufl., 1992, S. 226.

④ Jörg Neuner, Allgemeiner Teil des Bürgerlichen Rechts, 12. Aufl., 2020, S. 367 – 368 ( § 32 Rn. 15 – 18).

思,所以,意思表示因未发出而不成立,即便相对人存在值得保护的信赖,表意人亦仅须承担缔约过失责任。[1] 雷因哈德·波克亦持类似观点[2]。

究其本质,在脱手的意思表示到达相对人的情形中,从相对人的视角看,其收到的函件具备特定的效果意义,符合意思表示的客观要件。此项效果意义的产生并非表意人自由意志支配的行为所致。在上例中,甲之秘书擅自寄送函件的举动如同甲自身无意识的肢体动作,甲对此欠缺行为意思。因此,所谓脱手的意思表示实际上是欠缺行为意思的情况下作出表示,而非欠缺表示意识的情况下作出表示。如果表意人对此具有可归责性,则意思表示成立,但属于错误的意思表示,表意人享有撤销权;否则,意思表示不成立,除非表意人事后对意思表示的发送予以追认。

(三) 意思表示发出的法律意义

无相对人的意思表示以发出为生效时点,已如前述。就有相对人的意思表示而言,意思表示的发出也有一定的法律意义。有时,意思表示的效力判断以其发出的时点为准。例如,意思表示发出后,表意人死亡或者丧失行为能力的,不影响意思表示的效力,因为在意思表示发出时,表意人已经完成意思决定,此时表意人尚未死亡且具有行为能力,有资格作出意思决定。

此外,表意人是否存在意思瑕疵,也以意思表示发出之时为判断时点。例如,甲向乙寄出书面承诺后,乙的销售员丙在与甲电话沟通时称甲所采购的设备将会获得政府补贴,而实际上根本不存在此类补贴政策。即便甲当时信以为真,事后也无权以受欺诈为由撤销合同,因为其发出意思表示时并未因欺诈而陷于错误,丙虚构的信息并未对

---

[1]　Helmut Köhler, BGB Allgemeiner Teil, 44. Aufl., 2020, S. 54 – 55 (§6 Rn. 12).

[2]　Reinhard Bork, Allgemeiner Teil des Bürgerlichen Gesetzbuchs, 4. Aufl., 2016, S. 239 (Rn. 615).

甲的意思决定造成影响。

我国《民法典》第 139 条规定："以公告方式作出的意思表示，公告发布时生效。"该条规定究竟所指何意，"公告发布"是否意思表示的发出方式，不无疑问。有学者认为符合要约构成要件因而被视为要约的商业广告、悬赏广告等属于以公告方式作出的意思表示，应适用该条规定。[①] 另有学者认为该条规定是法律移植中的败笔，没有实质意义。[②] 从比较法及民法原理看，该条规定确实无所依据。如果说其具有实践意义，则其意义似乎主要在于将其准用于某些准法律行为生效时点的确定，比如公司合并公告、公司分立公告、公司减资公告、公司清算时的债权申报公告等。

### 三、意思表示的到达

（一）意思表示生效的时点：到达主义与了解主义

有相对人的意思表示究竟于何时生效，理论上有不同选择。发出主义显然不符合有相对人的意思表示之本质，仅发出尚不足以给相对人了解意思表示的机会，所以意思表示不应在此时即发生效力从而给相对人的利益状况造成影响。了解主义（Vernehmungstheorie，知悉主义）以相对人了解意思表示的内容时为意思表示生效时点，其缺陷比较明显。一方面，相对人究竟何时了解意思表示的内容，通常难以查明，导致意思表示生效时点具有很大的不确定性；另一方面，就非对话意思表示而言，从意思表示发出到相对人了解其内容，需要经过多个环节，存在意思表示到达失败、到达迟延、未被了解、了解迟延等风险。其中有些风险处于相对人支配领域之内，了解主义使此类风险也由表意人承担，显然有失公平。因此，着眼于风险的合理分配，非对话意思表示应当以意思表示的发出与了解之间的一个时点为其生效时点，此

---

[①]　参见李宇：《民法总则要义》，法律出版社 2017 年版，第 466 页。

[②]　参见陈甦主编：《民法总则评注》，法律出版社 2017 年版，第 1000 页（朱晓喆执笔）。

即意思表示到达相对人之时。到达之前的风险被称为意思表示的传递风险(Übermittlungsrisiko)或运送风险(Transportrisiko),鉴于意思表示的传递方式与途径由表意人选择,所以由表意人承担传递风险比较合理。到达之后的风险可称为了解风险,鉴于意思表示已经进入相对人的支配领域,所以了解风险理应由相对人承担。

我国《民法典》第 137 条第 2 款对于非对话意思表示采用到达主义,意思表示自到达相对人时发生效力。《民法典》第 474 条、第 484 条第 1 款、第 565 条第 1 款第 2 句、第 568 条第 2 款关于要约、承诺、解除表示、抵销表示等意思表示也明确规定采用到达主义。比较法上也有很多国家以及地区采用到达主义,如《德国民法典》第 130 条第 1 款、我国台湾地区"民法"第 95 条第 1 项。

比较特殊的是对话意思表示。当事人采用即时交流方式作出意思表示,从意思表示的发出到了解,几乎没有中间环节,不存在运送风险。① 毋宁说,交流过程中的风险集中于意思表示的了解环节。表意人发出意思表示后,表意符号立即呈现在相对人的感官之前。相对人可能全面、正确地理解表意符号的意义,也可能忽视某个表意符号或者不理解、不正确理解其意义。法律上必须对此类了解风险予以合理分配,据此决定对话意思表示的生效时点。主流学说对此采用了解主义,认为对话意思表示自其被相对人通过感官了解时起生效。② 不过,很多学者主张对了解主义予以限制,认为在因表意人不可知晓的事由(如相对人注意力不集中)导致相对人未了解或未正确了解意思表示的情况下,不应当由表意人承担风险。根据此种相对了解主义,对话

---

① 个别情况下,看起来似乎存在运送风险,如在电话交谈过程中,表意人对着电话表达了意思,但因信号太弱,其言语未被传送给电话另一头的相对人。不过,由于此时表意人尚未向相对人发出在交流情境中可被相对人听觉或视觉识别的表意符号,所以实际上该意思表示尚未发出,不涉及从发出至到达过程中的运送风险。

② Heinz Hübner, Allgemeiner Teil des Bürgerlichen Gesetzbuches, 1984, S. 310 (§34 Rn. 420); Jörg Neuner, Allgemeiner Teil des Bürgerlichen Rechts, 12. Aufl., 2020, S. 381 (§33 Rn. 28).

意思表示在表意人可以合理地相信其已被相对人正确了解时生效。<sup>①</sup>如果对话的时候相对人明显已经处于因严重醉酒等原因导致的暂时无意识状态,则表意人不能合理地相信意思表示已被相对人正确了解,因此该意思表示未生效。

从文义上看,我国《民法典》第 137 条第 1 款对于对话意思表示采用了解主义。鉴于了解主义对表意人过于苛刻,应当基于法律目的考量,将该款中的"相对人知道其内容"解释为表意人在当时情境中可以合理地相信相对人已经知道意思表示的内容。易言之,此处所谓"知道"未必是事实上的知道,毋宁是规范性的知道,与意思表示的规范性解释异曲同工。

(二) 意思表示到达的认定标准

依通说,到达是指意思表示进入相对人(受领人)的支配领域,且通常可被相对人知悉。<sup>②</sup> 少数学者主张对于意思表示的到达采用感知(Wahrnehmung)说,认为表意人与相对人负责领域的切割点是相对人感知到意思表示,即意思表示摆在相对人手里、展现在其眼前或者回响在他耳畔。从那一刻起,相对人获得了解意思表示的可能性,意思表示到达,相对人承担意思表示的丢失与迟延风险。<sup>③</sup>

1. 意思表示必须进入相对人的支配领域

支配领域通常是空间意义上的,如相对人的住宅、经营场所、信箱等专属空间。通过现代通信手段传递意思表示的,电子邮箱、手机短信列表、语音信箱、微信账户等虚拟空间也是相对人的支配领域。意思表示进入有临时储存功能的传真机,即为进入相对人的支配领域。如果传真机没有临时储存功能,则在传真文件被打印出来时才进入相

---

① Reinhard Bork, Allgemeiner Teil des Bürgerlichen Gesetzbuchs, 4. Aufl., 2016, S. 246; Jürgen Ellenberger, in: Palandt Kommentar BGB, 79. Aufl., 2020, § 130 Rn. 14.

② Arnd Arnold, in: Erman Kommentar BGB, 15. Aufl., 2017, § 130 Rn. 5–8.

③ Reinhard Singer/Jörg Benedict, in: Staudinger Kommentar BGB, 2017, § 130 Rn. 46.

对人的支配领域。①

支配领域也包括相对人的社会关系。有时,意思表示被传递给与相对人具有特殊关系的人,也被视为进入相对人的支配领域。此处所谓具有特殊关系的人是指受领代理人、受领使者(受领传达人)等中间人,他们被视为相对人的"活信箱"②。受领代理人包括法人的法定代表人,自然人的法定代理人、意定代理人。他们享有意思表示的受领代理权,对意思表示受领的效果当然归属于被代理人。因此,意思表示进入公司法定代表人的信箱或电子邮箱等同于进入公司的支配领域。受领使者(Empfangsbote)包括相对人授权受领意思表示的人,也包括依据交易观念通常可被视为有权受领意思表示的人。实践中,后者更为常见。究竟可否将某人视为有权受领意思表示的人,需要考量意思表示的形式、重要性、机密性以及该人的年龄、与相对人的关系远近。③

书面意思表示被递交给相对人的办公室职员、成年家庭成员、长期雇佣的佣人,接收地点是相对人的营业场所或住宅的,从空间的视角看意思表示即已进入相对人的支配领域。接收地点是相对人的营业场所或住宅以外其他地方的,上述人员通常可被视为书面意思表示的受领使者。至于上述人员可否被视为口头意思表示的受领使者,主要取决于意思表示的重要性。如果非对话的口头意思表示涉及十分重要的事务,原则上应当由表意人的传达人向相对人本人传达,除非情况急迫,才可以向与相对人关系至为密切的人传达。有学说认为,相对人的非婚同居伴侣、住在同一处房屋之不同房间的房东也可视为受领使者。④ 对于前者,可资赞同;但对于后者,宜慎重认定。可被视

---

① Reinhard Bork, Allgemeiner Teil des Bürgerlichen Gesetzbuchs, 4. Aufl. ,2016, S. 245.
② Brox/Walker, Allgemeiner Teil des BGB, 44. Aufl. ,2020, S. 78( §7 Rn. 16).
③ Larenz/Wolf, Allgemeiner Teil des bürgerlichen Rechts, 9. Aufl. ,2004, S. 478.
④ Arnd Arnold, in: Erman Kommentar BGB, 15. Aufl. ,2017, §130 Rn. 17.

为受领使者的人如果拒绝接收意思表示,则意思表示通常未到达①,除非符合到达拟制之要件。

如果意思表示被递交给不能被视为受领代理人或受领使者的中间人(如邻居、临时干活的工匠),则该中间人应视为表意人的传达人,即表示使者(Erklärungsbote)。② 在表示使者接收意思表示时,该意思表示并未到达,直至被传达给相对人时,才构成到达。因此,表意人须承担意思表示的传递风险。反之,如果中间人是受领使者,则由相对人承担意思表示到达后的内部传递风险。

2. 意思表示通常可被相对人知悉

意思表示进入相对人支配领域仅使相对人获得知悉的抽象可能性,此种可能性尚不足以构成意思表示到达。认定意思表示到达也需要在一定程度上考虑相对人的利益,因此,仅在通常可以期待相对人当时知悉意思表示的情况下,才构成到达。记载意思表示的信件被扔进相对人住宅的院子里,尽管此处属于相对人的支配领域,但除非相对人或其家人恰巧看到该信件,否则不能合理地期待相对人知道该信件已进入其住宅。因此,在该信件事实上被发现之前,意思表示并未到达。如果书面意思表示在下午较晚的时候才被投入相对人的家庭信箱,那么原则上应以次日早晨为到达时间。书面意思表示被投入相对人的工作信箱,但当时相对人已经下班的,意思表示到达的时间应为下一个工作日。出版社向某大学教授寄送关于出版合同续期意思表示的信件,该信件在暑假期间被投入教授的校内信箱,应当认定直至暑假结束后的第一个工作日该意思表示才到达,因为出版社应当知道大学正处于假期,不能合理地期待教授在暑假期间返回学校查收信件。反之,如果暑假开始之前,教授已经旅行在外,信件恰好在此期间被投入教授的校内信箱,则信件中的意思表示即刻到达。教授需要承

---

① Jürgen Ellenberger,in:Palandt Kommentar BGB,79. Aufl.,2020,§130 Rn. 9.

② Jürgen Ellenberger,in:Palandt Kommentar BGB,79. Aufl.,2020,§130 Rn. 9.

担因其旅行导致错过重要信件的风险,为此,其可以通过委托某人代管其信箱等方式应对风险。

意思表示由受领使者接收的,在通常可期待受领使者将意思表示传递给相对人时,意思表示到达。例如,相对人下班回到家时,其家属通常应将意思表示传递给他。

意思表示的到达也涉及语言风险(Sprachrisiko)问题:进入相对人支配领域的意思表示如果使用了相对人尚未掌握的语言,是否影响意思表示的到达? 如果意思表示使用的语言是谈判中或者合同中使用的语言,则应由相对人承担语言风险,表意人可以期待相对人能够理解以此种语言作出的意思表示。双方当事人之间事先没有合同而且也没有谈判的,语言风险由谁承担取决于可否合理期待相对人掌握此种语言。在意思表示使用国内通用语言的情况下,表意人可以合理期待身处国内的相对人已经掌握此种语言,所以无须给相对人额外留出翻译时间。相对人如果未掌握此种语言,不妨碍意思表示按照正常时间到达。[1] 当然,如果表意人已知的具体迹象表明相对人欠缺此种语言知识,则不能合理期待相对人能够理解以此种语言作出的意思表示。[2] 表意人与相对人身处两个国家的,如果意思表示使用相对人所在国的通用语言,则可以合理期待相对人能够理解意思表示,无须为其留出翻译时间;反之,如果意思表示使用表意人所在国的通用语言或者第三国语言,则通常不可合理期待相对人能够理解意思表示,在认定意思表示到达时须为其留出翻译时间。有学者认为,如果相对人是从事国际经贸活动的商人,则可以合理期待其掌握外语。[3] 对此,不可一概而论。跨国交易如果使用英语,则当然可以合理期待作为商人的已经掌握了英语,应由相对人承担语言风险。反之,如果既未使用

---

[1]  Arnd Arnold, in: Erman Kommentar BGB, 15. Aufl. , 2017, § 130 Rn. 10.

[2]  Reinhard Singer, in: Staudinger Kommentar BGB, 2017, § 119 Rn. 18.

[3]  Medicus/Petersen, Allgemeiner Teil des BGB, 11. Aufl. , 2016, S. 131 (Rn. 296).

英语,也未使用相对人所在国通用语言,则通常不可合理期待相对人已经掌握该门外语,原则上应由表意人承担语言风险。

按照《民法典》第137条第2款的规定,以非对话方式作出的采用数据电文形式的意思表示,相对人指定特定系统接收数据电文的,该数据电文进入该特定系统时生效;未指定特定系统的,相对人知道或者应当知道该数据电文进入其系统时生效。当事人对采用数据电文形式的意思表示的生效时间另有约定的,按照其约定。其中所谓数据电文包括电子邮件、微信留言、传真等。该款对于相对人是否指定接收系统予以区别对待,是值得肯定的。不过,即便相对人指定接收系统,也不应一概以数据电文进入该系统的时间作为意思表示到达时间。如果相对人是法人或非法人组织,数据电文在营业时间结束后才进入指定系统,则不能合理期待相对人知悉意思表示,不应以此时为准认定意思表示到达,而应以下一个工作日为到达时间。在相对人未指定接受系统的情况下,其何时应当知道数据电文进入其系统,需要依据社会一般观念、交易习惯并结合个案情事予以判断。如果相对人是法人或非法人组织,数据电文在某日营业时间内进入其接收系统的,通常应认定当天营业时间结束时意思表示到达。数据电文在营业时间结束后才进入法人的接收系统的,通常应以下一个工作日为意思表示到达时间。

如果相对人是自然人,且其指定以私人电子邮箱、微信、手机短信等为接收系统,则应以意思表示进入该系统的时间为到达时间,但意思表示在晚上10:00之后才进入该系统的,鉴于此时通常已属于晚休时段,所以应以次日早晨为意思表示到达时间。自然人未指定接收系统的,须区别对待。使用手机短信、微信等便于随时查看的接收系统的,通常应以意思表示进入接收系统的时间为到达时间,除非此时已进入晚休时段。使用电子邮箱的,如果相对人曾经向表意人出示的名片或其他材料上印有某个电子邮箱地址,则通常应以意思表示进入该电子邮箱之日的晚休时段开始前为到达时间;如果表意人从其他渠道获知相对人的电子邮箱地址,而该电子邮箱却并非相对人的常用邮箱的,则通常应以相对人知道意思表示进入该电子邮箱之时为到达时间。

无论何种形式的非对话意思表示,如果相对人实际知悉意思表示的时间早于其通常可以知悉意思表示的时间,则应以前者为意思表示的到达时间。① 例如,相对人半夜醒来时看到了以手机短信、微信、电子邮件等方式发来的意思表示,或者教授在暑假期间返校时恰好看到了寄给他的信件,均应以实际知悉的时间为到达时间。

(三)意思表示到达障碍

所谓到达障碍,是指意思表示因相对人的行为或者其支配领域内的其他原因而没有到达或者迟延到达。

1. 相对人拒绝受领

有时,相对人拒绝接收书面意思表示或者拒绝倾听口头意思表示。对此,需要区分两种情形。其一,相对人有权拒绝,即有正当理由拒绝受领的,意思表示未到达。例如,表意人采用邮资到付的方式寄送书面意思表示,但依法律规定、合同约定或者交易习惯本应由表意人承担意思表示到达费用的,相对人有权拒绝接收邮件;口头意思表示包含侮辱性语言的,相对人有权捂上耳朵或者中止播放语音留言。② 在此类情形中,表意人须重新尝试使意思表示到达相对人。

其二,相对人无权拒绝,即无正当理由拒绝受领的,意思表示视为已经到达。到达时间是未发生拒绝受领的情况下意思表示本应到达的时间。此为意思表示的到达拟制(Zugangsfiktion),表意人无须重新寄送或者发送意思表示,相对人须为其无理拒绝承担不利后果。

2. 其他到达障碍

除了拒绝受领之外,相对人方面还可能由于缺乏适当的受领设施

---

① Jürgen Ellenberger, in: Palandt Kommentar BGB, 79. Aufl., 2020, §130 Rn. 5; Larenz/Wolf, Allgemeiner Teil des bürgerlichen Rechts, 9. Aufl., 2004, S. 476.

② Brox/Walker, Allgemeiner Teil des BGB, 44. Aufl., 2020, S. 80(§7 Rn. 22).

而导致意思表示未能到达或未能及时到达。例如,表意人正确填写了相对人的邮寄地址,但相对人当时没有信箱且邮递员无法直接将信件投入相对人住所;相对人搬离原住所但未及时告知表意人住址变更,导致快递未能及时将信件交给相对人;相对人的电子邮箱、微信等收件系统故障或者被限制使用,导致包含意思表示的数据电文未能进入该收件系统。

依通说①,存在上述到达障碍时,表意人须重新尝试寄送或者发送意思表示,否则,意思表示未到达。在表意人重新尝试寄送或者发送后,意思表示进入相对人支配领域的,该意思表示视为在如下时间到达:如果第一次寄送或者发送成功,其本应到达的时间。相对人须为其支配领域内的到达障碍承担风险,即便意思表示迟延进入其支配领域,亦不构成到达迟延。

(四)意思表示到达的特殊情形

1. 向不完全民事行为能力人作出意思表示的到达

(1)相对人为无民事行为能力人

无民事行为能力的相对人不具备知悉意思表示的能力,不能够依据意思表示的内容作出合理的回应和安排,所以,其本身无受领能力,必须由法定代理人为其受领意思表示。意思表示自到达法定代理人时发生效力,到达之效果归属于无民事行为能力的相对人。② 无民事行为能力人虽无受领能力,但可被法定代理人指定为受领使者。

(2)相对人为限制民事行为能力人

相对人为限制民事行为能力人的,其具备限制受领能力,可以受

---

① Arnd Arnold, in: Erman Kommentar BGB, 15. Aufl., 2017, §130 Rn. 30; Dorothee Einsele, in: Münchener Kommentar BGB, 5. Aufl., 2006, §130 Rn. 37.

② 德国法通说认为,到达法定代理人通常要求意思表示必须指向法定代理人,如果意思表示指向无民事行为能力人,即便被法定代理人偶然知悉,亦不构成到达。Vgl. Brox/Walker, Allgemeiner Teil des BGB, 44. Aufl., 2020, S. 82 (§7 Rn. 25); Reinhard Bork, Allgemeiner Teil des Bürgerlichen Gesetzbuchs, 4. Aufl., 2016, S. 247.

领使其纯获法律上利益的意思表示以及与其意思能力相应的意思表示。对于超出其意思能力范围的意思表示,经法定代理人同意的,亦可受领。除此之外,意思表示应由法定代理人受领。

2. 向官署作出意思表示的到达

抛弃不动产所有权须由所有权人向不动产登记机关作出抛弃意思表示。不动产登记机关虽非相对人,但抛弃意思表示亦须到达登记机关才发生效力。到达的细节问题准用关于有相对人意思表示到达之规则。应当注意的是,向官署(gegenüber Behörden)作出的意思表示与在官署(vor Behörden)作出的意思表示不同。后者如结婚意思表示、让与不动产所有权意思表示,其并非向官署作出,毋宁向法律行为相对人作出。

3. 意思表示到达的替代

个别情形中,可以借助于法院的行为实现意思表示到达之效果。例如,一方当事人欲行使解除权,但不知道合同相对人的确切地址,无法以私人方式传递解除合同的意思表示,则可以向法院诉请解除合同,由法院依据《民事诉讼法》第92条公告送达诉讼文书,在实体法效果上相当于解除意思表示到达相对人。

(五)意思表示的到达与撤回

意思表示可以撤回,但撤回表示必须在意思表示到达之前或者与其同时到达相对人。由于此时相对人尚未对意思表示产生信赖,所以意思表示因撤回而不发生效力。

## 第三节　意思表示的解释

### 一、意思表示解释的概念与功能

(一)意思表示解释的概念

意思表示解释包括狭义的意思表示解释与补充性意思表示解释。

狭义的意思表示解释亦称为简单解释（einfache Auslegung）或者阐明性解释（erläuternde Auslegung）①，是指通过文义解释、体系解释等方法确定表意符号的意义。补充性意思表示解释是指在意思表示存在漏洞的情况下基于法律行为目的、诚信原则等对其进行漏洞填补。

无论明示意思表示抑或默示意思表示，要式法律行为中的意思表示抑或不要式法律行为中的意思表示，单方法律行为中的意思表示抑或多方法律行为中的意思表示，都需要解释。意思通知、观念通知等表示行为虽非意思表示，但也适用意思表示解释的原则与方法。有学说认为，在意思表示所用语句的意义十分明确的情况下，无须进行意思表示解释。② 然而，意思表示所用语句的意义究竟是否十分明确，本身就需要通过解释予以断定。而且，即使语义十分明确，也可能因存在其他情事使意思表示具备与该语义不同的意义。③ 因此，任何意思表示均需解释，差别仅在于解释工作的简繁程度而已。

（二）意思表示解释的功能

国内民法著作论及意思表示解释时，一般认为意思表示解释的功能是通过解释确定意思表示的内容。④ 与此不同，在当代德国民法学上主流观点认为，（狭义）意思表示解释的功能不仅在于通过解释确定一项意思表示的内容，还包括通过解释判定一个符号（言语、文字、图形、动作、沉默）是否构成意思表示。⑤ 我国《民法典》第 142 条第 1 款规定有相对人意思表示的解释目标是"确定意思表示的含义"。仅从文义上看，该款所谓的意思表示解释似乎仅限于对一项已经成立的意

---

① Arnd Arnold, in: Erman Kommentar BGB, 15. Aufl., 2017, § 133 Rn. 14.

② Jürgen Ellenberger, in: Palandt Kommentar BGB, 79. Aufl., 2020, § 133 Rn. 6.

③ Arnd Arnold, in: Erman Kommentar BGB, 15. Aufl., 2017, § 133 Rn. 12.

④ 参见梁慧星：《民法总论》（第 5 版），法律出版社 2017 年版，第 195 页；徐国栋主编：《民法总论》，厦门大学出版社 2018 年版，第 228 页；林诚二：《民法总则》（下册），法律出版社 2008 年版，第 404 页。

⑤ Reinhard Bork, Allgemeiner Teil des Bürgerlichen Gesetzbuchs, 4. Aufl., Mohr Siebeck, 2016, S. 198.

思表示,通过解释确定其内容。不过,如果将意思表示解释的功能限定于此,则显然不能满足法律实践的需要。在一个涉及法律行为的案件(通常是合同案件)中,裁判者首先需要判断当事人是否作出意思表示,这是案件处理的第一步。在认定意思表示成立之后,才能通过解释确定该意思表示的内容,这是案件处理的第二步。在第一步中,裁判者关于意思表示是否成立的判断实际上也是一项解释工作。此项判断无非是审查当事人积极或消极的举动是否符合意思表示的构成要件。

如前所述,意思表示不可或缺的构成要件只有客观要件,即表示。因此,通过解释判定是否存在一项意思表示,首先需要判定是否存在一项具备特定效果意义的表示。效果意义包含约束意义,即表明表意人愿意因其表示而受法律约束的意义。意思表示解释第一阶段的任务就是判断表意符号是否涉及权利义务关系以及是否存在约束意义,至于表意符号所涉权利义务关系的具体内容如何,则应当留待意思表示解释的第二阶段去解决。

一项表意符号究竟是否涉及权利义务关系且包含约束意义,需要结合个案相关因素予以判断。约束意义的认定尤为如此。在大多数情况下,发生争议的表意符号是言语和文字。对此,第一种需要考量的因素是表意人的措辞。表意人的措辞必须足够确定,才能表明其愿意受法律约束。例如,在对"洋浦经济开发区管理委员会与澳华资产管理有限公司其他房地产开发经营合同纠纷案"作出的(2014)民申字第263号民事裁定中,最高人民法院认为,从具体措辞看,双方约定洋浦管委会"协调置换土地",表明从"协调"到真正"置换"还是需要经过再协商、再约定,因此,本案系争《投资意向书》的性质并非合同,而是磋商性、谈判性文件。显然,该案中的意向书之所以未被认定为合同,是因为相关条款的措辞不具备足够的确定性,不能据以确定当事人愿意负担法律上的义务。再如,在(2017)粤03民终20127号民事判决所涉"陈某生与刘某羽等股权转让纠纷案"中,刘某羽的函件包含"本人拟以如下条件回购公司股东的部分股权""经与出让股东协商后另行签订协议""有意出让股权者请在 2014 年 6 月 30 日之前以书面方式提出"等表述,陈某生在回函中表示"本人愿意将所持股权由刘某羽先生进行回购,有关回购事宜本人将与刘某羽先生进行具体协商,并以签订的股权转让协议为准"。深圳市中级人民法院认为,双方当事人往来函件的措辞均未确定地表达愿意受法律约束之意,所以不构成要约与承诺。总体来看,当事人的表示中如果包含"再进一步协商""请到我处就具体事宜面谈""初步同意你方提出的方案,但须请示领导决定"之类的措辞,则不应解释为具备约束意义。反之,如果相关文书包含"自签字、盖章后生效"之类的表述,则在签章之后通常可以认定当事人的表示具备约束意义,构成意思表示。如果当事人的表示一部分内容措辞含糊,另一部分内容措辞确定且涉及具体权利义务,则后者仍可解释为具备约束意思的意思表示。①

在系争法律行为的效果是使表意人丧失权利或使其单方负担义务的情况下,措辞应当具备更高的确定性。凡人皆有趋利避害的本性,法律行为的常态是双方当事人相互交换利益,一方当事人通过允诺给予某项利益换取对方允诺给与另一项利益。交换关系客观上具有确保公平的功能,在一定程度上可以弥补当事人表示确定性的不足。反之,放弃权利或单方负担义务的法律行为是例外情况,该法律行为本身不符合人的趋利避害本性,通常情况下不会轻易被当事人实施。因此,在个案中,仅当表示的措辞高度确定时才能解释为具备约束意义,构成意思表示。实践中十分常见的纠纷涉及保证合同或债务加入是否成立。如果第三人在借款合同上签字,但签字处不在合同落款"借款人"栏目下,而且未注明自己系担保人,合同条款中也无关于

①　参见潘某海与润海资本有限公司股权转让纠纷案,最高人民法院民事判决书(2017)最高法民再 315 号。

其承担保证责任的表述,则不应解释为第三人作出了保证或者债务加入之意思表示。即便出借人举证证明在其签订的类似借款合同中,其他第三人也是如此签字而且最终都自觉履行了保证责任,也不能据此认定在系争的借款合同中第三人作出了担保表示。甚至在同一个第三人此前多次以此种方式向出借人提供担保且最终都自觉履行担保责任的情况下,仍不能单纯据此认定在系争的借款合同中第三人作出了担保表示。对于蕴含巨大风险的担保行为而言,当事人之间的交易习惯尚不足以完全弥补其措辞确定性之欠缺。难以判定的是如下情形:子公司欠债,债权人多次追讨未果,母公司遂向债权人发函,表示"尽力帮助解决子公司债务问题,待本公司此次融资计划实现后即拨款偿还子公司所欠贵公司债务"。母公司在函件中虽未明确表示为子公司债务提供保证,但存在解释为债务加入的余地。解释为债务加入通常要求第三人对于债务加入具有经济利益关系①,子公司陷入债务危机往往会波及母公司,至少会影响母公司的市场形象。因此,为子公司承担债务以免其官司缠身甚至破产,对母公司有利。上述函件如果加盖了母公司的公章,且可以确定"此次融资计划"所指何意,则不妨解释为母公司作出附条件债务加入的意思表示,所附条件为"此次融资计划实现"。看起来与此类似的情形是:第三人是债务人的父母或配偶,在债权人向其追讨的情况下表示想办法帮助债务人偿还债务。如果涉及的确实是成年债务人的个人债务,除非其父母或配偶明确表示为其债务提供保证或者承担其债务,否则不应将父母或配偶的表示解释为具备约束意义。之所以不能轻易解释为债务加入的意思表示,是因为父母或配偶与债务人之间主要是身份关系,债务加入对于父母或配偶而言通常并无经济利益。

　　第二种需要考虑的因素是当事人作出表示的背景与目的,从中可

---

① Medicus/Lorenz, Schuldrecht, AT., 19. Aufl., 2010, S. 410.

以推断出当事人是否具备或应否被认定为具备约束意思。在（2008）洛民终字第 198 号民事判决所涉及的"邢某坤与孙某悬赏广告纠纷案"中，邢某坤在中央电视台七套的《乡约》访谈节目中，宣称若有人制作出与其被称为"世界之谜"的五层吊球陶器一样的制品，则将其当时所在的三层 2000 平方米的房屋给予挑战者，1 年后，孙某挑战成功，并向邢某坤索要房屋，但遭到拒绝。洛阳市中级人民法院认为，邢某坤在访谈节目中的言论并非以获得利益为目的，只是为了彰显其"陶艺狂人"的形象而说大话，并不体现其真实意思，所以不构成悬赏广告的要约。从学理上看，此类在电视节目上作出的表示如何定性，须考察当时的场景。如果是在娱乐节目中发表的言论，显然并非认真的表示，欠缺约束意义；如果是在访谈类节目中聊天时随意发表的言论，尤其是调侃式的夸张言论，一般人都能看出其缺乏严肃性，则也因欠缺约束意义而不构成意思表示。

　　第三种需要考量的因素是双方当事人的利益关系。在"张某丽与张某新保管合同纠纷案"中，张某丽请求朋友张某新用自家储存水果的冷库为其储存大蒜。张某新明确告知其未掌握储藏大蒜的方法，张某丽则表示本人知晓相应的储存方法。在张某新同意提供冷库后，张某丽自行将所需储存的大蒜搬入冷库，双方对大蒜的数量、质量并未进行任何检验。数月后，张某丽发现大蒜变质，向张某新请求赔偿。法院认为，张某新并无与张某丽形成保管合同并接受合同约束的效果意思，双方之间仅为情谊关系，不发生赔偿责任。[①] 情谊表示与意思表示的区别亦在于约束意义，前者不具备约束意义。至于是否具备约束意义，须考量双方当事人的利益关系。在张某新案中，标的物价值十几万元，易变质，且储存时间达数月之久，蕴含巨大风险，张某新从中未取得任何利益，若使其负担保管人的义务与责任，则有失公允，况且

---

[①]　参见张某新与张某丽保管合同纠纷案，辽宁省葫芦岛市中级人民法院民事判决书（2018）辽 14 民终 1490 号。

其当时言行也透露出不愿意承担责任之意。因此,认定不构成意思表示比较合理。

第四种需要考量的因素是当事人在作出表示时是否提供了某种担保手段或者允诺了某种责任。如果在作出表示时,一方当事人交付了定金,则显然表明其愿意受法律约束;对方当事人受领了定金,也表明其表示具备约束意义。如果当事人的表示中包含了"违反本协议的须承担违约责任"之类的表述,则通常也应认定存在约束意义。有疑问的是,若当事人在作出表示时交付了意向金、诚意金、保证金之类的钱款,可否认定该表示存在约束意义。司法实践中对此见解不一。在(2011)一中民终字第 987 号民事调解所涉案件中,一方当事人向另一方当事人交付认租意向金,另一方当事人允诺其在同等条件下享有优先承租意向商铺的权利。北京市第一中级人民法院认为双方的约定构成合同。在(2018)琼 01 民终 40 号民事判决所涉案件中,购房者向开发商交付一笔诚意金,开发商允诺给予其优先选房资格,后来由于房屋预期开盘价一路攀升,购房者认为开发商违约,故诉请开发商承担赔偿责任。海南省海口市中级人民法院认为双方之间不存在合同。在(2019)鲁 01 民终 2168 号民事判决所涉案件中,意向承包商(个人)向建设单位交付 300 万元保证金,双方约定建设单位负责承包商参加工程投标并在符合招投标规定条件下中标,如双方最终达成总承包合同,保证金不计息返还;如未达成合同,保证金计息返还。一审法院认为此项约定具有法律约束力,二审法院认为只有保证金是否计息返还之部分约定具有法律约束力。上述三个案例中的意向金、诚意金、保证金均与定金有所不同。就定金而论,交付定金者不履行约定义务的,丧失定金;收受定金者不履行约定义务的,双倍返还定金。显然,从执行效果看,定金具有一定的惩罚功能,借此约束当事人,促使其履行约定的义务。反之,无论是意向金、诚意金还是所谓的保证金,收取钱款的一方当事人均须返还,且仅须单倍返还,这不取决于双方的缔约意向是否实现。由此可见,意向金、诚意金与保证金均不具备约束当事人缔约的功能。当然,如果当事人意图通过交付此类钱款促使对方允诺优先认租权或优先认购权之类的程序性缔约权利,则此部分表示具有约束意义。准此以言,在上述第一个、第二个案例中,应认定双方当事人关于创设优先认租(购)权的表示具备约束意义。反之,在第三个案例中,由于建设单位在收取保证金时并未明确允诺给予对方当事人优先中标权之类的权利,而且法律上也不允许其如此允诺,所以双方当事人之间不成立旨在创设此类权利的合同。

　　第五种需要考量的因素是表意符号形成之后当事人的实际行动。如果当事人的后续行动表明其正在兑现诺言,则应当将其表意符号解释为具备约束意义。① 反之,如果后续行动与当事人表示的解释结论之一相反,则不宜采用此种解释结论。譬如,房屋承租人与出租人以微信沟通提前终止租赁合同事宜,出租人表示"可以交还房屋,写一份提前终止合同的申请",承租人遂草拟了一份关于终止合同的函件并发送给出租人,出租人回复称"函已收到,但我公司要求下周一来洽谈具体事宜"。对此,有两种解释结论。一种是解释为出租人并未作出有约束力的同意终止合同的意思表示,所以双方当事人尚未就合同终止达成合意;另一种是解释为双方当事人已就租赁合同终止达成合意,只是对于合同终止后的费用返还与装修补偿事宜尚需进一步协商。从事后情况看,承租人于半个月后要求交接房屋,出租人以尚未谈妥为由拒绝接收。1 个月后,出租人通知承租人终止合同。出租人的后续行动表明其当初并未同意立即终止租赁合同,其所发信息只是邀请承租人提出终止合同之要约而已,所以应采用第一种解释结论。

---

① 参见黄石市新嘉华环保科技有限公司与湖北华电西塞山发电有限公司发起人责任纠纷案,湖北省黄石市西塞山区人民法院民事判决书(2018)鄂 0203 民初 1695 号。

### 二、意思表示解释与合同解释的关系

裁判实践中,时而谈论合同解释,时而谈论意思表示解释。那么,意思表示解释与合同解释之间的关系如何? 前者的原则与方法是否足以解决后者涉及之问题? 不无疑问。

从比较法看,《法国民法典》《意大利民法典》《西班牙民法典》等仅规定合同解释,未规定意思表示解释。之所以如此,是因为法国、意大利、西班牙的民法理论传统上没有构造出意思表示、法律行为之类的抽象概念,其民法典并未围绕意思表示设置规则,自然不可能专门规定意思表示解释。与此不同的是,《德国民法典》在第 133 条与第 157 条分别规定了意思表示解释与合同解释,在立法上确立了解释规则的二元结构。《希腊民法典》与《葡萄牙民法典》追随了德国模式。尽管在立法上采用二元结构,但德国民法学界对此却不以为然,很多学者认为在实践中意思表示解释与合同解释并无本质区别,《德国民法典》第 133 条与第 157 条是各种意思表示解释的共同规则[1],二者的区别仅仅在于,后者涉及补充性意思表示解释。[2]

我国学者对于意思表示解释与合同解释的关系见解不一。有观点认为,就单方法律行为而言,意思表示解释等同于法律行为解释。就合同而言,应当区分意思表示解释与合同解释。意思表示解释在合同是否成立的判断阶段发挥作用,此时需要分别解释双方当事人的意思表示,再据此判断二者是否达成一致。一旦判定合同已因合意而成立,则下一步工作就是合同解释。合同解释是对业已成立的合同确定何为其内容的一种作业。[3] 有观点认为,意思表示解释与合同解释并

---

[1] Herbert Roth, in: Staudinger Kommentar BGB, 2015, § 157 Rn. 1 – 2; Medicus/Petersen, Allgemeiner Teil des BGB, 11. Aufl., 2016, S. 138.

[2] Christian Armbrüster, in: Erman Kommentar BGB, 15. Aufl., 2017, § 157 Rn. 1 – 2.

[3] 参见韩世远:《民事法律行为解释的立法问题》,载《法学》2003 年第 12 期,第 64 页。

无本质区别。① 二者的概念功能相同,差异主要在于着眼点的不同。意思表示着眼于个别,而法律行为则同时着眼于抽象。② 另有观点认为,意思表示解释与合同解释存在区别,但区别不在于二者发挥作用的阶段不同,毋宁表现在其他方面,比如解释的对象、原则、视角与方法等有所不同。③

　　从逻辑上看,合同由数个意思表示构成,因此,合同解释当然离不开意思表示解释。如果当事人以口头、信函或数据电文的方式发出要约或作出承诺,则要约、承诺本身即为独立的意思表示,二者有不同的载体。解释应从可能构成要约的那一项表示开始。通过解释确定该项表示构成意思表示后,再通过解释确定对方当事人的表示是否构成意思表示。如果两项表示都构成意思表示,则下一步需要判断两项意思表示是否达成一致。第二项意思表示通常只是单纯地对第一项意思表示予以同意,此时,可以直接认定双方达成合意,合同成立。当然,第二项意思表示也可能对第一项意思表示予以变更,此时,需要判断是否实质性变更。构成实质性变更的,合同不成立;否则,再依据《民法典》第489条认定合同是否成立。判断是否实质性变更的过程包含了意思表示解释因素,因为判断就是比较,而比较需要先对两项意思表示中涉嫌变更的内容进行解释。认定合同成立之后,如果关于合同的内容存在分歧,则需要对要约内容或者构成非实质性变更的承诺内容予以解释。显然,在通过分别处于数个载体之中的要约与承诺订立合同的情形中,合同解释是意思表示解释的一个阶段,即认定合同成立之后的意思表示解释。

---

　　① 参见梁慧星:《民法总论》(第5版),法律出版社2017年版,第195页;张驰:《论意思表示解释》,载《东方法学》2012年第6期。

　　② 参见耿林:《中国民法典中法律行为解释规则的构建》,载《云南社会科学》2018年第1期,第120—122页。

　　③ 参见崔建远:《合同解释辩》,载《财经法学》2018年第4期,第68—69页;王利明:《民法总则研究》(第3版),中国人民大学出版社2018年版,第523页。

如果当事人采用在同一份合同书上签章的方式订立合同,则解释须围绕合同书中的条款展开,必要时应结合缔约过程相关情事。合同书中的条款既是一方当事人的表示,也是另一方当事人的表示。任何一方当事人在合同书上签章都是向对方当事人作出"同意按照上述条款订立合同"的意思表示,数项意思表示存在于同一个载体之中。对合同书中的每一个条款进行解释,都是在同时解释数个当事人的意思表示。有疑问的是,此时究竟是存在一个解释还是数个解释。当事人对于合同是否成立有争议的,需要通过解释合同书中的条款并结合相关情事确定各方的意思表示内容,据此判断是否就合同必备要素达成合意。此种情形中显然存在数个解释。当事人对于合同是否成立虽无争议,但一方当事人主张其意思与表示不一致的,也应区分各方当事人的意思表示,分别予以解释。

即便不存在此类争议,也不能断言仅存在一个意思表示解释。例如,甲、乙双方在合同中约定,乙方未按期付款的,视为乙方单方面终止合同。这个条款中包含了甲方的意思表示与乙方的意思表示。甲方签约时将该条款理解为"一旦乙方未按期付款,合同自动终止",据此,该合同被理解为附解除条件合同。乙方签约时将该条款理解为"乙方的付款迟延被拟制为终止合同的意思表示",甲方对此表示同意的,合同终止,此为合同依合意终止。若依主观解释原则,以各方真实意思为准确定其意思表示的内容,则甲、乙双方意思表示的内容显然不一致,在这个问题上未达成合意。若依规范性解释原则,以理性相对人的应有理解为准确定各方意思表示的内容,除非其他条款或者相关情事表明上述条款具备其他意义,否则,应将蕴含于其中的甲的意思表示解释为"乙方的付款迟延被拟制为终止合同的意思表示"。乙方的意思表示也应作相同的解释。双方在这个问题上达成合意。当然,如果乙方知道甲方的真实意思,则应以该真实意思为准确定甲方意思表示的内容,而乙方在明知道甲方真实意思的情况下签订合同,应推定其真实意思与甲方真实意思一致,双方在这个问题上依真实意思达成合意。例外情况下,乙方证明其真实意思与甲方真实意思不一致的,依规范性解释原则,乙方的意思表示可能被解释为"乙方的付款迟延被拟制为终止合同的意思表示",双方在这个问题上未达成合意。由于系争条款并不涉及合同必备要素,所以即便认定双方未达成合意,也不导致合同不成立,毋宁仅导致系争条款作废。由此可见,即便当事人未发生关于合同是否成立之争议,而且未主张意思表示错误,仍然需要分别解释各方当事人的意思表示,以便确定其是否就次要问题达成合意以及在何种内容上达成合意。只是由于在实践中往往无法证明当事人签约时的真实意思,也难以证明对方当事人明知其真实意思,所以,大多数情况下裁判者仅依规范性解释原则阐明系争合同条款中蕴含的各方当事人意思表示的应有内容。据此确定的数项意思表示内容必然重叠为系争合同条款的规范意义,因此,给人造成如下错误印象:合同解释不涉及意思表示解释,或者只涉及对形成合意的意思表示的统一解释,不存在对数项意思表示的数个解释。

　　总而言之,无论通过分别处于数个载体之中的意思表示订立合同,抑或通过处于同一个载体之中的数项意思表示订立合同,合同解释在本质上都是意思表示解释。如果说合同解释存在特殊性的话,则其特殊之处在于:其一,合同解释的对象是数项意思表示,所以存在数个解释;其二,作为合同解释对象的意思表示是有相对人的意思表示(需受领意思表示),而且大多数合同涉及利益交换关系,所以解释时侧重于相对人视角,以信赖保护为导向;其三,与其他情形中有相对人的意思表示相比,合同解释时的"理性相对人"通常居中而立,同时检视各方当事人的意思表示;其四,就目的解释而论,合同解释通常依据各方当事人的共同目的而非一方当事人的目的。以上特殊性并不意味着合同解释区别于意思表示解释,毋宁意味着其区别于单方法律行为中的意思表示解释。在理论上只应区分单方法律行为中的意思表示解释与多方法律行为中的意思表示解释之区别,不应区分合同解释与意思表示解释,二者不构成对称关系。

《民法典》第 466 条第 1 款规定:"当事人对合同条款的理解有争议的,应当依据本法第一百四十二条第一款的规定,确定争议条款的含义。"这表明《民法典》立法者并未区分合同解释与意思表示解释,而是将二者视为一个问题。此种规范模式可以最大限度地消除实践中关于意思表示解释与合同解释之关系的争议,值得肯定。

**三、意思表示解释的原则**

近年来,实践中出现一些利益冲突比较剧烈的涉及意思表示解释的案例。譬如,"500 元升 600 元购物券返还 25,000 积分(价值 10,700 元)"网购案[①]、"一台空气能热水器 1 元"网购案[②]等。在此类案件中,意思表示解释究竟应当遵循何种原则进行解释、是否一律以表意人的真实意思为准等问题备受争议。我国《民法典》第 142 条关于意思表示解释之规定比较笼统,需要结合意思表示解释理论对其予以具体化,通过法律解释揭示其中蕴含的意思表示解释原则。

(一)意思表示解释原则的一元论与二元论

1. 从一元论到二元论

无论法律解释抑或意思表示解释,在方法论上均有解释原则。解释原则决定解释应当以何者为目标的问题。与法律解释原则类似,意思表示解释原则也充满争议。以德国法为例,早在 19 世纪就已经存在意思主义与表示主义之对立。当时的主流观点是意思主义,也称为

---

① 参见赵某某与南京金鹰购电子商务有限公司网络购物合同纠纷案,江苏省南京市中级人民法院民事判决书(2018)苏 01 民终 6331 号。
② 参见佛山聚阳新能源有限公司与邬某、杭州阿里巴巴广告有限公司买卖合同纠纷案,江苏省宿迁市中级人民法院民事判决书(2018)苏 13 民终 2202 号。

主观主义。据此,意思表示解释的目标是探究表意人的内在意思。①
意思主义在19世纪末影响力巨大,以至于被《德国民法典第一草案》
第73条直接采用。依据该条,解释意思表示时应探究真实意思,不应
拘泥于词句的字面含义。②《德国民法典》第133条之规定与此完全
一致。按照《德国民法典第一草案立法理由书》的记载,起草者认为,
普通法采用的如下解释规则看起来是不合理的,即在解释合同时,不
以缔约方言语的真实含义为准,毋宁取决于另一方依其所处情势应当
如何理解该言语。③ 表示主义的学界先驱是鲁道夫·冯·耶林,他认
为,法官需要决定的问题并非"表意人之表示的真实含义是什么",毋
宁是"相对人依据当时情势应当对该表示作何理解"。④ 这种观点在
19世纪末的德国属于少数说,但对于立法并非毫无影响。德国民法典
起草第二委员会在修订民法典草案时,在第133条之外,另设第157
条规定"应依诚实信用并兼顾交易习惯解释合同"。该条规定为意思
表示解释理论此后的客观主义转向奠定基础。

意思表示解释理论的客观主义转向始于埃尔利希·丹茨(Danz)
的理论。丹茨主张,意思表示解释与内在意思无关,应以理性人取代
法律行为当事人,探究理性人本应如何理解意思表示,在解释过程中,
仅须考虑表示在交易上通常的意义,无须考虑当事人是否知道该意
义。⑤ 当然,丹茨并未严格贯彻客观解释原则,依其观点,如果双方当

① Vgl. Bernhard Windscheid, Lehrbuch des Pandektenrechts, Bd. I, 6. Aufl., 1887, S. 218 – 219.

② Vgl. Die erste Kommission, Entwurf eines bürgerlichen Gesetzbuches für das Deutsche Reich, Erste Lesung, Verlag von J. Guttentag, 1888, S. 18.

③ Vgl. Mugdan, Die gesammten Materialien zum Bürgerlichen Gesetzbuch für das Deutsche Reich, Bd. 1, 1899, S. 437.

④ Vgl. Rudolf von Jhering, Culpa in Contrahendo oder Schadenersatz bei nichtigen oder nicht zur Perfection gelangten Verträgen, Jahrbücher für die Dogmatik des heutigen römischen und deutschen Privatrechts, Bd. 4, 1861, S. 72.

⑤ Vgl. Erich Danz, Über das Verhältnis des Irrtums zur Auslegung nach dem BGB, Jherings Jahrbücher für die Dogmatik des bürgerlichen Rechts, Bd. 46 (1904), S. 381 f.

事人对表示意义产生了不同于通常意义的相同理解,则应以双方一致的主观意义为准。正因如此,拉伦茨将丹茨的学说称为二元论。追随丹茨的足迹但更为鲜明地主张客观解释原则的是鲁道夫·莱昂哈德(Rudolf Leonhard)与弗朗茨·莱昂哈德(Franz Leonhard)。不过,其客观主义的一元论在学界始终未取得主导地位。更多学者尝试在丹茨的意思表示解释原则二元论基础上作出偏向于客观主义或偏向于主观主义的修正,前者如蒂策(Titze),后者如马尼克(Manigk)。① 时至今日,修正后的二元论在德国意思表示解释理论与实践上已经成为主流学说。据此,对于意思表示解释,表意人的主观意思与客观表示意义都有一席之地,任何一个因素均不能完全排斥另一个因素。通说认为,客观主义解释原则适用于有相对人的意思表示,如要约、解除表示;主观主义(意思主义)解释原则主要适用于无相对人的意思表示,如遗嘱,但在解释有相对人的意思表示时,主观意思并非毫无意义,"误载无害真意"规则即体现了主观意思在解释有相对人的意思表示时的决定意义。②

从法国法看,意思表示解释原则也经历了从一元论到二元论的演变过程。旧《法国民法典》第 1156 条采用意思主义解释原则。2017年 1 月 1 日修订的《法国民法典》第 1188 条第 1 款采用意思主义,第 2款则规定无从查明双方一致真意的,按照理性人在相同情境中赋予合同的意义确定合同内容,体现了客观主义。英国法反其道而行之,最初采用客观主义一元论,严格按照文字意义解释合同,近年来则逐渐重视探究双方当事人的订约意图。③

《联合国国际货物销售合同公约》(CISG)等国际贸易规则也大都

---

① 学说概况参见〔德〕卡尔·拉伦茨:《法律行为解释之方法——兼论意思表示理论》,范雪飞、吴训祥译,法律出版社 2018 年版,第 15—32 页。

② Vgl. Reinhard Singer, in: Staudinger Kommentar BGB, 2017, § 133 Rn. 6 - 18; Jan Busche, in: Münchener Kommentar BGB, 5. Aufl. ,2006, § 133 Rn. 12 - 15.

③ 参见杨良宜:《合约的解释:规则与应用》,法律出版社 2015 年版,第 52 页。

采用主观解释与客观解释相结合的二元模式。按照 CISG 第 8 条第 1
款的规定,一方当事人所作的表示及其他行为,应依其意思解释,前提
是另一方当事人已知道或者不可能不知道此项意思。按照该条第 2
款的规定,在不能适用第 1 款的情况下,应以与另一方当事人同类型
的理性人( vernünftige Person;reasonable person)处于相同情况下的应
有理解为准予以解释。其中,第 1 款体现了主观(意思)主义,第 2 款
体现了客观解释原则。① 2016 年《国际商事合同通则》( PICC)第 4.1
条第 1 款规定:"合同应根据当事人各方的共同意思予以解释。"第 2
款规定:"如果该意思不能确定,合同应根据一个与各方当事人同类型
的理性人处于相同情况下对该合同所应有的理解来解释。"从规范结
构看,该条虽将当事人意思置于首位,但由于将意思限定为合同各方
当事人的共同(一致)意思,所以第 1 款中的主观解释原则在实践中适
用机会较少,反倒是第 2 款规定的以理性人之应有理解为准的客观解
释原则处于核心地位。② 《欧洲示范民法典草案》( DCFR)第 2 卷第
8 - 101 条第 1 款"误载无害真意"之规定,与 PICC 第 4.1 条第 1 款之
规定如出一辙;该条第 2 款、第 3 款第 1 项则分别类似于 CISG 第 8 条
第 1 款、第 2 款。DCFR 第 2 卷第 8 - 101 条总体上也采用主客观相结
合的解释原则。

2. 一元论的新尝试及其评价

尽管修正后的意思表示解释原则二元论已被普遍采纳,但拉伦茨
仍尝试通过重构意思表示概念消解之。在他看来,解释原则的二元论
植根于意思表示概念中的意思与表示之二元论。二元论下的意思表
示概念将意思表示理解为旨在表达一个独立于表示而存在的意愿
( Wollen),或者说,将意思表示定义为对一项作为心理事实的既存意

---

① 参见联合国国际贸易法委员会:《关于〈联合国国际货物销售合同公约〉判例法摘要
汇编》,联合国 2016 年版,第 55 页。

② See Art. 4. 1(1) UNIDROIT Principles 2016.

愿的表达。如此,才有学者将探究该意愿视为意思表示解释的任务,从而引发关于探究该意愿与阐明客观表示意义之关系的问题。如果摒弃这种二元论,则解释时就不必再考虑存在于表示之外的、纯粹内在的效果意思,而只需考虑表示的两个方面:一是关于表示行为的意愿以及关于该行为之意义的意愿;二是表示行为的客观含义。"意思"(Wille)并非孤立的心理活动,而是在行为中被执行、作为表示行为之主观因素的东西。相应地,解释也就无须探究存在于表示之外的意思,只需协调被理解为意思执行和意义客观化之表示所包含的主观因素和客观因素。将行为的主观方面和客观方面互相联系以便确立一项责任的判断,可以称为归责(Zurechnung)。一如具备主观要件时把一项行为归责于行为人,当确定行为人应该为其行为在法律上的意义负责时,也可以在广义上称为行为意义的归责。这样,意思表示解释问题就被视为归责问题。① 意思表示解释的任务是基于公平正义之权衡在表示的若干意义中判定何种意义应当归责于表意人,而非在表意人的主观意思与表示意义之间进行选择。意思主义与表示主义的二元对立因此瓦解。②

毫无疑问,拉伦茨的上述理论尝试极其重要。尤其是将意思表示的重心转移到表示意义上以及强调意思表示解释是一个归责问题,这是意思表示理论史上的重大突破。当然,意思或者其他主观因素究竟是否真的在意思表示解释中变得毫无意义,从而可以解构主观主义与客观主义的二元对立,不无疑问,仍需深入探究。关键在于,在意思表示的概念中以及对于意思表示的解释而言,意义与意思究竟是何关系。在拉伦茨眼中,具有重要性的意思因素仅限于行为意思与表示意思,即其所谓"关于表示行为的意愿以及关于该行为之意义的意愿"。至于效果意思,则在意思表示中毫无位置。因为,意思表示所表达的

① Vgl. Karl Larenz, Die Methode der Auslegung des Rechtsgeschäfts, 1966, S. 32 – 33.

② Vgl. Karl Larenz, Die Methode der Auslegung des Rechtsgeschäfts, 1966, S. 69.

并非某种效果意思,而是某种效力(Geltung),即某一项法律联系(请求权、所有权等)"应当如此发生效力"。意思表示在本质上并非意愿表示,毋宁是效力表示(Geltungserklärung),旨在创设一种终局性的超越时间的约束。作为意愿或意图的效果意思终究是一种过去的想法,存在于时间之中,可以不断变化,缺乏终局性。[①] 在大方向上,拉伦茨对意思表示概念的诠释是正确的。效果意思甚至行为意思、表示意思并非意思表示不可或缺的构成要素。只要存在一项具备特定效果意义的表示,结合可归责性,即可认定构成意思表示。既然在意思表示的构成中没有效果意思的一席之地,那么,为判断是否构成意思表示以及为确定已经成立的意思表示之内容而对表意符号进行解释时,也就无须探究是否存在效果意思以及效果意思的内容如何。需要阐明的只有效果意义,即表意符号所承载的指向某种法律效果的意义。意义产生于理解。表意人基于对表意符号的理解表示创设某种法律效果,此项理解即为该表示之于表意人的效果意义,或者说表意人的主观意义。表意人对表意符号的理解与其他人对表意符号的理解未必一致。如果对后者采用客观标准,则据此形成表示的客观意义。意思表示的解释究竟以表示的主观意义为准抑或以客观意义为准依然是一个问题。由此可见,意思表示解释原则上的主观主义与客观主义的二元对立并不能因意思表示概念的重构而消解。变化仅仅在于,与客观因素对立的主观因素由效果意思变成表示之于表意人的主观意义。

我国也有学者尝试以新一元论取代二元论。叶金强教授认为,意思主义与表示主义、主观主义与客观主义,所有这些相互对应之选择均系处于彼此排斥的状态,即便采用所谓的折中主义,其中作为表示主义之例外的意思主义,也仅表现为一种外在的断裂式安排,且仍然是在两个极端之间作出选择,并没有能在解释理论的内部形成缓和的

---

① Vgl. Karl Larenz, Die Methode der Auslegung des Rechtsgeschäfts, 1966, S. 44–45.

空间。这样,表意人与受领人、意思与表示、主观与客观,始终被视为对立的两极,忽视了其相互沟通的可能性。一元模式可以克服这些缺陷。无论何种合同中的意思表示,均采用理性人视角予以解释。理性人标准的构建和解释语境的重构均应兼顾表意人与受领人方面的因素,以可归责性为指引,整合双方的视域,在共同的视域中获取合同意义。①

此种观点的可取之处在于,强调理性人解释视角的运用尤其是解释语境的重构须整合双方当事人的视域。但是,不依据意思表示的类型分别采用不同的解释原则,毋宁对各种合同意思表示统一采用理性人视角予以解释,恐有不妥。就整个意思表示解释的问题域而论,不可能存在一元模式,单方法律行为与双方法律行为不可能采用同一解释原则。即便是合同解释,也不可能完全采用理性人标准,因为若干情形中仍应以表意人赋予表意符号的主观意义为准。无论对理性人视角采取多么宽泛的定义,都不可能完全涵盖表意人的主观视角。在理论层面上,意思表示解释原则的主客观二元结构无法被彻底消解。

(二)我国民法上的意思表示解释原则

1.《民法典》第 142 条的解释论争议

按照我国《民法典》第 142 条第 1 款的规定,有相对人的意思表示的解释,应当按照所使用的词句,结合相关条款、行为的性质和目的、习惯以及诚信原则,确定意思表示的含义。与《合同法》(已废止)第 125 条第 1 款相比,《民法典》上述规定的变化在于,将意思表示解释的目标设定为"确定意思表示的含义"而不是"确定该条款的真实意思"。这一变化非常重要。因为,"确定该条款的真实意思"让人顺理成章地理解为合同意思表示解释采用意思主义即主观主义。反之,

---

① 参见叶金强:《合同解释理论的一元模式》,载《法制与社会发展》2013 年第 2 期。

"确定意思表示的含义"是一种中性的表述,并不当然指向探究表意人的真实意思。对照《民法典》第 142 条第 1 款与第 2 款,不难发现,第 2 款规定无相对人的意思表示解释以"确定行为人的真实意思"为目标,显然采用主观主义的解释原则。第 1 款一方面没有规定以"确定行为人的真实意思"为目标,另一方面规定"应当按照所使用的词句"解释意思表示,而不是像第 2 款那样规定解释时"不能完全拘泥于所使用的词句"。这些措辞表明,就有相对人的意思表示而言,立法者采用与无相对人的意思表示不同的解释原则。至少可以说,在我国《民法典》第 142 条第 1 款中,有相对人的意思表示并非采用主观解释一元论。至于该款在解释原则上究竟采用客观解释一元论抑或采用主客观解释二元论,则须进一步探究。

从《民法总则》(已废止)颁行后的文献看,有学者认为,《民法总则》(已废止)第 142 条第 1 款或者《民法典》第 142 条第 1 款之规定表明,有相对人的意思表示涉及相对人的信赖保护,解释时应考虑到相对人在意思表示到达时的理解可能性,以客观上的表示价值作为认定意思表示内容的准据[1],该款中"意思表示的含义"是指意思表示的客观规范含义。[2] 有学者以英美合同解释学上的文本主义与语境主义之对立为理论参照,认为《民法总则》(已废止)第 142 条第 1 款或者《民法典》第 142 条第 1 款之规定倾向于文本主义解释方法,即以条款词句的客观意义为准。[3] 此类观点属于客观解释一元论。另一种观点则认为,《民法总则》(已废止)第 142 条第 1 款或者《民法典》第 142 条第 1 款之规定与《合同法》(已废止)第 125 条并无本质区别,该款中的"意思表示的含义"指的是意思表示的真实含义。在解释有相对人的

---

① 参见沈德咏主编:《〈中华人民共和国民法总则〉条文理解与适用》,人民法院出版社 2017 年版,第 950 页。

② 参见王天凡:《我国〈民法总则〉中意思表示解释的规则及意义》,载《中州学刊》2018 年第 1 期。

③ 参见李宇:《民法总则要义》,法律出版社 2017 年版,第 480 页。

意思表示时,为确定其真实含义,既要考虑表意人的内心真实意思,也要考虑相对人的信赖利益,并兼顾客观情况。① 有学者主张,《民法总则》(已废止)第 142 条第 1 款或者《民法典》第 142 条第 1 款之规定有相对人的意思表示按照所使用的词句确定其客观的规范含义,侧重于相对人的信赖保护,但在解释该款时,某些情形中仍须考虑表意人的内心意思。② 此为主客观解释相结合的二元论。

2.《民法典》第 142 条中的二元论

相较之下,以主客观相结合的二元论解释《民法典》第 142 条第 1 款更为妥当。至少可以说,主观解释原则与客观解释原则共同构成该款的规范内核。首先,该款仅规定意思表示解释的目标是确定意思表示的含义。从逻辑上看,意思表示的含义既包括表意符号的客观意义,也包括表意人所理解的意义,即主观意义。将该条第 1 款与第 2 款对照,只能排除纯粹以主观意义为准的主观解释一元论,不能排除兼顾主观意义的主客观解释二元论。其次,《民法典》第 142 条第 1 款中的"习惯以及诚信原则"并不能表明有相对人的意思表示解释仅以客观意义为准。从比较法看,《德国民法典》第 157 条中的"应依诚实信用并兼顾交易习惯解释合同"被认为体现了意思表示解释的客观主义,因为此类立法用语表明意思表示受领人(相对人)对表示客观意义的合理信赖应受保护。③ 尽管如此,目前德国民法通说依然认为,从该条规定不能得出合同意思表示解释仅采用客观解释原则之结论,毋宁解释时也应兼顾表意人的主观意思。④ 同理,我国《民法典》第 142 条第 1 款中的"习惯以及诚信原则"也不能完全排斥主观解释。在解释

---

① 参见石宏主编:《中华人民共和国民法总则:条文说明、立法理由及相关规定》,北京大学出版社 2017 年版,第 338—339 页。

② 参见朱晓喆:《意思表示的解释标准——〈民法总则〉第 142 条评释》,载《法治研究》2017 年第 3 期。

③ Brox/Walker, Allgemeiner Teil des BGB, 44. Aufl. , 2020, S. 65( § 6 Rn. 14).

④ Arnd Arnold, in:Erman Kommentar BGB, 15. Aufl. , 2017, § 133 Rn. 18;Jan Busche, in:Münchener Kommentar BGB, 5. Aufl. , 2006, § 133 Rn. 12 – 13.

有相对人的意思表示时,出于相对人信赖保护的考虑,固然应优先考虑表意符号的客观意义,但在特定前提下,表意人赋予表意符号的主观意义仍然可以成为意思表示的内容。从该条第 2 款的规定看,解释无相对人的意思表示时,为确定行为人的真实意思,立法者也要求"应当结合相关条款、行为的性质和目的、习惯以及诚信原则"。这表明在《民法典》的立法者看来,"习惯以及诚信原则"是普适性的解释基准,既可以据之确定表意符号的客观意义,也可以据之探寻表意人的真实意思(主观意义)。

3. 意思表示解释中的表意符号主观意义

可以确定的是,在我国《民法典》第 142 条中,表意人视角下的表意符号主观意义至少在如下两种情形中对于意思表示解释具有决定意义。其一,无相对人的意思表示(如遗嘱、动产所有权抛弃)的解释仅以表意符号的主观意义为准。① 因为此类意思表示既然无相对人,就不涉及信赖保护,所以应贯彻私法自治原则,以表意人赋予表意符号的主观意义作为意思表示的内容,使法律行为的效果完全取决于表意人的意愿。其二,有相对人的意思表示的解释,尽管表意符号的客观意义与表意人所赋予的主观意义不同,但相对人也赋予该表意符号相同的意义的,或者基于其他线索知道该主观意义的,也应以该主观意义作为意思表示的内容。其中,双方当事人一致赋予表意符号不同于客观意义的主观意义,在传统民法理论上被称为"误载无害真意"(falsa demonstratio non nocet,亦称"错误表示无害")。此时,不要求表意人就该符号的特殊主观意义专门与相对人达成合意,只要双方对表意符号事实上产生相同理解即可。

所谓相同理解并不意味着双方当事人自始至终都宣称存在相同理解,毋宁说只要有充分依据表明双方在达成法律行为时对于表意符

---

① 参见冉克平:《民法典总则意思表示瑕疵的体系构造》,载《当代法学》2017 年第 5 期。

号显然存在相同理解即可。例如,甲、乙协议离婚,但针对离婚协议中关于公司转让的条款产生争议。协议中写明"北京某1商贸有限责任公司、北京某3有限公司、北京某2有限责任公司、大众牌轿车两辆归男方(乙)所有",乙认为该条款规定的是所涉公司的股权转让,而甲认为该条款是对公司财产的分割,但公司属于企业法人有独立的法律人格,且公司有4名股东,将公司作为夫妻财产在双方之间进行分割属于无权处分。法院审理认为,根据《民法典》第142条第1款之规定,有相对人的意思表示的解释,应当按照所使用的词句,结合行为的性质和目的、习惯以及诚信原则,确定意思表示的含义。股权作为现代家庭重要的投资手段,其财产属性人所共知。由于双方签订离婚协议的一个重要目的就是对财产利益的分配,那么双方转让公司的含义就应该理解为对个人所持有的股份的转让。此种表达虽不专业,但并不影响对当事人协议目的的探知。① 显然,法院在该案中依据行为目的及社会一般观念推断甲、乙双方在达成协议时一致把"有限责任公司归乙方所有"理解为将该公司的股权归乙方所有而不是将该公司本身归乙方所有,并将该一致的主观意义认定为协议内容。从方法论上看,法院实际上适用了"误载无害真意"的解释规则。再如,在"周某与向某等机动车交通事故责任纠纷案"中,向某无证驾车撞伤周某,向某之母亲马某某支付给周某25万元,周某出具的收条载明"今收到向某母亲马某某为其支付受害人周某精神损害抚慰金25万元"。此后,周某又向马某某索赔医疗费、护理费等费用。法院审理认为,结合马某某提交的谈话录音看,就赔偿该25万元马某某反复强调"以后不再找我了",周某也有"不再找你了"之语,故不应认定该25万元仅为收条字面所称"精神损害抚慰金",而是作为支付给周某的医疗费、护理

---

① 参见高某与韩某离婚后财产纠纷案,北京市第一中级人民法院民事判决书(2019)京01民终864号。

费、残疾赔偿金等赔偿款。[①] 法院在该判决书中实际上也适用了"误载无害真意"解释规则。从双方达成赔偿合意过程中的沟通话语可以推断出,作为非专业人士的双方一致将"精神损害抚慰金"这一用语误解为包含医疗费等在内的概括性损害赔偿金,并将此项共同误解认定为意思表示内容。

相对人知道表意人赋予表意符号的主观意义,但自己却赋予表意符号不同意义的,即便后者与表意符号的字面意义一致,也应以前者为准确定意思表示的内容。譬如,甲公司与乙订立房屋买卖合同,看房时乙表达的意向是购买某栋楼的 201 房,但在起草合同时甲公司销售员误写为出售该栋楼的 301 房。乙签约时知道销售员写错了,不但未予纠正,反而打算"捡便宜",捞一套楼层好的房屋。事后,乙要求甲公司交付 301 房。此种情形中,乙本身希望"301 房"这个表意符号按照字面意义发生效力,但由于其知道甲公司赋予该符号的主观意义是"201 房",所以无值得保护的信赖,应以 201 房为甲公司的售房意思表示的标的物。唯有如此解释,乙的行为才不违背诚信原则。《民法典》第 142 条第 1 款中作为解释基准的诚信原则要求裁判者在解释有相对人的意思表示时,把相对人看作一个诚信的人,而不是一个损人利己的人。

依据上述原理,也可以解决我国《民法典》未明文规定的真意保留问题。从这个意义上说,我国《民法典》未专门规定真意保留,并非致命缺陷。对此,我国已有学者主张《民法典》中无须规定真意保留,在教义学中应将真意保留置入意思表示解释制度。[②] 在司法实践中,也

---

① 参见周某与向某等机动车交通事故责任纠纷案,湖北省宜昌市中级人民法院民事判决书(2017)鄂 05 民终 1760 号。

② 参见纪海龙:《真意保留与意思表示解释规则——论真意保留不具有独立的制度价值》,载《法律科学》2018 年第 3 期。

有判例认为可以依据意思表示解释规则处理真意保留案件。[①]

有疑问的是,对于表意人赋予表意符号的主观意义,相对人虽不知道但应当知道的,究竟应否以该主观意义为准解释有相对人的意思表示。另一个问题是,相对人对于表意符号的实然理解在《民法典》第142条第1款的意思表示解释规则中应当处于何种地位。此类问题与规范性解释的具体操作密切相关,将在后面予以探究。

(三)作为解释原则的规范性解释

1. 规范性解释与客观主义的关系

在意思表示解释原则的二元结构中,客观解释仅适用于有相对人的意思表示,学理上通常将其称为规范性解释(normative Auslegung)。在很多文献中,这种解释也被称为客观—规范性解释。[②] 之所以如此,是因为客观解释的目标是探究相对人对表示意义的应有理解。"应有"意味着包含评价因素的应然判断,相对人应有的理解是一种标准的理解。相应地,以这种理解为准所确定的表示意义就是一种标准意义或者说规范性意义。有疑问的是,意思表示的规范性解释是否仅限于客观解释,或者说,其是否具有比客观解释更为宽泛的含义。

由于规范性解释着眼于相对人对表意符号的理解,所以在民法文献中也被称为相对人视角或受领人视角(Empfängerhorizont)下的解释。德国学者斯特凡·格莱纳(Greiner)教授区分了客观相对人(受领人)视角(objektiver Empfängerhorizont)、客观化的相对人(受领人)视角(objektivierter Empfängerhorizont)与主观相对人(受领人)视角。所谓客观相对人视角被描述为纯粹客观、超越个体的普遍性视角,即假定的理性人视角。所谓客观化的相对人视角被描述为以相对人在缔

---

① 参见佛山聚阳新能源有限公司与邬某、杭州阿里巴巴广告有限公司买卖合同纠纷案,江苏省宿迁市中级人民法院民事判决书(2018)苏13民终2202号。应当注意的是,本案法院虽然正确地认为可以依据意思表示解释规则解决真意保留问题,但是将本案系争合同定性为真意保留还值得商榷。

② Vgl. Reinhard Singer, in: Staudinger Kommentar BGB, 2017, § 133 Rn. 3.

约时的具体情势下应当如何理解表示意义为准解释意思表示。其中的"应当"体现了客观化。耶林的意思表示解释理论被归入客观化的相对人视角。主观相对人视角则在解释意思表示时着眼于具体的诠释学意义情境中的具体受领人之主观认识。就耶林提出的"菜单案"而言，某人偷了饭店的菜单，多年后又放回饭店的桌面上，某顾客依据这份旧菜单点了菜。如果采用客观相对人视角解释，则应以旧菜单上的价格为合同价格；如果采用主观相对人视角解释，则应以旧菜单上的价格为饭店意思表示的内容，以新菜单上的价格为顾客意思表示的内容，双方意思表示不一致时，合同不成立。在格莱纳看来，规范性意味着纯粹客观、普遍有效，为个体间的规则问题提供抽象—普遍的方案典范，所以，规范性解释仅指采用客观相对人视角解释意思表示。但是，这种规范性解释不应作为原则，只应例外适用于解释旨在创设抽象—普遍的超个体的规则或者说对不特定多数人发生规则效力的意思表示，如集体劳动合同、格式合同及物权合意中的意思表示。在其他情形中，均应采用主观相对人视角解释意思表示。①

　　格莱纳的上述观点存在值得推敲之处。首先，主观相对人视角以具体相对人对表意符号的实然理解为准确定意思表示的内容。对此，可以划分两种情形：一是相对人对表意符号的实然理解与表意人的理解相同；二是相对人对表意符号的实然理解与表意人的理解不同。在第一种情形中，主观相对人视角与主观（意思）主义在解释结论上并无区别。诸如"误载无害真意"、相对人明知道表意人真意保留、通谋虚伪表示之类的情形，无论采用主观解释一元论、主客观解释二元论抑或采用格莱纳倡导的主观相对人视角解释原则，均能得出相同的结果。因此，仅以此类特殊情形为例论证主观相对人视角的优越性，并无说服力。格莱纳恰恰以此类情形作为研究的出发点，甚至主张"解释的目标是中

---

① Vgl. Stefan Greiner, Die Auslegung empfangsbedürftiger Willenserklärungen zwischen „Normativität" und subjektivem Empfängerhorizont, AcP217（2017），S. 493 – 530.

立地查明达成一致的当事人意思,即可证明的双方个人意思"。① 在第二种情形中,如果涉及合同,且对两项意思表示均采用主观相对人视角予以解释,由于双方当事人互为对方意思表示的相对人,所以其对交易基本事项的主观理解不一致就必然导致合同因不合意而不成立。尽管格莱纳通过纯粹损害赔偿法上的消极利益损害赔偿请求权对无过错方予以救济,但在保护力度上与客观相对人视角仍有差距。如果采用客观相对人视角解释意思表示,合同通常以某一方当事人对表意符号的理解为准成立,由于合同内容与另一方当事人的理解相背离,另一方当事人则可以意思表示错误为由行使撤销权,同时承担消极利益损害赔偿责任。在损害赔偿责任方面,两种处理模式并无二致,但客观相对人视角下的撤销权毕竟受除斥期间限制,而主观相对人视角下的合同不成立之主张却无期间限制。相较之下,客观相对人视角下的无过错方受到更多保护。

其次,格莱纳主张采用主观相对人视角解释意思表示的主要理由是贯彻私法自治,防止法官以客观解释的名义将其意志和评价强加给当事人,导致自治变为他治。此项理由"站不住脚"。如果意思表示解释仅仅是为了贯彻私法自治,则采用主观解释一元论也能实现这一目的,为何偏要采用主观相对人视角?事实上,从合同解释的结果看,主观相对人视角与主观解释一元论并无本质区别。采用主观解释的,如果相对人对表意符号的理解与表意人不一致,则以表意人的理解为准。由于双方当事人各作出一项意思表示,互为相对人,各方的意思表示解释均以自己的主观理解为准,最后必然得出双方的主观理解不一致亦即双方的意思表示不一致之结论。殊途同归,在双方当事人对表意符号的理解一致时,主观相对人视角与主观解释(意思主义)均得出合同按照双方一致理解之内容成立的结论;在双方当事人对表意符

---

① Vgl. Stefan Greiner, Die Auslegung empfangsbedürftiger Willenserklärungen zwischen „Normativität" und subjektivem Empfängerhorizont, AcP 217(2017), S. 517.

号的理解不一致时,主观相对人视角与主观解释均得出合同因不合意而不成立的结论。既如此,又何须在主观解释一元论之外另辟蹊径,普遍采用主观相对人视角解释原则?至少可以说,如果大多数情况下对于合同中的数个意思表示解释均采用主观相对人视角,则无异于在意思表示解释上重申意思主义的立场。

　　最后,所谓客观化的相对人视角与客观相对人视角之区分究竟有无必要且有无可能,亦不无疑问。格莱纳将意思表示的规范性解释界定为依客观相对人视角进行纯粹客观、纯粹抽象、普遍有效的意思表示解释。客观化的相对人视角由于考虑到特定相对人面临的具体缔约情境,所以并非名副其实的规范性解释。此种对意思表示规范性解释之含义的严格限定未必恰当。客观性与抽象性本就存在程度之分。在最纯粹意义上,客观性与抽象性意味着在解释意思表示时完全不考虑表意人与相对人的心智能力、交易经验、缔约语境、过错等特殊因素,仅以表意符号依据一般语言用法等标准所具备的意义为意思表示的内容。以书面合同条款为例,即其仅以条款词句的字面含义为准。[①]事实上,在迄今为止的文献中,主张对意思表示采用这种意义上的客观—规范性解释的观点十分罕见。绝大多数学者在定义规范性解释时均强调依相对人视角解释意思表示时必须考虑相对人当时所处的具体情境。[②]雷因哈德·波克(Bork)教授虽将相对人视角表述为客观化的相对人视角,但仍将依此种视角进行的意思表示解释称为规范性解释。[③]这表明民法学界并未严格区分所谓"客观化的相对人视角"与"客观相对人视角",且将意思表示的规范性解释限定于后者。二者

---

　　① 英国法上的传统契约解释理论与实践即采用此种纯粹客观的文本主义解释原则,但最近几十年来,其契约解释的发展趋势是向语境主义转变,裁判者日益重视基于缔约商谈的背景与语境(context)等外来证据探究双方当事人的共同目的,据此确定合同内容。参见杨良宜:《合约的解释》,法律出版社2015年版,第52—55页。

　　② Vgl. Medicus/Petersen, Allgemeiner Teil des BGB, 11. Aufl. , 2016, S. 139; Helmut Köhler, BGB Allgemeiner Teil, 44. Aufl. , 2020, S. 131 – 132(§9 Rn. 7).

　　③ Reinhard Bork, Allgemeiner Teil des Bürgerlichen Gesetzbuchs, 4. Aufl. , 2016, S. 205.

仅存在语言表述上的区别,并无实质意义上的区别。

意思表示规范性解释中的相对人视角通常是客观相对人视角,但不是格莱纳所谓纯粹客观的相对人视角。规范性解释固然以探求表意符号的标准意义为主旨,但此处所谓的标准并非如工业标准那样确定。毋宁说,规范性解释中表意符号的标准意义是价值考量基础上的具备一定弹性的标准意义。我们可以把规范性解释理解为评价性解释。实际上,在法哲学、伦理学和社会政治理论中,规范性本就与评价性内涵相当,其通常被视为与事实性、经验性相对立。意思表示规范性解释的评价性体现在两个方面。首先,确立一个标准的解释者,以其为标尺去评价个案中的特定相对人。评价的结果就是以标准解释者对表意符号的标准理解为意思表示内容。此项评价可以表述为"这个相对人应当按照标准解释者的理解去解释表意符号"。此时,标准理解等于应然理解。其次,在例外情况下,评价性可能表现为将特定相对人对表意符号的实然理解评价为正当理解,尽管此种理解可能与标准理解不一致。此时,规范性解释例外地采用格莱纳所谓的主观相对人视角。

2. 规范性解释的客观相对人视角与主观相对人视角

在意思表示解释中,相对人对表意符号的实然理解被视为意思表示内容之情形有三。其一,相对人对表意符号的实然理解与表意人的理解一致,且与其应然理解一致,亦即其所知道的就是其所应当知道的。此时,以相对人的实然理解为准等同于以其应然理解为准,也等同于以表意人的理解为准。意思表示解释既是主观解释(意思主义),也是规范性解释,规范性解释与主观解释重叠。其二,相对人对表意符号的实然理解与表意人的理解一致,但与其应然理解不一致,其只是由于某种偶然因素恰巧知道了表意人对表意符号的理解。比如,相对人具有特殊经验,据此准确地感知了表意人的理解,而一般人在此种情形中不可能知道表意人的理解。此时,以相对人的实然理解为准解释意思表示等同于以表意人的理解为准,且没有评价因素,不属于规范性解释,而是主观解释中的"误载无害真意"。其三,相对人对表意符号的实然理解与表意人的理解不一致,且与其应然理解也不一致,但鉴于表意人具有高度可归责性,所以应当使其承担解释上的不利后果,例外地以相对人的实然理解为准。属于前述规范性解释第二种体现的仅包括这里所说的第三种情形,因为第一种情形属于规范性解释中的标准解释,第二种情形根本不是规范性解释。

表意人的高度可归责性是指表意人知道相对人的实然理解与自己的理解及标准理解不一致或者很可能不一致,但违背诚信地未加以纠正或者提醒,这至少包括三种情形。其一,表意人知道相对人对表意符号产生错误认识且希望法律行为按照自己的理解发生效力。例如,在前述"301 房买卖案"中,表意人乙作出同意购买"301 房"的意思表示时,其对表意符号的理解与标准理解一致,都是同意购买 301 房,相对人甲的实然理解则是乙同意购买 201 房,乙明知道甲搞错了房间号而未加以纠正,抱有投机心理,违背诚信,所以在解释其购房意思表示时既不应当以其理解为准,也不应当以标准理解为准,毋宁应当以甲的实然理解为准。其二,表意人知道相对人能力显然低于常人,对表意符号很可能产生错误认识,但未加提醒或者追问、核实。此时,如果相对人的实然理解确实异于标准理解,则依诚信原则,应以相对人的实然理解为准解释意思表示。其三,依意思表示解释规则解决真意保留问题时,如果相对人明知真意保留,则依自然解释,意思表示因欠缺具备效果意义的表示而不成立。如果相对人不知道但应当知道真意保留,从客观相对人视角看,意思表示也因欠缺具备效果意义的表示而不成立。不过,从法价值看,尽管相对人具有可归责性,但表意人故意作出与真意不一致的表示,具有更强的可归责性。权衡之下,相对人更值得保护,所以,应采用主观相对人视角,解释为表示具备相对人所理解的效果意义,意思表示成立。①

除了上述例外情形采用主观相对人视角之外,意思表示规范性解释均采用客观相对人视角,以标准理解为准。所谓标准理解,通常被描述为理性人对表意符号的理解。因此,规范性解释通常也被称为理性人视角下的解释。准确地说,应当称为具体情境中的理性人视角。所谓理性人,是指一个具备中等程度心智能力、知识和经验的人。他是一个假想的标准人,或者说是一个常规的人的模型。最为纯粹的理性人不分国别、民族、阶层、行业、专业,高度抽象,放之四海而皆准。不过,以此种意义上的理性人作为民事裁判标准显然不合适。民法上的人终究需要具备一定的具体性,否则无法对其行为作出评价。我们可以说"这种人在这种情况下应当怎么做",不能说"人应当怎么做"。因此,"理性人"前面应当加上定语。首先,必须是某种类型的理性人,比如理性的商人、理性的特殊行业从业者、理性的消费者。各种类型的理性人具备该类型人士的中等能力与智识。其次,无论何种类型的理性人,均应被置于实施法律行为的具体情境之中。理性人对该具体情境的认知构成其理解表意符号的视域。因此,从理性人视角探究表意符号的应有意义,必须考察个案中相对人在实施法律行为时究竟处于什么样的具体情境之中。只有将理性人置于与特定相对人同样的位置,二者才具有可比性,解释意思表示时才能正当地以前者为标准衡量后者。考虑具体情境并不否定解释视角的客观性,因为作为解释标尺的仍然是具有一定抽象性的理性人的能力与智识,而非特定相对人个别化的能力与智识。

就合同解释而论,由于需要解释的是数个意思表示,所以会产生如下问题:在数个意思表示都应采用理性人视角进行规范性解释

① 有学者持不同观点,认为相对人不知道但应当知道真意保留的,也应否定意思表示的效力。参见纪海龙:《真意保留与意思表示解释规则——论真意保留不具有独立的制度价值》,载《法律科学》2018 年第 3 期。

的情况下,数个意思表示解释的理性人标准之间是什么关系?抑或仅须采用一个统一的理性人标准?采用数个理性人标准的,则在数个理性人标准不一致的情况下,解释的结论是数个意思表示不一致。如果分歧涉及交易基本事项,则合同不成立;如果分歧不涉及交易基本事项,则合同存在漏洞。为避免交易失败或障碍,应尽量统一解释标准。对此,有学者认为应当依据可归责性决定以哪一方当事人的能力、知识特征为基础构建统一的理性人标准,由具备可归责性的一方当事人承担解释上的不利后果。[①] 这种观点有一定的合理性,但也存在不足之处。并非在任何情况下都能认定只有某一方当事人具有可归责性,所以,仅以可归责性为依据决定采用哪一方当事人的特征构建理性人标准,不可能完全解决理性人标准冲突问题。在无法认定只有一方具有可归责性的情况下,仍须寻求其他用于解决标准冲突的准则。

更为周全的方案是,首先,就系争交易事项而言,在知识、经验、理解力等方面处于优势地位的一方应当迁就处于劣势地位的另一方。所以,应当以劣势方所属类型的理性人为标准解释合同,或者说解释合同中的各项意思表示。理由在于,首先,就优势方作出的意思表示而言,依理性相对人视角,本就应当采用劣势方所属类型的理性人标准予以解释;就劣势方作出的意思表示而言,由于优势方所属类型的理性人具有更强的沟通与理解能力,其理性人标准高于劣势方所属类型的理性人标准,所以,依较低的理性人标准要求优势方,并未加重优势方的负担,优势方在理解劣势方作出的意思表示时,只要尽到一个能力相对较差的理性人应有的注意即可符合理性人标准。例如,消费者甲向乙商店购买一台体感游戏机,买卖合同写明该游戏机内有 300 多种游戏可玩,但甲收到游戏机后在体验的过程中发现只有 50 多种游

---

[①] 参见叶金强:《合同解释理论的一元模式》,载《法制与社会发展》2013 年第 2 期。

戏可以玩,其他游戏需要另行购买配件才能运行。对于意思表示中的
"游戏机内有 300 多种游戏可玩"这句话,一个理性消费者可以合乎情
理地理解为该游戏机本身所包含的软硬部件即可运行 300 多种游戏,
无须另行购置配件。一个理性的游戏机销售商精通游戏机原理且熟
知市场需求,处于优势地位,至少也应当清楚那句话包含此种意义。
如果乙商店宣称其仅将那句话理解为"在有其他配件支持的情况下该
游戏机可运行 300 多种游戏",则其未达到理性人标准,甚至可能有违
背诚信之不良动机。其次,如果双方当事人分属不同类型但又无法区
分地位优劣,则应依其他因素决定究竟采用何种类型理性人标准。比
如,一方当事人知道另一方当事人属于与自己明显不同之类型,则另
一方当事人所属类型理性人标准对其也应具有效力,合同解释即应统
一采用此种类型理性人标准。最后,实在无法抉择的,应当对数个意
思表示分别采用不同类型理性人标准予以解释,解释结论有分歧的,
认定为不合意。

适用上述规则时,无须考虑系争合同究竟是采用双方先后作出意
思表示抑或是采用同时在一份合同书上签章的方式订立。缔约方式
不影响理性人标准的选择。①

3. 规范性解释的考量因素

意思表示规范性解释的特殊情形仅涉及视角选择问题,一旦基于
特殊事由决定采用主观相对人视角,即应按照相对人对表意符号的实
然理解确定意思表示的内容,无须进行更多的具体考量。反之,规范
性解释的常规情形即客观相对人(理性人)视角下的解释除了涉及视
角选择问题之外,在选定视角之后还需要考虑如下问题:如何确定理

---

① 相反的观点认为,应当区分缔约方式。在要约—承诺的缔约模式下,要约方处于优
越地位,其真实意思被解释为合同内容的可能性更大;在合同书签章的缔约模式下,没有哪
一方处于优越地位。参见张金海:《论意思表示中的"知道与可以合理地期待知道规则"》,
载《政治与法律》2016 年第 4 期。

性人对表意符号的理解。理性人是一个虚拟的主体,因此,理性人对表意符号的理解是一种拟制的理解。完成这种拟制一方面需要描述被选定的理性人究竟是一个什么样的人,其具备什么样的能力与智识;另一方面需要考察具备此种特性的理性人究竟在什么样的情境下理解表意符号。

(1)涉及理性人主体特性的因素

就第一方面而论,理性人通常属于某一群体类型,因此,描述其特性需要重点考察如下因素。

其一,该群体类型对系争交易类型的熟悉程度。如果系争交易的专业性比较强,涉及诸多技术问题和专业术语,理性人所属的群体类型在总体上对此比较陌生,则该理性人的理解能力不应被高估。

其二,该群体类型在一般交易领域的沟通、理解能力。如果系争交易并非特殊行业中的专业性较强的交易,则只需考察理性人所属群体类型在一般交易领域的沟通、理解能力之平均水准。具备此种水准的理性人在从事各种普通交易时足以对表意符号形成正确理解。实际上,即便此类理性人从事专业性较强的特殊交易,面对意思表示中的专业术语时无法自行获得正确认识,但其在一般交易领域所具备的沟通能力也能帮助其通过必要的询问对表意符号获得更为准确的理解。在此种情形中,意思表示的规范性意义不能停留在理性人利用自身理解能力从表意符号中直接获取的意义,毋宁说,规范性意义还包括理性人通过其有能力进行的必要沟通可以从表意符号及其补充性说明中获取的意义。

其三,该群体类型对于交易所用语言的掌握程度。意思表示解释亦涉及语言风险问题:在因语言障碍而出现理解分歧的情况下,应以哪一方的理解为准或者以哪一方所属群体类型的语言能力为准确定意思表示的内容?在国内交易中,相对人是本国人的,无须从语言角度构造群体类型;相对人是外国人,且意思表示所用语言通常不是相对人的母语的,规范性解释的理性人标准应当考虑境内外国人通常具备的语言能力。个别外国人的语言能力达不到平均水准的,不应以其实际具备的语言能力为准解释意思表示,其须承担意思表示解释上的语言风险。当然,在解释外国人作出的意思表示时,如果相对人发现表意人的语言能力较差,则在理解该意思表示时,相对人应考虑表意人语言能力对意思表示的影响,此为规范性解释时相对人应予考虑的特殊因素。在跨国交易中,如果交易所用语言对于理性相对人所属的群体类型而言是英语以外的其他外语,则规范性解释的理性人标准应适当降低。当然,在分配语言风险时,同样也要将基于理性人的沟通能力所应进行的必要沟通考虑在内。通过与表意人的沟通求证以及向外语水准高的第三人咨询,理性人有机会获得对表意符号更为正确的理解。

（2）交易情境中的一般因素

就第二个方面而论,需要对个案的交易情境进行考察。交易情境由诸多因素构成,表意人在其中作出意思表示,相对人在其中理解意思表示。比较一般的因素主要包括以下四个方面。

其一,交易习惯。它是一种在特定区域、行业存在的或者仅在双方当事人之间长期存在的稳定的行为模式。在宽泛意义上,习惯也包括交易意思的惯用表达方式,有人称之为语言习俗。[1] 通行于全国或全行业的习惯是一般习惯;适用于某个地区或者某个特殊群体的习惯是特殊习惯。[2] 当事人身处交易习惯之中,潜移默化受其影响,个案中的意思表示通常只是交易习惯的一次重现。如果说表意符号的字面意义可以在普通或专业字典中查到,那么其隐含意义或许可以从交易习惯中查到。就此而论,交易习惯可谓表意符号的密码本。进行规范性解释时,取代特定相对人的理性人也应受对该相对人有效的交易习

---

① 参见张驰:《论意思表示解释》,载《东方法学》2012 年第 6 期。

② 参见崔建远:《合同解释的三原则》,载《国家检察官学院学报》2019 年第 3 期。

惯之约束。正因如此,《民法典》第 142 条第 1 款明文规定交易习惯是
意思表示解释的参考因素。有约束力的交易习惯须为当事人在订立
合同时所知道或者应当知道。在个案中,特定相对人应当知道的交易
习惯就是理性人可得而知的交易习惯。反之,特定相对人不应当知道
的交易习惯就是连理性人也不得而知的交易习惯,其不能成为系争法
律行为的交易情境,对意思表示的规范性解释也毫无意义。

其二,当事人的宗教与文化背景。与交易习惯类似,宗教与文化
背景对于意思表示的形成、表达及理解也会产生潜移默化的影响。
如果双方当事人具有同一宗教或文化背景,则规范性解释无疑需要
考虑此种背景。如果双方当事人的宗教或文化背景相异,则并非任
何一方的背景都可以成为规范性解释的情境。一方的宗教或文化
背景过于隐秘,以至于理性人不得而知的,不构成规范性解释的交
易情境。

其三,市场行情。通常而言,个案中的交易是市场中的一个片段,
理性的交易参与者对市场行情有必要的认识,在价格等要素上,市场
行情或多或少会影响其对表意符号的理解。例如,某网店在脐橙销售
页面上显示"4500 斤脐橙 26 元",引来众多网购者疯狂下单,累计接
收 3 万多个订单后,网店中止销售并声明价格标示错误,本意为
"4500g 脐橙 26 元"。考虑到市场行情,"4500 斤脐橙 26 元"这一表意
符号无论如何不应按照字面意义理解,理性购物者应当将其理解为
"4500g 脐橙 26 元",这样的价格在当时市场行情下已经足够划算了。
因此,系争橙子买卖合同的价格条款应以理性购物者的理解为准,解
释为"4500g 脐橙 26 元"。如果买受人当时误以为捡到便宜,觉得网
店愿意以"4500 斤脐橙 26 元"的超级优惠价出售橙子,则买受人作出
的购买橙子的意思表示构成意思与表示无意的不一致,即错误,其可
以行使撤销权。当然,买卖合同采用理性人视角下的规范性解释的前
提是网店确实因疏忽标错了价格。如果网店出于提高顾客关注度的

动机故意标错价格,则其意思表示构成真意保留,应采用主观相对人视角下的规范性解释或者采用自然解释。

其四,法律与政策背景。法律与政策背景亦为交易情境中比较一般的因素。例如,刘某独资设立 A 公司,认缴注册资本 20 万元,数年后,刘某将 A 公司 20% 股权以 40 万元价格转让给赵某,股权转让合同中约定"刘某转让给赵某的股权是刘某在 A 公司的真实出资"。在合同履行过程中,双方关于此项约定的理解存在分歧。赵某将"真实出资"理解为已经实际缴纳的出资。① 此种理解不符合缔约时的公司法背景。当时我国公司法已经由实缴资本制改为认缴资本制。在此法律背景下,股权让与人允诺股权系真实出资并不能解释为在让与股权时全部注册资本均已实缴,而应解释为没有违法虚假出资,即登记表明已经缴纳出资但实际上并未缴纳,或者以实物出资时夸大价值。受让人将其理解为已经全部缴纳注册资本的,受让人的实然理解与"真实出资"的规范性意义不一致,应当采用规范性意义作为合同内容。

(3)交易情境中的特殊因素

交易情境中比较特殊的因素主要包括以下六个方面。

其一,在合同订立前的缔约阶段当事人所作的相关陈述、说明、展示、考察、口头沟通等信息交流。此类信息交流必然对双方当事人意思表示的作出与理解产生某种影响,规范性解释时应当予以考虑。例如,A 公司从 B 银行贷款 700 万元,以 A 公司的不动产抵押担保并由 A 公司法定代表人高某提供连带责任保证。贷款发放后,B 银行派职员到 A 公司进行贷后检查,事先口头沟通时称届时需要 A 公司签署《贷后检查情况表》。检查当日,高某不在公司,其女高晓某代为打理公司业务。在接待 B 银行职员时,高晓某在《贷后检查情况表》《贷款到期通知书》《个人无限连带责任保证承诺书》上签署了自己名字并

---

① 参见赵某与刘某股权转让纠纷案,四川省成都市双流区人民法院民事判决书(2018)川 0116 民初 7452 号。

加盖 A 公司的公章。事后,B 银行要求高晓某履行保证责任,高晓某则称系为 A 公司签署上述文件。[①] 从缔约前双方当事人所做接触与沟通等交易情境看,B 银行没有理由将高晓某在混置于《贷后检查情况表》等材料中的《个人无限连带责任保证承诺书》上签署了自己名字并加盖 A 公司公章的行为理解为个人保证意思表示。高晓某当时应该是在不知情的状态下误签了保证承诺书,规范性解释的结论应为其签字行为不具备保证之效果意义。

其二,双方当事人在合同订立前达成的交易意向、谈判纪要、合同草案、往来函件或数据电文等交易材料。此类交易材料体现了双方当事人交易意思的沟通与磨合过程,包含了意思表示的发生史。其中某些材料甚至构成合同的一部分。即便不构成合同的一部分,也属于交易情境,处于相对人位置的理性人在理解意思表示时必须予以关注。

其三,系列交易中的其他合同,如果系争合同只是双方当事人系列交易中的一个合同,则同系列的其他合同也可能构成交易情境,对意思表示的规范性解释具有参考价值。

其四,已被对方了解的当事人身份、缔约动机等个别化因素。在解释某项疑似保证、债务承担之合同以及法定代表人订立之合同时,可能需要考虑已被相对人了解的表意人之身份。此等身份信息亦构成规范性解释的交易情境。譬如,在甲、乙存在债务关系时,丙对债权人甲表示将来为乙偿债,该表示究竟是应解释为保证意思表示还是债务加入意思表示,乙、丙之间的身份关系是参考因素之一。公司法定代表人与他人订立合同,未盖公司印章时,究竟是应解释为法定代表人为自己订立合同抑或是为公司订立合同,相对人当时是否了解其法定代表人身份也是规范性解释应考虑的因素。缔约动机本身虽非意

---

① 参见高晓某与吉林东丰农村商业银行股份有限公司、吉林海维斯特酒业有限公司、高某金融借款合同纠纷案,吉林省辽源市中级人民法院民事判决书(2018)吉 04 民终 845 号。

思表示的内容,但如果在缔约过程中,表意人在交流时透露了其缔约动机或者有充分证据证明相对人知道该缔约动机,则关于缔约动机的信息也是理性人身处其中的交易情境,在规范性解释中也应予以考虑。由于考虑了个别化因素,意思表示解释所确定的表意符号规范意义可能与表意人赋予其的主观意义重叠。此种情形中的规范性意义实际上就是"相对人应当知道的表意人主观意思"。① 在"李某某与唐山卓恩房地产开发有限公司房屋拆迁安置补偿合同纠纷案"中,李某某经营一家五金店,卓恩地产与李某某签订《补充协议》约定:"李某某以土地面积 166.7m$^2$ 及地上平房置换一套 104m$^2$ 住宅楼及地下室一个和一套 100m$^2$ 适宜经营的商业用房。"在履行协议时,发生争议。李某某将"适宜经营的商业用房"理解为适宜经营五金店的商铺,而卓恩地产提供的是小区内非临街的商铺,不适宜经营五金店。法院审理认为,双方在协议中关于适宜经营的商业用房的具体所指未达成一致意见,所以不支持李某某的诉讼请求。② 实际上,本案关于商铺补偿问题,不应认定构成不合意。李某某常年以经营五金店为业,其订立拆迁补偿协议时应该是希望将来补偿所得的商铺适合于继续经营五金店。卓恩地产对李某某的此项缔约动机应该是知情的,所以,此项缔约动机应构成规范性解释的交易情境。

其五,双方当事人之间的社会关系。如果双方当事人之间存在亲属关系、情侣关系、朋友关系等比较密切的社会关系,则一方向另一方作出的表示究竟属于认真的意思表示抑或属于情谊行为、戏谑表示之类的表示;若属于前者,究竟构成何种类型的意思表示。这些问题也需要借助意思表示解释予以澄清。此类社会关系本身即构成规范性

---

① Vgl. Detlef Leenen, BGB Allgemeiner Teil:Rechtsgeschäftslehre, 2. Aufl. , 2015, S. 67 - 69.

② 参见李某某与唐山卓恩房地产开发有限公司房屋拆迁安置补偿合同纠纷案,河北省唐山市丰润区人民法院民事判决书(2018)冀 0208 民初 5640 号。

解释的具体情境。例如,李某与杨某曾经系情侣关系,杨某通过借用李某信用卡进行网贷使李某对外发生 2 万元债务,李某向杨某追讨,双方通过微信多次交涉,某日因言语不合,李某在微信中对杨某说"你真无耻,我一分不要了,就这样算了"。事后,杨某认为此语属于放弃债权的行为,但李某并不这样认为。[①] 从双方的情侣关系看,结合当时双方微信交流的情绪,应认定李某的微信言语构成戏谑表示,处于杨某位置的理性人不应将其理解为包含放弃债权的效果意义。

其六,合同中的其他条款。如果发生争议且需要解释的只是合同中的某一个条款,则合同中的其他条款也构成规范性解释的交易情境,解释时需要探究理性人在结合合同其他条款的情况下对系争条款应如何理解。在"李某某与中国电信股份有限公司北京分公司合同纠纷案"中,李某某与电信公司在线订立《存费赠机合同》,选择套餐"乐享 4G 套餐 299 元",预存返还页面显示为"次月起前 23 个月每月返还 2990 元,第 24 月返还 230 元"。后来,李某某坚持要求电信公司每月返还 2990 元,电信公司称 2990 元应为返还总额。合同其他条款中写明预存费用总额为 2990 元且交易总价款(含手机价款)仅为 6188 元。[②] 在理解"每月返还 2990 元"这一条款时,理性消费者应当注意其他条款,不应按照字面意义理解该条款,所以规范性解释的结论是依 2990 元返还总额计算前 23 个月的每月返还额。

在规范性解释中不应考虑的是当事人在缔约后的行为,其并非理性人身处其中的交易情境,毋宁只是探究表意人真实意思或相对人对

---

[①] 参见李某与杨某民间借贷纠纷案,山东省临沂市罗庄区人民法院民事判决书(2019)鲁 1311 民初 4688 号。

[②] 参见李某某与中国电信股份有限公司北京分公司合同纠纷案,北京市第二中级人民法院民事判决书(2018)京 02 民终 11802 号。类似案例,参见张某与上海启铂电子商务有限公司买卖合同纠纷案,天津市第一中级人民法院民事判决书(2019)津 01 民终 7320 号。在该案中,面值 1000 元的礼品卡优惠价本为 980 元,被网店错误标示为 490 元,而面值 500 元的礼品卡优惠价也错误标示为 490 元。

表意符号实然理解的参考因素。①

（四）结论

意思表示有不同类型，相应地，意思表示解释的原则也应多元。解释原则的多元化是比较法上的发展趋势。我国《民法典》第142条体现了意思表示的多元解释原则。无相对人的意思表示不涉及相对人信赖保护，所以采用主观解释原则，解释的任务是通过自然解释探究表意人赋予表意符号的主观意义。有相对人的意思表示涉及相对人信赖保护，需要在私法自治与信赖保护之间维持平衡，所以，在解释意思表示时必须兼顾表意人和相对人的利益。如果相对人在实施法律行为时知道表意人赋予表意符号的主观意义，则采用自然解释，以该主观意义为意思表示内容。相对人知情的真意保留之意思表示也依此解释。如果相对人在实施法律行为时不知道表意人赋予表意符号的主观意义，或者无法认定表意人当时究竟赋予表意符号何种主观意义，则应当对意思表示进行规范性解释。规范性解释通常采用客观相对人视角或者说理性人视角，须探究理性人在系争法律行为的具体情境中应当如何理解表意符号。此项应然理解即为表意符号的规范性意义。合同中的数个意思表示解释应当尽量采用统一的理性人标准，无法决定采用哪一方当事人所属类型理性人标准的，则分别采用不同理性人标准解释数个意思表示。在若干例外情形中，鉴于表意人的高度可归责性，规范性解释应采用主观相对人视角，以个案中的特定相对人对表意符号的实然理解作为表意符号的规范性意义，并据此确定意思表示的内容。相对人不知道但应当知道真意保留之情形可依此规则处理。如此，则意思表示解释包括表意人视角、客观相对人视角、主观相对人视角。依第一种视角探究表示意义，仅涉及经验因

---

① 参见林某某与林某、张某、太仓中凯联投资发展有限公司股东资格确认纠纷案，最高人民法院民事裁定书(2014)民申字第1053号。在该案中，最高人民法院依据事后履行行为探究当事人真意，即究竟代表公司抑或代表其他股东代持股份。

素,为自然解释;依第二、第三种视角确定表示意义,均包含评价因素,所以属于规范性解释。

### 四、补充性意思表示解释的一般问题

（一）补充性意思表示解释与狭义意思表示解释的关系

私法自治原则允许当事人在私法领域通过意思表示创设法律关系,利益处置或交换的任何细节都可以被表述为具体的权利和义务。不过,在现实生活中当事人的意思表示内容往往并未覆盖交易的所有细节。其原因可能是当事人在作出意思表示时忽略了该细节问题;也可能是一方当事人在作出意思表示时虽然意识到该细节问题,但认为其不言自明,无须特别约定;还可能是在作出意思表示时尚不存在该细节问题,直至履行阶段才出现该问题。无论如何,当事人的意思表示皆存在漏洞,需要予以填补。意思表示漏洞填补的方式包括通过适用任意性法律规范填补漏洞以及通过补充性解释填补漏洞。① 由此衍生出如下问题:补充性解释是否属于意思表示解释?② 补充性解释与狭义的意思表示解释③的界限如何? 补充性解释与任意性法律规范适用的关系如何?

就法律解释而言,方法论上区分了法律解释与法的续造。法律解释是在法律条款可能的文义范围内依一定的方法确定其意义,法的续造即法律漏洞填补,是在法律条款可能的文义范围之外创造或者更改

---

① Brox/Walker, Allgemeiner Teil des BGB, 44. Aufl. , 2020, S. 67 ( § 6 Rn. 17).

② 我国民法学界明确否定补充性解释属于意思表示解释的观点,参见李宇:《民法总则要义》,法律出版社 2017 年版,第 479 页。肯定补充性解释属于意思表示解释的观点,参见朱晓喆:《意思表示的解释标准——〈民法总则〉第 142 条评释》,载《法治研究》2017 年第 3 期;常鹏翱:《法律行为解释与解释规则》,载《中国社会科学院研究生院学报》2007 年第 6 期。

③ 狭义的意思表示解释亦称为"简单解释"( einfache Auslegung)、"真正解释"( eigentliche Auslegung)。Vgl. Jan Busche, in: Münchener Kommentar BGB, 5. Aufl. , 2006, § 133, Rn. 6.

规则。① 法的续造在某些文献中也被称为补充性解释,被视为广义法律解释的一种。② 意思表示解释与法律解释存在诸多相似之处。如果说法律解释有广义的法律解释与狭义的法律解释之分,则意思表示解释也可以分为广义的意思表示解释与狭义的意思表示解释,前者包括后者与补充性意思表示解释。相较之下,将意思表示漏洞填补视为意思表示解释的一种所面临的理论障碍显然小于将法律漏洞填补视为法律解释的一种。在进行法律解释时,作为解释客体的法律规则毕竟凌驾于裁判者之上,且涉及立法权与司法权的分工问题,所以裁判者更应当对规则心存敬畏,比较严格地把握解释尺度,狭义解释与续造之间的界限更为分明。反之,在进行意思表示解释时,通过意思表示拟创设的规则并非凌驾于裁判者之上,毋宁说,此项规则尚需获得裁判者的审查与认可。因此,裁判者的解释尺度相对更为宽松,将意思表示漏洞填补视为广义的意思表示解释的一种更加顺理成章。

有一种观点认为,旨在填补漏洞的补充性解释并非以单个意思表示为解释客体,毋宁以整体行为为解释客体。该整体行为由多个意思表示组成,因此可能具有比单个意思表示更为广泛的意义。补充性解释的任务就是借助整体行为的脉络关联查明其整体意义。③ 实际上,补充性解释与狭义的意思表示解释在解释客体上并无区别。补充性解释的客体仍然是构成法律行为的各项意思表示。补充性解释的特殊之处在于,如果针对多方法律行为,则各项意思表示的漏洞是重叠的,因此,进行补充性解释时得出的解释结论必然统一适用于各项意思表示,数个意思表示漏洞同时得到填补。至于作为解释手段的整体行为脉络关联,并非仅适用于补充性解释,其对狭义意思表示解释也

---

① 参见〔德〕卡尔·拉伦茨:《法学方法论》,陈爱娥译,商务印书馆 2003 年版,第246 页。

② Brox/Walker, Allgemeiner Teil des BGB,44. Aufl. ,2020,S. 36( §3 Rn. 14)。

③ 厄尔特曼与拉伦茨持这种观点,参见〔德〕卡尔·拉伦茨:《法律行为解释之方法——兼论意思表示理论》,范雪飞、吴训祥译,法律出版社 2018 年版,第 93—99 页。

有参考价值。

补充性意思表示解释与狭义的意思表示解释的界限在于表意符号可能的意义范围之边界。在大多数情形中,表意符号是语言文字,可能的意义范围即可能的文义范围。在该范围之内,无论采用文义解释抑或采用体系解释、目的解释等方法确定表示意义,皆为狭义的意思表示解释。超出该范围扩展表示意义或添加表示意义的,皆为补充性意思表示解释。补充性意思表示解释虽然也是广义的意思表示解释的一种,但其毕竟为意思表示增加了意义内容,所以裁判者在决定进行补充性解释时应当谨慎考量,根据行为目的及相关情事判断表意符号意义范围未能涵盖的事项究竟构成意思表示漏洞抑或当事人有意对其不加规定。仅在前一种情形中,才可以进行补充性意思表示解释。在后一种情形中,应当判定当事人就系争事项不享有权利或者不负担义务。

有时,究竟是否存在意思表示漏洞,不易判定。例如,在最高人民法院(2012)民提字第 153 号民事判决所涉案件中,甲、乙双方订立《协议书》和《补充协议书》,约定:"甲方委托乙方加工紫杂铜锭,按原合同规定乙方应返还甲方的紫杂铜锭尚欠部分共 943.524 吨(折算金属铜 792.56 吨),乙方同意在今后全部偿还。""乙方欠甲方金属铜 792.56 吨,只能在长白长顺有色金属冶炼厂和朝鲜惠山青年铜矿合作项目成功投产盈利后在乙方股份盈利中偿还。"后来由于朝鲜惠山青年铜矿合作项目未获得批准,乙方未能获得股份盈利,故一直未履行铜锭偿还义务,甲方诉请偿还。广东省高级人民法院二审认为,协议书中"只能在……股份盈利中偿还"这句话应解释为双方关于债务履行方式的约定,双方并未明确约定若在朝鲜合作的项目不能投产盈利时,该欠铜债务应该如何处理。对于此种情形,则应根据《合同法》(已废止)第 61 条和第 62 条第 5 款的规定,对于合同双方当事人关于债务的履行方式约定不明确的,按照有利于实现合同目的的方式履行。在不能偿还尚欠部分紫杂铜锭共 943.524 吨的情况下,按当时的市场价格折价偿还金钱给甲方。最高人民法院再审判决支持了一审判决的理由与结论,认为"只能在……股份盈利中偿还"这句话应解释为关于债务履行条件的约定,条件即"朝鲜合作项目投产盈利",本案由于约定的条件不成就,所以乙方无须履行铜锭偿还义务。双方当事人关于铜锭偿还债务约定明确,并非约定不明,不应进行补充性解释。① 在本案中广东省高级人民法院认定双方当事人关于债务履行方式的约定存在漏洞,而最高人民法院则认为合同不存在漏洞。二者分歧的原因在于对"只能在……股份盈利中偿还"这句话的文义有不同理解。只有先通过解释确定其文义,才能进一步判断该文义是否遗漏了交易事项。意思表示漏洞的认定本身就是解释的结果,而漏洞的填补则需要借助于补充性解释或任意性法律规范适用。

(二)补充性意思表示解释与任意性法律规范适用的关系

1. 补充性意思表示解释与任意性法律规范适用的界限

相对而言,更为重要的是划定意思表示解释与任意性法律规范适用的界限。补充性解释终究也属于意思表示解释的范畴,所以其与狭义的意思表示解释的界限并非意思表示解释的边界。这条边界横亘于意思表示解释与任意性法律规范适用之间。从实践视角看,区分意思表示解释与任意性法律规范适用的意义在于,通过解释而确定的意思表示内容可能因一方当事人存在表示错误而被撤销,通过任意性法律规范填补意思表示漏洞,则不可能适用错误撤销规则,因为借此补充的东西并非意思表示的内容,无所谓"意思与表示是否一致"。在学说史上,曾有学者否定意思表示解释与任意性法律规范适用之间存在界限,认为通过解释而发现的表示内容与基于任意性法律规范的补充之间并无区别,对意思表示进行解释其实就是在适用任意性法律规

① 参见广州珠江铜厂有限公司与佛山市南海区中兴五金冶炼厂、李某芬加工合同纠纷案,最高人民法院民事判决书(2012)民提字第 153 号。

范。既然二者是同一回事，就谈不上界限。① 还有学者认为，界限并非存在于补充性意思表示解释与任意性法律规范适用之间，毋宁存在于狭义的意思表示解释与任意性法律规范适用之间，因为解释仅指对表示内容的诠释，不包括补充性解释，对于未被表示出来的东西，只能通过任意性法律规范的适用予以补充。②

上述两种观点皆不可取。第一种观点将意思表示解释纳入任意性法律规范适用，使解释丧失了独立性，与意思表示解释的实践并不相符。任意性法律通常仅就交易的典型问题设置规范，而在个案中，需要进行解释的意思表示条款可能涉及此类典型问题，也可能涉及交易中极具个别性的特殊问题。第一种情形譬如，甲公司借款给丙公司，乙公司为此提供连带责任保证，在三方协议中约定此项借款到期后可以债转股，甲公司违约给乙公司造成重大不利影响的，乙公司有权解除合同。此项约定涉及合同解除权问题，这是交易上的典型问题，《民法典》第563条设置了任意性法律规范。尽管如此，对系争的合同约定解除权条款进行解释显然并非在适用《民法典》第563条，因为同一事项的约定条款排斥了法定条款的适用。在第二种情形中，根本不存在与系争问题相关的任意性法律规范。譬如，双方当事人在不动产买卖合同中约定，10年内出卖人不得在该不动产附近经营与买受人的业务存在竞争关系的业务。在合同履行过程中，双方就该款约定发生争议，需要对其中的"附近""竞争关系"等用语进行解释。《民法典》买卖合同制度对此类特殊问题未作任何规定，如何将上述合同条款的解释视为任意性法律规范的适用？即便将该合同条款与我国《民法典》第577条之类的一般规范相联系，也不能将前者的解释等同于

---

① 丹茨与蒂策持这种观点，参见〔德〕卡尔·拉伦茨：《法律行为解释之方法——兼论意思表示理论》，范雪飞、吴训祥译，法律出版社2018年版，第91—92页。

② Andreas von Tuhr, Der Allgemeine Teil des Deutschen Bürgerlichen Rechts, zweiter Band, erste Hälfte, 1914, S. 545–546; Franz Leonhard, Die Auslegung der Rechtsgeschäfte, AcP(120), S. 36–37.

后者的适用。从逻辑上看,首先应当通过解释确定上述合同条款的意义,然后据此判断买受人的行为是否违反该条款规定的义务,如果违反,则再适用《民法典》第 577 条,判令买受人承担违约责任。在法律三段论上,上述第三个步骤中的《民法典》第 577 条是大前提,第二个步骤是在构造小前提,而第一个步骤则是为第二个步骤提供认定依据。尽管方法论上存在"大前提的解释与小前提的认定相互影响"之类的说法,但"小前提认定依据的解释"与"小前提的认定"之间又隔了一层,所以绝不能将"小前提认定依据的解释"与"大前提的解释"等视齐观。

第二种观点彻底否定了补充性意思表示解释的存在可能性,也不妥当。任意性法律规范只是意思表示漏洞填补的手段之一,其覆盖面有限,无法完全替代补充性意思表示解释。当然,任意性法律规范的适用与补充性意思表示解释之间存在模糊区域。也许正是这个模糊区域给第二种观点的出现提供了动因。债法中通常都有"债务人应依诚信或交易习惯履行义务"之类的一般规范,如《德国民法典》第 242 条、我国《民法典》第 510 条第 2 分句等。同时,民法总则中关于意思表示解释的法律规范通常也将诚实信用、交易习惯作为解释依据,如《德国民法典》第 157 条、我国《民法典》第 142 条等。当合同对某个具体事项未作明确约定时,裁判者依据上述债法一般规范确定合同内容究竟属于补充性意思表示解释抑或属于任意性法律规范对意思表示漏洞的填补,不无疑问。此类一般规范当然属于法律规范,如果不想纠缠于"任意性法律规范与强行性法律规范之外是否还有其他民法规范"之类的问题,则将其视为任意性法律规范,亦无不可。

问题的关键在于,此类任意性法律规范与其他任意性法律规范相比,是否存在根本区别。意思表示存在漏洞意味着当事人对于法律行为的个别事项未作表示。此类事项通常涉及具体的权利义务、期间或者风险分配,如合同终止权、选择权、竞业禁止义务、对价风险等。因此，能够用于填补意思表示漏洞的任意性法律规范必须包含权利义务、风险分配、期间等内容，否则就无法发挥填补漏洞的作用。"债务人应依诚实信用作出给付"这一规范显然欠缺关于具体权利义务、期间或风险分配之内容，所以，裁判者据此填补意思表示漏洞并非通过适用任意性法律规范填补漏洞。毋宁说，裁判者依据该法律规范的授权，基于诚实信用为存在漏洞的意思表示补充内容，这是补充性意思表示解释。"债务人应依交易习惯作出给付"这一规范援引了交易习惯，而交易习惯通常具有涉及交易关系具体问题的内容，所以，裁判者依据该规范填补意思表示漏洞等同于适用交易习惯填补意思表示漏洞。如果交易习惯是某个行业或地区的普遍习惯，则其实质上扮演了任意性法律规范的角色，将依据其填补意思表示漏洞视为任意性法律规范的适用，未尝不可。① 反之，如果交易习惯仅为个别当事人之间的惯常做法，不具备普遍性，则与任意性法律规范存在本质区别，无论如何都不能将依据其填补意思表示漏洞视为适用任意性法律规范填补意思表示漏洞。至于在个案中裁判者填补意思表示漏洞时究竟援引我国《民法典》第 510 条第 2 分句抑或援引《民法典》第 142 条第 1 款，并无决定意义。即便援引《民法典》第 510 条第 2 分句，但填补合同漏洞所依据的仅为当事人之间的个别化交易习惯，则裁判者之所为仍属于补充性意思表示解释。此时，《民法典》第 510 条第 2 分句扮演的角色是作为补充性意思表示解释权的规范基础，裁判者据此有权对系争意思表示进行补充性解释，依交易习惯为意思表示补充内容。《民法典》第 511 条第 5 项同样也是补充性意思表示解释权的规范基础，裁判者据此有权依合同目的进行补充性意思表示解释，为意思表示补充

---

① 弗卢梅认为，交易习惯并非法律规范，甚至也不是从属性法律渊源，所以，依据交易习惯填补法律行为漏洞在性质上属于补充性法律行为解释。参见〔德〕维尔纳·弗卢梅：《法律行为论》，迟颖译，法律出版社 2013 年版，第 381 页。

关于履行方式之内容。①

比较特殊的是我国《民法典》第 509 条第 2 款,该款规定当事人基于诚信原则、合同性质、合同目的、交易习惯应当履行通知、协助、保密等义务。此类义务属于合同关系中的附随义务。从比较法看,我国《民法典》第 509 条第 2 款类似于《德国民法典》第 241 条第 2 款,相对而言前者比后者更为具体。尽管条款中也提到了诚实信用、交易习惯,但毕竟规定了若干典型义务,此类义务对各种合同具有普适性,所以,依据该条款填补合同漏洞在性质上属于任意性法律规范的适用而非补充性意思表示解释。

总之,尽管补充性意思表示解释与任意性法律规范适用之间存在模糊区域,但二者仍有根本区别,不可相互取代。任意性法律规范无法完全覆盖各种情形中的意思表示漏洞,其只能与补充性意思表示解释共同完成填补漏洞的使命。

2. 补充性意思表示解释与任意性法律规范适用的顺位

从二者的顺位看,在发现意思表示存在漏洞时,裁判者究竟应当先适用任意性法律规范填补漏洞抑或先进行补充性意思表示解释?通说认为,任意性法律规范的适用原则上优先于补充性意思表示解释,仅当欠缺可资适用的任意性法律规范时,才能进行补充性意思表示解释。② 之所以如此,原因有二。一是几乎任何合同都不可能就所有交易细节予以全面规定,实际上也没必要这么做,很多时候当事人十分清楚除了合同条款之外,还有法律规范可以解决纠纷,其对某个事项未作约定的意图可能恰恰在于发生纠纷时直接适用任意性法律规范,优先适用任意性法律规范填补漏洞符合当事人的本意。二是补

① 有学说认为,适用《合同法》(已废止)第 62 条之规定都属于依任意性法律规范填补合同漏洞。参见崔建远:《合同解释与法律解释的交织》,载《吉林大学社会科学学报》2013年第 1 期。

② Jürgen Ellenberger, in: Palandt Kommentar BGB, 79. Aufl., 2020, § 157 Rn. 4;参见崔建远:《意思表示的解释规则论》,载《法学家》2016 年第 5 期。

充性意思表示解释旨在为意思表示添加合理内容,用于规范当事人之间的具体权利义务关系,任意性法律规范的功能也是为调整当事人之间的具体权利义务关系提供合理方案,二者皆由裁判者操作,但相较之下,由制定法明确规定的任意性法律规范显然更为清晰和确定,所以优先适用任意性法律规范更为稳妥。例如,合同约定甲方不交付标的物或者交付标的物有瑕疵拒不整改的,须向乙方支付200万元违约金。事后,甲方虽交付标的物,但迟延了1个月。合同并未针对迟延交付约定违约金或违约损害赔偿责任,但《民法典》第583条、第584条针对包括迟延履行在内的违约行为规定了损害赔偿责任。此时,理应适用《民法典》第583条、第584条,判令甲方承担违约损害赔偿责任,不宜通过对合同中的违约金条款予以目的论扩张或者类推适用判令甲方支付200万元违约金。

当然,任意性法律规范适用的优先性也有例外。首先,如果当事人约定,合同即便有遗漏事项,亦不适用任意性法律规范,则在合同有漏洞的情况下,应直接进行补充性意思表示解释。其次,如果相关的任意性法律规范显然背离系争合同的利益状况从而不适合用于填补该合同的漏洞,则应直接进行补充性意思表示解释。最后,如果相关的任意性法律规范显然过于陈旧,不适合用于填补系争类型合同的漏洞,则应直接进行补充性意思表示解释。①

有疑问的是,如果意思表示存在漏洞,相关的任意性法律规范也存在漏洞,则究竟应当先对任意性法律规范进行漏洞填补,并将填补后的任意性法律规范用于填补意思表示漏洞,抑或直接通过补充性意思表示解释填补意思表示漏洞。对于此种意思表示漏洞,假如当事人在合同中就类似问题未作任何约定,则显然只能考虑通过对相关任意性法律规范予以漏洞填补,将续造后的任意性法律规范用于填补意思

---

① Herbert Roth, in: Staudinger Kommentar BGB, 2015, § 157 Rn. 24 – 26.

表示漏洞。因为,一如任何有形器物的镶补,补充性意思表示解释也需要借力点,要么是当事人之间的个别化交易习惯,要么是意思表示中的相关条款,否则根本无法通过目的论扩张、类推、习惯补充等补充性解释方法直接填补意思表示漏洞。反之,如果当事人在合同中就类似问题已有约定,但约定的文义范围不足以涵盖系争问题,则补充性意思表示解释与法律漏洞填补都具有可行性,裁判者可任选其一。究竟选择何种手段,取决于裁判者的立场。如果其着眼于借助个案裁判续造法律规范,并且期望此举具备示范效应,则可以选择进行法律漏洞填补;如果其仅着眼于就事论事地解决个案问题,则进行补充性意思表示解释即足以实现目的。

(三)结论

综上,意思表示解释包括狭义的意思表示解释与补充性意思表示解释,后者与任意性法律规范适用都是意思表示漏洞填补方法。意思表示不存在漏洞的,仅需通过狭义的意思表示解释确定表示意义;意思表示存在漏洞的,如果存在相关任意性法律规范,则应当优先适用任意性法律规范。此时,表意符号可能的意义范围之边界就是狭义的意思表示解释与任意性法律规范适用的界限,这是意思表示的边界之一。如果不存在相关任意性法律规范,则应当进行补充性意思表示解释。此时,表意符号可能的意义范围之边界并非意思表示解释的边界,毋宁说,意思表示漏洞的外部边界所在之处才是(补充性)意思表示解释的边界。虽然存在相关任意性法律规范,但该规范存在法律漏洞的,则补充性意思表示解释与续造后的任意性法律规范适用存在重叠区域,没有清晰的边界。《民法典》第142条虽然没有明确规定补充性意思表示解释,但结合《民法典》第510条第2分句以及第511条第5项等规定,足以证明补充性意思表示解释在《民法典》中存在规范基础。

### 五、意思表示解释的方法

意思表示解释的方法,是指解释意思表示所依据的具体标准或者所采用的具体手段。《民法典》第142条中的"使用的词句""相关条款""目的""诚信原则"等用语为意思表示解释方法问题提供了立法指引。学理上需要对此予以具体化和补充。

(一)意思表示解释方法与法律解释方法的异同

在法学方法论上,法律解释的方法包括文义解释、体系解释、历史解释、反面解释、当然解释、目的解释。意思表示解释与法律解释存在类似之处,就书面意思表示的解释而论,与法律解释一样,都是从特定文本中获取意义。因此,法律解释的方法通常对于意思表示解释也有适用余地。当然,与法律解释相比,意思表示解释存在一些特殊性,所以在解释方法上与法律解释方法不尽相同。

首先,意思表示分为有相对人意思表示与无相对人意思表示,二者不但在解释原则上截然不同,而且在解释方法的运用细节上也存在一些区别。反之,法律解释诸方法的运用不需要根据法律规则类型的不同予以区别对待。其次,法律规则由立法机关依照特定程序以表决方式制定,是团体行为的产物;反之,意思表示是个体意思决定的产物。因此,历史解释在法律解释与意思表示解释的过程中具有不同的表现形式,法律解释中的历史解释侧重于考察作为团体的立法者的整体意向,团体成员的个人想法不重要;意思表示解释中的历史解释侧重于考察表意人意思决定的形成过程,与其个人想法有关且为相对人所知的材料或者背景信息具有重要意义。另外,作为团体的立法者存在更新换代问题,待解释的法律规则可能是过往时代立法者的作品,作为个体的表意人则始终是当初作出意思表示的那个当事人,待解释的意思表示通常不存在跨时代现象。因此,就文义解释而言,意思表示解释通常不会面临法律解释中的"历史上的文义"与"当下文义"之争。有可能涉及此种争议的是对法人或者非法人组织等团体章程的解释,此类意思表示解释比较接近于法律解释。再次,法律规则写给社会大众,涉及社会公共利益或者不特定私人之间的利益关系,意思表示仅涉及特定私人之间的利益关系。因此,就目的解释而言,法律解释强调客观目的论解释,力求使解释结论符合法的一般价值原则;意思表示解释既注重考察表意人的主观目的或者双方当事人共同的主观目的,也注重客观目的论解释,而且,同样是客观目的论解释,解释法律规则时侧重于价值评判,解释意思表示时则兼顾价值评判与各方当事人的具体利益考量。最后,与法律解释相比,反面解释与当然解释在意思表示解释过程中适用空间也不大。原因主要在于,就法律解释而言,法律对于某个问题没有予以明确的正面规定,解释者无法从法律之外的其他规范中找到答案,只能借助反面解释、当然解释、类推等方法解决问题;反之,就意思表示解释而言,法律行为对某个问题没有予以明确的正面规定,解释者适用任意性法律规范解决该问题,仅在少数情形中才需要运用反面解释与当然解释。例如,合同某条款约定,因甲方过失导致合同不能履行的,甲方须向乙方支付 100 万元违约金。如果订立合同后因甲方故意而导致合同不能履行,则理应对该违约金条款予以当然解释,使甲方支付 100 万元违约金。再如,甲公司为乙公司的债务向债权人丙公司出具承诺函,称在其融资完成后将向丙公司支付乙公司所欠债款,但"本承诺函不构成还款保证"。对此,理应进行当然解释,认定甲公司既然不愿意负担保证义务,当然更不愿意成立债务加入,因为债务加入的责任重于保证义务。

考虑到意思表示解释的上述特殊性,以下仅就文义解释、体系解释、历史解释、目的解释予以专门阐述。

(二)狭义意思表示解释的方法

1. 意思表示的文义解释

法律解释始于文义解释,意思表示解释亦然。与法律解释不同,意思表示解释中的"文义"不限于文字的意义,毋宁还包括书面意思表示中使用的各种图形或者特殊符号的意义、口头意思表示中的词语意义。此外,表意人使用点头、眨眼、举手、伸手指等动作甚至以沉默方式或者以意思实现方式作出意思表示的,依据特别约定、法律规定、交易习惯或者社会一般观念确定此类动作或者态度之意义,也属于意思表示的文义解释。① 总之,对于表意人使用的各种表意符号,都应首先尝试文义解释。通过文义解释能够得出确定的解释结论的,通常不需要再求助于其他解释方法。

就书面或者口头意思表示而论,文义解释的标准包括一般语言用法(allgemeiner Sprachgebrauch)、特殊语言用法(spezieller Sprachgebrauch)与个别语言用法。一般语言用法是指社会公众对词语的通常理解。特殊语言用法是指特定行业、特定区域或者更小的交往圈子中的人对词语的特殊理解。个别语言用法是指表意人对词语的独特理解,一种纯粹个性化的理解。在解释有相对人的意思表示时,通常依据一般语言用法解释意思表示所用的词语。但如果一方当事人主张并证明双方当事人属于同一个交往圈子而且在该圈子里词语具有特殊语言用法,则应以特殊语言用法为准。解释涉及专业术语时,尤为如此,经常需要参照专业辞书、行业标准或者其他规范。② 双方当事人不属于同一个交往圈子的,依据规范性解释原则,除非表意人证明相对人知道表意人处于另一个交往圈子而且知道或者显然应当知道系争词语在该圈子具有特殊语言用法,否则,应以一般语言用法为准解释意思表示。至于表意人的个别语言用法,相对人通常不得而知,所以,仅当表意人证明相对人知道此种个别语言用法时,才能据此解释意思表示,

---

① Reinhard Singer, in: Staudinger Kommentar BGB, 2017, § 133 Rn. 45.

② 参见山东港基建设集团有限公司与山东融汇建设开发有限公司建设工程施工合同纠纷案,山东省高级人民法院民事判决书(2020)鲁民终 2355 号。该案争议焦点是合同约定的"初装饰材料"是否包括内墙腻子,法院参照建设部《住宅工程初装饰竣工验收办法》(已废止)第 3 条、第 5 条将内墙腻子解释为初装饰材料。

此为自然解释。在解释无相对人的意思表示时,依据自然解释原则,只要表意人或者利害关系人(如某个继承人)证明表意人使用的词语存在个别语言用法或者特殊语言用法,就应以此为准解释意思表示,探究表意人的真意。此时,个别语言用法优先于特殊语言用法。两者未被证明的,采用一般语言用法。有些涉及较复杂交易的合同书中有专门条款对关键词语进行定义,解释时当然应以该定义为准。

意思表示的文义解释除了依据上述标准之外,还应依据语法规则甚至联系上下文来确定系争条款的含义。有时,词语在特殊语境中具有不同于一般理解的特殊意义。比如,甲银行与乙公司订立不动产抵押合同。合同中某条款约定:"本合同生效需经乙方(及其共有产权人,如有)签字,并经甲方加盖公章,且经甲方主要负责人或委托代理人签字。"后来由于合同上仅加盖乙方公章,没有乙方法定代表人签字,所以双方就合同是否生效发生争议。按照一般理解,"签字"是指由自然人为自己或代表他人在合同上签名。但系争抵押合同是由甲银行草拟的,在银行的贷款担保实践中,抵押人既有企业,也有自然人,甲银行的工作人员在拟定合同条款时习惯性地兼顾自然人,系争条款很可能是从别的合同书中拷贝过来,这一点从条款括号中的"及其共有产权人,如有"之通用表述可以得到印证,因此,系争条款中的"签字"在乙方是自然人的情况下应解释为签名,在乙方是企业的情况下则未必需要解释为签名。尽管合同可以由企业的法定代表人签名,但从我国交易实践看,更为常见的做法是加盖企业公章。加盖公章与自然人签名具有类似的功能,都表明当事人最终决定订立合同,从这个意义上说,企业盖章是企业签字的一种特殊方式。本案乙方是一家公司,所以系争条款中的"乙方签字"应解释为乙公司盖章或签名。与此不同,如果甲公司与乙公司在《租赁合同之补充协议一》中约定"本协议经甲、乙双方法定代表人签字盖章之日起生效",由于"签字盖章"的主语是"法定代表人",所以不应解释为合同自双方法定代表人签字并加盖公司公章之日起生效,应解释为合同自双方法定代表人签字或者加盖个人印章之日起生效。① 加盖公司公章无须强调"经法定代表人盖章",公司其他职员按照公章管理制度亦可加盖公章。

特别需要注意的是,意思表示使用的词语即便看起来像法律术语,也未必需要按照法律术语的特殊含义解释。如果表意人与相对人都是法律"门外汉",则其可能只是碰巧使用了与法律术语相同的词语。此时,需要结合其他因素确定该词语究竟所指何意。例如,甲、乙双方在合同中约定,原材料价格上涨 5% 的,甲方有权撤销合同。甲、乙双方均非法律专业人士,其所谓"撤销"显然指的是"解除",在日常语言中,这两个词语并无本质区别。所以,在解释该合同条款时,当然不能固守"撤销"在民法上的特殊含义并据此否定甲方享有解除权。

2. 意思表示的体系解释

尽管弗卢梅认为意思表示(法律行为)解释无须考虑体系解释,但其所谓的体系解释是指依据所有法律制度构成的统一秩序框架中的整体法律思想来解释具体的法律规则。② 与萨维尼法律解释方法理论中的体系(哲学)要素更为接近。与此不同,当代法学方法论中的体系解释更接近于萨维尼法律解释方法理论中的逻辑要素,即根据整体中每一组成部分之间的逻辑关系解释法律规则。③ 这种意义上的体系解释对于意思表示解释当然也有适用余地,因为意思表示通常也由若干条款组成,各条款之间存在一定的逻辑关联,依据此种逻辑关联可以确定某个条款的含义。有时,一项交易由数个合同组合而成,则数个合同中的条款亦构成体系,可据此进行体系解释。④ 我国《民法典》第

---

① 参见北京鸿兆置业有限公司与北京兴盛合文化产业投资有限公司房屋租赁合同纠纷案,最高人民法院民事裁定书(2020)最高法民申 3936 号。

② 参见〔德〕维尔纳·弗卢梅:《法律行为论》,迟颖译,法律出版社 2013 年版,第 362 页。

③ 关于萨维尼的法律解释四要素理论,参见〔德〕萨维尼:《萨维尼法学方法论讲义与格林笔记》,杨代雄译,法律出版社 2014 年版,第 76—79 页。

④ 参见中金产权交易有限公司与黑龙江东方学院合同纠纷案,最高人民法院民事判决书(2020)最高法民终 368 号。

142 条第 1 款与第 2 款均规定意思表示解释应当"结合相关条款",这是意思表示的体系解释方法在我国民法中的规范基础。例如,甲、乙订立合同,甲将其持有的 A 公司股权转让给乙。合同第 4 条约定:"公司移交时的资产少于财务报表所列资产的,甲方应当按照市场价格予以赔偿。"究竟是应当向乙赔偿还是向 A 公司(标的公司)赔偿,该条语焉不详。合同第 5 条约定:"公司移交前的负债由甲方负责清偿,如因该负债给乙方造成损失,甲方应向乙方全额赔偿。"将第 4 条与第 5 条相联系,可知在该股权转让合同中,甲方向乙方负担标的公司资产保值义务,违反该义务的,乙方对甲方有损害赔偿请求权。因此,第 4 条与第 5 条属于同一系列,应作相同解释,其中的赔偿权利人为乙方。

### 3. 意思表示的历史解释

历史解释在意思表示解释中处于何种地位,学理上存在争议。弗卢梅认为,与法律解释相比,历史解释在意思表示解释中的适用空间很小,仅在个别情形中才能运用这种解释方法。[①] 实际上,历史解释在意思表示解释中的作用可能反而比在法律解释中的作用更大。法律解释不应执着于探究历史上立法者的规范意向,毋宁应以探究法律规则在当下的规范性意义为目标。历史上立法者的意思的作用主要体现在法律施行的最初阶段。此时,历史上立法者的意思通常代表了那个时代法律共同体的主流价值观,所以,裁判者对其意思的探寻通常相当于依据该主流价值观对法律规范予以解释。随着时间的流逝,裁判者的世界与历史上的立法者渐行渐远,二者价值观的重叠部分越来越少,所以历史上的立法者之意思在法律解释中扮演的角色也变得越来越不重要。对一部年代久远的法律进行解释时,通常无须探究或者推断历史上立法者的意思,除非待解释的法律规范比较生僻,很少有

---

① 参见〔德〕维尔纳·弗卢梅:《法律行为论》,迟颖译,法律出版社 2013 年版,第 362 页。

适用的机会以至于尚未形成与之相关的主流价值观,或者待解释的法律规范蕴含的历史上立法者的规范意向已经成为法律上的结构性原则且此项原则迄今未变。由此可见,旨在探究历史上立法者规范意向的历史解释在法律解释诸方法中的作用微不足道。反之,表意人的过去与表意人的当下之间通常不存在足以影响意思表示解释结论的区别,意思表示解释的重点就是探究意思表示在作出的时候具有或者应当具有何种意义。因此,如果存在可资参考的资料,则历史解释方法对于确定意思表示的意义就能发挥重要作用。

意思表示的历史解释可资参考的资料首先是指合同书的草案。企业间的重大交易往往就合同书草案中的某些条款反复磋商、修改,因此产生若干不同版本的合同书草案。在解释合同书最终版本中的有争议条款时,可以查阅合同书草案,根据条款删改演变情况查明或者推断条款的意义。此外,合同书草案之外的交易文件如谈判纪要、备忘录、交易意向书等,即便不构成合同,也可以作为在对合同条款进行历史解释时参考的资料。甚至缔约磋商过程中发生的可被证明的口头交流也可以作为意思表示历史解释的参考。[①] 如果当事人采用信函或者数据电文形式订立合同,则最终达成合意之前相互发送的信函或者数据电文可以作为意思表示历史解释的参考资料。这些资料在性质上是要约邀请、曾经的要约或者反要约,后两者由于没有得到有效承诺而丧失效力,但对于查明或者推断合同条款的意义仍有裨益。

对于通谋虚伪表示而言,往往需要考察系争合同订立之前双方当事人是否达成了另一项合意,通过比较此项合意与系争合同,判断系争合同是否通谋虚伪表示。此种考察着眼于待解释意思表示的来龙去脉,属于意思表示的历史解释。例如,甲公司与乙公司订立设备供应合同,约定甲公司向乙公司供应 8 台发电机组。在供应了 3 台发电

---

① Reinhard Singer, in: Staudinger Kommentar BGB, 2017, § 133 Rn. 49.

机组之后,甲公司、乙公司与丙公司订立《三方协议》,该协议第 1 条约定原设备供应合同中乙公司的货款义务由丙公司承担;第 2 条约定,就剩余设备供应,丙公司将与甲公司订立新的设备供应合同,但设备供应权利义务关系仍按原设备供应合同在甲公司与乙公司之间执行,丙公司仅负担第 1 条约定的义务。此后,丙公司与甲公司订立设备供应合同。在解决甲公司、丙公司的合同纠纷时,如果仅着眼于二者订立的设备供应合同,则丙公司一方面对甲公司负担价款义务,另一方面对甲公司享有交货请求权。但是,在考察该设备供应合同订立前双方参与订立的《三方协议》以及甲公司、乙公司订立的设备供应合同之后,不难发现甲公司、丙公司订立的设备供应合同仅为通谋虚伪表示,意思表示的主观意义中包含了关于合同虚伪性的共识。此项虚伪合同的作用仅为满足丙公司财务管理上的需要。

在合同中的不同条款存在冲突的情况下,历史解释有时也有助于正确判断意思表示的内容。例如,在甲公司与乙公司订立的包含对赌条款的《合作协议》中,第 15 条约定乙公司的股东王某对乙公司的回购义务"提供无条件的无限连带保证担保",但该协议的附件三《个人连带责任保证书》则约定王某"以本人境外资产为限提供连带责任保证担保"。两项约定显然有所区别。究竟以哪项约定作为王某担保意思表示的内容,应考察附件三与《合作协议》的签订时间是否有先后顺序以及订立《合作协议》前后当事人之间是否就担保问题有其他沟通,厘清《合作协议》第 15 条与附件三之间的历史脉络,据此作出判断。此项解释活动属于意思表示的历史解释。

4. 意思表示的目的解释

(1)主观目的论解释与客观目的论解释

我国《民法典》第 142 条第 1 款与第 2 款均规定意思表示解释应当结合"行为的性质和目的",此为目的解释在我国民法意思表示解释规则中的体现。意思表示的目的解释包括主观目的论解释与客观目的论解释。前者是指通过考察表意人拟实现的目标确定其表示的意义,后者是指基于价值评判或者利益考量确定表示的应有意义。主观目的论解释对于无相对人的意思表示具有重要意义。对于有相对人的意思表示,主观目的论解释适用的前提是:相对人知道表意人的主观目的,或者各方当事人具有共同的主观目的。就合同而言,表意人的主观目的通常体现在缔约交流或者缔约背景之中。前者是指在缔约过程中,表意人向相对人声明或者透露了其获取标的物或者服务的用途,或者反过来,其向相对人提供标的物或者服务拟实现的目标。后者是指虽然表意人未向相对人明确表达此类用途或者目标,但缔约前表意人的处境、身份等状况决定了表意人预设此类用途或者目标。

合同各方当事人共同的主观目的既可能体现在缔约交流或者缔约背景之中,也可能体现在交易事项或者合作项目的功能、属性之中,甚至可能被约定于合同之中。例如,甲、乙订立对赌协议,约定甲投资的目标公司如果连续 2 年业绩达不到一定标准,乙有义务以约定价格回购甲持有的全部股权。协议某条款约定:"乙应在收到甲的回购请求通知后 5 个工作日启动股权回购工作,并在 2 个月内完成所有股权回购交割手续,包括签署股权转让协议、履行法律规定的必要备案登记手续。"有争议的是,乙应否在 2 个月内支付股权回购款。回购条款的目的不仅在于使甲的股权由乙取得,毋宁说,更重要的是使甲的投资得以收回。如果乙在 2 个月内仅有义务办理必要手续使自己取得股权,没有义务向甲支付股权对价,则甲在尚未收回资金的情况下就已失去股权,显然不能实现回购条款的上述目的。因此,上述条款中的"完成所有股权回购交割手续"应依合同目的解释为既包括完成股权交割(移转)手续,也包括支付完毕股权回购款,后者也是"股权回购"工作的内容之一。条款中约定的"交割手续"只是"股权回购"的一个环节而已,并未排除股权回购的其他事宜。

目的解释的前提是意思表示存在多种解释的可能性。如果意思表示的文义十分确定,没有歧义,则通常无须进行目的解释。例外的是,此项十分确定的文义显然不符合被相对人所知的表意人主观目的或者双方共同目的,因此,应当依据该目的确定更为合适的表示意义。如果十分确定的文义显然有悖于公平、诚信原则,则只能考虑通过其他途径对一方当事人予以救济。

意思表示的客观目的论解释首先是指在有若干解释可能性的情况下,选择可以同时满足各方当事人利益的解释结论。这种共赢解释是最理想的解释。在各方利益存在冲突从而不能兼顾的情况下,应当基于价值评判对各方利益予以取舍,选择合乎公平、诚信原则的解释结论。从这个意义上说,《民法典》第 142 条规定的结合诚信原则也体现了意思表示的客观目的论解释。关于依诚信原则解释意思表示,学理上争议较大的一个问题是:在解释意思表示时,应否适用"与行为相矛盾的异议无效"( protestatio facto contraria non valet)或者"不得自相矛盾"( Verbot widersprüchlichen Verhaltens)规则? 例如,某人将车停入有偿停车位的时候向停车位管理员声明其不愿意缔结停车位有偿使用合同,此项声明(异议)与其停车行为相矛盾。德国法有判例与学说认为,基于诚信原则,应将驾驶者的上述行为解释为缔结停车位有偿使用合同的意思表示。[①] 与此相反的学说则认为,在上述情形中,虽然驾驶者的行为违背诚信,但将其行为解释为同意缔结停车位有偿使用合同的意思表示却显然不符合私法自治原则。仅当违背诚信的行为使相对人产生值得保护的信赖时,才能考虑将该行为解释为同意缔约的意思表示,而上述情形恰恰缺乏此种信赖。[②] 相较之下,反对说更值得借鉴。"与行为相矛盾的异议"或者"自相矛盾的行为"虽然违背

---

① Jürgen Ellenberger, in: Palandt Kommentar BGB, 79. Aufl., 2020, Einf v § 145 Rn. 26; Reinhard Bork, in: Staudinger Kommentar BGB, 2015, Vor § § !45 - 156 Rn. 39; BGHZ 21, 319; BGH MDR 2000, 956.

② Reinhard Singer, in: Staudinger Kommentar BGB, 2017, § 133 Rn. 59 - 60.

诚信原则,但毕竟行为人已经明确表示不愿意订立合同,仅依诚信原则认定双方当事人成立合同,比较牵强。在意思表示解释领域,诚信原则的作用主要体现为在合同已经成立的情况下通过合乎诚信的解释确定合同的内容。至于判断合同是否成立,则主要取决于私法自治与信赖保护的协调。在这个问题上,诚信原则充其量只是适用信赖保护原则时的参考因素。对于违背诚信原则的行为,未必需要且能够通过法律行为的效力来保护相对人,侵权法、不当得利法等制度也能为其提供相应的保护。

意思表示的客观目的论解释还包括合理解释(vernünftige Auslegung)。在有多种解释可能性的情况下,应当选择从法秩序的视角看最为合理的解释。据此可以归结出意思表示解释的若干规则,包括合法(有效)解释规则、无矛盾解释规则、免责或弃权条款的严格解释规则等。[①]

就合同而论,意思表示的客观目的论解释着眼于通过解释实现合同正义。这是在维持合同自由的基础上法律共同体追求的更高目标。

(2)客观目的论解释的若干规则

合法解释规则(Gebot gesetzeskonformer Auslegung),是指存在多种解释的可能性时,原则上应选择可以避免法律行为无效的那种解释。[②]因为通常而言,采用法律上有效的手段追求合法结果符合当事人的利益。合法解释规则在比较法上被广泛承认[③],《国际商事合同通则》(PICC)第4.5条对此亦有明确规定。当然,此项规则并非绝对。有时,一方当事人的利益迫切需要保护,为此,应当例外地选择使法律行为无效的那种解释。[④] 比如,第三人以口头形式与债权人约定将来为债

---

① Reinhard Singer, in: Staudinger Kommentar BGB, 2017, § 133 Rn. 55.

② Jürgen Ellenberger, in: Palandt Kommentar BGB, 79. Aufl., 2020, § 133 Rn. 25; Arnd Arnold, in: Erman Kommentar BGB, 15. Aufl., 2017, § 133 Rn. 29.

③ 参见杨良宜:《合约的解释》,法律出版社2015年版,第255页。

④ Reinhard Bork, Allgemeiner Teil des Bürgerlichen Gesetzbuchs, 4. Aufl., 2016, S. 216 (Rn. 556).

务人还债,在有疑义时,若无充分的相反理由,应将该约定解释为保证合同而非债务加入,进而以不符合形式要件为由认定保证合同不成立(结果上等同于无效)。依据我国《民法典》第552条之规定,债务加入是不要式法律行为,将上述约定解释为债务加入虽可使其成立并生效,但对第三人显然极为不利,保证合同的书面形式规则对于第三人(担保人)的保护目的将因此而落空。一般而论,如果导致法律行为无效或者不成立的规则旨在保护一方当事人,则不能轻易以合法解释规则排斥此类规则的适用;反之,如果此类规则旨在保护公共秩序或者公共利益,则通常应依合法解释规则在数个可能的解释中选择不违反此类规则的解释。

应当注意的是,在能够通过文义解释、体系解释、主观目的论解释确定合同意义的情况下,不能依合法解释规则为合同构造与该意义不同的另一种意义。尽管后者符合法律规定,但毕竟不是合同本义,不应将其强加给合同,否则将导致强制性(禁止性)规定被架空。例如,甲公司与乙学校订立《产权转让合同》约定,乙学校将无任何负债的现有校区产权转让给甲公司,转让标的为占地面积20.6万平方米、建筑面积19.38万平方米的东方学院老校区全部建筑产权,乙学校须于合同生效后30天内完成校区毛地挂牌转让的立项申报工作,合同所指向的全部建筑物收益权归甲公司所有。乙学校主张该合同转让划拨国有土地使用权,未经政府批准、未采用"招拍挂"程序,所以合同无效。甲公司主张该合同并非土地使用权转让合同,而是建筑物收益权转让合同,应为有效。从"毛地挂牌转让"等表述以及物权法上的"房地一体"原则看,《产权转让合同》的主要标的应为国有土地使用权,建筑物转让仅为附属事项。因此,该合同并非所谓建筑物收益权转让合同。甲公司为使合同合法有效,在解释上避重就轻、偷梁换柱,不应得到支持。①

---

① 参见中金产权交易有限公司与黑龙江东方学院合同纠纷案,最高人民法院民事判决书(2020)最高法民终368号。

与合法解释规则不同的是所谓"效力维持限缩"(geltungserhaltende Reduktion),即对无效法律行为进行限缩解释,使其缩减后的内容既不违法也不背俗。关于应否承认此种意思表示解释规则,德国法上存在肯定说与否定说之争,后者是通说。[①] 通常而言,"效力维持限缩"拟解决的问题可以通过法律行为部分无效、无效法律行为转换等规则来解决。对于这些其他规则无法解决的问题,通过"效力维持限缩"获得合理的结果,在性质上亦非狭义意思表示解释,毋宁是补充性意思表示解释(隐性漏洞填补)。当然,考虑到我国民法没有专门规定无效法律行为转换,所以"效力维持限缩"具有更大的适用空间。

无矛盾解释规则是指存在多种解释的可能性时,应选择可以避免意思表示的内容自相矛盾的那种解释。无矛盾解释规则一方面有助于避免合同的履行陷入不必要的障碍,另一方面在大多数情况下也符合当事人的本意,因为,理性的当事人通常不愿意在合同中设置两个相互矛盾的条款。[②] 例如,一份《基金合伙协议》第12条规定:"合伙企业清算时应先向优先级合伙人分配剩余财产,再向劣后级合伙人分配剩余财产。"第30条规定:"合伙企业清算时,剩余财产由合伙人按照实缴出资比例分配。"对于第30条,存在两种解释:一是剩余财产在全体合伙人之间一律按照实缴出资比例分配;二是"按照实缴出资比例分配"仅适用于同一层级的数个合伙人,亦即优先级合伙人先按照实缴出资比例分配剩余财产,仍有剩余的,再由劣后级合伙人按照实缴出资比例分配。第一种解释显然导致第30条与第12条相互矛盾,第二种解释则可以避免此种矛盾,所以,应当采用第二种解释。再如,甲、乙、丙三方存在连环买卖关系,甲方为第一出卖人,乙方为第二出卖人,为解决货款支付问题,三方订立《委托付款协议》,约定由丙直接向甲支付货款。该协议第3条第2款约定:"若丙方未能按本协议履

---

① Reinhard Singer, in: Staudinger Kommentar BGB, 2017, § 133 Rn. 62.
② Jürgen Ellenberger, in: Palandt Kommentar BGB, 79. Aufl., 2020, § 133 Rn. 26.

行付款义务,由此造成乙方在原合同中的相关违约责任全部由丙方承担。"第 4 条约定:"如本协议经三方协商被撤销,则乙方仍继续按照原合同履行义务。"第 4 条中的"撤销"应该指的是"解除"。该条反面解释的结论是:"本协议未经三方协商被解除的,乙方无须按照原合同(向甲方)履行义务。"对于第 3 条第 2 款,存在两种解释:一是丙方未能向甲方履行付款义务的,原合同中的违约责任主体仍然是乙方,但在乙方、丙方的关系中,丙方有义务为乙方向甲方支付违约损害赔偿金;二是丙方未能向甲方履行付款义务的,原合同中的违约责任主体是丙方。第一种解释意味着《委托付款协议》仅为《民法典》第 523 条中的"约定由第三人向债权人履行债务",而非《民法典》第 551 条规定的免责债务承担。第二种解释意味着该协议约定的是免责债务承担,乙方从原合同债务中解脱出来。第一种解释导致第 3 条第 2 款与第 4 条相互矛盾,所以,应当采用第二种解释。

免责或者弃权条款严格解释规则(Restriktionsgrundsatz),是指对于免责条款或者限制一方当事人重要权利的条款,有疑义时应当采取不利于受益方的解释。[1] 此项规则适用的前提是免责或者弃权条款表述不清,存在歧义。[2] 在英美法上,与此相当的解释规则被称为"针对规则"(contra proferentem),即"反对获利方的解释"规则。其适用于两种情形:一是免责条款表述不清的,应作不利于主张免责的一方当事人解释;二是某个条款表述不清的,应作不利于条款拟定方的解释。[3] 就免责或者弃权条款而论,之所以应作严格解释,主要是因为此类条款违背常理。按照社会一般观念,人们通常不愿意放弃自己本来享有的权利,对于免责或者弃权条款进行严格解释更有可能符合当事人的本意。一方当事人欲在合同中加入此类违背常理的条款并从中

---

[1] Jürgen Ellenberger,in:Palandt Kommentar BGB,79. Aufl. ,2020, § 133 Rn. 24.

[2] Reinhard Singer,in:Staudinger Kommentar BGB,2017, § 133 Rn. 63.

[3] 参见杨良宜:《合约的解释》,法律出版社 2015 年版,第 243—246 页。

获利,必须清晰明确地予以表述,否则应承担对自己不利的后果。实践中,EPC 合同(工程设计合同、采购和施工总承包合同)中的"背靠背"条款包含限制出卖人重要权利的成分,是一种弃权条款。据此,设备买受人(工程承包人)在收到工程发包人支付的设备价款后才有义务向设备出卖人支付价款。这与常规买卖合同显然不同,买受人取得货物后的转售风险被转嫁给出卖人,出卖人交货后的价款请求权受到蕴含风险之条件的限制。此类条款若有表述不清之处,理应作不利于买受人的解释。例如,某"背靠背"条款约定:"甲方所供设备交付并安装就位后,在乙方收到业主货款后 10 日内,乙方向甲方支付货款。"在履约过程中,甲方交付了设备,但在设备安装工作的分工问题上甲方、乙方发生争议。乙方自己安排人员分担了部分安装工作,但坚持认为该项工作本应由甲方全部承担。为此,乙方在收到业主货款后拒绝向甲方支付,理由是"背靠背"条款中的"安装就位"这一条件没有成就。该条款对于设备安装工作应否完全由出卖人承担没有明确约定,而且也没有明确约定如果设备安装工作应由出卖人负责但实际上却由买受人完成的情况下,是否阻碍买受人付款条件的成就,或者说,作为付款条件的"安装就位"究竟指"出卖人安装就位"抑或指"无论何人安装就位",不无疑问。鉴于该"背靠背"条款存在模糊之处,应作不利于买受人的解释,即认定:无论何人安装就位,只要买受人已收到业主货款,其付款条件即已成就。

有时,意思表示存在多种解释,其中一种解释导致法律行为丧失实质意义,此种解释不应被采纳。[1] 这也是一条以合理解释为目标的解释规则,可以称为"避免法律行为无意义的解释规则"。导致法律行为丧失实质意义的一种重要情形是合同债务自始履行不能。尽管自始履行不能不应导致合同无效,但自始履行不能的合同毕竟违背理性

---

[1]　Jürgen Ellenberger,in:Palandt Kommentar BGB,79. Aufl. ,2020, § 133 Rn. 26.

人订立合同的初衷。从合同的交易功能角度看,此种合同没有实质意义。如果创设自始履行不能的债务的合同条款表述清晰明确,则只能将其解释为创设了自始履行不能的债务,在符合条件的情况下判令债务人承担债务不履行的损害赔偿责任。反之,如果创设债务的条款还有另一种解释,则应采纳另一种解释,使合同产生并非自始履行不能的债务。英美法合同解释实践上承认"假设订约方不会约定不可能做到的事情"规则①,实际上就是为了避免合同丧失实质意义。

(三)补充性意思表示解释的方法

我国《民法典》第142条虽然没有明确规定允许裁判者进行补充性意思表示解释,但这并不意味着裁判者无权进行补充性意思表示解释。补充性意思表示解释是广义的意思表示解释的一种,应将《民法典》第142条中的"意思表示的解释"一语予以宽泛解释,使其指称广义的意思表示解释,其中包括补充性意思表示解释。从比较法看,《德国民法典》第133条与第157条也未明确规定补充性意思表示解释,但德国的法教义学一致认为,这两款条文包含了补充性意思表示解释规则。同理,我国《民法典》第142条也可以作类似解释。此外,如前所述,我国《民法典》第510条第2分句以及第511条第5项也是补充性意思表示解释权的规范基础。从这些规范的解释中可以归结出补充性意思表示解释的方法。

1. 意思表示漏洞的确定

补充性意思表示解释旨在填补意思表示的漏洞。在进行补充性意思表示解释之前,首先必须确定法律行为已经成立,其次必须确定意思表示存在漏洞。② 与狭义的意思表示解释不同,不能通过补充性意思表示解释判定意思表示成立,也不能通过补充性意思表示解释使本来因欠缺实质合意而不能成立的法律行为得以成立。补充性意思

---

① 参见杨良宜:《合约的解释》,法律出版社2015年版,第292—295页。

② Herbert Roth, in: Staudinger Kommentar BGB, 2015, §157 Rn. 12.

表示解释不仅适用于双方法律行为,也适用于单方法律行为,如遗嘱①。就双方法律行为而论,补充性意思表示解释实际上是同时对已就基本事项达成一致的双方当事人的意思表示进行漏洞填补。在前述"补充性意思表示解释的一般问题"部分已经对意思表示漏洞有所论述,此处拟对其予以进一步阐述。

法律漏洞是指法律存在违反计划的不圆满性②(planwidrige Unvollständigkeit)。同理,意思表示漏洞是指意思表示存在违反计划的不圆满性,亦即表意人在意思表示中对于本应规范的事项未予规范。此类事项未被规范虽不导致法律行为不成立,但导致法律行为的目的不能完全实现。在某些情形中,当事人在订立合同时虽遗漏某个事项,但该事项对于实现合同目的无关紧要,所以不构成合同漏洞。例如,甲、乙订立买卖合同,其中第 8 条约定:"任何一方违约的,均应按照本合同约定支付违约金。"不过,合同从头到尾没有任何一个条款约定违约金的数额。违约金数额未约定,不应认定为合同漏洞,因为即便没有违约金条款,一方违约的,仍须依法向另一方支付违约损害赔偿金。对于违约救济而言,违约金条款只是锦上添花而已。

意思表示漏洞可能自始存在,此即自始漏洞;也可能在法律行为成立后因事态发展超出当事人的预期而出现漏洞,此即嗣后漏洞。意思表示漏洞可能是因当事人的疏忽而存在,也可能是当事人有意识留下的,比如双方当事人期待将来就某一事项达成补充约定。对于有意识留下的漏洞,也可以进行补充性意思表示解释。③ 甚至有学说认为,法律行为部分条款无效如果导致其目的不能完全实现,亦可认定其存

---

① 参见〔德〕汉斯·布洛克斯、沃尔夫·迪特里希·瓦尔克:《德国民法总论》,张艳译,中国人民大学出版社 2019 年版,第 70 页。

② 参见〔德〕卡尔·拉伦茨:《法学方法论》,黄家镇译,商务印书馆 2020 年版,第 469 页。

③ Jürgen Ellenberger, in: Palandt Kommentar BGB, 79. Aufl., 2020, §157 Rn. 3.

在漏洞。①

如果意思表示的内容十分明确,只是有失公平,则不构成意思表示漏洞,不能通过补充性意思表示解释矫正不公平的内容。单纯的公平考量不能排除基于合同的风险分配。② 此外,如果通过解释可以确定(各方)当事人有意使既有意思表示内容成为封闭性的,则也不能认定存在意思表示漏洞。③

2. 基于假定的当事人意思进行漏洞填补

补充性意思表示解释应当以假定的当事人意思( hypothetischer Parteiwille)为基础。假定的当事人意思未必等同于真实的当事人意思。就合同而论,裁判者应当探究,假如各方当事人订约时考虑到被遗漏的事项以及对该事项予以规范的必要性,则其作为正直的合同当事人在依据诚信原则合理考量双方利益的情况下将会达成何种约定。④ 此种情形中假定的当事人意思显然具有规范性因素。就单方法律行为而论,裁判者应当探究,假如表意人作出意思表示时考虑到被遗漏的事项以及对该事项予以规范的必要性,其在合理考量相关利益的情况下将会如何对此予以规范。

对于补充性意思表示解释具有决定意义的时点并非裁判者进行漏洞填补的时刻,而是法律行为实施的时刻。裁判者不应仅基于诚信原则将其当前认为客观正确的方案补充到法律行为中去,毋宁应模拟法律行为实施时当事人的角色对意思表示的内容予以补充,否则就会背离私法自治原则。⑤

裁判者在填补合同漏洞时,为确立假定的当事人意思,首先应当

---

① Christian Armbrüster, in: Erman Kommentar BGB, 15. Aufl., 2017, § 157 Rn. 18.

② Herbert Roth, in: Staudinger Kommentar BGB, 2015, § 157 Rn. 19.

③ Jürgen Ellenberger, in: Palandt Kommentar BGB, 79. Aufl., 2020, § 157 Rn. 3.

④ 参见〔德〕汉斯·布洛克斯、沃尔夫·迪特里希·瓦尔克:《德国民法总论》,张艳译,中国人民大学出版社 2019 年版,第 70 页。

⑤ Herbert Roth, in: Staudinger Kommentar BGB, 2015, § 157 Rn. 34.

从合同目的以及体现于合同条款中的当事人的基本评价出发。仅仅依据合同类型对合同目的予以一般性描述是不够的,毋宁应对系争合同本身及其背景进行具体考察。如果已经查明双方当事人关于遗漏事项具有未被表达于合同之中的一致意思,则应依据该真实意思填补合同漏洞。当然,假定的当事人意思不仅取决于上述个别化因素,还取决于客观标准,即诚信原则。诚信原则要求填补合同漏洞时合理地平衡双方当事人的利益,不能仅着眼于一方当事人的利益。例如,在一份商铺租赁合同中,承租人租用了商场某一楼层大约 3/4 的面积。合同约定租赁使用面积 3800 平方米,此为建筑规划原图中各间小商铺的面积之和,承租人经出租人同意拟将这些小商铺打通,开设一家从事儿童用品销售及游乐服务的开放式综合商店,店面设计方案中不筑墙壁,仅设可移动货架和若干固定设施。履行过程中,承租人对租用店面进行整体装修,装修区域包括了建筑规划原图中各小商铺之间的过道,最终测量的地面装修面积超出租赁面积 1300 平方米。出租人以承租人超面积装修为由要求解除合同并主张违约赔偿。本案纠纷的根源在于租赁合同对承租人可否装修各小商铺之间的过道问题未予约定,形成合同漏洞。合同目的是租赁可用于经营开放式大商店的铺面,为实现此项目的,承租人必须将夹在其租用的各小商铺之间的过道一并装修。否则,一方面,将破坏其经营空间的整体风格,而且给装修时的管线铺设造成巨大麻烦;另一方面,把过道留出来不予装修,使其处于凹凸不平的毛坯状态,显然导致已经装修的铺面无法正常使用,危及员工及顾客的人身安全。况且,装修过道不等于占用过道,因为装修时并未对过道设置隔离墙使其成为承租人独占的封闭空间,过道仍然可以服务于公众通行。此外,承租人自担费用装修过道亦未给出租人造成不利。因此,基于合同目的,兼顾诚信原则,假定的当事人意思应为"承租人有权对夹在各小商铺之间的过道一并装修"。裁判者应据此填补合同漏洞,承租人的装修行为不构成违约。

对于某一事项,合同未明确约定,但合同条款对类似事项存在约定的,可以采用类推的方法填补合同漏洞,将类似事项的合同条款类推适用于合同遗漏事项。此时,类似事项的合同条款中蕴含了假定的当事人意思。例如,在一份《增资入股协议》中,第 6 条约定,原股东存在若干明确列举的严重违约行为时,新股东有权请求原股东按一定价格回购股权;第 9 条约定,原股东违约的,须向新股东承担连带赔偿责任。在纠纷解决过程中,关于两个原股东对新股东的股权回购义务究竟是按份债务还是连带债务发生争议。《增资入股协议》第 6 条对此未予以明确约定,构成合同漏洞,应当类推第 9 条违约损害赔偿责任规则,使两个原股东就股权回购承担连带债务。

3. 其他考量因素

除了依据法律行为目的、诚信原则等因素确立的假定的当事人意思之外,补充性意思表示解释还可以依据交易习惯、公平原则等客观标准。[1]《民法典》第 142 条明确规定了交易习惯可以作为意思表示解释的标准,《民法典》第 510 条第 2 分句亦然。相较之下,假定的当事人意思应当被优先考虑。在无法依据法律行为目的、诚信原则等因素确立假定的当事人意思时,裁判者可以直接依据交易习惯、公平原则填补意思表示漏洞。此处的交易习惯应为法律行为实施时的交易习惯,法律行为成立后才形成的交易习惯不能作为补充性意思表示解释的标准。

## 六、意思表示解释的若干特殊问题

要式法律行为的解释、格式条款的解释以及集体合同、章程、管理规约的解释存在若干特殊性,需要予以特别探究。

(一)要式法律行为的意思表示解释

要式法律行为的意思表示解释面临如下特殊问题:通过考虑(纸

---

① Herbert Roth,in:Staudinger Kommentar BGB,2015,§ 157 Rn.31.

质或者电子)文件外的因素得以确定的意思表示内容是否满足法律行为的形式要求？目前通说认为，要式法律行为的意思表示解释须分两个步骤。第一步，综合考虑文件内外的各种因素，确定意思表示的内容。就文件外存在的因素，必须在程序法上已经得到证明。第二步，审查基于文件外因素得以确定的意思表示内容是否满足形式要求。至于审查标准，目前主流观点是暗示说(Andeutungstheorie)[①]，据此，仅当基于文件外因素得以确定的意思表示内容在文件中得到不完整或者暗示性的表达时，才能满足法律行为的形式要求。[②] 如果意思表示内容在文件中根本找不到痕迹，则不能将其作为要式法律行为的内容。比如，在一份书面遗嘱中，遗嘱人表示"把一辆小轿车给外甥张某"，没有指明究竟是其拥有的两辆小轿车中的哪一辆。立遗嘱前，遗嘱人曾经说过"去世后把那辆奔驰轿车给外甥张某"。在该说法得到证明的情况下，应将其作为遗嘱的内容。遗嘱中"把一辆小轿车给外甥张某"这句话是此项意思内容的痕迹，其对此项意思内容作了不完整的表达。

暗示说的例外是，"误载无害真意"规则优先于暗示说。也就是说，就合同而论，如果双方当事人都在同一种错误意义上使用某个表意符号，则此项即便在文件中找不到痕迹的错误意义仍然成为要式合同的内容。至于死因行为的解释是否适用此项例外，则有疑问。[③] 此外，暗示说也不适用于补充性意思表示解释，因为通过补充性意思表示解释填补意思表示漏洞意味着对某个未被规范的事项补充规范，这个被添加于法律行为中的规范当然不需要在法律行为中已有痕迹。

（二）集体合同的解释

劳动合同法上的集体合同对未参与缔约谈判的众多劳动者具有

---

① 当然，也有学者反对暗示说，认为基于文件外因素得以确定的意思表示内容无须在文件中具有痕迹。Vgl. Arnd Arnold, in: Erman Kommentar BGB, 15. Aufl. ,2017, §133 Rn. 31.

② Jürgen Ellenberger, in: Palandt Kommentar BGB, 79. Aufl. , 2020, §133 Rn. 19.

③ Reinhard Singer, in: Staudinger Kommentar BGB, 2017, §133 Rn. 31.

效力,是一种在特定范围内具有普适性的规范①,学理上被称为规范合同(Normenverträge)。因此,集体合同的解释方法更接近于法律规范的解释方法,通常仅从合同条款本身出发,采用客观视角,原则上不考虑合同文本之外的特殊因素。②

(三)管理规约、章程及其他涉众法律行为的解释

按照《民法典》第278条和第280条的规定,区分所有建筑物管理规约以多数决的方式由业主共同决定,管理规约一旦通过,对全体业主具有约束力,包括当时未参与表决的业主以及后来因购房新加入的业主。管理规约虽非合同,但在性质上也是一种法律行为。与劳动合同类似,管理规约也在特定范围内具有普适性,所以应遵循与劳动合同类似的解释原则。

社团法人的章程也是基于意思表示而达成的法律行为。章程通常由社团设立人共同制定(《公司法》第23条、第25条)或者由创立大会表决通过(《公司法》第90条)。从制定过程看,社团章程通常体现多数人的意思,涉及数个意思表示,所以在解释时无法逐个考察表意人的真实意思及其作出意思表示时的特殊背景,只能从章程本身出发,至多考虑众人皆知的章程外的一般情况。此外,章程对未参与制定的人(公司高管、新股东等)也具有效力,所以,解释时应采用客观视角,即仅考虑公众的一般理解能力。③

除了管理规约、社团章程之外,业主大会、集体经济组织成员大会、社员大会等自治权力机构就某一事项作出的决议也应遵循上述特殊解释原则。此类法律行为在形成上以及在效力上皆涉及众多当事人,具有共同的特性,可以统称为涉众法律行为。

---

① 我国《劳动合同法》第54条第2款规定:"依法订立的集体合同对用人单位和劳动者具有约束力。行业性、区域性集体合同对当地本行业、本区域的用人单位和劳动者具有约束力。"

② Arnd Arnold, in: Erman Kommentar BGB, 15. Aufl., 2017, § 133 Rn. 33.

③ Jürgen Ellenberger, in: Palandt Kommentar BGB, 79. Aufl., 2020, § 133 Rn. 12.

### (四)格式条款的解释

格式条款在现代经济活动中被广泛使用。鉴于当事人之间地位不均衡以及缔约过程的特殊性,现代民法普遍对格式条款的解释提出若干特殊规则。我国《民法典》第498条对此设有明文规定。

按照《民法典》第498条第1句的规定,格式条款应当按照通常理解予以解释。之所以如此规定,是因为格式条款面向社会公众,解释时理应采用客观视角,无须考虑公众无从得知的格式条款制定者的真实意思及其特殊背景。尤其是网络交易平台拟定的平台服务协议以及银行、电信、能源供应企业等制定的格式条款,从制定流程、适用范围等方面看非常接近于规范性法律文件,解释方法上也应更多地借鉴法律规范的解释方法。

按照《民法典》第498条第2句的规定,格式条款有多种解释的,应作不利于格式条款提供方的解释。此为"针对规则"在格式条款解释上的体现。格式条款提供方自己制定合同条款,掌握缔约主动权,在拟定合同条款时有机会按照有利于自己的方式设计条款内容,是格式条款的受益方,所以,当格式条款存在歧义时,不应作有利于格式条款提供方的解释,否则对于相对人而言显然不公平。

按照《民法典》第498条第3句的规定,格式条款和非格式条款不一致的,应采用非格式条款。之所以如此,是因为非格式条款在缔约时已经过双方当事人个别磋商,显然更能体现双方当事人的真实意思。尽管非格式条款的解释未必都采用主观解释原则,但其更有可能使解释结论符合当事人的真实意思。

# 第四章　意思表示瑕疵

## 第一节　意思与表示不一致

### 一、意思表示瑕疵概述

意思表示是私法自治的工具,因此,理想状态是,表意人通过自由、真实的意思对其利益关系予以处置和安排。此处所谓自由是指表意人在不受外部因素干扰的状态下作出意思表示;所谓真实是指表意人的表示内容符合其内心的需求或意图。世间之事,常有不如意者。意思表示亦然,诸多因素皆可能使其偏离理想状态。在意思形成阶段,表意人可能对某一事实产生错误认识,并以此为由形成效果意思。造成此种错误认识的原因既可能是表意人本身的信息不充分,也可能是相对人或者第三人误导。表意人还可能因受他人胁迫而形成效果意思。误导与胁迫使表意人陷于不自由状态。在表示阶段,表意人可能使用了不能准确体现其效果意思的表意符号,导致表示意义背离效果意思。表意人甚至可能在欠缺效果意思或者其他主观因素的情况下作出表示。凡此种种,皆为有瑕疵的意思表示,亦称不健全的意思表示。[1]

对于不健全的意思表示,有学者区分了意思欠缺(Fehlen des Willens)与意思瑕疵(Willensmängel)。前者是指表意人根本不存在效果意思或者不存在与表示内容一致的效果意思,如戏谑表示、真意保留、通谋虚伪表示、表示错误;后者是指表意人内心虽有效果意思,但该效果意思存在瑕疵,如因欺诈或者胁迫而形成的效果意思。[2] 不过,此种分类并未被普遍接受。在当代民法理论上,通说以意思瑕疵之概念统称意思表示不健全的各种情形。[3] 从逻辑上看,意思欠缺与意思瑕疵之区分并非毫无道理。在真意保留、戏谑表示等情形中,既然根本不存在效果意思,就谈不上该意思是否存在瑕疵。最严谨的做法是用意思表示瑕疵之概念统称上述各种情形。瑕疵可能存在于意思本身,也可能存在于表示之中:表示与意思的关联性存在瑕疵或者根本欠缺与表示相对应的意思,二者均导致表示欠缺意思基础。

关于意思表示瑕疵,目前最为常见的学理分类是将其划分为意思与表示不一致和意思表示不自由。前者包括故意的意思与表示不一致及无意的意思与表示不一致,即意思表示错误;后者包括欺诈与胁迫。

## 二、故意的意思与表示不一致

故意的意思与表示不一致是指表意人明知道自己欠缺与表示内容一致的效果意思而仍然作出表示。依通说,故意的意思与表示不一

---

[1]　参见王泽鉴:《民法总则》,北京大学出版社2009年版,第333页。

[2]　Enneccerus/Nipperdey, Allgemeiner Teil des Bürgerlichen Rechts, 15. Aufl., 1960, S. 1019-1059.

[3]　参见〔德〕维尔纳·弗卢梅:《法律行为论》,迟颖译,法律出版社2013年版,第473页。

致包括戏谑表示、真意保留与通谋虚伪表示①。当然,戏谑表示与通谋虚伪表示究竟是否属于故意的意思与表示不一致,尚有斟酌余地。

(一)真意保留

1. 真意保留的概念

真意保留(Mentalreservation,geheimer Vorbehalt),亦称内心保留、单方虚伪表示,是指表意人虽作出意思表示,但内心有所保留,不希望依表示内容发生法律效果。真意保留的动机可能是欺骗他人、激怒他人、博取美名,也可能是宽慰他人或者为他人暂时解困。动机对于真意保留法律行为的效力判断并无影响。

2. 真意保留的构成要件

通说认为,真意保留须符合如下要件:(1)存在一项意思表示。真意保留时的表示具备特定的表示意义(效果意义),表意人具有行为意思和表示意识,意思表示成立。(2)表示意义与表意人的真实意思不一致。表意人虽然认识到其表示内容指向特定法律效果,但不希望受该法律效果的约束,内心对该法律效果持否定(保留)态度。易言之,表意人的真实意思是"不发生该法律效果",表示意义是"发生该法律效果",二者相互背离。(3)表意人知道其意思与表示意义不一致。(4)表意人当时认为他人不知道其内心真意。②

3. 真意保留的法律效果

在德国民法及我国台湾地区"民法"中,相对人不知道真意保留的,意思表示有效;相对人知道真意保留的,意思表示无效。我国《民法典》对于真意保留未作专门规定,可依民法原理及民法解释解决此类问题。

具体而言,在真意保留情形中,表意符号客观上具备效果意义,但

---

① 参见〔德〕汉斯·布洛克斯、沃尔夫·迪特里希·瓦尔克:《德国民法总论》,张艳译,中国人民大学出版社2019年版,第178页。

② 同上注。

表意人赋予表意符号的意义却是"不应发生此种法律效果"。在相对人不知道真意保留的情况下,依规范性解释,表意符号具备效果意义,意思表示成立且因到达而生效。鉴于表意人具有很强的可归责性,为保护相对人的信赖,法律行为理应有效。在解释论上,我国民法既然未明确规定真意保留的法律行为无效,则在法律行为成立的情况下,没有理由认定其无效。在相对人知道真意保留的情况下,不论其对此赞同与否,依自然解释,表意符号都欠缺效果意义,不存在作为意思表示客观要件的表示,意思表示不成立(与前述通说不同!),所以法律行为也不成立,从而也不能发生效力。在解释论上,无须将《民法典》第146 条第 1 款中的"虚假的意思表示"解释为既包括通谋虚伪表示,也包括单方虚伪表示,从而据此认定真意保留的意思表示在相对人知情时无效。一方面,此种解释极为牵强,背离立法本意;另一方面,此种解释也无法解决相对人不知道真意保留的情况下法律行为是否有效之问题。更为稳妥且简单的方法是,在意思表示因相对人知道真意保留而不成立的情况下,依据《民法典》第 134 条第 1 款认定法律行为不成立,并依据《民法典》第 136 条第 1 款认定法律行为因不成立而不生效。

唯一有疑问的是,无相对人意思表示应否受真意保留影响。从比较法看,《德国民法典》第 116 条第 1 句关于意思表示不因真意保留而无效之规定既适用于需受领(有相对人)的意思表示,也适用于无需受领(无相对人)的意思表示。[①] 据此,就遗嘱、所有权抛弃等法律行为而言,即便表意人真意保留,其意思表示仍然发生效力。不过,此种规范模式是否具有充分的正当性,值得推敲。既然涉及真意保留的是无相对人意思表示,就不存在需要保护的相对人信赖,而且后续交易中的第三人信赖可以借助善意取得制度予以保护,看起来没有理由认为意思表示不受真意保留的影响。无相对人意思表示采用自然解释,以表意人的真意(主观意义)为准

---

① Jürgen Ellenberger, in: Palandt Kommentar BGB, 79. Aufl. , 2020, § 116 Rn. 3.

解释其表意符号,在已经证明存在真意保留的情况下,理应认定意思表示因欠缺具备效果意义的表示而不成立。例外情形是真意保留的意思实现,依诚信原则,若该意思实现直接在表意人与特定人之间创设、变更或者消灭债务关系,则不应允许表意人以真意保留为由主张意思表示不成立。

(二)戏谑表示

学理上通常将戏谑表示(Scherzerklärung)定义为:非出于真意且预期真意的欠缺不至于被人误解而作出的意思表示。此项定义源于《德国民法典》第118条。按照该条规定,戏谑表示无效,即便相对人对该表示信以为真,亦然。如果相对人对于戏谑表示存在无过失的信赖,可依《德国民法典》第122条请求表意人赔偿信赖利益损失。[①]

典型的戏谑表示如玩笑、吹牛、夸张广告、赌气等。例如,甲男与乙女是一对情侣,甲男冒用乙女名义通过网贷平台借款2万元,乙女还债后与甲男交涉,要求甲男偿还其2万元钱,双方在微信中话不投机,聊天记录中乙女有如下言语:"你真无耻,我一分不要了,就这样算了。"从事情的前因后果以及当时的语境看,乙女这句话显然是在赌气,欠缺真意,构成戏谑表示。

在戏谑表示情形中,表意人虽欠缺效果意思中的约束意思且预期相对人不至于误认其具有约束意思,但相对人未必知道其欠缺约束意思。究竟是否构成意思表示,需要依据意思表示构成要件理论予以判断。如果相对人知道或者应当知道表意人欠缺约束意思,则依自然解释或者依规范性解释,戏谑表示不具备效果意义,意思表示不成立。由于相对人没有值得保护的信赖,所以表意人无须对其承担损害赔偿责任。反之,如果相对人不知道且不应当知道表意人欠缺约束意思,对戏谑表示的有效性产生善意信赖,则依规范性解释,戏谑表示具备

---

① Astrid Stadler, Allgemeiner Teil des BGB, 19. Aufl., 2017, S. 327;参见〔德〕汉斯·布洛克斯、沃尔夫·迪特里希·瓦尔克:《德国民法总论》,张艳译,中国人民大学出版社2019年版,第179页。

效果意义。对于"戏谑失败",表意人具有可归责性,因为其选用了可以被人合理地理解为包含效果意义的表意符号,属于过于自信的过失。因此,意思表示成立且因到达而生效,与相对人的意思表示达成合意的,法律行为成立。有疑问的是,该法律行为应否有效。

从本质上看,戏谑表示与真意保留都属于非真诚表示。区别在于,前者是"善意戏谑"(gute Scherz),表意人预期相对人可以认识到其表示欠缺真诚;后者是"恶意戏谑"(böse Scherz),表意人未期望相对人认识到其表示欠缺真诚,毋宁说,表意人反而希望相对人未能识别其真意之保留①。真意保留之所以原则上不导致法律行为效力障碍,正是因为表意人对于表示意义之产生具有恶意,须为其较强的可归责性承担不利后果。戏谑表示之表意人的可归责性相对较弱,其对于表示意义的产生并非故意,为避免评价矛盾,表意人承担的不利后果理应轻于真意保留之表意人。尽管"戏谑失败"时的意思表示成立且导致法律行为成立,但该法律行为并非确定有效,表意人未必皆须承受法律行为的效果。

严格地说,戏谑表示并非真正意义上的故意的意思与表示不一致。如果"戏谑成功",相对人知道或应当知道戏谑性,从而未产生效果意义,则根本不存在作为意思表示客观要件的表示,无所谓意思与表示不一致。如果"戏谑失败",产生效果意义,存在作为意思表示客观要件的表示,即便该表示与表意人的意思不一致,亦非表意人故意所致。表意人故意为戏谑(无效果意义之表示!)而非故意为具备效果意义之表示。表意人的言语虽具备特定的效果意义,但表意人不知道其具备表示价值,与"特里尔葡萄酒拍卖案"中的异乡人举手打招呼被解释为报价并无本质区别。因此,"戏谑失败"时的表示应当定性为欠缺表示意识且表意人具有可归责性的表示,这是无意的意思与表示不

---

① Reinhard Bork, Allgemeiner Teil des Bürgerlichen Gesetzbuchs, 4. Aufl., 2016, S. 311.

一致,即错误的意思表示。由于意思表示存在错误,所以因该意思表示而达成的法律行为可撤销,戏谑的表意人有权在除斥期间届满前撤销该法律行为。

综上,我国《民法典》虽未专门规定戏谑表示,但并不构成法律漏洞。《德国民法典》第118条之类的戏谑表示规则实属多余。戏谑表示要么不构成意思表示,本就无从发生效力;要么构成错误的意思表示,适用民法上关于意思表示错误之规则即可。无论如何,均无须对其专门规定。

(三)通谋虚伪表示

1. 通谋虚伪表示的概念

通谋虚伪表示(Scheingeschäft),是指双方当事人在作出意思表示时一致认为客观表示内容不应该发生效力。行为的双方当事人都欠缺约束意思①(Bindungswille)。通谋虚伪表示与真意保留在学理上被统称为虚伪表示②。判断是否构成通谋虚伪表示,首先取决于当事人是否认为为了实现其追求的结果,只需要一个虚假的行为就够了,抑或认为需要一个认真的法律行为。这就是所谓的主观的虚伪概念。如果借助一项法律行为想实现的结果只能在其有效的情况下才能实现,则该行为一般不是虚伪表示。③

通谋虚伪表示规则仅适用于需受领意思表示。《民法典》第146条第1款中的"与相对人"表明该条规定不适用于无相对人的意思表示,因为此种意思表示不存在相对人。据此,遗嘱、动产所有权抛弃等不适用该条规定。反之,双方法律行为以及解除、追认等由需受领意思表示构成的单方法律行为可以适用该条规定。

---

① Ernst A. Kramer, in: Münchener Kommentar BGB, 5. Aufl., 2006, § 117 Rn. 1; Florian Jacoby&Michael von Hinden, in: Kropholler Studienkommentar BGB, 13. Aufl., 2011, § 117 Rn. 1.

② 参见王泽鉴:《民法总则》,北京大学出版社2009年版,第335页。

③ Reinhard Singer, in: Staudinger Kommentar BGB, 2017, § 117 Rn. 10.

2. 通谋虚伪表示的构成要件

(1)表示内容与主观意思不一致

通谋虚伪表示是虚伪表示的一种,所以,仅当表意人的主观意思与其表示内容不一致时,才可能构成通谋虚伪表示。

(2)表意人与受领人一致认为表示内容不应发生效力

所谓"通谋"是指表意人与受领人就表示内容的虚伪性达成一项合意,该合意即虚伪表示约定(Simulationsabrede)。此项合意体现了双方当事人的真实意愿,其内容是"表示无效"。从私法自治的消极方面(自主地排除行为之效力)看,既然当事人不想发生法律效果,就不应使其行为发生该项法律效果。① 因此,基于通谋行为表示的法律行为无效。② 关于此项合意的性质,学理上存在争议。有的认为它只是事实上的共识,作为通谋虚伪表示事实构成的一部分;有的认为它本身是法律行为意义上的合意,至少具备准法律行为性质。③

虚伪性合意使通谋虚伪表示区别于真意保留。表意人单方面故意作出与其主观意思不一致的表示,即便受领人知道不一致,也不构成通谋虚伪表示,仍然是真意保留。虚伪性合意不仅要求受领人知道表意人的真实意思,而且要求其同意表意人的真实意思。应当注意的是,如果表意人以为已经与相对人达成了虚伪性合意,但实际上未达成,即通谋失败,就应当按照戏谑表示而非真意保留处理。因为,通谋失败情形中的表意人在作出表示时预期相对人能够知悉其欠缺真诚,属于"善意戏谑",不符合真意保留的特征。例如,A 公司在网店出售空气能热水器,价格标示为每台 1 元,邬某提交订单购买 4 台并在线

---

① Ernst A. Kramer, in: Münchener Kommentar BGB, 5. Aufl., 2006, § 117 Rn. 1 – 8.

② 从意思表示解释的角度看,严格地说,通谋虚伪表示不构成意思表示。既然双方当事人都欠缺约束意思,而且对此相互都知道,则理应采用自然解释方法,依真意确定表示意义,将双方表面上的表意行为解释为欠缺效果意义,不存在具备效果意义的表示,不符合意思表示的客观要件。由于双方当事人的意思表示都不成立,所以法律行为也不成立,继而无从发生效力。

③ Vgl. Ernst A. Kramer, in: Münchener Kommentar BGB, 5. Aufl., 2006, § 117 Rn. 11.

付款 4 元。法院认定事实表明,A 公司之所以将价值 15,000 元的热水器标价 1 元,目的是以刷单方式制造虚假销量数据,提高产品销量排名。A 公司的客服人员自行寻找客户多次刷单,因此邬某下单时,客服人员误以为邬某也是刷单客户。法院认定邬某与 A 公司的买卖合同构成真意保留。[①] 然而,邬某与 A 公司的买卖合同实际上属于通谋失败,应当构成戏谑表示。A 公司误以为邬某是其事先联系的虚假客户,导致 A 公司向邬某作出非真诚的表示。A 公司当时预期相对人能够知悉其表示欠缺真诚,所以不符合真意保留的特征。买卖合同按照本书所倡导的戏谑表示处理规则应被认定为成立,但由于 A 公司发生错误,所以可主张重大误解,撤销与邬某之间的合同。

虚伪性合意所欲排除的仅仅是法律行为的法律效果,并非其经济效果或其他事实上的效果。因此,信托行为、借名协议、脱法行为通常不构成通谋虚伪表示。此类行为的当事人恰恰需要追求表示内容所包含的法律效果,以实现其特殊目的,其所欲排除或限制的仅仅是该表示带来的经济效果或其他事实上的效果。比如,无论管理信托还是担保信托(让与担保),委托人都超出其经济目的将法律上的权利转让给受托人,但此项权利转让确实体现当事人的真实意思,因为使受托人取得权利便于信托事务的处理或者便于担保权利的设立与实现,而且为了制约受托人的权利双方在合同中已经作了其他安排。当然,如果双方当事人为此项权利的转让约定了对价(包括象征性对价),则对价约款构成通谋虚伪表示。

通谋虚伪表示与脱法行为使用的手段不同:通谋虚伪表示当事人采用的手段是虚构一项法律行为,通俗地说就是造假、无中生有;脱法行为当事人采用的手段是对某种合法的法律行为予以变造,如名为合伙实为企业间借贷,双方在合伙合同中把本应具有的共担风险的内容

① 参见佛山聚阳新能源有限公司与邬某、杭州阿里巴巴广告有限公司买卖合同纠纷案,江苏省宿迁市中级人民法院民事判决书(2018)苏 13 民终 2202 号。

排除掉。不过,通谋虚伪表示与脱法行为存在交叉之处。① 如果通谋虚伪表示及其隐藏行为旨在规避法律,则它同时也构成脱法行为,发生竞合。产生这种结果的原因在于,当事人有时为了规避法律采用如下手段:一方面在公开的合同中订立条款,另一方面又暗中达成与其中部分条款相反的条款。这些相反的条款是当事人的真实意思,公开合同中被它们排除的条款是虚伪表示,未被它们排除的条款则是认真表示。包含在公开合同中的认真表示与暗中达成的条款共同构成一项符合当事人真实意愿的法律行为。该法律行为既是脱法行为,因为它规避法律,也是隐藏行为,因为它只有部分内容体现在公开合同中。此时的公开合同是半真半假的通谋虚伪表示,而达成脱法行为所用的手段则是暗中对合同予以变造。② 例如,甲公司与乙公司签订《工矿产品购销合同》,此后,甲公司向乙公司的账户汇入 8000 万元,用途为预付货款,但双方的真实意图是甲公司把钱借给乙公司,所以私下约定乙公司不必交货。③ 类似但更为复杂的交易结构是循环买卖④:甲公司、乙公司与丙公司订立合作协议,据此,甲公司与乙公司订立煤炭购销合同,约定甲公司将煤炭出售给乙公司(每吨 510 元),乙公司与丙公司也订立煤炭购销合同,约定乙公司将煤炭出售给丙公司(每吨 523 元),最后,丙公司与甲公司订立煤炭购销合同,约定丙公司将煤炭出售给甲公司(每吨 533 元)。各方当事人的真实目的并非买卖煤炭,而是以支付价款的方式由丙公司为甲公司提供融资,乙公司作为

---

① 类似观点,参见朱庆育:《民法总论》(第 2 版),北京大学出版社 2016 年版,第263 页。

② 参见杨代雄:《恶意串通行为的立法取舍——以恶意串通、脱法行为与通谋虚伪表示的关系为视角》,载《比较法研究》2014 年第 4 期。

③ 参见上海工业投资(集团)有限公司与上海凯托(集团)有限公司等企业借贷纠纷案,上海市第一中级人民法院民事判决书(2008)沪一中民四(商)初字第 30 号;上海铁路通信工厂等与上海南骏泰汇电子科技有限公司等买卖合同纠纷上诉案,上海市第二中级人民法院民事判决书(2009)沪二中民四(商)终字第 643 号。

④ 参见日照港集团有限公司煤炭运销部与山西焦煤集团国际发展股份有限公司借款合同纠纷案,最高人民法院民事判决书(2015)民提字第 74 号。

媒介收取佣金,数份买卖合同的差价为利息和佣金,履行时间差则为借款期间。建设工程承包合同也可能构成虚伪的脱法行为。例如,甲公司承包了一项房地产开发项目的建设工程,甲公司与乙公司订立建设工程分包合同,丙公司与乙公司订立该项目施工的劳务分包合同,但考虑到乙公司不具备高层建筑施工所需的资质等级,丙公司让丁公司同日与甲公司订立一份劳务分包合同,以便将工程交给丙公司施工,除了当事人之外,两份劳务分包合同的内容基本相同。甲公司与丙公司、丁公司的真实意图是执行第一份劳务分包合同而不是第二份劳务分包合同。第二份劳务分包合同中关于当事人的约定是虚伪表示,甲公司与乙公司的分包合同以及乙公司与丙公司的分包合同则是隐藏行为,各项合同相结合旨在规避《建筑法》第 26 条关于施工资质的强制性(禁止性)规定,所以也构成脱法行为。[①]

当事人达成通谋虚伪表示的动机多样,不限于规避禁止性法律规定。除此之外,还包括避税,比如转让股权时为了降低纳税额在提交给工商登记机关备案的股权转让合同中约定较低的转让价款,同时另行订立一份约定较高转让价款的合同(阴阳合同)。[②] 二手房买卖为了避税也经常采用通谋虚伪表示的方式约定较低的买卖价格。[③] 有时,通谋虚伪表示旨在欺骗第三人。例如,王某从甲公司借款 830 万元,逾期未还,遂由甲公司安排,请乙公司与丙公司(甲公司的关联企

---

① 参见南充市鑫达建筑工程有限公司与重庆虎诚建筑劳务有限公司、张某、重庆金仓建筑劳务有限公司、四川川北数码港建设股份有限公司建设工程分包合同纠纷案,四川省高级人民法院民事判决书(2015)川民终字第 288 号。类似案例还可参见江西茂盛投资置业有限公司与吴某某、樟树市吴家巷建筑工程有限公司建设工程施工合同纠纷案,江西省高级人民法院民事判决书(2016)赣民再 129 号。

② 参见四川京龙建设集团有限公司与简阳三岔湖旅游快速通道投资有限公司、刘某某、深圳市合众万家房地产投资顾问有限公司、深圳市鼎泰嘉业房地产投资管理有限公司、呼和浩特市华仁世纪房地产开发有限责任公司股权确认纠纷案,四川省高级人民法院民事判决书(2011)川民初字第 3 号。

③ 参见陈某某、姜某某所有权确认纠纷案,最高人民法院民事裁定书(2019)最高法民申 6763 号。

业）订立一份汽车配件买卖合同,乙公司法定代表人持该合同向中信银行申请贷款 900 万元,中信银行依约将贷款直接转入丙公司（出卖人）账户,丙公司将该款转入甲公司账户,甲公司向王某出具还款证明。乙公司与丙公司并未实际履行买卖合同,其缔约之目的只是帮助王某从银行骗取贷款用于偿还对甲公司的欠款,构成通谋虚伪表示。①有时,达成通谋虚伪表示是为了办理某种手续的需要。例如,甲持有 A 公司 84% 股权,5 年后,A 公司增资扩股,乙注资 510 万元,依约取得 A 公司 51% 股权,甲保有 44% 股权,当时未办理工商变更登记,2 年后,甲将 44% 股权转让给丙,未办理工商变更登记,签约数日后,甲与丁（乙之妻）订立股权转让协议,约定甲将 A 公司 84% 股权转让给丁,价款 840 万元,协议订立后立即办理了工商变更登记。同时,丙与丁约定委托丁管理股权。后来,甲诉请丁履行股权转让协议,支付 840 万元价款。法院认定甲与丁签订协议前,84% 股权已经移转给乙、丙,甲已经不享有股权,甲与丁订立的股权转让协议纯粹是为了补办工商变更登记之需要,属于虚假合同无效,因此丁无须履行价款支付义务。② 有时,达成通谋虚伪表示是为了方便完成其他交易。例如,甲公司为了使其子公司乙公司顺利取得丙公司享有的两块土地使用权,与丙公司的股东订立股权转让协议,受让全部股权,协议约定在土地交割完毕并完成地上物搬迁后,甲公司将全部股权返还给原股东。③

　　3. 通谋虚伪表示的法律效果

　　（1）虚伪行为的效力

　　基于通谋虚伪表示达成的法律行为（虚伪行为）无效。从比较法

---

①　参见威海顺道和汽车销售有限公司与威海市金猴进出口贸易有限公司、王某、威海市高区金猴小额贷款有限公司买卖合同纠纷案,山东省高级人民法院民事判决书（2016）鲁民终 781 号。

②　参见王某与刘某、庆阳市北强铝业有限公司股权转让纠纷案,甘肃省高级人民法院民事判决书（2014）甘民二终字第 144 号。

③　参见石某某等人与新疆盈科投资集团有限公司、新疆盈科房地产开发有限公司股权转让纠纷案,最高人民法院民事判决书（2013）民二终字第 40 号。

看,通谋虚伪表示的效力有两种规范模式:一是绝对无效;二是相对无效。① 在德国法上,通谋虚伪表示的无效是绝对的,不仅双方当事人可以相互主张无效,而且第三人也可以主张无效。如果第三人对虚伪表示的有效性产生信赖,不能主张其有效,只能求助于包含于其他条款中的交易—信赖保护的一般规范。比如,虚伪表示行为中的受让人将标的物让与第三人,第三人可以依《德国民法典》第932条以下各条及第892条主张善意取得。第三人对虚伪的授权表示产生信赖,可以依《德国民法典》第172条主张代理权表象责任。虚伪的债权让与如果已经通知了债务人,善意的债务人可以依《德国民法典》第409条获得保护。最后,基于虚伪表示而发生且已被做成证书的债权依《德国民法典》第405条可以善意取得,前提是该债权在出示证书的情况下被让与。②《瑞士债务法》第18条通过意思表示解释规则解决通谋虚伪表示问题,其第2款将第三人的善意保护限制于如下情形:第三人基于对债务文书的信赖而取得一项债权。③ 这也属于德国模式。

我国《民法总则草案(一次审议稿)》第124条第1款但书曾规定双方当事人不得以通谋虚伪表示之无效对抗善意第三人,《民法总则草案(二次审议稿)》第139条第1款但书、《民法总则草案(三次审议稿)》第147条第1款以及《民法总则"大会草案"》第149条第1款但书也有相同规定④,但在第十二届全国人民代表大会第五次会议表决通过《民法总则》(已废止)之前,此项但书被删除。删除的理由是:可否对抗第三人问题,涉及的就是物的归属,《民法总则》在此可以不作

---

① 参见杨代雄:《恶意串通行为的立法取舍——以恶意串通、脱法行为与通谋虚伪表示的关系为视角》,载《比较法研究》2014年第4期。

② Reinhard Singer, in:Staudinger Kommentar BGB,2017,§117 Rn. 23.

③ Wolfgang Wiegand, in:Basler Kommentar OR I,4. Aufl. ,2007,§18 Rn. 127.

④ 赞同此种规范模式的学说,参见杨代雄:《恶意串通行为的立法取舍——以恶意串通、脱法行为与通谋虚伪表示的关系为视角》,载《比较法研究》2014年第4期;王利明主编:《中华人民共和国民法总则详解》,中国法制出版社2017年版,第630页(冉克平执笔)。

规定,适用物权法中专门解决此问题的善意取得制度即可。① 此项理由显然并不充分,通谋虚伪表示无效可否对抗善意第三人不仅涉及物的归属,还涉及债权取得以及某些情形中债权人保护之问题,物权法上的善意取得制度解决不了此类问题。

实践中,已经有判例认为双方当事人以通谋虚伪表示创设债权的,不得以法律行为无效对抗善意受让债权的第三人。例如,在"(2014)民二终字第271号"民事判决中,最高人民法院指出:"根据民法基本原理,双方当事人通谋所为的虚伪意思表示,在当事人之间发生绝对无效的法律后果。但在虚伪表示的当事人与第三人之间,则应视该第三人是否知道或应当知道该虚伪意思表示而发生不同的法律后果:当第三人知道该当事人之间的虚伪意思表示时,虚伪表示的无效可以对抗该第三人;当第三人不知道当事人之间的虚伪意思时,该虚伪意思表示的无效不得对抗善意第三人。据此,在基础合同因债权人和债务人双方通谋实施的虚伪意思表示而无效的情况下,保理业务合同并不当然因此而无效。"②此项裁判结论与理由值得肯定。

值得注意的是,依据《民法典》第763条的规定,应收账款债权人与债务人虚构应收账款作为转让标的,与保理人订立保理合同,债务人不得以应收账款不存在为由对抗不知情的保理人。该条规定在保理合同领域明确承认了"通谋虚伪表示无效不得对抗善意第三人"规则。在其他领域,必要时可以类推适用该条规定。

如果法律行为仅有部分内容构成通谋虚伪表示,则应依《民法典》第156条认定该法律行为部分无效。比如,买卖房屋时为了避税在提

---

① 参见杜涛主编:《民法总则的诞生——民法总则重要草稿及立法过程背景介绍》,北京大学出版社2017年版,第410—411页。

② 参见中铁物资集团新疆有限公司与中国工商银行股份有限公司乌鲁木齐钢城支行、广州诚通金属公司合同纠纷案,最高人民法院民事判决书(2014)民二终字第271号。

交给不动产登记机关的合同书中约定较低的价格,双方当事人私下另行约定一项真实的价格,则备案合同书中的价格条款为通谋虚伪表示,无效,但其余条款有效。再如,订立买卖合同时,为了提高出卖人(上市公司)的业绩,双方在合同中约定的价格虚高,私下另行约定真实的价格,最高人民法院认为该合同仅虚增价格条款无效,其余交易条款体现双方真实意思,应为有效。①

(2)隐藏行为的效力

通谋虚伪表示隐藏其他法律行为的,隐藏行为并非当然无效。按照《民法典》第146条第2款之规定,隐藏行为是否有效,应当依据与之相关的法律规定处理。如果隐藏行为构成脱法行为,则变相地违反了其所欲规避的强制性(禁止性)法律规定,应依《民法典》第153条第1款认定为无效。

最高人民法院《关于审理建设工程施工合同纠纷案件适用法律问题的解释(一)》第22条规定:"当事人签订的建设工程施工合同与招标文件、投标文件、中标通知书载明的工程范围、建设工期、工程质量、工程价款不一致,一方当事人请求将招标文件、投标文件、中标通知书作为结算工程价款的依据的,人民法院应予支持。"对该规定应当如此理解:如果建设工程施工合同订立于中标之后,则很可能是对中标内容的实质变更,由于此项实质变更并非经招投标程序达成的合意,违反强制性法律规定,因此应认定无效,当事人的权利义务关系仍依招标、中标文件确定。如果建设工程施工合同订立于中标之前,则招标、中标文件中的价格条款并不体现双方当事人的真实意思,是通谋虚伪表示,依《民法典》第146条第1款,应认定其无效,预先订立的建设工程施工合同虽体现双方当事人真实意思,但非经招投标程序达成,亦为无效。此时,不存在有效的价格条款,但并不影响中标合同的有效

_____

① 参见北大荒鑫亚经贸有限责任公司、北大荒青枫亚麻纺织有限公司与王某某等买卖合同纠纷案,最高人民法院民事判决书(2015)民二终字第69号。

性。依《民法典》第 510 条、第 511 条之规定,价款欠缺约定的,可以依
交易习惯或市场价格确定价款。对于建设工程造价而言,招投标程序
其实就是市场价格的形成机制,所以,通过招投标所确定的中标价款
相当于市场价,以之为建设工程结算依据未尝不可。该司法解释第 23
条规定:"发包人将依法不属于必须招标的建设工程进行招标后,与承
包人另行订立的建设工程施工合同背离中标合同的实质性内容,当事
人请求以中标合同作为结算建设工程价款依据的,人民法院应予支
持,但发包人与承包人因客观情况发生了在招标投标时难以预见的变
化而另行订立建设工程施工合同的除外。"此项规定既不符合通谋虚
伪表示规则,也不完全符合合同变更规则,仅有条件承认合同变更的
效力。

## 第二节　无意的意思与表示不一致:意思表示错误

### 一、概念:错误与误解

无意的意思与表示不一致,在学理上被称为意思表示错误
(Irrtum)。我国《民法通则》(已废止)第 59 条规定行为人对行为内容
有重大误解的,有权请求人民法院或者仲裁机关对法律行为予以变更
或撤销。《合同法》(已废止)第 54 条第 1 款也作了类似规定。《民法
典》第 147 条规定重大误解的法律行为可撤销。其中所谓的重大误解
即民法理论上的意思表示错误。但实际上,"误解"(Missverstand)这
个术语在民法学上有其特定的含义,其本来指的是相对人对表意人的
意思表示理解错误,不包括表意人本身的认识错误。① 如果抛开这种
约定俗成的特定含义,按照"误解"这个词语的通常含义或者说在生活

① 参见史尚宽:《民法总论》,中国政法大学出版社 2000 年版,第 395 页;〔德〕迪特
尔·梅迪库斯:《德国民法总论》,邵建东译,法律出版社 2000 年版,第 566 页。

中的一般用法,其也可以包括表意人自己对意思表示内容的认识错误(认识错误相当于理解错误)。我国的民事立法者即在此种通常意义上使用"误解"一词。此种立法表述似乎受苏联民法的影响。1964 年的《苏俄民法典》第 57 条规定:"因具有实质性的误解所实施的法律行为,可以根据因误解而行动的一方的起诉宣布无效。如果这种法律行为被宣布无效,则双方都必须将依据法律行为所取得的一切返还对方,在无法返还实物时,应按其价值以货币形式予以偿还。起诉一方如能证明误解是由于对方的过错所引起,则有权要求对方赔偿开支、损失或财产的损坏;如果不能证明这一点,则他必须赔偿对方的开支、损失或财产的损坏。"[①]

不过,应当注意的是,"误解"一词在逻辑上显然无法涵盖"表达错误",比如把 10 万元误写为 1 万元,无论如何也不能称为误解,那是纯粹操作上的失误,而不是心中对某个事物的理解错误,任何人都不可能把 10 万元误解为 1 万元。电脑系统出错也是如此。例如,某公司在网上拍卖一辆轿车,系统显示的拍卖公告是"起始价 10 元,一口价 16 万元,拍卖截止时间为今日 16 时 16 分"。某竞拍者最终以 116 元报价成交,但到公司提车时,公司称系统有误,把起始价 10 万元显示为 10 元。这种情形构成意思表示错误,但显然不属于误解,是一种纯粹技术性的错误。如此看来,我国民法使用重大误解这个术语,不甚贴切。

### 二、意思表示错误的构成要件

一般认为,意思表示错误(重大误解)须符合如下构成要件:

(一)存在一项意思表示

意思表示错误(重大误解)的前提是当事人的表示构成一项意思

---

① 中国社会科学院法学研究所民法室编:《外国经济立法选编:苏俄民法典》,中国社会科学出版社 1980 年版,第 21 页。

表示。仅当意思表示已经成立时，才需要判断当事人是否发生错误并据此决定法律行为是否可撤销。也就是说，在处理流程上，意思表示的构成判断先于意思表示的效力判断。

（二）表示内容与表意人的意思不一致

在判定意思表示成立之后，需要通过意思表示解释确定意思表示的内容。如前所述，有相对人的意思表示之解释通常采用规范性解释，仅在例外情况下才以主观意思为准。据此，解释者必须探究，从尽到必要注意的相对人（受领人）视角看，一项表示应该具备何种意义。此项意义即为意思表示的内容，其可能与表意人的主观意思一致，也可能不一致。如果不一致，则意思表示存在瑕疵，意思表示错误就是瑕疵的一种类型。因此，在处理流程上，解释先于错误，只有先通过解释确定表示内容，才能据此判断是否构成错误。[①]

（三）表意人并非故意导致表示内容与其意思不一致

如果表示内容与表意人的意思不一致是由表意人故意造成的，则不构成意思表示错误，毋宁构成虚伪表示。意思表示错误在本质上是无意的意思与表示不一致。至于意思与表示不一致究竟是表意人造成的还是相对人或第三人造成的[②]，如果是表意人造成的，其究竟是否具有过失，在《民法典》第147条框架内，对于意思表示错误的构成并

---

[①] 在施某某与胡某某合同纠纷案，浙江省高级人民法院民事判决书(2009)浙商外终字第4号中，施某某与胡某某订立合作协议，约定施某某提供餐厅的经营权（租赁权），胡某某提供资金，双方合作经营餐厅。合作协议第6条约定，在餐厅按约定支付租金的前提下，施某某应确保餐厅租赁权的持续有效；第10条约定，对于《租赁合同》所约定的200万元保证金，由胡某某垫付，合同期满或因故提前终止合同，除因欠付租金或其他违约行为被合理扣除外，施某某应负责返还胡某某的200万元保证金或其余款。在合作协议履行过程中，双方就租金由谁承担问题发生争议。法院认为，"餐厅按约定支付租金"含义不明确，据此无法确定应由谁承担租金，但胡某某却以为应由施某某承担租金，构成重大误解，合作协议可撤销。如此处理，似有不妥。在约定不明的情况下，应先通过解释确定意思表示的应有内容，然后再判断是否构成重大误解（错误）。如果实在无法确定意思表示的应有内容，应认定双方就合同要素未形成合意，合同不成立。

[②] 第三人造成重大误解（错误）的案例，参见湖北祥和建设集团有限公司与阳某某撤销权纠纷案，湖北省高级人民法院民事判决书(2014)鄂民监三再终字第00027号。

无决定性意义。实践中,有判例认为,仅当意思与表示不一致由表意人造成时,才构成意思表示错误(重大误解)。① 这种观点显然不可取。

当然,如果意思与表示不一致由相对人故意造成,则相对人构成欺诈;如果由第三人故意造成且相对人对此知道或应当知道,则构成第三人欺诈。构成欺诈的,表意人可以依据《民法典》第 148 条或第 149 条撤销法律行为。有时,表意人很难证明相对人或第三人是故意造成意思与表示不一致,因此,在有欺诈嫌疑的案件中,为使表意人得到保护,应当允许其仅以意思表示错误为由撤销法律行为。实践中,法院也经常如此处理②,甚至在表意人仅以欺诈为由诉请撤销法律行为的情况下,审理过程中发现不能证明构成欺诈时,法院直接以意思表示错误(重大误解)为由撤销法律行为③。从理论上看,意思表示错误与欺诈存在交叉之处,二者可以发生竞合④,所以竞合之规则有适用余地。

(四)表示内容与意思不一致的显著性

无意的意思与表示不一致并非一律都构成意思表示错误。如果只是轻微的不一致,不应导致法律行为可撤销,否则不利于保障交易安全。仅当意思与表示不一致如此显著,以至于表意人假如当初知道真实情况就不会作出此种内容的表示时,才允许以意思表示错误为由撤销法律行为。

---

① 参见桃源县林海木业经营部与湖南茂源林业有限责任公司买卖合同纠纷案,湖南省高级人民法院民事判决书(2014)湘高法民二终字第 50 号。

② 参见高某某与童某某、朱某某保证合同纠纷案,江苏省高级人民法院民事判决书(2014)苏商再提字第 0014 号。

③ 参见王某某与汪某某等合同撤销权纠纷再审案,甘肃省高级人民法院民事裁定书(2014)甘民提字第 21 号;桃源县林海木业经营部与湖南茂源林业有限责任公司买卖合同纠纷案,湖南省岳阳市中级人民法院民事判决书(2013)岳中民二初字第 24 号。

④ Ernst A. Kramer, in: Münchener Kommentar BGB, 5. Aufl. , 2006, § 123 Rn. 31; Ingeborg Schwenzer, in: Basler Kommentar OR I, 4. Aufl. , 2007, § 28 Rn. 22.

（五）表示内容与意思不一致给表意人造成较大损失

《民法典》第 147 条未要求意思与表示不一致给表意人造成较大损失，《民法通则》（已废止）第 59 条第 1 款以及《合同法》（已废止）第 54 条第 1 款也没有此项要求。最高人民法院《关于贯彻执行〈中华人民共和国民法通则〉若干问题的意见（试行）》[以下简称《民通意见（试行）》]（已废止）第 71 条曾要求造成较大损失才能认定为重大误解。实践中，法院在判定是否构成意思表示错误（重大误解）时通常也考虑表意人的损失是否严重。① 此项要求是否妥当，不无疑问。② 有时，尽管表示内容明显背离主观意思，但按照错误的表示内容履行并不会给表意人造成较大损失。反之，如果允许表意人撤销法律行为，将导致交易落空，即便判令表意人负担缔约过失责任，相对人仍会遭受履行利益损失。此时，仅给予相对人消极信赖保护似嫌不足，应当更进一步，给予其积极信赖保护。考虑到我国民法上基于意思表示错误的撤销权门槛本就过低，理应以表意人遭受较大损失为意思表示错误的构成要件，以限制表意人的撤销权，保护交易安全和相对人的信赖。

### 三、意思表示错误的类型

古罗马法学家就曾经尝试对错误予以类型化，其中动机错误是否影响法律行为效力，颇有争议。③ 德国民法理论明确区分动机错误（Motivirrtum）与表示错误（Erklärungsirrtum），后者被进一步划分为表

---

① 参见邵自功、郑州裕惠置业有限公司与漯河市金汇房地产开发有限责任公司等合同纠纷案，最高人民法院民事裁定书（2019）最高法民申 6482 号；王某某、张某某、周某某、韩某某与高某、陈某股权转让纠纷案，河北省高级人民法院民事判决书（2016）冀民终 501 号；黄某某与何某某、郑某某、新疆天鸿公司、新疆齐兴投资（集团）有限责任公司股权转让纠纷案，新疆维吾尔自治区高级人民法院民事判决书（2014）新民二终字第 99 号。

② 认为撤销权的行使不必以错误给表意人造成较大损失为要件的观点，参见朱庆育：《民法总论》（第 2 版），北京大学出版社 2016 年版，第 276 页。

③ D.18.1.10；D.18.1.14；D.35.1.17.1；D.35.1.17.2；D.5.2.28。

示行为上的错误(Irrtum in der Erklärungshandlung)、误传与表示内容上的错误(Irrtum über den Inhalt der Erklärung)。[①] 这种概念体系被广泛接受。

### (一)动机错误与表示错误的二分

动机错误,即意思形成阶段的错误,也就是关于为什么做出这样的意思表示的理由方面的错误。比如,某人作出以300万元购买一处住房的意思表示,在决策时是以其有足够的资金为基础的,但后来事实表明,其并无足够的资金。或者,某个商人以为其库存货物已经售完,所以订购了一批货物,但后来发现其存货实际上很充足。德国民法并未将动机错误的意思表示规定为可撤销的意思表示。理由主要是:意思表示相对人通常无法知悉表意人作出意思表示的理由,所以不应该让其承担关于这些理由之错误的风险(允许表意人撤销意思表示),这种错误处于表意人的风险范围之内,如果允许表意人以动机错误为由撤销意思表示,将导致法律行为几乎完全丧失确定性。[②] 例外的是,按照《德国民法典》第119条第2款的规定,交易上重要的人之资格或物之性质的认识错误(统称为性质错误),也导致意思表示可撤销。

日本传统理论通说亦采二元论,把错误划分为表示错误与动机错误两种类型,认为《日本民法典》第95条中可以导致意思表示无效的错误仅限于表示错误,即关于法律行为要素(如标的物、对方当事人的身份、价格)的错误。在动机错误情形中,表意人确实存在与外部表示一致的意思,只不过该意思在形成或者说决策的过程中存在误差而已,意思本身是存在的,所以表意人理应对属于他自己的意思负责,而

---

① Enneccerus/Nipperdey, Allgemeiner Teil des Bürgerlichen Rechts, 15. Aufl., 1960, S. 1030 - 1035;Werner Flume, Allgemeiner Teil des bürgerlichen Rechts, Bd. 2:Das Rechtsgeschäft, 4. Aufl., 1992, S. 449 - 458.

② Larenz/Wolf, Allgemeiner Teil des bürgerlichen Rechts, 9. Aufl., 2004, S. 652.

且,动机通常难以从外部知悉,如果连如此隐蔽的心理因素也会影响意思表示的效力的话,将会危及交易安全。① 当然,日本传统的民法理论也认为,在例外情况下,动机错误也可以导致意思表示无效,条件是该动机被明确表示出来并且成为意思表示的内容。②

与传统理论的通说不同,最近几十年来日本有不少学者提出一元论,认为不需要区分动机错误与表示错误,二者都可以包含于《日本民法典》第 95 条的错误之中,采用统一的基准认定意思表示是否无效。这些学者认为,在设计判断基准时应该以信赖主义为理论基础,如果相对人对意思表示产生正当的信赖,不应该判定错误的意思表示无效。至于相对人是否具有正当的信赖,应该考察他对于表意人的错误(包括所谓的动机错误)是否具有认识的可能性,如果有认识的可能性,则不存在正当的信赖,如果没有认识的可能性,则存在正当的信赖。近年来,在一元论与传统的二元论之外,有些学者又提出了新二元论与新一元论,使日本民法学界在意思表示错误之问题上呈现出众说纷纭的状态。③

我国《民法通则》(已废止)第 59 条第 1 款第 1 项规定行为人对行为内容有重大误解的,该行为可撤销或可变更,《合同法》(已废止)第 54 条第 1 款第 1 项规定因重大误解订立的合同是可撤销、可变更的。相比较而言,《民法通则》(已废止)的规定更为明确一些,把可以产生撤销权的错误限定为意思表示内容错误,动机错误被排除在外。《合同法》(已废止)第 54 条第 1 款第 1 项只是简单地提到"重大误解",未限定是关于什么因素发生重大误解,在逻辑上既可以包括关于意思表示内容的重大误解,也可以包括关于动机的重大误解。在我国司法

---

① 参见〔日〕我妻荣:《新订民法总则》,于敏译,中国法制出版社 2008 年版,第 279 页。

② 参见〔日〕山本敬三:《民法讲义 I:总则》(第 3 版),解亘译,北京大学出版社 2012 年版,第 148 页。

③ 对于这些学说的介绍,详见〔日〕山本敬三:《民法讲义 I:总则》(第 3 版),解亘译,北京大学出版社 2012 年版,第 149—163 页。

实践中,某些判例认为动机错误不导致法律行为可撤销①,某些判例则持肯定说,认为动机错误也可以导致法律行为可撤销②——尽管法院有时未使用"动机错误"这一术语。《民法典》第 147 条也未提到重大误解所涉及的具体因素,所以在解释上也面临与《合同法》(已废止)第 54 条第 1 款第 1 项同样的问题。

我国学者关于应否区分动机错误与表示错误存在争论。肯定说的理由与德国通说大体相同。③ 否定说认为,错误应否影响合意的效力,需要综合考虑多种要素,并非简单的分类就可以解决。尤其是动机错误与表示错误的区分,在逻辑上及价值上均不足以作为影响法律效果的基础。所谓"动机存在于内心,非他人所得窥知,自不许表意人主张撤销,而害及交易安全"的通说理由是不能成立的,盖表示错误也非他人所得窥知。动机错误之风险应由表意人负担,故不应影响合意效力的观点,也不能成立,其不能说明表示错误之风险为何不应由表

① 参见湖北嘉鱼晶星置业有限公司、胡某某与张某某、武汉长江博润置业有限公司股权转让合同纠纷案,湖北省高级人民法院民事判决书(2016)鄂民终 1367 号;黄某某与何某某、郑某某、新疆天鸿公司、新疆齐兴投资(集团)有限责任公司股权转让纠纷案,新疆维吾尔自治区高级人民法院民事判决书(2014)新民二终字第 99 号。

② 参见高某某与童某某、朱某某保证合同纠纷案,江苏省高级人民法院民事判决书(2014)苏商再提字第 0014 号;湖北祥和建设集团有限公司与阳某某撤销权纠纷案,湖北省高级人民法院民事判决书(2014)鄂民监三再终字第 00027 号。在第一个判例中,甲欠乙 300 万元,丙与乙订立保证合同,担保该债务,原因是甲、丙签约,约定甲将公司品牌和资质转让给丙,丙以为能取得该品牌和资质,后来该契约无效。丙主张保证合同重大误解,法院支持,判定合同撤销。在第二个判例中,甲将钢管、扣件等建筑材料出租给乙,丙提供担保。后来乙未返还建材,且下落不明,甲诉请丙履行保证义务,主张返还 9 万米钢管、11 万套扣件、60 万元租金,丙认为仅应返还 4.6 万米钢管、3.6 万套扣件、25 万元租金。甲的律师认为证据不够充分,胜诉概率不大,建议甲和解。甲遂与丙达成和解协议,约定丙返还钢管 7 万米、扣件 7.3 万套、租金 25 万元。法院认为,甲听信律师的分析,对诉讼结果产生错误判断,因此订立和解协议,构成重大误解,可撤销。

③ 详见朱庆育:《民法总论》(第 2 版),北京大学出版社 2016 年版,第 271 页;梅伟:《民法中意思表示错误的构造》,载《环球法律评论》2015 年第 3 期;陈华彬:《论意思表示错误及我国民法典对其的借镜》,载《法学杂志》2017 年第 9 期;王天凡:《网络购物标价错误的法律规制》,载《环球法律评论》2017 年第 2 期;潘运华、张中成:《论意思表示错误的法律行为之效力》,载《西南交通大学学报(社会科学版)》2016 年第 2 期。

意人负担。① 此外,以表示错误与动机错误的区分为基础的"错误二元论"难以实现简化法律适用的目标。德国民法将错误区分为表示错误与动机错误,并同时将动机错误原则上予以排斥,但是又将人或物的性质错误作为动机错误不能获得救济的例外,这样的分类势必会增加法律适用的困难。② 错误二元论是意思主义的产物,在表示主义占主导的今天早已与现代社会格格不入。我国并不存在二元论的传统,未来没有必要走上这条弯路。③

　　之所以允许表意人以重大误解(错误)为由撤销法律行为,是为了贯彻意思自治。表意人基于某些因素的考量,进行决策,形成一项以处置私人利益为内容的意思。如果在将该意思表达于外部的过程中发生错误,导致受领人从表意符号中获取的意义与表意人的意思不一致,则应当赋予表意人一项矫正的权利,即撤销权。否则,表意人将受制于背离其主观意思的表示意义,违背意思自治原则。反之,如果表示意义与主观意思一致,则没有理由赋予表意人撤销权。即便在形成该主观意思的过程中,表意人对于作为其决策依据的某项因素发生认识错误,原则上也不应导致法律行为可撤销。构成意思表示动机的因素五花八门,很多因素极具个性化,如果每一因素的认识错误都能导致法律行为可撤销,必将使法律行为形同儿戏,交易安全无从保障。即便表意人对于此类错误的发生并无过错,从风险分配的视角看,也应划定一条合理的界限。界限的一边是完全处于表意人控制范围内的错误,即动机错误,其风险基本上都由表意人承担;界限的另一边是意思表达于外部过程中发生的错误,其风险由表意人与相对人分担,表意人在合理期间内可以撤销意思表示,但应赔偿相对人的消极利益

---

①　参见叶金强:《私法效果的弹性化机制——以不合意、错误与合同解释为例》,载《法学研究》2006 年第 1 期。

②　参见冉克平:《民法典总则视野下意思表示错误制度的构建》,载《法学》2016 年第 2 期。

③　参见龙俊:《论意思表示错误的理论构造》,载《清华法学》2016 年第 5 期。

损失。总之，着眼于法的确定性与正当性的平衡以及意思自治与信赖保护的平衡，仍然应该区分动机错误与表示错误，动机错误原则上不产生撤销权。

当然，某些情形中的动机错误也可以产生撤销权，对此，应该设置比较严格的条件。比如，交易上重要的性质错误、双方动机错误也应导致法律行为可撤销。

（二）内容错误

内容错误即表意人对其表示内容产生错误的认识，或者说，表意人赋予其所选择的表意符号与受领人的理解不相同的意义。① 内容错误包括标的物同一性、相对人同一性、价款、数量、重量、合同类型等因素的认识错误②。甲欲向乙公司购房，查看了 301 房与 302 房，打算购买 302 房，但数日后却记忆混淆，误以为该房的编号是 301，导致签约时写成"购买 301 房"，此即为标的物同一性错误。甲对表意符号"301 房"的意义发生错误认识，导致表示内容"购买 301 房"与其主观意思"购买 302 房"相悖。

交易客体是服务时，也可能发生同一性错误。在四川省高级人民法院审理的"成都朝翔科技有限公司与袁某某技术服务合同纠纷案"中，袁某某与朝翔科技公司订立《易告产品销售合同》，约定袁某某向朝翔科技公司购买易查网站上"四川建筑网"关键词，朝翔科技公司负责为袁某某在易查网页搜索平台上提供企业信息发布、推广相关服务。袁某某误以为朝翔科技公司的服务内容包括帮其建设网站，而实

---

① Rüthers/Stadler, Allgemeiner Teil des BGB, 16. Aufl. , 2009, S. 357 – 358；Ernst A. Kramer, in：Münchener Kommentar BGB, 5. Aufl. , 2006, § 119 Rn. 57；参见〔德〕迪特尔·梅迪库斯：《德国民法总论》，邵建东译，法律出版社 2000 年版，第 567 页。

② 《民通意见（试行）》（已废止）第 71 条规定，对行为性质、对方当事人、标的物品种、质量、规格和数量等的错误认识可以认定为重大误解。秦皇岛皇威制药有限公司与广西梧州制药（集团）股份有限公司发明专利实施许可合同纠纷案，最高人民法院民事裁定书(2013)民申字第 1951 号认为该条未列举的错误（如付款期限的认识错误）不构成重大误解。不过，在《民法典》施行后，对于内容错误的具体类型，不必再拘泥于上述规则。

际上服务内容仅限于帮其推广网站,网站需自己建设。[1] 表示意义中的给付与袁某某主观意思中的给付不一致,构成内容错误,这也是"标的物同一性错误"。

(三)表达错误

表达错误,即表示行为上的错误,也经常被称为弄错(Irrung),是指表意人实际使用的表意符号与其本来想使用的表意符号不一致。[2] 最典型的表达错误是写错字和说错话。比如在草拟合同书的时候多写了一个零,把 2000 公斤误写成 20,000 公斤。在网络交易过程中误击鼠标也属于表达错误,比如本来想买商品 A,但却因疏忽误点了商品 B,或者本来想购买第二天的电影票,但却误点了当天的电影票。在这些情形中,表意人对其使用的表意符号并未产生错误的认识,任何一个具备正常理性的人都不可能将 2000 公斤理解为 20,000 公斤。表意人只是在客观上使用了一个其根本就没有意识到的表意符号,这是一种在意思表达过程中的操作失误而不是认识错误,表意人是在无意识的状态中误用了表意符号。与此不同,在内容错误情形中,表意人是在有意识的状态中使用了一个被其错误理解的表意符号。要而言之,内容错误属于观念上的错误,而表达错误属于动作上的失误。在由新疆维吾尔自治区高级人民法院审理的"冉某某与盖某某股权转让纠纷案"中,甲、乙签约,甲将持有 A 公司的股权(股金 69 万元)转让给乙,转让价款 24 万元,签约 3 日后到工商局办理登记手续时,工商局要求重新签一份合同,当时将转让价款误写成 69 万元。实际上,69 万元股金对应的股权中有 45 万元是当初公司配股,按约定不能处分,只能以职工身份为前提享受分红。法院认为,当事人误将转让价

---

[1] 参见成都朝翔科技有限公司与袁某某技术服务合同纠纷案,四川省高级人民法院民事判决书(2014)川民终字第 244 号。

[2] Werner Flume, Allgemeiner Teil des bürgerlichen Rechts, Bd. 2: Das Rechtsgeschäft, 4. Aufl. ,1992,S. 450.

款写成股权数量,构成重大误解,股权转让合同可撤销。① 其实,依"解释先于错误"原则,本案应当先对双方当事人的意思表示进行解释。由于双方此前已经达成"转让价款 24 万元"之合意,此为达成一致的真实意思,按照"误载无害真意"的解释规则,应当将此后签订的股权转让合同中的转让价款解释为 24 万元,该表示内容与主观意思一致,不构成错误,合同不能撤销,按照 24 万元的转让价款履行即可。

(四)传达错误

有时候,意思表示需要由某人或某个机构传达给受领人,在传达的过程中有可能发生错误,受领人收到的可能是一种不同于表意人想使用的表示符号。例如,甲托乙向丙商店传达一份要约,乙记错了,向丁商店传达了该要约。

传达错误不包括代理人发生的错误,因为代理人不同于传达人,代理人在其权限范围内独立地作出意思表示而不是传达他人的意思表示。代理人的意思表示是否存在错误,应当以代理人为准予以判定,而传达错误则是以委托人(表意人)的意思为准予以判定。②

如果表意人的传达人故意更改意思表示的内容并向受领人传达(故意误传),是否构成传达错误? 从比较法看,德国法通说认为,这种情形不适用《德国民法典》第 120 条关于传达错误之规定。理由是:《德国民法典》第 120 条之规定旨在让表意人承担传达错误之风险,也就是说,意思表示按照传达人错误传达的内容(同时也是受领人理解的内容)发生效力,表意人虽然可以撤销该意思表示,但需要依据《德国民法典》第 122 条之规定向受领人赔偿信赖利益之损失。如果传达人故意更改意思表示的内容,他就不再是单纯的传达人,而是独立地

---

① 参见冉某某与盖某某股权转让纠纷案,新疆维吾尔自治区高级人民法院民事判决书(2015)新审一民提字第 53 号。

② Arnd Arnold, in: Erman Kommentar BGB, 15. Aufl. , 2017, § 120 Rn. 2; MünchKomm/Kramer, § 120 Rn. 2(2006).

作出决策并试图将其表示强加于委托人。这样的表示不能归属于委托人，因为与无意地误传意思表示不同，篡改意思表示的内容并不是委托人在使用传达人时可以估算到的典型风险。对此，只能类推《德国民法典》第 179 条使受领人可以请求"传达人"承担责任。[1] 不过，也有一些学者(如马布尔格)持不同观点，认为没必要区分故意的传达错误和无意的传达错误，二者均应适用《德国民法典》第 120 条和第 122 条，因为表意人使用传达人，就意味着增加了其意思表示瑕疵的风险，传达人是由其选任的，其在一定限度内可以监督传达人，所以其比受领人更容易控制错误传达之风险。

对此问题，我国有部分学者主张故意误传不构成传达错误，表示内容对表意人不发生效力，无须撤销。[2] 但也有学者认为故意误传也构成传达错误。[3] 究其实质，在故意误传情形中，依规范性解释，亦存在具备特定效果意义的表示。此项表示并非基于表意人的意思作出，与脱手的意思表示类似，进入交往领域的表意符号与表意人的意思之间没有关联性，是否构成表意人的意思表示，取决于表意人是否具有可归责性。一般而言，表意人对此不具有可归责性，所以不构成表意人的意思表示。个别情况下，表意人在传达人的选任上存在过错，比如选任一贯品行不端的人传达意思表示，则表意人存在可归责性，故意误传的意思表示构成表意人的意思表示，但存在错误，表意人享有撤销权。

(五)性质错误

所谓性质错误(Eigenschaftsirrtum)，即关于交易上重要的人之资格或物之性质的认识错误。从比较法看，关于性质错误的归属，德国

---

① Ernst A. Kramer, in: Münchener Kommentar BGB, 5. Aufl., 2006, § 120 Rn. 4.

② 参见朱庆育:《民法总论》(第 2 版)，北京大学出版社 2016 年版，第 277 页;陈华彬:《论意思表示错误及我国民法典对其的借镜》，载《法学杂志》2017 年第 9 期。

③ 参见纪海龙:《〈合同法〉第 48 条(无权代理规则)评注》，载《法学家》2017 年第 4 期。

民法学界存在较大的争议。第一种观点认为,性质错误是一种特殊的动机错误,考虑到其对表意人意思自决的重大影响,法律上例外地允许表意人撤销意思表示。这种观点源自齐特曼,经过冯·图尔的传承,在当代德国民法学界被很多学者接受,成为通说。① 第二种观点认为,性质错误属于一种内容错误,《德国民法典》第 119 条第 2 款所谓的"视为内容错误"指的并不是一种拟制,而是意味着性质错误是一种真正的内容错误,第 2 款对于第 1 款而言仅具有阐释性意义,并未规定一种独立的错误类型。持这种观点的学者有布劳尔、施密特 – 林普勒、黑费梅尔等。② 第三种观点认为,性质错误既非动机错误亦非内容错误,应将其定性为"法律行为上的性质错误"(geschäftliche Eigenschaftsirrtum)。弗卢梅创立了该学说。其认为,在创设法律关系时,当事人的意思通常不限于指定某个标的物,也涉及标的物的性质。如果关于标的物性质的想法恰恰属于关于标的物本身的想法,则该想法就是意思的组成部分,同时也是法律行为的内容。对此,不要求意思表示明确地规定标的物性质,一般来说依据法律行为的类型即可决定某种性质是否属于法律行为的内容。就买卖合同而言,如果当事人没有明确约定标的物应具备的性质,则标的物应该具备通常的性质,这也是合同的内容之一。假如出卖人交付的标的物不具备这样的性质,就构成《德国民法典》第 119 条第 2 款所谓的物之性质错误。据此,性质错误具备重要性从而产生撤销权的真正原因不在于"错误",而在于这样的事实,即标的物不具备与该法律行为相应的性质。那些法律行为不涉及的性质,就不属于法律行为上的性质错误,只能定性为动机错误。弗卢梅认为,买卖合同的标的物性质错误与标的物瑕疵

---

① Larenz/Wolf, Allgemeiner Teil des bürgerlichen Rechts, 9. Aufl. , 2004, S. 657; Brox/Walker, Allgemeiner Teil des BGB, 44. Aufl. , 2020, S. 191( § 18 Rn. 11); Arnd Arnold, in: Erman Kommentar BGB, 15. Aufl. , 2017, § 119 Rn. 34.

② Ernst A. Kramer, in: Münchener Kommentar BGB, 5. Aufl. , 2006, § 119 Rn. 109.

具有相同的构成要件,如果标的物不具备与该买卖合同相应的性质,既构成性质错误,也构成物的瑕疵。此时,物的瑕疵担保责任规则排除《德国民法典》第119条第2款之适用,即买受人只能主张瑕疵担保责任,不得撤销意思表示。这样,《德国民法典》第119条第2款关于物的性质错误之规定只对出卖人有意义:就标的物的性质而言,如果出卖人给付了其本来没有义务给付的东西(反之,买受人得到比其本应得到的更好的标的物),则出卖人可以性质错误为由撤销其意思表示。① 显然,弗卢梅通过将标的物的性质纳入法律行为的内容,在很大程度上消解了"性质错误"这一概念,大多数情况下使其被"物的瑕疵"这一概念所覆盖。至少就标的物的性质而言,他在"性质错误"这个主题下探讨的已经不再是作为主观范畴的"错误"问题了,而是表意人交付的标的物在客观上是否具备与法律行为相应的性质。赞同或部分赞同弗卢梅的民法学者主要有梅迪库斯②和帕夫洛夫斯基③。

本书认为,就其本质而论,性质错误是动机错误的一种,因为严格地说,性质错误并未导致意思与表示不一致,只是由于此项"意思"存在重大瑕疵,才例外地赋予表意人一项撤销权。

所谓"物之性质"不仅指物的自然属性,也包括一些事实关系或法律关系,其性质或者持续影响到物的使用或价值。④ 如下因素可以被认定为交易上重要的物之性质:(1)土地的面积、可否作为建筑用地、是否存在建筑法上的限制、可否用于工商业经营、土地上的负担(地役权、抵押权)等。转让土地使用权时,如果受让人以为该地块属于工商业用地,但实际上依土地规划却属于绿地,受让人可以重大误解(错

---

① Werner Flume, Allgemeiner Teil des bürgerlichen Rechts, Bd. 2: Das Rechtsgeschäft, 4. Aufl. ,1992,S. 475 – 488.

② 参见〔德〕迪特尔·梅迪库斯:《德国民法总论》,邵建东译,法律出版社2000年版,第583页。

③ Hans-Martin Pawlowski, Allgemeiner Teil des BGB,5. Aufl. ,1998,S. 252.

④ Ernst A. Kramer, in:Münchener Kommentar BGB,5. Aufl. ,2006, § 119 Rn. 131.

误)为由撤销合同。① (2)探矿权、采矿权转让时,权利的行使是否受到限制,比如探矿区域内存在国家森林公园,依法不允许开展探矿活动②。(3)艺术品是否原件③、一辆二手车或机械的使用年数等。(4)产品的材质、机器的性能。④ (5)作为交易客体的抵押权的顺位。(6)债权让与时,该债权的数额、利率、是否有担保、是否属于具有优先地位的破产债权。在"王某某与汪某某、杜某某等撤销权纠纷案"中,债权让与时,让与人对债权之标的发生错误认识,以为是金钱(拆迁补偿款)债权,但其实是实物(拆迁补偿不动产)债权,价值相差甚大,法院认为让与人发生重大误解(错误),合同可撤销。⑤ (7)债务承担时,该债务的数额、利率,即便只是债务的履行承担⑥,亦然。(8)合伙份额转让时,该合伙份额是否隐名合伙份额。⑦ (9)订立汇票转贴现合同时,该汇票此前已经实施的承兑行为等票据行为是否存在瑕疵,因为这决定了该汇票的付款请求权最终可否行使。⑧

---

① 参见陕西正泰拍卖有限公司与马某、榆林市种子贸易公司、陕西西亚集团房地产开发有限责任公司拍卖合同纠纷案,陕西省高级人民法院民事判决书(2014)陕民一终字第00023号。该案其实也构成瑕疵担保责任,但受让人选择行使撤销权。

② 参见四川省冶金地质勘查局成都地质调查所与四川省搏亿矿业有限公司探矿权转让合同纠纷案,四川省高级人民法院民事判决书(2015)川民终字第1137号。

③ 认为关于艺术品是否原件的认识错误不构成性质错误的观点,参见朱庆育:《民法总论》(第2版),北京大学出版社2016年版,第272页。

④ Arnd Arnold, in: Erman Kommentar BGB, 15. Aufl. , 2017, §119, Rn. 41.

⑤ 参见王某某与汪某某、杜某某等撤销权纠纷案,甘肃省高级人民法院民事裁定书(2016)甘民申1115号以及甘南藏族自治州中级人民法院民事判决书(2015)州民终字第130号。

⑥ 参见朱某某、罗某某与徐某撤销权纠纷案,江苏省高级人民法院民事判决书(2016)苏民终570号。在该案中,甲曾借款给乙、丙,乙、丙是丁公司股东,丁公司为借款提供保证,丁公司开发房地产,因乙、丙逾期未向甲还款,甲与乙、丙签订《项目整合重组协议》,约定丁公司的房地产项目交给甲监管,销售收入款项进入甲指定账户,丁公司对外所欠的工程款、材料款、工资等债务由甲负责偿还。在协议履行过程中,甲发现了丁公司对外所欠债务数额巨大,超出其预期,遂诉请撤销协议。法院认为签约时甲构成重大误解,协议可撤销。

⑦ 参见陈某某与陆某某、蔡某某合伙协议纠纷案,云南省高级人民法院民事判决书(2015)云高民二终字第324号。

⑧ 参见恒丰银行股份有限公司青岛分行与邢台银行股份有限公司合同纠纷案,最高人民法院民事判决书(2018)最高法民终778号。

以下几种因素通常不属于交易上重要的物之性质：（1）标的物的市场价值。比如，股权转让合同订立时，受让人高估了股权的价值，事后不得以重大误解（错误）为由撤销合同。① 林木采伐权转让合同订立时，因受让人对可采伐林木的数量估算错误导致采伐权估价偏高，也不得以重大误解（错误）为由撤销合同②。债权人与债务人达成以物抵债协议，债务人以一对鸡血石印章抵偿 30 万元债务，事后债权人主张自己对鸡血石印章的市场价值认识错误，欲撤销协议，该主张不应得到支持③。标的物价值是正常商业风险范围内的因素，交易参与者应该自担风险。（2）对标的物予以经济利用的可能性或者转售的可能性。（3）就企业股权转让而言，企业拥有的矿场或矿物的性质，因为这不是股权本身的性质。同理，企业的部分商标因涉嫌侵权被商标局裁断不予注册，股权受让人订立合同时不知道此种情况，通常也不得以重大误解（错误）为由撤销股权转让合同④。当然，转让人有可能构成欺诈。此外，企业的盈利能力也不是股权本身的性质，即便受让人误以为企业具有较强的盈利能力，也不构成重大误解⑤。（4）关于标的物的法律或者政策在未来发生变化。比如，以炒房为目的购买房屋，成交后因楼市政策发生变化导致炒房目的落空，房屋买卖合同不得以重大误解（错误）为由撤销。

所谓"人之资格"，主要包括人的良好信用（Kreditwürdigkeit）、支付能力、人品上的可信度（Vertrauenswürdigkeit）、是否受过刑事处罚、

---

① 参见黄某某与何某某、郑某某、新疆天鸿公司、新疆齐兴投资（集团）有限责任公司股权转让纠纷案，新疆维吾尔自治区高级人民法院民事判决书（2014）新民二终字第 99 号。

② 参见桃源县林海木业经营部与湖南茂源林业有限责任公司买卖合同纠纷案，湖南省高级人民法院民事判决书（2014）湘高法民二终字第 50 号。

③ 参见潘某某与钱某某、杨某某民间借贷纠纷案，浙江省高级人民法院民事裁定书（2016）浙民申 1941 号。

④ 认为构成重大误解（错误）的判例，参见王某某、张某某、周某某、韩某某与高某、陈某股权转让纠纷案，河北省高级人民法院民事判决书（2016）冀民终 501 号。

⑤ 参见吴某与蒲某股权转让纠纷案，最高人民法院民事判决书（2019）最高法民终 1110 号。

专业资格、性别、年龄、健康状况等。这些因素在交易上是否具有重要性,取决于法律行为的类型。比如,对于那些具有人身因素的法律行为(区别于财物交易行为)而言,当事人在人品上的可信度是交易上重要的人的资格,尤其是以长期给付为标的或者需要当事人长期密切协作的法律行为,比如合伙合同、劳动合同、长期租赁合同等。甲委托乙代办存款事宜,订立委托合同时,甲以为乙是专门为银行拉存款的揽储中介,但实际上乙却经常为非法金融机构揽储,有判例认为甲可以重大误解(错误)为由撤销委托合同①。此种错误即为交易上重要的人之资格错误。前述"成都朝翔科技有限公司与袁某某技术服务合同纠纷案"实际上也涉及人之资格错误:成都朝翔科技有限公司系易查公司的代理商,代理商合同一年一签,但成都朝翔科技有限公司与袁某某的合同却约定该合同只约束缔约双方,法律上与易查公司无关,并且该合同服务期限为 22 年。这意味着如果代理商合同不续签,成都朝翔科技有限公司就无法为袁某某继续提供服务,而袁某某对此并不知情,误以为成都朝翔科技有限公司享有长期代理权,此为交易上重要的人之资格错误。② 如果按照表意人的营销政策具备特定身份的相对人可以享受优惠,而实际上相对人在订立享受优惠价的合同时并不具备此种身份,则亦存在交易上重要的人之资格错误。③

(六)双方动机错误

双方动机错误,是指双方当事人在缔结法律行为时都以某种共同

---

① 参见孙某某与章某某委托合同纠纷案,浙江省高级人民法院民事判决书(2016)浙民再 9 号。

② 参见成都朝翔科技有限公司与袁某某技术服务合同纠纷案,四川省高级人民法院民事判决书(2014)川民终字第 244 号。

③ 在海南华辰实业投资有限公司与邓某某房屋买卖合同纠纷案,最高人民法院民事裁定书(2020)最高法民申 2168 号中,最高人民法院认为根据现有证据,不能认定华辰公司是基于对邓某某股东身份的误解,才以低于市场价格将案涉房屋出售给邓某某,不存在重大误解。实际上,在该案中,假如华辰公司能够证明其确实推行了向股东优惠售房的政策而且签约时确实误以为邓某某系其隐名股东,则认定其构成重大误解并无不可。

设想为出发点,如果其知道这种设想是不正确的,就不会缔结或不会以此种内容缔结该法律行为,但后来事实表明,这种设想是错误的。易言之,双方当事人在意思形成阶段都对某一因素发生认识错误。在德国民法上,双方动机错误被归入法律行为基础障碍制度之中,即主观行为基础障碍。据此,存在基础障碍的法律行为可被变更或解除、终止。①

　　法律行为基础障碍理论源远流长。1850 年,温德沙伊德在《罗马法中的前提理论》一书中曾经把双方当事人的某种共同观念视为法律行为的前提或者说默示条件,其欠缺或丧失将导致法律行为失效。②但温德沙伊德尚未对此形成清晰明确的概念,尤其是尚未把法律行为的前提与意思表示内容明确区别开来。③ 因此,温德沙伊德的前提理论只能算是法律行为基础障碍理论的萌芽。真正为法律行为基础障碍理论奠基的是保罗·厄尔特曼(Paul Oertmann)。1921 年,厄尔特曼在《行为基础》一书中明确提出法律行为基础之概念。他认为,在一项法律行为中,如果一方当事人将其效果意思建立在某种观念的基础之上,此种观念对于相对人来说不但是可认知的,而且事实上相对人已经知悉但并未提出异议,那么,此种观念构成该法律行为的基础。与温德沙伊德的前提理论不同,厄尔特曼没有把行为基础视为意思表示的一部分,而是将行为作为意思表示之外的能够影响法律行为效力的因素。④

　　厄尔特曼的理论很快就被德国的帝国法院采纳,"二战"之后,该

①　参见杨代雄:《法律行为基础瑕疵制度——德国法的经验及其对我国民法典的借鉴意义》,载《当代法学》2006 年第 6 期。

②　Bernhard Windscheid, Die Lehre des römischen Rechts von der Voraussetzung, 1850, S. 59f.

③　Jan Schapp, Grundfragen der Rechtsgeschäftslehre, 1986, S. 70–71.

④　Paul Oertmann, Die Geschäftsgrundlage, 1921, S. 25f.

理论再次在德国的法院判例中发挥重要作用①,并且引起法学界的广泛关注。很多学者力图完善厄尔特曼的法律行为基础障碍理论。针对厄尔特曼的理论单纯以心理分析为视角这一缺陷,民法学家海因里希·雷曼认为,应当给法律行为基础障碍理论注入一定的规范性因素,亦即需要考虑,从相对人的角度看,表意人将其意思表示建立在某种观念的基础上是否具备"可接受(忍受)性"(Zumutbarkeit),如果不具备可接受性,那么即便在表意的当时,相对人已经知悉此种情势而且没有表示异议,也不能认定为法律行为基础障碍。②

在晚近的德国民法学中,法律行为基础障碍理论走向精确化与系统化。民法学者试图通过对行为基础进行划分并构造相应的案例类型来准确地界定这个概念。拉伦茨将行为基础划分为主观行为基础与客观行为基础。前者是指双方当事人的某种共同设想或肯定的期待,他们在订立合同时都以这种设想或期待为出发点,而且如果任何一方当事人只要知道这种设想或期待是不正确的,就不会订立该合同,或不会以此种内容订立合同,或者至少对方当事人在诚实经营的情况下不会坚持要求他履行合同。后者是指,这些情形根据合同的意义(本旨),它们的存在或持续存在是合同存在的先决条件,不论当事人是否意识到这一点。③ 拉伦茨把主观行为基础障碍视为双方动机错误,放在民法总论中研究,而把客观行为基础丧失视为给付障碍问题,置于债法总论之中。主观行为基础与客观行为基础的区分已被很多学者与判例接受。④

也有一些学者把行为基础划分为大的行为基础与小的行为基础。

---

① 参见〔德〕卡尔·拉伦茨:《德国民法通论》,王晓晔、邵建东等译,法律出版社2003年版,第534页。

② Jan Schapp,Grundfragen der Rechtsgeschäftslehre,1986,S. 71.

③ 参见〔德〕卡尔·拉伦茨:《德国民法通论》,王晓晔、邵建东等译,法律出版社2003年版,第538—541页。

④ Ulrich Eisenhardt,Allgemeiner Teil des BGB,3. Aufl. ,1989,S. 230.

前者是指涉及众多法律行为的社会形势,如币值稳定、和平状态的持续。后者仅涉及个别法律行为。① 还有一种比较重要的划分是行为基础(自始)欠缺(Fehlen der Geschäftsgrundlage)与行为基础(嗣后)丧失(Wegfall der Geschäftsgrundlage)。前者是指在缔约过程中,作为当事人效果意思之基础的某种关于当时状况的设想后来被证明是错误的。后者是指在缔约过程中,作为当事人效果意思之基础的关于某种状况在未来将会持续存在的观念没有变成现实,比较典型的是合同的等价关系被破坏以及客观(双方)目的落空。② 帕夫洛夫斯基比较特殊,他把第一种分类与第三种分类结合起来。他认为,战争与通货膨胀导致社会形势急剧变化,由此引发了诸多案例,这些案例涉及事实关系或法律关系客观变化与行为基础的内在关联,而不是行为当事人的主观设想与行为基础的内在关联,前一种情形可以称为客观行为基础的丧失或变更,后一种情形称为主观行为基础的欠缺,最典型的案例是:A为了观看几天后即将举行的一场盛大的庆典,从 B 那里租了一个临街靠窗的座位,但后来庆典被取消了,A 要求退还租金。③ 显然,帕夫洛夫斯基把行为基础自始欠缺等同于主观行为基础障碍,而把行为基础嗣后丧失等同于客观行为基础障碍。

　　为了使行为基础的认定更为标准化,梅迪库斯提出了一个行为基础的公式,据此,行为基础包括三个要素:(1)事实因素,至少有一方当事人将某种情况作为缔约的前提;(2)假定因素,这种情况对于该当事人是很重要的,假如他知道其真实性存在疑问,就不会订立合同或者会订立包含其他内容的合同;(3)规范(normative)因素,对方当事人如果是一个正直诚实的人,就应当重视这种情况。④

---

① 参见〔德〕迪特尔·梅迪库斯:《德国民法总论》,邵建东译,法律出版社 2000 年版,第 652 页。

② Ulrich Eisenhardt, Allgemeiner Teil des BGB, 3. Aufl., 1989, S. 230.

③ Hans-Martin Pawlowski, Allgemeiner Teil des BGB, 5. Aufl., 1998, S. 261 – 262.

④ Dieter Medicus, Bürgerliches Recht, 18. Aufl., 1999, S. 102 – 110.

总体来看,在当代德国民法学中,法律行为基础障碍理论已经臻于成熟,而且已经成为一个在学界得到普遍承认,在司法实践中得到广泛应用并且引起大陆法系其他国家广泛关注①的重要理论。

2002 年 1 月 1 日生效的《德国债法现代化法》对《德国民法典》债法编以及总则编的很多内容作了修改增删,其中比较引人注目的是增设第 313 条,专门规定法律行为基础障碍。该条的标题是"行为基础的障碍"(Störung der Geschäftsgrundlage),内容包括 3 款。第 1 款规定:"如果作为合同基础的情势在合同订立后发生严重变化,当事人在缔约时若预见到此种变化就不会订立该合同或将以其他内容订立合同,而且,考虑到所有的具体情况,尤其是约定的或法定的风险分担,不能苛求一方当事人严守原来的合同,那么,该方当事人可以要求调整合同。"第 2 款规定:"作为合同基础的重要设想被证明是错误的,亦视为情势变更。"第 3 款规定:"如果合同调整是不可能的,或者对于一方当事人是不可忍受的,受害方可以解除合同。对于继续性的长期债务关系,适用终止权(das Recht zur Kündigung)而不是解除权(Rücktrittsrechts)。"

按照官方解释,新《德国民法典》第 313 条第 1 款规定的是法律行为基础嗣后丧失,亦即客观行为基础障碍,而第 2 款规定的是主观行为基础自始欠缺,第 3 款规定的是法律行为基础障碍的法律后果。②对于法律行为基础欠缺,立法者采用类推的方式,把法律行为基础丧失的规则效力扩及法律行为基础欠缺。在法律后果上,立法者实行调整优先原则,合同解除只是辅助性的,只有当合同调整是不可能的或

---

① 《瑞士债务法》第 24 条第 1 款第 4 项、《意大利民法典》第 1467 条、《荷兰民法典》第 6 编第 228 条均已对法律行为基础障碍作出规定。

② 参见朱岩编译:《德国新债法——条文及官方解释》,法律出版社 2003 年版,第 138—144 页。

是不可苛求的情况下,才允许解除合同。① 这与学界通说及以往的判例是一致。所谓调整,是指通过对合同内容进行变更以使其适应现实情况,实际上就相当于我国民法中的合同变更。

就我国民法而言,最高人民法院 2009 年颁布的《合同法司法解释(二)》(已废止)第 26 条规定:"合同成立以后客观情况发生了当事人在订立合同时无法预见的、非不可抗力造成的不属于商业风险的重大变化,继续履行合同对于一方当事人明显不公平或者不能实现合同目的,当事人请求人民法院变更或者解除合同的,人民法院应当根据公平原则,并结合案件的实际情况确定是否变更或者解除。"该条确立了情势变更原则,实际上就相当于《德国民法典》上的法律行为基础嗣后丧失。由此可见,我国在《民法典》施行前,就已经通过司法解释构建了客观行为基础障碍制度。②《民法典》第 533 条明确规定了情势变更原则,确立了客观行为基础障碍制度。与《合同法司法解释(二)》(已废止)第 26 条相比,《民法典》第 533 条的规定有些变化。比如,不再把不可抗力造成的重大变化排除在情势变更之外,增加了"重新协商"环节。

关于主观行为基础障碍,我国《民法典》未作专门规定。最高人民法院《关于审理商品房买卖合同纠纷案件适用法律若干问题的解释》(以下简称《商品房买卖合同司法解释》)(法释〔2003〕7 号,法释〔2020〕17 号修正)第 19 条第 2 句规定:"因不可归责于当事人双方的事由未能订立商品房担保贷款合同并导致商品房买卖合同不能继续履行的,当事人可以请求解除合同,出卖人应当将收受的购房款本金及其利息或者定金返还买受人。"第 20 条规定:"因商品房买卖合同被

---

① 参见杜景林:《德国新债法法律行为基础障碍制度的法典化及其借鉴》,载《比较法研究》2005 年第 3 期。

② 类似观点,参见冉克平:《民法典总则视野下意思表示错误制度的构建》,载《法学》2016 年第 2 期。

确认无效或者被撤销、解除,致使商品房担保贷款合同的目的无法实现,当事人请求解除商品房担保贷款合同的,应予支持。"这两条司法解释规定的理论基础何在,值得探讨。在传统的意思表示—法律行为理论中,可能构成上述条文理论基础的是附解除条件法律行为。不过,附解除条件法律行为中的条件属于意思表示的一部分,其本身须具备意思与表示这两个要素,当事人仅有关于条件的意思而未将其表达于外部,不构成附条件法律行为。① 就商品房担保贷款合同而言,购房者与银行签订抵押贷款合同时如果没有明确约定该合同以商品房买卖合同的无效、撤销、解除为解除条件,则该合同并非附解除条件法律行为。同理,当事人订立商品房买卖合同时如果没有明确约定该合同以将来未能订立商品房担保贷款合同为解除条件,则该合同亦非附解除条件法律行为。《商品房买卖合同司法解释》上述条文恰恰针对当事人未作此类约定之情形。所以,附解除条件法律行为理论无法为上述条文提供理论基础。

能够成为上述条文理论基础的是法律行为基础障碍理论:商品房买卖合同以能够订立商品房担保贷款合同之预期为基础,商品房担保贷款合同以商品房买卖合同有效之设想或预期为基础,这些预期与设想未能变为现实,构成主观行为基础障碍。

实际上,除了商品房买卖之外,主观行为基础障碍理论还有其他适用领域。比如,甲、乙订立一份二手房买卖合同,约定买受人乙以按揭的方式支付60%的购房款,后来因不可归责于双方的事由,乙未能从银行获得贷款。或者,乙与银行订立二手房担保贷款合同后,二手房买卖合同被认定无效或被撤销。二手房虽不是商品房,但如果采用按揭方式付款,则会面临与商品房买卖及担保贷款合同类似的问题,理应按照与商品房买卖同样的规则处理。

---

① 参见史尚宽:《民法总论》,中国政法大学出版社2000年版,第474页。

　　此外,过失的不实陈述案也可以被主观行为基础障碍理论涵盖。甲、乙订立一份设备买卖合同,甲对乙称,根据权威人士提供的消息,政府将采取措施鼓励以这种设备加工的产品出口,将来肯定能给乙带来不菲利润,乙信以为真,但其实政府并没有这方面的计划。甲并非故意欺骗乙,既不构成欺诈,也不属于可产生撤销权的表示错误或者性质错误。对此,可以借助于主观行为基础障碍理论来解决:甲、乙双方订约时以"政府将采取措施鼓励以这种设备加工的产品的出口,将来肯定能给乙带来不菲的利润"这一共同设想为基础,后来证明是错误的,法律行为基础自始欠缺。

　　总之,对于《商品房买卖合同司法解释》第19条、第20条规定以外的其他情形中的主观行为基础障碍,在个案中可以适用《民法典》第147条,认定为双方动机错误,例外地判定法律行为可撤销。该条中的"重大误解"本就是个笼统的表述,使其涵盖双方动机错误未尝不可。事实上,近年来我国司法实践中不乏这样的判例[①],尽管在判决中法院并未使用"双方动机错误"或"主观行为基础瑕疵"之类的概念。

### 四、若干存在疑问的错误类型

#### (一)沉默意思表示的错误

　　沉默可以构成意思表示,但有时当事人之所以沉默,是因为受到欺诈、胁迫或者发生错误认识。此时,是否适用民法上关于意思表示瑕疵的规定?目前的通说认为,关于欺诈、胁迫和错误的规定也应适用于沉默意思表示,沉默者可以以受欺诈、胁迫或发生错误为由撤销

---

　　① 参见单某某、冯某与周某斌、周某英股权转让支付价款纠纷案,湖南省高级人民法院民事判决书(2014)湘高法民再终字第174号(订立和解协议时对基础关系认识错误);谭某与陈某某、许某某、胡某合同纠纷案,重庆市高级人民法院民事判决书(2015)渝高法民终字第00527号(订立股份互易合同时误以为一方已经全缴纳出资);朴某某等与钟某某委托合同纠纷案,吉林省高级人民法院民事判决书(2014)吉民二终字第89号(转让不动产征收补偿权利时对补偿数额计算依据的认识错误)。

意思表示,因为,没有理由使沉默者的处境比作出明示意思表示的人更差。① 不过,关于意思表示错误的规定适用于沉默意思表示时应否以及在何种程度上受到限制,则存在争议。

争议的第一个焦点是:关于沉默之意义的错误(推断性错误:Schlüssigkeitsirrtum)应否适用意思表示错误规则。绝大多数学者对此持否定说。② 据此,如果沉默者不知道沉默在特定情形中具备表示价值,其事后就不得主张发生错误并撤销沉默意思表示。不过,奥地利学者弗兰茨·比德林斯基提出如下异议:排除沉默者的撤销权将导致更不值得保护的事实构成(沉默意思表示)获得比常规意思表示更强的保护。③ 诺特(Knothe)认为,此项异议欠缺说服力,恰恰因为沉默意思表示在客观和主观方面不明确,需要在法律上予以澄清,与其他意思表示相比,法律规则的构成力将在更大程度上受到撤销的危害,所以不应当允许主张推断性错误。④

从本质上看,在所谓的推断性错误情形中,沉默者实际上欠缺表示意识。其当时以为自己的沉默在法律上不构成一项表示,但事实上却构成一项表示。依据目前意思表示构成论上的通说,欠缺表示意识并不必然妨碍意思表示的成立,如果行为人具有可归责性,其行为依然构成意思表示,只是可以以错误为由撤销该意思表示而已。欠缺表示意识的沉默者之所以保持沉默,是因为对法律规定、交易习惯的无

① Hans-Georg Knothe, in: Staudinger Kommentar BGB, 2004, Vor §§ 116 – 144 Rn. 66; Ernst A. Kramer, in: Münchener Kommentar BGB, 5. Aufl., 2006, § 119, Rn. 64; Claus-Wilhelm Canaris, Die Vertrauenshaftung im deutschen Privatrecht, 1971, S. 205; Jens Petersen, Schweigen im Rechtsverkehr, Jura 2003, S. 689.

② Ernst A. Kramer, in: Münchener Kommentar BGB, 5. Aufl., 2006, § 119 Rn. 68; Claus-Wilhelm Canaris, Die Vertrauenshaftung im deutschen Privatrecht, 1971, S. 209; Dieter Medicus, Bürgerliches Recht, 18. Aufl., 1999, S. 183; Hans-Georg Knothe, in: Staudinger Kommentar BGB, 2004, Vor §§ 116 – 144 Rn. 67.

③ Franz Bydlinski, Privatautonomie und objektive Grundlagen des verpflichtenden Rechtsgeschäftes, 1967, S. 74 – 75.

④ Hans-Georg Knothe, in: Staudinger Kommentar BGB, 2004, Vor §§ 116 – 144 Rn. 66.

知,或者是因为对违反诚实信用原则的具体后果的无知。无论如何,其都具有可归责性,所以其沉默构成意思表示。如果沉默者不知道其沉默依据某项法律规定[比如我国《合同法》(已废止)第 236 条]构成意思表示,则依据"不知法无赦"原则,不应当允许其通过主张推断性错误摆脱该意思表示的约束。在现代法治国家,不知道法律规定是不可容忍的。不过,如果沉默者仅仅是因为不熟悉交易习惯或者不清楚违反诚实信用原则的具体后果而保持沉默,则另当别论。此时没有理由不适用意思表示错误的相关规则。在诸如"特里尔葡萄酒拍卖案"之类的情形中,某人的举手动作依交易习惯被解释为意思表示,但学理上普遍认为表意人有权撤销该意思表示。既然基于积极作为的可推断意思表示的表意人可以通过主张不熟悉交易习惯撤销意思表示,那么基于消极不作为的可推断意思表示的表意人为何不享有同样的权利?依据"本质相同的情况相同处理"原则,消极可推断意思表示的表意人也应享有撤销权。沉默者主张自己当时不熟悉相关交易习惯或者不清楚违反诚实信用原则的具体后果的,裁判者依个案具体情况要么以证据不足、不合常理为由认定其主张不成立,意思表示无瑕疵;要么认定其主张成立,赋予沉默者撤销权。

争议的第二个焦点是:关于作为沉默之基础的事实的错误(Tatsachenirrtum)应否适用意思表示错误规则。事实错误例如,当事人不知道对方的意思表示已经到达,从而未作表态;商人确认函的受领人对确认函的内容发生了错误认识,以为其内容与先前的商谈结果一致,从而未提出异议。就第一种情形而言,沉默者实际上是在欠缺行为意思的情况下保持沉默。在意思表示理论中,谈到"沉默"时指的是一项具体的不作为,即当事人"针对什么事保持沉默"。沉默者既然不知道对方的意思表示已经到达,自然也就不知道自己正在对该意思表示保持沉默。这种不受当事人意志控制的不作为显然欠缺行为意思。在以信赖原则为基础的意思表示概念中,行为意思与表示意识一样,都不是意思表示不可或缺的构成要件,欠缺行为意思的表意人如果具有可归责性,仍然成立意思表示,表意人充其量只能以错误为由撤销意思表示。据此,上述第一种情形应有适用撤销权之余地。至于第二种情形,显然属于意思表示的内容错误。由于对确认函内容的误解,沉默者打算通过沉默表达的内容(同意其所理解的确认函内容)与其沉默客观表达的内容(同意确认函实际包含的内容)不一致。对此,通说认为没有理由不适用意思表示错误规则中的撤销权。①

不过,很多学者认为,在商事交易中,如果沉默者对于事实错误的发生有过错,应当排除其撤销权。② 有的学者基于商人的组织风险理论认为,如果沉默者的错误是因为商人营业的典型风险而发生,则不允许其撤销沉默意思表示。比如,职员截留函件导致营业主没有看到该函件从而保持沉默就属于营业上的典型风险;反之,如果该函件是因为火灾而灭失,则不属于营业上的典型风险,沉默者可以撤销意思表示。③ 反对者认为,因为沉默者的过错而排除其撤销权缺乏实证法依据,在现行法中,即便错误方有过错,仍然可以撤销意思表示。另外,商人的组织风险理论并无足够的说服力,如果从组织风险理论可以推导出商人错误的沉默意思表示在其有过错时不得撤销,那么同样也可以从中推导出商人其他类型的错误意思表示在其有过错时也不得撤销,但这样的结论显然也缺乏实证法依据。④ 这种观点值得肯定。

<hr />

① Claus-Wilhelm Canaris, Die Vertrauenshaftung im deutschen Privatrecht, 1971, S. 210 f.; Larenz/Wolf, Allgemeiner Teil des bürgerlichen Rechts, 9. Aufl., 2004, S. 583; Dieter Medicus, Bürgerliches Recht, 18. Aufl., 1999, S. 183; Jens Petersen, Schweigen im Rechtsverkehr, Jura 2003, S. 689; Ernst A. Kramer, in: Münchener Kommentar BGB, 5. Aufl., 2006, § 119 Rn. 68.

② Werner Flume, Allgemeiner Teil des bürgerlichen Rechts, Bd. 2: Das Rechtsgeschäft, 4. Aufl., 1992, S. 428; Ernst A. Kramer, in: Münchener Kommentar BGB, 5. Aufl., 2006, § 119 Rn. 71; Peter Mankowski, Beseitigungsrechte, 2003, S. 525.

③ Claus-Wilhelm Canaris, Handelsrecht, 24. Aufl., 2006, S. 355; Jens Petersen, Schweigen im Rechtsverkehr, Jura 2003, S. 689.

④ Hans-Georg Knothe, in: Staudinger Kommentar BGB, 2004, Vor §§ 116 – 144, Rn. 68 – 70.

在意思表示错误情形中,如果要限制具备可归责性的错误方的撤销权,不应只针对某一类型的意思表示,毋宁应对所有类型的意思表示予以统一处理。如果明示或积极可推断意思表示的可归责表意人可以撤销错误意思表示,而消极可推断(沉默)意思表示的可归责表意人却不得撤销错误意思表示,就显然违背"本质相同的情况相同处理"原则。况且,仅仅基于一般的过错或组织风险就排除错误方的撤销权也显得过于轻率。鉴于错误方在撤销意思表示后必须向相对人负担损害赔偿责任,相对人的利益已经得到关照,因此为公平起见,仅当错误方具有重大过失时,才可以考虑排除其撤销权。当然,此项排除也只能借助于立法实现,在解释论上不具可行性。

(二)签名错误

所谓签名错误,是指某人在一份未经阅读或没有正确阅读的文件上签名,该文件产生了行为人不想发生的法律效果。对此,应当区分如下几种情形。

首先,双方当事人已经就交易事项达成口头合意,后来又将该合意制作成书面文件,而该文件的内容与口头合意的内容不一致,当事人未经阅读或未正确阅读就在文件上签名。如果双方当事人都发生了错误,则毫无疑问应当以口头合意为准确定法律行为的内容,对此可以适用"误载无害真意"规则。比如,甲、乙双方就租赁合同达成口头合意,后来双方却错误地在一份买卖合同书上签名。依据上述规则,双方之间应该成立租赁合同而不是买卖合同,因为双方根本就没有对买卖达成合意。如果一方当事人知道书面文件的内容与口头合意的内容不一致,另一方当事人对此不知道,双方在文件上签了名,则在结论上也应该作同样的处理。此时,知情的当事人属于真意保留(不愿意作出与口头合意一致的意思表示),但对方当事人并不知道该真意保留,所以意思表示仍然按照对方当事人所理解的意义(口头合意的内容)发生效力。如果书面合同仅仅与口头合意的内容存在部分差别,也应作相同的处理①,甚至在书面合同中被加入一个"此前的口头约定无效"之条款时,也是如此。② 弗卢梅为此提出一项原则:如果相对人知道表意人的真实意思,那么意思表示的内容就必须以该真实意思为准。③ 此时,根本就不需要依意思表示错误之规则行使撤销权,因为表意人的真实意思已经得到了保护。

其次,表意人未经阅读就签署了一份交易文件,当时根本就没有意识到自己在作出一个意思表示。例如,秘书交给公司董事长一叠涉及公司内部管理的文件,提请董事长签字批准,但其中混入一份合同延期承诺函,董事长未予辨别就全部签了字。这是典型的欠缺表示意识之情形。董事长在签名时只要稍加注意即可避免误签,因此对该结果具有可归责性。在相对人对于承诺函存在值得保护的信赖的情况下,应认定其构成董事长所代表公司的意思表示,但构成意思表示错误。

再次,表意人未经阅读就签署了一份交易文件,其对该文件的内容没有任何观念,而且知道自己欠缺此种观念。从比较法看,德国法通说认为此种情形不构成意思表示错误,因为表意人根本就没有效果意思,从而不存在"意思"与"表示"不一致的现象。此时,表意人应当对其无所谓的态度承担受法律行为约束的风险。④ 不过,也有学者认为,如果所签署的文件包含了签名者不可能预料到的内容,则签名者

---

① 比如,房屋出租人与承租人事先口头约定租金是每月 5000 元,后来出租人拟定了书面合同让承租人签字,承租人签了字,但实际上合同书中所写的租金是每月 6000 元,承租人签字前没有仔细阅读,以为还是每月 5000 元。

② Werner Flume, Allgemeiner Teil des bürgerlichen Rechts, Bd. 2: Das Rechtsgeschäft, 4. Aufl., 1992, S. 452; Ernst A. Kramer, in: Münchener Kommentar BGB, 5. Aufl., 2006, § 119 Rn. 50.

③ Werner Flume, Allgemeiner Teil des bürgerlichen Rechts, Bd. 2: Das Rechtsgeschäft, 4. Aufl., 1992, S. 453.

④ Ernst A. Kramer, in: Münchener Kommentar BGB, 5. Aufl., 2006, § 119 Rn. 52; Larenz/Wolf, Allgemeiner Teil des bürgerlichen Rechts, 9. Aufl., 2004, S. 658.

可依意思表示错误之规则撤销其意思表示。① 德国法通说不无道理，可资借鉴。当然，之所以不适用意思表示错误规则，并非因为表意人根本没有效果意思，而是因为表意人过分随意的态度导致其责任加重。

最后，表意人未经阅读就签署了一份交易文件，尽管在签署前其对该文件的内容已经有某种具体的观念，但该观念是错误的。比如，表意人口述并由他人代写合同条款，其中某个条款书写有误，表意人未经检查就在合同书上签名。② 此时，签名错误不妨碍意思表示成立，但意思表示存在内容错误或者表达错误，表意人享有撤销权。③

（三）计算错误

所谓计算错误（Kalkulationsirrtum），是指表意人在计算价款时发生错误。要么是计算过程中的算术错误，要么是在计算依据上发生错误。④ 对于计算错误的法律后果，在德国民法学说与判例中存在较大的争议。德国帝国法院持如下立场：如果价款的计算属于对合同缔结具有决定意义的谈判的内容，或者在谈判过程中表意人告诉相对人其所要求的价款是经过详细计算而产生的，那么该价款的计算即成为意思表示的内容，计算错误在产生疑问时就属于内容错误，表意人享有撤销权；否则，计算错误就只是无关紧要的动机错误。⑤ 上述第一种情形在学理上被称为外部计算错误，第二种情形被称为内部计算错误或

① Arnd Arnold, in:Erman Kommentar BGB,15. Aufl. ,2017, § 119 Rn. 18.

② Ernst A. Kramer, in: Münchener Kommentar BGB,5. Aufl. ,2006, § 119 Rn. 54；Arnd Arnold, in:Erman Kommentar BGB,15. Aufl. ,2017, § 119 Rn. 18.

③ 弗卢梅认为，在签名者将交易文件的制作交给一个"属于他这方面的人"来处理的情况下，应该排除撤销权，因为他如同信任代理人一样信任该文件制作人，将意思表示内容的决定权交给此人，与此相应，他理应像对代理人那样对此人的行为负责。例外的是，如果相对人知道或者应当知道此人滥用职权拟定违背表意人真意的合同条款，则表意人享有撤销权。Vgl. Werner Flume, Allgemeiner Teil des bürgerlichen Rechts, Bd. 2：Das Rechtsgeschäft, 4. Aufl. ,1992, S. 454 – 455.

④ Larenz/Wolf, Allgemeiner Teil des bürgerlichen Rechts,9. Aufl. ,2004, S. 667.

⑤ Ernst A. Kramer, in: Münchener Kommentar BGB,5. Aufl. ,2006, § 119 Rn. 92.

隐蔽的计算错误。典型判例(RGZ 64,266)是:A 有一批废旧金属要卖给 B,A 不知道各种废旧金属的重量,双方共同对货物重量进行估算,并依据市场价约定了一个总价款。事后发现,废旧金属中占主要部分的废铁的重量是双方估算的两倍。A 遂以意思表示错误为由撤销意思表示,帝国法院认为 A 享有撤销权。① 另一个判例(RGZ 90,268)是:A 向 B 出售一批股票,双方约定了一个价格,双方都误以为该价格与交易所行情是一致的,后来发现二者并不一致。帝国法院亦认为股票交易的意思表示可以因内容错误而撤销。②

对于帝国法院的立场,德国民法学界普遍持批评态度。主要理由是:并不是所有在谈判过程中提出来的事项都可以成为意思表示的内容,有时,一方当事人将计算方式告诉对方当事人,只是为了使后者相信价格是合理的,此时,计算就不是合同的内容。③ 目前德国民法学界虽然也使用内部计算错误与外部计算错误这两个概念,但对其作了更细致的区分。分述如下:

(1)内部计算错误。如果表意人仅仅将计算的结果告知相对人,没有将计算基础或计算过程告知相对人,其计算错误即属于内部计算错误。通说认为,这种计算错误属于无关紧要的动机错误,表意人不得据此撤销意思表示。④

(2)外部计算错误。对于外部计算错误,当代德国民法学者并未像帝国法院那样认为其属于内容错误,而是根据具体情况予以区别对待。至于如何区别对待,学者们的观点存在一定的分歧。有学者认为

---

① Larenz/Wolf, Allgemeiner Teil des bürgerlichen Rechts,9. Aufl. ,2004 ,S. 669.

② Ernst A. Kramer, in:Münchener Kommentar BGB,5. Aufl. ,2006,§ 119 Rn. 93.

③ 参见〔德〕卡尔·拉伦茨:《德国民法通论》,王晓晔、邵建东等译,法律出版社 2003 年版, 第 510 页;Werner Flume, Allgemeiner Teil des bürgerlichen Rechts, Bd. 2: Das Rechtsgeschäft,4. Aufl. ,1992,S. 470 – 471。

④ Astrid Stadler, Allgemeiner Teil des BGB, 20. Aufl. , 2020, S. 357; Larenz/Wolf, Allgemeiner Teil des bürgerlichen Rechts, 9. Aufl. , 2004, S. 671; Arnd Arnold, in: Erman Kommentar BGB,15. Aufl. ,2017,§ 119 Rn. 30.

应当将外部计算错误区分为三种：一是相对人既不知道也不应当知道该错误的存在，此时的计算错误应当认定为动机错误，表意人不得撤销意思表示；二是相对人虽不知道但应当知道该错误的存在，此时，原则上仍应当由表意人自担风险，即便需要保护表意人，也不能将其计算错误认定为内容错误，而是应当通过意思表示解释，要么把表意人在未犯错误的情况下将会提出的价款作为意思表示的内容，要么因表意人的表示具有多义性而认定合同不成立；三是相对人知道该错误的存在，此时通常应当依据"误载无害真意"规则，把表意人如果未犯错误将会提出的价款作为意思表示的内容。① 还有学者认为应当将外部计算错误区分为三种情形。第一种情形是双方当事人都将价款的计算作为合同的基础，而该计算过程存在错误。比如表意人在要约中对各项给付都列出了相应的价款，但在将这些价款相加时算错了，得出一个错误的总价款。此时，应当通过意思表示解释来确定价款。具体言之，双方当事人不仅就总价款达成合意，而且对各项给付的价款也达成合意，意思表示发生内在矛盾，依据"误载无害真意"规则，应当以各项给付的价款经正确相加之和为合同价款。不过，如果双方的主观想法并不一致，一方将各项给付之价款视为决定性的，另一方将总价款视为决定性的，则应当通过规范性解释确定合同的内容。无论如何，必定有一方的主观想法被确定为合同内容，另一方则可以主张该合同内容（表示）与其主观想法（意思）不一致，从而以内容错误为由撤销意思表示。第二种情形是双方当事人都将价款的计算依据作为合同的内容或基础，计算过程本身虽然没有错误，但计算依据的是某种错误的因素，或者遗漏了某一个因素。此时，要么通过补充性的意思表示解释确定合同内容，要么依据法律行为基础障碍规则对合同内容予以调整——前述"交易所行情案"就是如此。第三种情形是双方

---

① Arnd Arnold, in: Erman Kommentar BGB, 15. Aufl., 2017, § 119 Rn. 32 – 33.

当事人既未共同地将价款计算作为合同的内容,也未将其视为合同的基础。比如,出卖人为了显示其产品的售价很便宜,告知买受人该产品的进价或制造成本,但他在据此计算售价时发生了错误。对此,应该认定为动机错误,意思表示不能撤销,因为没有理由要求买受人去仔细研究产品的进价或制造成本,这种计算方式属于出卖人的个人事务,买受人不必关心。不过,在某些情形(而不是所有情形)中,明知道发生计算错误的相对人需要就其缔约过失承担责任,比如双方之间存在长期业务往来,或者误算的数额巨大。据此,表意人有权要求相对人废止合同或者对价款进行调整。如果计算错误是由相对人过失引起的,也是如此。明知道表意人发生计算错误而不予以提醒的相对人还可能构成恶意欺诈。<sup>①</sup> 有学者认为,对于外部计算错误,要么依"误载无害真意"规则将双方达成共识的正确价款确定为合同内容;要么因为计算基础与计算结果同等重要而二者又互相矛盾从而认定意思表示无效;要么依据法律行为基础障碍规则对双方达成合意的错误价款予以调整;要么因为计算错误是由相对人过失引起的从而由相对人承担缔约过失责任(包括废止合同);在其他情形中,计算错误应认定为无关紧要的动机错误,由表意人自担风险。<sup>②</sup>

总体来看,计算错误仅在极少数情形中才应被认定为可产生撤销权的意思表示错误,在绝大多数情形中应被认定为动机错误或者依意思表示解释、法律行为基础障碍、缔约过失责任等规则处理。

(四)法律后果错误

有的时候,表意人对于意思表示的法律后果发生错误的认识或者没有预料到会发生某种法律后果,学理上称为法律后果错误

---

① Larenz/Wolf, Allgemeiner Teil des bürgerlichen Rechts,9. Aufl.,2004,S.667 – 671. 梅迪库斯的观点与此部分相同,参见〔德〕迪特尔·梅迪库斯:《德国民法总论》,邵建东译,法律出版社 2000 年版,第 577—578 页。

② Rüthers/Stadler, Allgemeiner Teil des BGB,16. Aufl.,2009,S.367 – 368.

（Rechtsfolgeirrtum）。对于此种错误的归属及其效果，应当区分意思表示直接决定的法律后果与间接的法律后果。前者是指意思表示本身所包含的法律后果，该法律后果发生的依据就在于意思表示。后者是指并未被包含于意思表示之中，而是因法律规定或补充性的合同解释而发生的法律后果，其是否发生不取决于当事人的意思。对于间接法律后果错误，只能认定为无关紧要的动机错误，表意人没有撤销权。比如，出卖人在订立买卖合同时，以为自己对于标的物不需要负担瑕疵担保责任，而该责任是法律直接规定的，并非意思表示的内容，出卖人的认识错误只是动机错误。再如，甲向乙出售一处房屋，该房屋此前已经出租给丙，当乙后来知道依据"买卖不破租赁"规则，自己需要承受租赁合同关系时，要求撤销买卖合同，其撤销没有合法依据。[①]

对于意思表示直接决定的法律后果之错误，应认定为内容错误，表意人享有撤销权。比如，出卖人与买受人在合同中约定排除权利瑕疵担保责任，出卖人以为被排除的责任中也包括物的瑕疵担保责任，但实际上按照法律上的权利瑕疵担保责任之含义，不包括物的瑕疵担保责任。或者，某人表示将某物"出借"给他人，其误以为"出借"是指将该物有偿提供给他人使用。[②] 再如，某饭店老板将其饭店"连同从物"一起出售给他人，其以为从物仅包括固定建造在饭店中的设施（如壁柜、厨房设备），不包括其他动产，但在法律上从物的范围要大得多。[③] 这种情形中的法律后果错误实际上已经构成标的物同一性错误，即表意人借助"从物"这一符号所欲指称的标的物与该符号客观上指称的标的物（至少在范围上）不相同。

---

① Larenz/Wolf, Allgemeiner Teil des bürgerlichen Rechts, 9. Aufl., 2004, S. 671 – 672; Werner Flume, Allgemeiner Teil des bürgerlichen Rechts, Bd. 2: Das Rechtsgeschäft, 4. Aufl., 1992, S. 465 – 466; Rüthers/Stadler, Allgemeiner Teil des BGB, 16. Aufl., 2009, S. 363; Arnd Arnold, in: Erman Kommentar BGB, 15. Aufl., 2017, § 119 Rn. 28.

② Arnd Arnold, in: Erman Kommentar BGB, 15. Aufl., 2017, § 119 Rn. 29.

③ Larenz/Wolf, Allgemeiner Teil des bürgerlichen Rechts, 9. Aufl., 2004, S. 672.

### 五、意思表示错误的法律后果

我国《民法通则》(已废止)第 59 条规定行为人对行为内容有重大误解的,有权请求人民法院或者仲裁机关对法律行为予以变更或撤销。《合同法》(已废止)第 54 条也作了类似规定。与《民法通则》(已废止)及《合同法》(已废止)相比,《民法典》第 147 条的一个显著变化是将重大误解的后果由可变更、可撤销改为可撤销。[1] 之所以如此,主要是因为由法院或仲裁机构在对民事法律行为进行变更时,变更后的内容未必同时符合表意人与受领人的意愿,而依《合同法》(已废止)第 54 条第 3 款之规定,当事人请求变更的,法院或仲裁机构不得撤销,此时只能强行作出违背一方或双方当事人意愿的变更。为贯彻意思自治原则,《民法典》取消了变更权。[2] 实践中,如果发生重大误解的表意人不打算撤销法律行为,可以与受领人协商变更法律行为的相应内容。协商未果的,表意人可以行使撤销权。

依《民法典》第 147 条,享有撤销权的是"行为人"。此处的"行为人"应解释为发生重大误解(错误)的一方当事人。如果是双方动机错误,则双方当事人都有撤销权。

## 第三节　意思表示不自由

私法自治要求表意人在自由状态下作出意思表示,决定法律关系

---

[1]　对"可变更"这一法律后果的质疑,参见马俊驹、余延满:《民法原论》,法律出版社 2010 年版,第 210 页;崔建远主编:《合同法》,法律出版社 2010 年版,第 115 页。主张将"可变更"定性为通过意思表示解释以真意取代表示之规范意义的观点,参见张传奇:《论重大误解的可变更效力》,载《中外法学》2014 年第 6 期。

[2]　参见沈德咏主编:《〈中华人民共和国民法总则〉条文理解与适用》,人民法院出版社 2017 年版,第 985 页。

的变动。在不自由状态下作出的意思表示是有瑕疵的意思表示。对表意人自由状态的妨碍方式包括欺诈与胁迫。

## 一、欺诈

欺诈,是指以虚构或者隐瞒的方式使表意人陷于错误、维持错误、加深错误并基于该错误作出意思表示。依私法自治原则,在受欺诈状态下达成的法律行为存在效力障碍。因受欺诈而实施观念通知等准法律行为的,可以准用欺诈规则。[1] 按照《民法典》第148条、第149条的规定,欺诈包括相对人欺诈与第三人欺诈。

(一)相对人欺诈

相对人欺诈须符合如下要件。

1. 存在欺诈行为

欺诈行为包括故意告知对方虚假情况和故意隐瞒真实情况,要而言之,包括虚构事实与隐瞒事实。前者可称为积极欺诈,后者可称为消极欺诈、沉默欺诈。欺诈行为须发生于缔结法律行为之时,如果在缔结法律行为之后,一方当事人虚构或隐瞒事实,以便在履行过程中获取不正当利益(如以次充好)或者达到其他目的,则不构成法律行为缔结中的欺诈,不影响法律行为的效力。[2]

(1)积极欺诈

就积极欺诈而论,欺诈者要么捏造根本不存在的事实,要么对客观事实进行变造。捏造事实比如,订立股权转让协议时,转让方的法定代表人谎称目标公司已经取得某一重要地块的一级土地开发权并

---

[1]　参见兖矿铝业国际贸易有限公司与重庆市电煤储运集团华东有限公司买卖合同纠纷案,最高人民法院民事判决书(2019)最高法民申5016号。

[2]　参见万某某与云南昆钢房地产开发有限公司商品房购销合同纠纷案,最高人民法院民事裁定书(2014)民申字第16号以及云南省高级人民法院民事判决书(2013)云高民一终字第80号;中国光大(集团)总公司与北京京华信托投资公司清算组、北京高登企业有限公司借款合同纠纷案,最高人民法院民事判决书(2010)民提字第87号(关于第一、第二、第三份借款合同的保证合同)。

且谎称自己曾经担任军级干部故而在项目审批方面拥有诸多便利[1]；股权转让前，该股权存在抽逃出资现象，但订立股权转让协议时转让方却承诺该股权出资真实[2]；甲、乙订立《支付宝应用服务合同》，甲在缔约过程中宣称自己是"支付宝沈阳服务中心"，但实际上支付宝并未在沈阳设立所谓的服务中心[3]；甲、乙订立合作协议，约定双方共同出资 1000 万元用于出借给丙，以赚取利息，缔约时甲谎称自己在此之外已经先投入了 1000 万元资金用于出借，但其实并无此事[4]；甲、乙订立挖掘机买卖合同，约定出售的挖掘机是"全新的"，但实际上此前甲已经将该挖掘机卖给丙，丙使用 30 个小时后退还给甲，甲未告知乙此种情况[5]；甲、乙订立特许经营合同，甲（许可方）在广告中宣传特许经营的品牌系由德国引进，但事实却并非如此[6]；在网络平台出售罐头，宣称系"全国消费者放心满意品牌""中国著名品牌"，但实际上并未在合法的评比活动中获得此类荣誉[7]；经营者未严格遵循行业标准，在产品合格证上将产品标注为"一等品"，而行业标准中却无此等级[8]；建

---

[1] 参见北京然自中医药科技发展中心与广东黄河实业集团有限公司一般股权转让侵权纠纷案，最高人民法院民事判决书(2008)民二终字第 62 号。

[2] 参见徐某某与邱某某股权转让合同纠纷案，最高人民法院民事裁定书(2014)民申字第 1668 号。

[3] 参见沈阳高朋科技有限公司与沈阳市勤达教育科技有限公司计算机软件开发合同纠纷案，最高人民法院民事判决书(2019)最高法知民终 469 号。

[4] 参见谢某某、叶某某与吴某某合同纠纷案，最高人民法院民事裁定书(2014)民申字第 2001 号以及福建省高级人民法院民事判决书(2014)闽民终字第 362 号。

[5] 参见李某某、黎某某与重庆美延工程机械有限公司买卖合同纠纷案，重庆市第五中级人民法院民事判决书(2015)渝五中法民再终字第 00057 号。

[6] 参见杨某某与北京某美容有限公司特许经营合同案，北京市高级人民法院民事判决书(2009)高民终字第 4104 号。不过，在该案中法院认为不能证明虚假广告发生于订立合同之前，所以不认定为欺诈。至于为何不能证明虚假广告的时间，值得推敲。

[7] 参见徐州汇尔康食品有限公司、安徽健得丰食品股份有限公司、浙江天猫网络有限公司与邱某产品责任纠纷案，浙江省高级人民法院民事裁定书(2016)浙民申 2816 号以及杭州市中级人民法院民事判决书(2016)浙 01 民终 2589 号。

[8] 参见广州美犀贸易有限公司与张某某产品责任纠纷案，广东省高级人民法院民事裁定书(2016)粤民申 7631 号；类似判例，参见重庆远东百货有限公司与陈某产品销售者责任纠纷案，重庆市第一中级人民法院民事判决书(2013)渝一中法民终字第 01627 号。

材店出售木门及门套时声称木材品种是黑桃木,但实际上是红山榄①;销售服装的标识上标注的产地是"苏州",但实际上并非在苏州生产②。

变造的方式可能是夸大事实,可能是淡化事实中的不利因素。夸大事实比如,甲、乙订立特许经营合同时,甲方声称已经有 10 家直营店和加盟店,但实际上此前已经开设的直营店仅有 1 家。③ 应当注意的是,如果只是稍微夸大或稍微淡化,通常不足以构成欺诈行为。④

（2）消极欺诈（沉默欺诈）

沉默是否构成欺诈,取决于沉默者是否有告知或提醒义务。这种义务可能是法律明确规定的,但并不多见。更常见的是基于诚实信用原则或交易习惯而认定当事人具有此种义务。无论如何,也不能得出"当事人对于与法律行为相关的任何因素都有义务主动地予以说明"的结论。一般认为,鉴于某些因素对表意人的决策具有重要意义,如果表意人依诚实信用原则与法律交往的一般观念在个案中可以期待相对人向其告知这些因素,即可认为相对人负有告知义务。⑤ 不过,如果表意人只要尽到其自身利益所要求的注意即可获取这些信息,那么他就无权期待相对人予以告知。⑥

从比较法看,德国民法判例认为,在以下几种情形中可以认定相对人有告知义务。⑦

---

① 参见义乌市楼璇门窗商行诉毛某某等买卖合同纠纷案,浙江省高级人民法院民事裁定书(2016)浙民申 3211 号。

② 参见严润青与淮安润淮商业有限公司买卖合同纠纷复查与审判监督案,江苏省高级人民法院民事裁定书(2016)苏民申 1229 号。

③ 参见王某与西安船旗餐饮管理有限公司特许经营合同纠纷案,陕西省高级人民法院民事判决书(2016)陕民终 623 号。

④ 参见王泽鉴:《民法总则》,北京大学出版社 2009 年版,第 368 页。

⑤ 类似观点,参见朱广新:《欺诈在法律行为范畴中的规范意义——对〈合同法〉第 52 条、第 54 条解释之检讨》,载《学习与探索》2009 年第 2 期。

⑥ Arnd Arnold,in:Erman Kommentar BGB,15. Aufl. ,2017, § 123 Rn. 13.

⑦ Arnd Arnold,in:Erman Kommentar BGB,15. Aufl. ,2017, § 123 Rn. 14 - 19.

其一,表意人就法律行为中的某一要点或一系列问题询问了相对人。以下情形等同于询问:表意人在招标公告、给付的描述或广告中标明了关于交易事项的某些要求。表意人通过以上方式表明了这些因素对其决策的重要意义,相对人固然可以自由决定是否明确表示拒绝回答,但如果未明确拒绝回答而却作出不完整的回答,则可能构成欺诈。

其二,表意人与相对人之间存在特殊的信任关系,比如人合公司①(Personengesellschaft)关系,当事人之间存在家庭关系或者存在长期交易关系,当事人之间存在具有密切信任关系的继续性债务关系。

其三,从表意人与相对人在经济交往中的特殊地位可以推导出告知义务。如果相对人基于其专业知识处于一种值得信赖的特殊地位,则其对欠缺专业知识或经验不足的表意人就具有决定性意义的专业情况负有告知义务。建筑师、银行经营者等都处于这种地位。这种告知义务也可以从表意人的特殊保护需要中推导出来。如果表意人显然是因为欠缺交易经验而作出意思表示,则相对人依诚实信用原则有义务关照表意人,向其作必要的说明。

其四,依合同的内容,表意人将某种利益的维护托付给相对人,则从该利益的维护义务中通常也能推导出告知义务。居间合同、金融服务合同、保险合同等具有特殊信任关系的合同就是如此。

其五,依合同当事人的利益状况和交易需要,如果某种情况对于表意人的决策显然具有重要意义,以至于相对人不能合乎理性地认为表意人根本不在乎这种情况是否存在,那么相对人就该情况负有告知义务——尤其是当该情况将会危及合同目的之实现时。比如,承担劳

---

① 德国法上的公司与合伙使用的是同一个术语,即"Gesellschaft"。"Gesellschaft"被分为人合公司与资合公司,人合公司主要包括民事合伙、无限公司、两合公司、隐名公司,资合公司包括股份公司、有限责任公司、股份两合公司,二者的界限并不是那么鲜明。参见〔德〕怀克、温德比西勒:《德国公司法》,殷盛译,法律出版社2010年版,第36页。

务给付义务、承揽给付义务或事务处理（Geschäftsbesorgung）义务的当事人依法律规定或交易惯例本应具备特定的资格或技能，而他事实上却不具备这样的资格或技能，那么他就此种情况负有告知义务。再如，在买卖合同中，标的物的某种属性依据交易观念是其正常使用的前提，则出卖人就该属性负有告知义务。据此，二手车、二手机器买卖合同中的出卖人对于标的物曾经发生事故之嫌疑（轻微事故除外）、事故的严重程度，对于涉及交通安全和交通许可的情况，对于使用上的不受限制性，对于车内装备不寻常的特性等情况，负有告知义务。但出卖人对于上述标的物已使用的年头（除非其影响到标的物的性能）、标的物是在国外制造的、标的物迄今为止的用益状况，则未必皆负有告知义务。就不动产买卖合同而言，出卖人对于房屋容易受潮、房屋承租人缺乏信誉等情况也负有告知义务，但对于房屋在一段时间以前曾经像妓院一样被使用之情况则没有告知义务。

其六，在上述情形中即便不存在特别的告知义务，也可能在个案中依据诚实信用原则推导出一项告知义务。德国判例与学说认为，相对人就不利于表意人之情况并不负有一般的告知义务，毋宁说，依据私法自治原则，每个人应该首先自己维护自己的利益。只有考量个案中的所有情势，才能在正当地追求自身利益与依合同关系照顾另一方当事人以维护其利益之间划出合理的界限。

参考德国民法学说与判例，本书认为，告知义务的成立需要符合以下几个条件：

其一，该因素必须是影响表意人决策的重要因素，即如果表意人当时掌握了关于该因素的正确信息就肯定不会做出这样的意思表示。比如，甲把一辆旧车卖给乙，乙得到车后去车管所办理机动车过户登记手续，车管所发现该车的发动机与原先备案的发动机号不一致，所以不予登记。发动机号与备案的不一致的原因是一年前该车的发动机严重故障，甲更换了发动机但未到车管所办理变更备案。在本案中,该车的发动机曾经更换而且没有办理相关手续显然是影响乙的决策的重要因素,甲对此负有告知义务。如果某个因素对于表意人的决策而言显然是无关紧要的,那么相对人就没有义务明确告知。比如,甲与乙订立一份合同将一套房屋卖给乙,房屋交付之后,乙发现卫生间里的马桶有问题,恰好此时房价下跌,乙就以甲在签订合同时没有告诉他马桶存在这样的问题为由主张其构成欺诈,要求撤销合同。这种要求显然没有道理。对于二手房买卖来说,像马桶这样价格不高的附属设施质量如何并不是一个关键因素,况且一般来说买受人得到房子之后都要全部或者部分地重新装修。再如,甲向乙公司购买一辆新车,该车的左前门下方有一处极其轻微的漆面损伤,乙公司予以抛光打蜡后肉眼看不出任何异样,乙公司即便未将此种情况告知甲,亦不构成欺诈。①

其二,相对人知道该因素对于表意人决策的重要性。如果某种因素对于绝大多数处于表意人位置的人而言显然都是重要因素,那么就可以推定相对人知道其重要性。如果某种因素并不具有如此明显而普遍的重要性,只有像表意人这样的比较特殊的人认为它是重要的因素,那么表意人必须提出证据证明相对人当时对此是知情的(其中包括表意人当时已经表达了对该因素的认识,但却属于错误认识,相对人没有予以纠正),否则不得主张相对人构成欺诈。以下这个例子容易引发争议:甲把一套房屋卖给乙,乙住进去之后才从邻居那里知道5年前有人在这个房屋里自杀,乙认为甲隐瞒了这一事实构成欺诈,但甲却说乙在订约过程中从来没表示过关注这种事情,他根本就没料到乙会在意这种事情。日本民法学者山本敬三认为这种情形构成欺诈,因为有人在该房中自杀这样的不愉快事实一方面影响房屋的价格,另

① 参见贵州新贵兴汽车销售服务有限责任公司与杨某某买卖合同纠纷案,最高人民法院民事判决书(2018)最高法民终 12 号。

一方面涉及买受人的居住决定权。① 本书认为,对此需要依据社会一般观念考察曾经有人在房中自杀这样的事实是否属于人们在买房时普遍关注的因素,如果是,则可以考虑认定为欺诈。

其三,表意人将该因素作为实施法律行为的条件不违反法律和公序良俗。有些因素虽然确实被表意人当作重要因素,相对人可能也知道表意人有这样的心理,但表意人将这些因素作为其实施法律行为的条件却是不合法或违背公序良俗的。比如,甲公司与乙订立劳动合同,聘用乙担任会计,乙当时已经怀孕两个多月,但她担心甲公司知道她已经怀孕后就不会聘用她,所以就隐瞒了这一事实。甲公司知道这件事后,就以欺诈为由主张撤销合同。② 德国的联邦劳动法院在判例中认为,雇主在与受雇人订立合同时,一般不允许询问受雇人是否已经怀孕,否则就会构成不合法的性别歧视,除非该受雇人将要从事的工作类型对于孕妇及胎儿有重大的不利影响,比如夜班工作。③ 询问受雇人是否已经怀孕尚且不被允许,要求受雇人主动告知这一事实显然更是不合法。因此,如果受雇人在缔结劳动合同时未主动告知其已经怀孕之事实,就不构成恶意欺诈。

其四,诚实信用原则或交易习惯要求相对人对该因素予以告知。在符合以上三个条件的情况下,还必须考察相对人未对该因素进行说明是否违背诚实信用原则或交易习惯。乙向甲汽车公司购买一辆汽车,而对于这种等级的汽车,甲公司的竞争对手已经推出了性能更好且更便宜一些的车,甲公司对此很清楚,但没有告知乙,乙后来以受欺诈为由主张撤销合同。德国民法学说与判例一般认为,这种情形不构成恶意欺诈,在特定界限内没有人可以被要求做出违反其自身利益的

---

① 参见〔日〕山本敬三:《民法讲义Ⅰ:总则》(第3版),解亘译,北京大学出版社2012年版,第183页。

② 我国《劳动合同法》第26条规定因欺诈而订立的劳动合同是无效或者部分无效的。

③ 参见〔德〕迪特尔·梅迪库斯:《德国民法总论》,邵建东译,法律出版社2000年版,第597页。

行为,即便该行为对于对方当事人的决策可能很重要。① 本书认为,要求商家向消费者说明别的产家有更好的产品显然是一种过分的要求,这无异于要求某人"长他人志气,灭自己威风",不符合商业社会的基本信念与法则。如果甲公司在与乙公司订立合同时,财务上已经出现困境,但甲公司未告知乙公司,甲公司是否构成欺诈? 本书认为,如果甲公司根本就不想履行合同,而是想借助于该合同从乙公司那里获得不正当的利益,则可以将其认定为欺诈。如果甲公司确实想履行合同,只不过当时对自己的履行能力有些担忧,但其仍然相信将来有可能扭转局面,那么似乎不宜认定为欺诈。不过,乙公司如果是先履行方,则可行使不安抗辩权,以保护自己的利益。②

依据上述标准,沉默欺诈的典型例子如:订立汽车(新车)销售合同前,拟销售的汽车在运输过程中被划伤,4S 店对其进行钣金、喷漆、更换油箱门和车灯等零部件,签约时未告知买受人此种情况。③ 订立汽车(新车)销售合同前,该车已经被 4S 店出售给其他人,退货后,4S 店将该车作为新车再度出售,且向买受人隐瞒了该情况。④ 订立借款

---

① 参见〔德〕迪特尔·施瓦布:《民法导论》,郑冲译,法律出版社 2006 年版,第 447 页。
② 关于不安抗辩权成立要件中的"后履行方履约能力恶化"发生的时间,民法学上存在争议。传统民法理论认为,不安抗辩权的成立要求后履行方是在合同成立之后才出现财产状况恶化等情况,如果在合同订立之时就已存在此等情况,先履行方不得行使不安抗辩权。参见梅仲协:《民法要义》,中国政法大学出版社 1998 年版,第 258 页;崔建远主编:《合同法》(第 4 版),法律出版社 2007 年版,第 140 页。但实际上,我国《合同法》(已废止)第 68 条(《民法典》第 527 条)并未明确要求后履行方是在合同成立之后才出现履约能力恶化之状况的。因此,完全可以将该条解释为:在合同订立时后履行方的履约能力即已恶化的,不知情的先履行方可以行使不安抗辩权。对于这种解释及其比较法依据,详见韩世远:《合同法总论》(第 4 版),法律出版社 2018 年版,第 417—418 页。
③ 参见最高人民法院指导案例 17 号〔张某与北京合力华通汽车服务有限公司买卖合同纠纷案,北京市第二中级人民法院民事判决书(2008)二中民终字第 00453 号〕。
④ 参见浙江康润汽车销售服务有限公司与凌某某买卖合同纠纷案,浙江省高级人民法院民事裁定书(2016)浙民申 1704 号。

及抵押合同时,抵押人隐瞒抵押物上已经设立其他抵押权之事实。[1]订立林木采伐权转让合同时,转让方未告知该片林木不久前曾遭遇火灾,成为"过火林"[2]。相反的例子:订立砖瓦厂承包经营合同时,双方预感到该砖瓦厂将来可能被列入落后产能淘汰名单,其实此时行政机关已经将其列入淘汰名单,但发包方尚未知悉,则不构成沉默欺诈。[3]

2. 欺诈行为与意思表示的作出之间存在因果关系

欺诈行为须导致表意人陷于错误、维持错误或加深错误并因此作出意思表示。[4]仅当存在此种因果关系时,表意人才有权撤销法律行为。虽有欺诈行为,但表意人并未上当,没有陷于错误、维持错误或加深错误,则不得以受欺诈为由撤销法律行为。即便表意人因欺诈行为陷于错误、维持错误或加深错误,但其并非基于该错误而作出意思表示的,亦然。此种情形中,发生错误的事项对表意人并无决定性意义。例如,侯某从网上购买 2 台美的牌电冰箱,每台因特惠价节省 400 元,网页上宣传"三天一度电",但收货后,侯某发现实际耗电量是 3 天 1.41 度电,遂以受欺诈为由诉请退货并主张《消费者权益保护法》第 55 条规定的 3 倍赔偿。法院判决认为,美的公司的"三天一度电"虽属于虚假宣传,但导致侯某决定购买 2 台美的牌电冰箱的并非此项虚假宣传,而是特惠价,虚假宣传与侯某的意思表示之间欠缺因果关系,

---

① 参见上海航空进出口有限公司与上海俊丰五金有限公司、上海诚富工业有限公司、上海市金山区第一公证处无效委托代理出口协议赔偿纠纷案,上海市第一中级人民法院民事判决书(1999)沪一中经初字第 133 号。

② 参见桃源县林海木业经营部与湖南茂源林业有限责任公司买卖合同纠纷案,最高人民法院民事判决书(2015)民提字第 155 号。

③ 参见张某某与常山县芳村镇人民政府合同纠纷案,浙江省高级人民法院民事裁定书(2016)浙民申 3603 号。

④ 表意人因欺诈陷于错误,其自身对此是否具有过失,不影响欺诈的构成。相反观点,参见孙某与威海伊波吉噢企业管理咨询有限公司特许经营合同纠纷案,最高人民法院民事裁定书(2016)最高法民申 2449 号。

所以不构成欺诈①。在刘某等与靖江碧桂园房地产开发有限公司商品房销售合同纠纷案中,靖江碧桂园公司售楼广告宣称"千亿房企""中国房地产 10 强""中国驰名商标""3 小时狂销 14 亿"等,被工商行政管理局认定为包含误导性内容的不合法广告,而且部分房源标示的"按揭原价"的价格高于申报备案价格,并依此"按揭原价"为基础进行打折销售,被物价局认定为价格欺诈。尽管如此,法院认为,虽然靖江碧桂园公司在广告宣传或价格公示上有欺诈行为,对刘某的购房意向有一定影响,但并非唯一或直接影响刘某决定是否购买的关键性因素;靖江碧桂园公司的上述行为并未使刘某对其所购房屋的质量、价格、地段、环境、生活配套设施、交通等关键性方面产生错误认识,不构成欺诈,刘某无权撤销买卖合同。② 此项裁判结论及其理由是否妥当,不无疑问。

在因果关系方面,有疑问的是,知假买假者是否有权主张经营者构成欺诈,从而依《消费者权益保护法》第 55 条要求经营者承担价款或费用的 3 倍赔偿责任? 司法实践中见解不一。在重庆市高级人民法院的(2016)渝民申 1675 号民事裁定以及重庆市第五中级人民法院(2015)渝五中法民终字第 05241 号民事判决中,法院认为,再审申请人(二审被上诉人)刘某某在购买涉案产品前,已多次购买章华公司生产的涉案产品之系列产品数盒,且以这些产品包装上的标识存在虚假宣传等为由多次提起诉讼,可以认定刘某某是在充分认知涉案产品的情况下主动购买涉案产品,并非是受经营者诱导而购买,不符合欺诈

---

① 参见侯某与合肥美的电冰箱有限公司、美的集团电子商务有限公司产品销售者责任纠纷案,江苏省高级人民法院民事裁定书(2016)苏民申 4553 号以及江苏省常州市中级人民法院民事判决书(2016)苏 04 民终 1329 号。

② 参见刘某等与靖江碧桂园房地产开发有限公司商品房销售合同纠纷案,江苏省高级人民法院民事裁定书(2015)苏审三民申字第 01621 号以及江苏省泰州市中级人民法院民事判决书(2015)泰中民终字第 00293 号。

的构成要件,因此,刘某某无权请求 3 倍赔偿。① 最高人民法院指导案例 23 号②认为知假买假者有权主张《食品安全法》规定的 10 倍赔偿,最高人民法院《关于审理食品药品纠纷案件适用法律若干问题的规定》(法释〔2013〕28 号,法释〔2020〕17 号修正)第 3 条规定知假买假者享有惩罚性赔偿请求权,但在 2017 年 5 月 19 日《对十二届全国人大五次会议第 5990 号建议的答复意见》(法办函〔2017〕181 号)中,最高人民法院认为不宜将食药纠纷的特殊政策推广适用到所有消费者保护领域,在食品、药品以外的普通消费领域,知假买假不符合《消费者权益保护法》第 55 条以及《民通意见(试行)》(已废止)第 68 条规定的欺诈要件(欠缺因果关系)。从民法上的欺诈概念看,知假买假者确实并非因为出卖人的欺诈行为而陷于错误、维持错误或加深错误并因此作出意思表示,欺诈行为与意思表示之间欠缺因果关系,不构成《民法典》第 148 条意义上的欺诈,知假买假者不享有该条规定的撤销权。至于是否构成《消费者权益保护法》第 55 条意义上的消费欺诈从而发生惩罚性赔偿责任,则有待于深入探讨。

3. 存在欺诈故意

(1)"过失欺诈"不构成欺诈

实施欺诈行为的当事人须为故意,即明知道自己的陈述不正确或者明知道自己未告知对方本应告知的事项。当事人如果因过失提供不实信息,则不构成欺诈。③ 比如,高某从银泰百货购买一个女包,合

---

① 参见刘某某与浙江章华保健美发实业有限公司、重庆爱莲百货超市有限公司日月光店产品责任纠纷案,重庆市高级人民法院民事裁定书(2016)渝民申 1675 号以及重庆市第五中级人民法院民事判决书(2015)渝五中法民终字第 05241 号;类似判例,参见高某某与浙江银泰百货有限公司等产品责任纠纷案,浙江省高级人民法院民事裁定书(2016)浙民申 2393 号以及杭州市中级人民法院民事判决书(2015)浙杭民终字第 3920 号。

② 参见孙银山与南京欧尚超市有限公司江宁店买卖合同纠纷案,江苏省南京市江宁区人民法院民事判决书(2012)江宁开民初字第 646 号(最高人民法院指导案例 23 号)。

③ 相反观点(承认"过失欺诈"),参见刘勇:《缔约过失与欺诈的制度竞合——以欺诈的"故意"要件为中心》,载《法学研究》2015 年第 5 期。

格证上标注材质为牛革,但实际上材质仅为牛剖层革,之所以如此,是因为案涉女包进口货物报关单所记载的商品规格为"100% 牛皮",经营者未经仔细查验就据此将女包标注为牛革,经营者对此仅存在过失,而无故意,所以不构成欺诈。① 当然,此种情形中,表意人在作出意思表示时由于受到不实信息的误导,也处于意思表示不自由状态。对此,表意人要么依据意思表示错误规则撤销法律行为,要么主张缔约过失责任,请求过失提供不实信息(过失误导)的相对人废止法律行为或者赔偿损失。

如果在新车交付前的 PDI( Pre Delivery Inspection ) 程序中,4S 店发现车辆排挡杆破裂之后,更换了变速箱控制模块及其周边线束,但在订立汽车销售合同时未将此种情况告知买受人,4S 店是否构成欺诈,不无疑问。温州市龙湾区人民法院(2015)温龙开商初字第 397 号民事判决认为 4S 店构成欺诈,理由是:任何具有正常理性的消费者,均难以接受其所购买的"新车"已经被销售者偷偷地更换了变速箱控制模块,故此,更换变速箱控制模块所形成的信息,会对消费者的消费抉择产生重大影响,在销售者明确承诺销售新车的情况下,销售者应主动将上述信息如实告知消费者,使之能作出更为理性的消费抉择,否则即构成欺诈。而在该案二审判决中,温州市中级人民法院则认为不构成欺诈,理由是:根据一般消费者的认知能力和消费心理,如果PDI 操作过程会影响消费者的购买选择,经营者就应主动向消费者告知,新力虎公司未明确告知消费者该信息,损害了消费者的知情权;经营者未主动告知消费者相关信息损害消费者知情权的行为,还应具备故意隐瞒的主观恶意,才能构成欺诈,新力虎公司未主动告知消费者相关信息属于其认识错误的问题,并不具有故意隐瞒的主观恶意,因

---

① 参见高某某与浙江银泰百货有限公司等产品责任纠纷案,浙江省高级人民法院民事裁定书(2016)浙民申 2393 号以及杭州市中级人民法院民事判决书(2015)浙杭民终字第 3920 号。

此其行为不构成欺诈。① 显然,二审判决区分了侵害知情权(违反告知义务)与欺诈。故意违反告知义务的,构成欺诈;反之,过失违反告知义务的,不构成欺诈,如同过失提供不真实信息不构成欺诈。有疑问的是,何谓"过失违反告知义务"? 如果义务人在告知时因疏忽遗漏了本应告知的事项或者误以为已经告知了该事项,则无疑属于"过失违反告知义务"。如果义务人误以为系争事项无须告知,但在法律评价上该事项却应认定为须告知事项,即发生法律错误,是否阻却欺诈故意的构成,值得推敲。上述二审判决对此予以肯定回答。

(2)关于欺诈恶意

我国《民法通则》(已废止)第 58 条第 1 款第 3 项、《合同法》(已废止)第 54 条第 2 款以及《民法典》第 148 条均未明确提到欺诈的恶意性,从比较法看,各主要国家及地区的民法大都要求欺诈是恶意的(arglistig)。至于"恶意"究竟指的是"故意"还是"具有卑劣的意图"(verwerflich Gesinnung),则存在一定的争议。在德国民法学中,通说认为所谓恶意仅仅指故意,即欺诈人明知道表意人对某个重要情况存在认识上的错误并且希望其基于该错误作出一项其于不存在错误时本不想作出的意思表示。不要求欺诈人具有"卑劣的意图",因为依据法律规范之目的,重要的不是欺诈人的意图,而是表意人决定自由受到干扰。② 这样,好意的欺诈(Täuschung in wohlmeinender Absicht),甚至纯粹为了表意人的利益而实施的欺诈,也是"恶意"的。同样,也不要求欺诈人具有损害表意人或者使自己获得不正当利益的意图。③ 但也有某些学者以及判例认为,恶意应当包括"卑劣的意图",如果是为

---

① 参见黄某某与温州新力虎汽车销售服务有限公司买卖合同纠纷案,浙江省温州市中级人民法院民事判决书(2015)浙温商终字第 2257 号。

② Arnd Arnold,in:Erman Kommentar BGB,15. Aufl. ,2017, § 123 Rn. 29.

③ Larenz/Wolf,Allgemeiner Teil des bürgerlichen Rechts,9. Aufl. ,2004,S. 686;Ernst A. Kramer,in:Münchener Kommentar BGB,5. Aufl. ,2006, § 123 Rn. 9 – 11.

了表意人的利益而实施欺诈,则不构成恶意欺诈。① 我国民法学界也有人认为好意欺诈不产生撤销权。② 从欺诈制度的规范目的看,为保护表意人的决定自由,不宜承认好意欺诈可以排除撤销权。③

(3)关于欺诈之目的指向

欺诈之故意要求欺诈方了使表意人陷于错误、维持错误或加深错误并据此作出意思表示,该意思表示恰好是欺诈方追求的目标。例如,甲、乙订立资产并购协议时,甲以夸大其持股企业资产价值、隐瞒债务的方式欺诈乙,两个月后,甲、乙、丙三方又订立债务承担协议,约定乙承担甲欠丙的 5000 万元债务,乙不得以订立第一份协议时受到欺诈为由撤销第二份协议④,因为甲实施欺诈行为之目的是订立第一份协议而不是订立第二份协议,即便乙订立第二份协议时在心理上受到第一次缔约行为良好印象的影响,亦然。

(4)关于合法的故意欺诈

应予注意的是,在某些情形中,一方当事人虽然作了虚假陈述,但其行为却并不具有违法性,对方当事人不得以受恶意欺诈为由撤销意思表示。⑤ 最典型的是在劳动合同领域,雇主只能向应聘者提出这样的问题:从劳动关系的角度看,雇主对于该问题的答案享有正当、公平、值得保护的利益,而且该问题并未过度侵犯应聘者的隐私。如果雇主向应聘者提出一个不合法的问题,则应聘者有权拒绝回答,但这样往往会导致他丧失工作机会。因此,如果应聘者在这个问题上撒了

---

① 德国联邦最高法院的判例曾经持该观点,参见〔德〕迪特尔·梅迪库斯:《德国民法总论》,邵建东译,法律出版社 2000 年版,第 595 页。

② 参见史尚宽:《民法总论》,中国政法大学出版社 2000 年版,第 425 页;刘勇:《缔约过失与欺诈的制度竞合——以欺诈的"故意"要件为中心》,载《法学研究》2015 年第 5 期。

③ 类似观点,参见朱广新:《欺诈在法律行为范畴中的规范意义——对〈合同法〉第 52 条、第 54 条解释之检讨》,载《学习与探索》2009 年第 2 期;郑玉波:《民法总则》,中国政法大学出版社 2003 年版,第 355 页。

④ 参见中房金控(北京)投资基金有限公司与钱某某、苏州隆鼎创业投资企业、王某某借款合同纠纷案,北京市高级人民法院民事判决书(2016)京民终 233 号。

⑤ 参见王泽鉴:《民法总则》,北京大学出版社 2009 年版,第 368 页。

谎并且得到了工作,则雇主不得以受恶意欺诈为由行使撤销权,除非这个问题在客观上对于拟聘用职务的特性而言是必需的。对于已经治愈的疾病,雇主也不得询问;对于尚未治愈的疾病或身体残障,只有在其能够妨碍工作职责的履行的情况下,才允许雇主询问。① 考虑到以上特殊情形,应当对《民法典》第148条进行目的论限缩,将不具有违法性的欺诈排除在该款的适用范围之外②,承认当事人在一定条件下享有"撒谎权"(Recht auf Lüge)。

(二)第三人欺诈

实施欺诈行为的既可能是表意人的相对人,也可能是第三人。无论相对人欺诈还是第三人欺诈,都可能会导致表意人受到误导,在不自由状态下作出意思表示。我国《民法通则》(已废止)第58条第1款第3项与《合同法》(已废止)第54条第2款都只提到一方当事人欺骗另一方当事人。如果进行文义解释,则第三人欺骗另一方当事人的,不构成欺诈。在国外民法以及我国台湾地区"民法"中,普遍都规定第三人实施欺诈也能够导致法律行为效力瑕疵。《民法典》第149条明确规定了第三人欺诈也可以导致法律行为可撤销,这是我国民事立法上的一个重大进步。

1. 第三人欺诈的特别构成要件

第三人欺诈也是欺诈,所以也需要符合欺诈的一般构成要件。除此之外,第三人欺诈还需要符合一个特别构成要件,即相对人知道或应当知道第三人欺诈。与第三人胁迫相比,第三人欺诈情形中撤销权的取得要件更为严格。之所以如此,主要是因为在胁迫情形中,表意人更值得保护。一方面,在受胁迫时,表意人决策的自由受到更严重

① Arnd Arnold,in:Erman Kommentar BGB,15. Aufl.,2017,§123 Rn. 20 – 21;Ernst A. Kramer,in:Münchener Kommentar BGB,5. Aufl.,2006,§123 Rn. 10.

② 《民法总则》(已废止)制定之前主张将欠缺违法性的欺诈排除在撤销权适用范围之外的观点,参见朱广新:《欺诈在法律行为范畴中的规范意义——对〈合同法〉第52条、第54条解释之检讨》,载《学习与探索》2009年第2期。

的妨害,外在的因素直接限制了他的选择自由,而在受欺诈时,表意人的决策只是受到外在因素的干扰,表意人的自由度还是比较大的;另一方面,在胁迫的情形中,表意人基本上是不可归责的,而在受欺诈情形中,表意人可能在一定程度上是可归责的,因为其可能没有积极地去搜集或印证相关的信息。①

应当注意的是,德国②以及我国台湾地区③理论上一般认为,如果表意人的意思表示是无相对人的意思表示,则不论何人实施欺诈,意思表示均为可撤销,其撤销的条件并无差别。也就是说,第三人欺诈之特别构成要件仅对有相对人的意思表示有意义。《民法典》第149条也应解释为仅就需受领意思表示而言,才要求相对人知道或者应当知道第三人欺诈;反之,就无需受领意思表示(如放弃权利之意思表示)而言,撤销权的取得不以相对人知道或应当知道第三人实施欺诈为要件,实际上此时根本不存在相对人。

2. 第三人的范围

就有相对人的意思表示而言,由于第三人实施欺诈与相对人实施欺诈在构成要件上有所不同,所以在实践中如何界定"第三人"就显得特别重要。一般认为,第三人欺诈是指由未参与交易的人实施欺诈,而且其行为不能归属于意思表示的相对人。至于欺诈人的行为究竟是否可以归属于相对人,则需要对个案的所有情势进行整体考量后予以判定,尤其需要考虑公平以及双方当事人的利益状况。④ 弗卢梅认

---

① 参见〔日〕山本敬三:《民法讲义 I:总则》(第 3 版),解亘译,北京大学出版社 2012 年版,第 190 页;〔日〕四宫和夫:《日本民法总则》,唐晖、钱孟姗译,五南图书出版公司 1995 年版,第 194—199 页;〔德〕卡尔·拉伦茨:《德国民法通论》,王晓晔、邵建东等译,法律出版社 2003 年版,第 542 页。

② Arnd Arnold, in:Erman Kommentar BGB,15. Aufl. ,2017, §123 Rn. 30.

③ 参见王泽鉴:《民法总则》,北京大学出版社 2009 年版,第 369 页。

④ Arnd Arnold, in:Erman Kommentar BGB,15. Aufl. ,2017, §123 Rn. 33.

为,关键在于,从评价的角度看欺诈行为人是否站在相对人的一边。①
这需要在个案中考察欺诈人与意思表示的相对人之间的关系是否足
够密切——从客观视角或从受欺诈人的视角看——以至于相对人必
须将该欺诈行为当作自己的行为来负责。一般认为,相对人的代理
人、雇员、交易事务的辅助人(比如,没有代理权但也受委托参与谈判
的助手)不是第三人②,其欺诈行为归属于相对人,等同于相对人在欺
诈,因为他们是相对人"阵营"中的人。③ 此外,产品的广告人、代言人
或扮演类似角色的人实施欺诈也应当认定为相对人本身的欺诈。比
如,某演艺明星为一种保健品作代言,尽管其称自己收的钱很少,只是
充当广告节目的主持人而不是代言人,但这种争辩毫无意义。不论是
作代言人,还是作主持人,只要其滥用明星地位以及消费者对其的信
任,故意误导消费者,就构成欺诈,而且在性质上不属于第三人欺诈,
而是商家本身的欺诈,因为该明星是受商家委托以欺诈的手段进行促
销的。

某些时候,欺诈行为人究竟属于第三人还是属于相对人,不无疑
问。具体分析如下。

(1)中介人(居间人)实施的欺诈行为。从比较法看,在德国民法
判例与学说中,最初仅承认代理人以及与之类似的交易事务辅助人不
属于所谓的第三人。20世纪中期之后,判例与学说逐渐扩大不属于第
三人的欺诈人之范围,其中就包括某些情形中的中介人。如果中介人
在缔约过程中承担了通常属于合同一方当事人的任务,则其实施的欺
诈不属于第三人欺诈,而是等同于意思表示相对人本身的欺诈。④ 有

---

① Werner Flume, Allgemeiner Teil des bürgerlichen Rechts, Bd. 2: Das Rechtsgeschäft, 4. Aufl. ,1992,S. 545.

② 参见冉克平:《论因第三人欺诈或胁迫而订立合同的效力》,载《法学论坛》2012年第4期。

③ Larenz/Wolf, Allgemeiner Teil des bürgerlichen Rechts, 9. Aufl. , 2004, S. 688; Arnd Arnold, in: Erman Kommentar BGB,15. Aufl. ,2017, § 123 Rn. 33 – 34.

④ BGH NJW 2001,358.

不少学说与判例认为,如果中介人是受一方当事人的委托参与缔约过程的,则其实施的欺诈应该认定为相对人欺诈。比如,不动产居间人甲受乙的委托向丙表示想出售某房屋,在丙参观该房屋的过程中,甲欺骗丙,称该房中的水管在一年前已经全部更换成新的,于是丙与乙达成合意购买了该房屋,后来发现水管已经用了 30 年,需要维修,遂以受欺诈为由撤销买卖合同。法院认为,尽管甲不是乙的代理人,但却属于受乙委托的缔约辅助人,所以本案中的欺诈属于相对人欺诈。① 不过,如果中介人并未受任何一方当事人委托或者同时受双方当事人委托,中立地为双方当事人提供服务(如报告订约机会),则其实施的欺诈行为仍然是第三人欺诈。② 总体来看,德国民法多数说认为,中介人实施的欺诈原则上仍然是第三人欺诈,仅在例外情形中才能认定为相对人欺诈。③ 此种立场可资借鉴。

(2)一人有限责任公司的股东实施了欺诈行为,使表意人向公司发出一个意思表示,该股东当时并非以公司代表人的身份行事,代表公司签约的是公司经理。在此种情形中,股东并不是第三人,其实施的欺诈行为应该认定为相对人的欺诈行为,从而相对人不得以不知道且不应知道为由否定表意人的撤销权。④

(3)融资租赁合同中的租赁物出卖人实施欺诈行为。融资租赁包含两层法律关系,一是出租人与承租人之间的租赁合同关系,二是出

---

① Reinhard Bork, Allgemeiner Teil des Bürgerlichen Gesetzbuchs,4. Aufl. ,2016,S. 343.

② Werner Flume, Allgemeiner Teil des bürgerlichen Rechts, Bd. 2: Das Rechtsgeschäft, 4. Aufl. , 1992, S. 544; Reinhard Bork, Allgemeiner Teil des Bürgerlichen Gesetzbuchs, 4. Aufl. , 2016,S. 343;Ernst A. Kramer, in:Münchener Kommentar BGB,5. Aufl. ,2006, § 123 Rn. 24.

③ Larenz/Wolf, Allgemeiner Teil des bürgerlichen Rechts,9. Aufl. ,2004,S. 688;Helmut Köhler, BGB Allgemeiner Teil, 44. Aufl. , 2020, S. 89 ( §7 Rn. 45 ); Ernst A. Kramer, in: Münchener Kommentar BGB,5. Aufl. ,2006, § 123 Rn. 23 - 24.

④ Arnd Arnold, in:Erman Kommentar BGB,15. Aufl. ,2017, § 123 Rn. 34;参见〔德〕迪特尔·梅迪库斯:《德国民法总论》,邵建东译,法律出版社 2000 年版,第 604 页。

卖人与出租人之间的买卖合同关系。① 当然,这两个合同关系不是相互分离的,而是被组合在一起的,出租人名为出租,实际上是向承租人提供融资,即替承租人垫付标的物价款,承租人以支付租金的方式向出租人分期偿还价款。从表面上看,出卖人乙公司是向出租人丙公司出售标的物,但实际上承租人甲公司在很大程度上也处于买受人的地位,租赁合同与买卖合同是一个整体。如果在租赁合同订立前,承租人派人去考察作为标的物的生产线,出卖人实施了欺诈行为,比如生产线中的某些零部件是旧的,但出卖人却说是全新的。此后承租人与出租人订立租赁合同,把事先考察过的那条生产线指定为租赁物。后来承租人发现这条生产线质量有问题,就以受欺诈为由主张撤销融资租赁合同。出租人丙公司认为自己对于出卖人乙公司欺诈这件事毫不知情,承租人无权撤销租赁合同。在此类案件中,实施欺诈的租赁物出卖人不应认定为第三人,其扮演了出租人的交易辅助人角色,所以其实施的欺诈行为等同于承租人的相对人即出租人实施的欺诈行为,尽管出租人对此不知道而且不应该知道,但承租人也有权撤销合同。②

(4)在担保合同订立过程中,主债务人实施的欺诈行为是否第三人欺诈,不无疑问。从比较法看,德国联邦最高法院最初认为主债务人的欺诈等同于作为保证合同当事人的债权人欺诈。③ 不过,德国联邦最高法院后来改变了立场,认为欺诈人必须在利益方面站在意思表示相对人一边,只有这样他才不是第三人,其欺诈行为才能归属于相对人。在主债务人欺诈案中,主债务人属于第三人,因为主债务人与债权人之间并不存在利益的一致性,他是为了实现自己的利益而寻找

① 根据我国《民法典》第739条的规定,出卖人应当向承租人交付标的物,承租人享有与受领标的物有关的买受人的权利。

② Ernst A. Kramer, in:Münchener Kommentar BGB,5. Aufl. ,2006, § 123 Rn. 24.

③ Ernst A. Kramer, in:Münchener Kommentar BGB,5. Aufl. ,2006, § 123 Rn. 24.

保证人,而不是为了债权人的利益。① 目前德国民法学通说也认为,就担保合同而言,主债务人实施的欺诈属于第三人欺诈,只有在债权人知道或应当知道的情况下,担保人才能撤销担保合同。② 日本民法学说也认为此种情形中主债务人的欺诈属于第三人欺诈。③ 我国《担保法司法解释》(已废止)第 40 条曾规定:"主合同债务人采取欺诈、胁迫等手段,使保证人在违背真实意思的情况下提供保证的,债权人知道或者应当知道欺诈、胁迫事实的,按照担保法第三十条的规定处理。"依《担保法》(已废止)第 30 条第 1 项之规定,主合同当事人双方串通,骗取保证人提供保证的,保证人不承担民事责任。由于司法解释要求在主债务人欺诈时,债权人须知道或者应当知道欺诈事实,所以,司法解释显然是将主债务人实施的欺诈定性为第三人欺诈。实践中,有判例将此项司法解释扩张适用于保证合同以外的担保合同,如抵押合同。④《民法典》已经施行,上述司法解释已被废止,所以,主债务人欺诈保证人或者其他担保人而债权人知道或者应当知道的,应当依据《民法典》第 149 条认定担保合同可撤销。债权人不知道且不应当知道的,担保合同不可撤销。⑤ 主债务人的欺诈大体上表现为:其一,谎称其他担保人已经提供担保并伪造其签名,诱使受骗的担保人

---

① Arnd Arnold, in:Erman Kommentar BGB,15. Aufl. ,2017, §123,Rn. 36.

② Larenz/Wolf, Allgemeiner Teil des bürgerlichen Rechts, 9. Aufl. , 2004, S. 688; Werner Flume, Allgemeiner Teil des bürgerlichen Rechts, Bd. 2: Das Rechtsgeschäft, 4. Aufl. , 1992, S. 545.

③ 参见〔日〕山本敬三:《民法讲义 I:总则》(第 3 版),解亘译,北京大学出版社 2012 年版,第 189 页;〔日〕我妻荣:《新订民法总则》,于敏译,中国法制出版社 2008 年版,第 291 页;〔日〕四宫和夫:《日本民法总则》,唐晖、钱孟姗译,五南图书出版公司 1995 年版,第 194 页。

④ 参见中国农业银行股份有限公司永州冷水滩支行与湖南南华大酒店有限公司、湖南百草制药有限公司金融借款合同纠纷案,湖南省高级人民法院民事判决书(2014)湘高法民二终字第 31 号以及最高人民法院民事判决书(2015)民提字第 178 号。

⑤ 参见平安银行股份有限公司北京分行与中国青旅实业发展有限责任公司金融借款合同纠纷案,最高人民法院民事判决书(2019)最高法民终 784 号。

也提供担保①；其二，财务报表造假，掩盖自己财务状况恶化之事实，担保人对此产生信赖并与债权人订立保证合同；其三，谎称借款用于项目建设，但实际上却打算将借款用于清偿对他人所欠的债务②。

（5）利他合同中的受益人实施欺诈行为，是否属于第三人欺诈？肯定说认为，因为利他合同的法律效果归属于受益人，所以受益人实施的欺诈行为应当视为相对人实施的欺诈行为，不论相对人是否知情，意思表示皆可撤销。否定说认为，因为利他合同的法律效果并不是全部归属于受益人，所以受益人不能视为当事人。折中说认为，应该区分不同类型的利他合同，如果是普通合同中附加第三人利益约款，比如买卖合同约定买受人向第三人支付价款，此为不真正利他合同，相对人基于该合同有独立的权利，其对于受益人的欺诈行为不知情的，即为善意。为保护其利益，表意人不得基于受益人的欺诈行为而撤销合同。如果是真正利他合同，合同的效果完全归属于受益人，则受益人的欺诈视为相对人的欺诈，不论相对人是否知情，合同皆可撤销。③ 相较之下，折中说更为合理，在辨别相对人欺诈与第三人欺诈时，法律行为实质利益的归属确为重要考量因素。

（6）贷款购物情形中的欺诈。比如机动车买卖，买受人需要从银行贷款，银行把贷款申请表格存放于出卖人处，在操作时由出卖人帮买受人填写表格并转交给银行，出卖人就机动车的性能对买受人也就是借款人实施欺诈，银行对此并不知情，那么这是第三人欺诈还是相对人欺诈？德国民法学说与判例主流观点认为，应该认定为相对人欺

---

① 参见朱某某等与胡某某等民间借贷纠纷案，江苏省高级人民法院民事裁定书（2016）苏民申 1667 号。

② 参见李某某与陈某、杜某某、孙某某民间借贷纠纷案，江苏省高级人民法院民事判决书（2012）苏民终字第 0029 号；另见吉林市信发小额贷款有限责任公司与常某某、永吉县丰源粮食经销有限公司小额借款合同纠纷案，最高人民法院民事裁定书（2015）民申字第 2421 号。

③ 各种学说之介绍，参见史尚宽：《民法总论》，中国政法大学出版社 2000 年版，第 429 页。

诈,买卖合同与贷款合同均可撤销,就此种买卖而言,标的物性能对买卖合同与贷款合同的订立都有决定意义。在此种情形中,出卖人受银行的委托,扮演了贷款合同中介人的角色。① 如果出卖人与贷款人使用同一个代理人,则该代理人实施的欺诈行为对于贷款合同而言并非第三人欺诈,而是相对人欺诈,因为出卖人与贷款人在这种情形中是一个统一体。② 甚至在买卖合同与贷款合同是由不同的人提供中介而且两份合同并非同时订立的情况下,就买卖合同而言,贷款中介人实施的欺诈也可能被认定为出卖人的欺诈而不是第三人欺诈,前提是该中介人与出卖人有密切的合作。③此类情形中,"相对人欺诈"概念之所以被作扩张解释,是因为一方面考虑买卖合同与贷款合同的关联性导致当事人在两份合同之意思形成上或多或少相互影响,另一方面也考虑消费者的特殊保护。

(三)欺诈的法律效果

欺诈导致法律行为可撤销,因受欺诈而作出意思表示的一方当事人享有撤销权。不过,依据《民法典》第1143条第2款之规定,受欺诈所立的遗嘱无效。依据《劳动合同法》第26条第1款第1项之规定,因欺诈而订立的劳动合同无效,这是民事特别法对欺诈法律效果作出的特别规定。依据《保险法》第16条第2款之规定,投保人故意或者因重大过失未履行如实告知义务,足以影响保险人决定是否同意承保或者提高保险费率的,保险人有权解除合同。此项解除权不应影响保险人的撤销权,如果投保人故意违反如实告知义务,构成欺诈,保险人有权撤销合同。按照《消费者权益保护法》第55条的规定,经营者提供商品或者服务有欺诈行为的,应当按照消费者的要求增加赔偿其受

① Reinhard Bork, Allgemeiner Teil des Bürgerlichen Gesetzbuchs,4. Aufl. ,2016,S. 343;参见〔德〕迪特尔·梅迪库斯:《德国民法总论》,邵建东译,法律出版社2000年版,第604页。

② Arnd Arnold, in:Erman Kommentar BGB,15. Aufl. ,2017,§123 Rn.35.

③ Ernst A. Kramer, in:Münchener Kommentar BGB,5. Aufl. ,2006,§123 Rn.24.

到的损失,增加赔偿的金额为消费者购买商品的价款或者接受服务的费用的 3 倍;增加赔偿的金额不足 500 元的,为 500 元。

第三人欺诈的法律效果与相对人欺诈相同,都导致法律行为可撤销。[1] 需要注意的是,在第三人实施欺诈行为的情况下,如果相对人是善意的,依《民法典》第 149 条之规定,表意人不得撤销法律行为。但是,如果相对人以外的其他人从该法律行为中直接取得一项权利,比如利他合同(人寿保险合同)中的受益人取得债权,而该权利取得人知道或者应当知道第三人欺诈的,则表意人虽然不得向相对人行使撤销权,但应当允许其向权利取得人行使撤销权。[2] 此可谓法律行为相对可撤销。撤销之后,权利取得人的权利消灭。《德国民法典》第 123 条第 2 款第 2 句对此设有明文。我国《民法典》第 149 条虽未明文规定,

---

[1]　参见河南奇春石油经销集团有限公司与中国工商银行股份有限公司延安分行金融借款合同纠纷案,最高人民法院民事判决书(2020)最高法民终 155 号。在该案中,保理合同项下应收账款债务人、保理人、保理客户订立三方协议,应收账款债务人确认当时存在应收账款债权,并同意将债款支付至保理专用账户。此后,保理人与保理客户订立《有追索权国内保理合同》。事实上,在订立三方协议之前,应收账款债务人即已清偿了债务,应收账款债权已经消灭。法院认为应收账款债务人作出虚假陈述,构成对保理人的欺诈,依《民法总则》(已废止)第 149 条,保理人享有撤销权。由于保理人选择不撤销合同,所以应收账款债务人应当履行合同,向保理人支付债款。不过,究竟如何从应收账款债务人的欺诈行为中推导出其履行责任,判决书语焉不详。在不适用《民法典》的情况下,似乎只能通过侵权责任保护保理人,应收账款债务人的欺诈行为构成对保理人的侵权行为。在三方协议中,应收账款债务人虽有义务依约定将债款支付至保理专用账户,但这只是其债务的履行方式而已,兑现该约定的前提是存在应收账款债权且该债权被转让给保理人。在订立协议前应收账款债权既然已因清偿而消灭,则该约定亦已丧失意义,应收账款债务人对保理人已无债务,不能仅依该约定判令其向保理人支付债款。此外,在债权转让前,应收账款债务人向尚未成为债权人的保理人所作的债务确认也不能产生一项独立的债务,因为债务确认的内容是"本人对保理客户负担了一项应收账款债务",而不是"本人对贵公司(保理人)负担了一项债务"。只有后者才构成独立的债务承认。与此不同,在适用《民法典》的情况下,依《民法典》第 763 条之规定,应收账款债权人与债务人虚构应收账款作为转让标的,应收账款债务人不得以应收账款不存在为由对抗不知情的保理人。本案应收账款债务人在三方协议中确认存在债务,可以解释为其与同为协议当事人的保理客户达成一项债务承认,此项债务承认属于通谋虚伪表示,借此虚构出一项应收账款债权。应收账款债务人不得以该债权已被清偿为由对抗保理人,保理人有权请求其履行债务。

[2]　Reinhard Singer/Barbara von Finckenstein, in:Staudinger Kommentar BGB,2004, § 123 Rn. 57.

但也应作类似解释。

## 二、胁迫

意思表示不自由的第二种原因是胁迫。《民法典》第150条规定了胁迫，包括相对人胁迫与第三人胁迫。

### (一)胁迫的构成要件

#### 1. 存在胁迫行为

胁迫行为，是指表示给他人施加某种不利益，以迫使该他人作出违背真实意愿的意思表示。胁迫是心理强制(vis compulsiva；psychischer Zwang)，与身体强制(vis absoluta；physischer Zwang)不同。前者是外在力量作用于当事人的心理，借助于心理压力促使其作出一项表示；[1]后者是外在力量直接作用于当事人的肢体，使之身不由己地作出貌似表示的举动，比如强行抓住当事人的手在合同书上捺手印。身体强制时当事人根本不具备行为意思，也无可归责性，而且对方当事人明知道其欠缺行为意思，因而不成立意思表示。以此种方式缔结的合同应判定为不成立，而非可撤销。[2]

胁迫尽管只是心理强制，但并不意味着胁迫行为人必定未使用暴力。如果行为人对表意人进行了殴打，使表意人产生心理恐惧，担心继续遭受殴打，从而作出意思表示，也构成胁迫[3]，不构成身体强制。

---

[1] 在对海南联合建工集团有限公司与衡阳县双益建筑劳务有限责任公司建设工程施工合同纠纷案，最高人民法院民事裁定书(2017)最高法民申1530号中，最高人民法院认为表意人虽被相对人限制人身自由(拘禁)并造成精神压力，但没有证据证实相对人有暴力威胁，所以不构成民法意义上的胁迫。此种观点值得推敲，既然承认表意人是在拘禁造成的精神压力下订立合同，就应当认定为胁迫，无须考虑是否有暴力威胁。民法上的胁迫手段不以暴力威胁为限。

[2] 参见赵某某与张某某、永吉县丰源粮食经销有限公司、牟某某民间借贷纠纷案，吉林省高级人民法院民事判决书(2013)吉民二终字第98号。

[3] 参见吴某某与石某某确认合同无效纠纷、离婚后财产纠纷及变更抚养关系纠纷案，湖南省湘西土家族苗族自治州中级人民法院民事判决书(2016)湘31民终564号。案情为离婚后女方找亲友殴打男方，迫使男方订立对自己不利的财产分割协议。

即便行为人殴打完之后，未明确表示还要继续殴打，亦然。[①] 此时，"表示施加不利益"体现为默示的表示，即从先前的暴力行为中可以推断出如果不照办的话，行为人将会继续殴打。如果尚未开始殴打，只是扬言如果不签合同的话，就要殴打或者实施其他加害行为，则为明示的表示。

胁迫行为有多种表现形式。既包括表示给表意人本身施加不利益，也包括给表意人亲友施加不利益；既包括对人身施加不利益，也包括对财产施加不利益[②]；既包括对自然人施加不利益，也包括对法人施加不利益，实际上还应包括对合伙等非法人团体施加不利益。

2. 胁迫行为具有违法性

大陆法系的很多国家和地区的民法都要求胁迫必须具备违法性才能导致法律行为效力瑕疵。比如《德国民法典》第 123 条第 1 款规定，因受恶意欺诈或不法胁迫而作出意思表示的人可以撤销该意思表示。[③]《瑞士债务法》第 29 条第 1 款也明确要求胁迫具备违法性。有些国家和地区的民法虽未明确规定胁迫应具有违法性，但在解释上都要求违法性，如《日本民法典》、我国台湾地区"民法"。我国《民法典》第 150 条虽未规定胁迫的违法性，也应作类似解释。

如何认定胁迫的违法性，在学理上存在一定的争议。按照当代德国民法学界以及我国台湾地区学界的通说，胁迫是否具有违法性，需要考察胁迫的目的、手段以及二者之联系这三个因素。

---

① 参见伊犁鑫瑞煤炭销售有限责任公司与吴某某合伙协议纠纷案，新疆维吾尔自治区高级人民法院民事判决书(2016)新民终 453 号。案情为在订立合伙结算协议之前，甲方派人殴打乙方，要求其接受对自己不利的财产分配方案，1 个多月后，甲方再次带几个人与乙方谈判，施加压力，迫使乙方订立结算协议，接受不公平的分配方案。

② 《民通意见(试行)》(已废止)第 69 条曾规定，以给公民及其亲友的生命健康、荣誉、名誉、财产等造成损失或者以给法人的荣誉、名誉、财产等造成损害为要挟，迫使对方作出违背真实的意思表示的，可以认定为胁迫行为。

③ 《德国民法典》的立法理由书载明："如果一方当事人有权强迫另一方当事人作出意思表示，那么这项被迫作出的意思表示就是有效的。" Vgl. Ernst A. Kramer, in: Münchener Kommentar BGB, 5. Aufl., 2006, § 123 Rn. 42.

（1）目的违法或不正当

如果胁迫人的目的是让被胁迫人同意实施某种违法行为，那么该胁迫显然属于违法胁迫，比如以胁迫方式订立涉及走私物品的运输合同。即便胁迫所用的手段是合法的，只要所追求的法律行为是违法的，也构成违法胁迫。比如，甲威胁乙，称如果乙不把毒品低价卖给他，就必须立即将欠他的钱还给他。[①] 事实上，以这种方式达成的法律行为本身就是违反禁止性法律规定[②]的法律行为，属于无效的法律行为。

真正需要探讨的是这种情况，即胁迫人所追求之目的本身并未被法律所禁止，但其在法律上也没有权利要求被胁迫人通过一个法律行为使其实现该目的。比如，甲丢了东西，被乙捡到，乙打电话要求甲支付1万元酬金（并非悬赏之酬金），否则别想找回东西，甲被迫同意支付1万元酬金。按照我国《民法典》第317条的规定，拾得人仅有权请求失主支付保管遗失物等支出的必要费用，而在本案中，乙要求甲支付1万元酬金，显然超出了所谓的必要费用，对超出的部分本无请求权，如果强行索要，属于追求不正当目的，将构成违法胁迫。再如，甲是A公司控股股东及法定代表人，A公司取得200亩国有土地使用权，欲成立B公司对该地块进行开发，A公司找到合作伙伴乙，A公司、甲、乙订立合作协议，约定B公司成立后，A公司将其持有的B公司51%股权以5406万元的价格转让给乙，乙在本协议订立后预付3267.1万元转让款（实际支付3530万元），预付款支付后20个工作日内B公司未能正式成立的，A公司应在3个工作日内全额退还预付款，甲对此项退款义务提供担保。同日，甲、乙订立股权转让协议，约定为担保合作协议中A公司对乙的预付款退还义务，甲将其持有的A公司51%股权转让给乙，办理股权变更登记之时，该项股权转让款支

---

① Larenz/Wolf, Allgemeiner Teil des bürgerlichen Rechts, 9. Aufl., 2004, S. 692.
② 我国《刑法》第156条规定，禁止故意运输、保管走私物品，否则以走私共犯论处。

付义务与预付款退还义务视为履行完毕,两笔款项互相冲抵。此后,由于注册资金不能全部到位,B 公司未能如期成立。A 公司将 200 亩国有土地使用权转让给甲持股的 C 公司。乙向公安机关控告甲实施合同诈骗罪,在羁押期间,乙与甲商谈和解事宜,在和解方案的背面,乙写下"如果判,无期或 20 年,土地拍卖,价格很低,你将一无所获"等内容。此后,甲、乙订立股权转让协议,约定甲将其持有的 C 公司 51% 股权转让给乙,以履行此前合作协议中的担保责任。后来甲主张该协议系因受胁迫而订立。① 本案的关键在于,乙为了实现预付款返还债权,是否有权要求甲向其转让 C 公司 51% 股权。乙之所以要求甲向其转让 C 公司的 51% 股权,是因为其以为依据第一份股权转让协议,其有权取得 A 公司 51% 股权以实现预付款返还债权。但事实上,其无权取得 A 公司 51% 股权,因为第一份股权转让协议是担保性股权让与,且排除了担保权人的清算义务,不论股权的价值是否明显超出债权的金额,都变相地违反了我国《物权法》(已废止)第 211 条(《民法典》第 428 条)关于流质约款禁止之规定,构成脱法行为。所以,关于其有权取得 A 公司 51% 股权之约定应认定为无效。乙既然无权取得 A 公司 51% 股权,则当然也无权要求甲向其转让作为该股权之替代物的 C 公司 51% 股权,但乙却以不撤回刑事控告迫使甲作出向其转让 C 公司 51% 股权的意思表示。在订立第二份股权转让协议后,乙即撤回了刑事控告,法院据此认定甲不构成合同诈骗罪。乙以胁迫手段追求不正当目的,理应认定为违法胁迫。

(2)手段违法

如果胁迫所用的手段是违法的,即便胁迫人追求的是正当目的,

---

① 参见胡某某与杨某某、洛阳市泰益德房地产开发有限公司股权确认纠纷案,最高人民法院民事判决书(2012)民二终字第 7 号。法院认为,第二份股权转让协议是第一份股权转让协议的延续,未加重担保人胡某某的负担,所以不构成胁迫或显失公平。此项裁判结论未充分考虑第一份股权转让协议的效力,是否妥当,有待推敲。

一般也都应认定为违法胁迫。比如,甲损害乙的利益,乙要求甲支付赔偿金,甲不同意,乙遂威胁要找人教训甲,甲怕惹麻烦,遂与乙达成一个协议,同意支付乙所要求的赔偿金。此种赔偿协议在性质上属于债务承认,如果双方当事人各有让步,则属于和解协议。无论如何,都属于法律行为。如果一方当事人是受胁迫而作出意思表示,则属于可撤销的意思表示。撤销之后,对方当事人需要以起诉方式行使损害赔偿请求权或者与受胁迫人在自愿的基础上重新达成赔偿协议。如果以违法手段追求不正当目的,则更应认定为违法胁迫。比如,甲与乙相约到某宾馆协商股权转让事宜,乙不愿意受让股权,甲不让乙离开房间,其间数次发生争吵,一直持续到早晨 7 点,乙害怕继续被限制自由,不得已在甲草拟的股权转让协议上签字。①

一方当事人以违约相威胁,迫使另一方当事人作出一项意思表示,也应认定为违法胁迫。比如,A 公司以"不照办就不让上岗"相要挟,迫使员工甲与 B 银行订立借款合同,所借款项由 A 公司使用。②无故不让员工上岗,属于违反劳动合同之行为,以此为胁迫手段,构成违法胁迫。再如,甲公司把建设工程发包给乙公司,在工程竣工后,依照合同约定,乙公司有义务向甲公司提供建筑法规所要求的工程竣工验收材料,但乙公司以不提供材料相要挟,迫使甲公司提前与其订立工程价款结算协议,对有分歧的价款予以确定。③ 甲、乙订立特许经营合同,约定甲授予乙代理权与加盟经营权,履行 3 年后,甲停止供货,

---

① 参见刘某某与贺某某股权转让纠纷案,湖南省长沙市中级人民法院民事判决书(2009)长中民二终字第 0387 号。

② 参见中国建设银行股份有限公司北京丰台支行与孙某、中国北方设备工程公司金融借款合同纠纷案,北京市丰台区人民法院民事判决书(2008)丰民初字第 18162 号。

③ 参见北京海湾京城房地产开发有限公司与北京城建四建设工程有限责任公司建设工程承包合同纠纷案,北京市海淀区人民法院民事判决书(2007)海民初字第 24195 号。在该案中,法院认为北京城建四公司对海湾公司的要挟行为并非实施不法行为,只是利用了海湾公司的危难处境(工程不验收将导致海湾公司迟延履行对购房者的交房义务),所以构成乘人之危而不是胁迫。法院的观点值得商榷,海湾公司的危难处境既然是北京城建四公司故意造成的,旨在迫使海湾公司在该处境中作出意思表示,即应当认定为构成胁迫。

要求乙放弃代理权,乙遂与甲订立协议,约定取消乙的代理权,保留乙的加盟经营权。① 甚至以自杀相威胁也被认定为违法胁迫,因为这种手段违背了伦理秩序。②

(3)目的与手段之结合不正当

有时,胁迫人的目的正当,所用的手段本来也是正当的,但以这样的手段实现这样的目的却是不正当或者说不适宜的。比如,甲违反了与乙签订的合同,乙要求甲赔偿100万元,但甲不愿意赔那么多。在双方交涉的过程中,乙得知甲前不久实施了一项商业贿赂行为,乙遂以告发罪行威胁甲订立赔偿协议。后来,甲的罪行因为其他原因败露,甲以当初系受胁迫而作出赔偿100万元之意思表示为由,主张撤销该意思表示。乙的目的是索赔,是正当目的(如果索赔数额与实际损失大体相符的话),手段是向有关部门告发甲的犯罪行为,这本身也是合法的,但以这样的手段去追求与该犯罪行为毫无关联的目的,则是不适宜的。

与此不同,如果甲偷了乙的东西,把东西卖给别人导致难以回复,乙要求甲赔偿,并且威胁甲若不赔偿就去告发甲,甲支付了赔偿金。此时不构成违法胁迫。以告发对方的犯罪行为为手段来实现该犯罪行为所产生的损害赔偿请求权,通说认为不属于违法胁迫。③ 同理,在买卖合同履行过程中,买受人发现出卖人交付的货物有质量问题,要求出卖人降低价格,否则即拒绝接受货物。出卖人为了避免退货之成本,遂与买受人达成价格变更协议,买受人之所为系正当的交涉谈判,

---

① 参见罗某某与龙某特许经营合同纠纷案,贵州省高级人民法院民事判决书(2014)黔高民三终字第18号。在本案中,法院不认为龙某停止供货的违约行为构成胁迫,因为罗某某可以通过诉请龙某承担违约责任的方式保护自己,无须为了继续获得货物而表示放弃代理权。此项理由是否充分,有待斟酌。

② Arnd Arnold, in: Erman Kommentar BGB, 15. Aufl., 2017, §123 Rn. 45.

③ Arnd Arnold, in: Erman Kommentar BGB, 15. Aufl., 2017, §123 Rn. 50a; Ernst A. Kramer, in: Münchener Kommentar BGB, 5. Aufl., 2006, §123 Rn. 43;参见黄茂荣:《民法总则》(植根法学丛书之判解评释部分),1982年自版,第757页。

目的与手段之结合并非不正当,所以不构成违法胁迫。①

在涉嫌诈骗的经济纠纷中,债权人向公安机关报案后,公安机关对债务人采取强制措施(限制人身自由)期间,债权人进入公安机关,在办案人员协调下,债权人要求债务人签订还款协议并要求债务人的近亲属签订担保合同,债务人及其近亲属为尽早摆脱强制措施,签署了还款协议与担保合同,债权人的行为是否构成胁迫? 在程某某等与马某某等抵押借款合同纠纷案中,吉林省高级人民法院认为,马某某到公安局以程某某涉嫌诈骗为由报案,是公民为保护财产而行使权利的一种方式,现没有证据证明马某某存在胁迫的主观恶意及行为,对程某某采取立案调查措施属于公安机关依照法律规定行使侦查权,对程某某是否继续采取强制措施取决于程某某涉嫌经济犯罪的事实是否成立,不受各方是否签订协议的影响,所以该协议的签订并非因胁迫而为。② 不过,对于该案,最高人民法院则认为,无论公安机关对程某某采取强制措施是否合法,程某某在人身自由被限制的情形下签订的超出原约定债务数额的还款协议,在无其他合理解释的前提下,都不能认定程某某作出的意思表示是真实自愿的,应认定构成胁迫,近亲属在此种情况下订立的担保合同也因受胁迫而可撤销。③

① 参见江阴乔登国际贸易有限公司与依时澳门离岸商业服务有限公司国际货物买卖合同纠纷案,江苏省高级人民法院民事判决书(2015)苏商外终字第00027号。应当注意的是,在本案中,出卖人交付的货物究竟是否存在质量问题,尚有疑问。如果不存在质量问题,则买受人以拒绝接受货物为手段迫使出卖人达成价格变更协议,应认定为违法胁迫。

② 参见程某某等与马某某等抵押借款合同纠纷案,吉林省高级人民法院民事判决书(2007)吉民再字第50号。

③ 参见程某某等与马某某等抵押借款合同纠纷案,最高人民法院民事判决书(2013)民提字第24号。在曾某某与张某某、张某、京山金孔雀俱乐部有限责任公司企业出售合同纠纷案,最高人民法院民事判决书(2011)民提字第243号中,曾某某因其兄涉嫌违纪,被纪委干部张某带至宾馆协助调查,在此期间,纪委干部张某趁机给曾某某施加压力,并辅之以欺骗手段,使曾某某与案外人张某某订立一份协议,最高人民法院亦认为此举构成胁迫。此外,在最高人民法院对周某某、何某与呼图壁县棉麻公司、新疆大方实业有限公司拖欠货款纠纷案作出的(2013)民提字第93号民事判决中,最高人民法院也认为周某某、何某在被羁押期间订立的债务承担协议与担保协议可能构成因胁迫而为的民事法律行为,只是因为已经超过撤销权除斥期间,所以未支持其撤销主张。

最高人民法院判决在结论上值得肯定。公安机关为调查案件对程某某采取强制措施即使合法,但以继续采取强制措施为手段,促使程某某在非自愿状态下订立还款协议,即便协议约定的债务数额与实际数额一致,该手段与目的之结合亦欠缺正当性。公安机关的职权是刑事侦查,不应借助该职权干预当事人之间的民事法律关系,否则其行为难谓合法。至于迫使程某某的近亲属订立担保合同,则显然是追求不正当之目的,当然也构成违法胁迫。

总之,究竟胁迫手段与胁迫目的之结合是否正当,需要从社会——伦理的角度,依据诚实信用原则以及占主导地位的交易观念,对当事人之间的关系进行整体评价之后予以判定。

3. 胁迫与意思表示之间存在因果关系

胁迫与意思表示之间应该具有因果关系,即正是因为胁迫使表意人陷入恐惧并且在恐惧状态下作出意思表示。或者说,如果没有受到胁迫,表意人就不会作出此种内容的意思表示或者不会在此时作出意思表示。即便胁迫只是若干原因中的一个,也满足因果关系的要求。至于胁迫情节在客观上的严重性,并非因果关系的必备要件。表意人当时是否有机会通过公力救济避免遭受不利益,通常也不应影响胁迫之因果关系的认定,在这个问题上不应苛求表意人凡事皆求助于公力救济①,否则大多数情形都不构成违法胁迫。因果关系的判定应该以表意人的视角为准(主观主义),只要表意人认为胁迫人欲对其施加的不利益足够严重以至于使其心生恐惧即可。② 即便此种不利益只是臆想出来的(如巫蛊之害),具备相当理智的其他人很可能对此不予理

① 在西安大鹏生物科技股份有限公司与陕西华宇实业有限公司、西安景颐物业管理有限责任公司建设用地使用权转让合同纠纷案,最高人民法院民事裁定书(2014)民申字第2159号中,表意人是否有机会通过公力救济避免遭受不利益被视为认定因果关系的实质要件。

② Ernst A. Kramer, in: Münchener Kommentar BGB, 5. Aufl., 2006, §123 Rn. 47; Reinhard Singer/Barbara von Finckenstein, in: Staudinger Kommentar BGB, 2004, §123 Rn. 66.

会,也不妨碍因果关系的成立。① 当然,从事实证明的角度看,如果仅以鸡毛蒜皮的小事相要挟,则很难证明存在因果关系。② 比如,甲公司与乙公司订立合同,约定甲公司将土地使用权及厂房转让给乙公司。此后,由于付款期限约定不明,双方在履行过程中发生争议,甲公司拒不移转不动产,乙公司派若干员工在甲公司门口抗议,并且树立 3 块广告牌。一段时期之后,双方订立《终止合同书》,约定终止不动产转让合同,甲公司向乙公司返还已经支付的价款并赔偿 600 万元。鉴于乙公司员工在甲公司门口抗议并树立广告牌一般不会给甲公司带来太大的不利益,所以很难认定甲公司系因受胁迫而同意订立《终止合同书》。③

4. 胁迫是故意的

胁迫人须故意实施胁迫行为,这是不言自明的。至于此处所谓"故意"的具体射程如何,则不无疑问。首先可以肯定的是,胁迫人必须有意识地通过表示施加不利益将表意人置于迫不得已状态,胁迫人希望表意人在这种状态下依"两害相权取其轻"的原则作出意思表示。

有疑问的是,应否要求表意人实际作出的意思表示恰恰是胁迫人所追求的那个意思表示,易言之,胁迫故意之内涵是否包括胁迫之目的指向(Finalität;Zweckrichtung der Drohung)。德国很多民法学者认为这是必需的,因为只有在这种情况下,才能说表意人发出的表示屈从了胁迫人的意志。④ 我国台湾地区学界也有人认为,表意人的意思表示不但需要与胁迫行为存在因果关系,而且还必须是胁迫人有意通

---

① 参见朱庆育:《民法总论》(第 2 版),北京大学出版社 2016 年版,第 285 页。

② Ernst A. Kramer, in:Münchener Kommentar BGB,5. Aufl. ,2006, § 123 Rn.41.

③ 参见福建华艺钟表集团有限公司与福建康之味食品工业有限公司、郑某某合同纠纷案,福建省高级人民法院民事判决书(2014)闽民终字第 460 号。

④ Enneccerus/Nipperdey, Allgemeiner Teil des Bürgerlichen Rechts, 15. Aufl. , 1960, S. 1062;Reinhard Bork, Allgemeiner Teil des Bürgerlichen Gesetzbuchs,4. Aufl. ,2016,S.350.

过胁迫行为所追求的结果。① 例如,甲把房屋出租给乙,在租赁合同存续期间,乙胁迫甲要求其降低租金,甲为了避免与乙发生冲突,就把该房屋出售给丙。后来乙搬走了,甲以当初受胁迫为由主张撤销与丙之间的房屋买卖合同。拉伦茨认为,此种情形中不应该赋予甲撤销权,因为乙的意思并不是想促使甲作出卖房的意思表示,他的行为只是导致甲面临两种选择:要么同意降低租金;要么接受即将到来的暴力行动。甲并非在胁迫人乙所划定的范围内进行选择,而是在这个范围之外作出卖房的选择,这个选择仍然是自愿的。② 上述例子表明,胁迫之目的指向对于胁迫的构成具有重要意义。不过,这方面的要求不应过于苛刻,表意人实际作出的意思表示在内容上不需要与胁迫人所追求的意思表示完全吻合。如果甲胁迫乙将某物低价卖给他,乙在极度恐惧的状态中表示将该物赠与甲,则该赠与合同也应认定为因胁迫而实施的法律行为,因为甲虽然本来只想实现低价购买之目的,但无偿取得更符合其目的,其当时接受处于恐惧状态中的乙实施的赠与就表明赠与也符合其胁迫之目的。就胁迫与意思表示之关联性而言,因果关系更具决定性意义。

另一个疑问是,胁迫故意之内涵是否包括胁迫人知道其胁迫行为的违法性。德国帝国法院的判例曾认为,如果胁迫人无过错地对某一事实发生认识上的错误,而该事实将会使其胁迫行为看起来是合法的,那么相对人不得以受违法胁迫为由主张撤销法律行为。与此不同,如果胁迫人对事实并无认识错误,而是基于该事实得出一个错误的法律结论,误以为自己对被胁迫人享有一项权利,即发生法律错误或评价错误(Wertungsirrtum),那么德国帝国法院的判例认为胁迫的违法性不受该错误的影响。德国联邦最高法院的判例沿袭了帝国法

---

① 参见黄茂荣:《民法总则》(植根法学丛书之判解评释部分),1982 年自版,第 755 页。

② Larenz/Wolf, Allgemeiner Teil des bürgerlichen Rechts, 9. Aufl., 2004, S. 691.

院的立场。不过,德国民法学者普遍对判例持批评态度,认为胁迫人的错误认识(不论是事实错误还是法律错误)以及他对于该错误的发生是否有过错不应该影响违法胁迫的成立。主要理由是:胁迫能否导致意思表示可撤销的关键不在于胁迫人是否有缺陷,而在于被胁迫人自由的意思决定受到非法干扰,胁迫规则之目的是保护被胁迫人的决定自由,而不是制裁胁迫人。①

事实错误,比如胁迫人误以为曾经被表意人诈骗,但其实不存在诈骗之事实,胁迫人以告发诈骗罪相威胁,与表意人订立赔偿协议,以此确认其想象中的请求权。这种情形构成违法胁迫,胁迫人所追求的结果是不正当的,通过胁迫行使了其本来并不享有的请求权,胁迫人的认识错误并不阻却胁迫故意的构成。② 再如,甲、乙投资设立 A 公司,3 年后,甲伪造乙的签名将乙持有的 10% 股权转让给丙公司,价款为 300 万元。此后,甲要求丙公司返还 10% 股权以便转让给丁公司,丙公司未积极配合,甲遂私刻丙公司公章与丁公司订立股权转让协议并办理过户登记。丙公司知道后称要追究甲的法律责任。随后甲、丙订立了和解协议,约定甲向丙公司赔偿 7000 万元,丙公司不再追究甲的法律责任。③ 在本案中,丙公司不知道乙的签名是伪造的,误以为其已经依据有效的股权转让协议取得 10% 股权,并以为因该股权被甲私刻公章转让,其对甲享有赔偿请求权,但由于其实际上并未取得股权,

---

① Reinhard Singer/Barbara von Finckenstein, in: Staudinger Kommentar BGB, 2004, § 123 Rn. 79; Enneccerus/Nipperdey, Allgemeiner Teil des Bürgerlichen Rechts, 15. Aufl., 1960, S. 1065; Werner Flume, Allgemeiner Teil des bürgerlichen Rechts, Bd. 2: Das Rechtsgeschäft, 4. Aufl., 1992, S. 539; Larenz/Wolf, Allgemeiner Teil des bürgerlichen Rechts, 9. Aufl., 2004, S. 694.

② 在日本民法学上,这种情形也被认为构成违法胁迫。参见〔日〕四宫和夫:《日本民法总则》,唐晖、钱孟姗译,五南图书出版公司 1995 年版,第 198 页。

③ 案情参见北京中融君鼎投资管理有限公司与张某某履行和解协议纠纷案,最高人民法院民事判决书(2013)民二终字第 45 号。在该案中,最高人民法院认为中融公司向公安局报案发生在订立和解协议之后,且报案系合法救济措施,所以和解协议并非因胁迫而订立。对于中融公司是否有权索要 7000 万元赔偿金以及声称追究法律责任是否意味着以告发犯罪相要挟索取不该得之赔偿金,该判决未予以充分考虑,值得推敲。

所以对甲不享有赔偿请求权,向甲强行索要巨额赔偿金属于追求不正当目的。其宣称追究法律责任虽未明言系追究刑事责任,但鉴于我国《刑法》第 280 条规定伪造企业印章构成犯罪,从甲的视角看,可以将追究法律责任理解为包括追究刑事责任,甲因此心生恐惧,订立和解协议,应认定系受胁迫而为。

法律错误比如,甲拿出 15 万元钱委托乙炒股,两年后,累计亏损 7 万元。甲认为其中有一笔交易有问题,如果乙当时征求甲的意见,则不会亏损这么多,于是就要求乙赔偿 5 万元。乙不同意,甲遂威胁乙,称如果乙不赔偿,将向法院起诉乙,届时乙需要花更多的钱。乙被迫与甲签订一份赔偿协议,同意赔偿 5 万元,但后来乙要求撤销该协议。按照交易惯例以及"事物的本质",委托他人炒股,在每一次进行股票交易操作时不需要都征求委托人的意见,否则委托就没有任何意义。委托的目的就是利用被委托人的专业知识与经验进行合理的决策,如果每次交易都征求委托人的意见,那就等于委托人在决策,与委托炒股的目的相违背。因此,甲不能以乙当时没征求其意见为由要求乙赔偿其损失,只要乙在交易过程中没有过错,就不需要承担赔偿责任,即甲对其没有赔偿请求权。甲误以为享有该项请求权,威胁要求乙赔偿,构成违法胁迫,其对法律的认识错误也不阻却胁迫故意的构成。

(二)第三人胁迫

《民法通则》(已废止)与《合同法》(已废止)皆未明确规定第三人胁迫,但实践中第三人胁迫并不少见,由于长期以来无法可依,司法裁判对此类现象未能予以妥当处理。[①]《民法典》第 150 条规定了第三

---

① 参见黎某某、黄某某与林某某、郑某某农业承包合同纠纷案,海南省三亚市中级人民法院民事判决书(2001)三亚民终字第 26 号。在该案中,法院认为郑某某并非黄某某与林某某所签订协议的当事人,所以并非适格的胁迫主体。此外,在中国建设银行股份有限公司北京丰台支行与孙某、中国北方设备工程公司金融借款合同纠纷案,北京市丰台区人民法院民事判决书(2008)丰民初字第 18162 号中,法院虽然认为孙某系在受到第三人北方设备公司胁迫的情况下与建行丰台支行订立借款合同,但并未因此否定借款合同的效力,而是判令借款实际使用人北方设备公司在借款到期后向建行丰台支行返还借款。

人胁迫。第三人胁迫也属于违法胁迫,导致法律行为效力障碍,不论表意人的相对人即受益人是否知道该胁迫的存在。在这方面,我国《民法典》第 150 条之规定与德国、日本[①]以及我国台湾地区[②]等大陆法系国家和地区的规定一致[③]。民法关注的是表意人在作出意思表示的过程中是否处于自由状态,尽管胁迫行为并非由相对人实施,而且相对人对此一无所知,但表意人确实因为第三人的胁迫而陷入意志不自由状态,在这样的状态下产生的意思表示是有瑕疵的,按照意思自治原则,表意人不应该受其拘束。

不过,近年来德国有一些学者主张,为了保护善意相对人的信赖,在相对人不知道且不应知道第三人实施了胁迫行为的情况下,不应该赋予表意人撤销权,否则将导致相对人一方面不能依有效的法律行为取得权利,另一方面不能得到消极的信赖损害赔偿,因为《德国民法典》第 122 条并未规定因欺诈、胁迫而撤销意思表示时,表意人对相对人的损害赔偿责任。[④] 我国也有部分民法学者认为,传统民法对第三人胁迫与第三人欺诈予以区别对待,对于第三人胁迫,赋予表意人无条件的撤销权,这种区分模式在利益衡量上对善意相对人过于苛刻。具体言之,被胁迫的表意人本来可以向实施胁迫行为的第三人主张损害赔偿责任,而根据区分模式,被胁迫的表意人在撤销意思表示时对给善意相对人造成的损害不必负责,这样,他可能就不去要求胁迫人承担责任,这实际上等于让无辜的相对人承担本应由第三人承担的责

① 参见〔日〕四宫和夫:《日本民法总则》,唐晖、钱孟姗译,五南图书出版公司 1995 年版,第 199 页;〔日〕山本敬三:《民法讲义 I:总则》(第 3 版),解亘译,北京大学出版社 2012 年版,第 190 页。

② 参见王泽鉴:《民法总则》,北京大学出版社 2009 年版,374 页;黄茂荣:《民法总则》(植根法学丛书之判解评释部分),1982 年自版,第 755 页。

③ 与此不同,《荷兰民法典》第 3 编第 44 条第 5 款、《奥地利民法典》第 875 条对第三人胁迫与第三人欺诈采用统一规范模式,仅当相对人为恶意时,表意人才可以撤销合同或主张合同无效。

④ Sebastian Martens, Durch Dritte verursachte Willensmängel, Mohr Siebeck 2007, S. 338 – 342.

任,在效果上等于放纵了第三人。① 在现代社会,交易安全保护的要求日益强烈,从利益衡量的角度考虑,交易安全应当优先于财产权保护。在第三人胁迫情形中,不论相对人是否善意均赋予表意人撤销权不利于保护交易安全。② 当然,也有学者基于意思自治与信赖保护的衡量,主张仍应坚持传统民法的规范模式,对第三人胁迫与第三人欺诈予以区别对待,在第三人胁迫而相对人为善意时,表意人仍享有撤销权,相对人可以视情况向第三人或者表意人请求消极利益损害赔偿③。《民法典》第150条采用区分说。

由于第三人胁迫与相对人胁迫在法律效果上没有区别,所以在实践中辨别第三人胁迫与相对人胁迫并无实际意义。在这方面,胁迫规则与欺诈规则的适用存在重大差别。

(三)胁迫的法律效果

胁迫的法律效果在我国民法上经历了一个演变过程。按照我国《民法通则》(已废止)第58条第1款第3项的规定,一方当事人以胁迫手段,使对方在违背真实意思的情况下所为的民事行为无效。④ 按照《合同法》(已废止)第54条第2款的规定,一方以胁迫手段,使对方在违背真实意思的情况下订立的合同为可撤销、可变更合同。《民法典》第150条将胁迫的法律后果统一规定为民事法律行为可撤销,终

---

① 参见薛军:《第三人欺诈与第三人胁迫》,载《法学研究》2011年第1期。

② 参见冉克平:《论因第三人欺诈或胁迫而订立合同的效力》,载《法学论坛》2012年第4期。

③ 参见杨代雄:《民法总论专题》,清华大学出版社2012年版,第198—199页;侯巍:《论第三人胁迫的效力及立法构建》,载《法商研究》2007年第5期。

④ 据参与《民法通则》(已废止)起草工作的人士介绍,《民法通则》(已废止)之所以把因欺诈、胁迫而实施的民事行为作为无效的民事行为,主要是从保护当事人的合法权益考虑的。欺诈也好,胁迫也好,都是故意的,是违背自愿原则的,如果作为可撤销的民事行为,那么首先要由当事人提出申请,并由法院或仲裁机关决定是否撤销。既然是胁迫,处于被胁迫情况下的当事人有可能不敢申请,直接把民事行为规定为无效,有利于保护当事人的合法权益,真正体现自愿的原则。参见顾昂然:《〈民法通则〉概论》,北京师范学院出版社1988年版,第74页。

结了立法上的矛盾状态。① 当然,在《民法典》分则以及民事特别法上依然存在例外。例如,《民法典》第1143条第2款规定受胁迫所立的遗嘱无效;《劳动合同法》第26条第1款第1项规定因胁迫而订立的劳动合同无效。

如果表意人因受胁迫而陷入困境并因此与胁迫人达成对价明显失衡的法律行为,则也符合显失公平的构成要件。此时发生撤销权竞合。

胁迫行为在刑法上可能构成犯罪,如《刑法》第226条规定的强迫交易罪、第274条规定的敲诈勒索罪。尽管如此,不应以构成犯罪为由认定因胁迫而达成的法律行为无效,毋宁说,该法律行为仍为可撤销②。

---

① 实践中,表意人以受胁迫为由主张合同无效的,法院通常以表意人未行使撤销权为由认定合同并未丧失效力,即并非无效,从而驳回表意人的诉请。参见深圳市宝鹰建设集团股份有限公司与郏县汇峰石材经营部买卖合同纠纷案,最高人民法院民事裁定书(2019)最高法民申5143号;河南吉安房地产开发有限公司与河南省清丰县新华书店有限公司合同纠纷案,最高人民法院民事裁定书(2019)最高法民申6158号。此种做法是否妥当,有待商榷。合同无效与撤销在效果上并无本质区别。表意人以受胁迫为由主张认定合同无效,旨在否定合同的效力,法院没必要过度强调无效与撤销的区别,完全可以将表意人的诉请视为行使撤销权,并对是否符合撤销权的要件进行审查。简单地以表意人未诉请撤销为由驳回其诉请,有吹毛求疵之嫌。

② 参见陈志军:《民事合法与刑事违法冲突之解决——以欺诈和胁迫行为的效力为视角》,载《中国人民公安大学学报(社会科学版)》2014年第2期。

# 第五章 法律行为的成立与生效

## 第一节 法律行为的成立

### 一、为何区分法律行为的成立与生效

19 世纪以及更早的民法文献并未在概念上刻意区分法律行为的成立与生效。自 20 世纪以来，民法文献逐渐强调此种概念区分。代表性著作如 Enneccerus/Nipperdey 的民法总论，明确区分法律行为的成立与生效。依 Enneccerus/Nipperdey 的见解，法律行为的成立要件（Tatbestandsteil）包括意思表示及其他要件。法律行为中的意思表示可能只有一个，如悬赏广告、遗嘱、终止合同之行为；也可能有数个，如买卖合同、合伙合同。某些法律行为除了意思表示之外还需要其他成立要件，如实践法律行为要求当事人先以某个行为引发某种法律效果（预先效果），然后该效果与意思表示结合成立法律行为，引发最终效果（Endwirkung）。以借贷合同为例，在关于借用人负担返还同等数量可替代物之义务的意思表示之外，还需要

出借人向借用人让与可替代物所有权,合同才能成立。某些法律行为的成立还需要国家机关的参与,如结婚行为。法律行为的成立要件与生效要件(Wirksamkeitsvoraussetzung)不可混淆,后者如第三人的同意、遗嘱人的死亡。法律行为的成立与生效可能存在时间差。[1]许布纳[2]、海尔穆特·科勒[3]、布洛克斯/瓦尔克[4]等人的民法总论也明确区分法律行为的成立与生效。

在日本[5]以及我国台湾地区的民法总论著作中,法律行为成立与生效之区分依然得到普遍关注。[6] 我国大陆民法总论著作亦普遍作此区分。

从概念层面看,无疑需要区分法律行为的成立与生效。因为,法律行为是一种法律事实,与侵权行为、加工行为、无因管理等法律事实一样,法律行为也需要符合一定要件才能构成。法律行为的构成要件就是其成立要件,可据以判断是否存在法律行为这一法律事实,一如需要依据侵权行为的构成要件判断是否存在一项侵权行为。与侵权行为之类的法律事实不同的是,判断存在一项侵权行为的,可依法发生相应的法律效果,即侵权责任;而判断存在一项法律行为的,则不能依法当然发生相应的法律效果,毋宁还须判断该法律行为是否生效,才能决定其是否发生当事人所欲的法律效果。侵权行为等法律事实

---

① Enneccerus/Nipperdey, Allgemeiner Teil des Bürgerlichen Rechts, 15. Aufl., 1960, S. 904 – 906.

② Heinz Hübner, Allgemeiner Teil des Bürgerlichen Gesetzbuches, 1984, S. 266.

③ Helmut Köhler, BGB Allgemeiner Teil, 44. Aufl., 2020, S. 37 – 38(§5 Rn. 6).

④ 参见〔德〕汉斯·布洛克斯、沃尔夫·迪特里希·瓦尔克:《德国民法总论》,张艳译,中国人民大学出版社2019年版,第52页、第125页以下。

⑤ 参见〔日〕山本敬三:《民法讲义Ⅰ:总则》(第3版),解亘译,北京大学出版社2012年版,第92—93页;〔日〕我妻荣:《新订民法总则》,于敏译,中国法制出版社2008年版,第228页。

⑥ 参见王泽鉴:《民法总则》,北京大学出版社2009年版,第235页;陈聪富:《民法总则》,元照出版公司2016年版,第217—218页;史尚宽:《民法总论》,中国政法大学出版社2000年版,第324—325页;郑玉波:《民法总则》,中国政法大学出版社2003年版,第306页;林诚二:《民法总则》,法律出版社2008年版,第295—297页。

仅涉及是否成立(构成)之问题,不涉及有效无效之问题,唯独法律行为涉及有效无效之问题。

从实践层面看,区分法律行为的成立与生效的意义主要在于:首先,依海尔穆特·科勒的观点,法律行为的效力瑕疵有时可以治愈,而法律行为的构成瑕疵(Tatbestandsmängel)则不可能治愈。[1] 其次,在请求权基础检索中,法律行为的成立是请求权发生事实,通常应由请求人(原告)对该事实之存在承担证明责任;反之,法律行为无效则是权利阻却抗辩(rechtshindernde Einrede),应由被请求人(被告)就无效事由之存在承担证明责任。[2] 相较之下,上述第二项实践意义更为重要。假如没有这项实践意义,则可以说区分法律行为的成立与生效基本上仅具有理论阐述上的意义。从司法裁判看,判定法律行为不成立与判定法律行为无效在结果上并无实质区别,因为法律行为既然不成立,当然也不可能发生效力。

### 二、法律行为的一般成立要件

法律行为的一般成立要件即任何法律行为都应具备的成立要件。我国台湾地区民法学者多认为,法律行为的一般成立要件包括法律行为的主体、标的(目的)与意思表示。所谓标的,即法律行为的内容。[3] 我国大陆[4]以及日本[5]也有民法学者采用此种观点,但未成为通说。与此不同,德国民法学者通常认为法律行为的一般成立要件仅包括意思表示或者意思表示的一致。

上述三要件说中,首先应予以否定的要件是标的。标的既然被定

---

[1]　Helmut Köhler,BGB Allgemeiner Teil,44. Aufl. ,2020,S. 38(§5 Rn. 6).

[2]　Brox/Walker,Allgemeiner Teil des BGB,44. Aufl. ,2020,S. 297(§31 Rn. 2).

[3]　参见王泽鉴:《民法总则》,北京大学出版社 2009 年版,第 235 页;郑玉波:《民法总则》,中国政法大学出版社 2003 年版,第 306—307 页;陈聪富:《民法总则》,元照出版公司2016 年版,第 217—218 页。

[4]　参见梁慧星:《民法总论》(第 5 版),法律出版社 2017 年版,第 173 页。

[5]　参见〔日〕我妻荣:《新订民法总则》,于敏译,中国法制出版社 2008 年版,第 228 页。

义为法律行为的内容,就必为意思表示所包含,因为法律行为的内容就是意思表示的内容。意思表示旨在发生特定法律效果,该法律效果即为法律行为的标的。既然已经承认意思表示是法律行为的成立要件,则无须再将标的视为法律行为的成立要件。其次,主体是否法律行为独立的构成要件,也有争论的余地。① 毫无疑问,多方法律行为只能在主体与主体之间成立,单方法律行为也只能说是某个主体的法律行为。从这个意义上说,法律行为必须有主体。目前否定说的主要理由是,意思表示必有主体,既然已将意思表示作为法律行为的成立要件,自然无须再以主体为其成立要件。② 此项理由未必充分。意思表示确实必须有主体,说"存在一项意思表示"必然意味着存在一项"某人的意思表示",不可能存在一项悬浮于空中无所着落的意思表示。不过,法律行为的主体与意思表示的主体未必一致。在代理的情况下,作出意思表示的代理人是意思表示的主体(表意人),却不是法律行为的主体。此时,仅判定成立意思表示或者构成合意,尚不足以回答法律行为是否成立之问题。就合同而论,不能说合同因为代理人的意思表示与相对人的意思表示达成一致而在二者之间成立。毋宁说,合同如果成立,只能在被代理人与相对人之间成立。这表明,必须存在被代理人这一主体,合同才能成立。假如代理人虚构一个被代理人并以其名义作出意思表示,对外宣示自己是代理人,则法律行为因欠缺主体而不能成立。类似地,在冒名行为情形中,如果相对人看重名义载体的身份属性,只愿意与名义载体缔结法律行为,名义载体即便具有可归责性,但在冒名人作出意思表示前名义载体已经死亡的,法律行为就因欠缺主体而不能成立。由此可见,主体在法律行为成立中

---

① 我国学界持否定说的,参见王利明:《民法总则研究》(第3版),中国人民大学出版社2018年版,第483页;朱庆育:《民法总论》(第2版),北京大学出版社2016年版,第121页。

② 参见李永军:《民法总论》,中国法制出版社2018年版,第600页;胡长清:《中国民法总论》,中国政法大学出版社1997年版,第193页。

的功能无法被意思表示完全覆盖。只是由于大多数情况下法律行为的主体与意思表示的主体重叠，才使人误以为法律行为的主体没有独立意义。

主体对于法律行为的成立不可或缺，但这并不意味着在讨论法律行为的成立时必须将主体作为一个成立要件。其理由不在于主体已被意思表示这一要件吸收，毋宁在于主体是任何行为的成立要件。无论是侵权行为、违约行为还是先占行为、加工行为、无因管理行为，皆须存在行为主体，否则行为不能成立，但在民法理论上讨论这些行为的成立要件时，一般均未将主体作为其成立要件。法律行为也不应例外。如果说意思表示是法律行为的一般成立要件，主体则是民法上各种行为的一般成立要件。

综上，法律行为的一般成立要件只有一个：意思表示或者意思表示的集合。所谓意思表示的集合，就合同而论，即合意；就决议而论，即依多数决原则形成的成员意思集合体或者说集体意思。

### 三、法律行为的特别成立要件

（一）概述

某些法律行为除了须满足一般成立要件之外，还须具备特别成立要件。例如，实践（要物）合同，以交付为特别成立要件。依据《民法典》第890条之规定，保管合同自保管物交付时成立。《合同法》（已废止）第210条规定自然人之间的借款合同，自贷款人提供借款时生效，此为立法上的表达失误，《民法典》第679条已将"生效"改为"成立"。同理，《担保法》（已废止）第90条规定定金合同自实际交付定金之日起生效，《民法典》第586条也已将"生效"改为"成立"。结婚行为，以婚姻登记之官方行为为特别成立要件。

（二）要式法律行为的特别成立要件

要式法律行为的形式究竟是法律行为的特别成立要件抑或是特

别生效要件,学理上存在争议。我国台湾地区学界通说认为形式是法律行为的特别成立要件。[①] 日本也有学者采特别成立要件说。[②] 德国通说则认为形式是法律行为的特别生效要件,欠缺形式原则上导致要式法律行为无效。[③]《德国民法典》第 125 条对此设有明文。我国大陆学者对此问题存在三种观点。第一种观点是特别成立要件说。持该说者认为,对《合同法》(已废止)第 36 条(《民法典》第 490 条第 2款)进行反面解释可以得出如下结论:当事人未依法或依约定采用书面形式订立合同且双方均未履行主要义务的,该合同未成立。易言之,对于法定或约定须采用书面形式订立的合同,书面形式是合同成立的要件,在例外情况下未采用书面形式的合同因履行而成立。[④] 也有学者依文义解释与体系解释方法得出同样的解释结论。[⑤] 第二种观点是特别生效要件说,认为法定或约定书面形式是合同的特别生效要件,欠缺书面形式将导致合同无效。[⑥] 第三种观点认为,在绝大多数情况下,我国民法规定的书面形式既非合同的特别成立要件,亦非合同

① 参见王泽鉴:《民法总则》,北京大学出版社 2009 年版,第 235 页;林诚二:《民法总则》,法律出版社 2008 年版,第 295 页。

② 参见〔日〕山本敬三:《民法讲义 I:总则》(第 3 版),解亘译,北京大学出版社 2012 年版,第 95 页。

③ Larenz/Wolf, Allgemeiner Teil des bürgerlichen Rechts, 9. Aufl., 2004, S. 501; Christian Hertel, in: Staudinger Kommentar BGB, 2004, § 125 Rn. 99;参见〔德〕汉斯·布洛克斯、沃尔夫·迪特里希·瓦尔克:《德国民法总论》,张艳译,中国人民大学出版社 2019 年版,第 149 页。

④ 参见梁慧星:《民法总论》(第 5 版),法律出版社 2017 年版,第 172 页;韩世远:《合同法总论》(第 4 版),法律出版社 2018 年版,第 116 页;江平主编:《中华人民共和国合同法精解》,中国政法大学出版社 1999 年版,第 28 页;胡康生主编:《中华人民共和国合同法释义》,法律出版社 1999 年版,第 68 页;李开国:《民法总则研究》,法律出版社 2003 年版,第 242 页;苏号朋:《合同的订立与效力》,中国法制出版社 1999 年版,第 88 页;张谷、王爽:《〈合同法〉:合同和合同书》,载《北京科技大学学报(社会科学版)》1999 年第 4 期。

⑤ 参见朱广新:《论违背形式强制的法律后果》,载《华东政法大学学报》2009 年第 5 期;朱晓喆:《论民事法律行为的形式——〈民法总则〉第 135 条评释》,载《法治现代化研究》2018 年第 2 期,第 155 页。

⑥ 参见最高人民法院经济审判庭编:《合同法释解与适用》(上册),新华出版社 1999 年版,第 100 页;程啸、柳尧杰:《论我国合同法中合同违反法定形式之法律效果》,载《中国人民大学学报》2002 年第 1 期。

的特别生效要件，它仅具有证据效力，欠缺书面形式并不导致合同无效或不成立。①

按照法律解释学的原理，只能将《合同法》（已废止）第 36 条、《民法典》第 490 条第 2 款解释为法定或约定的书面形式是合同的特别成立要件。上述第三种观点显然站不住脚。如果法定或约定的书面形式既非合同的特别成立要件亦非特别生效要件，那么合同就是从双方当事人达成合意时成立并生效，随后的履行对于合同的成立或生效并无意义，但《合同法》（已废止）第 36 条、《民法典》第 490 条第 2 款却规定未采用书面形式的合同因履行而成立。显然，这种观点与《合同法》（已废止）第 36 条、《民法典》第 490 条第 2 款的内容是相矛盾的，采用这种观点将使该条文成为多余的，而立法者不可能制定一个多余的条文。《民法典》第 135 条既然规定当法律规定或者当事人约定采用特定形式时，当事人应当采用特定形式实施法律行为，而且《民法典》及其他法律法规确实规定了某些合同应当以书面形式订立，那么书面形式对于这些合同而言必定具有决定意义。《合同法》（已废止）第 36 条、《民法典》第 490 条第 2 款既然使用了"该合同成立"而不是"该合同生效"这一表述，那么，通过反面解释就只能将该条解释为书面形式是法定或约定应采用书面形式的合同的特别成立要件而不是特别生效要件。② 此外，从《民法典》第 135 条关于法律行为形式要件之规定所处的位置看，第 134 条规定法律行为的一般成立要件，即意思表示或意思表示的集合（合意、决议），第 136 条规定法律行为自成立时生效，着眼于 3 个条文的逻辑关系，依体系解释也可以确定第 135 条系关于法律行为特别成立要件之规定。在我国的司法实践中，法院

---

① 参见王洪:《合同形式欠缺与履行治愈论——兼评〈合同法〉第 36 条之规定》，载《现代法学》2005 年第 3 期；梁展欣:《合同法定形式论》，载王利明等主编:《合同法评论》（第 2 辑），人民法院出版社 2004 年版，第 108 页。

② 在立法论层面上主张不以书面形式为法律行为特别成立要件的观点，参见朱广新:《书面形式与合同的成立》，载《法学研究》2019 年第 2 期，第 72—73 页。

也经常把欠缺法定书面形式的合同认定为不成立。①

(三)法律行为形式瑕疵的补正

1. 形式瑕疵补正的正当性

法律行为形式瑕疵的补正,亦称为法律行为形式瑕疵的治愈。《民法典》第490条第2款规定合同的形式瑕疵可以因履行而补正,从而使形式瑕疵的合同能够例外地成立,克服了形式强制主义过于僵化、限制交易自由的弊端,这是值得肯定的。从合同形式的功能上看,因履行而补正形式瑕疵有其正当理由。

一般认为,合同的法定形式主要有如下功能:(1)警示功能。法定形式可以防止当事人过于草率地缔结重要或者有风险的合同。在我国民法上最典型的是关于保证合同应当采用书面形式之规定(《民法典》第685条)。(2)明确化—证明功能。在绝大多数情况下,法定形式都有明确化—证明功能,使合同的内容清晰确定,当发生争议时,可以证明合同的存在及其内容。②(3)咨询—说明功能。公证形式以及在国家机关面前作出意思表示具有咨询与说明功能,公证人有义务向合同的当事人提供法律咨询,向其说明该合同的意义与效果,有关的国家机关也有此种义务。③

就书面形式而言,一方面当事人虽然没有采用书面形式订立合同,但已经履行了合同债务,其实际履行之行为通常表明其已经对此

---

① 比如2003年9月12日吴某与李某房屋买卖合同纠纷案,上海市黄浦区人民法院民事判决书(2002)黄民一(民)初字第4278号,即以双方当事人因未订立书面的房屋买卖合同为由,认定该合同未成立。不过,后来经再审又以合同已经履行为由,依《合同法》(已废止)第36条认定该买卖合同成立。再如,2005年3月7日就上海中展贸易发展有限公司与上海汇申实业投资有限公司企业间借款纠纷案,上海市第一中级人民法院民事判决书(2004)沪一中民三(商)初字第477号认为,企业间借款合同欠缺书面形式但已经履行的,依《合同法》(已废止)第36条之规定,合同成立,但该合同因违反金融管制法规而无效,显然对《合同法》(已废止)第36条采"书面形式特别成立要件说"而非"特别生效要件说"。

② Hans-Martin Pawlowski, Allgemeiner Teil des BGB, 5. Aufl., 1998, S. 181.

③ Dorothee Einsele, in: Münchener Kommentar BGB, 5. Aufl., 2006, §125 Rn. 9, Rn. 70 – 72.

项交易予以慎重考虑,并非基于一时冲动而作出决定,因此,履行之事实已经发挥了与书面形式类似的警示功能。另一方面,在有证据证明当事人已经履行债务的情况下,通常即可以认定双方当事人之间是存在合同关系的,有争议的一般只是合同的一些细节问题。此时,合同虽未采用书面形式,但若有其他证据证明合同的主要内容,则没有理由再以欠缺书面形式为由将合同判定为不成立。否则,让当事人返还已经受领的给付,徒增成本,且有损于交易安全,实无必要。

2. 对《民法典》第 490 条第 2 款的解释

在解释《民法典》第 490 条第 2 款时,应当注意如下几个要点。

首先,只有一方当事人已经履行义务的,该义务必须是主给付义务,而且已经全部履行。《民法典》第 490 条第 2 款中的"已经履行主要义务"在实践中可能被理解为一方当事人已经作出大部分给付,比如建设用地使用权的受让人已经支付大部分转让款。但是,如果仅据此认定欠缺书面形式的建设用地使用权转让合同成立,法律门槛显然偏低。况且,已经作出的给付究竟需要达到多少数额才能认定为"大部分给付",完全由裁判者定夺,这容易导致任意裁判,对书面形式规则的冲击太大,甚至可能导致其形同虚设。反之,将《民法典》第 490 条第 2 款中的"已经履行主要义务"解释为一方当事人已经全部履行主给付义务,可以避免法律适用上的不确定性。

其次,双方当事人已经履行义务的,则不需要全部履行主给付义务,只需要其已经履行大部分主给付义务。比如,土地承包经营权的受让人已经支付大部分转让款,而且转让人已经交付土地,这些事实足以表明双方当事人是慎重地达成交易的,与法定形式具备类似的功能。我国民法中合同的法定形式主要是书面形式,其功能在于将交易内容以有形载体固定下来,防止当事人事后抵赖,这样可以促使当事人在缔约时"三思而后行",起到警示作用。正因如此,法律对一些重要的合同要求当事人以书面形式订立。如果当事人未以书面形式订立此类合同,但一方当事人已经履行全部主给付义务,且另一方当事人接受,或者双方当事人均已经履行大部分主给付义务,通常也能表明当事人已经慎重考虑。

再次,合同形式瑕疵因履行而补正不具有溯及力,合同只能从履行被接受时成立。如果是双方履行大部分主给付义务,合同则是从后履行方的给付被对方接受时成立。因为,当事人的意思表示直至其实际履行义务或者接受对方的履行时才能被认定为慎重、认真的意思表示,从而具备法律意义。如此处理的实践意义在于,当事人无须依据当初约定的履行期承担迟延履行责任,在一方当事人实际履行前,无论其本身还是对方当事人都不构成履行迟延,义务的履行期需要以形式瑕疵补正的时间为起点予以重新确定。①《民法典》第 490 条第 2 款将《合同法》(已废止)第 36 条中"对方接受的"改为"对方接受时",虽仅一字之差,却为重大进步。

最后,对于继续性合同,形式瑕疵补正的效力范围应该受到限定。在我国民法上,要求以书面形式订立的继续性合同可以分为三类。第一类是一方当事人继续地提供服务,另一方当事人分期支付相应的对价,如物业服务合同、劳动合同。第二类是一方当事人一次性交付标的物并容忍另一方当事人在一定期限内使用该标的物,另一方当事人分期支付相应的对价或者一次性地支付总对价,如房屋租赁合同、借款合同、地役权合同、土地承包合同、建设用地使用权出让合同。第三类是各方当事人投入资产共同经营某一项事业,如合伙企业的合伙协议。其中,第三类继续性合同一般不会出现当事人不以书面形式订立但却已经履行的现象,因为法律要求这些合同需要经主管部门审批或注册,在审批或注册之前,企业尚未设立,不能经营。第二类继续性合同中的建设用地使用权出让合同一般也不存在不以书面形式订立但

---

① 参见杨代雄:《合同的形式瑕疵及其补正》,载《上海财经大学学报》2011 年第 6 期,第 46 页。

却已经履行的现象,因为出让方是政府,而且出让程序比较规范,不大可能未订立书面的出让合同。第一类继续性合同中的劳动合同比较特殊,《劳动合同法》对于未订立书面劳动合同的效果有特别规定,无须适用民法上关于合同形式瑕疵补正的一般规则。因此,需要探讨的只有第一类继续性合同中的物业服务合同和第二类继续性合同中的房屋租赁合同、借款合同、地役权合同、土地承包合同。就物业服务合同而言,如果双方当事人未以书面形式订立物业服务合同,但物业公司在一段时期里已经对业主提供物业服务,且业主接受的,可以依《民法典》第490条第2款认定双方当事人之间成立物业服务合同,但该合同的效力仅限于已经实际履行(物业公司提供服务或者业主交纳物业服务费)的那段期间,在此之后,合同效力是否延续取决于当事人是否继续实际履行并被对方接受。就第二类继续性合同而言,如果双方当事人未以书面形式订立合同,但一方当事人已经支付了总对价,那么合同应该按照约定的期限发生效力;如果一方当事人仅支付了一期或若干期对价,那么合同的效力仅限于已支付的对价所对应的期间;如果一方当事人已经交付了标的物,那么合同的效力限于对方当事人占有标的物的期间。不过,在后两种情形中,已经支付部分对价或者占有标的物的当事人很可能对于合同按照约定的期限(而不是实际履行对应的期间)发生效力已经产生信赖并且为此进行了某种投入或安排,如果合同仅以实际履行所对应的期间为限发生效力,那么将会给其造成重大损失,显然不妥,所以对此应当做特殊处理。综上,对于继续性合同的形式瑕疵补正应该作如下处理:欠缺法定形式的继续性合同因履行而成立的,其效力仅限于实际履行所对应的期间,但当事人对于合同按照约定的期限执行已经产生合理信赖并为此进行了某种投入或安排的,为避免其遭受重大损失,合同应当按照约定的期限发生效力。

(四)意定要式法律行为的特殊问题

按照《民法典》第135条第2分句以及第490条第2款的规定,要式法律行为包括法定要式法律行为与意定要式法律行为。意定要式法律行为,是指法律并未规定某种法律行为必须采用特定的形式,但各方当事人事先约定该法律行为须采用特定的形式,如书面形式、公证形式、鉴证形式等。此类形式可以称之为约定形式。与欠缺法定形式的法律行为相比,欠缺约定形式的法律行为在效果上应该有所不同。因为"法律行为的当事人受制于法定形式之规范,但不受制于他们自己达成的关于法律行为形式之约定,相对于该约定,他们是独立自主的"。① 法定形式是法律为了保护当事人或者确保交易活动的秩序化而强加给当事人的,体现了国家意志,所以只能谨慎地承认欠缺法定形式的合同具备法律效力,法律的权威与安定性应得到充分尊重。与此不同,约定形式是当事人为了慎重起见而给自己额外设置的交易要件,体现的是当事人的自由意志。按照私法自治原则,当事人有权以后来的意思取代先前的意思,即自行废除事先达成的关于法律行为形式的约款。在此种情况下,当事人未以约定形式实施法律行为并不影响法律行为的成立生效。

关于形式约款的废除问题,应注意如下几个要点:

其一,当事人在约定法律行为须采用特定形式之后,可以通过明示的意思表示废除形式约款。此项废除的意思表示是不要式的,但如果当事人仅以口头形式作出该意思表示,须有充分证据证明确实存在该意思表示。法律上推定形式约款没有被废除,主张其已被废除的当事人须提出充分的反证。

其二,当事人也可以通过某种可推断的行为(默示)废除形式约款。《民法典》第 490 条第 2 款规定的通过履行补正合同形式瑕疵也适用于意定要式合同。此项规定与通过可推断行为废除形式约款存在交叉之处。与形式瑕疵的补正相比,通过可推断行为废除形式约款

---

① Werner Flume, Allgemeiner Teil des bürgerlichen Rechts, Bd. 2: Das Rechtsgeschäft, 4. Aufl. , 1992, S. 264, S. 264 – 265.

无须要求一方当事人已经履行全部主给付义务,只要已经履行部分义务,哪怕是小部分义务,且被另一方接受的,就足以表明当事人有意废除当初达成的形式约款。除了履行行为之外,从其他行为中也可能推断当事人有意废除形式约款。比如,双方当事人曾约定合同应当进行公证,但后来在订立的书面合同中却载明"本合同自双方签字后生效",这表明当事人有意废除形式约款。从理论上说,这种推断的意思表示要求当事人当时意识到形式约款的存在或者意识到自己在背离形式约款,否则意思表示不成立。[①] 不过,由于当事人通常都具备这样的意识,所以在法律上推定当事人有此意识,如果其主张欠缺此意识(比如忘了当初曾达成形式约款,或误以为已经完成了约定形式),须提出充分的证据予以证明。

其三,如果当事人曾经约定法律行为的变更应当以特定形式为之,比如以书面形式为之,那么,关于该形式约款的废除,应遵循如下规则:首先,如果当事人仅一般性地约定"合同变更须采用书面形式",那么当事人在事后仍然可以以口头方式或可推断的行为废除该形式约款进而以非书面形式变更合同。不过,由于当事人已经以书面形式订立合同,该书面合同具有很强的证据力,在没有充分反证的情况下,推定其内容(既包括交易条款本身,也包括形式约款)是完整、未被变更的(《民法典》第544条)。因此,如果当事人仅以口头约定废除关于合同变更的形式约款而没有其他事实予以佐证,则一般不应认定该形式约款已被废除。以可推断行为废除关于合同变更的形式约款的典型例子是,双方当事人在书面合同中约定价款为15万元,后来买受人仅支付14.5万元,但出卖人却在收据上写明"全部货款已付清",买卖双方的行为表明其已经放弃了"合同变更须采用书面形式"之约定并且以实际行动对价格条款予以变更。其次,如果当事人约定"合同

---

[①]　Larenz/Wolf, Allgemeiner Teil des bürgerlichen Rechts, 9. Aufl., 2004, S. 506.

变更须采用书面形式,废除该形式约款的意思表示亦同"(双重形式约
款),那么废除形式约款的意思表示就只能采用书面形式①,因为这种
约定表明当事人非常看重书面形式,已经通过该约定限制了自己的形
式自由。

## 四、法律行为的约束力

法律行为成立,即发生约束力(Bindung)。此处所谓约束力,是指
当事人不得单方面任意以撤销、撤回或解除等方式使法律行为消灭。②
与之不同的是法律行为的效力(Geltung)。效力,是指法律行为欲发生
的具体法律效果,如债权债务关系的发生、所有权移转等。有学者把
法律行为的约束力称为形式约(拘)束力,把效力称为实质约(拘)束
力。③此项用语之区分有助于避免混淆,可资推广。《民法典》第136
条第 2 款承认了法律行为的形式约束力。④

通常,一项存在效力障碍的法律行为依然具有形式约束力,但法
律行为因违反禁止性法律规范或者违背公序良俗而确定无效的除
外。⑤附停止条件法律行为、附始期法律行为在成立后虽未生效,但已

---

① Brox/Walker, Allgemeiner Teil des BGB, 44. Aufl. ,2020, S. 154( §13 Rn. 30).
② 参见〔德〕维尔纳·弗卢梅:《法律行为论》,迟颖译,法律出版社 2013 年版,第 723
页;王泽鉴:《债法原理》(第 2 版),北京大学出版社 2013 年版,第 205 页。
③ 参见金可可:《〈民法总则〉与法律行为成立之一般形式拘束力》,载《中外法学》
2017 年第 3 期,第 657 页。
④ 参见李适时主编:《中华人民共和国民法总则释义》,法律出版社 2017 年版,第
426—427 页;金可可:《〈民法总则〉与法律行为成立之一般形式拘束力》,载《中外法学》
2017 年第 3 期,第 663 页。
⑤ 参见广东中煤地瑞丰建设集团有限公司、广东中煤地瑞丰建设集团有限公司陕西
分公司与陕西宏兴投资开发有限公司建设工程施工合同纠纷案,最高人民法院民事判决书
(2018)最高法民终 33 号;中铁十五局集团第五工程有限公司与乌江铁路建设运营有限公司
建设工程合同纠纷案,最高人民法院民事判决书(2019)最高法民终 1799 号,在该案中,最高
人民法院认为,无效的合同自始没有法律约束力,中铁十五局五公司请求解除《施工合同
书》没有法律依据,对解除合同的请求不予支持。

经产生形式约束力。① 须经批准的法律行为在获得批准前也具有形式约束力。②

当然，有些特殊法律行为不具有形式约束力或者仅具有不完全形式约束力。前者如遗嘱，遗嘱人在死亡前可以任意撤销或变更遗嘱；普通赠与合同的赠与人在赠与财产的权利移转前有权撤销合同（《民法典》第 658 条），法律虽未规定受赠人有无撤销权，但谈论受赠人是否受合同约束本就没有实质意义，故此类赠与合同在履行前可谓没有形式约束力；动产物权变动中的物权合意在交付前不具有约束力③。后者如消费者订立的远程购物合同，消费者享有 7 天无理由退货权，可以退货方式任意废止合同，该合同在 7 天内仅对经营者有约束力④；效力待定法律行为的善意相对人享有撤销权，法律行为被追认前，既不能约束善意相对人，也不能约束被代理人或者限制行为能力人；可撤销的多方法律行为在撤销权除斥期间届满前也仅对一方当事人具有形式约束力，对撤销权人没有形式约束力。

## 第二节　法律行为的生效

### 一、应否区分法律行为的有效与生效

传统理论未明确区分法律行为的有效与生效，也未区分法律行为的有效要件与生效要件。晚近以来，有学者对此通说提出质疑，认为应当区分法律行为的有效与生效。从而，法律行为的要件可以划分

---

① 参见〔德〕维尔纳·弗卢梅：《法律行为论》，迟颖译，法律出版社 2013 年版，第 725 页。

② 参见最高人民法院《全国法院民商事审判工作会议纪要》第 37 条。

③ Walter Bayer,in:Erman Kommentar BGB,15. Aufl. ,2017, § 929 Rn. 4.

④ 拉伦茨与沃尔夫认为，消费者享有撤回权的合同在撤回权除斥期间内没有约束力。Vgl. Larenz/Wolf, Allgemeiner Teil des bürgerlichen Rechts,9. Aufl. ,2004,S. 925.

为:成立要件;特别生效要件,包括法定生效要件(批准)和意定生效要件(附停止条件、附始期);有效障碍事由,如行为能力欠缺、意思瑕疵、违反禁止性法律规范。① 类似地,有学者主张区分法律行为的成立要件、积极有效要件(官署同意、条件成就、符合法定形式等)与效力阻却事由(无效、被撤销)②,或主张区分法律行为的成立要件、特别生效要件与阻却生效要件③。

新学说最有代表性的是德国学者德特勒夫·莱嫩(Leenen)教授的理论,其理论要点如下:应该区分法律行为的成立、有效性(Wirksamkeit)与效力(Wirkung)。效力即法律行为发生何种履行请求权、导致所有权移转等,也可以称为法律效果(Rechtsfolge)。为了发生此类效力,法律行为必须成立,并且有效(Wirksam)。④ 如果法秩序承认,合同中约定的法律效力之发生不存在障碍,则该合同有效。如果依合同内容,合同中约定的法律效力应立即发生,则法秩序对该内容的承认导致该效力立即发生。如果依合同内容,合同效力应在将来某个时点或者仅在特定条件下发生,则这并不妨碍法秩序对合同有效性的承认。该合同是有效的,所以能在所规定的将来时点发生效力。据此,附始期合同在期限届至前是有效的合同。自始不能的合同是有效的合同,但不能发生合同所约定的法律效力,只能发生次给付请求权;同理,打赌与赌博合同也是有效的合同,不能发生约定的法律效力,只能发生所谓不完全债务,合同的有效性用于排除不当得利返还请求权。⑤ 依据《德国民法典》第313条第1款,发生情势变更时,合同应被调整。此时,合同的有效性不受影响,只是合同的效力受到调整。⑥ 法

① 参见朱庆育:《民法总论》(第2版),北京大学出版社2016年版,第121页。
② 参见陈自强:《民法讲义Ⅰ:契约之成立与生效》,法律出版社2002年版,第351页。
③ 参见苏永钦:《走入新世纪的私法自治》,中国政法大学出版社2002年版,第24—25页。
④ Detlef Leenen,BGB Allgemeiner Teil:Rechtsgeschäftslehre,2. Aufl. ,2015,S. 111.
⑤ Ebenda,S. 164 – 165.
⑥ Ebenda,S. 242.

律规定合同的有效性以存在特定事由为前提的,此类事由为合同的有效要件(Wirksamkeitserfordernis)。存在有效要件并不意味着对合同的有效性作出了终局判断。合同还有可能因特定事由而无效。法律规定,合同因存在特定事由而无效的,此类事由即为合同的有效障碍事由(Wirksamkeitshindernis)或者说无效事由(Nichtigkeitsgrund)。传统通说仅区分法律行为成立要件与生效(有效)要件的二分法过于粗糙,其所谓生效(有效)要件包罗万象,既包括本应属于成立要件的无行为能力,也包括有效要件与有效障碍,还包括遗嘱人死亡之类的使法律行为开始发生效力的事由。为避免概念的混淆不清,应当弃用生效要件(Wirksamkeitsvoraussetzung),转而使用成立要件、有效要件、有效障碍之三分法。①

　　事实上,区分法律行为的有效与生效没有太大意义。有时法律行为在成立后因特殊事由尚未发生效力,如果将此状态中的法律行为称为"有效的法律行为",则比较牵强。附始期法律行为在始期届至前、遗嘱在遗嘱人死亡前,无论如何都不应称为"有效的法律行为"。"有效而未生效的法律行为"终究是一个悖论,法律行为既然尚未生效,怎能称之为有效,充其量只能称之为"已成立待生效的法律行为"。至于打赌之类的合同,不能说合同绝对不发生当事人所欲的债务,只能说不发生完全债务,但发生一项不完全债务,此项不完全债务包含受领力,可以成为受领人得利的合法原因。打赌行为之所以不发生给付请求权,是因为立法者避免参与者受到损害,这是一种法政策考量。② 立法者对此类合同的有效性予以否定性评价,只是没有完全否定而已。易言之,打赌合同并非如莱嫩所言属于"有效"但完全不发生约定效力的合同,毋宁是发生弱化效力的合同。在情势变更时,对合同内容进

---

① Ebenda, S. 166.
② 参见〔德〕迪特尔·梅迪库斯:《德国债法分论》,杜景林、卢谌译,法律出版社 2007年版,第 20 页。

行调整体现了法秩序对合同内容的重新评价。评价结论是合同内容应当调整,在结果上类似于合同可变更、部分可撤销或者"量的部分无效",不能说合同有效性不受影响,受影响的只是合同效力。如果说有效性是法律评价的结果,则合同调整就是对评价结果的调整或者说对有效性的调整。

法律行为的效力与有效性之间很难划出一道清晰的界限,效力的发生(生效)是对法律行为予以效力评判的结果。评判结果为肯定性的,法律行为发生预定的效力,同时具备了有效性。反之,评判结果为否定性的,须区分否定性之强度。否定性最强者,法律行为完全、绝对、确定地不发生预定效力,此即一般意义上的无效;否定性较强者,法律行为暂不发生预定效力或者仅发生不完全效力或相对效力;否定性较弱者,法律行为不确定地发生预定效力,此即法律行为可撤销。至于附停止条件法律行为、附始期法律行为以及遗嘱在条件成就、始期届至、遗嘱人死亡之前的效力评判,可以称之为未完成的评判。既然法律行为的生效与有效无法区分,那就没必要区分有效要件与生效要件,有效性判断包含于生效要件之中。

莱嫩的三分法在实践上的主要意义在于合理地分配证明责任,但实际上只要区分法律行为的积极生效要件与消极生效要件也可以实现该目的。有效要件即法律行为的积极生效要件,所谓有效障碍事由即法律行为的消极生效要件。

## 二、法律行为的一般生效要件

法律行为的生效要件也分一般生效要件与特别生效要件。[①] 一般生效要件,是指任何法律行为完全、确定地发生效力应具备的要件。具体包括:

---

① 参见王泽鉴:《民法总则》,北京大学出版社 2009 年版,第 235 页。

1. 当事人具备相应行为能力

无行为能力人没有意思能力,在作出表示时欠缺行为意思与表示意识,且无可归责性,所以不成立意思表示,自然也不能成立法律行为。因此,严格地说,无行为能力人实施的法律行为不成立。不过,现行法将其规定为无效法律行为,也未尝不可。法律行为既然不成立,则不可能发生效力。限制行为能力人的意思能力可以使其具备行为意思与表示意识,其也具备一定的过错能力,所以其作出的表示可以构成意思表示。不过,借此达成的法律行为可能超出其意思能力范围,须由其法定代理人的意思能力予以补足。所以,该法律行为不能确定地发生效力。现行法规定该法律行为效力待定,即法律行为未生效,最终可否生效取决于法定代理人是否追认。

2. 意思表示健全

所谓意思表示健全是指意思表示无瑕疵,即意思表示须真实且自由。意思表示真实即意思与表示一致,或者说表意人赋予表意符号的主观意义与通过解释确定的表示意义一致;意思表示自由即表意人未受欺诈、胁迫。意思表示不健全导致法律行为可撤销,即法律行为暂时发生效力,最终可否确定地发生效力取决于表意人是否在除斥期间届满前撤销法律行为。

3. 法律行为内容不违反禁止性法律规范且不违背公序良俗

法律行为是实现私法自治的工具,私法自治有其禁区。此项禁区由禁止性法律规范与公序良俗划定。禁区外的法律行为获得法律的肯定性评价,可以发生效力。反之,禁区内的法律行为受到法律的否定性评价,不能发生效力。

**三、法律行为的特别生效要件**

某些法律行为除须符合一般生效要件外,还须符合特别生效要件才能发生效力。具体言之,附停止条件法律行为以条件成就为特别生效要件;附始期法律行为以始期届至为特别生效要件;遗嘱以遗嘱人死亡为特别生效要件;须经批准的法律行为以主管机关的批准为特别生效要件。①

处分行为在生效要件上亦存在特殊性,处分权是处分行为的特别生效要件②。以他人财产权利为处分客体的,须经权利人授予处分权。处分人实施的处分行为归属于自己,是其自己的法律行为,③该法律行为已经成立,但由于该法律行为具有涉他效力,所以在未被授予处分权的情况下,该法律行为未发生效力,最终可否发生效力取决于权利人是否追认。当然,授权处分在相对人知悉授权时,构成处分行为的默示显名代理,处分行为归属于授权人。虽处分自己的权利,但处分权受限制的,处分行为效力也受影响,有时,处分行为相对于受限制性规定保护的第三人不发生效力。

以代理方式实施的法律行为,代理权并非法律行为的特别生效要件。从逻辑上看,该法律行为归属于被代理人,代理人并非法律行为主体,④其作出的意思表示与相对人的意思表示合致并不当然导致法律行为成立,仅在代理人享有代理权的情况下,法律行为才在被代理人与相对人之间成立。由此可见,作为法律行为归属依据的代理权是法律行为的特别成立要件,不是特别生效要件。无权代理之法律行为本应为成立待定之法律行为,而非效力待定之法律行为。当然,实证法普遍将无权代理之法律行为规定为效力待定之法律行为,约定俗成,所以本书在具体阐述时遵循实证法规定。

---

① 参见朱庆育:《民法总论》(第 2 版),北京大学出版社 2016 年版,第 121 页;〔德〕维尔纳·弗卢梅:《法律行为论》,迟颖译,法律出版社 2013 年版,第 1071 页。

② 参见王泽鉴:《民法总则》,北京大学出版社 2009 年版,第 235 页;张谷:《对当前民法典编纂的反思》,载《华东政法大学学报》2016 年第 1 期,第 12 页。

③ 参见〔德〕维尔纳·弗卢梅:《法律行为论》,迟颖译,法律出版社 2013 年版,第 1082 页。

④ 同上注。

### 四、法律行为的效力状态

以上分析表明,法律行为须符合全部生效要件才能完全地、确定地发生效力。此种效力状态通常被称为"有效"(Gültigkeit)或者"生效的"(wirksam),[①]也有称为"完全有效"[②]。一旦欠缺某一生效要件,法律行为即为"不生效的"(unwirksam)。不生效不等于确定无效,毋宁说,不生效是一个上位概念。一般认为,不生效包括如下类型:无效(nichtig),即法律行为当然、确定无效,与完全有效处于两个极端;效力待定,即法律行为最初不发生效力,将来可能因为某人(如法定代理人)的追认而溯及发生效力;可撤销,即法律行为最初发生效力,但一方当事人享有撤销权,撤销权的行使导致法律行为溯及丧失效力;相对不生效(relativ unwirksam),即法律行为相对于受保护的特定人不发生效力,但相对于其他人都已发生效力,如预告登记期间的不动产处分行为相对于预告登记权利人不发生效力。[③]

应当注意的是,效力待定亦称为"未定的不生效"(schwebend unwirksam),若从广义上理解,也包括如下情形:须经批准的法律行为,在获得主管机关批准之前,不发生效力,将来获得批准的,发生效力[④];附停止条件法律行为在条件成就前,不发生效力,条件成就时,发生效力。[⑤] 与"未定的不生效"相对的概念是"未定的生效"(schwebend wirksam),除了可撤销之外,这种效力状态还包括如下情形:附解除条件法律行为,最初发生效力,但将来可能因解除条件成就

---

① 参见〔德〕卡尔·拉伦茨:《德国民法通论》,王晓晔、邵建东等译,法律出版社 2003 年版,第 627 页;王泽鉴:《民法总则》,北京大学出版社 2009 年版,第 456 页。

② 参见郑玉波:《民法总则》,中国政法大学出版社 2003 年版,第 438 页。

③ 参见〔德〕卡尔·拉伦茨:《德国民法通论》,王晓晔、邵建东等译,法律出版社 2003 年版,第 627 页。

④ 同上书,第 688 页。

⑤ 最广义的效力待定还包括"反向"效力待定(本书第 442 页),但其已属于"未定的生效"范畴。

而丧失效力。① 学理上尚未被归类的是附期限法律行为与死因行为。附始期法律行为在始期届至前,不发生效力,但必然于始期届至时发生效力,所以不能称之为"未定的不生效",因为不存在不确定状态,只能称之为"延迟生效";附终期法律行为在终期届至前,已发生效力,但必然于终期届至时丧失效力,不妨称之为"有期限生效"。死因行为与附始期法律行为类似,在行为人死亡前亦为"延迟生效",特殊之处在于,行为人可能撤销死因行为,所以法律行为并非必然于行为人死亡时生效。

综上,除了完全有效之外,其他情形中的法律行为皆有效力障碍。障碍最严重者,法律行为无效;障碍较严重者,法律行为未定的不生效;障碍较轻者,法律行为相对不生效以及法律行为未定的生效;障碍最轻者,法律行为效力的发生与丧失没有疑问,仅受确定的期限制约。传统理论中用于统称法律行为不生效诸情形的概念是法律行为效力瑕疵。此概念的不足之处在于,从逻辑上看,法律行为无效意味着不存在任何效力,既无效力,何以谓之"效力瑕疵"?"瑕疵"的前提是存在被描述的事物,比如,买卖合同中的物有瑕疵,前提是物存在,否则构成给付不能而非给付瑕疵。由此可见,"效力瑕疵"在外延上难以涵盖法律行为无效。此外,将附停止条件法律行为、附始期法律行为称为"效力瑕疵的法律行为"也比较牵强,因为此类法律行为不存在缺陷。反之,称之为"效力障碍的法律行为"更为贴切,停止条件与始期均导致法律行为生效遇到障碍。此种效力障碍是当事人有意识设定的,可谓法律行为的意定效力障碍。可撤销法律行为、附解除条件法律行为尽管已经发生效力,但其效力中隐藏"炸弹",一旦触发即导致效力丧失,可谓法律行为的隐藏效力障碍。

---

① 参见〔德〕迪特尔·梅迪库斯:《德国民法总论》,邵建东译,法律出版社 2000 年版,第 374 页。

# 第六章 法律行为的效力障碍

## 第一节 法律行为无效

### 一、法律行为无效的概念与事由

（一）法律行为无效的一般形态

法律行为无效的一般形态是当然无效、确定无效、自始（溯及）无效、绝对无效、全部无效。当然无效，是指法律行为的无效不需要任何人主张，也不需要通过任何特别行为使其无效。[①] 即便当事人没有在诉讼中主张法律行为无效，只要原告自认的事实或者被告提出且证明的事实表明法律行为存在无效事由，法院即须依职权审查并认定法律行为无效[②]。法院认定法律行为无效的判决仅具有宣示或确认效力，并无形成效力。法律行为并非因为该判决才变成无效，毋宁说，该法律行为本就无效，法

---

① Larenz/Wolf, Allgemeiner Teil des bürgerlichen Rechts, 9. Aufl. ,2004 ,S. 796.

② 参见凤凰县国土资源局与湖南德夯电力有限责任公司建设用地使用权出让合同纠纷案,最高人民法院民事判决书(2014)民一终字第 277 号。

院判决只是对此予以确认而已。当然无效使法律行为无效区别于可撤销，因为可撤销法律行为只有通过撤销行为才能使法律行为丧失效力。

确定无效，是指法律行为终局性地不发生效力，不会因为此后的追认、批准等行为而变成有效。确定无效使法律行为无效区别于效力待定。如果将形式瑕疵视为法律行为无效事由，则通过实际履行补正形式瑕疵，使无效法律行为变成有效，这是无效终局性的例外[①]。

自始无效，是指无效法律行为自其成立时起就不具备法律效力，或者说是溯及无效。即便后来才被法院或者仲裁机构认定无效，亦然。

绝对无效，是指法律行为在当事人之间以及相对于任何第三人都没有效力。原则上，法律行为无效都是绝对无效，在例外情形中，法律行为相对无效，即仅相对于特定范围内的人不发生效力。

全部无效，是指法律行为的全部内容无效。与之不同的是部分无效，即法律行为只有部分内容无效，其他内容有效。

（二）部分无效

1. 规范模式

某些法律行为虽具备无效事由，但无效事由仅涉及法律行为部分内容，不应一概认定法律行为全部无效，毋宁应考量法律行为当事人之意图及其他因素决定其是否全部无效。《民法通则》（已废止）第60条规定："民事行为部分无效，不影响其他部分的效力的，其他部分仍然有效。"《合同法》（已废止）第56条第2句规定："合同部分无效，不影响其他部分效力的，其他部分仍然有效。"《民法典》第156条沿袭了上述法律规范。

从比较法看，法律行为部分无效有两种规范模式。我国台湾地区

---

① 参见〔德〕卡尔·拉伦茨：《德国民法通论》，王晓晔、邵建东等译，法律出版社2003年版，第628页。

"民法"第 111 条与《德国民法典》第 139 条采用第一种规范模式,即原则上部分无效导致法律行为全部无效,例外地不导致全部无效。《瑞士债法典》第 20 条第 2 款则采用第二种规范模式:部分无效原则上不导致全部无效①。我国《民法典》第 156 条究竟属于哪一种规范模式,仅从语言表述上看难以断定②。不过,在具体适用中,这两种规范模式的区别并没有想象的那么大。

2. 部分无效规则的适用前提

适用《民法典》第 156 条规定的第一个前提是系争法律行为已经成立,若未成立就无须判断其究竟是部分无效抑或全部无效。该法律行为可以是单方法律行为,也可以是合同、决议③。无论如何,系争法律行为必须是一个法律行为,不是数个独立法律行为的组合,否则不适用法律行为部分无效之规则,毋宁各个法律行为之效力应独立判断。

第二个前提是系争法律行为部分内容存在无效事由。如果无效事由涉及法律行为的全部内容,则不适用本条规定。无效事由的具体类型如何,在所不问。既包括违反禁止性法律规定、违背公序良俗、通谋虚伪表示、无民事行为能力等,也包括法律行为被撤销或者需追认而未被追认。

第三个前提是系争法律行为具有可分性。所谓可分性包括客观可分性、主观可分性、量的可分性④。客观可分性最典型的是合同部分条款存在无效事由,比如合同中的免责条款违反《民法典》第 506 条之

---

① 此种规范模式起源于罗马法及欧洲普通法上的"有效之部分不因无效之部分而受影响"(utile per inutile non vitiatur)原则,Vgl. Jan Busche, in: Münchener Kommentar BGB, 5. Aufl. ,2006, § 139, Rn. 1; D. 45. 1. 1. 5(《学说汇纂》收录的乌尔比安在《论萨宾》一书第 48 卷中的一段论述)。

② 有学者认为《民法典》第 156 条与《德国民法典》第 139 条属于同一种规范模式。参见李宇:《民法总则要义》,法律出版社 2017 年版,第 731—732 页。

③ Herbert Roth, in: Staudinger Kommentar BGB, 2004, § 139 Rn. 27.

④ Herbert Roth, in: Staudinger Kommentar BGB, 2004, § 139, Rn. 63.

规定,买卖合同中的价格约束条款违反《反垄断法》第14条之规定。如果合同标的由数个给付组成,约定一个总价格,则该合同也具有客观可分性,比如出售店面加上一辆微型货车,或者将数个动产一并出售①。就双务合同而言,客观可分性不仅要求给付本身是可分的,而且要求对待给付也是可分的,②这样才能确保合同剩余部分仍然由给付与对待给付构成。越权代理订立的合同,超出代理权范围的那部分合同内容与代理权范围内的那部分内容也是可分的。主观可分性,是指法律行为的一方或者双方当事人有数个,无效事由涉及其中一个人。此时数个人究竟负担按份债务抑或连带债务,在所不问。量的可分性(quantitative Teilbarkeit),是指法律行为中的期限、数额、范围等超出法律允许的限度,超额部分具备无效事由。③ 比如民间借贷合同约定的年利率超过法律允许的利率标准,则超标准的部分利息与未超标准的部分利息是可分的;④农村土地承包合同约定的承包期限超过法律允许的最高年限(耕地承包最高年限为30年),则法定最高年限以内的合同部分与法定最高年限以外的合同部分是可分的;遗嘱未依《民法典》第1141条之规定为缺乏劳动能力且没有生活来源的继承人保留必要的遗产份额(特留份),则涉及特留份的遗嘱部分与涉及其他遗产的遗嘱部分是可分的;同理,如果遗嘱处分的财产包括他人所有的财产,则关于处分他人财产的遗嘱部分与关于处分自己财产的遗嘱部分也是可分的[最高人民法院《关于适用〈中华人民共和国民法典〉继承编的解释(一)》(以下简称《民法典继承编司法解释(一)》)第26条];股东为自然人的一人有限责任公司受让另一公司的100%股权

---

① 参见石宏主编:《中华人民共和国民法总则:条文说明、立法理由及相关规定》,北京大学出版社2017年版,第371页。

② Werner Flume, Allgemeiner Teil des bürgerlichen Rechts, Bd. 2: Das Rechtsgeschäft, 4. Aufl., 1992, S. 574.

③ Herbert Roth, in: Staudinger Kommentar BGB, 2004, § 139, Rn. 64 – 70.

④ 参见石宏主编:《中华人民共和国民法总则:条文说明、立法理由及相关规定》,北京大学出版社2017年版,第371页。

导致违反《公司法》第 58 条,该 100% 股权也可以分为两个部分,转让方保留少部分股权或者将其转让给第三方即可避免股权转让合同违反《公司法》第 58 条。实际上,量的可分性也属于客观可分性。

3. 部分无效与全部无效的判别

一项法律行为的部分内容存在无效事由,究竟导致该法律行为全部无效抑或部分无效,主要取决于假定的当事人意思(hypothetischer Parteiwille)。关键是,依诚实信用并且理性考量双方利益,当事人如果知道真实情况,将会作出什么样的决定。此项决定就是假定的当事人意思,当事人被设想为一个遵循诚实信用原则的理性人,对其意思的确定包含了评价因素。如果以此种方式可以确定,除去无效部分,当事人仍然愿意缔结仅包含剩余部分内容的法律行为,则应判定该法律行为部分无效部分有效。[1]

如果可以查明当事人在缔结法律行为时关于该法律行为可否仅部分有效的真实意思,则以该真实意思为准。此时真实意思优先于假定的当事人意思。[2] 当然,这种情况不太常见。某些合同本身包含部分无效不影响其他条款效力的约定,该约定即为真实的当事人意思。无论假定的当事人意思还是真实的当事人意思,都以法律行为缔结之时为时间标准予以确定。

在多数情况下,依据假定的当事人意思(以价值衡量为基础),法律行为部分无效不应影响其他部分之效力[3]。典型情形如:(1)合同中的免责条款无效不影响其他条款的效力;担保合同中的流质(流押)条款无效不影响其他条款的效力。(2)关于从给付义务的条款无效通常不影响其他条款的效力,比如,股权转让合同中关于转让方收取股

---

①　Herbert Roth, in: Staudinger Kommentar BGB, 2004, §139 Rn. 75.

②　Herbert Roth, in: Staudinger Kommentar BGB, 2004, §139 Rn. 74.

③　Werner Flume, Allgemeiner Teil des bürgerlichen Rechts, Bd. 2: Das Rechtsgeschäft, 4. Aufl. ,1992, S. 581 – 582.

权转让款不需要提供任何形式的发票的约定,违反了《发票管理办法》第 20 条的强制性规定,属于无效约定,但合同其他条款的效力不受影响①。(3)超出法律允许范围的利息约定无效不影响合同其他部分的效力②。(4)土地承包经营权转让合同约定的转让权利期限超出该权利实际剩余期限的,超出部分期限之约定无效,但不影响合同其他部分效力③。(5)约定的租赁期限超过《民法典》第 705 条第 1 款规定的 20 年最长期限或者超过临时建筑的使用期限,超过部分无效,但不影响合同其他部分效力④。(6)关于履行时间的条款无效不影响合同其他条款的效力⑤。(7)农村集体将土地出租给城镇企业,其中部分土地用于种植和养殖,部分土地用于开发建设餐饮、休闲娱乐、水上世界、古典园林式别墅宾馆、体育健身等度假项目,后者违反《土地管理法》第 63 条关于农民集体所有的土地不得出让、转让或出租用于非农业建设的规定,该部分约定无效,但不影响用于种植和养殖的那部分土地租赁约定的效力⑥。(8)抵押合同约定以数个物抵押,其中有两个物属于依法不得抵押之物,则涉及这两个物的抵押合同内容无效,

① 参见简阳三岔湖旅游快速通道投资有限公司、刘某某与成都山鼎阳光房地产投资有限公司股权转让纠纷案,最高人民法院民事判决书(2012)民二终字第 22 号;四川京龙建设集团有限公司等与成都星展置业顾问有限公司等股权转让纠纷案,最高人民法院民事判决书(2013)民二终字第 54 号。

② 在河南省内黄县建筑安装工程公司二公司清算小组与太原市公安局建设工程施工合同纠纷案,最高人民法院民事判决书(2019)最高法民再 128 号中,法院认为,超标准部分利息约定无效不影响未超标准部分利息约定以及合同其他约定的效力。类似判例,参见洋浦建丰物业发展有限公司与天津市裕丰隆资产管理有限公司合同纠纷案,最高人民法院民事裁定书(2019)最高法民申 1235 号。

③ 参见孟连县勐马茶叶有限责任公司与姚某农村土地承包经营权转让合同纠纷上诉案,云南省高级人民法院民事判决书(2015)云高民二终字第 110 号。

④ 参见杨某某与南通市港闸区唐闸镇街道办事处房屋租赁合同纠纷案,江苏省高级人民法院民事判决书(2015)苏民终字第 00500 号。

⑤ 参见任某诉海门证大滨江置业有限公司商品房预售合同纠纷案,江苏省高级人民法院民事裁定书(2015)苏审二民申字第 00304 号;《城镇房屋租赁合同司法解释》第 3 条第 2 款。

⑥ 参见济南银河农业开发有限公司与济南市槐荫区吴家堡镇东曹村村民委员会土地租赁合同纠纷案,山东省高级人民法院民事判决书(2015)鲁民提字第 305 号。

但不影响抵押合同其他部分的效力①。同理,《房屋征收安置补偿协议》对多处房屋的征收补偿进行约定,其中一处房屋征收补偿约定因弄虚作假而无效,不影响协议中关于其他房屋征收补偿之约定的效力②。(9)《法律服务合同》中的刑事风险代理条款无效,不影响基本服务费条款及其他条款的效力③。(10)商品房买卖合同约定开发商(出卖人)保留楼顶所有权,④此项约定导致本应属于全体业主共有的楼顶变成开发商单独所有,而楼顶是一栋建筑物的重要成分,依物权法基本原理,不能单独成为所有权的客体,所以此项约定在物权法上不发生效力。即便在债法上,鉴于此项约定对广大业主的房屋使用造成过度束缚,而且开发商长期对楼顶进行独占性支配与利用,无须另行获得业主同意,可能造成建筑物的安全隐患,所以,此项约定有悖于公序良俗,应认定无效。此项特殊约定属于商品房买卖合同的附加条款,其无效当然不应影响买卖合同其他条款的效力,结果是买卖合同按照没有附加条款的状态发生效力。

　　某些判例把当事人为了避税或其他目的而达成的虚假价格条款认定无效,同时认为不影响合同其他部分(包括真实价格约定)的效力⑤。实际上,如果将真实价格约定解释为买卖合同的一部分,则该合同本身就是一份完整无缺的合同,其有效是全部有效而非部分有效。

---

① 参见中国农业银行股份有限公司大连分行营业部与大连商务职业学院等金融借款合同纠纷案,辽宁省高级人民法院民事判决书(2015)辽民二终字第00134号。

② 参见孙某某与辽宁省铁岭市昌图县人民政府房屋征收补偿纠纷案,最高人民法院书行政裁定书(2019)最高法行申8616号。

③ 参见上海市丁纪铁律师事务所与林三吉法律服务合同纠纷案,最高人民法院民事裁定书(2018)最高法民申1649号。

④ 参见周某某与湖南三诚置业有限公司房屋买卖合同纠纷案,湖南省高级人民法院民事判决书(2015)湘高法民再二终字第54号。法院仅以合同约定违反物权法定原则为由认定其部分无效。

⑤ 参见北大荒鑫亚经贸有限责任公司等与王某某等买卖合同纠纷案,最高人民法院民事判决书(2015)民二终字第69号;金某某与延边弘川集团房地产开发有限公司买卖合同纠纷案,吉林省高级人民法院民事裁定书(2015)吉民申字第1156号。

此种情形按照《民法典》第 146 条关于通谋虚伪表示和隐藏行为的规定处理更为妥当。

涉及主给付义务的合同条款无效时,合同全部无效。无论是涉及一方主给付义务的条款无效,[①]还是涉及双方主给付义务的条款都无效,皆为如此。比如,买卖合同中出卖人移转标的物所有权的义务违反禁止性法律规定,即便买受人的价款义务不违反禁止性法律规定,其本身也不构成一项独立的合同,无从发生效力[②]。再如,甲公司委托乙公司协助办理采矿权许可证事宜,约定委托服务费 1000 万元,其中包括公关费、招待费、礼品费[③]。该合同应认定为全部无效。尽管从表面上看只有公关费、招待费、礼品费条款因违反禁止性法律规定(《刑法》第 389—393 条关于行贿罪之规定)而无效,但既然约定了公关费、招待费、礼品费,就意味着受托人乙公司有义务办理的委托事项是以行贿的方式取得采矿许可证,其中的行贿活动与填写表格、准备材料、提交材料、领取证书等活动不可分割,至少按照当事人的意图,两种活动互相配合才能办好委托事项,因此,不能仅认定公关费、招待费、礼品费条款以及此类费用所涉及的给付(代为行贿)之约定无效,毋宁应认定委托合同整体无效。

---

① 在安诺保险经纪有限公司与中国人民财产保险股份有限公司云南省分公司保险经纪合同纠纷案,最高人民法院民事裁定书(2019)最高法民申 1919 号"中,最高人民法院认为,政策性农业保险的保险经纪合同关于经纪人收取佣金的条款损害社会公共利益,应认定无效,但不影响合同其他部分的效力。值得斟酌的是,如果保险经纪人除了收取所约定的佣金之外,不能收取其他服务费,则佣金义务就是保险经纪合同的主给付义务。佣金条款无效,应当导致合同全部无效,否则等于让保险经纪人无偿提供保险经纪服务,显然不符合假定的当事人意思。

② Werner Flume, Allgemeiner Teil des bürgerlichen Rechts, Bd. 2: Das Rechtsgeschäft, 4. Aufl. ,1992, S. 574.

③ 案情详见辽阳县塔子岭乡大西沟钾长石矿与北京前程锦绣科技发展有限公司委托合同纠纷上诉案,辽宁省高级人民法院民事判决书(2015)辽民二终字第 00231 号。

甲公司与乙公司订立合作协议,约定甲公司提供某大厦负一层分为两个区域给乙公司使用,A区为儿童城,经营儿童主题乐园板块和玩具连锁店,B区经营其他与儿童相关的产品和服务。装修完成,在试营业期间儿童城被公安消防部门查封,不能继续营业。甲公司与乙公司发生纠纷,法院认定合作协议无效,因为协议约定将儿童城设立在高层建筑物负一层,违反了我国国家标准中的《高层民用建筑设计防火规范》第4.1.6条("托儿所、幼儿园、游乐厅等儿童活动场所不应设置在高层建筑内,当必须设在高层建筑内时,应设置在建筑物的首层或二、三层,并应设置单独出入口")以及《标准化法》(1988年)(已废止)第14条("强制性标准,必须执行。不符合强制性标准的产品,禁止生产、销售和进口……")。[①] 尽管合作协议关于B区的约定未违反上述规定,但如果判定合作协议关于A区的约定无效、关于B区的约定有效,则不符合假定的当事人意思,因为甲、乙双方在两个区域的合作项目相互依存,没有A区儿童城作为依托,B区的儿童相关商品与服务的经营效益显然要大打折扣,无法实现预期目的。

(三)非溯及无效

按照《民法典》第155条的规定,法律行为无效意味着其自始无效(Nichtigkeit ex tunc),因撤销而丧失效力亦然[②]。不过,在民法理论上有一种颇具影响力的学说认为,对于旨在创设继续性债务关系的法律

---

① 参见陕西嘉亨实业发展有限公司与北京沃野千里科贸有限公司合作合同纠纷案,陕西省高级人民法院民事判决书(2015)陕民二终字第00021号。

② 参见中铁十五局集团第五工程有限公司与乌江铁路建设运营有限公司建设工程合同纠纷案,最高人民法院民事判决书(2019)最高法民终1799号;甘肃伊发房地产开发有限公司与陇西县威远建筑安装有限责任公司建设工程施工合同纠纷案,最高人民法院民事裁定书(2020)最高法民申690号;阎某晏与阎某案外人执行异议之诉纠纷再审案,最高人民法院民事裁定书(2018)最高法民申5300号(购房合同被撤销导致其自始无效,从而不能阻却对房屋的强制执行)。

行为,有时应当判定非溯及无效(Nichtigkeit ex nunc)①。比如违反强制性(禁止性)法律规定的劳动合同、合伙合同,已经履行的那段期间有效,双方不必依据不当得利规则返还给付,毋宁应按照有效合同关系处理,这样可能更符合强制性(禁止性)法律规定之目的,该规定可能只想禁止将来的履行行为②。此外,亦有学说为了实现类似实践效果,主张此时应认定已经履行的那段期间构成事实合同(faktischer Vertrag)关系,或者认为对于已经作出的给付,基于诚信原则,不应允许当事人前后不一(venire contra factum proprium)地主张无效③。此说不足采,与其遮遮掩掩地使用"事实合同"之类的模糊概念,不如直截了当地承认个别情形中法律行为的无效不具有溯及力。

我国《劳动合同法》第 28 条规定:"劳动合同被确认无效,劳动者已付出劳动的,用人单位应当向劳动者支付劳动报酬。劳动报酬的数额,参照本单位相同或者相近岗位劳动者的劳动报酬确定。"《城镇房屋租赁合同司法解释》第 4 条第 1 款规定:"房屋租赁合同无效,当事人请求参照合同约定的租金标准支付房屋占有使用费的,人民法院一般应予支持。"从本质上看,这两个条文中规定的参照相关标准支付劳动报酬或房屋占有使用费并不意味着将已经履行的那段期间的合同视为有效,毋宁是合同无效后的不当得利返还具体方式。实践中,借贷合同被认定无效的,法院通常也判令借款人参照银行同期贷款利率

---

① 应与自始(溯及)无效、非溯及无效予以辨别的一对概念是原初无效(anfängliche Nichtigkeit)、嗣后无效(nachträgliche Nichtigkeit)。原初无效,是指法律行为成立之时即存在无效事由;嗣后无效,是指法律行为成立之后才出现无效事由,比如附生效条件法律行为的标的物于条件成就前变成禁止流通物。嗣后无效通常也是溯及无效。参见史尚宽:《民法总论》,中国政法大学出版社 2000 年版,第 597 页;郑玉波:《民法总则》,中国政法大学出版社 2003 年版,第 444 页;Werner Flume, Allgemeiner Teil des bürgerlichen Rechts, Bd. 2: Das Rechtsgeschäft, 4. Aufl., 1992, S. 550。

② Rolf Sack, in: Staudinger Kommentar BGB, 2003, § 134 Rn. 102.

③ Jürgen Ellenberger, in: Palandt Kommentar BGB, 79. Aufl., 2020, § 134 Rn. 13.

向出借人支付资金占用费①。

我国《民法典》第1054条第1款第1句规定："无效的或者被撤销的婚姻自始没有法律约束力,当事人不具有夫妻的权利和义务。"此项规定与《民法典》第155条如出一辙。有学者主张身份行为的撤销不应该具有溯及力,②立法机关相关人士则认为应坚持无效及撤销具有溯及力之传统③。

（四）相对无效

法律行为相对无效之概念存在多种含义。从比较法看,在德国法上,法律行为相对无效④,是指法律行为相对于某个特定的人不发生效力,而相对于所有其他人则是有效的。⑤ 之所以相对无效而不是绝对无效,是因为法律在这种情形中认为需要保护的只是某个特定的人,没必要彻底否定其法律效力。《德国民法典》第135—136条规定违反相对处分禁止的处分行为相对于受保护的特定人不发生效力。此外,按照《德国民法典》第883条第2款的规定,在预告登记后就土地或权利所作出的处分,在它会妨害或侵害被登记之请求权的限度内不发生效力。比如,A与B订立不动产买卖合同,并且为B办理了预告登记,后来,A又把不动产所有权转让给C,并且办理了所有权移转登记。此时,相对于B而言,A与C之间的所有权让与不发生效力,A仍被视为不动产所有权人,B可以向A请求并强制其为所有权让与合意。由于

① 参见烟台恒熙祥投资管理有限公司与乔运祥、海阳隆祥置业有限公司等民间借贷纠纷案,山东省高级人民法院民事判决书(2015)鲁民一终字第409号;安徽皖投资产管理有限公司与闵某、章某企业借贷纠纷案,安徽省高级人民法院民事判决书(2015)皖民提字第00059号。

② 参见李宇:《民法总则要义》,法律出版社2017年版,第731页。

③ 参见石宏主编:《中华人民共和国民法总则:条文说明、立法理由及相关规定》,北京大学出版社2017年版,第369页。

④ 德文术语relativ unwirksam直译应为"相对不生效",译为"相对无效"是为了与汉语法学文献中的术语保持一致。

⑤ 参见〔德〕迪特尔·梅迪库斯:《德国民法总论》,邵建东译,法律出版社2000年版,第375页。

C 已经被登记为所有权人,为了使 B 能够办理正式登记,C 负有登记同意之义务,该登记同意可由法院判决来替代。如果 C 是以强制执行的方式或者在 A 破产时从 A 的破产管理人手中获得该不动产,该取得行为也是相对无效的。如果不考虑 B 的权利的话,C 已取得不动产所有权,可以向其他人主张所有权的效力。① 该不动产被他人侵占,C 可对侵占人主张所有物返还请求权;该不动产被损坏的,C 可向加害人行使侵权损害赔偿请求权。由于在德国法上,法律行为相对无效仅适用于处分行为,所以也被称为处分行为相对无效。

在日本民法学上,有两种意义上的法律行为相对无效。第一种意义上的法律行为相对无效指的是只有特定人才能主张的无效。② 例如,无意思能力人(比如老年痴呆症患者)所为的法律行为以及违背基本权保护型公序良俗的法律行为(比如侵害一方当事人职业自由的契约)被认为是相对无效的,只有无意思能力人或者受害方才可以主张法律行为无效。③ 此外,意思表示错误的法律行为也曾被认为是相对无效,④但 2017 年修订后的《日本民法典》第 95 条对于意思表示错误已改采可撤销模式。第二种意义上的法律行为相对无效指的是法律

---

① 参见〔德〕鲍尔、施蒂尔纳:《德国物权法》(上册),张双根译,法律出版社 2004 年版,第 431—432 页。

② 参见〔日〕山本敬三:《民法讲义 I:总则》(第 3 版),解亘译,北京大学出版社 2012 年版,第 256 页;〔日〕近江幸治:《民法讲义 I:民法总则》,渠涛等译,北京大学出版社 2015 年版,第 196—197 页。

③ 参见〔日〕山本敬三:《民法讲义 I:总则》(第 3 版),解亘译,北京大学出版社 2012 年版,第 256 页;〔日〕四宫和夫:《日本民法总则》,唐晖、钱孟姗译,五南图书出版公司 1995 年版,第 53 页。

④ 只有发生错误的表意人才能主张法律行为无效。这是日本民法学对旧《日本民法典》第 95 条进行限缩解释得出的结论。该条规定:"意思表示,在法律行为的要素中有错误时,无效。但表意人有重大过失时,表意人自己不能主张其无效。"对于该条之规定,日本传统民法理论采绝对无效说,认为发生意思表示错误时,任何人都可以主张法律行为无效,因为在这种情形中,不存在与表示相应的意思(意思欠缺),意思表示根本不存在,对于不存在的东西,谁都可以主张其不存在。但后来日本民法通说却认为错误只导致法律行为相对无效,只有发生错误的表意人才能主张法律行为无效,因为旧《日本民法典》第 95 条的目的是保护发生错误的表意人,如果允许相对人和其他人主张无效,则背离该目的。

行为无效有时不得对抗善意第三人。比如,《日本民法典》第 94 条第
2 款规定虚伪表示无效不得对抗善意第三人。日本有些民法学者认
为,这是绝对无效之例外,绝对无效即可以对任何人主张无效,而该款
规定的无效只能针对相对人以及恶意第三人主张,属于相对无效。①

　　我国台湾地区文献中的法律行为相对无效有三种含义。第一种
意义上的相对无效指的是法律行为的无效有时不得对抗善意第三人。
比如虚伪表示之无效,不得对抗善意第三人②。以欺诈为由撤销意思
表示之后,法律行为归于无效,但其无效亦不得对抗善意第三人(我国
台湾地区"民法"第 92 条第 2 项),这也被认为是相对无效。③ 第二种
意义上的相对无效是指法律行为相对于特定人无效,而相对于所有其
他人都是有效的。比如,甲以其对乙享有的债权质押给丙,后来甲免
除了该债权,其免除行为相对于质权人丙无效。④ 第三种意义上的相
对无效是指只有特定人才可以主张的无效,因为法律行为无效旨在保
护该特定人的利益而非其他人的利益,如无行为能力人或无意思能力
人所为的法律行为⑤。

　　我国台湾地区理论上的第三种相对无效相当于日本民法上的第
一种相对无效。从功能上看,此种"只有特定人才可以主张的"相对无
效类似于可撤销,二者均将法律行为效力的决定权赋予受保护的当事
人。在民法已经于较大范围内规定可撤销法律行为的情况下,是否有
必要更进一步,承认与之功能相近的"法律行为相对无效",有待斟酌。

---

　　① 　参见〔日〕四宫和夫:《日本民法总则》,唐晖、钱孟姗译,五南图书出版公司 1995 年
版,第 222 页;〔日〕富井政章:《民法原论》(第 1 卷),陈海瀛、陈海超译,中国政法大学出版
社 2003 年版,第 314 页。
　　② 　参见陈聪富:《民法总则》,元照出版公司 2016 年版,第 369 页。
　　③ 　参见王泽鉴:《民法总则》,北京大学出版社 2009 年版,第 463 页;郑玉波:《民法总
则》,中国政法大学出版社 2003 年版,第 445 页。
　　④ 　参见史尚宽:《民法总论》,中国政法大学出版社 2000 年版,第 575 页。
　　⑤ 　参见陈忠五:《法律行为绝对无效与相对无效的区别》,载《台大法学论丛》(第 27
卷)1998 年第 4 期,第 198—202 页。

我国台湾地区理论上的第一种相对无效相当于日本民法上的第二种相对无效,而其第二种相对无效则相当于德国民法上的处分行为相对无效。实际上,这两种相对无效存在一些共性,都可以表述为"法律行为相对于一定范围内的人无效"。二者的区别在于"范围"的大小:就第一种情形而言,"一定范围内的人"指的是善意第三人以外的其他人,包括法律行为的双方当事人、从法律行为的"无效"中获利的任何第三人(如虚伪之财产让与人的一般债权人)、从法律行为的"有效"中获利的恶意第三人,虚伪表示之法律行为相对于这些人无效;就第二种情形而言,"一定范围内的人"指的是某一个特定的人,其对于法律行为之标的享有某种合法的利益,为了保护其利益,需要把该法律行为认定为无效。当然,从逻辑上看,两种情形也有区别:不得对抗善意第三人之无效是指法律行为相对于受保护的第三人有效,反之,处分行为相对无效是指法律行为相对于受保护的第三人无效。若从这个纯形式角度看,第一种情形可谓法律行为相对有效,第二种情形才是法律行为相对无效,此为狭义的法律行为相对无效。

狭义的法律行为相对无效概念对于解释我国民法的某些规则具有重要意义。除了预告登记期间的不动产处分行为之外,被查封、扣押之物的处分行为、未经其他合伙人同意的合伙份额处分行为、未通知物权性先买权人行使先买权的处分行为等法律行为也有适用相对无效的余地。此类情形的共性在于,为保护特定人的利益,财产权利人的处分权均受到一定限制,包括实体性限制(可否处分)与程序性限制(须经同意或者须等待他人决定是否行使先买权)。此外,按照我国《民法典》第 546 条第 1 款的规定,债权让与未经通知债务人的,该转让对债务人不发生效力。此亦为狭义的法律行为相对无效。

狭义的法律行为相对无效只能由受保护的特定第三人主张。例如,对被查封、扣押物的处分行为只能由申请执行或者申请保全的债权人主张无效,处分行为双方当事人不得主张无效。再如,债权让与未经通知债务人的,只能由债务人主张债权让与无效。如果债务人在接到让与通知前向受让人为清偿(通过其他途径得知债权让与事实!),则该清偿有效,债权消灭。让与人不得主张债权让与因未通知债务人而"相对于债务人无效",从债务人角度看,受让人不是债权人,所以向受让人所为的清偿无效,债权未消灭。

(五)法律行为无效的事由

我国《民法典》总则编规定法律行为的一般无效事由包括:行为人无行为能力、通谋虚伪表示、法律行为违反禁止性(强制性)规定、法律行为违背公序良俗、恶意串通。此外,《民法典》各分编以及特别法上还规定法律行为的若干特殊无效事由,如《民法典》第506条规定某些免责条款无效、《民法典》第1051条规定的结婚行为无效事由(重婚等)、《民法典》第1143条规定的遗嘱无效事由(限制行为能力、欺诈、胁迫等)、《保险法》第34条第1款规定的人寿保险合同无效事由(未经被保险人同意并认可保险金额)、《劳动合同法》第26条第1款第1项规定的劳动合同无效事由(欺诈、胁迫、乘人之危)。

在法律行为的上述一般无效事由中,行为人无行为能力实际上将导致法律行为不成立,已如前述;通谋虚伪表示的法律行为也是不成立。在这两种情形中,如果说法律行为无效,则系因"不成立"而"无效",而并非真正意义上的无效。鉴于此,以下对这两种无效事由不予阐述。

## 二、违反禁止性(强制性)规定的法律行为

(一)自治与强制

依私法自治原则,当事人可以通过作出意思表示、缔结法律行为对其在社会生活中的私人关系予以安排,借此形成的规范在当事人之间如同法律规则,具有约束力。从这个意义上说,缔结法律行为是私人立法行为,法律行为是私人为实现自治而创设的法。对于此种私人

之法,原则上应承认其效力。当然,如果其突破了禁区,则应否定其效力。划定禁区的法律规定就是禁止性(强制性)法律规定。

按照《民法通则》(已废止)第58条第1款第5项的规定,法律行为违反法律的无效。按照《合同法》(已废止)第52条第5项的规定,违反法律、行政法规的强制性规定的合同无效。最高人民法院颁布的《关于适用〈中华人民共和国合同法〉若干问题的解释(一)》[以下简称《合同法司法解释(一)》](已废止)第4条明确规定各级法院在认定合同无效时只能以法律、行政法规为依据,不能以行政规章与地方性法规为依据。《合同法司法解释(二)》(已废止)第14条又规定:"合同法第五十二条第(五)项规定的'强制性规定',是指效力性强制性规定。"与《民法通则》(已废止)相比较,《合同法》(已废止)及其司法解释把无效的违法合同限定为违反效力性强制性规定的合同,不包括违反任意性规范以及其他强制性规定的合同,并且将行政规章和地方性法规排除在这个问题的法源范围之外。

《民法典》第153条第1款前半句与《合同法》(已废止)第52条第5项之规定类似,后半句但书则为新增规定,旨在表达如下立法意图:违反法律、行政法规的强制性规定的法律行为并非一律无效。在该款的起草过程中,关于条文如何表述曾有较大争议。《民法总则草案(征求意见稿)》第112条规定:"违反法律、行政法规的效力性强制性规定或者违背公序良俗的民事法律行为无效。"《民法总则草案(一次审议稿)》第132条、《民法总则草案(二次审议稿)》第147条、《民法总则草案(三次审议稿)》第155条的规定与此相同。《民法总则草案(大会审议稿)》曾将该条规定删除,付诸大会表决的草案最终版本则又增加了该条规定,并且在条文表述上做了修改,以但书规定取代"效力性强制性规定"这一表述。

比较法上,《德国民法典》第134条规定:"除基于法律发生其他效果外,违反法律禁止规定的法律行为无效。"我国台湾地区"民法"第

71 条规定:"法律行为,违反强制或禁止之规定者,无效。但其规定并不以之为无效者,不在此限。"《日本民法典》第 91 条规定:"法律行为当事人表示之意思,与法令中无关公共秩序之规定相异时,从其意思。"相较之下,《民法典》第 153 条第 1 款与《德国民法典》第 134 条以及我国台湾地区"民法"第 71 条更为接近。

(二)禁止性(强制性)法律规定的范围

1. 概念辨析

《民法典》第 153 条第 1 款使用的术语是强制性规定。此处所谓的强制性规定实际上指的是强行性规范,既包括命令当事人必须实施或者必须以特定方式实施某种行为之规范,也包括禁止当事人实施或者以特定方式实施某种行为之规范。[①] 在我国台湾地区理论中,第一种规范被称为强制性规范,第二种规范被称为禁止性规范。[②] 也就是说,强行性规范是强制性规范与禁止性规范的上位概念。[③] 一般来说,能够导致法律行为无效的是禁止性规范,[④]因为禁止性规范是否定性的,对某种行为持否定态度,其中可能包括法律行为,而所谓的强制性规范是肯定性的,它要求当事人去实施某种行为,从逻辑上说不可能否定该行为的法律效果。因此,对于《民法典》第 153 条第 1 款中所谓的"强制性规定",应当不拘泥于文字,将其理解为禁止性规定。

---

① 有学者将强行性规范划分为行为规范与单纯强行规定,前者包括令行(强制)规定与禁止规定。参见金可可:《强行规定与禁止规定》,载王洪亮等主编:《中德私法研究》(13),北京大学出版社 2016 年版,第 3 页。

② 参见史尚宽:《民法总论》,中国政法大学出版社 2000 年版,第 329 页;陈自强:《契约之成立与生效》,法律出版社 2002 年版,第 146 页。

③ 对于这些术语之间的关系,耿林做了详细地梳理。参见耿林:《强制规范与合同效力——以合同法第 52 条第 5 项为中心》,中国民主法制出版社 2009 年版,第 44—63 页。德国法上的强制性规范与禁止性规范之关系,参见 MünchKomm/Armbrüster,§134 Rn. 46(2006)。

④ 类似观点,参见朱庆育:《〈合同法〉第 52 条第 5 项评注》,载《法学家》2016 年第 3 期;许中缘:《禁止性规范对民事法律行为效力的影响》,载《法学》2010 年第 5 期。王轶教授认为,《合同法》(已废止)第 52 条第 5 项所谓的强制性规范实际上指的就是禁止性规范,参见王轶:《民法原理与民法学方法》,法律出版社 2009 年版,第 288 页。

2. 应被排除于本款适用范围之外的强制性规定

(1)已经对无效后果作了明确规定的禁止性(强制性)规定

某些禁止性(强制性)规定已经对法律行为无效予以明确规定,比如《民法典》第 506 条、第 705 条第 1 款、第 850 条。法律行为违反此类规定的,直接据此判定无效即可,无须适用《民法典》第 153 条第 1 款,因为该款是一般规范或者说"空白证书规范"(Blankettvorschrift)[①],旨在授权裁判者在个案中援引相关强制性规定并依据该款之要件判定法律行为无效,一旦某项特别的强制性规范已经明确规定法律行为无效,裁判者即无须动用该款之授权。

(2)关于某种法律行为需要经过准许的法律规定

某种法律行为需要经过准许的法律规范,无论是私法上的准许,还是公法上的准许(即批准)。[②] 关于公法上准许之规范,即我国《民法典》第 502 条第 2 款所提到的关于特定合同须经批准的法律与行政法规规定,如《商标法》第 42 条、《企业国有资产法》第 53 条、《城市房地产管理法》第 40 条第 1 款及第 45 条第 1 款第 4 项、《矿产资源法》第 6 条、《商业银行法》第 28 条、《保险法》第 84 条等。当事人订立此类合同未经批准的,效力如何? 依最高人民法院《合同法司法解释(一)》(已废止)第 9 条之规定,此类合同未经批准的,未生效。至于何谓"未生效",该司法解释未作进一步规定。《民法典》第 502 条第 2 款第 2 句前半句亦仅称"未办理批准等手续影响合同生效的"。究竟如何影响,语焉不详。从合同审批制度的立法目的看,法律之所以规定某些类型的合同必须经过行政机关的批准,是因为此类合同可能影响社会公共利益或国家利益,立法者授权行政机关代表国家予以审

---

① Rolf Sack, in: Staudinger Kommentar BGB, 2003, § 134 Rn. 194; Christian Armbrüster, in: Münchener Kommentar BGB, 5. Aufl., 2006, § 134 Rn. 3.

② Arnd Arnold, in: Erman Kommentar BGB, 15. Aufl., 2017, § 134 Rn. 5; Christian Armbrüster, in: Münchener Kommentar BGB, 5. Aufl., 2006, § 134 Rn. 7.

查,如果合同符合社会公共利益或国家利益,则予以批准,合同生效;否则,决定不予批准,合同确定不生效力。某一份合同订立后尚未获得批准,其是否符合社会公共利益或国家利益尚不确定,所以暂不能确定合同究竟有效还是无效。此时发生纠纷的,法官如果依据《民法典》第 153 条第 1 款径行判定合同无效,显然不符合合同审批制度的立法目的,相当于司法机关代替行政机关对合同是否符合社会公共利益或国家利益作出判断,这是一种越权行为,欠缺正当性。恰当的处理应该是认定合同目前尚未生效,将来可否生效,取决于最终是否取得行政机关的批准,此为合同效力待定①。

私法上的准许包括同意、决议等形式。比如,按照《民法典》第 19 条、第 22 条之规定,限制民事行为能力人必须经过法定代理人的同意才能独立实施超出其心智能力范围的非纯获益法律行为;按照《农村土地承包法》第 34 条的规定,转让农村土地承包经营权的,应当经过发包方同意。此类规定虽然也是强制性的,但显然并非《民法典》第 153 条第 1 款意义上的强制性规定。类似情形还有《公司法》第 16 条第 2 款,依该款之规定,公司为其股东或者实际控制人提供担保的,必须经过股东会或者股东大会决议。该决议是对法定代表人代表公司实施担保行为的准许。

(3)行政规章与地方性法规

《合同法司法解释(一)》(已废止)第 4 条曾规定,法院在认定合同无效时不能以行政规章与地方性法规为依据。从规范性法律文件的层级看,行政规章与地方性法规不属于《民法典》第 153 条第 1 款中的法律、行政法规,因此,不能据之认定法律行为无效。之所以将行政规章与地方性法规排除在外,主要是为了防止过度的行政管制导致法

---

① 《九民纪要》释义书认为,未生效合同在获得批准前效力处于不确定状态,将来可能有效,也可能无效。参见最高人民法院民事审判第二庭编著:《〈全国法院民商事审判工作会议纪要〉理解与适用》,人民法院出版社 2019 年版,第 278 页。

律行为无效现象泛滥,危害交易安全①。当然,如此限定作为裁判依据的强制性规定范围,是否矫枉过正,不无疑问②。实践中,如果某一项法律行为违反行政规章或地方性法规,综合考虑个案相关情势,可能构成违背公序良俗③,依《民法典》第 153 条第 2 款,亦为无效④。对此,2019 年最高人民法院《全国法院民商事审判工作会议纪要》(以下称《九民纪要》)第 31 条规定:"违反规章一般情况下不影响合同效力,但该规章的内容涉及金融安全、市场秩序、国家宏观政策等公序良俗的,应当认定合同无效。人民法院在认定规章是否涉及公序良俗时,要在考察规范对象基础上,兼顾监管强度、交易安全保护以及社会影响等方面进行慎重考量,并在裁判文书中进行充分说理。"

应当注意的是,涉及产品、建筑工程的强制性国家标准虽然仅由国务院各部委制定,但《标准化法》第 25 条规定,"不符合强制性标准的产品、服务,不得生产、销售和进口或者提供"。据此,强制性国家标准可以与该条禁止性法律规定组合适用,违反强制性国家标准的法律行为也应依据《民法典》第 153 条第 1 款认定无效。

3. 关于效力性强制性规定与管理性强制性规定的区分

《合同法司法解释(二)》(已废止)第 14 条曾规定,《合同法》(已废止)第 52 条第 5 项中的强制性规定,是指效力性强制性规定。自此之后,效力性强制性规定与管理性强制性规定之区分逐渐成为司法实

---

① 参见王利明:《论无效合同的判断标准》,载《法律适用》2012 年第 7 期。

② 参见朱庆育:《〈合同法〉第 52 条第 5 项评注》,载《法学家》2016 年第 3 期。

③ 参见重庆悦诚律师事务所与肖某某、田某诉讼、仲裁、人民调解代理合同纠纷案,最高人民法院民事裁定书(2012)民再申字第 318 号以及重庆市高级人民法院民事判决书(2012)渝高法民提字第 00135 号;安徽省福利彩票发行中心与北京德法利科技发展有限责任公司营销协议纠纷案,最高人民法院民事判决书(2008)民提字第 61 号。

④ 实际上,在德国法上,导致法律行为无效的禁止性规范范围比较宽泛。通说认为,既包括议会制定的法律,也包括行政法规、公法性的规章(öffentlich-rechtliche Satzung),甚至包括某些习惯法以及某些拥有行业立法权限的行业协会(如医师协会、律师协会)制定的行业规章。

践中判别违法合同是否有效的主要标准①。代表性判例如,最高人民法院(2012)民提字 156 号判决书认为《公司法》第 16 条属于管理性强制性规定,违反该规定原则上不导致担保合同无效;最高人民法院(2015)民申字第 2700 号民事裁定书认为《公司法》第 186 条第 3 款关于清算期间公司不得开展与清算无关的经营活动之规定属于管理性强制性规定,违反该规定不导致合同无效;②最高人民法院(2013)民申字第 869 号民事裁定书认为《野生动物保护法》第 27 条关于禁止出售、购买、利用国家重点保护野生动物的规定属于管理性强制性规定,不得以之作为认定合同效力的依据;③最高人民法院在(2013)民申字第 2119 号民事裁定中认为国务院 1991 年颁行的《国有资产评估管理办法》第 3 条关于国有资产转让须经评估的规定只是管理性强制性规定,违反该规定不导致以物抵债协议无效;④最高人民法院在(2014)民申字第 56 号民事裁定中认为《城市房地产管理法》第 39 条第 2 项只是管理性强制性规定,违反该规定不导致国有土地使用权转让合同无效⑤。

效力性强制性规定与管理性强制性规定之区分的直接来源是我国台湾地区的理论。我国台湾地区"民法"第 71 条规定:"法律行为,违反强制或禁止之规定者,无效。但其规定并不以之为无效者,不在

---

① 关于《合同法司法解释(二)》(已废止)第 14 条在裁判实践中的适用概况,详见姚明斌:《"效力性"强制规范裁判之考察与检讨——以〈合同法解释二〉第 14 条的实务进展为中心》,载《中外法学》2016 年第 5 期。

② 参见山东银联担保有限公司滨州分公司、滨州市滨城区银泰小额贷款有限公司与山东银联担保有限公司滨州分公司、滨州市滨城区银泰小额贷款有限公司等借款合同纠纷案,最高人民法院民事裁定书(2015)民申字第 2700 号。

③ 参见宜昌金银岗野生动物世界有限公司与宜昌三峡森林野生动物世界有限公司、三峡植物园租赁合同纠纷案,最高人民法院民事裁定书(2013)民申字第 869 号。

④ 参见罗某某与日本株式会社辽宁实业公司、辽宁海普拉管业有限公司及第三人辽宁工程机械(集团)有限公司案外人执行异议纠纷案,最高人民法院民事裁定书(2013)民申字第 2119 号。

⑤ 参见达州广播电视大学与四川省聚丰房地产开发有限责任公司合资、合作开发房地产合同纠纷案,最高人民法院民事裁定书(2014)民申字第 56 号。

此限。"我国台湾地区理论在这个问题上,从史尚宽开始,把强制与禁止规定(统称为强行法)划分为效力规范与取缔规范。效力规范注重违法行为的法律行为价值,以否定其法律效力为目的,取缔规范注重违法行为的事实行为价值,以禁止其行为为目的。违反效力规范的法律行为无效,而违反取缔规范的法律行为有效。[①]

从比较法看,效力性强制性规定与管理性强制性规定之区分接近于德国早期的规范性质说。该学说认为,如果禁止性规范只是单纯的秩序(管理)规定或营业警察法规,违反该规范虽然应当受到公法上的制裁,但法律行为在私法上不具有违法性,所以其效力不受影响。当时被认为是单纯秩序(管理)规定的包括防制黑工法、营业管制法等。不过,究竟应该如何区分单纯的秩序(管理)规定与旨在否定法律行为效力的禁止性规范,一直缺乏明确的标准,所以规范性质说饱受批评。后来,德国的民法学说与判例又提出规范对象说。该说认为,如果禁止性规范针对的是法律行为的所有当事人,则违反该规范的法律行为是无效的,否则,原则上是有效的。据此,违反卫生法规买卖腐败变质食物的合同,未经许可营业订立的合同,违反建筑法规订立的租赁合同(违章建筑的租赁),都因违法仅存在于一方的意思表示,如卖方出售变质食品的意思表示,而非意思表示构成的法律行为整体,所以效力不受影响。这种学说后来也遭到批判,很多学者认为法律行为中的两个意思表示难以区分,公法有的时候仅处罚一方当事人,并不意味着另一方当事人的行为是完全合法的。实践中也有不少判例认定只有一方当事人受到处罚的法律行为在私法上也是无效的。从 20 世纪 50 年代开始,德国出现了一种比较流行的学说,即规范重心说,认为如果禁止性规范针对私法行为本身,则违反该规范的法律行为无效;如果只是针对时间、地点、人物等外部环境,

---

[①]　参见史尚宽:《民法总论》,中国政法大学出版社 2000 年版,第 330 页。

则违反该规范的法律行为原则上是有效的。第四种学说是规范目的说,认为应当依据禁止性规范的目的来确定法律行为是否有效,如果令其有效,将与该禁止性规范所包含的目的相抵触,则应当否定其效力。①

在当前德国民法学上,规范性质说尽管并未被完全摒弃,文献中有时仍被提及②,但终究已非主导性学说。我国司法解释却依然以之为判定法律行为效力的主要标准,似乎不太妥当。尽管实践中裁判者用起来比较方便,但也逐渐体现出诸多弊端,因而备受诟病。该理论的缺陷一方面在于缺乏关于效力性强制性规定与管理性强制性规定的具体识别标准。③ 绝大多数强制性规定都没有明确规定违反该规定之法律行为的效力,一条强制性规定究竟是否属于效力性强制性规定,从该规定的文义中通常得不到答案。实践中,裁判者难免先入为主地预判系争法律行为应否生效,然后根据需要给相关的强制性规定贴上管理性强制性规定或者效力性强制性规定之标签。另一方面,所谓管理性强制性规定并非与法律行为的效力毫无关系,尽管此类规定的本旨在于通过行政管理维护公共秩序,但有时法律行为的效力判定何尝不是维护公共秩序的手段之一。"管理性"与"效力性"在逻辑上

---

① 关于德国民法学说与判例的演变历程,详见苏永钦:《私法自治中的经济理性》,中国人民大学出版社 2004 年版,第 36—37 页。

② Christian Armbrüster, in:Münchener Kommentar BGB,5. Aufl. ,2006, § 134 Rn. 42,46.

③ 在《合同法司法解释(二)》(已废止)第 14 条施行之前,实务界权威人士的观点认为,管理性规范,是指法律及行政法规未明确规定违反此类规范将导致合同无效的规范。此类规范旨在管理和处罚违反规定的行为,但并不否认该行为在民商法上的效力。效力性规定,是指法律及行政法规明确规定违反该类规定将导致合同无效的规范,或者虽未明确规定违反之后将导致合同无效,但若使合同继续有效将损害国家利益和社会公共利益的规范。此种观点将明确规定违反者导致合同无效的规范纳入《合同法》(已废止)第 52 条第 5 项中所谓的法律、行政法规强制性规范之范围,显然欠妥,此类规范属于前文提及的应被排除于《合同法》(已废止)第 52 条第 5 项适用范围之外的规范。此种观点在《合同法司法解释(二)》(已废止)第 14 条施行之后依然发挥影响,以至于裁判实践中逐渐形成将大多数强制性规范认定为管理性强制性规范并据此判定系争合同有效的趋向。

并非对称的概念,与"效力性"相对的是"非效力性",①但即便合乎逻辑地使用效力性强制性规定与非效力性强制性规定这一对概念,也没有太大实益,因为"效力性"这个表述空洞无物,以之为标准认定法律行为效力将陷入同语反复:此项法律行为之所以无效,是因为其违反了效力性强制性规定;此项规定之所以是效力性强制性规定,是因为其否定相关法律行为的效力!

实际上,具有决定性意义的并非相关强制性规定的性质,而只是其规范目的和规范重心。对于系争法律行为所涉及的强制性法律规定,应着重探寻其规范目的、考察其规范重心,以确定是否据之认定法律行为的效力。

(三)禁止性(强制性)法律规定的规范目的与规范重心

最高人民法院 2009 年 7 月发布的《关于当前形势下审理民商事合同纠纷案件若干问题的指导意见》(以下简称《民商事合同案件指导意见》)(法发〔2009〕40 号)第 15 条规定:"……违反效力性强制规定的,人民法院应当认定合同无效;违反管理性强制规定的,人民法院应当根据具体情形认定其效力。"第 16 条规定:"人民法院应当综合法律法规的意旨,权衡相互冲突的权益,诸如权益的种类、交易安全以及其所规制的对象等,综合认定强制性规定的类型。如果强制性规范规制的是合同行为本身即只要该合同行为发生即绝对地损害国家利益或者社会公共利益的,人民法院应当认定合同无效。如果强制性规定规制的是当事人的'市场准入'资格而非某种类型的合同行为,或者规制的是某种合同的履行行为而非某类合同行为,人民法院对于此类合同效力的认定,应当慎重把握,必要时应当征求相关立法部门的意见或者请示上级人民法院。"

与《合同法司法解释(二)》(已废止)第 14 条相比,《民商事合同

---

① 参见朱庆育:《〈合同法〉第 52 条第 5 项评注》,载《法学家》2016 年第 3 期。

案件指导意见》有两点变化：一是没有绝对贯彻"违反效力性强制性规范的合同无效、违反管理性强制性规范的合同有效"这条原则，而是规定违反管理性强制性规范的合同也有可能无效。二是对于违反强制性规范的合同效力提出了一些比较具体的判定基准，比如规制对象、保护的利益、交易安全等。从中可以看到规范重心说与规范目的说的某些元素。

近年来，随着"管理性强制性规定"之概念的流行，审判实践中出现了一种倾向，很多法官认为凡是行政管理性质的强制性规定都属于"管理性强制性规定"，不影响合同效力。为此，2019 年最高人民法院《九民纪要》第 30 条第 2 款规定："人民法院在审理合同纠纷案件时，要依据《民法总则》第 153 条第 1 款和合同法司法解释（二）第 14 条的规定慎重判断'强制性规定'的性质，特别是要在考量强制性规定所保护的法益类型、违法行为的法律后果以及交易安全保护等因素的基础上认定其性质，并在裁判文书中充分说明理由。下列强制性规定，应当认定为'效力性强制性规定'：强制性规定涉及金融安全、市场秩序、国家宏观政策等公序良俗的；交易标的禁止买卖的，如禁止人体器官、毒品、枪支等买卖；违反特许经营规定的，如场外配资合同；交易方式严重违法的，如违反招投标等竞争性缔约方式订立的合同；交易场所违法的，如在批准的交易场所之外进行期货交易。关于经营范围、交易时间、交易数量等行政管理性质的强制性规定，一般应当认定为'管理性强制性规定'。"该条规定对若干典型规范种类的列举有助于法院在实践中更为准确适用《民法典》第 153 条第 1 款，但仍未摆脱"效力性强制性规定"与"管理性强制性规定"二分法之窠臼。

《民法典》第 153 条第 1 款第 2 句规定："但是，该强制性规定不导致该民事法律行为无效的除外。"此项但书与《德国民法典》第 134 条"除基于法律发生其他效果外"之立法表述乃异曲同工。二者均可以解释为规范目的保留，即违反强制性（禁止性）法律规定并不必然导致法律行为无效,法律行为是否有效,取决于该规定之目的。当然,德国民法学理上存在如下争议:《德国民法典》第 134 条究竟是纯粹的引致(Verweisung)条款抑或同时也是解释规则(Auslegungsregel)?部分学者与判例持引致条款说,认为由于但书中包含法律目的保留,所以《德国民法典》第 134 条实际上"什么也没说",其本身并未包含民事制裁,毋宁只是参引法律行为所违反的禁止性法律规定之目的,仅当该规范目的要求系争法律行为无效时,方可判定其无效①。更多学者则持解释规则说,认为《德国民法典》第 134 条包含一项解释规则,②尽管在个案中都需要审查法律行为无效之后果是否与其所违反的禁止性法律规定之目的相冲突,但只要不能确定无效之后果违背规范目的,就应判定法律行为无效。第 134 条为禁止性法律规定补充了法律行为无效之后果:有疑义时,违反该规定之法律行为无效。主张法律行为虽违反禁止性法律规定但仍然有效者对此须负担论证义务,而主张法律行为无效者则无须积极地寻求规范目的支撑。③ 我国亦有学者持引致条款说④。相较之下,解释规则说更为合理,可资借鉴。我国《民法典》第 153 条第 1 款并非纯粹的引致条款,其本身包含了构成要件与法律效果,尽管在适用该款时需要结合民事法律行为所违反的强制性(禁止性)法律规定,但该款本身依然是民事法律行为无效之规范基础。从规范结构上看,该款应解释为:违反强制性(禁止性)法律规定的民事法律行为原则上无效,例外地有效。所谓例外,即民事法律行为有效并不明显违背相关强制性(禁止性)法律规定之目的。

规范重心与规范目的密切相关。判断强制性(禁止性)法律规定

---

① Werner Flume, Allgemeiner Teil des bürgerlichen Rechts, Bd. 2: Das Rechtsgeschäft, 4. Aufl., 1992, S. 341; BGHZ 85, 39, 43.

② 参见〔德〕克劳斯－威廉·卡纳里斯:《法律禁令和法律行为》,赵文杰译,载王洪亮等主编:《中德私法研究》(第 13 卷),北京大学出版社 2016 年版,第 55 页。

③ Rolf Sack, in: Staudinger Kommentar BGB, 2003, § 134 Rn. 58.

④ 参见黄忠:《违法合同的效力判定路径之辨识》,载《法学家》2010 年第 5 期。

的规范重心经常需要先探究其规范目的。有时,依强制性(禁止性)法律规定的内容、出处等因素固然可以确定其规范重心,但仍需结合规范目的才能对法律行为的效力作出妥当的判定。综合考虑规范目的与规范重心,可以归结出如下几项规则:

(1)如果强制性(禁止性)法律规定针对的是法律行为的内容,则违反该规定的法律行为无效,比如以权钱交易为内容的合同、委托他人进行权钱交易的合同①、毒品买卖合同、人体器官买卖合同、私人间的枪支买卖合同、非法传销合同、买卖他人之个人信息的合同、买卖(转让)土地或者矿产资源的合同②、建设工程违法转包或分包合同③、不符合《城市房地产管理法》第 39 条规定条件的房地产转让合同、以《环境保护法》第 46 条规定的严重污染环境的设备或产品为标的物的买卖合同④、不符合《探矿权采矿权转让管理办法》第 3 条规定条件⑤的探矿权或采矿权转让合同⑥等。此类交易本身为法律所禁止,所以

---

① 参见辽阳县塔子岭乡大西沟钾长石矿与北京前程锦绣科技发展有限公司委托合同纠纷申请再审案,最高人民法院民事裁定书(2015)民申字第 2995 号。

② 参见张某等与大连保税区鑫寰国际贸易有限公司确认合同无效纠纷案,最高人民法院民事判决书(2014)民抗字第 40 号。

③ 参见盐城市华为照明工程有限公司与江苏建兴建工集团有限公司等建设工程施工合同纠纷再审案,最高人民法院民事判决书(2017)最高法民再 18 号。

④ 参见兴义市昊威(集团)长鑫铁合金有限公司与蒋某买卖合同纠纷案,贵州省高级人民法院民事判决书(2016)黔民终 298 号。该判决适用的是 1989 年《环境保护法》(已废止)第 34 条,该条规定:"任何单位不得将产生严重污染的生产设备转移给没有污染防治能力的单位使用。"尽管不像 2014 年修订的《环境保护法》第 46 条那样明确禁止买卖严重污染环境的设备,但至少可以认为此类设备买卖合同的履行行为(交付并移转设备所有权)违反了该条规定。因此,此项判决值得肯定。

⑤ 《探矿权采矿权转让管理办法》第 3 条规定的条件如下:(1)探矿权人有权在划定的勘查作业区内进行规定的勘查作业,有权优先取得勘查作业区内矿产资源的采矿权。探矿权人在完成规定的最低勘查投入后,经依法批准,可以将探矿权转让他人。(2)已经取得采矿权的矿山企业,因企业合并、分立,与他人合资、合作经营,或者因企业资产出售以及有其他变更企业资产产权的情形,需要变更采矿权主体的,经依法批准,可以将采矿权转让他人采矿。

⑥ 参见湖南众禾石料有限公司与耒阳市大和圩乡存谷村采石场企业承包经营合同纠纷案,湖南省高级人民法院民事判决书(2015)湘高法民二终字第 215 号。

在民法上当然应否定其效力。法律行为的履行行为违反强制性(禁止性)法律规定的,等同于内容违法①。比如建设单位未依《建筑法》第7条取得施工许可证,即与施工企业订立建设工程合同,该合同一旦履行(施工),就违反《建筑法》第7条之强制性规定,所以该合同无效②。建设单位未依《城乡规划法》第40条取得建设工程规划许可证即订立建设工程施工合同的,亦然③。依据最高人民法院《关于审理建设工程施工合同纠纷案件适用法律问题的解释(一)》[以下简称《建设工程施工合同司法解释(一)》](法释〔2020〕25号)第3条之规定,发包人在起诉前取得建设工程规划许可证等审批手续的,不应认定施工合同无效;发包人能够办理审批手续而未办理,并以未办理审批手续为由请求确认施工合同无效的,法院不予支持。再如,甲公司享有某一区域的探矿权,与乙公司订立合作勘查探矿合同,事后发现该探矿区域处于野生动物自然保护区范围内,按照《自然保护区条例》第26条禁止在自然保护区内进行砍伐、放牧、狩猎、捕捞、开垦、开矿采石、挖沙等活动的规定,因此,合作探矿合同一旦履行,即违反该禁止性规定,应认定合同无效④。

(2)如果强制性(禁止性)法律规定针对的是法律行为的一些外部条件,如行为的时间、地点等,原则上不能将法律行为认定为无效。比如,在街道两侧摆摊售货,违反《城市市容和环境卫生管理条例》第14条以及《城市道路管理条例》第32条,但不宜因此将摊贩与顾客之间订立的买卖合同认定为无效。法律行为缔结的方式违反强制性法律规定,是否有效,不可一概而论。如果因此导致该法律行为的履行

① Rolf Sack, in: Staudinger Kommentar BGB, 2003, §134 Rn. 1.
② 参见甘肃北方电力工程有限公司等与青海中铸光伏发电有限责任公司建设工程施工合同纠纷上诉案,最高人民法院民事判决书(2016)最高法民终522号。
③ 参见中铁十五局集团第五工程有限公司与乌江铁路建设运营有限公司建设工程合同纠纷案,最高人民法院民事判决书(2019)最高法民终1799号。
④ 参见四川金核矿业有限公司与新疆临钢资源投资股份有限公司特殊区域合作勘查合同纠纷案,最高人民法院民事判决书(2015)民二终字第167号。

可能损害社会公共利益,依规范目的,也应认定其无效。比如,依法应当以招投标方式订立建设工程合同,但当事人未以招投标方式订立合同或者招投标的具体方式(公开招标、政府邀请招标等)不符合法律规定,合同应认定为无效①。《建设工程施工合同司法解释(一)》(法释〔2020〕25号)第1条第1款第3项对此已有规定。《企业国有资产法》第54条第2款规定企业国有资产转让应当在依法设立的产权交易场所以公开竞价方式进行交易,违反该规定的转让行为是否有效,不无疑问。最高人民法院在一些判例中曾主张不宜将国有企、事业单位管理的国有资产利益等同于《合同法》(已废止)第52条所称的国家利益或者社会公共利益②。此项观点是否妥当有待斟酌。实际上,关于国有资产利益是否属于国家利益或社会公共利益,最高人民法院的立场并不统一。在(2011)民二终字第98号民事判决中,最高人民法院认为,国有金融不良债权的剥离与处置,绝不仅仅是简单的商事主体之间的私权处分,而是巨额国有资产的流动与利益再分配问题,这种流动能否在公开公平公正的程序下进行,事关全体国民和国家的利益③。此项观点将国有资产利益视为国家利益或社会公共利益,与

① 参见重庆市圣奇建设(集团)有限公司与贵州山城生态移民发展有限公司建设工程施工合同纠纷上诉案,最高人民法院民事判决书(2016)最高法民终675号;宁夏鸿天房置业有限公司与浙江创业建设工程有限公司建设工程施工合同纠纷案,最高人民法院民事判决书(2020)最高法民终971号。

② 参见深圳市新世纪投资发展有限公司与东北石油大学合同纠纷案,最高人民法院民事判决书(2015)民二终字第129号。持类似观点的有重庆市种畜场与重庆融汇实业有限公司、重庆融华房地产有限公司合资、合作开发房地产合同纠纷案,重庆市高级人民法院民事判决书(2014)渝高法民初字第00049号,法院在此认为社会公共利益系指为全体社会成员所共同享有的利益。

③ 参见哈尔滨市胜达房地产综合开发有限公司、中国长城资产管理公司哈尔滨办事处与哈尔滨市电子仪表工业总公司确认合同效力及优先购买权纠纷案,最高人民法院民事判决书(2011)民二终字第98号。类似判例,参见郑某某与罗甸县国有资本营运有限责任公司、黔南州拍卖有限责任公司国有企业出售合同纠纷案,最高人民法院民事裁定书(2013)民申字第959号,在该裁定中,最高人民法院认为未经有效评估转让国有资产损害了国家利益,在企业改制方案和职工安置方案未经国企职工代表大会表决通过的情况下转让国有资产损害了职工权益等社会公共利益。

(2015)民二终字第 129 号民事判决中的观点显然不同。此外,在
(2013)民申字第 2119 号民事裁定中,最高人民法院认为不应以国有
资产转让未经评估为由认定转让合同无效,①但最高人民法院《关于
审理涉及金融不良债权转让案件工作座谈会纪要》(2009 年)第 6 条
第 1 款第 6 项则规定国有金融不良债权转让未经评估的,应认定转让
合同无效。二者也存在明显矛盾。从《九民纪要》第 31 条的规定看,
违反招投标等竞争性缔约方式订立的合同以及在批准的交易场所之
外进行期货交易等法律行为均应认定无效。

(3)如果强制性(禁止性)法律规定针对的是一方当事人的资格,
需要区分三种情况。其一,该规范涉及特定的职业资格,比如禁止没
有医生资格的人行医,禁止没有律师资格的人提供职业性的法律服
务。违反此种禁止性规范的合同原则上无效,否则将导致顾客接受不
符合专业水准的服务并深受其害。其二,该规范涉及劳动者资格,比
如禁止雇佣未成年人。对此,德国的学说与判例认为童工合同无效,
但该无效不具有溯及力,②可资借鉴。其三,该规范涉及企业经营资
格,比如我国《城市房地产管理法》第 58 条禁止未领取营业执照的房
地产中介机构从事房地产中介活动。对于违反此种规范的合同,德国
民法通说认为合同有效,因为此种规范旨在维护市场秩序,具有管理
性的功能,立法者无意否定合同的效力。但如果该机构从事的是某种
需要具备一定专业水准的营业活动从而需要特殊的职业资格(而不是
一般性的经营资格),或者该机构从事特殊领域内需要特别许可或者

---

① 参见罗某某与日本株式会社辽宁实业公司、辽宁海普拉管业有限公司及第三人辽
宁工程机械(集团)有限公司案外人执行异议纠纷案,最高人民法院民事裁定书(2013)民申
字第 2119 号。

② Rolf Sack, in: Staudinger Kommentar BGB, 2003, § 134 Rn. 256; Arnd Arnold, in: Erman
Kommentar BGB, 15. Aufl. , 2017, § 134 Rn. 29.

明显涉及公众利益保护的经营活动①,则另当别论。② 比如,依据我国《商业银行法》第 11 条第 2 款之规定,未经国务院银行监督管理机构批准,不得从事吸收公众存款等商业银行活动,不得在名称中使用"银行"字样。据此,某公司未经批准从事放贷营业,与客户订立的借款合同应认定为无效③。再如,按照《建筑法》第 26 条之规定,承包建筑工程的单位应当持有依法取得的资质证书,并在其资质等级许可的业务范围内承揽工程。禁止建筑施工企业超越本企业资质等级许可的业务范围或者以任何形式用其他建筑施工企业的名义承揽工程。因此,承包人未取得建筑施工企业资质或者超越资质等级订立的建设工程施工合同无效④,《建设工程施工合同司法解释(一)》(法释〔2020〕25号)第 1 条对此予以规定。此外,最高人民法院《关于审理涉及国有土地使用权合同纠纷案件适用法律问题的解释》(法释〔2005〕5 号;〔2020〕17 号修正)第 13 条第 2 款规定当事人双方均不具备房地产开发经营资质的,所订立的合作开发房地产合同应认定无效。当然,对于特殊领域内需要特别许可的经营活动,当事人未经特别许可即与他

---

① 例如,《商业特许经营管理条例》第 3 条第 2 款规定:"企业以外的其他单位和个人不得作为特许人从事特许经营活动。"最高人民法院在《关于企业以外的其他单位和个人作为特许人所签订的特许经营合同是否有效的复函》〔(2010)民三他字第 19 号〕中指出,《商业特许经营管理条例》第 3 条第 2 款可以认定为行政法规的效力性强制性规定,企业以外的其他单位和个人作为特许人与他人签订的特许经营合同,可以认定无效。

② Christian Armbrüster, in: Münchener Kommentar BGB, 5. Aufl. , 2006, §134 Rn. 89; Arnd Arnold, in: Erman Kommentar BGB,15. Aufl. ,2017, §134 Rn. 40.

③ 参见日照港集团有限公司煤炭运销部与山西焦煤集团国际发展股份有限公司借款合同纠纷案,最高人民法院民事判决书(2015)民提字第 74 号;王某某与九江联达建设有限公司等企业借贷纠纷申请再审案,最高人民法院民事判决书(2014)民提字第 138 号;山东昊鑫投资担保有限公司与张某令、张某师保证合同纠纷案,山东省高级人民法院民事判决书(2015)鲁民提字第 557 号。

④ 参见长春北方建筑工程公司与翟淑芹等建设工程施工合同纠纷再审案,最高人民法院民事判决书(2016)最高法民再 270 号;中国农业银行股份有限公司昌吉分行与新疆建筑装饰设计有限责任公司等建设工程施工合同纠纷案,最高人民法院民事判决书(2016)最高法民申 2058 号。

人订立合同,最高人民法院在判例中并未一概认定合同无效①。关于违反特许经营规定订立的合同,2019 年最高人民法院《九民纪要》第30 条则规定应认定为无效。

(4)如果强制性(禁止性)法律规定之目的在于对法律行为的一方当事人进行保护,不能一概判定法律行为无效,否则可能事与愿违。比如,我国《刑法》第 224 条、第 266 条规定诈骗行为构成犯罪,这意味着诈骗行为被法律禁止,其目的在于保护社会成员免受诈骗行为的侵害。一方当事人为骗取钱财与另一方订立合同,虽违反《刑法》第 224条、第 266 条,但不应判定合同无效,②毋宁说,该合同依《民法典》第148 条为可撤销合同。受欺诈方可以选择使合同生效并请求欺诈方履行合同,也可以选择撤销合同并请求欺诈方返还财物、承担缔约过失责任③。

(5)如果强制性(禁止性)法律规定之目的主要在于规制一方当事人的行为,以维护社会公共秩序,则违反该规定法律行为是否无效,取决于该法律行为如果有效是否不利于此项法律目的之实现。或者说,须考察通过行政或刑事制裁是否足以保证法律目的之实现,抑或同时需要借助于民事制裁(判定法律行为无效!)实现该目的。比如,商家违反《食品安全法》第 34 条,向顾客销售不符合食品安全标准的食品,仅对该行为予以行政处罚尚不足以实现该条法律规定之目的,如果使相关食品买卖合同有效,就意味着允许不合格的食品被流通、食用,危害公众健康,不符合《食品安全法》保障食品安全之目的,因此,应当认定买卖合同无效。

---

① 参见山东志诚化工有限公司与张某某买卖合同纠纷案,最高人民法院民事判决书(2013)民申字第 977 号。该判决认为,不应仅以销售方不具备煤炭经营企业资质为由认定煤炭买卖合同无效。

② 周某某与内蒙古玛拉沁医院、赵某等借款合同纠纷案,最高人民法院民事判决书(2015)民一终字第 240 号。

③ 葫芦岛宏达钼业有限公司与中国建设银行股份有限公司鸡西分行等金融借款合同纠纷案,最高人民法院民事判决书(2016)最高法民终 655 号。

（6）如果强制性（禁止性）法律规定针对的是法律行为的后续行为，则后续行为违反该规定通常并不导致法律行为本身无效。比如，甲、乙订立买卖合同，依据客观情况，买卖标的物只能通过进口获得，而其进口违反了强制性（禁止性）法律规定，但国内的买卖合同本身并未违反该法律规定，所以并非无效。[①] 再如，甲药店将药品出售给乙，而乙的目的是将药品转卖给他人以牟利，该转卖行为虽然违法，但甲、乙的药品买卖合同并非无效。当然，如果合同以服务于违法的后续行为为主要目的，则该合同可能因背俗而无效[②]。

司法实践中，规范目的有时与法律行为的履行情况相结合，据此判断该法律行为应否认定为无效[③]。有学者称之为"无效之必要性问题"，即个案中合同虽违反强制性规范，但从合同履行情况看，实际上并未发生强制性规范旨在预防的情事，认定合同有效并不违背该规范的目的，故无必要否定合同的效力[④]。

（四）规避禁止性（强制性）法律规定的行为：脱法行为

脱法行为（Umgehungsgeschäft），也称为规避法律的行为，是指当事人为了躲避法律障碍、禁止性法律规范或者负担，[⑤]试图借助其他法律构造形式（Gestaltungsform）实现同样的法律或经济效果。[⑥] 学说上受到关注的主要是规避禁止性法律规范的脱法行为。这种脱法行为在本质上也是违反禁止性法律规范的法律行为，其特殊之处在于是以迂回而不是直接的方式违法。因此，在实践中一般通过对相关

---

① Rolf Sack, in:Staudinger Kommentar BGB,2003，§134 Rn.161.

② Rolf Sack, in:Staudinger Kommentar BGB,2003，§134 Rn.162.

③ 参见罗某某与日本株式会社辽宁实业公司、辽宁海普拉管业有限公司及第三人辽宁工程机械（集团）有限公司案外人执行异议纠纷案，最高人民法院民事裁定书（2013）民申字第2119号。

④ 参见姚明斌：《"效力性"强制规范裁判之考察与检讨——以〈合同法解释二〉第14条的实务进展为中心》，载《中外法学》2016年第5期。

⑤ 有时，规避的是某一条约定的规则，vgl. Ernst A. Kramer, in:Münchener Kommentar BGB,5. Aufl. ,2006，§117 Rn.19。

⑥ Reinhard Singer, in:Staudinger Kommentar BGB,2004，§117 Rn.15.

的禁止性法律规范予以解释,将系争的脱法行为纳入其适用范围,判定为无效。比如,在德国二手车买卖中被广泛采用的代理商合同(Agenturvertrag),某人采取"以旧换新"的方式从车店购买新车,由车店将所得到的旧车再卖给他人。车店为了规避《德国民法典》第475条第1款第1句规定,与二手车所有人(即新车买受人)订立代理商合同,以二手车所有人的名义卖车。这样看起来车店不是出卖人,而是代理人。① 德国联邦最高法院认为,如果从经济上看应该把车店视为出卖人,该代理商合同就是脱法行为,无效。比如,车店向二手车所有人保证了最低销售价并且允许将来以该价款抵偿新车价款的一部分。② 此外,脱法行为的主要案型还包括:通过假装雇佣或企业租赁的方式弥补行业许可上的欠缺——名义上的营业主有资质,实际上的经营者没资质;为了规避劳动法上的保护性通知终止(Kündigungsschutz)规范,订立旨在终止劳动关系的"废止合同"(Aufhebungsvertrag),或者对劳动合同设置期限(Befristigung),或者设置解销条件(auflösende Bedingung);通过约定无对价的支付义务规避关于价格的法律规定,如德国《建筑师与工程师酬金条例》(HOAI)第4条;某乡镇规章限制在旅游区内创设住宅所有权,为了规避之,当事人建立按份共有关系;③在商事代理合同中,约定将本应经常性地支付给商事代理人的酬金的一部分用于折抵企业将来可能应支付给该代理人的补偿金,在有疑义时,判定为违反《德国商法典》第89b条第4款,④该款规定商事代理人在合同终止后的补偿金请求权不得被预先排除。

我国《民法通则》(已废止)第58条第1款第7项及《合同法》(已废止)第52条第3项曾规定"以合法形式掩盖非法目的"的民事行为

① Stephan Lorenz, in: Münchener Kommentar BGB, 5. Aufl., 2008, § 475 Rn. 29 – 30.
② BGH NJW, 2005, 1039.
③ Christian Armbrüster, in: Münchener Kommentar BGB, 5. Aufl., 2006, § 134 Rn. 18.
④ Rolf Sack, in: Staudinger Kommentar BGB, 2003, § 134 Rn. 157.

无效。"以合法形式掩盖非法目的"究竟指的是什么,存在争议。有学者认为指的是目的违法的隐藏行为;①有学者认为指的是脱法行为;②有学者认为指的是以隐匿行为的方式规避法律,但不完全等同于规避法律的行为,只是规避法律的行为的一种;③有学者认为其与脱法行为存在交叉之处④;有学者认为既包括通谋虚伪表示,也包括仅一方具有非法目的、表面上合法的法律行为⑤。司法实践中,对"以合法形式掩盖非法目的"也存在不同的理解,包括脱法行为、通谋虚伪表示、犯罪(如诈骗罪)行为采用的手段等。

《民法典》未专门规定"以合法形式掩盖非法目的"。司法实践中曾经被定性为"以合法形式掩盖非法目的"的法律行为应分门别类。涉及通谋虚伪表示的,应适用《民法典》第146条。涉及作为犯罪手段之合同的,在民法上要么构成因欺诈而订立的合同,要么构成无权代理,如一方当事人的员工或者第三人谎称已获得授权代签合同。涉及脱法行为的,应依据《民法典》第153条第1款,认定为违反强制性法律规定的法律行为,使其归于无效。

### 三、违背公序良俗的法律行为

(一)公序良俗与法律行为效力的关系

私法自治的禁区不仅仅由强制性法律规定划定,公序良俗也是私法自治的界限。实际上,强制性法律规定只是以实证法的方式体现了

---

① 参见郭明瑞主编:《民法》,高等教育出版社2007年版,第119页;王利明:《民法总则研究》,中国人民大学出版社2003年版,第571页;李永军:《民法总论》,法律出版社2006年版,第514页。

② 参见龙卫球:《民法总论》,中国法制出版社2002年版,第487页;崔建远主编:《新合同法原理与案例评释》,吉林大学出版社1999年版,第186页;孔祥俊:《合同法教程》,中国人民公安大学出版社1999年版,第239—240页。

③ 参见王利明:《合同法研究》(第1卷),中国人民大学出版社2002年版,第651页。

④ 参见韩世远:《合同法总论》(第2版),法律出版社2008年版,第149页。

⑤ 参见马俊驹、余延满:《民法原论》,法律出版社1998年版,第259页。

公序良俗而已,对于那些尚未被表述为实证法具体规则的公序良俗,当然也需要予以维护。因此,不但违反强制性法律规定的法律行为无效,违背公序良俗的法律行为也应被否定评价,不能发生效力。

在罗马法中,违反善良风俗(contra bonos mores)的法律行为要么是无效的,要么由裁判官赋予被告一项恶意抗辩(exceptio doli,亦称为欺诈抗辩),以对抗原告的诉权。究竟产生何种后果,取决于法律行为的种类以及法律行为的何种因素违背了善良风俗。①《法国民法典》第6条规定:"任何人不得以特别约定违反有关公共秩序与善良风俗之法律。"据此,法国民法在罗马法的"善良风俗"之外增加了"公共秩序",形成一条完整的公序良俗原则。近代大陆法系各国及地区民法普遍规定违背公序良俗的法律行为无效。其中,有的仅规定善良风俗,如《德国民法典》第138条;有的遵循法国民法的模式,同时规定了公共秩序和善良风俗,如《瑞士债法典》第19条、第20条,《日本民法典》第90条,《意大利民法典》第1343条,《葡萄牙民法典》第280条、第281条,我国台湾地区"民法"第72条。

我国《民法通则》(1986年,已废止)没有使用"公序良俗"这一术语,但在第7条规定:"民事活动应当尊重社会公德,不得损害社会公共利益,破坏国家经济计划,扰乱社会经济秩序。"此外,《合同法》(已废止)第7条亦有类似规定。这两条规定实际上包含了公序良俗原则。《合同法》(已废止)第52条第4项规定损害社会公共利益的合同无效,对此,最高人民法院认为,其中的公共利益包括公共秩序和善良风俗②。《民法典》第153条第2款明确规定违背公序良俗的民事法律

---

① Max Kaser, Das römische Privatrecht, 2. Aufl., C. H. Beck's che Verlagsbuchhandlung, München, 1971, S. 251.

② 参见深圳市新世纪投资发展有限公司与东北石油大学合同纠纷案,最高人民法院民事判决书(2015)民二终字第129号。值得注意的是,在该判决中,最高人民法院认为,社会公共利益一般是指关系到全体社会成员或者社会不特定多数人的利益,不宜将东北石油大学管理的国有资产利益等同于《合同法》(已废止)第52条所称的国家利益或者社会公共利益。

行为无效,这是我国民事立法史上的一个重大进步,在解释上应当将《民法典》第 153 条第 2 款视为对《合同法》(已废止)第 52 条第 4 项的传承与发展。

(二)对公序良俗的违背方式

法律行为违背公序良俗有两种方式。其一,内容背俗,即法律行为的内容违背公序良俗,比如甲、乙约定,甲以金钱若干包养乙一年。其二,情势背俗(Umstandssittenwidrigkeit),即法律行为的客观内容本身并不违背公序良俗,但当事人实施该法律行为的方式、目的、动机违背公序良俗。一般认为,不仅内容背俗的法律行为无效,情势背俗的法律行为也应无效。只是部分学者认为,实施法律行为的方式、目的、动机违背公序良俗之所以导致法律行为无效,不是因为这些情势本身背俗,而是因为其导致法律行为内容背俗,受法律评判的始终是作为规则的法律行为,而不是作为法律行为之实施过程的行动(Verhalten),因为背俗法律行为无效之规则的目的终究是对法律行为进行内容控制①。

的确,从规范意旨看,导致法律行为无效的原因主要是内容背俗。情势背俗并不必然导致法律行为无效。有时,虽然当事人实施法律行为的动机或方式违背公序良俗,但不应据此认定该法律行为无效。比如,一方为了谋取不正当利益,以欺诈的方式促使对方作出意思表示,实施法律行为,其实施法律行为的动机与方式违背公序良俗,但该法律行为却并非无效,而是可撤销②。反之,当事人实施法律行为的动机是正当的,该法律行为仍有可能因内容背俗而无效。比如,某人为了维持家庭稳定,与其儿子达成一份合同,约定将一处房产赠与其儿子,

---

①　Rolf Sack,in:Staudinger Kommentar BGB,2003,§138 Rn. 3 – 7;〔德〕维尔纳·弗卢梅:《法律行为论》,迟颖译,法律出版社 2013 年版,第 435 页。

②　在现有学说中,欺诈或胁迫如果结合"额外的"背俗因素也可以导致法律行为因违背公序良俗而无效(Christian Armbrüster,in:Münchener Kommentar BGB,5. Aufl. ,2006,§138 Rn. 6),但不可否认的是,欺诈与胁迫之类的行为方式本身就已经是背俗因素,此项背俗因素仅导致法律行为可撤销。

其儿子承诺终身不离婚。此项约定的内容严重限制了一方当事人的基本自由,当属无效。从这个意义上说,情势背俗对于法律行为有效与否的判定并不具有决定性意义。当然,也并非毫无意义。在情势背俗的情况下,应当将行为的动机、目的、方式等因素与法律行为内容结合起来予以整体考量,决定是否以违背公序良俗为由判定该法律行为无效。就双方法律行为而言,如果只是一方当事人的动机背俗,内容本身并不背俗,则通常不应将该法律行为认定为违背公序良俗;如果该法律行为损害了应受保护的第三人利益或公共利益,则动机背俗导致法律行为违背公序良俗[1]。

(三)关于违背公序良俗的主观要件

关于违背公序良俗是否应具备主观要件,学理上存在争议。当前多数说认为,应具备主观要件。不过,不需要当事人知道法律行为的背俗性,只要其知道或因重大过失不知道导致该法律行为背俗的事实情况即可。[2] 比如,在达成包养情人协议时,当事人知道金钱支付与同居义务构成交换关系的,即构成违背公序良俗的法律行为,至于是否知道这种交换关系不符合公序良俗,在所不问。有些学者认为,就内容背俗而言,只要求当事人知道导致法律行为背俗的事实情况;但就情势背俗而言,应要求当事人知道行为的背俗性[3]。然而,部分学者认为,在内容背俗的情形中,根本不需要主观要件,而如果因情势背俗需要对行为动机、目的、方式与内容进行整体评价时(基于法律行为整体特征的背俗),则应考虑主观要件,仅在当事人知道或因重大过失不知道导致法律行为背俗的事实时,才能因背俗而判定该法律行为无效,无论如何,不要求当事人知道法律

---

[1]　Christian Armbrüster, in: Münchener Kommentar BGB, 5. Aufl. , 2006, § 138 Rn. 9.

[2]　Rolf Sack, in: Staudinger Kommentar BGB, 2003, § 138 Rn. 61; Schmidt-Räntsch, in: Erman Kommentar BGB, 15. Aufl. , 2017, § 138 Rn. 19; Dieter Leipold, BGB I: Einführung und Allgemeiner Teil, 6. Aufl. , 2010, S. 303.

[3]　Enneccerus/Nipperdey, Allgemeiner Teil des Bürgerlichen Rechts, 15. Aufl. , 1960, S. 1167.

行为的背俗性①。少数学者干脆采客观说,认为违背公序良俗不需要主观要件,除非个案中的背俗性建立在实现某种背俗目标的基础上。②

相较之下,少数说更为合理。之所以将违背公序良俗的法律行为判定为无效,是为了维护法与伦理的基本秩序。某一项法律行为只要在客观上违背了法与伦理的基本秩序,就是有害的行为,必须予以否定评价。至于当事人是否知道背俗性或导致背俗之事实,并非决定性因素。一如违反禁止性法律规范的法律行为,判定其无效不取决于当事人是否知道行为的违法性。对背俗性的无知与对违法性的无知一样,都不能阻却法律行为的无效。虽然在某些背俗情形中需要考虑当事人的主观因素,如行为动机或目的是否背俗,但此时将这些因素视为违背公序良俗的主观要件没有实际意义。因为,一方面,不应该要求当事人知道其动机或目的是背俗的,只要按照社会一般观念与公序良俗相冲突即可;另一方面,在逻辑上不能说"当事人必须知道其(导致法律行为构成背俗的)动机或目的",任何人都知道自己行为的动机或目的,这是不言自明的。多数说倡导的"知道背俗性"或"知道导致法律行为背俗的事实"对此都不具有解释力。总之,充其量只能说在部分情形中当事人的主观因素是可能导致法律行为违背公序良俗的因素之一,而不能视其为法律行为违背公序良俗不可或缺的要件。

(四)违背公序良俗的主要情形

1. 违背性道德

性行为旨在满足人的基本欲望,但在文明社会中,须限定在法律与道德框架之内。涉及性关系的法律行为如果与强行法或性道德相违背,则对其效力须予以否定评价。其中很多法律行为可以因违反强

---

① Larenz/Wolf, Allgemeiner Teil des bürgerlichen Rechts, 9. Aufl. , 2004, S. 737 – 739; Helmut Köhler, BGB Allgemeiner Teil, 44. Aufl. , 2020, S. 209( § 13 Rn. 23) ; Jürgen Ellenberger, in:Palandt Kommentar BGB, 79. Aufl. , 2020, § 138 Rn. 7 – 8.

② Rolf Sack, in:Staudinger Kommentar BGB, 2003, § 138 Rn. 62 – 63.

行法而依据《民法典》第 153 条第 1 款认定无效。比如卖淫合同、卖淫中介合同、卖淫雇佣合同、淫秽表演合同等,均违反我国《治安管理处罚法》第 66—69 条之规定以及《刑法》第 358—361 条之规定,应将其认定为无效,否则等于允许当事人通过此类合同实施违法行为。

某些涉及性关系的法律行为未违反强行法,或者是否违反强行法尚有疑问,但违背性道德,应以违背公序良俗为由认定无效。例如,仅以维持性伴侣关系为目的给予情人一笔财产①。不过,在非婚同居关系中,一方给予另一方财产,通常不违背公序良俗,因为这是一个以长期共同生活为目的的共同体,并非单纯的性伴侣关系②。当然,如果其中一方为已婚人士,涉及家庭秩序,则另当别论。

2. 违背家庭伦理

与婚姻家庭的本质和一般观念相冲突的法律行为是背俗的,应认定无效。典型的情形如代孕合同③,一方面颠覆关于亲子关系的伦理观,另一方面将孕母的生殖功能商业化,有损人的基本尊严。夫妻一方与第三人订立合同,约定后者有义务向夫妻另一方施加压力迫使其同意离婚,该合同违背公序良俗。排除离婚可能性或者通过约定高额离婚赔偿金为离婚设置重大障碍的合同也因背俗而无效。④ 丈夫临终前将全部财产遗赠给情人,导致妻子和子女得不到任何遗产,此项遗嘱不符合基本的家庭伦理,违背公序良俗,应认定为无效。代表性案

---

① Rolf Sack, in: Staudinger Kommentar BGB, 2003, §138 Rn. 456. 相反观点,参见 Christian Armbrüster, in: Münchener Kommentar BGB, 5. Aufl., 2006, §138, Rn. 60. 我国案例参见张某青与张某方其他民事纠纷案,浙江省杭州市中级人民法院民事判决书(2009)浙杭商终字第 1138 号。

② Rolf Sack, in: Staudinger Kommentar BGB, 2003, §138 Rn. 456.

③ 相同观点,参见李宇:《民法总则要义》,法律出版社 2017 年版,第 680 页。

④ Christian Armbrüster, in: Münchener Kommentar BGB, 5. Aufl., 2006, §138 Rn. 65 - 66.

例是号称"中国公序良俗第一案"的"泸州遗赠案"①。如果仅仅为了给情人提供生活保障,临终前将部分财产遗赠给情人,该遗嘱是否有效,则不可一概而论。在婚姻关系存续期间,丈夫花钱购买一处房屋赠送给情人,以换取情人的结婚承诺,实践中有法院判例认定此项法律行为因违背公序良俗而无效②。

### 3. 违背职业道德

各行各业通常都有职业道德,此类道德规范或信念也是公序良俗的一部分,与之相背离的法律行为无效。③ 例如,有偿为某律师介绍客户的合同违背律师职业道德,有偿为某医师介绍患者的合同违背医生职业道德。此外,律师就刑事诉讼案件、行政诉讼案件、国家赔偿案件以及群体性诉讼案件订立的风险代理合同也违背律师职业道德,我国相关部门规章对此作出禁止性规定(司法部《律师服务收费管理办法》第12条),尽管此类规定不属于《民法典》第153条第1款中的"法律、行政法规的强制性规定",但违反此类规定的法律行为应认定为违背公序良俗,无效④。

---

① 参见张某某与蒋某某遗赠纠纷案,四川省泸州市纳溪区人民法院民事判决书(2001)纳溪民初字第561号(认定遗嘱无效)以及四川省泸州市中级人民法院对该案作出的二审判决(维持原判)。此案判决生效之后在学界引起重大争议,质疑法院判决的有萧瀚:《被架空的继承法——张某某诉蒋伦芳继承案的程序与实体评述》,载易继明主编:《私法》(第3卷),北京大学出版社2002年版,第300—313页;许明月、曹明睿:《泸州遗赠案的另一种解读》,载《判解研究》2002年第2期;于飞:《公序良俗原则研究》,北京大学出版社2006年版,第213页。赞同法院判决的有范愉:《泸州遗赠案评析——一个法社会学的分析》,载《判解研究》2002年第2期。

② 参见李某某与谷某某物权确认纠纷案,河南省商丘市中级人民法院民事判决书(2016)豫14民终1918号。

③ 职业道德与行业惯例不同,后者通常不涉及伦理秩序,所以,违反行业惯例的法律行为不违背公序良俗。参见西安市利奥影视广告公司与吉林电视台广播电视播放合同纠纷案,最高人民法院民事裁定书(2018)最高法民申5203号(关于电视台以收视率为标准支付电视剧对价的约定虽然与行业内部行为规范不一致,但不违背公序良俗)。

④ 参见重庆悦诚律师事务所与肖某某、田某诉讼、仲裁、人民调解代理合同纠纷案,最高人民法院民事裁定书(2012)民再申字第318号以及重庆市高级人民法院民事判决书(2012)渝高法民提字第00135号;上海市丁纪铁律师事务所与林三吉法律服务合同纠纷案,最高人民法院民事裁定书(2018)最高法民申1649号。

### 4. 服务于犯罪或违法行为的法律行为

某些法律行为对某种违法行为或犯罪行为起促进作用,也可能因违背公序良俗而无效。[①] 如果该法律行为所约定的给付已经构成共同犯罪行为,则其违反刑法上的禁止性规范,可依《民法典》第153条第1款认定其无效。如果该法律行为所约定的给付不构成共同犯罪行为,则第153条第2款有适用余地。比如,甲从乙处购买几个旧瓷器,准备冒充古董诈骗他人,乙当时知道甲的犯罪意图。该瓷器买卖合同无效。再如,甲在赌博现场从乙处借了5万元作为赌资,约定利息,该借贷合同服务于违法行为,违背公序良俗,无效[②]。对于此种借贷合同的效力,最高人民法院《关于审理民间借贷案件适用法律若干问题的规定》(2020年第二次修正)(以下简称《民间借贷司法解释》)(法释〔2015〕18号,法释〔2020〕17号修正)第13条第4项作了明确规定。

### 5. 过度限制自由

民事诉讼案件风险代理合同约定,若委托人自行与被告和解、放弃诉讼或终止代理,则仍按原约定计算风险代理费。此项约定过度限制委托人在诉讼中的自由决定权,违背公序良俗,应认定无效。[③] 某作者与出版社约定将来所有作品都必须先交给该出版社,由该出版社决定是否出版,此项约定违背公序良俗。股东之间订立合同,约定一方将股份终生信托给另一方选定的受托人,且委托人没有指示权和终止权,该合同过度限制委托人的自由,违背公序良俗。[④] 一项竞业禁止

---

① Rolf Sack, in: Staudinger Kommentar BGB, 2003, § 138 Rn. 493 – 495.

② 参见雷某与曹某某民间借贷纠纷案,甘肃省张掖市中级人民法院民事判决书(2014)张中民终字第514号。

③ 参见河南弘创律师事务所与洛阳市西工区农村信用合作联社诉讼代理合同纠纷案,河南省高级人民法院民事判决书(2016)豫民终503号。

④ Rolf Sack, in: Staudinger Kommentar BGB, 2003, § 138 Rn. 291 – 292.

(限制)约定如果在方式、时间、空间范围上过度限制当事人(劳动者、股东或公司高管、企业受让人等)的经济活动自由,则违背公序良俗,无效。对此,需要综合考量权利人对于竞业限制是否有正当利益、限制措施是否为实现该利益所必需以及是否对义务人的经济活动造成不公平的妨碍,对妨碍程度的评估需要考虑义务人的年龄、在其他地方从业的可能性以及限制期满后的从业机会等具体因素。在转让诊所、娱乐会所等服务机构时,为了防止让与人将客户带走,双方约定让与人在本地永久不得再开设此类机构,该约定违背公序良俗。不过,如果此项竞业禁止在时间和空间上得到适当限制,受让人利用这段时间足以稳定客户群,则竞业禁止约定不违背公序良俗。[1] 雇主在合同中给雇员设置过于苛刻的保密义务,雇员据此不得向他人讲述几乎所有与业务相关的情况,该保密条款违背公序良俗[2]。

丈夫临终前立遗嘱,表示由其妻子继承其全部遗产,但如果其妻子再婚,则遗产中的一处不动产改由其侄子继承[3]。此项遗嘱实际上是附解除条件的遗嘱,但所附的解除条件"妻子再婚"限制了继承人的婚姻自由,而婚姻自由是我国宪法与婚姻法上的基本原则,构成公序良俗的一部分,所以,该解除条件违背公序良俗,无效。离婚后订立补充协议,男方保证将来不带新配偶进入离婚前双方共同居住的房屋,该协议过度限制男方离婚后的行动自由,且干预男方将来的婚姻关系,违背公序良俗,应认定为无效[4]。

6. 以高度人身性给付为标的之交易

以出卖人格尊严或自由为内容的合同违背公序良俗,无效。比

---

[1]　Rolf Sack, in: Staudinger Kommentar BGB, 2003, § 138 Rn. 304 – 306.

[2]　Rolf Sack, in: Staudinger Kommentar BGB, 2003, § 138 Rn. 401.

[3]　参见张某某与蔡某某遗赠纠纷案,江苏省无锡市锡山区人民法院民事判决书(2013)锡民终字第 0453 号。

[4]　参见吴某某与石某某确认合同无效纠纷、离婚后财产纠纷及变更抚养关系纠纷案,湖南省湘西土家族苗族自治州中级人民法院民事判决书(2016)湘 31 民终 564 号。

如,约定一方给另一方金钱,另一方在一定期限内不得结婚,或者另一方必须或不得与某人结婚,该约定也无效,因为婚姻事宜具有高度人身性,以之为交易标的违背现代社会基本伦理。离婚后双方约定,一方给另一方金钱,另一方放弃对子女的照管权,该约定也违背公序良俗。劳动合同中约定劳动者必须采取避孕措施,亦然。约定一方给另一方金钱(封口费),另一方不得检举、泄露其实施的违法、违纪或失德行为,该约定也违背公序良俗。① 民间借贷中双方约定,借款人为出借人生儿子该借款就不用偿还。后来借款人果然为出借人生了一个儿子,出借人要求借款人偿还借款,法院认定该约定违背公序良俗,无效,借款人应当返还借款②。

7. 旨在干扰公权力行使或破坏公平竞争秩序之交易

公权力行使涉及社会公共利益,不应受到私人意志的干扰。当事人订立委托合同,约定一方以重金委托另一方为其被逮捕的近亲属找关系沟通、运作,争取获得取保候审或缓刑等有利结果。该合同旨在干扰公权力行使,妨害司法秩序,违背公序良俗,应认定为无效③。同理,一方当事人以重金委托另一方当事人动用人脉关系帮其在事业单位或国企找工作,该委托合同以不正当手段破坏就业市场的公平竞争秩序,违背公序良俗,应认定为无效④。有偿委托他人动用人脉关系帮

---

① Rolf Sack, in: Staudinger Kommentar BGB, 2003, §138 Rn. 464 – 476.

② 参见雷某某与王某某民间借贷纠纷案,湖南省郴州市中级人民法院民事判决书(2016)湘 10 民终 2173 号。

③ 参见廖某与宋某、邱某委托合同纠纷案,广东省高级人民法院民事裁定书(2016)粤民申 7562 号以及深圳市中级人民法院民事判决书(2016)粤 03 民终 1974 号。

④ 参见张某某、石某某与张某委托合同纠纷案,辽宁省沈阳市中级人民法院民事判决书(2017)辽 01 民终 65 号;董某某与刘某、邢某委托合同纠纷案,吉林省长春市中级人民法院民事判决书(2016)吉 01 民终 2333 号。

其子女上军校学习的合同①或者帮其亲属办理住院并由名医治疗的合同②,亦然。

8. 违背行政规章、地方性法规中蕴含的公序良俗

行政规章、地方性法规不属于《民法典》第153条第1款中的"法律、行政法规的强制性规定",所以当然不能直接据以认定法律行为无效。不过,行政规章、地方性法规通常是为了维护某一领域的社会公共利益而制定的,法律行为违反其中某项规定的,也可能无效。从最高人民法院《九民纪要》第31条的规定看,规章的内容涉及金融安全、市场秩序、国家宏观政策等公序良俗的,应当认定合同无效。至于第31条未明确列举的情形是否构成违背公序良俗,须考量使法律行为有效是否与规章所欲维护的社会公共利益相冲突。③ 如果对当事人施加行政处罚足以维护社会公共利益,则无须认定法律行为无效④。反之,如果法律行为的生效及履行显然有损于社会公共利益,则应认定其违

---

① 参见李某、赵某与王某某等返还原物纠纷案,山东省济南市中级人民法院民事判决书(2016)鲁01民终3039号。

② 参见管某某与邹某某委托合同纠纷案,上海市徐汇区人民法院民事判决书(2019)沪0104民初18215号。

③ 在饶某某与江西省监狱管理局物资供应站房屋租赁合同纠纷案,最高人民法院民事判决书(2019)最高法民再97号中,最高人民法院认为,《商品房屋租赁管理办法》虽在效力等级上属于部门规章,但该办法第6条体现的是对社会公共安全的保护以及对公序良俗的维护。结合本案事实,在案涉房屋已被确定属于存在严重结构隐患,或将造成重大安全事故,属于应当尽快拆除的D级危房的情形下,双方当事人仍签订租赁合同,约定将该房屋出租用于经营可能危及不特定公众人身及财产安全的商务酒店,明显损害了社会公共利益、违背了公序良俗。

④ 在长沙亚兴置业发展有限公司与北京师大安博教育科技有限责任公司合作合同纠纷案,最高人民法院民事判决书(2015)民二终字第117号中,最高人民法院认为,人民法院审理因《合作框架协议》争议所引发的商事纠纷系确定亚兴公司与安博公司之间的民事权利义务关系,本身并非对义务教育领域的投资行为行使监管之责,认定《合作框架协议》的效力应当以法律及行政法规为依据……对可能存在的外资变相进入义务教育领域,并通过控制学校举办者介入学校管理的行为,应当予以规范,并通过行政执法对违法行为予以惩戒。

反公序良俗，无效。① 有时，甚至某些政策也体现公序良俗，比如房地产领域的限购令，并非法律、法规、规章，只是一种经济政策，目的在于调控房地产市场，在特定时期特定区域内抑制房价过快上涨，遏制房地产炒作现象，事关民生大计乃至国民经济的稳定与健康，涉及社会公共利益。因此，当事人为规避限购令而订立旨在购房的借名协议应认定为违背公序良俗。② 与此类似，1999 年国务院办公厅发布的《关于加强土地转让管理严禁炒卖土地的通知》第 2 条禁止农民把房屋出售给城镇居民，此项政策也涉及社会公共利益，违反该政策的房屋买

---

① 在安徽省福利彩票发行中心与北京德法利科技发展有限责任公司营销协议纠纷案，最高人民法院民事判决书（2008）民提字第 61 号中，最高人民法院明确指出，在合同效力的认定上，不应以行政规章的规定为认定依据，但在法律、行政法规没有规定，而相关行政主管部门制定的行政规章涉及社会公共利益保护的情形下，可以参照适用其规定，若违反其效力性禁止性规定，可以以违反《合同法》（已废止）第 52 条第 4 项的规定，以损害社会公共利益为由确认合同无效。类似地，在对毛某与沈某代理合同纠纷案作出的（2013）鄂监二抗再终字第 00086 号民事判决中，湖北省高级人民法院认为，虽然司法部《关于公民个人未经批准不能从事有偿法律服务问题的批复》并非法律，亦非行政法规，不能成为确认合同无效的直接依据，但对其的违反必然危害法律服务业的正常管理秩序，损害社会公共利益，所以应认定委托代理合同无效。不过，应当注意的是，实际上我国《律师法》（1996 年，已废止）第 14 条规定："没有取得律师执业证书的人员，不得以律师名义执业，不得为牟取经济利益从事诉讼代理或者辩护业务。"此项规定应为禁止性法律规定，本案受托人毛某未取得律师执业证书，其与沈某于 2003 年订立的委托合同违反此项规定，本应依《合同法》（已废止）第 52 条第 5 项认定为无效，无须适用《合同法》（已废止）第 52 条第 4 项。关于行政规章与合同效力之关系的最新判例，参见福建伟杰投资有限公司与福州天策实业有限公司、君康人寿保险股份有限公司营业信托纠纷案，最高人民法院民事裁定书（2017）最高法民终 529 号。最高人民法院在该裁定中认为，天策公司、伟杰公司签订的《信托持股协议》内容，明显违反中国保险监督管理委员会 2014 年制定的《保险公司股权管理办法》第 8 条关于"任何单位或者个人不得委托他人或者接受他人委托持有保险公司的股权"的规定……尽管《保险公司股权管理办法》在法律规范的效力位阶上属于部门规章，并非法律、行政法规……违反中国保险监督管理委员会《保险公司股权管理办法》有关禁止代持保险公司股权规定的行为，在一定程度上具有与直接违反《保险法》等法律、行政法规一样的法律后果，同时还将出现破坏国家金融管理秩序，损害包括众多保险法律关系主体在内的社会公共利益的危害后果……依照《合同法》（已废止）第 52 条第 4 项等规定，本案天策公司、伟杰公司之间签订的《信托持股协议》应认定为无效。

② 参见杨代雄：《借名购房及借名登记中的物权变动》，载《法学》2016 年第 8 期。

卖合同应依《民法典》第 153 条第 2 款认定为无效[1]。某些行政规章涉及国有资产保护,国有资产利益是否属于国家利益或社会公共利益,不无疑问。

(五)关于处分行为违背公序良俗

传统理论认为,处分行为在伦理(价值)上为中性,所以不至于因违背公序良俗而无效。[2] 不过,此种观点是否妥当,有待推敲。弗卢梅指出,关键的问题是,处分行为旨在引起的权利变动是否因违反善良风俗而不能得到认可,如果该权利变动涉及第三人利益或公众利益,则处分行为因违反善良风俗而无效。[3] 这种新观点值得肯定。

主张处分行为不因违背公序良俗而无效的学说主要基于两个理由。一是处分行为的无因原则。负担行为违背公序良俗而无效的,不影响处分行为的效力[4]。二是在双方背俗的情况下给付不当得利请求权被排除。如果认定处分行为因违背公序良俗而无效,则给付方对受领方享有所有物返还请求权,不当得利请求权排除规则将因此被架空[5]。这两个理由都不充分。首先,应否采用无因原则,尚有疑问。如果不采用无因原则,则第一个理由显然不成立,负担行为因违背公序良俗而无效导致处分行为也无效。即便采用无因原则,也不当然意味着处分行为不可能因违背公序良俗而无效。无论是负担行为还是处

---

① 应当注意的是,此项政策并未禁止农民将房屋连同宅基地使用权出卖给本集体经济组织以外的其他农民,因此,实践中对于农民之间的农村房屋买卖合同,通常不应认定为无效,此类买卖合同一般不损害社会公共利益。参见周某某等与刘某某确认合同无效纠纷案,江苏省高级人民法院民事裁定书(2015)苏审二民申字第 01916 号。

② Enneccerus/Nipperdey, Allgemeiner Teil des Bürgerlichen Rechts, 15. Aufl., 1960, S. 1168; Andreas von Tuhr, Der Allgemeine Teil des Deutschen Bürgerlichen Rechts, Bd. II/2, 1918, S. 43 – 44; 王泽鉴:《民法总则》,北京大学出版社 2009 年版,第 279 页。

③ 参见〔德〕维尔纳·弗卢梅:《法律行为论》,迟颖译,法律出版社 2013 年版,第 455—456 页。

④ Andreas von Tuhr, Der Allgemeine Teil des Deutschen Bürgerlichen Rechts, Bd. II/2, 1918, S. 43 – 44.

⑤ Enneccerus/Nipperdey, Allgemeiner Teil des Bürgerlichen Rechts, 15. Aufl., 1960, S. 1168.

分行为,都属于法律行为,具有伦理性,都可能因为损害基本的伦理秩序而被认定为无效。比如,丈夫将贵重财物赠与情人,不但作为负担行为的赠与合同违背公序良俗,而且将贵重财物所有权转让给情人本身也违背公序良俗。无论如何,不能说"丈夫不能把财物赠与情人但可以把财物所有权给情人"。其次,双方背俗情况下给付不当得利请求权排除规则本身充满争议,其正当性备受质疑①,因此,以该规则为逻辑前提否认处分行为可以因违背公序良俗而无效,也欠缺说服力。

综上,所谓"处分行为在伦理上为中性"之规则过于绝对,应予放弃。从比较法看,德国已有很多判例认定违背公序良俗的处分行为无效②,目前学界主流观点亦认为处分行为虽然遵循无因原则,但其本身可能违背公序良俗③。

### 四、关于恶意串通的法律行为

按照《民法通则》(已废止)第 58 条第 1 款第 4 项以及《合同法》(已废止)第 52 条第 2 项的规定,恶意串通,损害国家、集体或第三人利益的法律行为无效。《民法典》第 154 条规定:"行为人与相对人恶意串通,损害他人合法权益的民事法律行为无效。"与《民法通则》(已废止)以及《合同法》(已废止)的上述规定相比,《民法典》第 154 条的变化主要在于删除了"国家、集体"。从民法学理上看,恶意串通法律行为这一概念不是那么清晰,在传统民法理论中找不到与此直接对应的概念。我国民法对此予以专门规定,是否妥当,不无疑问。

---

① 参见〔德〕迪特尔·梅迪库斯:《德国债法分论》,杜景林、卢谌译,法律出版社 2007 年版,第 541 页。

② 参见〔德〕迪特尔·梅迪库斯:《德国民法总论》,邵建东译,法律出版社 2000 年版,第 546 页;〔德〕鲍尔、施蒂尔纳:《德国物权法》(上册),张双根译,法律出版社 2004 年版,第 97 页。

③ Schmidt-Räntsch, in: Erman Kommentar BGB, 15. Aufl., 2017, § 138 Rn. 27; Jürgen Ellenberger, in: Palandt Kommentar BGB, 79. Aufl., 2020, § 138 Rn. 20; Christian Armbrüster, in: Münchener Kommentar BGB, 5. Aufl., 2006, § 138 Rn. 165.

（一）恶意串通法律行为概念的立法—学说史考察

近年来出版的民法教科书中,对于恶意串通法律行为这个概念通常都没有指明其确切的含义。只能从早期民法资料中找到线索。从《民法通则》（已废止）制定之前我国的民事立法资料看,20 世纪五六十年代我国的民法典草案中并未出现恶意串通法律行为这一概念,20世纪 80 年代的民法典草案中则存在恶意串通这一概念。其中,1980年 8 月全国人大常委会法制委员会起草的《中华人民共和国民法草案（征求意见稿）》在第一编"总则"的第 50 条第 1 款规定:"一方采取欺骗、威吓、强迫命令、乘人急需、恶意串通的手段,使对方违背本人意志实施的法律行为,以及因重大误解实施的法律行为,受害人有权请求撤销。"1981 年 4 月的《中华人民共和国民法草案（征求意见二稿）》总则编第 38 条第 1 款的规定与此相同。① 同年 7 月的《中华人民共和国民法草案（第三稿）》第 134 条也有关于恶意串通的规定,但有两个变化:一是将其规定于第四编"合同"之中;二是将其作为合同的无效事由而不是可撤销事由。1982 年的《中华人民共和国民法草案（第四稿）》第 135 条沿袭了这种规范模式。②

从上述条款的内容可以看出,《民法通则》（已废止）之前的民法典草案的起草者将恶意串通与欺诈、胁迫、重大误解等视齐观,一律视为导致意思表示瑕疵的事由。实施恶意串通行为的是一方当事人,其行为导致相对人的意思表示存在瑕疵,参与恶意串通的只能是第三人而不是相对人,否则相对人就不可能成为"受害人"。显然,在《民法通则》（已废止）颁行之前的民法典草案中的恶意串通法律行为指的是一方当事人与第三人恶意串通,导致相对人作出违背其真实意愿的意思表示。这个"第三人"既可能是与该法律行为没有法律上的关联

① 参见何勤华、李秀清、陈颐编:《新中国民法典草案总览》（下卷）,法律出版社 2003年版,第 377、442 页。

② 同上书,第 511、578 页。

性的第三人,也可能是相对人的代理人。前者如一方当事人与第三人串通,由第三人配合共同欺骗相对人,但这已经属于欺诈范畴。这表明,在《民法通则》(已废止)颁行之前的民法典草案中的恶意串通应该是指一方当事人与相对人的代理人恶意串通,导致所达成的法律行为违背相对人的真实意愿。

《民法通则》(已废止)第四章第二节"代理"中的第 66 条第 3 款专门规定代理人与第三人串通损害被代理人利益时的民事责任,本应在此处明确规定此种情形中法律行为无效,或者说原来位于民法典草案法律行为制度或合同效力制度中的"恶意串通"之规则本应置于此处,但立法者却将其纳入《民法通则》(已废止)第四章第一节"民事法律行为"之中。更有甚者,立法者对民法典草案中的条文予以改造,将"一方采取……恶意串通的手段,使对方违背本人意志实施的法律行为"改为"下列民事行为无效:……(四)恶意串通,损害国家、集体或者第三人利益的",而且在第 61 条第 2 款又规定,"双方恶意串通,实施民事行为损害国家的、集体的或者第三人的利益的"。这些表述使得恶意串通行为之规则的文义范围超出了"一方当事人与相对人的代理人恶意串通"这一情形,成为具有普遍适用之可能性——依文义解释可以适用于法律行为的一方当事人与对方当事人而不是其代理人恶意串通之情形——的一般规则。从立法史料上看,《民法通则》(已废止)的立法者设置第 58 条第 1 款第 4 项之规定的本意其实也是为了解决"一方当事人与相对人的代理人恶意串通"之问题。①《民法通则》(已废止)实施后出版的民法著作也大都在这一意义上理解恶意

---

① 时任全国人大常委会秘书长的王汉斌同志于 1986 年 4 月 2 日在第六届全国人民代表大会第四次会议上所作的《关于中华人民共和国民法通则(草案)的说明》中指出,目前,在国内和涉外经济活动中,都发生过一些采取行贿受贿等违法手段或者以权谋私,使国家、集体遭受损失的情况,为此,草案规定,违背法律、社会公共利益的,恶意串通,损害国家、集体或者他人利益的民事行为无效。其中的恶意串通之手段"行贿受贿""以权谋私"显然是针对法律行为相对人的代理(表)人。

串通法律行为。①

总之,在我国早期民法资料中,恶意串通法律行为主要指的是一方当事人与相对人的代理人恶意串通,实施损害相对人利益的法律行为。其中的相对人包括国有企业、集体企业和私人,代理人包括委托代理人、职务代理人、企业的法定代表人。②

(二)司法实践中"恶意串通行为"的乱象

自《民法通则》(已废止)实施以来,我国司法实践中以《民法通则》(已废止)第 58 条第 1 款第 4 项或《合同法》(已废止)第 52 条第 2 项为依据作出的裁判数量很多。法院对恶意串通行为的理解可谓五花八门,很不统一。归结起来,司法实践中对这一概念有以下几种理解:其一,代理人或代表人与相对人恶意串通,实施对被代理人或所代表的法人不利的法律行为。③ 其二,双方代理行为中的恶意串通,如王某同时以甲公司法定代表人和乙公司法定代表人的身份签订一份《租赁协议》,将甲公司的办公楼低价出租给乙公司。④ 其三,恶意串通逃

---

① 参见顾昂然:《〈民法通则〉概论》,北京师范学院出版社 1988 年版,第 74—75 页;江平等编:《中华人民共和国民法通则讲话》,中国政法大学出版社 1986 年版,第 106 页;民法通则讲话编写组:《民法通则讲话》,经济科学出版社 1986 年版,第 54 页。

② 不过,在自 20 世纪 90 年代后期以来的民法文献中,学者在阐述恶意串通行为的概念时并未将其限定于"一方当事人与相对人的代理人恶意串通"之情形,有时,此概念的重心被放在"损害国家、集体或者第三人利益"上,不强调双方的通谋,只要一方明知道另一方之恶意即可。参见江平主编:《民法学》,中国政法大学出版社 2007 年版,第 177 页;王利明:《合同法研究》(第 1 卷),中国人民大学出版社 2015 年版,第 644 页;崔建远:《合同法总论》(上卷),中国人民大学出版社 2008 年版,第 262 页;韩世远:《合同法总论》(第 2 版),法律出版社 2008 年版,第 147 页;孔祥俊:《合同法教程》,中国人民公安大学出版社 1999 年版,第 239 页。

③ 参见东风汽车贸易公司、内蒙古汽车修造厂与内蒙古物资集团有限责任公司、内蒙古环成汽车技术有限公司、赫某、梁某、内蒙古东风汽车销售技术服务联合公司共同侵权纠纷案,最高人民法院民事判决书(2007)民一终字第 49 号。类似判例,参见乔某、郑州市新源石化公司与中国石油天然气股份有限公司河南销售分公司财产损害赔偿纠纷案,河南省高级人民法院民事判决书(2010)豫法民二终字第 41 号;开封电器制造(集团)公司与开封市鼓楼区计划经济委员会、开封市商业银行中山支行财产侵权纠纷案,河南省高级人民法院民事判决书(2002)豫法民一终字第 151 号。

④ 参见北京鹏娜影视咨询有限公司与北京东方雨虹广告有限公司、王某损害公司权益纠纷案,北京市高级人民法院民事判决书(2008)高民终字第 837 号。

避债务,①如甲公司欠张某 120 万元债务,某日,甲公司将两个计算机软件的著作权以明显低价转让给知情的乙公司。② 其四,恶意串通实施无权处分。③ 其五,恶意串通实施财产权的多重转让,包括股权多重转让与④、"一房二卖"等。其六,恶意串通实施共同欺诈,如一方当事人与担保人共同欺诈另一方当事人所签订的合同。⑤ 再如,借款人与贷款人恶意串通,骗取第三人提供担保。⑥ 对此,最高人民法院的司法解释以及《担保法》(已废止)曾有明确规定。⑦ 其七,恶意串通规避法律,比如甲公司与乙公司签订《合作投标协议书》,以规避招标文件和

---

① 参见广东深天成律师事务所与深圳市天源科技控股股份有限公司确认合同无效纠纷案,最高人民法院民事裁定书(2020)最高法民申 294 号。

② 参见张某与北京优迪斯教育软件有限公司、北京亚维绘阳文化交流中心确认著作权转让合同无效纠纷案,北京市第一中级人民法院民事判决书(2010)一中民初字第 1268 号。类似判例,参见"指导案例 33 号"瑞士嘉吉国际公司与福建金石制油有限公司等确认合同无效纠纷案;王某与周某、西安市中进商贸有限责任公司、西安日通商贸有限责任公司欠款纠纷案,陕西省高级人民法院民事判决书(2008)陕民一终字第 12 号;李某与北京市第二建筑工程有限责任公司、孔某合同纠纷案,北京市第一中级人民法院民事判决书(2010)一中民终字第 5831 号。

③ 参见珠海珠澳跨境工业区成利威工业有限公司与何某某房屋买卖合同纠纷案,最高人民法院民事裁定书(2020)最高法民申 4492 号(合同一方当事人与第三人达成《解除合同协议书》将合同解除——广义的无权处分);陈某与李某、周某买卖合同纠纷案,重庆市第五中级人民法院民事判决书(2009)渝五中法民终字第 386 号;王某、张某与吕某、娄某、上海浦东交通巴士长途客运有限公司一般经营合同纠纷案,江苏省徐州市中级人民法院民事判决书(2009)徐民二终字第 0562 号。

④ 参见杨某、余某与保亿集团股份有限公司、张甲、严某某股权转让纠纷案,上海市第二中级人民法院民事判决书(2010)沪二中民四(商)终字第 753 号。

⑤ 参见上海航空进出口有限公司与上海俊丰五金有限公司、上海诚富工业有限公司、上海市金山区第一公证处无效委托代理出口协议赔偿纠纷案,上海市第一中级人民法院民事判决书(1999)沪一中经初字第 133 号。

⑥ 典型判例如石家庄市商业银行金桥支行与中国出口商品基地建设河北公司、河北省国际货运代理公司借款担保合同纠纷案,最高人民法院民事判决书(2001)民二终字第 116 号。

⑦ 最高人民法院《关于审理经济合同纠纷案件有关保证的若干问题的规定》(已废止)第 19 条曾规定:"主合同债权人一方或者双方当事人采取欺骗、胁迫等手段,或者恶意串通,使保证人在违背真实意思情况下提供保证的,保证合同无效,保证人不承担责任。"《担保法》(已废止)第 30 条第 1 项亦规定,"主合同当事人双方串通,骗取保证人提供保证的",保证人不承担民事责任。

有关禁止违法分包之法律法规。①

以上判例表明,在《民法典》施行前,我国司法实践对恶意串通行为这一概念的认识极其混乱,在适用《民法通则》(已废止)第58条第1款第4项或《合同法》(已废止)第52条第2项之规定时显得比较随意,把"恶意串通"当作可用于认定法律行为无效的万能钥匙,从而使恶意串通行为成为民法上一个最不确定的概念。

(三)恶意串通行为的意义还原

事实上,司法实践中判定的七种恶意串通行为绝大多数可以用其他规则予以调整。其一,就双方代理中的恶意串通而言,《民法典》第168条第2款已有规定,此类法律行为效力待定。其二,就恶意串通逃避债务而言,如果符合《民法典》第538条或者第539条的构成要件,其利益受到损害的债权人即可行使债权人撤销权;如果不符合债权人撤销权的构成要件,比如债务人与第三人串通以表面上合理的价格转让财产,实际上未支付价款但却谎称已支付,或者故意约定1年后才付清价款,受到损害的债权人可以主张该转让行为属于通谋虚伪表示。其三,就恶意串通实施无权处分而言,在债权法层面,《民法典》第597条明确规定无权处分时的买卖合同可以产生违约责任,表明买卖合同有效,不应依据恶意串通规则认定无效。在物权法层面,《民法典》第311条第1款第1分句规定无权处分不能发生物权变动的效果;第2分句规定符合善意取得要件的,受让人取得物权。实践中直接适用该规定即可解决问题,无须为了阻却受让人取得物权而以"恶意串通"为由将合同认定为无效。其四,就恶意串通实施财产权(物权、股权等)多重转让而言,如果发生在先的转让行为尚未导致财产权移转,则发生在后的转让行为原则上应该是有效的,因为让与人对该财产权仍有处分权;如果发生在

----

① 参见中交第四公路工程局有限公司与辽宁交通建设集团有限公司建设工程施工合同纠纷案,辽宁省高级人民法院民事判决书(2009)辽民一终字第70号。

先的转让行为已经导致财产权移转,则发生在后的转让行为属于无权处分,应该按照无权处分的规则处理。当然,就第一种情形而言,如果符合第三人侵害债权的构成要件,则先受让人有权向构成侵权的后受让人主张损害赔偿责任,有些学者认为,先受让人此时有权要求后受让人将所获得的财产权移转给他,以回复损害发生前之原状①。通说认为,在财产权多重转让情形中,只有在后受让人是故意以违背善良风俗的方式损害先受让人的情况下,才能构成第三人侵害债权。仅凭后受让人明知财产权已先转让给他人这一事实尚不足以认定为第三人侵害债权。假如后受让人明知先受让人正投资规划其所受让之土地,而故意引诱让与人违约,以打击先受让人之商誉,即成立第三人侵害债权。②此时,作为侵权手段的让与人和第三人之间的法律行为也因违背善良风俗而无效。③其五,就恶意串通实施共同欺诈而言,合同一方当事人与第三人串通共同欺诈另一方当事人,现行民法上的意思表示欺诈规则足以解决此类问题,无须求助于恶意串通行为这一概念。其六,就恶意串通规避法律而言,双方当事人为规避法律而订立具备某种内容的合同,属于脱法行为,适用《民法典》第153条第1款即可。

余下的只有代理(表)人与相对人恶意串通,实施对被代理人或所代表的法人不利的法律行为。《民法典》第164条第2款对此种情形予以规定,但未明确规定法律行为的效力。如果说《民法典》第154条之恶意串通法律行为规则有用武之地,则其用处就是解决代理(表)人与相对人恶意串通之法律行为的效力问题。不过,为了解决代理关系

---

① 参见王泽鉴:《民法学说与判例研究》(第4册),中国政法大学出版社2005年版,第145页。

② 同上书,第144—145页。

③ 茅少伟认为,恶意串通法律行为无效之规则的作用就是保护特定债权人,使一物二卖情形中的第一买受人可以恶意串通为由主张第二买受人与出卖人之合同无效,然后通过诉请实际履行使自己得到买卖物。《商品房买卖合同司法解释》第7条对此予以规定。参见茅少伟:《论恶意串通》,载《中外法学》2017年第1期,第159页。

中的特殊问题而设置一条关于法律行为效力的一般规则,可谓"牛刀杀鸡"。除了浪费立法资源之外,此项一般规则还对司法实践产生重大负面效应。

事实证明,自从《民法通则》(已废止)中的恶意串通法律行为的一般规则被确立之后,在司法实践中其适用范围不断扩张,边界日趋模糊,以至于被任意运用,侵蚀了其他概念的效力范围,并造成如下后果:某些本来应该是有效的法律行为被认定为无效,比如财产权的多重转让行为;某些本来应该是效力待定或可撤销的法律行为被认定为无效的法律行为,比如受让人为恶意的无权处分、一方当事人与第三人共同欺诈另一方当事人而订立的合同、诈害债权之行为,从而混淆了无效法律行为、效力待定法律行为、可撤销法律行为等法律概念。恶意串通法律行为的一般规则之所以被滥用,主要原因恰恰在于其不以精确的法律概念为要素、门槛过低、方便适用,迎合了部分裁判者的惰性。在很多案件中,只要想否定法律行为的效力,都可以借助恶意串通法律行为的一般规则达到目的。这种司法便利以牺牲裁判的专业性与公正性为代价。

如果说在恶意串通代理之外,实践中还有一些问题无法被现行法规则涵盖,那么可以依据公序良俗条款处理,因为恶意串通损害他人利益的行为可能违背了善良风俗。实际上,从比较法看,在德国的判例与学说中,恶意串通损害他人利益的行为本来就是《德国民法典》第138条适用的重要领域,依该条之规定,违背善良风俗的法律行为无效。比如,第三人与债务人订立合同,刻意引诱债务人违约。① 再如,代理人与第三人串通(Kollusion)实施对被代理人不利的法律行为,此时,关于第三人给予代理人某种好处的约定以及代理之法律行为本身

---

① Christian Armbrüster, in: Münchener Kommentar BGB, 5. Aufl., 2006, § 138 Rn. 96.

均因违背善良风俗而无效。① 就我国民法而论,《民法典》第 153 条第
2 款已经规定违背公序良俗的法律行为无效。对于实践中可能存在的
其他类型恶意串通法律行为而论,完全可以适用该款规定。

综上,《民法典》第 154 条关于恶意串通法律行为的一般规则实属
多余。解释论上,应将该条解释为《民法典》第 153 条第 2 款的特别规
定。② 从本质上看,恶意串通法律行为就是违背公序良俗之法律行为
的一个类型。因此,实践中适用《民法典》第 154 条判定法律行为无效
时,必须兼顾第 153 条第 2 款中违背公序良俗之法律行为的要件。

### 五、无效法律行为转换

(一)无效法律行为转换的概念

所谓无效法律行为转换(Umdeutung, Konversion),是指一项无效
法律行为符合另一项有效法律行为的要件,使其发生后者之效力③。
之所以如此,是因为第一项法律行为的预期效果在范围上包含了第二
项法律行为(替代行为)的效果,导致第一项法律行为无效的恰恰是其
超出第二项法律行为的那部分预期效果。如果去除这部分预期效果,
则第一项法律行为即被缩减为第二项法律行为,在不违背各方当事人
假想意思的前提下,按照缩减后的法律行为发生法律效果,对于公共
利益与私人利益均无害处。鉴于此,很多国家民法都规定了无效法律
行为转换制度,如德国民法、意大利民法、葡萄牙民法等。

我国民法虽然没有明文规定无效法律行为转换,但在实践中,最

---

① BGH NJW 1989, 26; Karl-Heinz Schramm, in: Münchener Kommentar BGB, 5. Aufl.,
2006, § 164 Rn. 107.

② 类似观点,参见李宇:《新桃换旧符:民法总则上的恶意串通行为无效规范》,载《学
术月刊》2017 年第 12 期;李永军:《法律行为无效原因之规范适用》,载《华东政法大学学报》
2017 年第 6 期;朱广新:《恶意串通行为无效规定的体系地位与规范构造》,载《法学》2018
年第 7 期;龙卫球、刘保玉主编:《中华人民共和国民法总则释义与适用指导》,中国法制出版
社 2017 年版,第 549 页。

③ Brox/Walker, Allgemeiner Teil des BGB, 44. Aufl., 2020, S. 174(§15 Rn. 15).

高人民法院及地方人民法院在个别案例中已经尝试运用无效法律行为转换的法理对争议问题作出裁判①。从法律方法论上看，此类裁判之所为属于法的续造，法官据此对我国民法因欠缺无效法律行为转换之规定而形成的法律漏洞予以填补。如果暂且忽略个案事实究竟是否符合无效法律行为转换之要件以及究竟应将系争法律行为转换为何种法律行为之细节问题，则法官有此造法精神，值得肯定。此外，我国某些司法解释之规定也体现了无效法律行为转换的法理。例如，最高人民法院《关于审理涉及国有土地使用权合同纠纷案件适用法律问题的解释》第 10 条规定："土地使用权人与受让方订立合同转让划拨土地使用权，起诉前经有批准权的人民政府同意转让，并由受让方办理土地使用权出让手续的，土地使用权人与受让方订立的合同可以按照补偿性质的合同处理。"第 11 条规定："土地使用权人与受让方订立合同转让划拨土地使用权，起诉前经有批准权的人民政府决定不办理土地使用权出让手续，并将该划拨土地使用权直接划拨给受让方使用的，土地使用权人与受让方订立的合同可以按照补偿性质的合同处理。"在这两个条文中，当事人订立的划拨土地使用权转让合同本身不发生效力，但可以转换为以受让方补偿转让方相关费用支出为内容的补偿合同。尽管未使用"转换"之类的表述，但实际上已在个别领域以司法解释的方式确立了无效法律行为转换规则。

（二）无效法律行为转换的前提

无效法律行为转换的前提有三。第一个前提是系争法律行为本应无效。此处所谓无效既包括狭义无效，比如法律行为违反禁止性法律规定，也包括法律行为被撤销或者变成确定无效，但不包括可撤销而尚未被撤销的法律行为以及尚处于效力待定状态的法律

---

① 代表性判例，参见刘某与新疆石河子农村合作银行、步某借款合同纠纷案，最高人民法院民事裁定书（2015）民申字第 2354 号；曲某伍与张某勤等人民间借贷纠纷案，山东省青州市人民法院民事判决书（2019）鲁 0781 民初 137 号。

行为。① 因为无效法律行为转换旨在使法律行为"起死回生",而可撤销与效力待定法律行为尚未"死亡",所以自然无须"回生"。

无效法律行为转换第二个前提是替代行为(Ersatzgeschäft)在效果上不能超越无效法律行为拟发生之效果,毋宁前者的效果应当弱于后者的效果。因此,在德国法中,无效的不动产买卖合同可以转换为设立终身用益权的合同,设立无限公司的合同可以转换为民法典上的合伙合同,②用益权转让合同可以转换为用益权托付使用合同③。在最高人民法院(2015)民申字第2354号民事裁定中,未经抵押登记的抵押合同被转换为连带责任保证合同。其实这不符合无效法律行为转换的前提。且不说未经抵押登记的抵押合同并非确定无效,即便忽略这一点,其也不具备转换的第二个前提。因为,保证是人保,保证人以全部财产为责任财产,承担无限责任,债务人不履行债务的,债权人可以对保证人的任何财产(涉及生存保障的财产除外)予以强制执行。与此不同,抵押是物保,抵押人仅以某一特定财产为责任财产,承担有限责任,如果此项财产因不可归责于抵押人的事由灭失或贬值,导致债权无法完全实现,抵押人就无须以其他财产补充清偿主债务。相较之下,绝不能说保证责任轻于抵押责任。保证合同不适合作为抵押合同的替代行为,将未经抵押登记的抵押合同转换为保证合同欠缺正当性。即便被转换为保证人的抵押人须清偿的债务数额以抵押物价值数额为上限,也不能据此认定其责任未加重,因为依据抵押合同,其可被强制执行的财产仅限于约定的抵押物,而依据保证合同,其可被强制执行的财产则是其任何财产。况且,抵押人不承担抵押物意外灭失或贬值的风险,而保证人则不得因某项财产灭失或贬值而免责。将抵押合同转换为保证合同,导致此后的风险由本为抵押人的保证人承

---

① Jürgen Ellenberger, in: Palandt Kommentar BGB, 79. Aufl., 2020, §140 Rn. 3.

② Dieter Leipold, BGB I: Einführung und Allgemeiner Teil, 6. Aufl., 2010, S. 326.

③ Jürgen Ellenberger, in: Palandt Kommentar BGB, 79. Aufl., 2020, §140 Rn. 9.

担,不可谓其责任未被加重。①

无效法律行为转换的第三个前提是:假如各方当事人在缔结法律行为时知道原定法律行为无效,则其应该愿意缔结替代行为并使其发生效力。此项假定意思(hypothetischer Wille)可以说是无效法律行为转换的主观要件,它确保了转换之后发生的法律效果依然符合私法自治原则②。欠缺此项假定意思,不得进行无效法律行为转换,应当判定法律行为确定无效。

在学理上很多学者认为违背公序良俗的法律行为不能通过转换变为有效,③有的学者认为此类法律行为原则上不能转换,④但也有学者认为此类法律行为可以转换⑤。最后一种观点值得赞同。不能绝对地断定某种类型的无效法律行为不适用转换。一项无效法律行为可否转换,归根结底取决于替代行为是否也具备无效事由。如果某一项法律行为拟追求的效果违背公序良俗,但比之更弱的效果不违背公序良俗,而且假如当初双方当事人知道法律行为无效也愿意接受该替代效果,则没有理由不适用转换制度。

(三)无效法律行为转换与法律行为解释、法律行为部分无效的关系

1. 无效法律行为转换与法律行为解释的关系

从法律史看,无效法律行为转换最初经常与意思表示解释纠缠在一起,很多法学家倾向于从意思表示解释的角度论证无效法律行为转换。直到现代民法,无效法律行为转换才逐渐脱离意思表示解释理论,获得独立性。⑥ 当然,仍有不少学者认为,意思表示解释与无效法

---

① 参见杨代雄:《抵押合同作为负担行为的双重效果》,载《中外法学》2019 年第 3 期。

② Medicus/Petersen, Allgemeiner Teil des BGB, 11. Aufl., 2016, S. 232.

③ Vgl. Larenz/Wolf, Allgemeiner Teil des bürgerlichen Rechts, 9. Aufl., 2004, S. 815; Medicus/Petersen, Allgemeiner Teil des BGB, 11. Aufl., 2016, S. 233 – 234.

④ Helmut Köhler, BGB Allgemeiner Teil, 44. Aufl., 2020, S. 234(§15 Rn. 14).

⑤ Brox/Walker, Allgemeiner Teil des BGB, 44. Aufl., 2020, S. 175(§15 Rn. 18).

⑥ 参见殷秋实:《无效行为转换与法律行为解释——兼论转换制度的必要性与正当性》,载《法学》2018 年第 2 期,第 110 页。

律行为转换之间实际上并不存在非常精确的界限①。甚至有学者依然将无效法律行为转换视为补充性意思表示解释的一部分或一种特殊情形②。无效法律行为转换与意思表示解释之间的基本关系可以表述如下：无效法律行为转换以意思表示解释为前提，只有先通过解释确定法律行为的内容，才能判断其是否无效，进而决定其可否进行转换。解释与转换分属于两个阶段，解释的尽头就是转换的起点。

具体而论，意思表示解释与无效法律行为转换的界限体现在如下两个方面：

首先，当事人如果约定，第一项法律行为无效的，按照第二项法律行为的内容发生效力，则在发生纠纷时，仅须通过解释确定当事人的表示中确实包含了以备选法律行为取代原定法律行为之意，即可直接按照此项意思处理，使备选法律行为发生效力。依当前通说，这不是无效法律行为转换③，转换是法定的而非意定的④。此时，借助于当事人的特别约定，狭义意思表示解释的边界偶然地扩展至无效法律行为转换的作用领域，解释导致的结果与无效法律行为转换的结果无实质差别。

其次，在当事人未作上述特殊安排的情况下，通过意思表示解释确定法律行为的内容时，如果相关条款存在两种解释可能性，其中一种解释导致法律行为无效，另一种解释导致法律行为有效，则裁判者可以直接采用第二种解释，使法律行为发生效力。此时，无须适用无效法律行为转换，两种法律行为的选择已经被纳入意思表示解释的范畴。反之，如果相关条款只存在一种解释的可能性，且解释的结论导致法律行为无效，则下一步就是无效法律行为转换的任务了。如前所述，无效法律行为转换适用的主观要件是当事人存在假定意思。⑤ 此

---

① Medicus/Petersen, Allgemeiner Teil des BGB, 11. Aufl. , 2016, S. 231.

② Arnd Arnold, in: Erman Kommentar BGB, 15. Aufl. , 2017, § 140, Rn. 4.

③ Jan Busche, in: Münchener Kommentar BGB, 5. Aufl. , 2006, § 140 Rn. 6.

④ Astrid Stadler, Allgemeiner Teil des BGB, 19. Aufl. , 2017, S. 428 – 429.

⑤ 参见常鹏翱：《无效行为转换的法官裁量标准》，载《法学》2016 年第 2 期。

项假定意思如何查明,不无疑问。拉伦茨认为,对假定意思的查明并非意思表示解释,毋宁涉及对各方当事人的利益进行考察与权衡[1]。弗卢梅[2]、布舍尔[3]虽未明确指出对假定意思的查明并非意思表示解释,但与拉伦茨一样,强调价值衡量而不是解释。我国也有学者采用这种观点[4]。另一种观点认为,假定意思的查明须借助于意思表示解释,其原理与通过意思表示解释确定法律行为部分无效应否导致整体无效一样[5]。相较之下,第二种观点更为合理。理由有二:一是假定意思的查明虽然应该侧重于价值衡量,但这不能成为将其定性为补充性意思表示解释的障碍。依当前通说,补充性意思表示解释本身就需要进行价值衡量,其本质上是由裁判者基于价值衡量为当事人的意思表示扩展或添加内容,具有规范创设的功能。裁判者为进行无效法律行为转换而查明当事人的假定意思,符合补充性意思表示解释的本质特征。二是个别情况下,当事人在意思表示中声明,如果原定的法律行为无效,则不得发生其他法律行为之效力。在确定当事人是否具有关于转换的假定意思时,无疑应该考虑此项声明,这显然并不涉及价值衡量,毋宁是通过狭义意思表示解释确定表示意义。

上述两个方面的界限均存在弹性。就第一方面的界限而言,关于备选法律行为之特殊安排,即便不存在明确约定,理论上仍有可能通过补充性解释为当事人的意思表示添加相应内容,即原定法律行为无效的,按照备选法律行为之内容发生效力。是否允许这样的补充性解

---

① Larenz/Wolf, Allgemeiner Teil des bürgerlichen Rechts, 9. Aufl., 2004, S. 824.

② 参见〔德〕维尔纳·弗卢梅:《法律行为论》,迟颖译,法律出版社 2013 年版,第706—707 页。

③ Jan Busche, in: Münchener Kommentar BGB, 5. Aufl., 2006, §140 Rn. 20 - 21.

④ 参见殷秋实:《无效行为转换与法律行为解释——兼论转换制度的必要性与正当性》,载《法学》2018 年第 2 期,第 113 页。

⑤ Brox/Walker, Allgemeiner Teil des BGB, 44. Aufl., 2020, S. 175 (§15 Rn. 19); Enneccerus/Nipperdey, Allgemeiner Teil des Bürgerlichen Rechts, 15. Aufl., 1960, S. 1219; Herbert Roth, in: Staudinger Kommentar BGB, 2015, §140 Rn. 24 - 55; Jürgen Ellenberger, in: Palandt Kommentar BGB, 79. Aufl., 2020, §140 Rn. 8.

释,决定了意思表示解释与无效法律行为转换的界限究竟落在何处。就第二方面的界限而言,关于何种前提下可以认定存在两种解释的可能性以及何种条件下可以直接采用导致法律行为有效的那种解释,也存在一定的操作空间。裁判者在操作时的尺度把握也决定了意思表示解释与无效法律行为转换的界限所在。

总的来说,意思表示解释与无效法律行为转换虽有区别,但二者之间存在一个模糊区域,其界限可以根据实践需要左右滑动。鉴于无效法律行为转换在我国民法中欠缺一般性的明确规定,该界限可以往无效法律行为转换这一侧推移,适当扩大意思表示解释的空间,使之承担无效法律行为转换的部分功能。尤其是第二方面的界限,扩大解释空间在方法论上面临的障碍相对更小,值得尝试[1]。例如,甲借用乙的名义购买经济适用房,双方订立借名合同,约定:购房款由甲支付,房屋归甲所有。如果将该合同解释为经济适用房所有权立即归属于甲,则合同无效。因此,应将合同解释为:甲、乙约定,由甲向乙购买经济适用房,甲预先以代乙向政府支付购房款的方式支付买房价款,房屋所有权在相关法律规定的期限(5年)届满后转让给甲。[2] 再如,甲、乙订立合同,约定甲将其承包的一块土地出卖给乙,土地在此后归属于乙,甲不得索回。对此,如果解释为土地买卖合同,则显然无效。应当解释为甲将其土地承包经营权转让给乙。通过意思表示解释弥补我国民法未明确规定无效法律行为转换的缺陷。

2. 无效法律行为转换与法律行为部分无效的关系

无效法律行为转换与法律行为部分无效也存在交叉之处。无效

---

[1] 借助意思表示解释实现无效法律行为转换的代表性判例,参见郑某春与莆田市中医院等建设用地使用权纠纷案,最高人民法院民事判决书(2014)民提字第125号。在该案中,最高人民法院认为,当事人订立的土地使用权转让合同未采用书面形式,虽然已经实际履行,但考虑到关于此种合同书面形式之规定的立法目的,并且本案合同存在多种解释可能性,不宜解释为土地使用权转让合同并认定合同形式瑕疵因实际履行而得到补正,应解释为土地使用权租赁合同。此项裁判名为意思表示解释,实为无效法律行为转换。

[2] 参见杨代雄:《借名购房及借名登记中的物权变动》,载《法学》2016年第8期。

法律行为转换意味着对拟发生的法律效果予以"扣减",使其发生较弱的法律效果。此种"扣减"有时也可以借助于法律行为部分无效规则实现。例如,甲、乙达成让与担保合同,约定为担保甲欠乙的债务,甲将某项股权让与乙,甲逾期未清偿债务的,股权终局性地归属于乙,乙无须偿还股权价值与债权数额的差额。对该合同,既可以通过无效法律行为转换规则使其发生股权质押的效力,也可以适用《民法典》第156条,仅判定合同中的流担保条款无效,其他条款有效。两者在经济效果上大同小异。最高人民法院《九民纪要》第71条以及《民法典担保制度解释》第68条第2款关于让与担保法律行为的规定,就是按照法律行为部分无效处理的。

既然无效法律行为转换与法律行为部分无效在功能上有相近之处,那么在我国民法未专门规定无效法律行为转换的情况下,实践中可以借助法律行为部分无效规则解决一些无效法律行为转换问题。

### 六、法律行为无效的后果

#### (一)概述

法律行为无效、被撤销或者确定不发生效力,虽然不能发生当事人预期的权利义务关系,但当事人可能已经作出给付,受领给付的一方当事人需要将该给付或其价值返还给付方。此外,法律行为无效还可能使当事人遭受损失,由此发生损害赔偿责任。①《民法典》第157

---

① 德国法上有学说认为,无效法律行为虽不能发生当事人意欲发生的法律效果,但可以在当事人之间发生以保护义务为内容的法定债务关系。在无效法律行为的履行过程中,一方当事人违反保护义务导致另一方当事人遭受损害的,须负担债务不履行的损害赔偿责任。此种法定债务关系类似于先合同义务关系,但其发生于合同订立之后,而先合同义务关系发生于合同订立阶段。Vgl. Claus-Wilhelm Canaris, Ansprüche wegen „positiver Vertragsverletzung" und „Schutzwirkung für Dritte" bei nichtigen Verträgen: Zugleich ein Beitrag zur Vereinheitlichung der Regeln über die Schutzpflichtverletzungen, JZ 1965, S. 482; Christian Grüneberg in: Palandt Kommentar BGB, 79. Aufl., 2020, § 311 Rn. 24; Dirk Olzen, in: Staudinger Kommentar BGB, 2015, § 241 Rn. 407.

条规定了此类返还义务与损害赔偿责任,处理法律行为无效的善后事宜。从规范内容上看,该条涉及多种请求权:不当得利返还请求权、物权请求权、所有人—占有人关系中的其他请求权、基于缔约过失的损害赔偿请求权等。

比较法上,各国家及地区民法通常并未对法律行为无效后的返还与赔偿责任予以专门的统一规定,毋宁分别适用各种请求权的相应规范。我国《民法典》第157条别出心裁对此予以专门规定,难免有些负面效应,导致该条规定与缔约过失责任(《民法典》第500条)、所有物返还请求权(《民法典》第235条)、所有人—占有人关系中的其他请求权(《民法典》第459—461条)、不当得利返还请求权(《民法典》第985—988条)等规则的关系混乱。

(二)法律行为无效情形中的物权请求权

以让与物权为给付内容的法律行为无效的,如果物权让与行为已经实施完毕,那么发生何种法律后果,取决于民法上采用何种物权变动规范模式。如果民法采用物权行为无因原则,仅负担行为无效,处分行为有效的,则受让人取得物权,让与人只能向受让人请求返还不当得利,即请求受让人将所取得的物权依处分行为再转让给让与人。返还的客体是物权。反之,如果民法不采用物权行为无因原则,法律行为无效的,受让人未取得物权,让与人仍然是物权人。如果让与的是不动产物权,受让人被登记为物权人,但实际上其并非物权人,则构成错误登记,让与人享有更正登记请求权。受让人不仅被登记为物权人,而且已经占有不动产的,构成无权占有,仍然享有物权的让与人对受让人享有所有物返还请求权或类似的物权请求权。如果让与的是动产物权,受让人已经取得占有,则构成无权占有,让与人对受让人享有所有物返还请求权或类似的物权请求权。

我国民法未规定物权行为无因原则,学界通说认为我国民法未采用物权行为无因原则①。据此,以让与物权为给付内容的法律行为无效的,如果已经交付标的物且该标的物依然存在②,那么让与人对受让人享有的返还请求权在性质上是物权请求权③。让与的物权是所有权的,让与人对受让人享有所有物返还请求权。如果让与的物权是需要移转占有的他物权,则让与人对受让人享有基于他物权的占有返还请求权,比如基于建设用地使用权或质权的占有返还请求权④。此外,与所有物返还请求权相关的还有所有人—占有人关系中的请求权,该请求权涉及收益返还、费用偿还以及损害赔偿等问题。

### (三)法律行为无效情形中的不当得利返还请求权

在法律行为无效情形中,如果一方当事人已经作出的给付是提供劳务或者容忍对方当事人使用标的物,则对方当事人无法依原状返还该给付,只能返还不当得利。这也属于《民法典》第 157 条第 1 句第 2 分句"不能返还或者没有必要返还"之情形⑤。如果一方当事人已经作出的给付是支付金钱,则对方当事人通常也仅负担不当得利返还义务。

---

① 参见梁慧星、陈华彬:《物权法》(第 6 版),法律出版社 2016 年版,第 97 页;王利明:《物权法研究》(上),中国人民大学出版社 2013 年版,第 252 页;崔建远:《物权法》,中国人民大学出版社 2009 年版,第 49 页。

② 有学说认为,如果标的物是种类物,交付后灭失的,受让人应当返还同等数量的同种类物。此种观点值得商榷。参见石宏主编:《中华人民共和国民法总则:条文说明、立法理由及相关规定》,北京大学出版社 2017 年版,第 372 页。

③ 参见沈德咏主编:《〈中华人民共和国民法总则〉条文理解与适用》,人民法院出版社 2017 年版,第 1032 页;崔建远:《物权法》,中国人民大学出版社 2009 年版,第 119 页;李宇:《民法总则要义》,法律出版社 2017 年版,第 740 页;陈甦主编:《民法总则评注》,法律出版社 2017 年版,第 1106 页(朱晓喆执笔);王利明主编:《中华人民共和国民法总则详解》,中国法制出版社 2017 年版,第 690 页(冉克平执笔)。

④ 在某些判例中,法院笼统地判令受让人"返还所取得的国有土地使用权"(参见嘉吉国际公司与福建金石制油有限公司等买卖合同纠纷案,最高人民法院民事判决书(2012)民四终字第 1 号)。实际上,准确地说,如果让与人仅将建设用地使用权移转登记于受让人名下,未交付土地,则让与人享有更正登记请求权,法院可以判令受让人协助办理更正登记;如果让与人既将建设用地使用权移转登记于受让人名下,又完成了土地交付,则法院应同时判令受让人返还土地占有和协助办理更正登记。

⑤ 参见沈德咏主编:《〈中华人民共和国民法总则〉条文理解与适用》,人民法院出版社 2017 年版,第 1033 页(作者认为这种情形属于"没有必要返还")。

如果一方当事人已经作出的给付是交付普通动产,对方当事人已经消费了该动产且从中获得利益,则对方当事人也负担不当得利返还义务。

（四）法律行为无效情形中的缔约过失责任

依据《民法典》第 157 条第 2 句之规定,法律行为无效的,有过错的一方应当赔偿对方由此所遭受的损失。此处损害赔偿责任包括缔约过失责任①。在缔约过程中,基于诚实信用原则,当事人负担先合同义务,因过错违反先合同义务导致法律行为无效并使对方当事人遭受损失的,须赔偿损失。赔偿的损失是当事人因信赖合同有效而支出的缔约费用、履约费用等②。该句规定与《民法典》第 500 条之规定存在重叠之处。相较之下,《民法典》第 500 条的适用范围更为广泛,既适用于合同无效之情形,也适用于合同不成立之情形,甚至还可以适用于合同有效之情形。《民法典》第 157 条第 2 句仅适用于法律行为无效之情形。因此,就缔约过失责任而言,《民法典》第 157 条第 2 句与《民法典》第 500 条是特别法与一般法的关系③。

从逻辑上看,《民法典》第 157 条中的法律行为既包括合同,也包括单方法律行为。单方法律行为无效也可能造成对方当事人损失。比如,买受人享有合同解除权,向出卖人作出解除合同的意思表示。出卖人以为合同已经丧失效力,遂将标的物另行出售给第三人。如果买受人在行使解除权时发生重大误解,本欲解除合同 A,但却表示解除合同 B,事后将解除之意思表示撤销,并请求出卖人继续履行合同,出卖人因重新准备履行合同而发生额外费用的,有权请求买受人赔偿

---

① 有学说认为该损害赔偿责任并非缔约过失责任,而是侵权责任,参见李宇:《民法总则要义》,法律出版社 2017 年版,第 740 页。

② 参见北京中公人社教育咨询有限公司与沁阳市人民政府合同纠纷案,最高人民法院民事判决书(2018)最高法民终 542 号(《城中村改造建设合作协议书》无效时,一方须赔偿另一方支出的工程勘察、规划、设计、土地平整、工地围墙建造、桩基等费用以及人员工资、管理费等)。

③ 相同观点,参见孙维飞:《〈合同法〉第 42 条(缔约过失责任)评注》,载《法学家》2018 年第 1 期。

损失。此项损害赔偿责任并非缔约过失责任,不能为《民法典》第500条所涵盖,只能适用《民法典》第157条第2句之规定。

## 第二节 法律行为效力待定

### 一、法律行为效力待定的事由

(一)传统意义上的效力待定

我国《民法典》总则编规定的法律行为效力待定的事由包括:限制民事行为能力、无权代理、自己代理、双方代理、未经被代理人同意的"转委托代理"。就限制民事行为能力而论,依《民法典》第145条的规定,限制民事行为能力人可以独立实施纯获利益法律行为或者与其年龄、智力、精神健康状况相适应的法律行为,实施其他法律行为经法定代理人同意或者追认后有效。如果限制民事行为能力人与法定代理人在一份合同书上共同签字,该合同同时处置了限制民事行为能力人的不动产权益与法定代理人的权益,则亦可认定为法定代理人已经同意限制民事行为能力人签署合同①。

依《民法典》合同编、民事特别法相关规定结合民法原理,以下法律行为也应视为效力待定:无权处分、②须经批准而未批准的法律行

---

① 参见杨某某与鞍山银行股份有限公司等金融借款合同纠纷案,最高人民法院民事裁定书(2016)最高法民申900号。

② 《合同法》(已废止)第51条规定无权处分合同效力待定。《民法典》第597条第1款规定无权处分时的买卖合同可以产生违约责任,表明买卖合同有效。《民法典》无类似于《合同法》(已废止)第51条之规定,应进行漏洞填补,承认无权处分时的处分行为效力待定。如此,即便不符合善意取得构成要件,受让人也可因所有权人的追认而取得所有权,所有权人也可通过追认使无权处分发生效力从而向处分人请求返还不当得利。至于如何填补漏洞,则有两种路径。一是类推《民法典》第171条关于无权代理行为效力待定之规定;二是对《民法典》第311条第1款第1分句中的"所有权人有权追回"予以目的论限缩,使之仅适用于所有权人未追认且不符合善意取得构成要件的情形。反过来说,所有权人可以追认无权处分行为,一旦追认,即丧失所有物返还请求权。

为、未经债权人同意的债务承担合意、未经发包方同意的农村土地承包经营权转让合同("四荒土地"承包除外)①。这些法律行为的共性在于,法律行为的实施本来需要第三人事先同意(私人同意或者官方同意),但事实上尚未获得同意,因此,法律行为尚未生效,最终是否生效取决于第三人是否予以追认(事后同意)。官方对法律行为的事后批准本质上也是一种追认,导致合同溯及发生效力②。

(二)"反向"效力待定

按照我国《民法典》第575条的规定,债权人免除债务的,债务消灭,但债务人在合理期限内拒绝的除外。该条规定对于债务免除采用修正的单方法律行为说③。"修正",是指免除效果的发生并非完全取决于债权人的意思表示,因为债务人享有拒绝权。债权人免除的意思表示到达债务人时,债务消灭,但并非确定消灭。债务人在合理期限内表示拒绝的,债务不消灭。所谓拒绝,也包括默示拒绝,如债务人收到免除表示后仍然履行债务。拒绝权在性质上是一种形成权,其效力是使已经发生的债务免除效果(债务消灭)归于消灭,结果是债务溯及地不消灭,如同没有发生免除行为。从这个意义上说,债务免除是效力待定的单方法律行为,其特殊性在于:其他效力待定法律行为是暂时不发生效力,经追认后溯及发生效力;债务免除行为则是暂时发生效力,经拒绝后溯及不发生效力,此为"反向"效力待定。

同样采用"反向"效力待定模式的有《民法典》第552条。依据该

---

① 最高人民法院《关于审理涉及农村土地承包纠纷案件适用法律问题的解释》(法释〔2005〕6号;法释〔2020〕17号修订)第13条规定:"承包方未经发包方同意,转让其土地承包经营权的,转让合同无效。但发包方无法定理由不同意或者拖延表态的除外。"其中的"同意"应理解为包括事先同意与事后同意,即转让合同既未经发包方事先同意也未经其事后同意的,或者事后明确表示不同意的,合同确定无效。

② Larenz/Wolf, Allgemeiner Teil des bürgerlichen Rechts, 9. Aufl., 2004, S. 807; Werner Flume, Allgemeiner Teil des bürgerlichen Rechts, Bd. 2: Das Rechtsgeschäft, 4. Aufl., 1992, S. 895.

③ 参见黄薇主编:《〈中华人民共和国民法典〉合同编解读》(上册),中国法制出版社2020年版,第396页。

条规定,第三人与债务人达成债务加入约定并通知债权人的,或者第三人向债权人作出债务加入意思表示的,债务加入发生效力,但债权人享有拒绝权。债权人在合理期限内行使拒绝权的,债务加入溯及丧失效力。[①]《民法典》第522条第2款规定利他合同中的第三人享有拒绝权,这表明就合同效力中的涉他效力而言,也处于"反向"效力待定状态。第三人在合理期限内行使拒绝权的,其从合同中取得的给付请求权溯及消灭。此种情形的特殊之处在于,仅法律行为的部分内容效力待定。

### 二、效力待定法律行为当事人的权利配置

因欠缺私人同意而效力待定的法律行为,在效力待定期间,虽不发生法律行为预定的法律效果,但也依法发生一定的权利义务关系,包括追认权、催告权、撤销权等。以下主要围绕限制民事行为能力人实施的法律行为与无权代理,阐述当事人之间的权利配置。

（一）追认权

1. 追认权的主体

限制民事行为能力人实施的法律行为,其法定代理人享有追认权。无权代理行为,被代理人享有追认权。追认,是指对已经实施的法律行为事后表示同意。追认权在性质上属于形成权,依追认权人单方的追认意思表示即可使效力待定的法律行为发生效力。此外,追认权人也可以通过拒绝追认使法律行为确定不发生效力[②]。

在德国民法、日本民法及我国台湾地区"民法"上,均规定限制民

---

[①]　对于债务加入、利他合同等使他人纯获利益的法律行为,我国《民法典》的规范模式与《欧洲示范民法典草案》(DCFR)第Ⅱ-9:303条、第Ⅲ-5:204条、第Ⅲ-5:209条相同。后者参见〔德〕冯·巴尔、〔英〕埃里克·克莱夫主编:《欧洲私法的原则、定义与示范规则:欧洲示范民法典草案》(第1—3卷),高圣平等译,法律出版社2014年版,第946—961页。

[②]　参见〔德〕汉斯·布洛克斯、沃尔夫·迪特里希·瓦尔克:《德国民法总论》,张艳译,中国人民大学出版社2019年版,第136页。

事行为能力人取得完全民事行为能力之后享有追认权。我国《民法典》第 145 条对此未作规定,但在解释上应承认此项追认权。从法律目的上看,法定代理人的追认权旨在弥补限制民事行为能力人意思能力的不足,在限制民事行为能力人取得完全民事行为能力后,其本身已经具备足够的意思能力,无须法定代理人的弥补。实际上,法定代理人此时已经丧失法定代理权(《民法典》第 175 条),不可能再对限制民事行为能力人此前实施的法律行为予以追认。由于该法律行为尚未被追认,所以仍处于效力待定状态,此时有资格通过追认或拒绝追认终结待定状态的只有已经取得完全民事行为能力的行为人本身。就规范基础而言,依《民法典》第 18 条之规定,完全民事行为能力人可以独立实施法律行为,追认是一项法律行为,已经成为完全民事行为能力人的行为人当然可以实施。

### 2. 追认的方式

追认是一项单方法律行为,通过意思表示实施。就限制民事行为能力人实施的法律行为而言,追认可以向相对人作出[1],也可以向限制民事行为能力人作出。就无权代理而言,追认可以向相对人作出,也可以向代理人作出[2]。

追认表示是不要式意思表示。追认可以是默示的,但必须存在积极的可推断行为,比如,甲与未成年人乙订立土地承包经营权互换协议,此后,乙的父母对交换得来的土地予以使用,该行为构成追认[3]。追认权人请求相对人履行合同义务,包括以提起诉讼或者申请仲裁的

---

① 参见何某、何某荣与周某某、陈某某、周某某彩票案,云南省玉溪市中级人民法院民事判决书(2009)玉中民一终字第 465 号(未成年人购买彩票中大奖,其父获悉后到彩票销售点表示追认)。

② 参见〔德〕汉斯·布洛克斯、沃尔夫·迪特里希·瓦尔克:《德国民法总论》,张艳译,中国人民大学出版社 2019 年版,第 264 页;Jochem Schmitt, in: Münchener Kommentar BGB, 5. Aufl., 2006, § 109 Rn. 9。

③ 参见陈顺某土地承包经营户与陈贵某土地承包经营户土地承包经营权纠纷案,贵州省毕节市中级人民法院民事判决书(2016)黔 05 民终 3078 号。

方式请求履行合同义务,亦构成追认表示①。按照《民法典》第 503 条的规定,在无权代理情形中,被代理人已经开始履行合同义务或者接受相对人履行的,②视为对合同的追认。此即为默示追认的一种法定情形。

应当注意的是,单纯的沉默不构成追认。依据《民法典》第 145 条第 2 款以及第 171 条第 2 款,如果相对人催告法定代理人或者被代理人在 30 日内予以追认,法定代理人或者被代理人未作表示的,视为拒绝追认。很多学者认为,法律在此种情形中将法定代理人或者被代理人的沉默拟制为追认意思表示,但其实这是除斥期间届满的法律后果:30 日除斥期间届满后,追认权消灭,而追认权恰恰是法律行为效力待定状态存续的前提,其消灭自然导致效力待定状态终结,法律行为确定不生效力③。

3. 追认的内容

追认权人虽对效力待定的法律行为表示同意,但对其内容予以变更的,不构成追认。此项同意表示仅构成由追认权人发出的新要约,相对人须对此作出承诺,才成立合同。当然,例外情况下,对法律行为的内容予以变更的同意表示构成部分追认。前提是,即便不存在未被追认的法律行为部分,当事人也会实施该法律行为的其余部分④。

4. 追认的效力

追认具有溯及力,使法律行为自其本应发生效力的那一刻发生效

---

① 参见营口经济技术开发区津成科技经贸有限公司与大连忠意建设集团有限公司建设工程施工合同纠纷案,最高人民法院民事判决书(2019)最高法民再 66 号(大连北城主动申请仲裁、主张案涉合同工程款等一系列行为应视为其对辛某某签订合同行为的追认,案涉《建设工程施工合同》依法自订立时起即对其产生相应的效力)。

② 如在无权代理订立房屋拆迁补偿协议的情况下,被代理人已将房屋交给征地机关实施拆除或已领取拆迁补偿款。参见唐某某与渭南高新技术产业开发区管理委员会等房屋拆迁行政补偿案,最高人民法院行政裁定书(2018)最高法行申 9380 号。

③ 参见杨代雄:《意思表示理论中的沉默与拟制》,载《比较法研究》2016 年第 6 期。

④ Jochem Schmitt, in: Münchener Kommentar BGB, 5. Aufl. , 2006, § 108 Rn. 13.

力。若无相反规定或者约定,即从法律行为成立时发生效力。① 应当注意的是,追认的溯及力不应损害第三人的利益。追认人在效力待定阶段就法律行为标的物与第三人实施的处分行为,不应因追认而丧失效力。在效力待定阶段对法律行为标的物采取强制执行措施的债权人也应得到类似保护。对此,我国《民法典》虽无类似于《德国民法典》第184条第2款之规定,但在解释追认规则时,应当进行漏洞填补,限制追认的效力。②

(二)催告权

1. 催告的方式

无论相对人是否催告,法定代理人或者被代理人都可以追认。法定代理人或者被代理人虽有追认权,但如果其迟迟未作表态,则法律行为的效力长期处于悬而未决状态,对相对人极其不利。因此,《民法典》第145条第2款、第171条第2款赋予相对人一项催告权,使其可以尽早从未决状态中解脱出来。催告在性质上是一项意思通知,不是意思表示,但必要时应准用法律上关于意思表示的规定,比如关于意思表示到达的规定。催告必须向法定代理人或者被代理人作出,向限制民事行为能力人或者无权代理人作出的催告无效。在限制民事行为能力人死亡的情况下,只能向其继承人作出催告,不能向法定代理人作出催告,③因为法定代理人关系已经终止(《民法典》第175条)。

2. 催告的效果

在相对人催告的情况下,追认权适用除斥期间。依《民法典》第145条第2款规定,相对人可以催告法定代理人自收到通知之日起30

---

① 参见陈顺某土地承包经营户与陈贵某土地承包经营户土地承包经营权纠纷案,贵州省毕节市中级人民法院民事判决书(2016)黔05民终3078号。

② 德国有学说认为,如果涉及期限经过或者时效开始,则为了避免期限被不合理地缩短,应例外地否定追认的溯及力。参见〔德〕汉斯·布洛克斯、沃尔夫·迪特里希·瓦尔克:《德国民法总论》,张艳译,中国人民大学出版社2019年版,第225页。

③ Hans-Georg Knothe, in:Staudinger Kommentar BGB,2004, §108 Rn.13.

日内予以追认。此处"三十日"即为除斥期间。有疑问的是,相对人发出催告时是否需要指明该期间? 可否指定更长或更短的期间? 从比较法看,依《德国民法典》第 108 条第 2 款规定,法定代理人只能在收到催告后 2 个星期之内表示追认,这 2 个星期是法定期间,无须相对人在发出催告时特别指明。我国《民法典》第 145 条第 2 款在表述上虽然与《德国民法典》第 108 条第 2 款有所不同,但应当作相同解释:30 日期间是法定的,无须在催告中特别指明。当然,此处所谓"法定"并非强制性的。相对人在催告中可以单方面指定长于 30 日的除斥期间,因为这样对法定代理人更有利。反之,相对人不能在催告中单方面指定短于 30 日的除斥期间,因为这样就缩短了法定代理人作出决断的时间。短于法定期间的除斥期间只能通过相对人与法定代理人达成合意予以确定①。

　　除斥期间的启动是催告的第一个法律效果。催告的第二个法律效果是使相对人取得追认或拒绝追认意思表示的排他性受领人地位。② 在催告之前,追认或拒绝追认的意思表示既可以向相对人作出,也可以向限制民事行为能力人作出。在催告之后,此项意思表示只能向相对人作出,因为既然相对人发出催告,法定代理人就应该向相对人作出回应,如果仅向限制民事行为能力人表示是否追认,相对人对此就无从得知,不能实现尽快使法律关系清晰明确之目的。我国《民法典》第 145 条未明确规定催告的第二个法律效果,应当予以漏洞填补。在《德国民法典》第 108 条中,催告还产生第三个法律效果:催告导致法定代理人在催告前向未成年人作出的追认或拒绝追认之表示丧失效力,本来已经确定生效或不生效的法律行为复归于效力待定,法定代理人需要重新向相对人作出追认或拒绝追认之表示。我国《民

---

　　① Hans-Friedrich Müller, in: Erman Kommentar BGB, 15. Aufl., 2017, § 108 Rn. 6; Jürgen Ellenberger, in: Palandt Kommentar BGB, 79. Aufl., 2020, § 108 Rn. 6.

　　② Hans-Georg Knothe, in: Staudinger Kommentar BGB, 2004, § 108 Rn. 16.

法典》第 145 条对此未作规定,在解释上应否借鉴德国法的上述规定,不无疑问①。

(三)善意相对人的撤销权

1. 撤销权的正当基础

限制民事行为能力人实施的法律行为虽未立即生效,但已经成立,所以也具备法律约束力。当然,与一般法律行为相比,限制民事行为能力人缔结的法律行为的约束力较弱。一方面,限制民事行为能力人在其法定代理人表示追认之前实际上不受法律行为的约束,因为法定代理人可以自由选择是否通过追认使法律行为发生效力,也就是说,法律行为的存废取决于其自由决定。另一方面,相对人并非在任何情况下都受法律行为的约束。依《民法典》第 145 条第 2 款规定,在法律行为被追认之前,善意相对人享有撤销权,不受法律行为的约束。《民法典》第 171 条第 2 款对无权代理也有类似规定。

从比较法看,绝大多数国家和地区的民法都没有规定善意相对人享有撤销(回)权,例外的是《德国民法典》第 109 条和我国台湾地区"民法"第 82 条。在《德国民法典第一草案》(第 65 条第 4 款)以及之前的德国法律中(比如《普鲁士行为能力法》第 4 条)并未规定善意相对人享有撤回权(Widerrufsrecht),相对人一律受法律行为拘束②。《德国民法典第二草案》第 83 条规定善意相对人享有解除权,《德国民法典》第 109 条则将解除权改为撤回权。关于立法理由,《德国民法典》起草第二委员会指出,通过允许法定代理人拒绝追认一份不利合同,已经满足了未成年人保护之需求。未成年人与相对人的利益平衡要求赋予相对人一项解销权,否则相对人在某些情形中将会丧失固有

---

① 肯定说,参见朱庆育:《民法总论》(第 2 版),北京大学出版社 2016 年版,第 259 页。

② Mugdan, Die gesammten Materialien zum Bürgerlichen Gesetzbuch für das Deutsche Reich, Bd. 1, 1899, S. 426.

利益,而允许其撤回意思表示最多只会使未成年人失去可得利益[①]。不过,对于《德国民法典》第 109 条,有些德国学者提出质疑。比如,海因·克茨认为,《德国民法典》第 109 条的特立独行并无充分理由,某人以为对方当事人已经成年,与其订立合同,后来发现该合同对自己不利,凭什么可以仅以对方当事人未成年为由从该合同中解脱出来?[②]当然,通说认为善意相对人的撤回权具备正当基础。具体言之,未成年人的相对人与成年人的相对人所处的状况不同,未成年人的善意相对人发现对方是未成年人之后,惊奇地面临合同效力不确定状态,财产进一步处置的可能性受到严重限制,尽管有催告权,但在紧急情况下无济于事,撤回权则可以使善意相对人迅速摆脱不确定状态[③]。这种观点值得赞同。

法律行为效力待定制度归根结底是利益衡量的产物。为了保护限制民事行为能力人或者被代理人的利益,法律给予法定代理人或者被代理人决定是否追认的机会,代价是使相对人陷入等待状态,催告权只是对一般相对人的保护手段,善意相对人理应获得更有力的保护,有权随时结束等待状态。实际上,撤销权的功能除了使善意相对人可以提前结束不确定状态之外,还给予其一个机会,即重新决定是否与具备意料之外的特殊情况(行为能力不完全、未授予他人代理权)的对方当事人缔结法律行为,因为,假如当初知道此类特殊情况,善意相对人未必会决定实施该法律行为,善意相对人的交易伙伴选择自由应当得到尊重。

2. 撤销权的要件

(1)相对人为善意

《民法典》第 145 条第 2 款第 3 句仅规定"善意相对人"享有撤销

---

① Mugdan, Die gesammten Materialien zum Bürgerlichen Gesetzbuch für das Deutsche Reich, Bd. 1, 1899, S. 677.

② Hein Kötz, Europäisches Vertragsrecht, Bd. I, 1996, S. 157.

③ Hans-Georg Knothe, in: Staudinger Kommentar BGB, 2004, §109 Rn. 2.

权,至于何为"善意",则未作详细规定。从比较法看,依《德国民法典》第 109 条之规定,相对人在两种情形中享有撤回权:一是相对人在订立合同时不知道对方当事人未成年;二是当时虽知道对方当事人未成年,但该未成年人违背实情地声称已经得到法定代理人允许,相对人据此以为其已经得到法定代理人允许。可见,具有决定意义的是相对人是否知情,至于相对人是否有过失,在所不问,因为不能将难以履行的调查义务强加给相对人,未成年人也不应该从相对人的轻信中获得不正当利益①。同样,《德国民法典》第 178 条也规定,无权代理之相对人是否享有撤回权取决于其是否知道代理人欠缺代理权。类似地,在我国台湾地区"民法"中,只要相对人在订立合同时不知道限制行为能力人未得到法定代理人允许,即享有撤回权。如果限制行为能力人用诈术使相对人信其具有行为能力或已得到法定代理人允许,则法律强制使其法律行为有效。②

相较之下,德国法的规范模式更值得借鉴。使法律行为强制有效对于限制民事行为能力人而言是一种十分严重的不利益,与限制民事行为能力人保护之法律理念明显相悖,所以不宜采用③。仅需赋予相对人一项撤销权,即足以保护其信赖。考虑到撤销权仅仅使相对人可以"退出"法律行为,并未导致限制民事行为能力人遭受明显不利益,所以撤销权的门槛不宜过高。在解释上,只要相对人在缔结法律行为时不知道对方当事人欠缺民事行为能力或者因对方当事人的不实陈述而不知道其未经法定代理人允许,即可以认定为《民法典》第 145 条第 2 款第 3 句中的"善意相对人",享有撤销权。就无权代理而言,《民法典》第 171 条第 2 款中的"善意相对人"应解释为在与代理人实施法

① Mugdan, Die gesammten Materialien zum Bürgerlichen Gesetzbuch für das Deutsche Reich, Bd. 1, 1899, S. 677.

② 参见王泽鉴:《民法总则》,北京大学出版社 2009 年版,第 315 页。

③ 类似观点,参见朱庆育:《民法总论》(第 2 版),北京大学出版社 2016 年版,第 260 页。

律行为时不知道其欠缺代理权的相对人。相对人对此是否存在过失，在所不问。

（2）法定代理人或者被代理人尚未追认

仅当法定代理人或者被代理人尚未追认时，善意相对人才可以行使撤销权。效力待定的法律行为一旦经过法定代理人或者被代理人追认，即发生效力，法律行为的效力待定状态既已终结，自然就不得再予以撤销。

（3）催告对撤销权行使的影响

有疑问的是，善意相对人作出催告之后，是否仍可以行使撤销权。在德国法上，部分学者认为催告并不影响撤回权的行使①，但部分学者认为，依诚实信用原则，善意相对人作出催告后需要等待一段合理时间再行使撤回权②。我国台湾地区也有学者认为，此种情形中，相对人行使撤回权应受诚实信用原则的限制③。相较之下，第二种学说更为可取。善意相对人既然已经催告法定代理人或者被代理人在除斥期间内作出是否追认的表示，就意味着其愿意给予法定代理人或者被代理人一段时间进行权衡。善意相对人如果在该期间届满前又行使撤销权，出尔反尔，显然有悖于诚信。依我国《民法典》第 476 条第 1 项之规定，要约虽可撤销，但要约人确定了承诺期限的，不得撤销要约。此项规定之目的在于保护受要约人对于承诺期限的信赖。依相同原理，在法律行为效力待定情形中，法定代理人或者被代理人对于因催告而启动的除斥期间也有值得保护的信赖。鉴于此，应当对《民法典》第 145 条第 2 款第 3 句以及第 171 条第 2 款第 3 句予以目的论限缩，

---

① Hans-Georg Knothe, in: Staudinger Kommentar BGB, 2004, §109 Rn. 4.

② Jochem Schmitt, in: Münchener Kommentar BGB, 5. Aufl. , 2006, §109 Rn. 9; Larenz/Wolf, Allgemeiner Teil des bürgerlichen Rechts, 9. Aufl. , 2004, S. 461; Enneccerus/Nipperdey, Allgemeiner Teil des Bürgerlichen Rechts, 15. Aufl. , 1960, S. 940.

③ 参见王泽鉴：《民法总则》，北京大学出版社 2009 年版，第 315 页。

在善意相对人作出催告的情况下,排除其撤销权①。

3. 撤销的方式

撤销是一项需受领的意思表示,善意相对人须以"通知"的方式向特定受领人作出撤销的意思表示。此项意思表示是不要式的。有受领权限的既包括法定代理人或者被代理人,也包括限制民事行为能力人本身或者无权代理人,这样便于善意相对人行使撤销权②。

4. 撤销的效果

善意相对人的撤销导致法律行为终局性地不发生效力,效力待定状态终结,法定代理人或者被代理人此后不能再进行追认。

# 第三节　法律行为可撤销

## 一、撤销事由:关于显失公平

撤销事由除了欺诈、胁迫、意思表示错误(重大误解)之外,还包括显失公平。此处仅述及显失公平的法律行为。

(一)显失公平规则的正当基础与历史源流

显失公平规则旨在维护契约正义。一般而言,双方当事人在磋商基础上订立合同可以产生公平的交易结果,因此,法律原则上承认合同有效,对其内容不加以干预。不过,有时双方当事人的对话能力不对等,导致所订立的合同对价明显失衡,法律需要介入合同权利义务关系,对其予以矫正。主要有两种情形,一是处于强势地位的企业使

---

① 有观点认为,即便相对人未指定追认期间,如果法定代理人有理由认为相对人不会行使撤销权并且已经为履行义务作了准备工作,也不应再允许相对人行使撤销权。参见陈甦主编:《民法总则评注》,法律出版社 2017 年版,第 1042 页(朱晓喆执笔)。

② Hans-Georg Knothe, in: Staudinger Kommentar BGB, 2004, § 109 Rn. 5; 朱庆育:《民法总论》(第 2 版),北京大学出版社 2016 年版,第 259 页。

用格式条款与相对人订立合同,权利义务的设置对相对人不利,对此,民法上有格式条款规制制度。二是一方当事人(未必是处于强势地位的企业)利用对方处于危困状态、缺乏经验或判断能力等情形,致使合同内容显失公平,显失公平规则即针对这一问题。两种情形均涉及合同的内容控制,体现私法的实质化(Materialisierung)。

在罗马法中,存在非常损失规则(laesio enormis)。如果买卖合同价格失衡,则买受人须支付约定价格与实际价值的差额,否则,合同将被判定无效。[①] 按照《德国民法典》第138条第2款,一方利用对方的急迫、无经验、无判断力、意志薄弱等情形,达成对价关系明显失衡的法律行为无效,此即所谓的暴利行为,它是违背善良风俗之法律行为的特殊情形。《瑞士债法典》第21条规定显失公平的合同可撤销,《奥地利民法典》第934条规定显失公平的合同可撤销或可由当事人补足对价差额。我国台湾地区"民法"第74条规定显失公平的法律行为(暴利行为)可撤销或变更。概而观之,从罗马法到现代的德国法、瑞士法,显失公平制度经历了从纯粹客观主义(对价失衡)到主客观相结合的演变过程[②]。

我国《民法通则》(已废止)区分乘人之危的法律行为和显失公平的法律行为。前者规定于《民法通则》(已废止)第58条第1款第3项,乘人之危的法律行为无效。后者规定于《民法通则》(已废止)第59条第1款第2项,显失公平的法律行为可撤销、可变更。《民通意见(试行)》(已废止)第70条曾规定:"一方当事人乘对方处于危难之机,为牟取不正当利益,迫使对方作出不真实的意思表示,严重损害对方利益的,可以认定为乘人之危。"第72条曾规定:"一方当事人利用优势或者利用对方没有经验,致使双方的权利义务明显违反公平、等

---

① 　C.4,44,2.

② 　法律史考察,参见徐涤宇:《非常损失规则的比较研究——兼评中国民事法律行为制度中的乘人之危和显失公平》,载《法律科学》2001年第3期。

价有偿原则的,可以认定为显失公平。"从这两条规定来看,在司法解释中,乘人之危与显失公平在构成要件上已经出现了融合的趋势。在《合同法》(已废止)第 54 条中,乘人之危与显失公平虽然仍被分别规定,但法律效果已经统一,都是可撤销、可变更。近年来,学界也有不少学者主张对乘人之危与显失公平予以统一规范①。《民法典》第 151 条最终统一了乘人之危的法律行为与显失公平的法律行为。

(二)显失公平的客观要件

显失公平法律行为的客观要件是双方当事人的给付对价关系明显失衡。从这个意义上说,显失公平规则仅适用于有偿法律行为,②不适用于诸如赠与合同之类的无偿法律行为,因为无偿法律行为本就没有对价关系,自然无所谓是否公平交换。《民通意见(试行)》(已废止)第 72 条中"致使双方的权利义务明显违反公平、等价有偿原则的"之规定亦表明我国民法上的显失公平规则一直仅适用于有偿法律行为。③

给付对价关系在何种情况下可以认定为明显失衡?我国《民法典》并未明确规定。《民法通则》(已废止)、《合同法》(已废止)及其

---

① 参见徐涤宇:《非常损失规则的比较研究——兼评中国民事法律行为制度中的乘人之危和显失公平》,载《法律科学》2001 年第 3 期;尹田:《乘人之危与显失公平行为的性质及其立法安排》,载《绍兴文理学院学报》2009 年第 2 期;冉克平:《显失公平与乘人之危的现实困境与制度重构》,载《比较法研究》2015 年第 5 期;曾大鹏:《论显失公平的构成要件与体系定位》,载《法学》2011 年第 3 期;刘耀东:《论乘人之危与显失公平在我国民法总则中的立法取舍与制度构建》,载《辽宁师范大学学报》2017 年第 4 期。

② 类似观点,参见贺剑:《〈合同法〉第 54 条第 1 款第 2 项(显失公平制度)评注》,载《法学家》2017 年第 1 期;王利明:《合同法研究》(第 1 卷),中国人民大学出版社 2015 年版,第 708 页。

③ 和解合同并非无偿合同,因为双方当事人互相让步,一方放弃(自认为享有的)利益是以另一方给予其他利益为对价的,所以,和解合同(比如很多赔偿协议)有适用显失公平规则的余地。相关案例,参见山东泰祥房地产开发有限公司与江苏昌盛建设集团有限公司建设工程施工合同纠纷案,山东省高级人民法院民事判决书(2016)鲁民终 21 号(构成显失公平);盐城盐阳汽车运输有限公司与朱某某等撤销权纠纷案,江苏省高级人民法院民事裁定书(2016)苏民申 4978 号(构成显失公平);李某某与郭某某生命权、健康权、身体权纠纷案,吉林省高级人民法院民事裁定书(2017)吉民申 288 号(不构成显失公平)。

司法解释也未作规定。① 罗马法中的合同价格失衡,是指约定的价格尚不足买卖物实际价值的一半②。在德国法上,如果合同约定的给付价值不足正常市场价的一半,则一般构成对价失衡。当然,价值比例并非唯一标准。在个案中需要综合考虑所有相关情况,包括当事人在该法律行为中的风险(己方受损害、对方丧失支付能力、担保物价值不足、标的物价格波动等)、拟处理事务的难度、标的物在特殊时期的稀缺性等。正常市场价越是难以确定,越应当全面考量这些因素。③ 因此,有时即便给付与对待给付的价值比稍低于1:2,也构成对价失衡。在住房租赁情形中,甚至当约定租金超过市场通常租金50%时即构成对价失衡。④ 反之,有时给付与对待给付的价值比超过1:2,却不构成对价失衡。比如已经发行的进入二级市场中的重要比赛门票、珍贵邮票等稀缺物品。⑤

《民法典》施行前,我国司法实践中有时法院参照《合同法司法解释(二)》(已废止)第19条,认为约定的价格超出正常价格30%的,应认定为显失公平⑥。此种观点是否妥当,不无疑问⑦。《合同法司法解释(二)》(已废止)第19条是关于《合同法》(已废止)第74条债权人

---

① 在湖北祥和建设集团有限公司与阳某某撤销权纠纷案,湖北省武汉市中级人民法院民事判决书(2013)鄂武汉中民商再终字第00001号中,和解协议约定的债权数额已经达到债权人曾经主张的债权数额65%以上,但法院仍然认定构成显失公平并判定撤销和解协议。

② C.4,44,8.

③ Rolf Sack, in: Staudinger Kommentar BGB, 2004, § 138 Rn. 177 – 179.

④ Christian Armbrüster, in: Münchener Kommentar BGB, 5. Aufl., 2006, § 138 Rn. 144 – 147.

⑤ Rolf Sack, in: Staudinger Kommentar BGB, 2004, § 138 Rn. 193; Jürgen Ellenberger, in: Palandt Kommentar BGB, 79. Aufl., 2020, § 138 Rn. 67.

⑥ 参见佛山市溢宏房地产有限公司与中建四局第六建筑工程有限公司建设工程合同纠纷案,广东省高级人民法院民事判决书(2015)粤高法民申字第2399号;北京市高级人民法院《关于审理房屋买卖合同纠纷案件若干疑难问题的会议纪要》(京高法发〔2014〕489号)第24条第2款。

⑦ 赞同此种观点的,如贺剑:《〈合同法〉第54条第1款第2项(显失公平制度)评注》,载《法学家》2017年第1期。

撤销权行使要件的司法解释,债务人与第三人实施的系争法律行为损害了债权人的利益,债权人并非该法律行为的当事人,未参与磋商谈判。与此不同,显失公平法律行为的撤销权人本身即为系争法律行为的当事人,参与了该法律行为的磋商谈判,因此,在对价失衡的判断标准上应当与债务人的诈害行为有所区别①。

在(2014)吉民二终字第89号民事判决书所涉案件中,甲授权乙代办不动产征收补偿事宜,约定乙得到征收补偿款后,以每平方米1万元的价格向甲支付3562万元补偿款,超出此数额部分补偿款归乙所有,后来乙实际得到5530万元征收补偿款,甲反悔。吉林省高级人民法院认为,3562万元与5530万元差额巨大,明显违反公平、等价有偿原则,甲、乙订立的协议符合显失公平的客观要件②。本案双方订立的协议名为委托,实际上是甲将其可能取得的不动产征收补偿债权转让给乙,约定的转让价格3562万元达到债权实际金额5530万元的64.41%,但依然被法院认定为对价明显失衡。在(2015)苏审三民申字第01154号民事裁定书中,江苏省高级人民法院认为,不动产买卖双方以市场评估价格的73.18%成交,不构成显失公平③。在(2016)苏民申4978号民事裁定书所涉案例中,交通肇事方与受害方达成赔偿协议,约定肇事方在保险理赔之外另赔偿受害方8万元后,受害方不再追究其他赔偿责任。事后证明,依实际损失,受害方本可以从肇事方获得26万元赔偿金,法院认为该赔偿协议导致受害方丧失18万

① 认为显失公平的认定不宜参照《合同法司法解释(二)》(已废止)第19条规定之标准的判例,有台山市吉联电线电缆有限公司与中山市炜俊置业投资有限公司买卖合同纠纷案,广东省江门市中级人民法院民事判决书(2013)江中法民再字第54号。
② 参见朴某某等与钟某某委托合同纠纷案,吉林省高级人民法院民事判决书(2014)吉民二终字第89号。
③ 参见杨某与张某、孙某某买卖合同纠纷案,江苏省高级人民法院民事裁定书(2015)苏审三民申字第01154号以及江苏省泰州市中级人民法院民事判决书(2014)泰中民终字第01112号。

元的损害赔偿请求权,显失公平①。在(2015)苏审三民申字第01537
号民事裁定书中,江苏省高级人民法院则认为,虽然受害方迄今仅支
出700多元治疗费,但其承担了后续风险,所以其依据赔偿协议得到
48,000元赔偿金并非显失公平②。在(2012)民申字第1561号民事裁
定书中,甲、乙订立《合作经营协议》,约定甲出资70万元,乙出资400
万元,经营利润甲分取73%,乙分取27%,最高人民法院认为该合同
双方权利义务显然不对等,显失公平③。尽管法律上允许合伙人约定
与出资比例不同的盈余分配比例,但如果二者差距过于悬殊,仍可能
构成显失公平。本案甲以14.9%出资义务加上27%盈余分配权换取
85.1%出资义务加上73%盈余分配权,双方对价明显失衡。

　　应当注意的是,对价是否明显失衡,应以系争法律行为订立时给
付的价值为准予以判定。如果法律行为订立后才出现对价明显失衡
之情形,不适用显失公平规则,④至于是否构成客观行为基础障碍(情
势变更),则须依个案情势具体判断。此外,如果系争法律行为只是交
易的一个环节,与其他法律行为组合而成一个整体交易,则不能孤立
地评判系争法律行为是否显失公平,毋宁应当综合考察全部法律行为
中的对价关系⑤。

　　(三)显失公平的主观要件

　　显失公平法律行为的主观要件是一方利用对方处于危困状态、缺
乏判断能力等情形。欠缺主观要件时,即便合同对价失衡,也不构成

---

① 参见盐城盐阳汽车运输有限公司与朱某某等撤销权纠纷案,江苏省高级人民法院
民事裁定书(2016)苏民申4978号。

② 参见郝某某与陈某某债权人撤销权纠纷案,江苏省高级人民法院民事裁定书
(2015)苏审三民申字第01537号。

③ 参见贵阳华宇石化产品有限公司与茂名市穗深发展有限公司联营合同纠纷案,最
高人民法院民事裁定书(2012)民申字第1561号。

④ 参见季某某与乌鲁木齐市第一人民医院房屋买卖合同纠纷案,新疆维吾尔自治区
高级人民法院民事裁定书(2015)新民申字第364号。

⑤ 参见斯琴某某与姚某某专利权转让合同纠纷案,最高人民法院民事判决书(2019)
最高法知民终46号。

显失公平。比如甲、乙是朋友,基于友情,甲以正常价值的 1/3 价格向乙出售某物,事后甲不得主张买卖合同显失公平。事实上,这不是一般的买卖,而是介于买卖和赠与之间的法律行为,在学理上称为混合赠与(gemischte Schenkung)①,俗语则称为"半卖半送"。主观要件包括两个方面:其一,一方当事人处于危困状态、缺乏判断能力等情形;其二,另一方当事人故意利用此类情形。

1. 危困状态

所谓危困状态,是指当事人处于某种危急、困难状态,以至于迫切需要获得金钱或其他给付,如果得不到这些给付,当事人就会遭受重大不利益。② 大多数情况下涉及的是经济上的危困状态。例如,当事人急需金钱,否则难以生存;因自己或家属患病急需金钱住院治疗;急需金钱偿还房贷以避免按揭购买的唯一住房被变卖偿债;公司急需周转资金以避免陷于破产③。有时,精神上的急迫状态(psychische Zwangslage)也应认定为危困状态,比如在某一时刻因酒瘾或毒瘾犯了,急需变卖财物以购买酒水或毒品,或者直接以财物换取酒水或毒品;某人面临名誉危机,为了维护名誉以明显不合理对价采取措施平

---

① Rolf Sack,in:Staudinger Kommentar BGB,2004,§138 Rn.194.

② 在对辽宁立泰实业有限公司与抚顺太平洋实业有限公司企业借贷纠纷案作出的(2019)最高法民申 2898 号民事裁定中,最高人民法院认为,抚顺太平洋实业有限公司的法定代表人因配合有关机关调查被限制人身自由,总经理和财物管理人员被逮捕,可以认定为处于危困状态,辽宁立泰实业有限公司趁机与抚顺太平洋实业有限公司未经授权的经办人订立利益明显失衡的合同,构成显失公平。此种观点有待推敲。本案系争合同的效力障碍在于抚顺太平洋实业有限公司的经办人欠缺代理权,不在于显失公平。抚顺太平洋实业有限公司的上述状况不属于显失公平制度中的危困状态。

③ 在对青海福果典当有限公司与青海昆玉实业投资集团有限公司、青海天诚信用担保有限责任公司合同纠纷案作出的(2015)青民二初字第 73 号民事判决中,青海省高级人民法院认为,福果公司在昆玉公司受困于债务危机急需延长借款偿还期限的情况下,利用其债权人优势地位,签订抵偿协议,导致双方当事人之间的利益客观上存在严重失衡,福果公司由此获取的利益明显不当,应属于显失公平的情形。不过,最高人民法院在对该案作出的(2016)最高法民终 234 号民事判决中认为,昆玉公司基于生产经营需要而进行借贷并展期,与紧急情况下的生活消费型借贷不同,不存在危难急迫的客观事实,所以本案系争抵偿协议不构成显失公平。

息事态①。当事人虽无经济困难,但急需处理某一突发事件或急需完成某项重要任务,也属于处于危困状态。比如因水管破裂,支付了过高的修理费。再如,开发商有义务为被拆迁的小学临时安置办学场所,场所租期届满时新校舍尚未建成,续租时出租人将年租金从100万元提高至500万元,②如果该临时校舍的年租金市场价低于250万元,且当时确实难以找到其他合适的临时校舍,续租合同可以认定为显失公平。

原则上,仅在当事人既有的利益受到威胁时,才构成危困状态。如果事态只是导致未来计划的实现受到限制或被推迟,则不构成危困状态。此外,当事人如果只是急需借助系争法律行为提高生活水准,也不构成危困状态。如果所有的市场主体都遭遇相同的困境,比如房源紧张,则同样不构成危困状态,此处所谓的危困状态仅指个别当事人的特殊状态。③

即便一方当事人只是误以为自己陷于危困状态,也符合显失公平法律行为的主观要件。④ 但对此存在反对观点。⑤

2. 缺乏判断能力

缺乏判断能力并非指当事人缺乏行为能力。行为能力涉及一般的辨识能力,而此处所谓判断能力仅指当事人针对某项具体法律行为进行判断的能力,即正确地对其予以利弊衡量的能力。因此,一个具备完全民事行为能力的当事人在实施某一项复杂的法律行为时仍有

---

① Rolf Sack,in:Staudinger Kommentar BGB,2004,§138 Rn.197;Christian Armbrüster,in:Münchener Kommentar BGB,5. Aufl.,2006,§138 Rn.149.

② 案例参见秦皇岛市海洋置业房地产开发有限公司与李某某租赁合同纠纷案,河北省高级人民法院民事判决书(2015)冀民一终字第229号,但该案在一些关键因素上存在疑问,尤其是法院未就相同地段租金市场价予以查明,也未就校舍租赁对出租人不动产其余部分的使用造成不利影响的程度予以评估。

③ Rolf Sack,in:Staudinger Kommentar BGB,2004,§138 Rn.198-201.

④ Rolf Sack,in:Staudinger Kommentar BGB,2004,§138 Rn.204;Jürgen Ellenberger,in:Palandt Kommentar BGB,79. Aufl.,2020,Rn.70.

⑤ Christian Armbrüster,in:Münchener Kommentar BGB,5. Aufl.,2006,§138 Rn.149.

可能欠缺判断能力①。缺乏与此类法律行为相关的信息或者没有能力利用这些信息都属于欠缺判断能力。年老、文化程度过低是欠缺判断能力的重要原因。② 有学者认为,行为人具有一定程度的智力障碍,但尚不属于限制民事行为能力人是缺乏判断能力的主要情形③。限制民事行为能力人虽经法定代理人允许,可以独自实施超出其行为能力范围的法律行为,但仍欠缺足够的判断能力,如果相对人利用其此项缺陷达成对价明显失衡的法律行为,则显失公平规则有适用之余地。反之,一个20周岁的大学生出售自己名下的不动产,通常不应认定其缺乏判断能力④。

### 3. 其他类似情形

《民法典》第151条中的"等情形"意味着除了危困状态、缺乏判断能力之外,其他导致当事人不能完全自由、理性地作出决断的情形也可以适用显失公平规则。从《民法典》制定前的法律状况看,《民通意见(试行)》(已废止)第72条规定的相关情形是"一方当事人利用优势或者利用对方没有经验"。尽管《民法典》第151条并未明确列举这两种情形,但在解释上仍应将二者纳入其中⑤。"利用优势",主要是指利用社会关系或经济地位上的优势⑥,比如职场关系中的上级地

---

① Rolf Sack, in: Staudinger Kommentar BGB, 2004, § 138 Rn. 209.

② Christian Armbrüster, in: Münchener Kommentar BGB, 5. Aufl. , 2006, § 138 Rn. 151.

③ 参见武腾:《显失公平规定的解释论构造——基于相关裁判经验的实证考察》,载《法学》2018年第1期。

④ 参见杨某与张某、孙某某买卖合同纠纷案,江苏省高级人民法院民事裁定书(2015)苏审三民申字第01154号以及江苏省泰州市中级人民法院民事判决书(2014)泰中民终字第01112号。

⑤ 有学者认为应当以"利用依赖关系"取代"利用优势",参见武腾:《显失公平规定的解释论构造——基于相关裁判经验的实证考察》,载《法学》2018年第1期。

⑥ 区分"结构优势"与"个体优势"并认为从"结构优势"可以推定一方"利用优势"的学说,参见贺剑:《〈合同法〉第5条第1款第2项(显失公平制度)评注》,载《法学家》2017年第1期。

位、行政关系中的掌权者地位①。有时,信息明显不对称也被法院认定为一方具备优势地位②。甚至有时赖账的债务人也被法院认为具备优势地位:债务人利用债权人急于实现债权的心理,与其达成将债权转变为合伙出资的约定,许诺通过合作经营获取利润最终使债权得以实现③。"对方没有经验",是指对方欠缺社会生活经验或生意上的知识,包括欠缺一般的经验和某一具体交易领域的经验④。比如一个初来乍到的异乡人或外国人往往缺乏经验;一个普通人首次从事特殊领域的交易(比如古玩交易);一家化工企业首次进入采矿业收购股权而且没有委托权威机构进行考察评估⑤;一个几乎足不出户、极少参与市场交易的农妇亦然。实际上,缺乏经验与缺乏判断能力存在交叉之处,因过于年轻或过于年老而从未或久未从事市场交易者,既可以说缺乏经验,也可以说缺乏判断能力。一个大股东持有公司股份并参与经营管理多年,将股权转让给他人之后,认为转让价格不足正常价格

---

①　在伊犁鑫瑞煤炭销售有限责任公司与吴某某合伙协议纠纷案,新疆维吾尔自治区高级人民法院民事判决书(2016)新民终453号中,法院认为,双方当事人签订的合伙协议履行地在伊宁县,鑫瑞公司是地处伊宁市的法人,而吴某某则是居住乌鲁木齐的个人,鑫瑞公司对于吴某某具有地位上以及环境上的优势,其利用此种优势订立的协议权利义务约定明显不对等,构成显失公平。

②　参见朴某某等与钟某某委托合同纠纷案,吉林省高级人民法院民事判决书(2014)吉民二终字第89号。法院认为,受托人一直参与系争不动产征收的沟通、交涉,而委托人则未参与,所以在不动产征收评估价格的了解上信息不对称,受托人处于优势地位。

③　参见贵阳华宇石化产品有限公司与茂名市穗深发展有限公司联营合同纠纷案,最高人民法院民事裁定书(2012)民申字第1561号。对此种裁判观点的批评,参见武腾:《显失公平规定的解释论构造——基于相关裁判经验的实证考察》,载《法学》2018年第1期。

④　参见王利明:《合同法研究》(第1卷),中国人民大学出版社2015年版,第708页。

⑤　参见梅兰化工集团有限公司与计某某股权转让合同纠纷案,河北省高级人民法院民事判决书(2015)冀民二终字第55号。在该案中,法院同时认为,在订立系争股权转让合同时转让方构成欺诈。此项结论是否妥当,不无疑问。尽管关于目标企业矿产储量的评价报告是由转让方提供的,但转让方未必知道真实储量远低于报告所称的980万吨,所以未必具备欺诈故意。实际上,本案最清晰的定性是构成双方动机错误(主观行为基础障碍):订立股权转让合同时,双方均依据评价报告所称的980万吨矿产储量确定股权转让价格(4000万元),但事后表明实际储量不足15万吨,双方形成4000万元转让价格的理由均发生错误,应认定构成重大误解,股权转让合同可撤销。

一半,主张构成显失公平并诉请撤销股权转让合同,该诉讼请求不应得到支持,因为转让方并不缺乏经验和判断能力[①]。欠缺经验与决策时过于乐观或疏忽大意不同。甲公司为庙会组织者,与乙美食协会订立协议,约定为乙美食协会提供 40 个摊位用于展销广东美食,每日从乙美食协会营业额中提取 15% 作为利润,若庙会结束时乙美食协会总营业额达不到 160 万元,甲公司有义务补足营业额至 160 万元。庙会结束时,乙美食协会的总营业额仅有 20 万元,要求甲公司补足,甲公司认为乙美食协会未付出足够劳动即可得到巨额回报,显失公平[②]。甲公司作为专门从事商业推广、策划的企业,很难说缺乏经验,如果说在此项协议中其承担的风险过大,那也是因为其对市场前景过于乐观所致,原则上应自担后果。当然,本案应当首先进行意思表示解释,将营业额补足条款合理解释为甲公司有义务补足乙美食协会在营业额达到 160 万元时本可以获得的利润,以免出现乙美食协会既获得补足的营业额又省却了食材等成本的不公平结果。

此外,一方当事人利用对方当事人严重的意志薄弱(erhebliche Willensschwäche)达成的对价明显失衡之法律行为也应适用显失公平规则。所谓严重的意志薄弱,是指当事人虽然知道法律行为的内容及所带来的不利益,但因其心理抵抗力(psychische Widerstandsfähigkeit)较弱以至于不能抵制该法律行为的缔结。比如少年、老人、酗酒者或沉迷于玩游戏者有时就处于严重的意志薄弱状态。[③] 正常人在特殊情形中也可能陷于此种状态,比如获得对方当事人盛情招待之后,出于感恩缔结了对价明显失衡的合同。

---

① 参见黄某某因与何某某、郑某某股权转让纠纷案,新疆维吾尔自治区高级人民法院民事判决书(2014)新民二终字第 99 号。

② 参见东营市大川文化传媒有限责任公司与新北市传统美食文化交流协会合同纠纷案,山东省高级人民法院民事判决书(2016)鲁民终 856 号。

③ Rolf Sack, in: Staudinger Kommentar BGB, 2004, § 138 Rn. 210; Christian Armbrüster, in: Münchener Kommentar BGB, 5. Aufl., 2006, § 138 Rn. 152; 武腾:《显失公平规定的解释论构造——基于相关裁判经验的实证考察》,载《法学》2018 年第 1 期。

4. 故意利用

对于一方当事人的危困状态、缺乏判断能力等状况，对方当事人在缔结法律行为时如果知道并据此达成对价明显失衡的法律行为，即为"故意利用"[1]。

## 二、撤销权的行使

### (一)行使方式

撤销权在本质上是一种形成权，但与其他形成权仅须权利人单方作出意思表示不同，可撤销法律行为的撤销必须由撤销权人通过起诉或者申请仲裁的方式请求人民法院或者仲裁机构予以撤销。人民法院判决或者仲裁机构裁决撤销法律行为的，才发生撤销之法律后果。

### (二)行使范围:部分撤销

与《民法通则》(已废止)及《合同法》(已废止)相比，《民法典》的一个显著变化是将重大误解、欺诈、胁迫、显失公平的后果由可变更、可撤销改为可撤销。[2] 之所以如此，主要是因为在法院或仲裁机构对法律行为进行变更时，变更后的内容未必同时符合表意人与受领人的意愿，而依《合同法》(已废止)第54条第3款之规定，当事人请求变更的，法院或仲裁机构不得撤销，此时只能强行作出违背一方或双方当事人意愿的变更。为贯彻意思自治原则，《民法典》取消了变更权[3]。

实践中，可撤销法律行为的表意人有时不愿意通过撤销使法律行

---

① 有观点认为重大过失应等同于故意，参见贺剑:《〈合同法〉第5条第1款第2项(显失公平制度)评注》，载《法学家》2017年第1期;王磊:《论显失公平规则的内在体系——以〈民法总则〉第151条的解释论为中心》，载《法律科学》2018年第2期。

② 对"可变更"这一法律后果的质疑，参见马俊驹、余延满:《民法原论》，法律出版社2010年版，第210页;崔建远主编:《合同法》，法律出版社2010年版，第115页。主张将"可变更"定性为通过意思表示解释以真意取代表示之规范意义的观点，参见张传奇:《论重大误解的可变更效力》，载《中外法学》2014年第6期。

③ 参见沈德咏主编:《〈中华人民共和国民法总则〉条文理解与适用》，人民法院出版社2017年版，第985页。

为完全丧失效力,因为法律行为的部分效果仍然符合其意愿。在变更权已被《民法总则》(已废止)取消的情况下,如何实现表意人此种意愿?民法理论上存在"部分撤销"(Teilanfechtung)之概念,据此,如果法律行为的内容可分,则撤销权人可以仅撤销法律行为的部分内容,法律行为的其余内容仍然有效。此时,在撤销之效果上应依据法律行为部分无效规则处理。[①] 我国《民法典》虽无专门条款规定法律行为的部分撤销,但《民法典》第156条规定的法律行为部分无效可以解释为既包括狭义无效中的部分无效,也包括因部分撤销导致的部分无效。如此,则法律行为部分撤销在我国民法具有规范基础。

(三)行使的效果

撤销权行使的效果是使法律行为溯及地丧失效力,在结果上与法律行为无效没有本质区别。

### 三、撤销权的消灭

(一)制度史与比较法

撤销权之目的在于保护权利人的意志自由。不过,撤销权导致法律行为最终可否生效处于不确定状态,这种状态的长期持续危及财产秩序,所以,应当对撤销权的行使施加期间上的限制。《民法典》第152条规定了撤销权的除斥期间,期间届满仍未行使撤销权的,撤销权消灭。此外,本条还规定撤销权的放弃也是撤销权消灭原因。

《民法通则》(已废止)第59条规定可撤销、可变更民事法律行为时并未规定撤销权的除斥期间和放弃规则。《民通意见(试行)》(已废止)第73条第2款曾规定:"可变更或者可撤销的民事行为,自行为成立时起超过一年当事人才请求变更或者撤销的,人民法院不予保护。"《合同法》(已废止)第55条第1项曾规定:"具有撤销权的当事

---

① Werner Flume, Allgemeiner Teil des bürgerlichen Rechts, Bd. 2: Das Rechtsgeschäft, 4. Aufl. ,1992 ,S. 562.

人自知道或者应当知道撤销事由之日起一年内没有行使撤销权。"第2项曾规定:"具有撤销权的当事人知道撤销事由后明确表示或者以自己的行为放弃撤销权。"与《民通意见(试行)》(已废止)第73条第2款相比,《合同法》(已废止)第55条第2项是新增规定,第1项规定的1年除斥期间的起算点有变化。《民法典》第152条与《合同法》(已废止)第55条相比,又有三点变化。一是缩短重大误解情形中的除斥期间,由1年变为90日。此项变化值得肯定,因为重大误解通常是由表意人自己造成的,而欺诈、胁迫则通常是由相对人造成的,相较之下,在除斥期间问题上重大误解情形中的相对人更值得保护,所以除斥期间应该更短一些①。二是对胁迫情形中的撤销权除斥期间起算点作出特殊规定,该期间自胁迫行为终止之日起算而不是自知道或者应当知道胁迫之日起算。三是规定了5年的最长除斥期间,自民事法律行为发生之日起算。这是为了避免因起算点不确定导致撤销权无限期存续。

从比较法看,《德国民法典》对撤销权除斥期间也采用区别对待的模式。按照《德国民法典》第121条之规定,意思表示错误情形中的撤销权必须在表意人知道撤销事由后"不迟延"地行使,实际上就是在尽可能短的期间内行使②。按照《德国民法典》第124条之规定,欺诈、胁迫情形中的撤销权除斥期间为1年。按照《德国民法典》第121条第2款及第124条第3款之规定,撤销权最长除斥期间为10年,自意思表示作出之日起算。我国台湾地区"民法"第74条、第90条、第93条规定暴利、错误、诈欺、胁迫等情形中撤销权除斥期间均为1年,只

---

① 　类似观点,参见沈德咏主编:《〈中华人民共和国民法总则〉条文理解与适用》,人民法院出版社2017年版,第1012页;李宇:《民法总则要义》,法律出版社2017年版,第628页;薛军:《论意思表示错误的撤销权存续期间——以中国民法典编纂为背景的分析》,载《比较法研究》2016年第3期。持质疑态度的观点,参见陈甦主编:《民法总则评注》,法律出版社2017年版,第1091页(朱晓喆执笔)。

② 　Arnd Arnold,in:Erman Kommentar BGB,15. Aufl.,2017,§124 Rn.1.

是期间起算点有所不同而已。此外,第 93 条但书规定诈欺、胁迫情形中撤销权最长除斥期间为 10 年。《瑞士债法典》第 21 条、第 31 条规定显失公平、错误、欺诈、胁迫等情形中的撤销权除斥期间均为 1 年。

(二)撤销权因除斥期间届满而消灭的要件

1. 除斥期间届满

除斥期间为不变期间,不可中断或中止,自起算点开始,经过法定的时间,除斥期间即告届满。除胁迫情形之外,普通除斥期间的起算点均为知道或者应当知道撤销事由之日。就欺诈而言,所谓"知道",是指知道自己陷于错误并且知道该错误是因对方故意不真实陈述造成的,当然,不要求知道不真实陈述的所有细节,关键是整体印象①。表意人究竟是否以及何时"知道",须依据其事后举动予以判断。事后举动如以受欺诈为由与相对人交涉、向消费者协会投诉、向公安机关告发等②。"应当知道",是指考虑到个案具体情况,按照常理,处于表意人位置的普通人能够知道自己已经被欺诈。重大误解与显失公平情形中的"知道或者应当知道"应作类似解释。

在胁迫情形中,普通除斥期间的起算点是"胁迫行为终止之日"。之所以不是从"知道或者应当知道胁迫之日"起算,主要是因为考虑表意人都知道被胁迫,但有时胁迫造成的困境持续时间较长,表意人不敢轻易行使撤销权,如果除斥期间即刻起算,显然不利于保护被胁迫的表意人③。不过,应该注意的是,以"胁迫行为终止之日"为除斥期间起算点未必妥当。有时,胁迫行为虽然已经终止,比如扬言施加暴力,但表意人因胁迫行为而订立合同之后,鉴于对方系当地黑恶势力,

---

① Reinhard Singer/Barbara von Finckenstein, in: Staudinger Kommentar BGB, 2004, § 124 Rn. 4.

② 参见浦某、袁某某与黄某某等股权转让纠纷案,最高人民法院民事判决书(2018)最高法民终 1342 号。

③ 沈德咏主编:《〈中华人民共和国民法总则〉条文理解与适用》,人民法院出版社 2017 年版,第 1011—1012 页。

仍然处于恐惧状态,不敢诉请撤销合同。如果认定其撤销权因 1 年期间届满而消灭,似乎有失公允。因此,宜将本条中的"胁迫行为终止之日"解释为"胁迫行为的后果(恐惧状态)终止之日"[1]。

最长除斥期间(5 年)的起算点为民事法律行为发生之日。所谓民事法律行为发生之日即为民事法律行为成立之日。

2. 撤销权未行使

撤销权人在除斥期间届满前未行使撤销权的,撤销权消灭。撤销权的行使方式为通过起诉、申请仲裁向人民法院或仲裁机构请求撤销系争法律行为。只要起诉或申请仲裁之日除斥期间尚未届满,撤销权就不消灭。

(三)撤销权因放弃而消灭的要件

撤销权的放弃是单方法律行为,由撤销权人单方作出放弃权利的意思表示。该意思表示可以是明示的,也可以是默示的。明示的放弃意思表示为不要式意思表示,既可以书面表示,也可以口头表示。即便可撤销法律行为本身为要式法律行为,亦然。

放弃意思表示须在撤销权人知道撤销事由之后作出[2]。这一点对于默示放弃尤其重要。仅当撤销权人知道撤销事由的,才可以从其行为中推断出放弃之意思。此处之行为包括撤销权人全部或部分履行合同义务、[3]受领对方给付、请求对方履行、转让合同权利或已经取得

---

① 从比较法看,德国法上对于胁迫情形中的除斥期间起算点也是如此处理的。Vgl. Reinhard Singer/Barbara von Finckenstein,in:Staudinger Kommentar BGB,2004,§124 Rn. 5.

② 撤销权人究竟仅须知道撤销事由抑或须知道其享有撤销权,不无疑问。这对于默示放弃而言尤其具有重要意义。在德国,判例上的通说以及学界部分学者(Neuner)认为撤销权人仅知道撤销事由是不够的,其还需要知道自己享有撤销权或者至少意识到自己作出的意思表示有可能是可撤销的。反对说(Medicus,Arnold)则认为无需此种意识。Vgl. Arnd Arnold,in:Erman Kommentar BGB,15. Aufl. ,2017,§144 Rn. 3.

③ 参见王某某与重庆摩文投资顾问有限公司委托合同纠纷案,最高人民法院民事裁定书(2017)最高法民申 1798 号。在该案中,表意人虽主张其系在人身自由受限制状态下出具欠条承担公司的债务,但此后在人身自由显然不受限制的情况下支付了欠条所载数额的金钱。法院认为其以自愿的实际行为认可了欠条内容。

的标的物等,但不包括单纯的沉默(不作为)。在胁迫情形中,如果明示或默示的放弃意思表示仍然是在受胁迫状态下作出,则不发生放弃之效力①。

关于放弃意思表示是否需受领意思表示,存在争议。德国法通说认为放弃意思表示是无需受领意思表示,②但晚近以来有不少学者主张应将其视为需受领意思表示,主要理由是放弃表示唯有到达相对人才能使其知道法律行为效力不确定状态已经结束③。不过,这项理由似乎并不充分。既然是为了保护相对人的利益,则在放弃表示未到达相对人但相对人通过其他途径知悉撤销权人已经放弃表示的情况下,使其享受撤销权放弃的利益并无不可。反之,如果不承认撤销权已被放弃,反而背离了保护相对人的初衷。实际上,关键不在于撤销权的放弃表示是否到达相对人,而在于可否确定此项表示是否包含约束意义。明示的放弃意思表示依其本旨通常应当向撤销权的相对人作出,这样可以表明撤销权人愿意受其表示的约束。反之,如果只是自言自语式的表示,则不足以表明撤销权人愿意受其表示的约束。就默示的放弃表示而言,未必皆需到达撤销权的相对人。有些可推断之行为客观上无法"到达"相对人,比如撤销权人向第三人转让基于可撤销法律行为取得的标的物,虽未向相对人表示,但该行为足以表明撤销权人已经认真地放弃撤销权。

(四)撤销权消灭的法律效果

撤销权因除斥期间届满或撤销权人放弃而消灭。消灭后,因撤销

---

① Arnd Arnold, in: Erman Kommentar BGB, 15. Aufl., 2017, § 144 Rn. 3; Jan Busche, in: Münchener Kommentar BGB, 5. Aufl., 2006, § 144 Rn. 7.

② Jürgen Ellenberger, in: Palandt Kommentar BGB, 79. Aufl., 2020, § 144 Rn. 2; Mugdan, Die gesammten Materialien zum Bürgerlichen Gesetzbuch für das Deutsche Reich, Bd. 1, 1899, S. 731.

③ Larenz/Wolf, Allgemeiner Teil des bürgerlichen Rechts, 9. Aufl., 2004, S. 802; Dieter Medicus, Allgemeiner Teil des BGB, C. F. Müller, Heidelberg, 10. Aufl., 2010, S. 221; Jan Busche, in: Münchener Kommentar BGB, 5. Aufl., 2006, § 144 Rn. 4.

事由遭受不利益的表意人不得再撤销法律行为。不过,如果撤销权系因除斥期间届满而消灭,表意人虽不得再行使撤销权,但相对人的欺诈、胁迫行为构成侵权或缔约过失的,表意人可以向其主张侵权责任或缔约过失责任。责任形式包括金钱损害赔偿(《民法典》第 179 条第 1 款第 8 项)与恢复原状(《民法典》第 179 条第 1 款第 5 项)。就恢复原状而言,表意人有权请求相对人废止系争法律行为[①],比如通过解除使合同丧失效力。侵权责任与缔约过失责任适用诉讼时效相关规定。

## 第四节　法律行为附条件与附期限

### 一、一般问题

#### (一)附条件与附期限的功能

法律行为是私法自治的工具,当事人借助法律行为安排自己的法律关系。自治一方面意味着自己决定法律行为的内容,另一方面也意味着自己决定法律行为何时以及在何种条件下发生效力。后者通过法律行为附条件与附期限实现。因此,附条件与附期限是当事人对法律行为效力进行自我控制的手段。无论负担行为抑或处分行为,[②]皆可附条件或者附期限。

当事人之所以给法律行为附条件,主要有两个原因。第一个原因,当事人认为自己未来状况存在不确定性,而该状况如何恰恰是其

---

① Reinhard Singer/Barbara von Finckenstein, in: Staudinger Kommentar BGB, 2004, § 124 Rn. 10; Ernst A. Kramer, in: Münchener Kommentar BGB, 5. Aufl. ,2006, § 124 Rn. 7.

② 免责的债务承担也是处分行为,可以附条件。例如,甲、乙、丙、丁订立四方协议,约定乙将持有的丙公司股权转让给甲,丁为乙的"一致行动人"且为乙的义务提供连带责任保证,甲取得股权后向丙公司提供借款 2.68 亿元,若丁未能与甲的关联企业订立经甲认可的合作合同或者违反该合作合同的特定条款,则上述 2.68 亿元借款转为甲对乙提供的借款,乙承担该笔借款债务。案情参见邓某与海南碧桂园房地产开发有限公司合同纠纷案,最高人民法院民事判决书(2020)最高法民终 207 号。

决策的重要考量因素,所以在法律行为中将该状况设定为条件,使法律行为的效力取决于该状况是否发生。从某种意义上说,条件是动机的外部化,表意人将其决策理由表达于外部并在该理由与拟发生的法律效果之间建立关联性,该理由成为法律行为之条件。比如,甲、乙约定,若甲今年移民成功,则甲将某处房屋以某价格售于乙。"甲今年移民成功"是甲作出售房意思表示的理由,也就是甲之意思表示的动机,但甲、乙将其纳入买卖合同,使其影响合同效果,所以成为条件。附条件的第二个原因是,一方当事人通过在法律行为中附加条件给对方当事人施加压力,使其根据条件调整自己的行为。比如,所有权保留买卖,双方约定出卖人交货后保留所有权,所有权在买受人支付全部价款后移转于买受人。买卖双方据此达成以所有权让与为内容的附条件处分行为。所附条件"支付全部价款"旨在促使买受人按期清偿价款债务。

附条件与附期限皆为法律行为的附款(Nebenbestimmung)。除此之外,学理上认为法律行为的附款还包括负担(modus),如附负担(义务)赠与,约定受赠人负担一定义务[①]。负担与条件不同。一方面,负担本身不决定法律行为的生效或失效,所以不具备法律行为的效力控制功能,仅意味着当事人在获得财产利益之后有义务为或不为特定行为;另一方面,条件所涉行为不构成当事人的义务,所以对方不得诉请履行。例如,甲赠与乙一部手机,约定若乙将手机用于玩游戏,则赠与失效。此为附解除条件赠与合同,"将手机用于玩游戏"这一事实影响合同效力。如果甲赠与乙一栋房屋,约定乙应当留出其中一层房屋由甲终身居住,则为附负担赠与合同,甲有权诉请乙履行所负担的义务。法律行为的附款亦遵循私法自治原则,其设立、变更与废止依当事人的意思表示为之。当事人可以通过合意废止条件约款,使附条件法律

---

① 参见〔意〕彼德罗·彭梵得:《罗马法教科书》,黄风译,中国政法大学出版社 1992 年版,第 65 页;王泽鉴:《民法总则》,北京大学出版社 2009 年版,第 397 页。

行为变成不附条件的法律行为。此项合意可以明示意思表示达成,也可以默示意思表示达成。比如,双方订立附停止条件合同后,条件虽未成就,但双方均已履行合同义务,则双方系以默示方式达成废止条件约款的合意[1]。

(二)附条件与附期限的限制

法律行为通常皆可附条件或者附期限,但某些法律行为不得附条件或者附期限,学理上称此类法律行为之附条件或者附期限不具备容许性(Zulässigkeit)[2]。不具备容许性的原因主要有两种。

其一,维护公共秩序。比如,为维护伦理秩序,结婚、离婚不得附条件或者附期限。婚姻关系事关基本伦理秩序,非同儿戏,要求当事人严肃、认真,附条件或者附期限意味着有所保留或者摇摆不定,与婚姻关系的本质相悖。身份法上的其他法律行为原则上亦然,如收养。财产法上的某些法律行为也不得附条件或者附期限,如不动产所有权的处分行为,为确保不动产登记簿记载内容的清晰度以及不动产物权关系的确定性,不允许附条件或者附期限[3]。继承的放弃、遗赠的接受或拒绝也不得附条件或者附期限,否则影响遗产的处理以及遗产分配后的财产归属秩序。按照我国《票据法》第43条规定,汇票的承兑行为不得附条件。此外,票据背书、票据保证也不得附条件。

其二,保护相对人。介入他人财产关系的单方法律行为通常不得附条件或者附期限。此类行为主要指行使形成权的法律行为。[4] 由于形成权使权利人可以不经过相对人的同意即可单方面改变其法律关系,允许法律行为附条件或者附期限意味着权利人可以将不确定状态强加给相对人,于理不合。据此,抵销权(《民法典》第568条第2款)、

① 参见招远七六一有限责任公司与潍坊龙海民爆有限公司买卖合同纠纷案,最高人民法院民事判决书(2015)民二终字第274号。

② Brox/Walker, Allgemeiner Teil des BGB, 44. Aufl. , 2020, S. 224( §21 Rn. 8).

③ Larenz/Wolf, Allgemeiner Teil des bürgerlichen Rechts, 9. Aufl. , 2004, S. 919.

④ Medicus/Petersen, Allgemeiner Teil des BGB, 11. Aufl. , 2016, S. 367.

解除权、追认权、买回权、优先购买权、选择权的行使等法律行为原则
上皆不可附条件或者附期限。例外者,继续性合同的终止行为可以附
期限,比如,出租人通知承租人"3 个月后合同终止",此种期限反而有
利于承租人,使其有机会安排替代交易。此外,由于规定行使形成权
的法律行为不得附条件或者附期限只是为了保护相对人的利益,所
以,如果双方当事人事先已就附条件、附期限的容许性达成合意,则依
私法自治原则,此类法律行为可以附条件或者附期限。虽无合意,但
形成权的行使行为所附条件成就与否仅取决于相对人之行为的,亦无
不可。① 因为,相对人可以通过自己的行为随时消除不确定状态,无须
通过否定附条件的容许性予以保护。例如,因买受人违约,出卖人表
示解除合同,但其解除表示声明"若买受人 7 天之内付清所欠价款则
本合同继续有效"。这是附解除条件的解除行为,构成条件的事实是
买受人 7 天之内的付款行为,该条件是否成就完全取决于买受人,所
以具备容许性。应当注意的是,如果当事人并非通过行使解除权而是
通过达成合意解除合同,则该合意可以附条件。例如,甲、乙就合同解
除进行磋商并约定,须乙支付补偿金后合同才解除。此为附停止条件
解除合意。②

　　法律行为之附条件或者附期限欠缺容许性的,法律行为效力如
何,不无疑问。主流观点认为,欠缺容许性原则上导致法律行为本身
无效;例外情况下,法律行为视为未附条件或者期限而发生效力。③ 我
国《票据法》第 33 条第 1 款规定:"背书不得附有条件。背书时附有条
件的,所附条件不具有汇票上的效力。"该法第 48 条规定:"保证不得
附有条件;附有条件的,不影响对汇票的保证责任。"在此二项规定中,

---

　　① Larenz/Wolf, Allgemeiner Teil des bürgerlichen Rechts, 9. Aufl. ,2004, S. 920.

　　② 参见邢都神旺置业有限公司与上海瑰丽酒店管理有限公司租赁合同纠纷案,最高
人民法院民事判决书(2019)最高法民终 879 号。

　　③ Werner Flume, Allgemeiner Teil des bürgerlichen Rechts, Bd. 2: Das Rechtsgeschäft, 4.
Aufl. ,1992, S. 698; Medicus/Petersen, Allgemeiner Teil des BGB, 11. Aufl. ,2016, S. 367.

附条件欠缺容许性仅导致条件无效,法律行为本身的效力不受影响。《票据法》第43条第2分句规定:"承兑附有条件的,视为拒绝承兑。"其中"视为拒绝承兑"不完全等同于承兑无效。承兑无效意味着不存在承兑,但不当然表明付款人已经明确决定不予承兑,付款人将来可能予以有效承兑。反之,拒绝承兑意味着付款人已经明确决定不予承兑,汇票的付款成为不可期待,所以《票据法》第61条第2款规定拒绝承兑构成票据追索权的发生原因。至于在欠缺容许性的其他情形中,法律行为效力如何,我国法律未见明确规定。附条件、附期限作为法律行为的附款,是法律行为的部分内容,附款因欠缺容许性而无效,属于法律行为部分无效,是否影响法律行为其他部分之效力,应依《民法典》第156条处理。主要应基于目的考量,探究当事人在知道附款无效的情况下是否有意使法律行为其他部分发生效力。若有,则法律行为扣除附款后的内容发生效力。当然,应当谨慎解释,多数情况下应当认定附款无效导致法律行为整体无效。

### 二、条件的构成要件

附条件法律行为中的条件是一种事实,但并非任何一种事实都构成条件。通说认为,条件须符合以下构成要件。

首先,条件是未来的不确定事实。如果当事人将达成法律行为时已经发生的事实或者已经确定不发生的事实作为条件,即便当事人对此并不知情,该事实也不构成条件。此即学理上所谓既成条件(已定条件),由于欠缺不确定性,所以并非真正意义上的条件[1]。法律行为的效力与该事实无关。如果所附"条件"在达成法律行为时已经发生,以之为"停止条件"的,法律行为应视为无条件,自成立时生效;以之为"解除条件"的,法律行为应视为无效。反之,如果所附"条件"在达成

---

[1]　参见王泽鉴:《民法总则》,北京大学出版社2009年版,第400页。

法律行为时已经确定不发生,以之为"停止条件"的,法律行为无效;以之为"解除条件"的,法律行为应视为无条件。此外,虽为未来事实,但其发生是必然的,只是发生时间或早或晚,也不构成条件。此即学理上所谓必成条件①。法律行为包含必成条件的,应解释为附始期法律行为,自所约定的未来事实发生时起生效。

其次,条件具有意定性。条件是通过意思表示被设定为法律行为效力发生或丧失之前提的事实。如果法律规定法律行为的生效以特定事实为前提,则不构成条件。此即学理上所谓的法定条件(condicio iuris;Rechtsbedingung)。即便当事人将法定条件当作法律行为的内容予以约定,依然不构成附条件法律行为。例如,某些法律行为须经主管机关批准才能生效,此为法定生效要件,当事人在法律行为中是否对此予以约定,对法律行为的生效没有影响。当然,如果当事人在法定条件的基础上附加了其他不确定因素,则可能构成附条件法律行为。② 比如,对于须经批准的法律行为,约定应当在 1 个月内获得批准,否则无效。"获得批准"是法定的不确定因素,属于法定条件。反之,"1 个月内获得批准"则附加了意定的不确定因素,构成法律行为条件。如果该法律行为未在 1 个月内获得批准,则法律行为因条件不成就而确定不发生效力,即便 1 个月之后主管机关予以批准,也不能使之生效。再如,限制行为能力人与相对人订立房屋买卖合同,约定合同经法定代理人书面同意后生效。尽管法定代理人的同意是合同的法定生效要件,但同意的书面形式则是意定的,构成法律行为条件③。

再次,构成条件的事实不包括一方当事人的意思表示。将一方当

---

① 参见郑玉波:《民法总则》,中国政法大学出版社 2003 年版,第 382 页。

② Larenz/Wolf, Allgemeiner Teil des bürgerlichen Rechts, 9. Aufl. , 2004, S. 916.

③ Werner Flume, Allgemeiner Teil des bürgerlichen Rechts, Bd. 2: Das Rechtsgeschäft, 4. Aufl. , 1992, S. 680.

事人的意思表示约定为法律行为之条件者,属于学理上所谓意愿条件(Wollensbedingung)。意愿条件究竟是否构成法律行为条件,不无疑问。通说持否定立场,①少数学者主张意愿条件构成法律行为条件②。通说可资赞同。甲、乙约定,甲以20万元价格向乙购买一辆汽车,但同时又附加约定"合同自甲3天内最终同意购买时生效"。该约定在本质上并非附条件汽车买卖合同,因为附加约定表明甲尚未终局性地决定以此等价格向乙购买该辆汽车,其所谓购车表示只是一个交易意向而已,欠缺效果意义,不构成意思表示。即便乙的售车表示构成意思表示,也因无法构成合意而尚未成立汽车买卖合同。既然汽车买卖合同不成立,就不可能附条件。③ 甲银行与乙公司达成《债务重组协议》,约定"如果附表2中所规定所有先决条件都得到满足并令甲银行满意时,本协议变得无条件以及生效""甲银行可行使绝对酌情权,即刻或在其后任何时间向乙公司发出通知,宣告乙公司全部债务(依原合同)立即到期并应予还款"④。其中"令甲银行满意""甲银行可行使绝对酌情权"等表述意味着《债务重组协议》的生效完全取决于甲银行的态度与意愿,实际上相当于甲银行尚未终局性地决定是否订立旨在变更原合同的债务重组合同,因此,其所约定的条件也属于所谓意愿条件。如果意愿条件决定法律行为效力的发生,则包含意愿条件的

---

① Medicus/Petersen, Allgemeiner Teil des BGB, 11. Aufl. , 2016, S. 361; Larenz/Wolf, Allgemeiner Teil des bürgerlichen Rechts, 9. Aufl. , 2004, S. 917; Werner Flume, Allgemeiner Teil des bürgerlichen Rechts, Bd. 2: Das Rechtsgeschäft, 4. Aufl. , 1992, S. 680.

② Enneccerus/Nipperdey, Allgemeiner Teil des Bürgerlichen Rechts, 15. Aufl. , 1960, S. 1190; Wolfgang Brehm, Allgemeiner Teil des BGB, 6. Aufl. , 2008, S. 228 – 229.

③ 在德国法上,部分学者主张意愿条件构成法律行为条件的主要理由是《德国民法典》第454条第1款第2句规定试用买卖是附停止条件合同。不过,如果不考虑该句规定,实际上关于试用买卖存在更为合理的解释模式。详见杨代雄:《意思表示理论中的沉默与拟制》,载《比较法研究》2016年第6期。

④ 案情参见沈阳神羊游乐园有限公司与马来西亚进出口银行有限公司金融借款合同纠纷案,最高人民法院民事判决书(2017)最高法民终636号。法院认为当事人的约定构成附生效条件法律行为。

约定可以定性为民法理论上的要约合同(Angebotsvertrag)。所谓要约合同,即双方当事人达成一项合同,该合同中包含一方向另一方作出的固定要约(Festofferte),同时也可以约定其他订约细节,如承诺的方式、承诺到达的地点等。固定要约即在一定期限内不可撤销的要约。要约合同仅对一方当事人具有约束力,另一方当事人可以通过作出承诺使主合同(目标合同)成立,但并不负担作出承诺的义务。[①] 从实际效果看,要约合同与固定要约大同小异。区别在于,固定要约的内容完全由要约人决定,而要约合同中的要约内容——同时也是目标合同的内容——是双方当事人协商的结果,体现了双方的共同意思,只不过有一方当事人就目标合同的订立尚未作出终局性决定而已。鉴于要约合同仅具有不完全约束力,所以其仅为不完全合同,是单方意思表示与合同的过渡形态。如果意愿条件决定法律行为效力的丧失,则包含意愿条件的约定可以定性为附解除权的法律行为,如设备买卖合同约定"买方在合同订立后 30 日内表示不购买的,本合同失效"。此类法律行为已经成立生效,但赋予一方当事人解除权。买方"表示不购买"并非买卖合同的解除条件,而是作出解除合同的意思表示。

最后,法律行为条件须为法律行为生效与否的前提。一方面,条件所决定的是法律行为的效力而非法律行为是否成立。附条件法律行为必须是已经成立的法律行为。如果双方当事人约定"本合同自双方签字盖章时生效",则不构成附生效(停止)条件法律行为。因为,按照《民法典》第 490 条第 1 款的规定,当事人采用合同书形式订立合同的,自当事人均签字、盖章或者按指印时合同成立。签章前合同尚

---

① Reinhard Bork, Allgemeiner Teil des Bürgerlichen Gesetzbuchs, 4. Aufl., 2016, S. 273 (Rn. 696); Jörg Neuner, Allgemeiner Teil des Bürgerlichen Rechts, 12. Aufl., 2020, S. 429 (§36Rn. 6).

未成立,不能附生效(停止)条件。① 另一方面,条件影响的是法律行为本身的效力,这使条件区别于某一项义务的履行条件。后者如股权转让合同约定,受让人支付尾款的条件是让与人已通过工商变更登记将股权登记于受让人名下。股权移转登记仅为受让人付款义务的履行条件,并非股权转让合同的条件。② 当然,合同为某种义务所附的条件也可能具备法律行为条件的属性。比如,股权转让合同约定,受让人取得股权后,股权收益率连续 2 年低于 10% 的,让与人有义务以一定价格回购股权。此时,"股权收益率连续 2 年低于 10%"这项条件决定的是回购义务之发生而非其履行,所以与前述付款义务的履行条件不同。回购义务是股权转让合同效力内容之一,因此,回购义务的发生条件对股权转让合同效力具有部分控制力。可以说,该合同中部分内容(股权回购条款)附条件,不妨称之为部分附条件法律行为。如果受让人为了促成股权回购,利用自己对公司的控制力故意使股权收益率连续 2 年保持在 9.9%,则应适用《民法典》第 159 条,视为回购条件不成就。

### 三、条件的种类

#### (一)生效条件与解除条件

法律行为之条件首先可以分为生效条件与解除条件,这是立法上的分类(《民法典》第 158 条),至为重要。所谓生效条件,亦称为停止条件、延缓条件(aufschiebende Bedingung),是指使法律行为的生效取决于未来不确定事实之发生的条件。在该事实发生前,法律行为虽已

---

① 参见北京居然之家投资控股集团有限公司与马鞍山市煜凯丰房地产开发有限公司房屋租赁合同纠纷案,最高人民法院民事裁定书(2020)最高法民申 6019 号。

② 义务的履行条件有时也可以类推适用附条件法律行为规则,比如义务人恶意阻止履行条件成就,应当类推适用《民法典》第 159 条拟制条件成就。参见中国建筑一局(集团)有限公司与沈阳祺越市政工程有限公司建设工程施工合同纠纷案,最高人民法院民事判决书(2020)最高法民终 106 号;哈尔滨市道里区人民政府与哈尔滨市道里区棚户区改造工作领导小组办公室合同纠纷案,最高人民法院民事判决书(2019)最高法民终 1762 号。

成立,但尚未生效,其效力之发生被所附条件延缓,可否生效处于悬而未决的状态。例如,甲、乙订立合同,约定甲将自己所有的一辆轿车卖给乙,条件是甲在 3 个月内获得移民签证。该买卖合同即为附生效条件法律行为。再如,借款合同中约定,借款人或担保人涉及重大诉讼的,贷款视为提前到期。此为附生效条件的合同变更合意,借贷双方已经达成对债务履行期予以变更(提前到期)的合意,"涉及重大诉讼"这一条件成就的,该合意即发生效力①。所有权保留买卖中的买卖物处分行为也是附生效条件法律行为。

解除条件(auflösende Bedingung),是指使法律行为效力的存续取决于未来不确定事实之不发生的条件。在该事实发生前,法律行为已经生效,但该事实的发生导致法律行为丧失效力。解除条件与合同的解除事由不同。无论法定解除事由抑或意定解除事由,解除事由的出现均不导致合同自动丧失效力,毋宁仅导致一方当事人取得解除权,在行使该解除权之后,合同才因解除行为而丧失效力。反之,附解除条件的合同在解除条件成就时自动丧失效力,无须当事人另行作出解除表示。有时,意定解除事由在合同中也被称为解除条件。对此,应当通过意思表示解释判定合同究竟属于附解除条件合同抑或附意定解除事由合同。例如,甲、乙订立房屋租赁合同,约定甲将某处房屋出租于乙,租期 3 年,期满前甲回国居住的,租赁合同终止。该合同通常应解释为附解除条件法律行为。反之,如果合同约定"期满前甲回国居住的,甲有权解除(终止)合同",则为附意定解除事由合同。

有时,法律行为所附条件究竟是生效条件抑或解除条件,存在疑问。例如,甲、乙约定,甲从乙处批发时装,放在店中销售,货到 1 个月

① 参见盛京银行股份有限公司沈阳市民主支行与天津钢管公司东油销售处、沈阳中油天宝(集团)物资装备有限公司等金融借款合同纠纷案,最高人民法院民事判决书(2016)最高法民终 146 号。

后结算货款,结算时未售出者由乙收回,不计入货款。甲、乙之合同究竟附生效条件抑或附解除条件？王泽鉴教授认为应解释为附停止(生效)条件合同,甲售出时装时,甲、乙之买卖合同才生效①。德国也有不少学者认为,有疑义时,通常应认定为附停止条件法律行为②。此问题归根结底是意思表示解释问题。须综合考虑法律行为的措辞、目的等因素判断所附条件的性质。在上述例子中,之所以被解释为附生效条件合同,一个重要原因是"货到 1 个月后结算货款",此项约定使合同具有被解释为订约时尚未生效之可能性。反之,如果合同约定"货到时立即支付货款,1 个月内未售出者由乙收回",则显然只能解释为附解除条件合同,合同自成立时已经发生效力,甲即刻负担付款义务,但条件成就时合同丧失效力。

（二）积极条件与消极条件

如果法律行为所附条件表现为某种状况发生变化(如"货物售出"),则为积极条件。反之,如果所附条件表现为某种状况不发生变化(如"货物未售出"),则为消极条件。③ 此种分类仅为学理上的分类,并无实践意义。

（三）偶成条件、任意条件与混合条件

偶成条件(condicio casualis),是指其成就与否取决于当事人意思之外的偶然事实之条件。例如,出生、股价涨跌、主管机关批准等。任意条件(condicio potestativa；Potestativbedingung),是指使法律行为效力

①　参见王泽鉴:《民法总则》,北京大学出版社 2009 年版,第 399 页。

②　Werner Flume, Allgemeiner Teil des bürgerlichen Rechts, Bd. 2：Das Rechtsgeschäft, 4. Aufl. , 1992, S. 682；Enneccerus/Nipperdey, Allgemeiner Teil des Bürgerlichen Rechts, 15. Aufl. , 1960, S. 1190.

③　Werner Flume, Allgemeiner Teil des bürgerlichen Rechts, Bd. 2：Das Rechtsgeschäft, 4. Aufl. , 1992, S. 683.

取决于一方当事人之自由行为的条件①。例如,所有权保留买卖中买受人的付款行为;或者,出租人甲与承租人乙约定,甲下个月不回国的,租期延长 1 年,双方达成的租期变更合意以"甲下个月不回国"这一自由行为为生效条件。混合条件,是指使法律行为效力取决于一方当事人之自由意志与其他因素相结合的条件。例如,以一方当事人与第三人结婚为条件,以一方当事人考试合格为条件。无论结婚还是考试合格均非一方当事人自由意志所能单独决定,毋宁需要与第三人的同意或者评价相结合。

### 四、条件的成就与不成就

(一)条件的成就

1. 条件成就的分类

条件成就可以分为自然成就与拟制成就。自然成就,是指条件在当事人未加不当干预的情况下依事物的自然进程而成就。拟制成就,是指因一方当事人的不当干预导致条件未能自然成就的情况下,法律直接规定条件视为已成就。我国《民法典》第 159 条第一分句规定:"……当事人为自己的利益不正当地阻止条件成就的,视为条件已成就;"其中的当事人是指因条件成就而受不利益之当事人,其阻止条件成就之行为违背诚实信用原则,所以应通过拟制成就使其承担不利后

---

① Potestativbedingung 在我国文献或者译著中有不同的译法。有学者译之为"任意条件"(〔德〕卡尔·拉伦茨:《德国民法通论》,王晓晔、邵建东等译,法律出版社 2003 年版,第 686 页);有学者译之为"意定条件"(〔德〕维尔纳·弗卢梅:《法律行为论》,迟颖译,法律出版社 2013 年版,第 816 页);有学者译之为"非纯粹随意条件",同时将 Wollensbedingung 译为"纯粹随意条件"(王泽鉴:《民法总则》,北京大学出版社 2009 年版,第 399 页);有学者译之为"随意条件"(朱庆育:《民法总论》(第 2 版),北京大学出版社 2016 年版,第 129 页)。相较之下,第一种译法更为贴切,"任意"包含"由某人自由决定是否发生"之意,与源于拉丁语的 potestativ 之意义最为契合。Wollensbedingung 由一项意思表示构成,当事人成就"条件"(当然不是真正的条件)的同时表达了一项意愿,所以译为"意愿条件"最为贴切。

果。通说认为,拟制成就不适用于任意条件[①]。构成任意条件的事实是否发生本来就取决于一方当事人的自由决定,因此,该方当事人即便故意拖延、懈怠以至于该事实未能发生,也是其自由选择的结果,不违背诚实信用原则。

2. 条件成就的法律效果

(1)条件成就的法律效果原则上无溯及力

条件成就的法律效果在于,附生效条件法律行为于条件成就时发生效力,附解除条件法律行为于条件成就时丧失效力。条件成就没有溯及力,不能导致附生效条件法律行为自成立时发生效力,也不能导致附解除条件法律行为自始无效。对《民法典》第158条中的"自条件成就时生效""自条件成就时失效"等立法表述进行文义解释即可得出上述结论。[②]

当然,依私法自治原则,当事人可以达成溯及力特约,约定条件成就的效果发生于条件成就之前,既可以是法律行为成立之时,也可以是法律行为成立之后、条件成就之前的某一时点。此项溯及力特约是否具有物权效力,不无疑问。德国法通说认为,溯及力特约仅具有债权效力,没有物权效力。[③] 例如,甲、乙在所有权保留的奶牛买卖中达成附生效条件所有权让与合意,以乙支付尾款为奶牛所有权让与行为的生效要件,同时达成溯及力特约。假如在尾款支付之前,奶牛产下一头小牛,则溯及力特约对于小牛所有权归属的认定毫无影响。在物权法上,无论是否存在溯及力特约,甲皆为小牛所有权人;甲破产的,

---

[①]　Werner Flume, Allgemeiner Teil des bürgerlichen Rechts, Bd. 2: Das Rechtsgeschäft, 4. Aufl. ,1992,S. 721;〔德〕迪特尔·梅迪库斯:《德国民法总论》,邵建东译,法律出版社2000年版,第632页。

[②]　从比较法看,《法国民法典》第1179条、《意大利民法典》第1360条均规定条件成就的法律效果具有溯及力。《德国民法典》第158条、《日本民法典》第127条、《瑞士债法典》第151条均规定条件成就的法律效果没有溯及力。

[③]　Harm Peter Westermann, in: Münchener Kommentar BGB, 5. Aufl. , 2006, §159 Rn. 1 –3.

小牛属于甲的破产财产。溯及力特约仅意味着甲对乙负担一项债务：将小牛所有权让与乙。① 我国台湾地区有学者主张债权效力说②，也有学者主张物权效力说③。日本学者我妻荣也认为溯及力特约对第三人有效④。

从《德国民法典第一草案立法理由书》的记载看，《德国民法典》的起草者认为没必要承认条件成就在物权法上的溯及力，因为附条件法律行为的权利人在防止义务人处分标的物方面已经获得充分保护⑤。不过，这只能成为否认条件成就的物权效力具有法定溯及力的理由，不能成为否认条件成就的物权效力具有意定溯及力的理由。同样，条件成就的物权效力具有意定溯及力可能危及物权交易安全也不是否认的充分理由。以所有权保留买卖为例，出卖人在订约后立即向买受人交付买卖物，但直至尾款付清时，买受人才取得买卖物所有权，所有权让与行为附生效条件。此种交易模式本身已经通过当事人的特约使所有权与直接占有分离，对物权交易安全构成威胁。既然如此，又何妨再允许当事人通过另一个特约使所有权让与行为生效条件的成就产生物权法上的溯及力？此种溯及力仅仅意味着条件成就前买卖物所有权已经随交付移转于买受人，结果是所有权移转与直接占有移转归于同步。实在看不出如此操作会给交易安全造成比所有权保留本身更大的危害。从这个意义上说，承认条件成就的溯及力特约具有物权效力，未尝不可。

---

① Enneccerus/Nipperdey, Allgemeiner Teil des Bürgerlichen Rechts, 15. Aufl. , 1960, S. 1204；〔德〕汉斯·布洛克斯、沃尔夫·迪特里希·瓦尔克：《德国民法总论》，张艳译，中国人民大学出版社 2019 年版，第 220 页。

② 参见王泽鉴：《民法总则》，北京大学出版社 2009 年版，第 404 页；黄立：《民法总则》，中国政法大学出版社 2002 年版，第 379 页。

③ 参见史尚宽：《民法总论》，中国政法大学出版社 2000 年版，第 500 页；陈聪富：《民法总则》，元照出版公司 2016 年版，第 316 页。

④ 参见〔日〕我妻荣：《新订民法总则》，于敏译，中国法制出版社 2008 年版，第 387 页。

⑤ Motive zu dem Entwurfe eines Bürgerlichen Gesetzbuches für das Deutsche Reich, Bd. I. , Verlag von J. Guttentag, 1888, S. 252.

（2）当事人能力等因素的判断时点

尽管附生效条件法律行为自条件成就时才发生效力，但当事人的权利能力、行为能力、法定代理人的同意、善意与否以及对某一事实是否知情等影响法律行为成立或生效的人格因素仍以法律行为缔结之时而非以条件成就之时为判断时点。[1]

（3）解除条件成就的具体效果

附生效条件法律行为的条件成就导致法律行为生效，生效的内容即法律行为拟发生的具体效果，不涉及更多细节问题。与此不同，解除条件成就后的权利义务关系比较复杂。解除条件成就时，法律行为丧失效力。当事人之间的关系如何了断，需要区别对待。如果基于法律行为形成了继续性债务关系，则解除条件成就导致继续性债务关系终止。以附解除条件租赁合同为例，解除条件成就后，出租人的容忍使用等给付义务归于消灭，承租人的租金义务也归于消灭。当然，给付义务消灭这一效果仅向将来发生，解除条件成就前的给付义务不受影响。因此，在租赁合同效力存续期间内，出租人收取的租金无须返还，承租人欠缴的租金仍须支付。此外，一如租期届满之情形，承租人有义务向出租人返还租赁物。

如果基于法律行为形成了非继续性债务关系，则解除条件成就时，债务关系消灭，同时发生清算关系（Abwicklungsverhältnis）。以买卖合同为例，债务已经履行的，买受人保有买卖物之占有以及所有权的合法原因不再存续，应向出卖人返还不当得利，将占有以及所有权返还出卖人。反之，出卖人保有价款的合法原因不再存续，应向买受人返还不当得利。由于条件成就的法律效果没有溯及力，所以买受人无须返还条件成就前买卖物产生的用益，出卖人也无须支付价款的利息。[2] 债务尚未履行的，无须履行。

---

[1] Larenz/Wolf, Allgemeiner Teil des bürgerlichen Rechts, 9. Aufl., 2004, S. 921.

[2] Larenz/Wolf, Allgemeiner Teil des bürgerlichen Rechts, 9. Aufl., 2004, S. 922 - 923.

如果负担行为与处分行为都附解除条件,则解除条件成就一方面导致债务关系消灭,另一方面导致处分行为丧失效力。例如,买卖双方未采用所有权保留的交易模式,而是采用如下交易模式:订约后,立即交付买卖物,且所有权随交付移转,但约定若买受人未按期支付尾款,则买卖合同与所有权让与均丧失效力。"买受人未按期支付尾款"同时构成负担行为与处分行为的解除条件。该条件成就时,买受人取得的买卖物所有权自动回归出卖人,无须实施任何让与行为。出卖人可以对买受人行使所有物返还请求权,以便回复占有。反之,出卖人已经收取价款的,须向买受人返还不当得利。

(二)条件的不成就

条件的不成就(Ausfall der Bedingung)也分为自然不成就与拟制不成就。拟制不成就,是指因一方当事人的不当干预导致条件成就的情况下,法律直接规定条件视为不成就。其中的当事人是因条件成就而获益的当事人,其促成条件成就的不当干预行为违背诚实信用原则。自然不成就,是指条件在当事人未加不当干预的情况下依事物的自然进程而确定不能成就。所谓确定不能成就,须依自然规律或者社会一般观念判断,最关键的是审查"不能成就"是否终局性的。如果构成条件的事实按照约定必须在特定期限内发生,则期限届满时仍未发生的,显然条件不成就。甲、乙订立合同约定,甲将自己的小轿车卖给乙,条件是甲被外地的 A 公司聘用,则当甲收到 A 公司拒绝聘用的通知时,即可断定买卖合同的生效条件不成就。尽管甲通过与 A 公司沟通尚有促使后者"回心转意"的可能性,但依社会一般观念,不能合理期待此种结果的出现。

无论条件自然不成就还是拟制不成就,均导致附生效条件法律行为确定不能生效,或者导致附解除条件法律行为确定继续发生效力。

**五、条件成否未定期间当事人的法律地位**

附条件法律行为从成立起至条件成就或不成就时,存在一段期间,学理上称之为"条件成否未定期间"(Schwebezeit)。在此期间,条件成就之法律效果虽然尚未发生,但因将来条件成就而受益的一方当事人已经获得法律保护。总的来看,这种受保护的法律地位意味着受益方因条件成就所能取得或者回复的权利不因对方的行为而受到阻碍或者损害。基于这种保护,受益人可以合法地期待条件成就,从而取得或者回复权利。从这一点出发,学理上将受益人的法律地位称为"期待权"(Anwartschaft)。① 也有学者将未定期间的法律状态称为附条件法律行为的"预先效力"(Vorwirkung)②。

具体而言,条件成否未定期间的法律地位体现在两个方面。

第一,受益人因条件成就所能取得或者回复的权利被相对人在条件成否未定期间之过错行为损害的,受益人在条件成就的情况下享有损害赔偿请求权。例如,甲以附解除条件的方式将设备所有权让与乙,解除条件是"乙迟延支付价款",设备交付于乙之后,乙因过失致使设备局部破损,最终由于乙迟延支付价款,解除条件成就,设备所有权复归于甲。乙损坏设备时,甲并非所有权人,所以,依一般规则,甲难以获得赔偿。反之,依条件成就的预先效力,甲可以在条件成就后向乙请求损害赔偿。③ 就此而论,结果上类似于条件成就的法律效果具有溯及力。

第二,附条件处分行为在条件成否未定期间,权利人的处分权受限制。附生效条件处分行为的处分人在条件成就前仍为处分客体之权利人,其将处分客体再次处分给第三人的,该处分被称为"中间处分"(Zwischenverfügung)。如果条件不成就,中间处分的效力没有问

---

① 参见〔德〕卡尔·拉伦茨:《德国民法通论》,王晓晔、邵建东等译,法律出版社 2003 年版,第 699 页;〔德〕维尔纳·弗卢梅:《法律行为论》,迟颖译,法律出版社 2013 年版,第 838 页。

② Harm Peter Westermann, in: Münchener Kommentar BGB, 5. Aufl., 2006, § 158 Rn. 39; Larenz/Wolf, Allgemeiner Teil des bürgerlichen Rechts, 9. Aufl., 2004, S. 925.

③ Astrid Stadler, Allgemeiner Teil des BGB, 19 Aufl., 2017, S. 244.

题。如果条件成就,中间处分有害于受益人因条件成就取得之权利
的,中间处分不发生效力。但第三人为善意的,中间处分有效,结果如
同善意取得。附解除条件处分行为的受让人在条件成就前已经取得
处分客体之权利,其与第三人所为的中间处分在条件成就的情况下同
样不发生效力。在上例中,乙将设备所有权让与丙,此后因乙迟延支
付价款导致甲、乙处分行为解除条件成就,设备所有权复归于甲,除非
丙为善意,否则乙、丙之所有权让与不发生效力①。

我国民法未明文规定附条件法律行为受益人的上述法律地位,构
成法律漏洞,应当予以漏洞填补。

### 六、附期限法律行为

(一)意义、分类与法律效果

法律行为附期限,是指使法律行为效力发生或者消灭的时间取决
于将来的确定事实。该事实的发生是确定的,但具体何时发生可能确
定,也可能不确定。前者如一段预定期间的经过(3 个月后)或者某个
时点的到来(今年 9 月 1 日),可谓确定期限。后者如约定以某人死亡
时为法律行为生效时点,死亡是必然的,但具体何时死亡则不确定,可
谓不确定期限(incertus quando)。

具有法律意义的期限分类是始期与终期。《民法典》第 160 条将
始期称为"生效期限"。附始期法律行为于期限届至时发生效力,如约
定"租赁合同自 2020 年 6 月 1 日起生效"。附终期法律行为于期限届
至时丧失效力,如约定"租赁合同(或租期)至 2020 年 9 月 30 日止终
止"。

附期限法律行为既适用于负担行为,也适用于处分行为②。当然,

---

① 参见〔德〕汉斯·布洛克斯、沃尔夫·迪特里希·瓦尔克:《德国民法总论》,张艳
译,中国人民大学出版社 2019 年版,第 221 页。

② Harm Peter Westermann, in: Münchener Kommentar BGB, 5. Aufl., 2006, § 163 Rn. 4.

与附条件法律行为一样,出于公共利益等因素的考虑,某些法律行为也不得附期限。例如,结婚不得附终期,不动产所有权让与不得附终期。

附期限法律行为的当事人在期限届至前也有保护必要,对此,可准用附条件法律行为"预先效力"之规则。[①]

(二)期限与清偿期的区别

法律行为的期限与债务清偿期不同。附始期法律行为在期限届至前,债务尚未发生。反之,未届清偿期的债务已经发生,只是债权人无权请求履行而已。第一种情形中的债权是未来债权,第二种情形中的债权并非未来债权。二者区分的实践意义在于,债务人清偿了未届清偿期债务的,无权请求债权人返还不当得利;反之,附始期法律行为在期限届至前,"债务人"清偿了债务的,有权请求"债权人"返还不当得利[②]。有时,债权究竟是附始期法律行为中的未来债权还是已发生但未届期的债权,存在争议。租赁合同约定,租金按月支付,如果3月份的时候承租人支付了2个月的租金,就多支付的1个月租金,出租人可否将其作为4月租金债务的提前履行而保留下来?拉伦茨、梅迪库斯等学者认为,4月的租金债权属于附始期法律行为中的未来债权,出租人提前收取租金的,应向承租人返还不当得利[③]。实际上,此种情形中的4月租金债权即便为未来债权,亦非附始期法律行为中的未来债权,因为租赁合同已经发生效力,只是依据租金分期支付条款,4月租金债权在3月尚未发生而已。

---

① Helmut Köhler,BGB Allgemeiner Teil,44. Aufl. ,2020,S. 228(§14 Rn. 23).

② Harm Peter Westermann, in:Münchener Kommentar BGB,5. Aufl. ,2006,§163 Rn. 3.

③ 参见〔德〕卡尔·拉伦茨:《德国民法通论》,王晓晔、邵建东等译,法律出版社2003年版,第708页;〔德〕迪特尔·梅迪库斯:《德国民法总论》,邵建东译,法律出版社2000年版,第638页。

# 第七章　法律行为的归属

## 第一节　法律行为归属的一般原理

### 一、民法上的归属规范

社会分工决定了任何人都不可能凭一己之力处理所有的社会事务,由他人辅助处理事务是一种常态。社会生活在本质上就是互相协作,每个人都需要他人辅助;同时,每个人也都是他人的辅助人。辅助人实施行为可产生有利或者不利的效果,此类效果在何种前提下应由被辅助人(事务主人)承受,即为行为归属(Zurechnung)或者说行为涉他归属(Fremdzurechnung)问题①,与此相关的规范即为民法上的归属规范。行为归属是民法上一项

---

① Eberhard Schilken, in: Staudinger Kommentar BGB, 2014, Vor § 164 Rn. 2.

重要的法律技术①。

民法上的辅助人主要包括:(1)代理人,即代他人作出或者受领意思表示的辅助人。(2)传达人,亦称为使者,即为他人意思表示的到达提供辅助的人,包括表示传达人(表示使者)与受领传达人(受领使者)。表示传达人对意思表示的传递行为归属于表意人,因该传递使意思表示进入相对人控制范围的,等同于表意人通过自己的行为使意思表示到达受领人(相对人)。传达人传递给受领人的表意符号之效果意义归属于表意人,即便其与表意人展示给传达人的表意符号不一致,亦然。受领传达人对意思表示的接收行为归属于受领人,相当于意思表示进入受领人的信箱②。受领传达人向受领人错误或迟延传达意思表示的,由受领人承受不利后果。(3)缔约辅助人,即虽非代理人但辅助当事人参与缔约磋商的人。缔约辅助人在磋商谈判过程中欺诈相对人的,欺诈行为归属于被辅助人,不构成第三人欺诈,③毋宁构成相对人欺诈,适用欺诈撤销的一般规则。(4)履行辅助人(Erfüllungsgehilfe),即依债务人的意思在履行债务过程中作为其辅助人从事活动的人。④ 履行辅助人的过错归属于债务人。(5)受领辅助人,即依债权人的意思在受领给付的过程中作为其辅助人从事活动的

① 在民法文献中经常被提及的是"法律行为的效果归属"。严格来说,"归属"首先发生在事实构成层面(Tatbestandsseite),然后才发生在法律效果层面(Rechtsfolgenseite)。法律效果以事实构成的满足为前提,某个法律主体自己未能满足全部事实构成之要件(要件事实)的,就不发生相应的法律效果,除非把依其他途径实现的要件事实归属于该法律主体。比如,被代理人自己虽未订立合同,但通过代理人作出订立合同的意思表示,该意思表示作为法律行为的要件事实归属于被代理人。在法律上成立被代理人的法律行为,该法律行为发生效力的,法律效果由被代理人承受。Vgl. Reinhard Bork, Allgemeiner Teil des Bürgerlichen Gesetzbuchs, 4. Aufl., 2016, S. 522 – 523.
② 参见〔德〕汉斯·布洛克斯、沃尔夫·迪特里希·瓦尔克:《德国民法总论》,张艳译,中国人民大学出版社2019年版,第79页。
③ 参见〔德〕迪特尔·梅迪库斯:《德国民法总论》,邵建东译,法律出版社2000年版,第604页。
④ 参见〔德〕迪尔克·罗歇尔德斯:《德国债法总论》,沈小军、张金海译,中国人民大学出版社2014年版,第192页。

人。受领辅助人的受领行为及过错归属于债权人。例如,买卖合同约定以买受人营业场所为交货义务履行地,则出卖人委托运送货物的第三人即为履行辅助人,因其过错导致送货迟延的,等同于出卖人本身过错;货物送至买受人营业场所交给买受人负责收货的员工,该员工即为受领辅助人,其签收行为使买受人完成受领,交接过程中由于该员工过错导致货物毁损的,等同于债权人有过错。(6)占有辅助人,即基于社会从属关系服从他人指示为其辅助占有的人。占有辅助人对占有物的管领行为归属于被辅助人,所以在物权法上,被辅助人是占有人,占有辅助人不是占有人①。(7)加工辅助人,即服从他人指示,辅助他人完成物之加工的人。例如,甲公司的工人乙在车间里制作了若干产品,乙是加工辅助人,其加工行为归属于甲公司,甲公司是物权法上的加工人,通过加工取得产品所有权②。(8)侵权法上的事务辅助人(Verrichtungsgehilfe)。在雇佣关系中,即雇员。雇员因执行职务侵害第三人权益的,由雇主承担侵权责任。不过,如果法律上规定雇主可以通过证明自己在雇员的选任与监督上已尽必要注意而免责,则意味着雇主是为自己在选任与监督上的过错向第三人承担侵权责任,导致侵权责任的是雇主自己的过错行为,不是雇员的过错行为,不涉及行为归属。③ 仅当雇主不能通过证明自己在雇员的选任与监督上已尽必要注意而免责的情况下,才能说因雇员的过错行为归属于雇主导致雇主承担侵权责任。④

---

① Larenz/Wolf, Allgemeiner Teil des bürgerlichen Rechts,9. Aufl. ,2004,S. 852.

② 鲍尔与施蒂尔纳认为无须创造一个类似于占有辅助人的概念用于解决工厂加工产品的归属问题,毋宁直接依据语言惯用法和交易观念即可将工厂认定为加工人([德]鲍尔、施蒂尔纳:《德国物权法》(下册),申卫星、王洪亮译,法律出版社 2006 年版,第 459 页)。不过,进行制造的工人与工厂终究是两个人,因此,从严谨的法教义学出发,仍须回答如下问题:依据何种规则或者原理将工人的加工行为归属于工厂? 辅助人概念显然有助于解决该问题。

③ Reinhard Bork, Allgemeiner Teil des Bürgerlichen Gesetzbuchs,4. Aufl. ,2016,S. 515.

④ 另外应当注意的是,按照机关说,法人机关是法人的组成部分,机关成员的职务行为构成法人行为,不是"一个人的行为归属于另一个人",而是"部分之行为构成整体之行为"。从这个意义上说,法人机关成员不是法人的辅助人,因此其行为的效果承受不涉及行为归属。

民法上的归属规范除了上述辅助人规则之外,还包括基于信赖保护原则的归属规范。属于此类规范的主要有:(1)债权准占有人规则,善意债务人向债权准占有人所为的清偿导致债权消灭,就债权消灭之法律效果而论,为保护善意债务人的信赖,债权准占有人的受领行为归属于债权人。(2)债权收据持有人规则,善意债务人向债权收据持有人所为的清偿导致债权消灭,[①]此时,收据持有人类似于表见代理人,其受领行为归属于债权人。(3)表见代理规则,欠缺代理权但以被代理人名义实施法律行为,为保护善意相对人的信赖,该法律行为归属于被代理人。(4)冒名行为与借名行为规则,名义载体与行为实施者之间虽无行为归属之合意,但为了保护善意相对人的信赖,一定条件下也使冒名或者借名实施的法律行为归属于名义载体。

### 二、作为法律行为归属规范的代理法

代理制度中的法律规则是法律行为归属规范,在归属规范体系中处于核心地位,很多其他归属规范以之为原型被构造出来。代理适用于法律行为,不适用于事实行为。原因在于,代理要求某人"以他人名义"实施行为,只有作出意思表示时才涉及名义问题,名义的表达本身就是行为归属意思的表示。法律行为以意思表示为要素,所以适用代理;事实行为不以意思表示为要素,所以不适用代理。准法律行为也是表示行为,与法律行为存在类似之处,所以准用代理。

代理法包括有权代理规则与无权代理规则。有权代理情形中,法律行为归属于被代理人的正当基础是代理权。无权代理情形中,法律行为通常不能归属于被代理人,但构成表见代理的,法律行为也归属于被代理人。此时,信赖保护取代代理权,成为法律行为的归属基础。

---

① 参见〔德〕迪尔克·罗歇尔德斯:《德国债法总论》,沈小军、张金海译,中国人民大学出版社 2014 年版,第 138 页。

## 第二节　代理的基本概念

### 一、代理的含义

代理,是指代理人以被代理人名义作出意思表示或者受领意思表示,其法律效果直接归属于被代理人。

代理中的意思表示如果是需受领意思表示,则代理涉及三方当事人:代理人、被代理人、相对人。代理人既可以是自然人,也可以是法人或者非法人组织。[①] 被代理人也称为本人(Geschäftsherr),相对人也称为第三人。代理关系表现为三角结构,存在三组关系。一是代理人与被代理人之间的关系,即代理权关系,代理人依据法律行为或者法律规定取得对被代理人的代理权,代理人借助代理权将法律行为归属于被代理人,此为代理的内部法律关系。二是被代理人与相对人之间的关系,代理人实施的法律行为在被代理人与相对人之间发生效力,被代理人是法律行为的当事人,由此形成的权利义务关系是代理的外部法律关系。三是代理人与相对人之间的关系,在有权代理的情形中,由于法律行为归属于被代理人,所以代理人与相对人之间并未形成以权利义务为内容的法律关系,二者之关系仅为行为实施过程中的事实关系;在无权代理情形中,涉及代理人向相对人承担的责任,所以代理人与相对人之间存在法律关系。

### 二、代理的构成

代理须符合如下构成要件(成立要件):代理人实施法律行为、代

---

[①]　参见吴某与蒲某股权转让纠纷案,最高人民法院民事判决书(2019)最高法民终1110 号以及西藏自治区高级人民法院民事判决书(2017)藏民初 12 号。在该案中,公司代理股东与相对人订立股权转让合同,虽未获得部分股东授权,但事后获得部分股东追认,法院认为发生代理的效果。

理的公开性、代理事项的容许性。至于代理权,则并非代理的构成要件,毋宁是代理行为对被代理人发生效力的要件。欠缺代理权亦可成立代理,即无权代理。

(一)代理人实施法律行为

代理人须独立对外实施法律行为,包括独立对外作出意思表示和独立受领意思表示。就意思表示的作出而论,所谓独立,是指代理人对于代理事项自己形成意思并将其表达于外部。

1. 代理与传达的关系

代理区别于传达。传达人只是将表意人已经形成的意思表示转达于相对人,其对表示内容的形成并无决定自由。学理上甚至把传达人称为表示工具①。反之,代理人对表示内容的形成有决定自由。例如,甲委托乙到附近的丙商店购买一根 5 米长、口径为 32 毫米的水管,记在甲的账下。乙为甲的代理人,其到丙商店有权根据自己的经验以及当时和丙商店售货员沟通的情况自己决定以何种价格购买何种品牌的水管。与此不同,如果甲委托乙告知丙商店,甲要购买一根 5 米长、口径为 32 毫米、每米 13 元的"皮尔萨"牌 PPR 水管,记在甲的账下,则乙为传达人。

在法律上,代理与传达有如下区别:首先,在行为能力方面,由于传达人只是转达他人的意思表示,本身不需要形成意思,所以传达人不需要具备民事行为能力,一个 6 岁的小孩也可以成为传达人。反之,代理人需要形成意思,所以代理人应当具备民事行为能力。无民事行为能力人不能成为代理人,至于限制民事行为能力人可否成为代理人,则有疑问。从比较法看,德国法承认限制民事行为能力人可以成为代理人。一方面是因为代理人在代理权限范围内作出或者受领意思表示的,效果不归属于自己,而是归属于被代理人。如果限制行

---

① 参见王泽鉴:《民法总则》,北京大学出版社 2009 年版,第 416 页。

为能力人实施无权代理,则依据《德国民法典》第 179 条第 3 款第 2 句,其无须承担无权代理人的责任。另一方面是因为如果被代理人将代理权授予限制行为能力人,则表明其认为代理人的意思能力足以应对代理的事项,即便代理人的行为在效果上不利于被代理人,其也应当承受。① 我国民法没有明确规定限制民事行为能力人可否成为代理人。我国《民法典》第 27、28、39 条等均规定监护人须具备监护能力,此处所谓监护能力应当解释为至少要求监护人具备完全民事行为能力②。据此,能够成为监护人从而享有法定代理权的必须是完全民事行为能力人,限制民事行为能力人不能成为法定代理人。不过,限制民事行为能力人成为意定代理人,并无不可。

其次,就意思表示错误的认定而论,由于代理人独立作出意思表示,所以是否构成错误,应以代理人的意思为准予以判断;反之,传达的意思表示是否构成错误,应以表意人即委托人的意思为准予以判断。具体言之,如果表意人向传达人表达的意思表示内容与其真实意思不一致,且非故意为之,则构成意思表示错误;如果表意人向传达人表达的意思表示内容与其真实意思一致,但传达人错误地向相对人转达,导致传达的内容与表意人表达的内容及其真实意思不一致,则也构成意思表示错误。

再次,就意思表示的到达与解释而论,如果意思表示相对人的辅助人是受领代理人,则意思表示到达受领代理人等同于到达相对人(被代理人);意思表示规范性解释中的相对人视角也以受领代理人的立场为准。如果意思表示相对人的辅助人是受领传达人(受领使者),则仅当通常情况下能够预期受领传达人将意思表示转达给相对人时,

---

① 参见〔德〕汉斯·布洛克斯、沃尔夫·迪特里希·瓦尔克:《德国民法总论》,张艳译,中国人民大学出版社 2019 年版,第 233 页。

② 参见黄薇主编:《中华人民共和国民法典总则编解读》,中国法制出版社 2020 年版,第 80 页;沈德咏主编:《〈中华人民共和国民法总则〉条文理解与适用》(上),人民法院出版社 2017 年版,第 275 页。

意思表示才到达相对人；意思表示规范性解释中的相对人视角以相对人本身的立场为准，当然，在受领传达人向相对人错误传达意思表示的情况下，意思表示应以表意人向受领传达人表达的内容为基础予以解释①。

最后，就"知情归属"（Wissenszurechnung）而论，关于特定情况（如动产让与人是否所有权人）的知道或者应当知道，在代理情形中原则上以代理人为准予以认定，在传达情形中则以本人为准予以认定。

2. 代理与空白证书补全的关系

所谓空白证书（Blanketturkunde；Blankett），是指某人签署的一份授权他人补全空白内容的文书。交易实践中空白证书并不罕见。比如，空白票据、一方当事人已经签章的空白合同书、空白代理权证书等。关于如何补全空白证书，授权人与被授权人之间通常存在约定或者指示。被授权人按照约定或者指示补全空白证书的，该证书依其补全后的内容对授权人发生效力。有疑问的是，被授权人违反约定或者指示补全空白证书的，该证书的效力如何。德国法上曾经有一种学说认为，此时由于被授权人补全的内容与授权人的意思不一致，构成错误，授权人有权撤销意思表示并承担消极利益赔偿责任②。不过，目前德国通说认为此种情形不适用意思表示错误规则，毋宁应类推适用《德国民法典》第172条的代理权表象责任，除非相对人明知道被授权人滥用空白证书或者此项滥用显而易见，否则授权人应受补全后的证书内容约束③。

空白证书补全与代理确实非常接近。两种情形中的被授权人都

---

① Larenz/Wolf, Allgemeiner Teil des bürgerlichen Rechts, 9. Aufl., 2004, S. 655.

② Enneccerus/Nipperdey, Allgemeiner Teil des Bürgerlichen Rechts, 15. Aufl., 1960, S. 1034.

③ Maier-Reimer, in: Erman Kommentar BGB, 15. Aufl., 2017, §172 Rn. 16; Eberhard Schilken, in: Staudinger Kommentar BGB, 2014, §172 Rn. 8; Medicus/Petersen, Allgemeiner Teil des BGB, 11. Aufl., 2016, S. 401.

参与了意思表示的形成,对于意思表示的内容都有决定权。区别主要在于决定权的大小。代理人的决定权通常更大,在代理权范围内可以决定意思表示的全部内容,而空白证书被授权人可能有权填写证书的全部内容,也可能仅有权填写证书上的部分空白栏目,其他内容已经由授权人自己填写完毕。从形式上看,代理情形中,在交易文书(如买卖合同书)之外通常另有授权书,二者是分开的,而在空白证书之外则通常没有授权书,从相对人视角看,授权表示之存在是从空白证书中推断出来的。空白证书是交易文书的情况下,授权人自己已经在证书上签章,而在代理情形中,交易文书的签章则由代理人完成。

当然,这些并非根本性的区别。不妨设想,授权人在出具空白证书的同时出具了授权书,载明授权某人补全空白证书,随后,被授权人向相对人出示该授权书并补全空白证书。此时,从外观上看,被授权人补全空白证书与代理人签署合同基本相同①。既然空白证书被授权人如同代理人那样决定了意思表示的内容,那么就其所决定的内容而

---

① 恩内克策卢斯和拉伦茨等人认为,即便在公开(当着相对人的面)补全空白证书的情况下,由于授权人自己已经在空白证书上签名,被授权人虽然形成了意思表示的内容,但该意思表示仍然是由授权人自己作出而不是由被授权人以代理的方式作出。在拉伦茨看来,授权人在空白证书上的签名具有如下意义:授权人愿意使由被授权人按照约定补全的证书全部内容作为自己的表示发生效力。与此不同,卡纳里斯认为,从相对人视角看,充其量只能说在隐蔽(未当着相对人的面)补全的情况下证书上的意思表示是授权人的意思表示,而在公开补全的情况下不存在完整的授权人的意思表示,只存在一个尚待证书持有人最终完成的意思表示"草案"。相对人可知,作为一项行为(Akt)的法律行为是由证书持有人而非由授权人实施的,只能借助法律行为归属规则才能使授权人受到空白证书内容的约束。尽管证书持有人的补全行为不等于对被代理人发生效力的代理人之意思表示,但二者十分接近。相较之下,卡纳里斯的观点更有解释力。从评价的视角看,空白证书补全与代理在意思表示内容形成上的共性比二者由谁进行签名上的区别显然更为重要。拉伦茨夸大了授权人在空白证书上签名的意义。就空白证书而言,签名本身既不决定意思表示的内容,也不决定意思表示的作出,因为经授权人签名并经被授权人补全的证书并不当然成立一项意思表示,仅当补全后的证书向相对人递交时才构成意思表示的作出,而是否递交以及何时递交当然由被授权人决定。上述诸学说,详见 Enneccerus/Nipperdey, Allgemeiner Teil des Bürgerlichen Rechts, 15. Aufl., 1960, S. 962; Larenz/Wolf, Allgemeiner Teil des bürgerlichen Rechts, 9. Aufl., 2004, S. 898; Claus-Wilhelm Canaris, Die Vertrauenshaftung im deutschen Privatrecht, 1971, S. 55 – 56。

言,应当以被授权人而非以授权人为准判定是否存在意思瑕疵。被授权人补全的证书内容与授权人预想的内容不一致的,不构成表示错误。仅当与被授权人的意思不一致时,才构成表示错误。被授权人违反约定或者指示补全空白证书的,类似于代理人超越代理权范围实施法律行为;虽无约定或者指示,但被授权人显然超出一般交易观念允许的限度补全空白证书的,类似于代理权滥用。① 在两种情形中,相对人有值得保护之信赖的,应类推适用《民法典》第172条表见代理规则予以保护。相较之下,隐蔽(未当着相对人的面)补全情形中相对人具有更强的信赖,其当时甚至可以认为被授权人递交的是已经完全由授权人自己填写的交易文书,所以,其受到信赖保护的可能性比在公开(当着相对人的面)补全情形中更大。

(二)代理的公开性

代理的公开性也可以称为代理的显名性,即代理人必须以被代理人的名义实施法律行为。公开性的要求意味着只有显名代理(直接代理)的法律效果才能直接归属于被代理人,隐名代理(间接代理)的法律效果不能直接归属于被代理人。《民法典》第162条规定:"代理人在代理权限内,以被代理人名义实施的民事法律行为,对被代理人发生效力。"该条规定确立了代理的显名原则。其目的在于公开代理关系,保护相对人,使相对人知道代理人是为被代理人而不是为自己实施法律行为,从而决定是否与之缔结法律行为。

"以他人名义"并不意味着代理人实施法律行为时必须明确地说

① 在雷某某、梁某某等与福田雷沃公司保证合同纠纷案,最高人民法院民事裁定书(2018)最高法民申3112号中,最高人民法院认为,雷某某将已签字但留有空白的保证合同书交于合同相对方,应视为对合同内容包括保证事项的无限授权,合同相对方在空白处可以填写相应内容,雷某某应依相对方填写后的数额承担保证责任。本案的特殊之处在于,被授予补全权的是合同相对人,相对人行使空白合同补全权相当于经过同意的自己代理。就本案而论,无法证明保证人在签字时是否与相对人(债权人)达成关于如何补全空白保证合同书的约定,所以,只要相对人填写的债权数额是保证合同书上或者其他约定中提到的那项债权实际产生的数额,则相对人填写该数额就不构成补全权滥用。

出或者写出被代理人的名字(名称)。采用这种做法的是明示的显名代理。除此之外,民法也承认默示的显名代理(schlüssiges Handeln in fremdem Namen),即行为当时的相关情事表明代理人以另一个人(被代理人)的名义行事,甚至不要求当时可得而知被代理人的名字,只要事后可以确定其名字即可①。"相关情事"包括代理人的社会地位、先前曾经以被代理人的名义作出意思表示、②代理所涉标的物的特殊性,等等。据此,职员在营业活动中通常代理老板为法律行为;学校为学生订购校服时尽管没有向出卖人详细披露学生名字,仍可以构成显名代理;房屋所有权人委托某人出租房屋,承租人查看了房屋所有权证书,尽管租赁合同中"出租人"栏目仅签署受托人名字,仍构成显名代理。《民法典》第925条规定的"第三人在订立合同时知道受托人与委托人之间的代理关系的,该合同直接约束委托人和第三人"实际上就是默示的显名代理。《民法典》第926条第1款中规定的"受托人以自己的名义与第三人订立合同时,第三人不知道受托人与委托人之间的代理关系的"才是真正的隐名代理(间接代理)。③ 依据该条规定,隐名代理中的委托人只有通过自己行使介入权或者通过相对人行使选择权才能被纳入受托人借助合同创设的法律关系。

显名原则的一个例外是所谓"为相关人实施法律行为"(Geschäft für den,den es angeht)。在日常生活的现金交易中,行为人未向相对人说明究竟为自己还是为他人实施法律行为,但相对人根本不关心谁是"交易对方",因为每天都发生大量的此类交易,而且合同在订立的同时即被履行完毕。例如,乙代甲到商场购买一支钢笔,或者到面包店购买一袋吐司。通说认为,以此种方式实施法律行为也发生代理的

①  Karl Heinz Schramm,in:Münchener Kommentar BGB,5. Aufl. ,2006, § 164 Rn. 18.
②  参见招银金融租赁有限公司与郭某等融资租赁合同纠纷案,最高人民法院民事判决书(2017)最高法民申391号。
③  参见杨代雄:《〈民法总则〉中的代理制度重大争议问题》,载《学术月刊》2017年第12期。

法律效果,法律行为对"不知名的相关人"发生效力①。

(三)代理事项的容许性

绝大多数法律行为都可以适用代理,但个别类型的法律行为不适用代理,只能由当事人自己为之。按照《民法典》第161条第2款的规定,不适用代理的情形包括法定不得代理、约定不得代理以及依行为性质不得代理。法定不得代理,如按照《民法典》第1049条的规定,结婚应由男女双方亲自到婚姻登记机关申请结婚登记,显然不适用代理。《民法典》第1076条第1款之规定表明协议离婚也不适用代理。关于遗嘱,《民法典》第1134条要求自书遗嘱应由遗嘱人亲笔书写和签名,第1137条规定的录音录像遗嘱以及第1138条规定的口头遗嘱显然也应由遗嘱人亲自为之。《民法典》第1135条规定的代书遗嘱、第1136条规定的打印遗嘱、第1139条规定的公证遗嘱虽未明确要求"亲笔签名",但依遗嘱行为的性质,也不应适用代理。代书遗嘱的代书人只是代为书写遗嘱而已,遗嘱的内容仍然由被继承人自己形成,仍然是被继承人自己订立遗嘱而不是由他人代理订立遗嘱。依行为性质不得代理的法律行为都是具有较强人身属性的法律行为,除了遗嘱之外,还包括收养、解除收养、成年人意定监护协议等。

### 三、代理的本质

在民法学说史上,关于代理的本质,主要有三种学说:本人行为说、代理人行为说、共同行为说。

(一)本人行为说

本人行为说(Geschäftsherrntheorie)认为,法律行为上的意思由本人(被代理人)形成,代理人只是作为本人的法律器官或者意思载体

---

① 参见〔德〕汉斯·布洛克斯、沃尔夫·迪特里希·瓦尔克:《德国民法总论》,张艳译,中国人民大学出版社2019年版,第235页;王泽鉴:《民法总则》,北京大学出版社2009年版,第423页。

(Willensträger),从而将本人意思向外表达而已。与传达人相比,代理人只是可以在本人已经形成的若干决定中选择一个而已,但这一点并未构成代理人与传达人的本质区别。与此相应,意思表示的有效性仅以本人的状况为准予以判断。该说由萨维尼创立。① 其缺陷在于混淆了代理与传达,而且无法解释为何法定代理人实施的法律行为可以对欠缺行为能力的被代理人发生效力以及为何有行为能力的被代理人不能通过无行为能力的代理人实施法律行为。

(二)代理人行为说

代理人行为说,亦称为代表说(Repräsentationstheorie),认为法律行为上的意思由代理人形成并予以表示,代理人是该法律行为的行为人。代理人实施的法律行为的效果之所以归属于被代理人,是因为其享有代理权。意思表示的有效性应以代理人的状况为准予以判断。该说由布林茨(Brinz)创立并且得到温德沙伊德的强力支持,逐渐成为通说。②

(三)共同行为说

共同行为说,亦称为折中说(Vermittlungstheorie),认为被代理人的授权行为与代理人实施的法律行为,共同创设了法律行为的法律效果。二者是法律行为上的整体事实构成(rechtsgeschäftlicher Gesamttatbestand)。因此,意思表示的有效性部分取决于代理人的状况,部分取决于被代理人的状况。该说由米泰斯(Mitteis)创立。③ 该说的缺陷在于无法解释法定代理,而且无法解释为何无权代理行为也

---

① Friedrich Carl von Savigny, Das Obligationenrecht als Theil des heutigen Römischen Rechts, 1853, Bd. 2, S. 59.

② Eberhard Schilken, in: Staudinger Kommentar BGB, 2014, Vor §§ 164 ff, Rn. 11.

③ Ludwig Mitteis, Die Lehre von der Stellvertretung nach römischem Recht mit Berücksichtigung des österreichischen Rechts, Verlag Aalen, 1962 (Nachdruck der Ausgabe Wien 1885), S. 109 ff.

构成法律行为。①

相较之下，代理人行为说更为合理。代理行为在本质上确实是代理人的行为，代理人独立地形成意思并将其表达于外部。被代理人之所以被视为法律行为以及由此产生的法律关系的当事人，是行为归属的结果。此项归属是一种法律上的拟制，以法律效果的承担为着眼点。至于意思表示是否存在瑕疵、是否善意等问题的判定，原则上仍应以作为"行为人"的代理人为准。

### 四、代理的分类

（一）法定代理与意定代理

以代理权的发生原因为准，可以将代理划分为法定代理与意定代理。法定代理，是指直接基于法律规定而取得代理权的代理。意定代理，是指基于法律行为而取得代理权的代理。《民法典》第 163 条区分了委托代理与法定代理，其中委托代理就是意定代理，法定代理如监护人对被监护人的代理。

配偶一方行使日常家事代理权实施法律行为也可能构成法定代理②。日常家事代理权在德国法上被称为钥匙权（Schlüsselgewalt）。关于其法律性质，存在争议。第一种观点（代理说）认为，钥匙权是一种法定强制授权（Zwangsermächtigung），原则上可以准用民法上关于代理的规定，发生代理的法律效果。第二种观点（机关说）认为，配偶形成家庭共同体，一如合伙人形成合伙共同体，任何一方都是家庭共同体的机关，在钥匙权范围内缔结的法律行为的法律效果当然归属于家庭共同体。第三种观点（家庭法特殊权力说）认为，钥匙权既非代理权，亦非机关的代表权，毋宁是家庭法上特有的权力，包含了一种法定

---

① Reinhard Bork，Allgemeiner Teil des Bürgerlichen Gesetzbuchs，4. Aufl.，2016，S. 513 – 514.

② Reinhard Bork，Allgemeiner Teil des Bürgerlichen Gesetzbuchs，4. Aufl.，2016，S. 563.

的涉他效力,该效力源于婚姻的一般效力。① 代理说主要面临如下质疑:钥匙权规则并未强调显名原则,而该原则对于代理而言却至关重要;配偶一方行使钥匙权不仅导致另一方享有权利、负担义务,也导致其自己享有权利、负担义务,这与"代理人自己不承担法律行为效果"原则不符。机关说主要面临如下质疑:行使钥匙权的配偶一方不仅是机关,也是所缔结合同的当事人;家庭并非独立于其成员的财产单元(Vermögenseinheit)。② 实际上,配偶一方行使钥匙权并非一概不构成代理。如果配偶一方仅以自己名义与相对人实施法律行为,相对人看不出其在行为当时处于婚姻关系之中,则其行为当然不构成代理。此时,法律行为产生的权利义务关系之所以由配偶另一方共同承担,确实只能在婚姻的一般效力中得到解释。反之,如果配偶一方同时以自己名义及配偶另一方名义对外实施法律行为,包括虽然没有明确使用配偶另一方的名字但相对人知道其处于婚姻关系之中,则将其行为认定为代理行为并无不妥。我国《民法典》第 1064 条第 1 款规定夫妻一方在婚姻关系存续期间以个人名义为家庭日常生活需要所负的债务属于夫妻共同债务。其中"以个人名义"应该解释为既包括夫妻一方以自己名义实施法律行为且相对人不知道其处于婚姻关系之中,也包括夫妻一方以自己名义实施法律行为且相对人知道其处于婚姻关系之中。后者属于默示的显名代理。至于夫妻一方同时以自己名义及夫妻另一方名义对外实施法律行为,则为明示的显名代理,依《民法典》第 1064 条第1 款的当然解释,由此发生的债务当然也属于夫妻共同债务。

他人财产的管理人(破产管理人、遗产管理人、遗嘱执行人)是否属于法定代理人,在学理上素有争论。职务说(Amtstheorie)认为,此类管理人是一种机关或者说是私法职务载体,其职权是在特定财产管理与变价方面对互相冲突的利益进行平衡,并非任何一个利益主体的

---

① Reinhard Voppel, in: Staudinger Kommentar BGB, 2012, § 1357 Rn. 21.
② Reinhard Voppel, in: Staudinger Kommentar BGB, 2012, § 1357 Rn. 22 – 23.

代理人。管理人以自己名义实施行为,其效果依法归属于财产所有人,是"中立的行为人"。在实体法上,管理人如同信托关系中的受托人;在程序法上,管理人是"职务当事人"(Partei kraft Amtes)。① 反之,代理说认为,虽然管理人不仅要维护财产所有人的利益,也要维护其他主体(如债权人)的利益,但这并不妨碍其成为代理人。具有决定意义的是行为的法律效果,管理人实施的法律行为效果归属于财产所有人。其行为在客观上系为财产所有人实施,满足了默示显名代理的特征。② 我国民法学上有学者认为遗产管理人、失踪人财产代管人是法定代理人③。关于财产管理人的法律地位,即便持职务说的学者也多认为某些问题应当准用代理法规则。因此,职务说与代理说在实践效果上差别不大。

我国民法学上曾经有"职务代理"概念。所谓职务代理在性质上也是一种意定代理,④因为职员担任某种包含对外实施法律行为之权力的职务以法人或者非法人组织的任命为前提,此项任命包含了代理权授予行为。与一般的意定代理相比,职务代理的特殊之处在于,代理权在一定期间内持续存在且代理人为处理同类事务需要反复行使代理权。甚至可以说,代理权构成职务本身或者职务的核心内容。《民法典》第170条关于职务代理的规定被置于"委托代理"之下,表明立法者将职务代理定性为意定代理。实践中,职员以法人名义实施的法律行为可否归属于法人,首先取决于该法律行为是否属于职员职

① Jürgen Ellenberger, in: Palandt Kommentar BGB, 79. Aufl., 2020, vor §164, Rn. 9; Jauernig/Jauernig(2011), §164, Rn. 13.

② Vgl. Enneccerus/Nipperdey, Allgemeiner Teil des Bürgerlichen Rechts, 15. Aufl., 1960, S. 1105 – 1106; Werner Flume, Allgemeiner Teil des bürgerlichen Rechts, Bd. 2: Das Rechtsgeschäft, 4. Aufl., 1992, S. 781;〔德〕卡尔·拉伦茨:《德国民法通论》,王晓晔、邵建东等译,法律出版社2003年版,第819页。

③ 参见史尚宽:《民法总论》,中国政法大学出版社2000年版,第519、530页;王利明:《民法总则研究》(第3版),中国人民大学出版社2018年版,第615页。

④ 参见王利明:《民法总则研究》(第3版),中国人民大学出版社2018年版,第613页。

权范围内。属于职权范围内的法律行为构成有权代理,直接依据《民法典》第 170 条第 1 款判定法律行为对法人发生效力①。法人对职员的职权范围予以内部限制的,如对交易标的额进行限制,职员超出该限制实施的法律行为构成越权代理。相对人为善意的,应依《民法典》第 170 条第 2 款判定法律行为对法人发生效力。此种效果实际上也是一种表见代理,与《民法典》第 172 条规定的表见代理并无本质区别。职员超越其职务通常包含的权限范围(不是法人内部限制划定的范围!)实施的法律行为构成无权代理,②只能依据《民法典》第 172 条判断是否构成表见代理。

(二)积极代理与消极代理

积极代理,亦称为主动代理,是指代理他人作出意思表示。消极代理,亦称为被动代理,是指代理他人受领意思表示。

(三)有权代理与无权代理

代理人对代理事项享有代理权的,代理行为是有权代理。反之,代理人对代理事项不享有代理权的,代理行为是无权代理。无权代理也符合代理的一般特征,所以在性质上也是代理。

## 第三节 代理的法律效果

### 一、代理对于被代理人的法律效果

某人实施的法律行为构成有权代理的,该法律行为归属于被代理

---

① 参见韩某某与中国商标专利事务所有限公司委托合同纠纷案,最高人民法院民事判决书(2020)最高法知民终 109 号;四川省仁寿县新意建筑劳务有限公司等与伊厦成都国际商贸城股份有限公司建设工程施工合同纠纷,最高人民法院民事裁定书(2019)最高法民申 2411 号;海天建设集团有限公司山西分公司、海天建设集团有限公司与山西智祥房地产开发有限公司建设工程合同纠纷,最高人民法院民事裁定书(2018)最高法民申 4540 号。

② 参见顾某某与南华期货股份有限公司桐乡营业部期货经纪合同纠纷案,最高人民法院民事裁定书(2019)最高法民申 757 号。

人,由被代理人承担有利或者不利的法律效果,结果如同被代理人自己实施法律行为。被代理人承担法律效果的前提是系争法律行为的实施符合代理的构成要件,而且代理人在代理权范围内行事。欠缺此类前提的,不发生法律行为归属。例如,代理人无行为能力或者代理事项不具有容许性,被代理人无须承担法律行为效果。

除了法律行为上的权利义务归属之外,代理对于被代理人的另一个法律效果是缔约过失责任的归属。通过代理人与相对人进行缔约磋商,被代理人作为缔约当事人负担了先合同义务,代理人成为履行辅助人,辅助被代理人履行先合同义务。如果代理人违反先合同义务,则其过错归属于被代理人,由被代理人向相对人承担缔约过失责任①。

### 二、代理对于代理人的法律效果

代理人对所实施的法律行为欠缺代理权的,该法律行为不能归属于被代理人,除非经过被代理人追认或者构成表见代理。代理人须依据《民法典》第171条第3款和第4款承担责任。除了无权代理责任之外,即便在有权代理情形中,代理人在特定条件下也可能要承担缔约过失责任。此种缔约过失责任的成立要求代理人的特殊身份引发了相对人的特别信赖并因此对合同的缔结产生重大影响。例如,代理人是一家专业机构,在实施代理行为的过程中就标的物状况作了不真实的陈述,误导相对人订立合同。相对人有权请求代理人赔偿其信赖利益损失。如果代理人对于合同的缔结具有超出正常佣金范围的个人经济利益,则其也须为先合同义务的违反承担缔约过失责任②。

---

① 参见〔德〕维尔纳·弗卢梅:《法律行为论》,迟颖译,法律出版社2013年版,第950—952页。

② 参见〔德〕汉斯·布洛克斯、沃尔夫·迪特里希·瓦尔克:《德国民法总论》,张艳译,中国人民大学出版社2019年版,第239页;Dirk Looschelders, Schuldrecht, AT., 18. Aufl., Verlag Franz Vahlen, 2020, S. 74 – 75。

### 三、意思瑕疵与知情归属问题

关于代理的法律效果,存在两个特殊问题。一是代理人意思瑕疵问题,二是知情归属问题。

#### (一)代理人意思瑕疵问题

代理人作出的意思表示可能因错误、欺诈、胁迫等原因存在瑕疵。究竟是否存在此类瑕疵,原则上应以代理人为准予以判定。

就意思表示错误而论,应当比较代理人的表示内容与其主观意思,据此确定是否存在意思与表示不一致的情形。如果构成意思表示错误,则需要区分三种情形。其一,代理人以被代理人名义且在代理权范围内作出意思表示,该意思表示存在错误,则错误的意思表示归属于被代理人,被代理人享有撤销权。被代理人既可以自己行使撤销权,也可以通过代理人行使撤销权。① 其二,代理人以被代理人名义作出意思表示但超越代理权范围,该意思表示存在错误。未经被代理人追认的,此项错误的意思表示不能归属于被代理人,代理人应以无权代理规则向相对人承担责任。不过,由于意思表示存在错误,所以民法原理上通说认为,应当准用意思表示错误规则,使代理人有权撤销意思表示。在撤销后,代理人应向相对人承担消极利益损害赔偿责任,但不必承担无权代理责任。② 如果恰好因为意思表示错误导致代理人越权,则也应作相同处理。例如,甲授权乙代其购买 A 物,乙错误地向丙表示购买 B 物,购买 B 物的意思表示超越乙的代理权,乙可以通过撤销该意思表示以避免承担无权代理责任。其三,代理人打算以被代理人名义作出意思表示,但在作出意思表示时因疏忽未向相对人

① 参见〔德〕汉斯·布洛克斯、沃尔夫·迪特里希·瓦尔克:《德国民法总论》,张艳译,中国人民大学出版社 2019 年版,第 239 页。

② Maier-Reimer, in: Erman Kommentar BGB, 15. Aufl. , 2017, § 179 Rn. 6; Eberhard Schilken, in: Staudinger Kommentar BGB, 2014, § 179 Rn. 10.

说明系为他人行事。由于欠缺公开性，法律行为不能归属于被代理人，成为代理人自己的法律行为。在德国法上，由于《德国民法典》第164条第2款的规定，代理人无权以错误为由撤销该法律行为。不过，既然此种情形中代理人的意思表示也符合错误的构成要件（当事人同一性错误），似乎没有充分理由排除其撤销权。

究竟是否构成真意保留或者通谋虚伪表示，也应以代理人为准予以判定，需要考察的是代理人是否保留真意或者是否就法律行为的虚伪性与相对人达成合意。例外的是，代理人与相对人串通达成虚伪的法律行为以欺骗被代理人的，相对人不得对被代理人主张该法律行为无效。[①] 就欺诈与胁迫而论，代理人作出意思表示的，相对人的欺诈或者胁迫行为必须指向代理人。[②]

如果意思瑕疵存在于被代理人身上，则仅在以下两种情形中才可能影响法律行为的效力。一是被代理人在实施授权行为时存在错误、被欺诈或者被胁迫等情况。授权行为因此存在意思瑕疵，被代理人有权撤销授权行为。[③] 撤销导致授权行为丧失效力，代理人实施的法律行为构成无权代理，效力待定。二是代理人按照被代理人的特定指示实施法律行为，就指示内容，被代理人存在意思瑕疵。通说认为，此时被代理人的意思瑕疵导致法律行为效力障碍[④]。少数学者则认为此时无须以被代理人为准判定法律行为存在意思瑕疵[⑤]。

（二）知情归属问题

民法上很多情形中行为的效果取决于当事人是否知道或者应当

① Eberhard Schilken, in: Staudinger Kommentar BGB, 2014, § 166 Rn. 12; Werner Flume, Allgemeiner Teil des bürgerlichen Rechts, Bd. 2: Das Rechtsgeschäft, 4. Aufl., 1992, S. 411.

② Jürgen Ellenberger, in: Palandt Kommentar BGB, 79. Aufl., 2020, § 166 Rn. 3.

③ Jürgen Ellenberger, in: Palandt Kommentar BGB, 79. Aufl., 2020, § 166 Rn. 3.

④ Karl Heinz Schramm, in: Münchener Kommentar BGB, 5. Aufl., 2006, § 166 Rn. 59; Jürgen Ellenberger, in: Palandt Kommentar BGB, 79. Aufl., 2020, § 166 Rn. 12.

⑤ Eberhard Schilken, in: Staudinger Kommentar BGB, 2014, § 166 Rn. 17; Reinhard Bork, Allgemeiner Teil des Bürgerlichen Gesetzbuchs, 4. Aufl., 2016, S. 651.

知道某种情况,如动产善意取得要求受让人不知道且不应当知道让与人没有处分权;表见代理的成立要求相对人不知道且不应当知道代理人欠缺代理权。一方当事人采用代理方式实施法律行为的,其是否"知道或者应当知道",原则上以代理人为准予以判定。此为"知情归属"(Wissenszurechnung)规则。例如,甲授权乙代理购买一幅油画,乙以甲名义与丙达成买卖合同并且进行油画所有权让与,乙当时不知道且不应当知道丙并非油画所有权人,尽管甲对此知道,仍应以代理人乙的主观状态为准认定构成善意取得。当然,如果甲本身也参与了油画所有权让与行为,如在乙、丙达成所有权让与合意后,丙将油画直接交付给甲,则甲的恶意阻却其取得油画所有权①。在代理人的"知道或者应当知道"归属于被代理人的情况下,代理人被称为"知情代理人"(Wissensvertreter)②。

知情归属的例外是代理人按照被代理人的特定指示实施法律行为,此时,被代理人自己的知道或者应当知道影响法律行为的效果。"特定指示"意味着被代理人自己参与决定法律行为③。如果授予代理权时被代理人要求购买某一个特定物,则此项要求构成特定指示。被代理人在授权时知道这个特定物存在瑕疵的,即便代理人在订立买卖合同时不知道该瑕疵,也应以被代理人为准认定买受人明知道买卖物存在瑕疵,从而排除其瑕疵担保请求权。④ 同理,被代理人知道出卖人对该特定物并无所有权的,即便代理人不知道且不应当知道,被代理人也不能善意取得该特定物所有权。在有特定指示的情况下之所以例外地以被代理人的"知道或者应当知道"为准,是为了避免使被代理人通过代理方式获得的利益比通过自己行为所能获得的利益更大。

① Reinhard Bork, Allgemeiner Teil des Bürgerlichen Gesetzbuchs, 4. Aufl., 2016, S. 650.

② Larenz/Wolf, Allgemeiner Teil des bürgerlichen Rechts, 9. Aufl., 2004, S. 852.

③ Maier-Reimer, in: Erman Kommentar BGB, 15. Aufl., 2017, § 166 Rn. 38.

④ Enneccerus/Nipperdey, Allgemeiner Teil des Bürgerlichen Rechts, 15. Aufl., 1960, S1118; Larenz/Wolf, Allgemeiner Teil des bürgerlichen Rechts, 9. Aufl., 2004, S. 857.

无论如何,不应允许恶意的被代理人借助善意的代理人之手从无权处分人手中取得特定物所有权。

在晚近的民法理论中,出现对"特定指示"规则予以宽泛解释的趋势。即便在授权时被代理人对于特定法律行为并无指示,但其对于代理人即将实施该特定法律行为有具体的认识,本来可以施加干预而未加干预,也被认为其指示代理人实施该特定法律行为。[①] 例如,甲授权乙代理购买一定数量的某种货物,乙与丙磋商货物买卖的过程中,甲从其他渠道获悉丙仅为拟出售的这批货物的保管人,并无所有权,在交易完成前甲有充分的机会阻止乙代理受让这批货物,但甲却未加干预。从法价值看,当然不能允许甲违背诚信地坐享乙之善意的好处。同理,在授权时被代理人指示代理人购买某个特定物,尽管当时被代理人不知道该特定物存在瑕疵,但事后知道,只要买卖合同尚未订立,被代理人就有机会干预;未加干预的,其对瑕疵的知悉也阻却瑕疵担保请求权的成立。甚至在无权代理的情况下,被代理人对代理行为予以追认时的知情(如对动产让与人欠缺所有权的知情)也适用"特定指示"规则,由其承受与该知情相关的法律效果[②]。


## 第四节　代理权


### 一、代理权的性质

关于代理权的性质,学理上存在不同观点。权利说认为代理权是代理人享有的一种权利,确切地说是一种形成权,代理人据此可以按照自

---

[①]　Maier-Reimer, in: Erman Kommentar BGB, 15. Aufl., 2017, §166 Rn. 38.

[②]　Reinhard Bork, Allgemeiner Teil des Bürgerlichen Gesetzbuchs, 4. Aufl., 2016, S. 651.

己的意思创设或者变更他人的法律关系。① 能力说认为代理权是一种民法上的能力,类似于权利能力或者行为能力。资格说(权力说)认为代理权是一种法律上的资格(Legitimation)或者权力(Rechtsmacht),代理人据此可以以他人名义实施法律行为,为他人创设法律行为上的规则。第三种观点是目前的通说。②

权利说的缺陷在于,代理权并非为了代理人的利益而存在,欠缺权利的本质属性。至于能力说,如果将代理权理解为行为能力,必然意味着代理人的行为能力得以扩张,而实际上意定代理权的授予既未改变代理人的行为能力,也未改变被代理人的行为能力,与能力说显然不符。如果将代理权理解为行为能力之外的一种特殊能力,代理人据此可以为他人实施法律行为,则在结果上与资格说没有实质区别,这种意义上的特殊能力就是法律上的资格。就此而论,关于代理权的性质,应当采用资格说(权力说)。

## 二、代理权的分类

### (一)特别代理权、类别代理权与概括代理权

以代理权的范围为准,可以把代理权分为特别代理权(Spezialvollmacht)、类别代理权(Gattungsvollmacht)与概括代理权(Generalvollmacht)。特别代理权,是指仅限于实施某一项具体法律行为的代理权,如订立某一辆二手车买卖合同的代理权。类别代理权,是指实施某种类型法律行为的代理权,法律行为的类型被限定但数量不限,如汽车经销公司授权某个职员在一年期间内为公司销售某一款汽车,银行授权某个职员每日在储蓄所柜台办理存取款业务。概括代

---

① Enneccerus/Nipperdey, Allgemeiner Teil des Bürgerlichen Rechts, 15. Aufl. , 1960, S. 1129.

② Eberhard Schilken, in: Staudinger Kommentar BGB,2014, Vor § 164 ff Rn. 17;Jürgen Ellenberger, in: Palandt Kommentar BGB,79. Aufl. ,2020, Vor § 164 Rn. 5;〔德〕维尔纳·弗卢梅:《法律行为论》,迟颖译,法律出版社 2013 年版,第 936 页。

理权又称为一般代理权,①是指可以实施所有法律行为的代理权。法
定代理权是概括代理权。意定代理权究竟是否为概括代理权,需要通
过意思表示解释予以确定。公司法人授权分公司经理在分公司业务
范围内订立合同,该经理享有概括代理权。

应该注意的是,概括代理权并非一概毫无限制。被代理人可以在
授权时给代理权设定界限,如规定代理行为交易额上限;或者把特定
类型的法律行为排除在代理权范围之外,如规定代理权不包括处分不
动产。甚至在欠缺此类明确表示的情况下,也可以通过意思表示解释
把某些异常行为排除在代理权范围之外②。尽管存在此类限制,上述
代理权在性质上仍为概括代理权。

(二)单独代理权与共同代理权

单独代理权(Einzelvollmacht;Solidarvollmacht),是指由一个代理
人单独享有并单独行使的代理权。共同代理权(Gesamtvollmacht),亦
称为集体代理权(Kollektivvollmacht),是指由数个代理人共同享有并
共同行使的代理权。共同代理权的目的在于通过各代理人互相监督、
互相协力,防止代理人违背诚信或者不合理地行使代理权。在共同代
理权情形中,只有一个代理人行使代理权作出意思表示的,不足以使
法律行为归属于被代理人。③ 必须由数个代理人共同行使代理权,才
能发生法律行为归属。如果被代理人授权数个代理人,但各代理人均
有权单独实施代理行为,则不是共同代理权,而是数个单独代理权并
存,学理上有称之为集合代理④。《民法典》第 166 条之规定表明,数
人为同一代理事项意定代理人的,原则上各代理人仅享有共同代理

---

① 参见梁慧星:《民法总论》(第 5 版),法律出版社 2017 年版,第 227 页;朱庆育:《民
法总论》(第 2 版),北京大学出版社 2016 年版,第 347 页。

② Eberhard Schilken, in: Staudinger Kommentar BGB, 2014, §167 Rn. 83 – 84; Reinhard
Bork, Allgemeiner Teil des Bürgerlichen Gesetzbuchs, 4. Aufl. ,2016, S. 572.

③ 参见四川省恒基汇通融资理财信息咨询有限公司与周某某确认合同有效纠纷案,
四川省高级人民法院民事裁定书(2018)川民申 4611 号。

④ 参见王泽鉴:《民法总则》,北京大学出版社 2009 年版,第 425 页。

权,仅在另有约定的情况下,各代理人才享有单独代理权,构成所谓的集合代理。至于数人享有法定代理权,①如父母共同担任未成年子女的法定代理人,法律上虽未明确规定为共同代理权,但为避免各法定代理人意见相左时各行其是损害被代理人利益,宜解释为共同代理权②。

数个共同代理人既可以同时向相对人作出内容相同的意思表示,也可以先后向相对人作出内容相同的意思表示。在第二种情形中,直到最后一个共同代理人的意思表示到达相对人时,法律行为才能成立且没有溯及力。③ 每个共同代理人作出的意思表示都必须没有效力瑕疵,欠缺任何一个共同代理人的有效参与,都将导致法律行为不能归属于被代理人。为了促进交易便捷,近年来理论上的趋势是简化共同代理权行使流程。可以由一个共同代理人对外作出意思表示,其他共同代理人向相对人甚至向实施行为的那个共同代理人表示同意,包括事先同意与事后追认。如果法律行为需要采用书面形式,则只要一个共同代理人在合同书上签署,其他共同代理人对此表示同意且无须遵循书面形式要求即可。甚至有学说主张,全体共同代理人可以特别授权一个共同代理人单独实施法律行为,从而使该代理人在该法律行为上的共同代理权变成单独代理权。④ 莱因哈德·博克认为,此种授权属于复代理权授予⑤。究其实质,被授权单独行事的共同代理人的共同代理权扩张为单独代理权的过程,就是其他共同代理人将其共同代理权范围内的复代理权逐个授予他,这些共同代理权的复代理权(也是对被代理人的代理权)与他自己享有的共同代理权合并为单独代理权。

---

① 认为共同监护人无须共同代理的判例,参见寇某枝、党某国赠与合同纠纷案,广东省高级人民法院民事裁定书(2020)粤民再182号。

② 参见朱庆育:《民法总论》(第2版),北京大学出版社2016年版,第347页。

③ Karl Heinz Schramm, in: Münchener Kommentar BGB, 5. Aufl., 2006, § 167 Rn. 86.

④ Eberhard Schilken, in: Staudinger Kommentar BGB, 2014, § 167 Rn. 54 – 55.

⑤ Reinhard Bork, Allgemeiner Teil des Bürgerlichen Gesetzbuchs, 4. Aufl., 2016, S. 566.

就受领意思表示而论,任何一个共同代理权人都有权单独受领意思表示,意思表示到达某一个共同代理权人的,即发生完全的到达效力。①

关于共同代理权情形中的无权代理责任,须区分两种情形。其一,部分代理人以共同代理权人身份与相对人实施法律行为,相关情况表明该法律行为尚需其他代理人参与,但其他代理人始终未参与该法律行为的,或者虽参与但其意思表示因无行为能力而无效的,法律行为因欠缺共同代理人的共同意思表示而不成立。此时,既不发生对于被代理人的法律行为归属,也不应由已经实施法律行为的部分代理人承担无权代理责任。实际上,在这种情形中,代理行为尚未完成,无权代理责任自然无从发生。其二,部分代理人以单独代理权人身份与相对人实施法律行为,则构成无权代理,法律行为未经被代理人或者其他共同代理权人追认的,不能归属于被代理人,应由实施法律行为的代理人承担无权代理责任。② 如果数个代理人以共同代理权人身份实施法律行为且向相对人表明不存在其他共同代理权人,而事实上存在其他共同代理权人,则也构成无权代理。

（三）本代理权与复代理权

复代理权（Untervollmacht）,亦可称为次代理权、下位代理权,是指由代理人授予的代理权③。反之,由被代理人（本人）授予的代理权即为本代理权（Hauptvollmacht）,亦可称为主代理权。由复代理人实施的代理行为被称为复代理。

德国民法学说上曾经区分两种复代理权,一是直接复代理权;二是间接复代理权。直接复代理权,是指复代理人被选任为被代理人的

---

① Medicus/Petersen, Allgemeiner Teil des BGB, 11. Aufl. , 2016, S. 409.

② Reinhard Bork, Allgemeiner Teil des Bürgerlichen Gesetzbuchs, 4. Aufl. , 2016, S. 566 – 567.

③ Werner Flume, Allgemeiner Teil des bürgerlichen Rechts, Bd. 2: Das Rechtsgeschäft, 4. Aufl. , 1992, S. 836.

代理人时享有的代理权;间接复代理权,是指复代理人被选任为本代理人的代理人时享有的代理权。复代理人行使直接复代理权以被代理人的名义实施法律行为,法律行为效果直接归属于被代理人。复代理人行使间接复代理权实施法律行为,法律行为效果通过本代理人间接归属于被代理人。① 弗卢梅等学者对此种分类提出质疑,认为间接复代理权之概念不能成立②。

所谓直接复代理权在本质上也是对于被代理人的代理权,其特殊性在于代理权源于本代理人的授权而非被代理人的授权,除此之外,复代理权的行使方式和法律效果与本代理权并无区别。所谓间接复代理权,是指复代理人作为本代理人的代理人,需要代理本应由本代理人实施的行为,即对于被代理人的代理行为。如此,则复代理人实施法律行为在表现形式上须与本代理人自己实施法律行为一致。本代理人须以被代理人名义实施法律行为,复代理人作为本代理人的"替身"也应以被代理人的名义实施法律行为③。复代理人的行为是对代理行为的代理。从逻辑上看,间接复代理有两次行为归属:首先,复代理人的代理行为归属于本代理人,相当于本代理人自己实施代理行为;其次,归属于本代理人的代理行为是为被代理人实施法律行为,该法律行为归属于被代理人。如果本代理人授权的代理人仅以本代理人名义实施法律行为,未表明该法律行为系为本代理人背后的被代理人实施,则其行为根本不构成复代理,毋宁构成对于本代理人自己之法律行为的代理,法律行为归属于本代理人而非归属于被代理人。不过,本代理人在授权时已经声明授权事项是为被代理人实施法律行为的,被授权

---

① Reinhard Bork, Allgemeiner Teil des Bürgerlichen Gesetzbuchs, 4. Aufl. , 2016, S. 569; Brox/Walker, Allgemeiner Teil des BGB, 44. Aufl. , 2020, S. 253( §25 Rn. 10).

② Werner Flume, Allgemeiner Teil des bürgerlichen Rechts, Bd. 2: Das Rechtsgeschäft, 4. Aufl. , 1992, S. 837.

③ Enneccerus/Nipperdey, Allgemeiner Teil des Bürgerlichen Rechts, 15. Aufl. , 1960, S. 1140.

人不应以本代理人名义实施该法律行为；否则，被授权人实施的法律行为超出了其代理权范围，违背本代理人的意思，构成无权代理。

间接复代理权在逻辑上可以成立，但其是否具有实际意义，不无疑问。在行为方式上，间接复代理人与直接复代理人一样，都需要以被代理人的名义实施法律行为。在最终结果上，间接复代理与直接复代理并无不同，都导致法律行为归属于被代理人。即便间接复代理人在合同书上签署被代理人和代理人名字后特别注明自己作为"代理人的代理人"代为签署这些名字，结果亦无不同。关于无权代理责任的承担问题，通说认为，①如果本代理权存在而复代理权欠缺，则应由复代理人承担无权代理责任，即便承认间接复代理概念，亦然。在欠缺本代理权的情况下，如果复代理人向相对人公开了复代理关系，则应由本代理人承担无权代理责任，因为对于本代理权之信赖最终由本代理人引发，复代理人并不比相对人更容易审查本代理权是否存在；如果复代理人未向相对人公开复代理关系，则应由复代理人承担无权代理责任②。显然，若采用通说，区分直接复代理权与间接复代理权对于解决无权代理责任的承担问题并无帮助。

如果在概念上非要区分直接复代理与间接复代理，则直接复代理情形中的无权代理责任的承担与上述通说的处理没有区别。至于间接复代理，如果欠缺本代理权，复代理人以被代理人名义实施的法律行为当然也不能归属于被代理人，本代理人成为无权代理人，应向相对人承担无权代理责任；如果本代理人对复代理人的授权行为本身无瑕疵，则复代理人成为本代理人的有权代理人，其对本代理人的代理行为进行的代理是有权代理，复代理人并非无权代理人，无须向相对

---

① 少数说认为，即便复代理人向相对人公开了复代理关系，但在欠缺本代理权的情况下，复代理人仍应承担无权代理责任。参见〔德〕汉斯·布洛克斯、沃尔夫·迪特里希·瓦尔克：《德国民法总论》，张艳译，中国人民大学出版社 2019 年版，第 246 页。

② Eberhard Schilken, in：Staudinger Kommentar BGB, 2014, § 167 Rn. 73 – 74；Karl Heinz Schramm, in：Münchener Kommentar BGB, 5. Aufl., 2006, § 167 Rn. 99.

人承担无权代理责任。如果存在本代理权而欠缺复代理权,则由复代理人承担无权代理责任。相较之下,间接复代理与直接复代理的区别在于,欠缺本代理权但复代理之授权行为本身无瑕疵的,间接复代理人无须承担无权代理责任,而直接复代理人在未公开复代理关系的情况下须承担无权代理责任。之所以存在此项区别,原因在于,在具体操作上,间接复代理人须以本代理人的名义实施后者对被代理人的代理行为,而该代理行为又必须以被代理人的名义为之,所以本代理人的名义与被代理人的名义同时体现于复代理人的行为之中。以这种方式实施的间接复代理实际上非常接近于公开复代理关系的直接复代理。后者表现为:复代理人以被代理人的名义实施法律行为,同时声明自己是由本代理人授权而为之。两者的差别仅仅在于复代理人究竟声明自己是由本代理人授权而实施法律行为抑或声明自己是作为本代理人的代理人而实施法律行为。这是纯粹形式上的差别,在法律评价上可以忽略不计。

总之,直接复代理权与间接复代理权的概念区分并无必要,复代理人究竟作为被代理人的代理人抑或作为本代理人的代理人,在实践效果上并无实质差别。

复代理的效果是法律行为归属于被代理人。发生此项效果的前提是同时存在本代理权与复代理权。二者任缺一,复代理人的行为均构成无权代理。复代理权来源于本代理人的授权行为,此项授权行为的生效要求本代理人享有复任权(Befugnis zur Unterbevollmächtigung)。法定代理人当然享有复任权,因为法定代理权的取得并非基于被代理人对代理人的信任,而且法定代理权的范围广泛,要求每件事务皆由法定代理人亲自处理,不太现实。[①] 在德国法上,意定代理人是否享有复任

---

① 在陈某1与华夏银行股份有限公司常熟支行金融借款合同纠纷案,最高人民法院民事裁定书(2017)最高法民申4061号中,法院认为监护人(法定代理人)可以委托其妹代为行使法定代理权,在对被监护人名下的房产予以抵押的合同上签字。

权,取决于被代理人对于由代理人亲自处理事务是否享有明显利益,缺乏此种利益的,意定代理人享有复任权①。我国《民法典》第169条与第923条皆规定意定(委托)代理人原则上应当亲自实施代理行为,转(委托)授权第三人代理的,应当经被代理人同意或者追认。此处所谓同意既包括在本代理人转授权第三人时被代理人表示同意,也包括被代理人在授予本代理权时表示本代理人将来可以转授权第三人②。仅在紧急情况下为了维护被代理人的利益才能不经其同意或者追认而授权第三人代理。据此,在我国民法上,意定代理权原则上不包含复任权,复任权需要由被代理人特别授予。未经特别授权的,仅在例外情况下,意定代理人才享有紧急复任权。如此严格限制意定代理人的复任权是否必要,有待斟酌。

关于复代理权授予的方式,我国民法文献通常认为本代理人应以自己名义授予他人复代理权③。实际上,如果不采用间接复代理权概念,则复代理权授予的方式应为本代理人以被代理人的名义进行授权。因为,复代理权是对于被代理人的代理权,复代理人是被代理人的代理人。④ 复代理权的授予在本质上是本代理人以代理的方式实施授权行为,该授权行为在被代理人与复代理人之间发生效力。复任权也是一种代理权。《民法典》第169条规定转授权原则上须经被代理人同意或追认,充分表明该授权行为是本代理人对被代理人的代理。也正是因为复代理权是对于被代理人的代理权,所以不但实施授权行为的本代理人可以撤回授权,而且被代理人自己也可以撤回复代理权⑤。

---

① Reinhard Bork, Allgemeiner Teil des Bürgerlichen Gesetzbuchs, 4. Aufl. , 2016, S. 570.

② 参见李某刚与李某贵股权转让纠纷案,最高人民法院民事裁定书(2020)最高法民申211号。

③ 参见梁慧星:《民法总论》(第5版),法律出版社2017年版,第227页;王利明:《民法总则研究》(第3版),中国人民大学出版社2018年版,第643页。

④ Eberhard Schilken, in: Staudinger Kommentar BGB, 2014, §167 Rn. 60 – 61; Medicus/Petersen, Allgemeiner Teil des BGB, 11. Aufl. , 2016, S. 415.

⑤ Medicus/Petersen, Allgemeiner Teil des BGB, 11. Aufl. , 2016, S. 415.

### 三、代理权的授予

就意定代理权而言,需要由被代理人将代理权授予代理人。反之,法定代理权直接基于法律规定取得,无须授权。因此,关于代理权的发生,需要重点探讨的是意定代理权的授予。

(一)代理权授予行为

代理权授予行为是单方法律行为,[①]由被代理人作出授予代理权的意思表示。之所以将代理权授予行为定性为单方法律行为,无须被授权人同意即可成立,是因为该法律行为并未使被授权人负担义务,只是使其取得一种将自己实施的法律行为归属于被代理人的权力(Rechtsmacht)。通说认为,代理权授予行为并无排他效力。授权后,授权人仍然可以就授权事项自己实施法律行为。只是在债法层面上,授权人与被授权人可以约定前者不再自己实施法律行为[②]。代理权授予行为可以附条件或者附期限[③]。

代理权授予的方式包括内部授权与外部授权。内部授权即由被代理人向代理人作出授予代理权的意思表示;外部授权即由被代理人向第三人(法律行为的相对人)作出授予某人代理权的意思表示。例如,股权受让人甲向股权让与人乙出具《授权委托书》,载明"本人全权委托丙前来办理股权收购事宜";[④]被代理人甲向相对人乙出具《不可撤销的付款委托书》或者《授权委托书》,授权丙与乙实施收款行

---

① 早期学者多认为代理权授予行为是一项契约,即授权契约(Bevollmächtigungsvertrag)。Vgl. Laband, Die Stellvertretung bei dem Abschluß von Rechtsgeschäften nach dem allgem. Deutsch. Handelsgesetzbuch, in:Zeitschrift für das gesammte Handelsrecht, Bd. 10,1866, S. 208.

② Reinhard Bork, Allgemeiner Teil des Bürgerlichen Gesetzbuchs,4. Aufl. ,2016, S. 571.

③ Karl Heinz Schramm, in:Münchener Kommentar BGB,5. Aufl. ,2006, § 167 Rn. 7.

④ 案例参见薛某某与陆某某、江苏苏浙皖边界市场发展有限公司、江苏明恒房地产开发有限公司委托代理合同纠纷案,最高人民法院民事判决书(2013)民一终字第138号。

为①。无论内部授权抑或外部授权,授权意思表示皆为需受领的意思表示②。内部授权意思表示由代理人受领,外部授权意思表示由第三人受领。因内部授权而取得的代理权在学理上被称为内部代理权(Innenvollmacht);因外部授权而取得的代理权在学理上被称为外部代理权(Außenvollmacht)。③ 这种用语具有误导性,容易使人误以为只有外部代理权才具有外部效力,但实际上无论内部代理权还是外部代理权都具有外部效力。授权意思表示可以是明示的,也可以是默示的,后者主要适用于内部授权。例如,把包含必要外部接触的业务经营交给某人,或者把某一项通常涉及代理权的任务交给某人④。

与外部授权不同的是内部授权的外部告知。所谓内部授权的外部告知,是指被代理人以对第三人的特别通知或以公告的方式发出授予某人代理权的通知,或者代理人向第三人出示被代理人交给他的授权书,该出示行为相当于被代理人的"特别通知"。内部授权的外部告知在性质上是观念通知,授权行为已因被代理人的授权意思表示到达代理人而发生效力,被代理人只是将其对于这一事实的认识告知第三人而已。反之,外部授权之前,尚未发生代理权,代理权因被代理人的授权意思表示到达第三人而发生。如果语言表述足够严谨,则外部授权的语句为"本人将某一事项的代理权授予某人",而内部授权的外部告知则应表述为"本人已将某一事项的代理权授予某人"。

代理权授予行为通常属于非要式法律行为,被代理人可以自由决

---

①　案例参见吴某与蒲某股权转让纠纷案,最高人民法院民事判决书(2019)最高法民终 1110 号;李某刚与李某贵股权转让纠纷案,最高人民法院民事裁定书(2020)最高法民申 211 号。

②　德国法通说认为,可以以公告(öffentliche Bekanntmachung)方式向不特定多数人作出外部授权意思表示。此时,授权意思表示例外地属于无须受领的意思表示。Vgl. Eberhard Schilken, in: Staudinger Kommentar BGB, 2014, §167 Rn. 12; Jürgen Ellenberger, in: Palandt Kommentar BGB, 79. Aufl., 2020, §167 Rn. 1.

③　Eberhard Schilken, in: Staudinger Kommentar BGB, 2014, §167 Rn. 12.

④　Eberhard Schilken, in: Staudinger Kommentar BGB, 2014, §167 Rn. 13.

定采用书面形式、口头形式或者其他形式。《民法典》第 165 条规定授权委托书的基本内容,但并未要求授权必须采用书面形式。在若干例外情形中,法律明确规定代理人必须持有授权委托书,据此,代理权授予行为属于要式法律行为。如《政府采购法》第 43 条第 2 款规定政府采购代理机构应当提交授权委托书,《公司法》第 106 条规定股东的代理人应当向公司提交授权委托书,《企业破产法》第 59 条第 4 款规定债权人的代理人出席债权人会议时应当提交授权委托书。

(二)代理权授予行为与原因行为的关系

1. 比较法考察

意定代理人与被代理人之间往往存在委托、雇佣或劳动合同关系。代理权授予行为与此类合同之间在法律上究竟是什么关系? 在 19 世纪中期以前,民法学界普遍认为代理是委托(委任)等基础关系的外部层面,应受该基础关系的支配,代理权授予与委托合同属于同一意义,二者同时成立或消灭。普鲁士普通邦法、①奥地利民法及法国民法皆采此传统见解。1866 年,德国法学家拉邦德(Laband)在《商法杂志》第 10 卷上发表了一篇题为《以德国商法典为依据的法律行为代理》的论文,认为应当区分代理权授予行为与委托合同,二者在发生、权限范围及存续期间等方面不尽相同,是两个互相独立的法律行为。②

---

① 《普鲁士普通邦法》第 1 卷第 13 章第 5 条规定:"委托或者授权是指一方授予另一方为其实施法律行为之权利的意思表示。"该条所在的第 1 节标题即为"授权委托"( Von Vollmachtsaufträgen)。Vgl. Christian Friedrich Koch, Allgemeines Landrecht für die Preußischen Staaten, Tl. 1, Bd. 2, 3. Aufl. , J. Guttentag, Berlin, 1862, S. 162.

② 拉邦德区分代理权授予行为与委托合同的核心论据是,委托合同与代理权授予行为未必重合。一方面,存在"没有代理权的委托"( Mandat ohne Vollmacht),如行纪、货运代理(Spedition),受托人只能以自己名义订立合同,合同权利义务归属于受托人;另一方面存在"没有委托的代理权"( Vollmacht ohne Auftrag),如经理人、无限公司股东的代理权,即便作为被代理人的营业主或者其他股东已经向经理人或者股东表明后者不得缔结某些法律行为,其对于这些法律行为仍享有代理权,法律行为仍对被代理人发生效力。Vgl. Laband, Die Stellvertretung bei dem Abschluß von Rechtsgeschäften nach dem allgem. Deutsch. Handelsgesetzbuch, in: Zeitschrift für das gesammte Handelsrecht, Bd. 10, 1866, S. 203 – 207.

这一观点对德国民法学界产生重大影响,最终被《德国民法典》所采纳,并且对瑞士、日本、希腊、北欧诸国以及我国台湾地区等大陆法系国家及地区民法产生广泛的影响力,被誉为"法学上之发现"。①

拉邦德所倡导②的理论就是所谓的代理权授予行为独立性与无因性理论。与物权行为独立性及无因性理论一样,该理论提出之后,引起了民法学界长久的争论。一直到当代民法学界,争论仍未平息。支持该理论的主要理由在于:其一,代理权授予行为与原因行为涉及不同的法律关系,前者只产生一项代理权,而代理权解决的是被代理人与第三人(相对人)之间的外部关系,只要代理人有代理权并且以被代理人的名义实施法律行为,该法律行为就在被代理人与第三人之间发生效力,而原因行为涉及被代理人与代理人之间的内部关系,据此,代理人对被代理人负担一项为其处理事务的义务,同时可能对其享有一定的权利,如报酬请求权。③ 其二,代理权授予行为未必都伴随着原因行为,有时,被代理人与代理人之间仅有授权行为,而无原因行为,④此即所谓"孤立的代理权"(isolierte Vollmacht)⑤。其三,有助于维护交易安全,使第三人在交易时不必顾虑代理人与被代理人之间的内部关系。⑥ 其四,使代理人免于承担无权代理人的责任,依有因说,若雇佣

---

① 参见〔德〕汉斯·多勒:《法学上之发现》,王泽鉴译,载王泽鉴:《民法学说与判例研究(修订版)》(第四册),中国政法大学出版社 2005 年版,第 4—6 页。

② 事实上,在拉邦德之前,德国已经有学者主张应当在概念上区分委托合同与代理权授予行为,只是不够彻底而已。例如,温德沙伊德主张委托合同侧重于指一方必须为另一方做某事,授权行为则侧重于指一方可以为另一方做某事,但他认为委托合同中实际上包含了授权行为,某人必须为他人做某事,同时意味着其可以为他人做某事。Vgl. Bernhard Windscheid,Lehrbuch des Pandektenrechts,Bd. 1,1862,S. 160 – 161.

③ Brox/Walker,Allgemeiner Teil des BGB,44. Aufl.,2020,S. 254(§25 Rn. 13 – 14).

④ Brigitte Frensch,in:PWW Kommentar BGB,§167 Rn. 4.

⑤ 学理上被视为"孤立的代理权"之情形如甲误以为已经存在基础关系从而将代理权授予乙,或者乙基于情谊关系表示愿意为甲缔结一项法律行为,甲遂向其授予代理权。Vgl. Karl Heinz Schramm,in:Münchener Kommentar BGB,5. Aufl.,2006,§168 Rn. 2.

⑥ 参见王泽鉴:《债法原理》(第 2 版),北京大学出版社 2013 年版,第 281 页;Brigitte Frensch,in:PWW Kommentar BGB,§164 Rn. 49。

或委任等基础法律关系无效或被撤销,代理权即随之消灭,则代理人自始欠缺代理权,应承担无权代理人之赔偿责任,过于苛严。①

在当代德国民法学界,很多学者认为应该通过区分代理权授予的方式来决定授权行为与原因行为究竟是何种关系。比较有代表性的是梅迪库斯、施瓦布、弗卢梅等人。梅迪库斯认为,在外部代理权以及向外部告知的内部代理权中,代理权独立于原因关系,其效力不受原因关系的影响;相反,对于纯粹的内部代理权,《德国民法典》第168条第1句明确规定代理权的消灭取决于原因关系,这体现了有因原则,这项规定应当正确地解释为:不但原因关系的终止导致代理权的消灭,而且原因关系如果未发生效力,代理权也不成立,因为一项欠缺原因关系的代理权将产生该项规定旨在避免的、当事人也不希望发生的被授权人不受拘束的结果。②

施瓦布认为,意定代理权并非一概都具有无因性,《德国民法典》第168条第1句表明意定代理权是随原因关系而消灭的,也就是说它并不具有无因性,但《德国民法典》第170—173条却表明外部代理权及对外部告知的内部代理权是无因的,在代理权本来应该随原因关系的消灭而消灭的情况下,为保护善意第三人,代理权被视为依然存续。③

按照弗卢梅的观点,就内部代理权而言,按照事物的本质,代理权对原因关系具有依赖性,代理权只有通过原因关系才能获得其意义,而且其持续也取决于原因关系。尽管《德国民法典》第168条第1句只规定代理权的"消灭",未提及代理权的成立,但一般来说,原因关系不成立,代理权也不成立。与物权行为的无因性原则不同,内部代理

① 参见王泽鉴:《债法原理》(第2版),北京大学出版社2013年版,第281页。
② 参见〔德〕迪特尔·梅迪库斯:《德国民法总论》,邵建东译,法律出版社2000年版,第719—720页。
③ 参见〔德〕迪特尔·施瓦布:《民法导论》,郑冲译,法律出版社2006年版,第540—545页。

权的原因行为瑕疵（如违背善良风俗、违反禁令、错误、胁迫、欺诈等）一般都会影响到代理权授予行为的效力。因此，拉邦德以外部代理权为原型所提出的理论对于内部代理权并无太大的意义，在法律裁判中需要以各种方式将内部代理权与其原因行为联系起来。不过，外部代理权有所不同，它原则上不依赖于原因关系，而是取决于授权人与第三人之间的关系。当然，按照《德国民法典》第 173 条的规定，外部代理权的消灭与其原因行为之间仍然存在一定的联系，该条所谓的"消灭"应当准用于代理权不成立，如果第三人明知代理权因授权人与被授权人之内部关系而不成立或已消灭，那就没有理由承认外部授权行为的效力。①

实际上，弗卢梅与施瓦布在很大程度上已经否定了代理权授予行为的无因性，即便是对于外部代理权及对外部告知的内部代理权也是如此。尤其是弗卢梅，通过把《德国民法典》第 168 条第 1 句以及第 173 条准用于代理权的成立，使原因行为的效力瑕疵能够影响到代理权的成立，在外部授权的情形中，只有善意第三人才能主张代理权不受原因关系瑕疵的影响。这种对第三人的保护方式其实与真正意义上的无因性原则有所不同，后者是不考虑第三人的主观状态的，二者的关系如同物权法中善意取得与物权行为无因性之关系。就此而论，与其说弗卢梅承认外部代理权授予行为的无因性，不如说他承认代理关系中的权利表见责任——相当于我国民法中的表见代理②。

在日本民法学上，代理权授予行为的独立性与无因性理论并未成

---

① Werner Flume, Allgemeiner Teil des bürgerlichen Rechts, Bd. 2: Das Rechtsgeschäft, 4. Aufl. ,1992, S. 841 – 845.

② 德国民法学中的"表见代理"概念与我国民法学中的"表见代理"概念不尽相同，前者不包括被代理人以通知、公告或交付授权书的方式使第三人产生代理人具备代理权之信赖的情形，而是专指被代理人纯属过失而导致代理权之表象，比如雇主未对雇员进行必要的监督导致雇员未经授权即实施了代理行为。参见〔德〕卡尔·拉伦茨:《德国民法通论》，王晓晔、邵建东等译，法律出版社 2003 年版，第 893—894 页。在我国民法学中，上述两种情形都可以纳入表见代理范畴。

为通说。早期的通说认为代理权是从委任契约中直接产生的,后来日本学者逐渐意识到代理权不仅仅产生于委任契约,雇佣、承揽、合伙等契约也可以产生代理权,所以早期的学说已经不再被坚持。① 目前日本民法学界关于代理权授予行为与原因行为之间的关系存在独自性肯定说与独自性否定说之对立。独自性肯定说认为相对于委任契约等原因行为,代理权授予行为是另外独立的东西,其中有些学者(如川岛武宜、北川善太郎)将该行为视为单方法律行为,认为无须被授权人的同意,有些学者(如近江幸治)认为该行为需要被授权人的同意,是一种无名契约②。独自性否定说认为代理权直接从委任雇佣、承揽、合伙等事务处理契约中产生,无须独立的授权行为。③ 值得注意的是,我妻荣教授对于这个问题采折中说,他认为代理权授予行为是独立地以代理权的发生为目的的行为,但日本民法未必是站在将代理与委任作判然区别的立场上,授权行为与普通的意思表示进行合体也是可以的,即由一个契约使对内关系与代理权发生是可能的,而且,此时对内关系的无效、撤销、终了,原则上应当解释为引起代理关系的无效、撤销、终了。④

我国台湾地区民法学界对于代理权授予行为的独立性与无因性问题,也存在争议。学者多认为,相对于委任、雇佣等原因关系,代理权授予行为是一个独立的法律行为,有时甚至仅有授权行为而无原因关系。如果二者皆存在,其相互关系如何?很多学者基于对我国台湾地区"民

---

① 参见〔日〕四宫和夫:《日本民法总则》,唐晖、钱孟姗译,五南图书出版公司 1995 年版,第 244 页。

② 参见〔日〕近江幸治:《民法讲义 I:民法总则》,渠涛等译,北京大学出版社 2015 年版,第 227 页。

③ 对这些学说的介绍,详见〔日〕山本敬三:《民法讲义 I:总则》(第 3 版),解亘译,北京大学出版社 2012 年版,第 289 页。

④ 参见〔日〕我妻荣:《新订民法总则》,于敏译,中国法制出版社 2008 年版,第 312—313 页。

法"第 108 条第 1 项①之解释,认为代理权授予行为是有因的或者原则上是有因的。② 但也有不少学者认为代理权授予行为是无因的。③

２．我国的理论选择

我国《民法典》第 163 条第 2 款第 1 句"委托代理人按照被代理人的委托行使代理权"以及第 169 条第 1 款前半句"代理人需要转委托第三人代理的"等立法表述没有严格区分委托与授权。不过,这仅表明我国民法在术语上未对委托与授权予以精确区分,不等于说未区分委托与授权这两种法律行为。从《民法典》第 165 条"委托代理授权""授权委托书"等用语看,法律上已经把授权本身视为一项法律行为。该条规定授权委托书"由被代理人签名或者盖章",表明我国民法把代理权授予行为定性为单方法律行为,只需被代理人就代理权的授予作出单方意思表示即可,无需代理人在授权委托书上签名或盖章。这使得代理权授予行为区别于作为双方法律行为的委托合同,具有独立性。至于代理权授予行为是否具备无因性,我国民法没有相关规定。在学理上,有不少学者持无因说,④但也有部分学者持有因说⑤。

---

①　我国台湾地区"民法"第 108 条第 1 项规定:"代理权之消灭,依其所由授与之法律关系定之。"

②　参见史尚宽:《民法总论》,中国政法大学出版社 2000 年版,第 531 页;郑玉波:《民法总则》,中国政法大学出版社 2003 年版,第 415 页。

③　参见王泽鉴:《债法原理》(第 2 版),北京大学出版社 2013 年版,第 281 页;黄立:《民法总则》,中国政法大学出版社 2002 年版,第 397 页;黄茂荣:《民法总则》(植根法学丛书之判解评释部分),1982 年台北自版,第 1038—1039 页。黄茂荣将我国台湾地区"民法"第 108 条第 1 项之规定与代理权授予行为无因性之关系比作不当得利之规定与处分行为无因性之关系,认为处分行为无因性并不因不当得利之规定的存在而被否定,反而不当得利的规定因该无因性的继续存在,始有其规范的意义,对于我国台湾地区"民法"第 108 条第 1 项之规定也应作同样的理解。

④　参见王利明:《民法总则研究》(第 3 版),中国人民大学出版社 2018 年版,第 630 页;陈甦主编:《民法总则评注》,法律出版社 2017 年版,第 1239 页(郝丽燕执笔);郭明瑞主编:《民法》(第 2 版),高等教育出版社 2007 年版,第 133 页;李建华等:《民法总论》,科学出版社 2007 年版,第 192 页;迟颖:《意定代理授权行为无因性解析》,载《法学》2017 年第 1 期。

⑤　参见梁慧星:《民法总论》(第 5 版),法律出版社 2017 年版,第 240 页(该书第 3 版之前采用无因说);朱庆育:《民法总论》(第 2 版),北京大学出版社 2016 年版,第 346 页;徐国栋主编:《民法总论》,厦门大学出版社 2018 年版,第 262 页。

从逻辑上看,依代理权的授予方式,代理权授予行为可能是代理人与被代理权之间的法律行为,也可能是被代理人与第三人之间的法律行为。属于第一种情形的是内部授权,授权意思表示中蕴含了被代理人愿意承受由代理人实施的法律行为之效果的意思表示。属于第二种情形的是外部授权,授权意思表示中蕴含了被代理人愿意承受代理行为之法律效果或者说愿意通过代理人与第三人发生法律关系的意思。内部授权意思表示的侧重点是使代理人免受法律行为的拘束,代理人基于代理权可以合法地将该法律行为的效果转由被代理人承受。外部授权意思表示的侧重点是使被代理人受到法律行为的拘束,第三人基于代理人的代理权可以合法地直接要求被代理人承担法律行为的效果。打个比方,内部授权给予代理人一个盾,代理人可以借此抵御法律行为的效力;外部授权给予第三人一支矛,第三人可以借此在法律上越过代理人攻击被代理人,即向被代理人主张法律行为的效力。

外部授权行为应当具有无因性(抽象性),[1]理由如下。首先,外部授权行为未必都有原因关系。有时,被代理人与代理人之间并未事先成立委托、雇佣、劳动等合同关系,但被代理人已经向第三人作出授予该代理人一项代理权的意思表示。在这种情形中,代理权授予行为只能是无因的。其次,即便在作出外部授权意思表示之前,被代理人与代理人之间已经缔结委托、雇佣、劳动等合同关系,代理权授予行为的效力也不应当受这些原因关系瑕疵的影响,因为外部授权行为毕竟是被代理人与第三人之间的法律行为,而原因行为则是被代理人与代理人之间的法律行为,两种行为的当事人截然不同,其法律效力怎能

---

① 相反观点,参见许德风:《意思与信赖之间的代理授权行为》,载《清华法学》2020年第3期,第37页。

互相影响?① 被代理人既然已经向第三人作出愿意承受法律行为效果的允诺,就应该受此允诺的拘束。原因关系只是被代理人与代理人的内部关系,第三人难以知晓其变动状况。对于已经获得被代理人明确允诺的第三人而言,法律上没有理由要求其负担调查原因关系是否存在瑕疵的注意义务。

在进行外部告知的内部授权情形中,尽管被代理人只是向代理人作出授权的意思表示,但其将授权之事实以观念通知的方式告知第三人,第三人对该告知行为产生信赖。在这种情形中,对于第三人的信赖,有两种保护方式。一是依表见代理制度保护第三人的信赖,具体言之,代理权授予行为因委托合同等原因关系的瑕疵而归于无效,但第三人基于对被代理人告知行为(包括由代理人向第三人出示被代理人给予的授权书)之善意信赖,可以主张构成表见代理,从而由被代理人承受代理行为的效果。此处所谓的善意就是第三人不知道且不应知道被代理人与代理人之间的原因关系存在瑕疵。二是依无因原则保护第三人,只要存在符合自身构成要件的授权行为,该行为的效力就不受被代理人与代理人之间的原因关系瑕疵的影响,代理人实施的法律行为就是有权代理,该法律行为归属于被代理人。如果表见代理构成要件中"善意"是否成立的证明责任由被代理人承担,即推定第三人是善意的,被代理人必须举证证明第三人并非善意,那么表见代理制度对第三人信赖的保护力度就非常接近于无因原则,因为被代理人举证的成功率很低,绝大多数情况下都构成表见代理。无因原则的优点是更具明确性,除此之外,其与表见代理制度并无太大差别。反之,

---

① 就物权行为与债权行为的关系而论,在两个法律行为的当事人不一致的情况下,可以借助于利他债权合同的涉他效力使物权行为与债权行为形成效力上的关联性。如,甲、乙订立利他合同,使第三人丙从中取得债权,乙为了履行合同债务将某物所有权让与丙。乙、丙之间的物权行为以债权关系为基础,而该债权关系产生于甲、乙之间的债权行为,所以,使乙、丙之间的物权行为的效力取决于甲、乙之间的债权行为,并无不妥。与此不同,作为外部授权之原因行为的委托合同、雇佣合同等并未使第三人取得债权,所以,逻辑上无法使外部授权行为与此类原因行为形成效力上的关联性。

如果"善意"的证明责任由第三人承担,则表见代理制度对第三人的保护力度与无因原则就有较大差距。依比较法以及民法理论通说,表见代理构成要件中"善意"是否成立的证明责任应当由被代理人承担,所以,无因原则与表见代理对第三人的保护效果并无实质区别。

对于未进行外部告知的内部授权行为,无因原则与表见代理制度的实效存在明显的差别。如果采用无因原则,则无论第三人在行为的当时是否知道授权行为的存在,第三人只需证明存在符合自身构成要件的内部授权行为,代理行为即属于有权代理。如果不采用无因原则,第三人在主张表见代理时需要证明其在实施法律行为的过程中对于代理权产生了正当信赖,既包括证明被代理人与代理人之间确实存在一项授权行为,也包括证明其在行为的当时知道该授权行为的存在,否则其就不存在正当信赖,因为信赖的前提是掌握了一定的信息。第二项证明责任对于第三人而言非常困难,因为被代理人并未告知第三人已经授权给代理人,第三人一般而言无从得知授权行为之存在,充其量只是轻信代理人的一面之词而已。相较之下,第三人从无因原则中获得的保护显然多于表见代理制度。问题是,第三人应否得到如此强有力的保护? 从法价值看,在未进行外部告知的内部授权情形中,既然第三人通常不存在正当信赖,就没有必要以无因原则对其予以绝对保护,否则显然有失公平。

总之,关于代理权授予行为是否具有无因性之问题,不可一概而论,宜区别对待。外部授权行为应当采用无因原则,未进行外部告知的内部授权行为不应采用无因原则。鉴于本书对表见代理构成要件中"善意"成立与否的证明责任采用被代理人承担说,本书认为,进行外部告知的内部授权行为也没必要采用无因原则,表见代理规则足以保护交易安全。当然,如果被代理人在内部授权时声明授权行为具备无因性,则应依意思自治原则认定该授权行为具备无因性。

### 四、代理权行使的限制

代理人取得代理权后可以依其意思实施法律行为,处理被代理人的事务。不过,代理权的行使并非完全随心所欲,民法上对意定代理权与法定代理权的行使设置了若干限制,包括自己代理与双方代理之禁止、代理权滥用之规制。

(一)自己代理与双方代理

自己代理(Selbstkontrahieren)与双方代理(Mehrvertretung)在学理上被统称为自我行为(Insichgeschäft)[1]。其中,自己代理是指代理人自己与被代理人实施法律行为[2]。此时,代理人一方面为自己实施法律行为,另一方面为被代理人实施代理行为。双方代理是指代理人同时代理双方当事人实施法律行为。无论自己代理还是双方代理,代理人都处于"左右互搏"状态,同时代表双方当事人的利益,从而可能为了自己利益或者一方被代理人的利益损害另一方被代理人的利益,形成利益冲突。因此,《民法典》第 168 条原则上禁止自己代理与双方代理。

民法原理上的通说认为,自己代理与双方代理之禁止规则既适用于意定代理,也适用于法定代理;既适用于有权代理,也适用于无权代理;既适用于单独代理,也适用于共同代理,共同代理人之一与自己实施法律行为或者与自己代理的第三人实施法律行为,亦构成自我行为;既适用于代理,也可准用于法人机关的代表行为;既适用于多方法律行为,也适用于单方法律行为,如解除表示、同意等;既适用于负担行为,也适用于处分行为;既适用于法律行为,也可准用于准法律行

---

[1]　个别文献把 Insichgeschäft 翻译为"自己代理"。参见〔德〕汉斯·布洛克斯、沃尔夫·迪特里希·瓦尔克:《德国民法总论》,张艳译,中国人民大学出版社 2019 年版,第 260 页。

[2]　参见王泽鉴:《民法总则》,北京大学出版社 2009 年版,第 440 页。

为。① 《民法典》第 168 条虽然处于总则编第七章第二节"委托代理"之下，但应对其予以目的论扩张，使其适用于法定代理，因为法定代理人实施自己代理或者双方代理在导致利益冲突方面与意定代理并无本质区别。

自己代理与双方代理适用的前提是代理人同时代表两个当事人作出对向的（gegenläufige）意思表示。如果代理人同时代表两个当事人作出平行的（parallele）意思表示，则不构成自己代理或者双方代理。② 据此，夫妻一方同时代表自己和另一方与相对人订立房屋买卖合同，不构成自己代理；甲、乙共同向丙租房，甲自己在合同上签名，同时代理乙签名，不构成自己代理；丙将公司股权转让给甲、乙，甲自己签署合同的同时代理乙签署或者由丁同时代理甲、乙订立合同，亦然。此类情形中，由一人作出的两个意思表示平行地指向相对人，在两个意思表示归属主体之间并无利益冲突，因为两个归属主体实际上是法律行为的同一方当事人。反之，甲、乙、丙订立公司设立合同，甲自己签署合同的同时代理乙签署，甲、乙的意思表示是对向的，所以构成自己代理。

自己代理与双方代理禁止之规则也适用于如下情形：代理人以被代理人名义与自己授权的代理人实施法律行为，此时，尽管表面上由两个人分别作出意思表示，但代理人之代理人作出的意思表示等同于代理人自己的意思表示，结果上相当于代理人一个人在操纵法律行为。如果代理人授予第三人复代理权，然后代理人以自己名义与复代理人实施法律行为，应类推自己代理禁止之规则。③ 反之，代理人以被

---

① Jürgen Ellenberger, in: Palandt Kommentar BGB, 79. Aufl. , 2020, §181 Rn. 3.

② Jürgen Ellenberger, in: Palandt Kommentar BGB, 79. Aufl. , 2020, §181, Rn. 7.

③ 为了规避自己代理禁止之规则，代理人以被代理人名义与相对人实施法律行为，之后又以自己名义与该相对人实施法律行为。法律行为可否归属于被代理人，不无疑问。存在两种学说，其一认为应当依据自己代理禁止之规则否定法律行为对被代理人的归属（Vgl. Maier-Reimer, in: Erman Kommentar BGB, 15. Aufl. , 2017, §181 Rn. 20. ）；其二认为此种情形不构成自己代理，应当依据代理权滥用规则处理（参见〔德〕维尔纳·弗卢梅：《法律行为论》，迟颖译，法律出版社 2013 年版，第 978 页）。相较之下，第二种学说更为可取。

代理人名义与自己持有 100% 股份但由他人代表的公司实施法律行为,不构成自己代理。[1] 代理人以被代理人名义为自己的债务与债权人订立保证合同或者订立债务承担合同,[2]甚至代理人以被代理人名义指示银行将一笔款项从被代理人账户转入代理人账户,亦然。此类情形虽然存在利益冲突,但系争法律行为并非代理人与被代理人之间的法律行为,对于被代理人应当通过代理权滥用规则予以保护[3]。

　　自己代理与双方代理禁止之规则存在例外。按照《民法典》第168 条的规定,被代理人同意或者追认的,自己代理或者双方代理有效。就双方代理而言,需要被代理人双方都表示同意或者追认。被代理人的同意可以包含于代理权授予行为之中,也可以在授权之后另行作出。被代理人的同意也可以是默示的。例如,两个被代理人通过同一份授权书就同一个法律行为将代理权授予同一个代理人,甲、乙都享有表决权的情况下甲授权乙以代理行使表决权。此类情形中,从授权的方式和相关情事中可以合理推断出被代理人同意自己代理或者双方代理。有时,交易习惯对于认定是否存在默示同意也有参考意义。例如,商店职员为了办理业务用自己的金钱与商店进行零钱兑换,依交易习惯可以认定雇主默示同意职员就此实施自己代理[4]。涉及不完全行为能力人的法定代理情形中,由于被代理人欠缺民事行为

---

[1]　在河南澳矿实业股份有限公司与肖某某买卖合同纠纷案,最高人民法院民事裁定书(2019)最高法民申 2537 号中,最高人民法院认为,在张某负责澳矿公司内部事务、融资、公司财务,由其直接管理澳矿公司财务的情况下,其作为澳矿公司代理人与自己独资成立的科发公司签订《核对明细》,有违《民法总则》(已废止)第 168 条第 2 款关于自己代理的规定。此段论述存在不精确之处。本案涉及的法律事实是双方代理而非自己代理,科发公司虽为张某独资设立,但具备法人资格,与张某不具有法律上的同一性。如果科发公司由张某担任法定代表人,则张某代理澳矿公司与自己代表的科发公司实施法律行为,构成双方代理。

[2]　法定代理人以被代理人名义将其所有的财产设定抵押,担保法定代理人自己的债务,违反了《民法典》第 35 条第 1 款第 2 句规定。该句规定是对法定代理权的特别限制。

[3]　Maier-Reimer, in: Erman Kommentar BGB, 15. Aufl., 2017, § 181 Rn. 16 – 17.

[4]　Eberhard Schilken, in: Staudinger Kommentar BGB, 2014, § 181 Rn. 52.

能力,所以不能对自己代理与双方代理予以同意。

对于被代理人而言,纯获利益的法律行为可否以自己代理或者双方代理的方式实施,不无疑问。德国法通说认为此类法律行为可以进行自己代理或者双方代理,应当通过目的论限缩将此类情形排除在自我行为禁止之规则适用范围之外,因为不存在作为该规则适用前提的利益冲突①。我国台湾地区"民法"通说,亦然②。在解释我国《民法典》第 168 条时,此种学说可资借鉴。应当注意的是,在双方代理情形中,因为法律行为相对于一方被代理人而言纯获利益,相对于另一方被代理人而言并非纯获利益,所以需要另一方被代理人对双方代理表示同意或者追认。

在大陆法系很多国家及地区的民法中,专为履行债务而实施的法律行为也允许自己代理或者双方代理。之所以如此,是因为此类法律行为只是为了使既存债务消灭,该债务本就应当履行,并未因法律行为的实施增加被代理人的负担,不存在利益冲突③。此项例外适用的前提是债务确实存在。如果债务因法律行为形式瑕疵而不成立,则不能通过自己代理或者双方代理的方式以实际履行补正形式瑕疵,使债务发生并使其因履行而消灭。否则就等于允许以自己代理或者双方代理的方式为被代理人创设债务关系。允许以自己代理或者双方代理的方式履行的债务既包括被代理人对代理人或者第三人的债务,也包括代理人或者第三人对被代理人的债务。被代理人的债务必须已届履行期并且不存在抗辩,否则,自己代理或者双方代理行为将导致被代理人丧失期限利益与抗辩,涉及利益冲突。此处所谓履行也包括提存,但不包括代物清偿,因为代物清偿涉及他种给付与原定给付的

---

① Eberhard Schilken, in:Staudinger Kommentar BGB,2014,§ 181 Rn. 6 – 7.

② 参见王泽鉴:《民法总则》,北京大学出版社 2009 年版,第 442—444 页。

③ 参见〔德〕维尔纳·弗卢梅:《法律行为论》,迟颖译,法律出版社 2013 年版,第 978 页;〔日〕山本敬三:《民法讲义 I:总则》(第 3 版),解亘译,北京大学出版社 2012 年版,第 293 页;王泽鉴:《民法总则》,北京大学出版社 2009 年版,第 442 页。

交换,存在利益冲突①。至于是否包括抵销,则不可一概而论。如果双方的债务均已届履行期,则允许以自己代理或者双方代理的方式实施抵销行为;反之,如果被代理人的债务未届履行期,则其代理人不得通过自己代理或者双方代理进行抵销②。为履行而实施的法律行为除了清偿效果之外还给被代理人带来法律上不利益的,也不允许自己代理或者双方代理。例如,代理人为履行自己对被代理人的合同债务,将尚处于租赁期间内的不动产所有权让与被代理人,此项让与行为将导致被代理人承担租赁合同中的义务。③

我国《民法典》第 168 条第 1 款与第 2 款的但书分别仅规定"被代理人同意或者追认的除外"以及"被代理的双方同意或者追认的除外",未明确规定例外允许专为履行债务以自己代理或者双方代理的方式实施法律行为,也未规定纯获利益的法律行为可以进行自己代理或者双方代理。解释上宜对该条予以目的论限缩,将上述不存在利益冲突的法律行为排除于自己代理与双方代理禁止之规则适用范围之外。

从本质上看,自己代理或者双方代理禁止之规则是对代理权的法定限制,一如《公司法》第 16 条是对公司法定代表人之代表权的法定限制。违反此种限制的代理行为属于越权代理,应当按照无权代理规则处理。《民法典》第 168 条虽未参引第 171 条,但其中的"追认"表明违反该条规定实施自己代理或者双方代理,法律行为并非无效,而是效力待定。无论如何,不应把该条理解为《民法典》第 153 条第 1 款意义上的强制性法律规范。

---

① 参见王泽鉴:《民法总则》,北京大学出版社 2009 年版,第 442 页。

② Maier-Reimer,in:Erman Kommentar BGB,15. Aufl. ,2017,§ 181 Rn. 31.

③ Eberhard Schilken,in:Staudinger Kommentar BGB,2014,§ 181 Rn. 62a;Maier-Reimer,in:Erman Kommentar BGB,15. Aufl. ,2017,§ 181 Rn. 23.

（二）代理权滥用

1. 概念

所谓代理权滥用，是指代理人虽在代理权范围内实施法律行为，但其代理行为违背诚信、善良风俗或者内部关系上的义务，给被代理人造成损害。在采用代理权授予行为无因原则的前提下，代理权滥用规则十分重要。因为，无因原则意味着意定代理权的范围不取决于代理人与被代理人内部关系（基础关系）中的约束，只要代理人在授权行为所限定的范围内实施法律行为，即便违反了内部关系中的约束，其行为仍属于有权代理，法律效果由被代理人承担，被代理人只能在内部关系中追究代理人的责任。① 被代理人要想在外部关系上摆脱法律行为的效果，只能求助于代理权滥用规则。反之，如果对于代理权授予行为采用有因原则，则代理权滥用规则没有如此重要的意义。因为，有因原则意味着意定代理权的范围受内部关系的限制，代理人虽在授权书描述的代理权范围内或者在其职务通常包含的代理权范围内实施法律行为，但违反内部关系中的约定，其行为属于越权代理，② 被代理人无须求助于代理权滥用规则。如前所述，外部授权应当采用无因原则，内部授权不必采用无因原则。所以，违背内部约束情形中的代理权滥用仍有探讨的余地。除此之外，代理权滥用还包括串通代理。

2. 串通代理

代理人与相对人恶意串通（Kollusion）实施损害被代理人利益的

---

① 参见〔德〕汉斯·布洛克斯、沃尔夫·迪特里希·瓦尔克：《德国民法总论》，中国人民大学出版社 2019 年版，第 258 页。

② 《民法典》第 170 条第 2 款规定表明，在职务代理情形中，法人或者非法人组织可以通过内部管理规则限制职员的代理权，使之偏离特定职位通常表征的代理权范围。例如，服装店销售员的职位包含出售店内所有服装的代理权，店长在内部培训中要求销售员以八折以下价格销售时必须经过店长同意。此项限制"不得对抗善意相对人"意味着可以对抗恶意相对人，职员超越此项限制实施的代理行为相对于恶意相对人而言属于狭义无权代理，相对于善意相对人而言则构成表见代理。

代理行为,即为串通代理。此种代理行为因违背公序良俗而无效①。例如,甲授权乙出售汽车,乙收取丙的回扣,以较低价格将甲的汽车出售给丙。《民法典》第 154 条规定恶意串通实施的法律行为无效,此项规则在本质上是第 153 条第 2 款的具体规定,其应解决的主要案型即为串通代理。无论意定代理还是法定代理,都可能发生串通代理。

3. 代理权的行使违反内部约束

就应当采用无因原则的外部授权而论,被代理人与代理人内部关系中的约束不影响代理权的范围。代理人违反内部约束行使代理权,仍为有权代理。不过,如果相对人明知道代理人违反内部约束而仍然与其实施法律行为,则相对人不值得保护,此项法律行为的实施应当认定为代理权滥用。民法原理上通说认为,代理人违反内部约束对于相对人而言是显而易见的,亦可构成代理权滥用。②

与串通代理不同,违反内部约束情形中的代理权滥用并未导致法律行为违背公序良俗,所以法律行为并非无效。通说认为,此种情形中的代理权滥用应当准用无权代理规则。据此,法律行为效力待定。被代理人追认的,法律行为对其发生效力,否则,对其不发生效力。③

### 五、代理权的消灭

(一)意定代理权的消灭原因

1. 代理权的存续期限届满

如果授予代理权时被代理人设定了代理权的存续期限,则该期限届满导致代理权消灭。即便期限届满时代理事务尚未完成,亦然。有疑问的是,委托合同、劳动合同等基础关系存续期限届满且未被续期

---

① Eberhard Schilken, in: Staudinger Kommentar BGB, 2014, § 167 Rn. 100.
② Maier-Reimer, in: Erman Kommentar BGB, 15. Aufl., 2017, § 167 Rn. 75.
③ Eberhard Schilken, in: Staudinger Kommentar BGB, 2014, § 167 Rn. 101.

的,是否导致代理权消灭。对此,应当区别对待。首先,基础关系与代理权都设定存续期限且代理权期限届满日晚于基础关系期限届满日的,若被代理人未能证明其存在相反意思,则应当认定基础关系期限届满后代理权继续存在。存续期限的设定体现了被代理人的意思自治,被代理人自愿为代理权设定长于基础关系期限的存续期限,并无不可。基础关系期限届满后继续存在的代理权成为孤立的"没有委托的代理权"。此时,代理权不随基础关系的消灭而消灭是授权行为意定无因性的体现。其次,基础关系设定存续期限而代理权未设定存续期限的,基础关系期限届满导致内部代理权消灭。从意思表示解释的角度看,应当将被代理人的授权表示解释为以基础关系存续期限来限定内部代理权的存续。从内部授权的有因原则也可以得出此项结论。最后,基础关系设定存续期限而代理权未设定存续期限的,基础关系期限届满不导致外部代理权消灭。因为,外部代理权具有无因性,不受基础关系变动之影响。被代理人如果希望外部代理权与基础关系同时消灭,可以在外部授权时给代理权设定存续期限。

2. 代理事务完成

按照《民法典》第 173 条第 1 项之规定,代理事务完成导致意定代理权消灭。无论意定代理权是否设定存续期限,代理事务全部完成都意味着代理权已经"用尽",不应继续存在。如果代理人持存续期限尚未届满的授权委托书重复处理代理事务,则构成无权代理,对于善意第三人应依表见代理规则予以保护。

3. 被代理人撤回授权

意定代理权原则上可以被任意撤回。一方面是因为意定代理权的授予以信赖关系为基础,在被代理人觉得信赖基础丧失时,应当允许其撤回代理权;另一方面是因为代理权的存续对于代理人而言通常并无自己的利益,撤回代理权对其并无损害。当然,撤回权也可以例外地被排除,代理权因此成为不可撤回的代理权。通说认为,被代理人与代理人需要就撤回权的排除达成合意。① 部分学者则认为仅需被代理人就此作出单方意思表示即可。② 无论如何,此类意思表示并非任何情况下皆有效力,因为撤回权的排除意味着被代理人丧失了决定是否继续允许代理人为其实施法律行为的自由,即便此后变得不愿意,也须忍受。撤回权的意定排除需要从基础关系中寻求正当性。如果基础关系表明代理权的授予纯粹为了被代理人的利益,则不允许撤回权的意定排除。反之,如果基础关系表明代理人就代理权之存续具有自己的利益,则允许对撤回权予以意定排除。代理人的利益必须是特别利益,而且至少必须与被代理人的利益相当。单纯的佣金利益是不够的。依通说,代理人的履行利益属于此种特别利益。例如,被代理人为了履行其对代理人的债务授权代理人向第三人收取债权。③ 概括代理权的撤回权不允许意定排除,否则对被代理人的契约自由限制过甚。股东表决之代理权的撤回权也不应允许意定排除。④

撤回代理权需要由被代理人作出意思表示。该意思表示既可以向代理人作出,也可以向第三人作出。究竟向谁作出,由被代理人决定,不取决于当初采用内部授权抑或外部授权的方式。⑤

《民法典》第173条第2项规定中的"取消委托"应当解释为既包括被代理人撤回授权,也包括被代理人解除委托合同。依有因原则,解除委托合同导致委托合同丧失效力,内部代理权随之消灭,但外部代理权依无因原则不消灭。

---

① Jürgen Ellenberger, in: Palandt Kommentar BGB, 79. Aufl., 2020, §168 Rn. 6.

② Karl Heinz Schramm, in: Münchener Kommentar BGB, 5. Aufl., 2006, §168 Rn. 20.

③ Karl Heinz Schramm, in: Münchener Kommentar BGB, 5. Aufl., 2006, §168 Rn. 22 – 25.

④ Jürgen Ellenberger, in: Palandt Kommentar BGB, 79. Aufl., 2020, §168 Rn. 6; Karl Heinz Schramm, in: Münchener Kommentar BGB, 5. Aufl., 2006, §168 Rn. 26.

⑤ 参见〔德〕汉斯·布洛克斯·沃尔夫·迪特里希·瓦尔克:《德国民法总论》,张艳译,中国人民大学出版社2019年版,第249页。

### 4. 代理人放弃代理权

代理权是代理人享有的一种私法上的权力,代理人可以放弃该权力,如同放弃一项权利。学说史上曾有人认为,代理权是由被代理人单方意思表示授予的,所以也只能依被代理人的意思而消灭,不能由代理人放弃。目前民法学通说已经抛弃这种观点,认为代理人可以放弃代理权。既然被代理人可以单方面给予代理人一种权力,那么没有理由不承认代理人也可以单方面放弃这种权力。[①] 至于代理人放弃代理权是否违反基础关系中的义务,则是另一个问题。《民法典》第 173 条第 2 项规定中的"代理人辞去委托"应当解释为既包括代理人放弃代理权,也包括代理人依法解除委托合同。后者导致内部代理权依有因原则而消灭。

### 5. 代理人丧失民事行为能力

按照《民法典》第 173 条第 3 项的规定,代理人丧失民事行为能力的,代理权消灭。有疑问的是,代理人仅部分丧失民事行为能力的,代理权是否消灭。尽管被代理人可以将代理权授予限制民事行为能力人,但这不等于说代理人变成限制民事行为能力人时代理权必定不消灭。将代理权授予限制民事行为能力人体现了被代理人的意思自由,反之,授权时代理人为完全民事行为能力人而嗣后变成限制民事行为能力人则未必符合被代理人的意思。因此,代理人变成限制民事行为能力人原则上导致代理权消灭,除非代理事项对意思能力的要求不高,限制民事行为能力的代理人足以应对。

### 6. 代理人死亡或者终止

作为自然人的代理人死亡或者作为法人、非法人组织的代理人终止的,其民事主体资格消灭,当然不能再享有代理权。代理权以被代理人对于代理人的信任关系为基础,不能作为遗产移转于代理人的继

---

[①] 参见〔德〕维尔纳·弗卢梅:《法律行为论》,迟颖译,法律出版社 2013 年版,第 1010 页。

承人,因为被代理人对于代理人的继承人未必信任。

7. 被代理人死亡或者终止

按照《民法典》第 173 条第 4 项、第 5 项的规定,作为自然人的被代理人死亡或者作为法人、非法人组织的被代理人终止的,意定代理权消灭。同时,按照《民法典》第 174 条的规定,如下情形中,被代理人死亡或者终止后代理人实施的代理行为有效:(1)代理人不知道且不应当知道被代理人死亡或者终止;(2)被代理人的继承人予以承认;(3)授权中明确代理权在代理事务完成时终止;(4)被代理人死亡前已经实施,为了被代理人的继承人的利益继续代理。

从民法原理看,被代理人死亡后,其法律关系(具有人身属性的除外)被继承,继承人取代被代理人生前的法律地位。[1] 如果代理权存在委托合同、雇佣合同等基础关系,继承人就成为委托人、雇主,享有合同权利、承担合同义务。同理,代理权关系中被代理人的法律地位也因继承移转于其继承人,后者成为被代理人。此种情形中的代理权即学理上所谓的"生前死后代理权"(transmortale Vollmacht)[2]。继承人可以自由决定继续由代理人实施代理行为或者撤回代理权。我国《民法典》第 173 条、第 174 条并未采纳上述原理,毋宁采用如下模式:意定代理权原则上随被代理人死亡而消灭,例外情形中不消灭。

8. 代理权解除条件成就

代理权授予行为可以附解除条件。一旦解除条件成就,代理权归于消灭。

(二)法定代理权的消灭原因

按照《民法典》第 175 条的规定,除法律规定的其他情形外,法定代理权的消灭原因包括:(1)被代理人取得或者恢复完全民事行为能

---

[1]　Dietmar Weidlich, in: Palandt Kommentar BGB, 79. Aufl. , 2020, § 1922 Rn. 7 – 8.

[2]　与之相反的是"死后代理权"(postmortale Vollmacht),即仅在授权人死亡之后才生效的代理权。Vgl. Brox/Walker, Allgemeiner Teil des BGB, 44. Aufl. , 2020, S. 253(§25 Rn. 12).

力。法定代理权的功能在于弥补被代理人民事行为能力的不足,一旦
被代理人具备完全民事行为能力,法定代理权即无存在必要,应当消
灭。(2)法定代理人丧失民事行为能力。法定代理权是依法产生的概
括代理权,比意定代理权对代理人的民事行为能力要求更高,法定代
理人一旦完全或者部分丧失民事行为能力,就没有资格继续担任法定
代理人。(3)代理人或者被代理人死亡。

## 第五节 无权代理

### 一、概念

无权代理,是指在欠缺代理权的情况下实施代理行为。欠缺代理
权包括根本不享有代理权、超越代理权范围实施代理行为(越权代
理)、代理权消灭后实施代理行为。无权代理人实施的行为也符合代
理的特征,代理人也是以他人名义实施法律行为并且表明其为代理
人。与有权代理相比,无权代理只是欠缺代理权而已。无权代理可以
分为狭义无权代理与表见代理。表见代理虽为无权代理,但基于信赖
保护原则使无权代理人实施的法律行为归属于被代理人。不构成表
见代理的无权代理即为狭义无权代理。

狭义无权代理的法律效果需要区分三个关系:一是被代理人与相
对人之间的关系;二是代理人与相对人之间的关系;三是代理人与被
代理人的关系。就第一个关系而论,涉及法律行为的归属以及被代理
人应否向相对人承担责任的问题。就第二个关系而论,主要涉及无权
代理人向相对人承担何种责任的问题。就第三个关系而论,涉及无权
代理人与被代理人之间的追偿权问题。

### 二、被代理人与相对人的关系

狭义无权代理中的法律行为不能归属于被代理人,除非经过被代

理人的追认。被代理人的追认权、相对人的催告权以及撤回（撤销）权问题在前述效力待定法律行为部分已经予以阐述，此处不再重复。

（一）被代理人对于相对人的损害赔偿责任

尽管法律行为不能归属于被代理人，但被代理人可能需要向相对人承担损害赔偿责任。此项损害赔偿责任通常属于缔约过失责任。被代理人向相对人承担缔约过失责任的前提是其过错地违反先合同义务，而被代理人负担先合同义务的前提则是其开启了缔约磋商、缔约准备或者交易接触[1]。为此，被代理人必须采取了某种行动。例如，被代理人通知相对人其已授权某人代理缔约；被代理人将代理权凭证交给代理人使之与相对人磋商缔约；被代理人任用没有代理权的职员在经营场所参与业务接洽活动；被代理人临时任用职员以外的其他人协助缔约谈判；此类职员以及临时使用人员在学理上统称为缔约辅助人（Verhandlungsgehilfe）。在上述第一、二种情形中，虽有授权通知或者代理权凭证，但实际上不存在有效的授权行为或者授权生效但代理权嗣后消灭，所以发生无权代理。被代理人的先合同义务内容主要是照顾、保护相对人，提供关于代理权之有无及其范围的真实信息，借此防止发生无权代理。

某人从未被授予代理权且未被委任为缔约辅助人但伪造或者盗用代理权凭证实施无权代理，与相对人磋商并缔结合同，由于缔约磋商与接触并非被代理人有意识地开启，所以并未使被代理人负担先合同义务，被代理人无须为无权代理行为承担缔约过失责任。先合同义务虽为法定债务，但与作为侵权责任前提的一般注意义务不同。侵权法上的一般注意义务是任何人对任何其他人的注意义务，是维持社会基本秩序所必需的，任何人只要在社会中生活就必须负担一般注意义务。"在社会中生活"对每个人而言都是必然的，所以无须强调有意识

---

[1] Johann Kindl, in: Erman Kommentar BGB, 15. Aufl. , 2017, § 311 Rn. 20 – 23.

地参与社会生活。反之,先合同义务是特定人对特定人的保护义务,超出了一般注意义务的限度,在一般关系之外形成了特别结合关系(Sonderverbindung),义务人在特别结合关系中的负担重于一般关系。义务的加重需要特别要件,一般注意义务不需要义务人的有意识参与,特别结合关系中的先合同义务则以义务人的有意识参与为前提,即有意识地开启缔约过程。一如无因管理债务,虽非由当事人通过意思表示创设债务关系,而是依法发生债务关系,但导致该债务关系发生的法律事实则是当事人的有意识参与行为。正因如此,先合同义务关系在学理上被称为准法律行为债务关系(rechtsgeschäftsähnliches Schuldverhältnis)。

有疑问的是,被代理人授权代理人与相对人甲缔约,但代理人却利用代理权凭证与相对人乙缔约,代理人与相对人乙的缔约磋商是否使被代理人负担先合同义务。先合同义务既然是特别结合关系中的义务,就必须确定何人对何人负担先合同义务。鉴于先合同义务的发生以义务人的有意识参与为前提,其意识的内容不仅应当包含“是否开启缔约过程”,还应当包含“与何人开启缔约过程”,后者决定了其究竟向何人负担先合同义务。因此,被代理人授权代理人与相对人甲缔约,仅仅意味着有意识开启被代理人与甲之间的缔约过程,仅在被代理人与甲之间发生先合同义务,未在被代理人与乙之间发生先合同义务。相应地,仅当代理人与甲缔约发生越权代理时,被代理人才可能承担缔约过失责任;代理人与乙缔约发生无权代理的,被代理人无须承担缔约过失责任。

如果被代理人授予代理权时未限定具体相对人,则代理人有权选择某个相对人进行缔约,在缔约过程中实施越权代理的,被代理人可能需要承担缔约过失责任。此种情形中,代理人选择相对人的行为在代理权范围之内,应当归属于被代理人,结果相当于被代理人自己有意识地选择与该相对人开启缔约过程,其因此对于该相对人负担先合同义务。被代理人任用缔约辅助人在其经营场所参与业务接洽活动，缔约辅助人与客户接触过程中实施无权代理的，也应当作相同处理。因为缔约辅助人既然被授权在被代理人（委任人）的经营场所中接洽客户，则其对所接洽客户的选择行为应当归属于被代理人，相当于被代理人有意识开启与该客户的缔约接触并因此负担先合同义务。反之，被代理人之职员的工作职责如果并不包含对外接洽客户，仅限于内部事务的处理，则其擅自接洽客户不能使被代理人对该客户负担与代理权之信息相关的先合同义务。此类职员并非被代理人的缔约辅助人。

被代理人的缔约过失首先是其自身的过错，比如对其授权的代理人在选任与监督上未尽必要的注意导致发生越权代理；授权某人担任谈判助理时表述不清导致谈判助理实施无权代理；①代理权消灭后未及时收回印章等凭证导致发生无权代理。在此类情形中，被代理人对于无权代理的发生具有过错，即便因欠缺其他要件不成立表见代理，相对人也可以依缔约过失责任规则请求被代理人赔偿消极利益损失。此外，被代理人的缔约过失还包括基于履行辅助人过错归属规则应当归属于被代理人的无权代理人之过错②。无论无权代理人是被代理人任用的缔约辅助人抑或是代理人（虽有代理权但超越了代理权），就被代理人的先合同义务而言，此类缔约辅助人或者代理人皆为履行辅助人，辅助被代理人履行先合同义务，其辅助行为中的过错归属于作为先合同义务主体的被代理人，被代理人须为此向相对人承担缔约过失责任。当然，前提是被代理人已因有意识地开启缔约过程而负担先合同义务。依据前述原理，缔约辅助人或者代理人的缔约接触行为必须能够归属于被代理人，才能使被代理人负担先合同义务，然后再考察缔约辅助人或者代理人的无权（越权）代理行为可否基于履行辅助

---

① Eberhard Schilken, in: Staudinger Kommentar BGB, 2014, §177 Rn. 23.

② Maier-Reimer, in: Erman Kommentar BGB, 15. Aufl., 2017, §177 Rn. 26.

过错归属规则认定为被代理人之过错。在某人从未被授予代理权且未被委任为缔约辅助人的情况下,其无权代理行为不能一方面依据履行辅助人过错归属规则使被代理人负担先合同义务,另一方面再依据同一规则使其过错归属于被代理人。

经被代理人委任的代理人或者缔约辅助人实施无权(越权)代理在多数情况下意味着其具有过错,此项过错依据履行辅助人过错归属规则归属于被代理人。这是被代理人使用代理人或者缔约辅助人参与交易活动蕴含的风险,其在决定采用此种交易模式时必须对该风险予以充分考虑。《民法典》第 593 条(《合同法》(已废止)第 121 条)中的"当事人一方因第三人的原因造成违约的"可以解释为包括因履行辅助人的过错造成违约之情形,[①]从而使该条规定成为我国民法上的履行辅助人过错归属规则[②]。同时,依据《民法典》第 468 条的规定,履行辅助人过错归属规则可以适用于作为法定债务关系的先合同义务关系。如此,则被代理人为其代理人或者履行辅助人之过错负责在我国民法中亦有规范基础。

在确定被代理人缔约过失责任的范围时,如果相对人也存在过错,则应当适用过失相抵规则。相对人明知道代理人欠缺代理权的,被代理人无须承担赔偿责任。之所以如此,是因为既然相对人在实施法律行为时知道代理人欠缺代理权,则相对人并非因被代理人的过错而陷入错误认识并据此决定缔结系争法律行为。易言之,被代理人的过错与相对人陷入不生效法律行为之间不存在因果关系,被代理人的损害赔偿责任因欠缺因果关系这一要素而不成立。相对人之所以陷入不利处境,完全是其自由选择的结果,被代理人无须向相对人承担任何损害赔偿责任。按照最高人民法院《九民纪要》第 20 条第 2 句的

---

① 参见韩世远:《他人过错与合同责任》,载《法商研究》1999 年第 1 期。

② 关于《合同法》(已废止)第 121 条的诸多解释可能性,参见周江洪:《〈合同法〉第 121 条的理解与适用》,载《清华法学》2012 年第 5 期。

规定,公司举证证明债权人明知法定代表人超越权限或者机关决议系伪造、变造的,债权人无权请求公司承担越权担保合同无效后的民事责任。此项规定传达出如下精神:在越权行为情形中,相对人明知道行为人越权的,应自行承担不利后果,无权请求损害赔偿。尽管此项规定系针对越权代表中的责任,但对于无权代理责任也有适用余地。

有疑问的是,被代理人缔约过失责任的赔偿范围应否以相对人的履行利益为限。如前所述,无权代理人的损害赔偿责任应以相对人的履行利益为限。那么,被代理人的缔约过失责任应否作相同处理?从比较法看,德国法通说认为缔约过失责任的赔偿范围不以履行利益为限①。不过,没必要僵化地固守此种理论。在例外情形中,缔约过失责任的赔偿范围应以履行利益的数额为限。被代理人在无权代理情形中的缔约过失责任就是如此。仅就这方面而论,被代理人的缔约过失责任与无权代理人的损害赔偿责任在利益状况上并无本质区别。相对人在进行信赖投入时需要做的成本收益核算是一样的,均依据系争合同的履行利益决定信赖投入之高低,不可能分别着眼于无权代理人责任与被代理人责任作出不同的信赖投入决定。既如此,则在赔偿范围方面,两种责任理应予以相同评价,被代理人的缔约过失责任范围也应以相对人的履行利益数额为限。对此,可以类推适用《民法典》第171条第3款第2句。

在无权代理人与被代理人存在劳动关系或者雇佣关系的情况下,无权代理行为构成侵权行为(如欺诈)的,该侵权行为与无权代理人的职务(任务)存在必要关联性的,被代理人应依《民法典》第1191条、第1192条向相对人承担侵权责任。此时,被代理人的缔约过失责任与侵权责任发生竞合,应当适用民法上的责任竞合(请求权竞合)规则。无论被代理人向相对人承担缔约过失责任抑或侵权责任,在承担

---

① Johann Kindl, in: Erman Kommentar BGB,15. Aufl. ,2017, § 311 Rn. 25.

了责任之后,均可能对有过错的无权代理人享有追偿权,比如基础关系中的违约损害赔偿请求权、不当无因管理情形中的损害赔偿请求权、侵权损害赔偿请求权①。

（二）被代理人的其他义务或者责任

相对人以为法律行为能在其与被代理人之间发生效力从而向被代理人做出给付的,比如向被代理人的银行账户转账,则其对被代理人享有不当得利返还请求权②。此项请求权不被相对人对无权代理人享有的请求权排除。有学说认为,无权代理人在向相对人承担责任时,有权请求相对人向其让与对于被代理人的不当得利返还请求权③。在被代理人负担不当得利返还义务的情况下,其不履行或者迟延履行返还义务的,构成债务不履行,应当依据《民法典》第577条结合第468条承担债务不履行的损害赔偿责任。如果相对人的给付未导致被代理人取得标的物所有权,但使其取得占有,则相对人可以向其行使所有物返还请求权。在无权代理人是被代理人的职员情况下,相对人将标的物交付给无权代理人时,被代理人取得占有,因为职员是雇主的占有辅助人,可以辅助雇主取得并保持占有。在相对人对被代理人享有所有物返还请求权的情况下,标的物毁损、灭失的赔偿责任适用所有人—占有人关系规则。

## 三、无权代理人与相对人的关系

### （一）比较法考察

大陆法系各国家及地区民法上无权代理人的责任可以归结为两种规范模式,一是消极信赖保护主义;二是积极信赖与消极信赖保护

---

① Helmut Köhler, BGB Allgemeiner Teil, 44. Aufl., 2020, S. 189（§ 11 Rn. 74）.

② Werner Flume, Allgemeiner Teil des bürgerlichen Rechts, Bd. 2: Das Rechtsgeschäft, 4. Aufl., 1992, S. 805.

③ Jürgen Ellenberger, in: Palandt Kommentar BGB, 79. Aufl., 2020, § 179 Rn. 9.

相结合主义。

1. 消极信赖保护主义

意大利等国家及地区采用此种立法例。《意大利民法典》第1398条规定："无权代理或者超越代理权限缔结契约的人,应当对无过失的缔约第三人因相信契约效力所遭受的损失承担赔偿责任。"由此可见,在意大利民法上,狭义无权代理的法律效果是代理人对于第三人(相对人)的消极信赖利益赔偿责任。[①]

按照《瑞士债法典》第39条第1款的规定,被代理人明示或默示地拒绝追认无权代理之合同的,代理人需要赔偿相对人因该合同不能成立所遭受的损失,除非他证明相对人知道或者应当知道代理权之欠缺。按照该条第2款的规定,代理人若有过错,法官可以基于公平考量判令其承担其他的损害赔偿责任。按照权威的评注,该条第1款规定的是无权代理人消极利益损害赔偿责任,该责任不以代理人的过错为要件,赔偿范围包括缔约费用、为准备履行合同所支出的费用、为购买替代品而多支出的费用以及错失其他缔约机会造成的损失等。第2款所谓的"其他的损害赔偿责任"指的是积极的合同利益,即如果合同有效,相对人本来可以从被代理人的履行中获得的利益。[②] 由此可见,瑞士民法关于狭义无权代理的效果实际上采用的是积极信赖与消极信赖保护相结合主义。其特殊之处在于积极信赖保护需要以公平原则为基础,是否适用,取决于法官在个案中的考量,而不是一律适用。

我国台湾地区"民法"第110条规定:"无代理权人,以他人之代理人名义所为之法律行为,对于善意之相对人,负损害赔偿之责。"其中的损害赔偿责任之性质及范围究竟如何,我国台湾地区民法学界存在争议。就责任性质而言,有人认为属于侵权行为责任;有人认为属于

---

① Vgl. Werner Flume, Allgemeiner Teil des bürgerlichen Rechts, Bd. 2: Das Rechtsgeschäft, 4. Aufl. ,1992, S. 804.

② Watter&Schneller, in: Basler Kommentar OR I, 4. Aufl. ,2007, §39 Rn. 1 – 9.

契约责任;有人认为属于缔约过失责任;有人认为属于一种法定特别责任,即法律为维持代理制度的信用及共同生活之利益而特别规定由无权代理人向相对人承担责任,不问代理人是否存在故意或过失。第四种观点是通说。① 就责任范围而言,也有四种观点。第一种观点认为,相对人有权请求履行利益之赔偿。第二种观点认为,相对人仅得请求信赖利益之赔偿。② 第三种观点认为,无论信赖利益还是履行利益,相对人都有权请求赔偿,但信赖利益的赔偿额不得大于履行利益。③ 第四种观点认为,无权代理人如于行为时不知其无代理权,则仅负信赖利益赔偿责任,否则应负履行利益赔偿责任。④

2. 积极信赖与消极信赖保护相结合主义

德国、希腊民法采用这种立法例,以下重点介绍德国民法的情况。

《德国民法典》第179条规定:"(1)以代理人身份订立合同的人,如果未能证明其享有代理权,而被代理人对该合同又未予以追认的,有义务按照另一方当事人的选择向其履行合同或者赔偿损害。(2)代理人不知道代理权欠缺的,仅有义务赔偿另一方当事人因信赖该项代理权而遭受的损害,但不超过另一方当事人就合同的有效所拥有的利益数额。(3)另一方当事人知道或应当知道代理权欠缺的,代理人不负责任。代理人是限制行为能力人的,也不负责任,但代理人经其法定代理人同意而实施行为的除外。"依上述规定,无权代理人在一定条件下需要承担合同债务或者履行利益的损害赔偿责任,就如同合同在

---

① 关于诸学说的介绍与评论,详见史尚宽:《民法总论》,中国政法大学出版社2000年版,第557页;林诚二:《民法则》(下),法律出版社2008年版,第459页;黄立:《民法总则》,中国政法大学出版社2002年版,第419页。

② 林诚二、黄立等人持该说,参见林诚二:《民法总则》(下),法律出版社2008年版,第460页;黄立:《民法总则》,中国政法大学出版社2002年版,第419页。

③ 史尚宽、郑玉波等人持该说,参见史尚宽:《民法总论》,中国政法大学出版社2000年版,第561页;郑玉波:《民法总则》,中国政法大学出版社2003年版,第437页。王泽鉴也认为,就我国台湾地区现行"民法"第110条的解释而论,宜采该说。参见王泽鉴:《民法总则》,北京大学出版社2009年版,第448页。

④ 参见梅仲协:《民法要义》,中国政法大学出版社1998年版,第106页。

他与相对人之间成立并生效那样。按照拉伦茨的见解，之所以如此，是因为明知自己无代理权的代理人在订立合同时有意识地欺骗了相对人，其当时知道相对人将会产生关于履行利益之期待，所以应该承受这样的风险。[①] 很多学者将无权代理人的这种责任视为法定担保责任(gesetzliche Garantenhaftung)。以代理人身份实施法律行为的人，其行为至少包含了一项推断出来的声明，即其具备代理权。相对人原则上是可以信赖该声明的。关于代理权是否存在之风险首先应由代理人承担，其需要向无过错的相对人担保其关于代理权之声明的真实性。[②]

无权代理人承担合同债务或履行利益损害赔偿责任的前提是，代理人知道自己欠缺代理权，而相对人不知道且不应当知道代理人欠缺代理权。此外，按照判例及学理上的通说，如果构成容忍代理或表见代理，则不适用《德国民法典》第179条的规定，相对人此时只能向被代理人主张权利。[③] 因为，基于权利表象而发生的代理与基于有效的授权而发生的代理具备同等的效力。就后者而言，代理行为的效果是由被代理人而不是代理人承受，代理人有权免受法律行为的拘束。同理，就前者而言，也没有理由剥夺代理人主张由被代理人承受代理行为之效果的权利，否则，相对人在权利表象代理关系中就会享受比在有效授权的代理关系中更好的待遇。[④] 不过，也有一些学者提出强有力的反对说，认为即便构成容忍代理或代理权表象责任，相对人也有选择权，要么要求被代理人履行义务，要么依据《德国民法典》第179

---

① 参见〔德〕卡尔·拉伦茨:《德国民法通论》，王晓晔、邵建东等译，法律出版社2003年版，第878页。

② Karl Heinz Schramm, in: Münchener Kommentar BGB, 5. Aufl. , 2006, §179 Rn. 1; Helmut Köhler, BGB Allgemeiner Teil, 44. Aufl. , 2020, S. 186( §11 Rn. 68).

③ Maier-Reimer, in: Erman Kommentar BGB, 15. Aufl. , 2017, §179 Rn. 4; Karl Heinz Schramm, in: Münchener Kommentar BGB, 5. Aufl. , 2006, §179 Rn. 29.

④ Karl Heinz Schramm, in: Münchener Kommentar BGB, 5. Aufl. , 2006, §167 Rn. 75 - 76.

条要求代理人履行义务或承担赔偿责任。其主要理由是：相对人如果没有选择权，将陷入尴尬的处境。究竟是否符合容忍代理或代理权表象责任的构成要件，相对人通常很难判断。如果其先起诉被代理人，那么在不能证明具备容忍代理或代理权表象责任的构成要件时，其需要承担败诉的风险；反之，如果其先起诉代理人，那么在代理人证明具备容忍代理或代理权表象责任的构成要件时，其也要承担败诉的风险。这对于相对人是不公平的，所以应该允许相对人进行选择。容忍代理权与代理权表象责任的目的是保护相对人，所以当然不应该妨碍相对人基于《德国民法典》第 179 条所享有的权利。① 卡纳里斯甚至认为，相对人在作出选择之后还可以更改其决定，一直到被代理人表示同意相对人向其提出的权利请求或者法院作出生效的判决为止。因为在某些情形中究竟是否具备容忍代理或代理权表象责任的要件，直到终审之前依然是很有疑问的，为了避免让信赖方（相对人）承受太大的程序上的风险，应该尽可能少地限制其选择自由。②

按照《德国民法典》第 179 条第 2 款的规定，代理人对于相对人的消极信赖利益的赔偿责任不以其具备过错为要件，在其不知道自己没有代理权而相对人无过错的情况下，即需要承担赔偿责任，不论其是否应当知道自己没有代理权。之所以如此，是因为无权代理人的责任在性质上属于法定担保责任。况且，从风险分配原则上看，代理人总是比相对人有更多的机会知悉其代理权之欠缺，所以更应该承担代理权不存在之风险。③ 不过，有一些学者试图通过对该款规定予以目的

---

① Larenz/Wolf, Allgemeiner Teil des bürgerlichen Rechts, 9. Aufl., 2004, S. 897 – 898; Claus-Wilhelm Canaris, Die Vertrauenshaftung im deutschen Privatrecht, 1971, S. 519; Eberhard Schilken, in: Staudinger Kommentar BGB, 2014, § 167 Rn. 44.

② Claus-Wilhelm Canaris, Die Vertrauenshaftung im deutschen Privatrecht, 1971, S. 519 – 520.

③ Karl Heinz Schramm, in: Münchener Kommentar BGB, 5. Aufl., 2006, § 179 Rn. 38; Larenz/Wolf, Allgemeiner Teil des bürgerlichen Rechts, 9. Aufl., 2004, S. 908; Helmut Köhler, BGB Allgemeiner Teil, 44. Aufl., 2020, S. 187 ( § 11 Rn. 70).

性限缩,使无权代理人在以下情形中免于责任:代理权之欠缺对于代理人而言是不可能知悉的。[1]

(二)《民法典》制定之前我国的民事立法与学说

在我国《民法典》制定之前,关于狭义无权代理中代理人对于相对人的责任,《民法通则》(已废止)第66条第1款第2句规定:"未经追认的行为,由行为人承担民事责任。"《合同法》(已废止)第48条第1款规定:"行为人没有代理权、超越代理权或者代理权终止后以被代理人名义订立的合同,未经被代理人追认,对被代理人不发生效力,由行为人承担责任。"至于行为人究竟承担何种责任,法律未作更为明确的规定。学理上对此也未达成共识。归结起来,关于无权代理对相对人的责任的性质,有如下几种观点:其一,合同债务或违约责任说。该说认为,《民法通则》(已废止)第66条第1款第2句及《合同法》(已废止)第48条第1款规定的无权代理人责任是指该无权代理人自己作为当事人履行该合同中对相对人的义务,或者不能履行时对善意相对人承担损害赔偿责任。[2] 其二,缔约过失责任说。该说认为,由于被代理人不追认,无权代理人签订的合同不发生效力,此种无效是由无权代理人在缔约过程中造成的,如果无权代理人有过失,应当赔偿相对人因信赖合同有效而遭受的信赖利益损失。[3] 其三,无过失的损害赔偿责任说。该说认为,无权代理人的责任并非合同债务的履行责任或违约责任,因为无权代理人与相对人之间不可能成立合同,它是依法

---

[1]　Werner Flume, Allgemeiner Teil des bürgerlichen Rechts, Bd. 2: Das Rechtsgeschäft, 4. Aufl. , 1992, S. 807 – 808; Larenz/Wolf, Allgemeiner Teil des bürgerlichen Rechts, 9. Aufl. , 2004, S. 908, Fn. 35.

[2]　参见梁慧星:《民法总论》(第2版),法律出版社2001年版,第258页;马俊驹、余延满:《民法原论》,法律出版社1998年版,第304页;郭明瑞主编:《民法》(第2版),高等教育出版社2007年版,第138页;韩世远:《合同法学》,高等教育出版社2010年版,第108页。

[3]　参见王利明:《民法总则研究》,中国人民大学出版社2003年版,第694—695页;张俊浩主编:《民法学原理》,中国政法大学出版社2000年版,第278—279页。

律直接规定而发生的不以过失为要件的损害赔偿责任。① 其四,法定特别责任说。该说认为无权代理人责任是一种法律规定的特别担保责任,不以无权代理人的过错为要件,责任内容是债务履行或者损害赔偿。② 其五,折中说。有学者认为,无权代理人订立合同时,如果相对人不知道其无代理权的,构成欺诈,即代理人告知对方虚假的合同主体,该合同是可撤销的,代理人须承担合同被撤销后的损害赔偿责任,这属于缔约过失责任;如果相对人知道无权代理之事实,则不构成欺诈,合同效力发生在行为人与相对人之间,由行为人承担履行责任或违约责任。③

(三)对《民法典》第 171 条第 3 款与第 4 款的评价

《民法典》第 171 条第 3 款规定:"行为人实施的行为未被追认的,善意相对人有权请求行为人履行债务或者就其受到的损害请求行为人赔偿。但是,赔偿的范围不得超过被代理人追认时相对人所能获得的利益。"第 4 款规定:"相对人知道或者应当知道行为人无权代理的,相对人和行为人按照各自的过错承担责任。"显然更改了《民法通则》(已废止)第 66 条第 1 款第 2 句及《合同法》(已废止)第 48 条第 1 款之规定,明确规定了无权代理人承担两种责任:一是履行合同债务;二是赔偿损害。这两款规定是否妥当,不无疑问。

从学理上看,无权代理人向相对人履行合同债务并无充分理由。

首先,在订立合同的过程中,无权代理人对外表示的身份是代理人,这表明其并不想缔结一项对自己有约束力的合同,只想订立一项

---

① 参见曹锦秋、房绍坤:《完善无权代理制度的几个问题》,载《辽宁大学学报》1997 年第 3 期;李少伟:《因狭义无权代理所订合同之法律后果》,载《政法论丛》1998 年第 5 期。

② 参见梁慧星:《民法总论》(第 4 版),法律出版社 2011 年版,第 238 页;朱庆育:《民法总论》(第 2 版),北京大学出版社 2016 年版,第 361 页;韩世远:《合同法总论》(第 2 版),法律出版社 2008 年版,第 187 页;纪海龙:《〈合同法〉第 48 条(无权代理规则)评注》,载《法学家》2017 年第 4 期。

③ 参见孔祥俊:《合同法教程》,中国人民公安大学出版社 1999 年版,第 176—177 页;付翠英:《无权代理的内涵与效力分析》,载《法学论坛》2002 年第 3 期。

对被代理人有约束力的合同。从相对人的角度看,在订立合同的过程中,相对人的意思表示显然是指向被代理人的,他是以被代理人而不是以代理人为对方当事人的。由此可见,无权代理人与相对人之间并无意思表示的一致,二者之间不应该成立合同,强令无权代理人承受合同债务关系不符合意思自治原则,同时也违背法律行为的基本原理。《德国民法典》第179条一方面规定无权代理人承担履行债务之责任,另一方面在解释上通说不得不承认无权代理人并非合同当事人,所以其本身对于相对人并不享有履行请求权[1]。由此造成了一种尴尬局面:在双务合同的情形中,无权代理人须履行给付义务但却没有对待给付请求权。为平衡利益,德国通说不得不依据诚信原则主张在相对人选择请求无权代理人履行合同债务的情况下,无权代理人享有《德国民法典》第320条以下规定的双务合同履行抗辩权、解除权、损害赔偿请求权、对待给付义务免除等权利,甚至承认在无权代理人已经履行给付义务的情况下享有对待给付请求权[2]。此种学说尽管在结果上给无权代理人予以一定保护,但在逻辑上终究自相矛盾,不能自圆其说。

其次,从信赖保护的角度看,在无权代理情形中,相对人信赖的内容是"代理人有权为被代理人作出意思表示",而不是"代理人正在为自己作出意思表示"。因此,积极信赖保护的结果只能是构成表见代理,由被代理人承受合同债务,而不是由代理人承受合同债务。积极信赖保护的结果是与信赖的内容相一致的,有什么样的信赖,就有什么样的信赖保护,反之,没有某种内容的信赖,就不存在需要保护的对象。由此可见,不能以积极信赖保护为由认定无权代理人与相对人之间成立合同债务关系。理所当然地,更不能以消极信赖保护为由使无

---

[1] Eberhard Schilken, in:Staudinger Kommentar BGB,2014,§179 Rn.15.

[2] Maier-Reimer, in:Erman Kommentar BGB,15. Aufl.,2017,§179 Rn.9 – 10;Eberhard Schilken,in:Staudinger Kommentar BGB,2014,§179 Rn.15.

权代理人向善意相对人履行合同债务,因为,消极信赖保护的目标是使相对人的利益不受减损,而履行合同债务的结果则是使相对人的利益增加。

总之,使无权代理人向相对人履行合同债务既不符合意思自治原则,也不符合信赖保护原则,在法价值上难以正当化。所谓的"法定特别担保责任"说也不能完全令人信服,因为特别担保并不必然意味着无权代理人须向相对人履行合同债务,损害赔偿责任也是违反特别担保的合理结果。当然,鉴于《民法典》第171条第3款已经明确规定善意相对人有权请求无权代理人履行债务,在解释论上已经无法仅采用消极信赖保护主义,将无权代理人责任限定于消极利益损害赔偿。可以努力的是对该条规定的无权代理人责任予以从严解释,以缓和积极信赖保护主义的负面效应。

(四)无权代理人的债务履行责任规范解释

1. 债务履行责任的主观要件

按照《民法典》第171条第3款的规定,只有善意相对人才有权请求无权代理人履行债务①。其中善意相对人应依何种标准认定,存在疑问。表见代理的成立也要求相对人为善意,那么,无权代理人责任中的善意相对人与表见代理中的善意相对人是否一致?有学说认为,表见代理是比无权代理人损害赔偿责任更充分的保护方式,所以相对人应承担更高的调查义务,据此,表见代理中的相对人善意以相对人没有抽象轻过失为标准,而无权代理人责任中的相对人善意则以相对

---

① 在《民法总则》(已废止)施行之前,由于欠缺具体法律规定,我国司法实践中有判例在相对人并非善意(无过失)的情况下判令无权代理人履行债务或者赔偿损害。参见宁波绣丰彩印实业有限公司与浙江杭州湾汽配机电市场经营服务有限公司等合同纠纷案,最高人民法院民事判决书(2012)民提字第208号;鄂州中博经济贸易有限公司等与张某某买卖合同纠纷案,最高人民法院民事裁定书(2013)民申字第828号。

人没有重大过失为标准①。此项理由未必充分。一方面,《民法典》第171 条第 3 款中善意相对人的请求权包括债务履行请求权,该请求权在效果上与善意相对人从表见代理中获得的效果并无本质区别,没有理由在相对人主观要件上区别对待。另一方面,该条第 3 款中善意相对人以没有轻过失(一般过失)为标准的,则存在轻过失的相对人虽然无权依据第 3 款向无权代理人请求履行债务或者赔偿损害,但仍可以依据第 4 款向无权代理人请求损害赔偿,只是在确定赔偿额时须考虑其自身的过错因素而已。这种处理对于存在轻过失的相对人而言并无不公。反之,如果该条第 3 款中善意相对人以没有重大过失为标准,则虽无重大过失但有轻过失的相对人也被纳入其中,有权请求无权代理人履行债务或者赔偿损害,不能再按照第 4 款中的过失相抵规则使其对自己的轻过失分担责任,有失公平②。

　　着眼于《民法典》第 171 条第 3 款与第 4 款的体系关联,应将第 3 款中的善意相对人解释为不知道且不应当知道代理人欠缺代理权的相对人。③ 所谓"不应当知道",是指不存在轻过失④。如此解释并未导致该条第 3 款与表见代理规则功能重叠从而丧失意义,因为,该款中的善意相对人虽与表见代理中的善意相对人基本相同,但却未必符合表见代理的其他要件。况且,即便构成表见代理,也不意味着无权代理人责任必定没有适用余地。在这方面,《民法典》第 171 条第 3 款

① 参见王利明主编:《中华人民共和国民法总则详解》,中国法制出版社 2017 年版,第773 页(朱虎执笔);陈甦主编:《民法总则评注》,法律出版社 2017 年版,第 1231 页(方新军执笔);方新军:《无权代理的类型区分和法律责任》,载《法治现代化研究》2017 年第 2 期;迟颖:《〈民法总则〉无权代理法律责任体系研究》,载《清华法学》2017 年第 3 期。

② 实践中有判例甚至倾向于认为只要相对人并非明知道欠缺代理权,即构成善意相对人,有权依据《民法典》第 171 条第 3 款请求无权代理人赔偿履行利益损失。参见李甲、李乙房屋买卖合同纠纷案,广东省高级人民法院民事裁定书(2019)粤民申 1875 号。

③ 参见方新军:《〈民法总则〉第七章"代理"制度的成功与不足》,载《华东政法大学学报》2017 年第 3 期。

④ 相同观点,参见夏昊晗:《无权代理中相对人善意的判断标准》,载《法学》2018 年第6 期。

与该条第 2 款不同。该条第 2 款中的善意相对人应当解释为不知道代理人欠缺代理权的相对人,其是否具有过失,在所不问。之所以如此,是因为撤销权仅使相对人可以"退出"法律行为,并未导致被代理人遭受利益减损,所以撤销权的门槛应当低于该条第 3 款中的无权代理人责任,后者导致无权代理人遭受利益减损。

《民法典》第 171 条第 3 款的一个重大缺陷在于,未规定无权代理人承担履行债务之责任以其明知欠缺代理权为前提。此种责任分配模式显然有失公平。在无权代理人的责任体系中,债务履行责任是一种最严重的责任,在结果上相当于无权代理人实施的法律行为对其自己发生效力。代理人既然不知道自己欠缺代理权,即便因过失而不知道,其过错程度也比较轻微,使其承担债务履行责任不合比例。从比较法看,无权代理人责任的积极信赖保护与消极信赖保护相结合主义源于德国。《德国民法典》第 179 条虽然赋予善意相对人对于无权代理人的债务履行请求权,但以代理人明知道欠缺代理权为前提。我国《民法典》第 171 条第 3 款既然借鉴了《德国民法典》第 179 条中的债务履行请求权,就应当同时借鉴其限制规定。否则,无权代理人的责任过重,导致利益失衡。因此,在解释《民法典》第 171 条第 3 款规定时,理应予以目的论限缩,使不知道欠缺代理权的无权代理人免于承担债务履行责任。无权代理人知道欠缺代理权,既包括知道自己根本未获得授权,也包括知道代理权授予行为无效。甚至在无权代理人仅知道代理权授予行为可撤销的情况下,也应当认定为知道欠缺代理权①。因为,代理人获得授权后,系为被代理人利益行事,对于可撤销的代理权授予行为,代理人依诚信原则理应提请被代理人决定是否撤销。否则,贸然行动实施代理行为,应自行承担不利后果。

总之,无权代理人的债务履行责任有两个主观要件。一是相对人

---

① Eberhard Schilken, in: Staudinger Kommentar BGB, 2014, § 179 Rn. 11.

方面的主观要件,相对人须为善意;二是无权代理人方面的主观要件,无权代理人需明知欠缺代理权。

2. 债务履行责任的客观要件

债务履行责任的客观要件有二。第一个客观要件是,被代理人拒绝追认无权代理行为。《民法典》第 171 条第 3 款虽表述为"未被追认",但应当解释为"被拒绝追认",因为无权代理行为尚未被追认但也未被拒绝追认的,最终仍有可能对被代理人发生效力,自然不应当允许善意相对人在效力待定状态下向无权代理人行使债务履行请求权。如果被代理人对于无权代理人实施的法律行为予以部分追认,而且依据《民法典》第 156 条该法律行为可以部分生效,则就该法律行为的其他部分而言,善意相对人享有债务履行请求权。所谓拒绝追认,既包括被代理人明确表示拒绝追认,也包括《民法典》第 171 条第 2 款规定的因催告指定的除斥期间届满而"视为拒绝追认"。

第二个客观要件是,无权代理人实施的法律行为除了欠缺代理权之外不因其他事由而不生效力,因为无权代理情形中善意相对人的待遇不应当优于有权代理情形中的待遇。① 比如,法律行为违反禁止性法律规范或者违背公序良俗,法律行为存在形式瑕疵。无权代理人为无民事行为能力人的,其实施的法律行为无效,无须承担无权代理人责任。无权代理人为限制民事行为能力人且未经其法定代理人同意或者追认导致其实施的法律行为无效的,也无须承担无权代理人责任②。如果无权代理人实施的法律行为因意思表示瑕疵制度中的撤销权或者消费者合同中的撤回权之行使而丧失效力,则善意相对人的债务履行请求权也被排除。当然,在撤销权的情形中可能依缔约过失规则发生消极利益损害赔偿责任。法律行为因善意相对人欺诈、胁迫无权代理人而达成的,无权代理人本身享有撤销权,可以通过行使撤销

---

① Maier-Reimer, in: Erman Kommentar BGB, 15. Aufl. , 2017, § 179 Rn. 6.
② Eberhard Schilken, in: Staudinger Kommentar BGB, 2014, § 179 Rn. 9.

权使自己免于无权代理人责任①。

### 3. 被代理人的履行能力对于无权代理人债务履行责任的影响

民法原理上有学说认为，如果被代理人本来就欠缺履行能力，那么善意相对人无权要求无权代理人履行合同的全部债务，因为善意相对人只能向无权代理人请求获得被代理人本来能够履行的给付，否则他就会从代理权的欠缺中获得利益，不符合无权代理人责任之本旨。该责任的目的在于使相对人不至于因未能与被代理人缔结有效的合同而遭受损害，责任履行范围应以该有效的合同能够给相对人带来的利益为限。② 不过，也有学者对此提出质疑，认为即便被代理人本来就欠缺履行能力，无权代理人也应向相对人履行全部债务。③

相较之下，第一种学说更为可取。相对人与代理人进行缔约磋商的本意是订立一份在自己与被代理人之间生效的合同，该合同以其对被代理人履行能力的预期为基础，此项预期以及据此所为的选择蕴含着商业风险。无权代理人责任是对该合同效果的替代，相对人从替代物中获取的利益当然不应超过从原先预期效果中获得的利益，否则就等于允许相对人将其商业风险转嫁给他人。当然，如果无权代理人在缔约过程中就被代理人的履行能力欺诈了相对人，夸大了被代理人的履行能力或者隐瞒了被代理人濒临破产等事实，则相对人享有意思表示瑕疵规则中的撤销权。相对人行使撤销权的，可以向实施欺诈的无权代理人主张侵权责任或者缔约过失责任。此类责任的赔偿范围不

---

① Helmut Köhler, BGB Allgemeiner Teil, 44. Aufl. ,2020, S. 186( § 11 Rn. 69).

② Werner Flume, Allgemeiner Teil des bürgerlichen Rechts, Bd. 2: Das Rechtsgeschäft, 4. Aufl. ,1992, S. 806 – 807; Karl Heinz Schramm, in: Münchener Kommentar BGB, 5. Aufl. ,2006, § 179 Rn. 34; Eberhard Schilken, in: Staudinger Kommentar BGB, 2014, § 179 Rn. 15.

③ Helmut Köhler, BGB Allgemeiner Teil, 44. Aufl. ,2020, S. 186 ( § 11 Rn. 69); Hans-Martin Pawlowski, Allgemeiner Teil des BGB, 5. Aufl. ,1998, S. 370. 梅迪库斯对此仅表示疑虑，未明确表达其观点。参见〔德〕迪特尔·梅迪库斯:《德国民法总论》，邵建东译，法律出版社2000年版，第744页。

受被代理人履行能力的限制。实际上,在无权代理人故意利用无权代理行为给自己谋利益的情况下,其就被代理人的履行能力所为的欺诈也应导致其在承担债务履行责任时不能享受责任限制之待遇,否则,此种待遇就成为违背诚信者逃脱责任的工具。

《民法典》第171条第3款未明确规定无权代理人的债务履行责任受被代理人履行能力的限制,解释上可以考虑基于规范目的及公平、诚信原则对此予以漏洞填补。关于被代理人履行能力的欠缺,应由无权代理人提出抗辩并予以证明。无权代理人须证明的是被代理人在债务履行期届满时的履行能力而不是在法律行为缔结时的履行能力,因为相对人本来可以获得的履行利益取决于前者,法律行为缔结时至债务履行期届满时被代理人履行能力恶化的风险由相对人承担。抗辩成立的,根据被代理人履行能力欠缺的程度确定无权代理人的责任范围。此项抗辩不仅适用于无权代理人的履行责任,也应适用于其损害赔偿责任。

(五)无权代理人对于善意相对人的损害赔偿责任

善意相对人除了对无权代理人享有债务履行请求权之外,还享有损害赔偿请求权。善意相对人可以在二者中择一行使,所以,其权利在性质上属于选择之债的债权。选择权由作为债权人的善意相对人享有,这种情况属于《民法典》第515条第1款但书中的"法律另有规定"的情形。按照该条第2款的规定,如果无权代理订立之合同约定了债务履行期限,则在该期限届满时善意相对人未在债务履行与损害赔偿之间作出选择的情况下,无权代理人可以催告善意相对人在合理期限内作出选择。期限届满时善意相对人仍未选择的,选择权转移至无权代理人。

关于无权代理人向善意相对人承担不超过"被代理人追认时相对人所能获得的利益"的损害赔偿责任,《民法典》第171条第3款未规定以无权代理人的过错为前提。在解释上究竟应当采用过错原则抑或无过错原则,赔偿范围仅限于消极利益抑或也包括履行利益,[①]不无疑问。《德国民法典》第 179 条第 1 款、第 2 款分别规定与履行责任并列的损害赔偿责任以及代理人不知道欠缺代理权时的消极利益赔偿责任,前者显然指的是履行利益赔偿责任。与此不同,我国《民法典》第 171 条第 3 款并未分别规定两种赔偿责任,所以该款规定的不超过"被代理人追认时相对人所能获得的利益"的损害赔偿责任存在两种解释的可能性[②]。一是解释为仅指消极利益赔偿责任且赔偿范围不超过履行利益;[③]二是解释为既包括消极利益赔偿责任也包括履行利益赔偿责任,究竟赔偿什么,取决于无权代理人的主观状态[④]。相较之下,第一种解释更为可取。在代理人明知道欠缺代理权的情况下,善意相对人有权请求其履行债务。履行利益要么因实际履行而实现,要么因债务不履行情形中的损害赔偿责任而实现。履行利益损害赔偿与实际履行之间的关系应当在债法中的给付障碍规则体系内处理,[⑤]无须在无权代理规则中另起炉灶使善意相对人有权在请求履行债务与履行利益损害赔偿之间不分顺序地任选其一。善意相对人仅有权

---

① 实践中有些判例认为,依据《民法典》第 171 条第 3 款,无权代理人须向善意相对人赔偿履行利益损失。参见裴某、金某某、衢州市柯城方文房地产置换事务所房屋买卖合同纠纷案,浙江省高级人民法院民事裁定书(2019)浙民申 405 号;张某某、杜某某房屋买卖合同纠纷案,天津市高级人民法院民事裁定书(2018)津民申 2432 号。

② 有学说将《民法典》第 171 条第 3 款规定的无权代理人损害赔偿责任解释为履行利益赔偿责任,并且将该款但书解释为对履行利益赔偿范围的限制,类似于侵权法上的合法替代行为抗辩。此说妥当与否,有待推敲。参见张家勇:《论无权代理人的损害赔偿责任》,载《人民法治》2017 年第 10 期。

③ 倾向于此种解释的如黄薇主编:《中华人民共和国民法典总则编解读》,中国法制出版社 2020 年版,第 561 页。

④ 参与陈甦主编:《民法总则评注》,法律出版社 2017 年版,第 1221 页(方新军执笔)。

⑤ 实践中有的判例认为依据《民法典》第 171 条第 3 款,无权代理人须向善意相对人履行合同债务,善意相对人也可以解除合同并请求其赔偿履行利益。此为给付障碍规则体系内的履行利益赔偿责任。参见张某某与中海海华南通地产有限公司房屋买卖合同纠纷案,江苏省高级人民法院民事裁定书(2019)苏民申 6130 号。

在请求履行债务与消极利益损害赔偿之间任选其一①。善意相对人选择权行使的前提是无权代理人明知其欠缺代理权,如果其不知道,则善意相对人仅有权请求其赔偿消极利益。

无权代理人向善意相对人承担消极利益损害赔偿责任不必采用过错原则。一方面,无权代理人的无过错消极利益赔偿责任在比较法上是主流模式,德国民法、瑞士民法②以及我国台湾地区"民法"③在解释上通说皆为如此。另一方面,从评价的角度看,给善意相对人提供一种比表见代理(积极信赖责任)稍弱一些的无过错消极信赖责任未尝不可,况且《民法典》第171条第3款本来也没有明确要求过错因素。就责任的客观要件而论,前述无权代理人债务履行责任的两个客观要件也适用于损害赔偿责任。④ 不过,相对人基于无权代理规则的损害赔偿请求权因欠缺第二个客观要件而被排除并不意味着其对无权代理人的缔约过失请求权也被排除。只要缔约过失并非指向代理权之欠缺而是指向其他因素(如欺诈),无权代理人就仍须向相对人承担缔约过失责任。⑤ 无权代理人对于相对人的侵权责任也是如此。

无权代理人向相对人承担的消极利益损害赔偿责任的目标是使相对人的利益恢复到未产生信赖之前的状态。之所以称为消极利益损害赔偿,是因为赔偿的目标是使相对人的利益免于减少而非使其利益积极地增加。无权代理人承担的消极利益损害赔偿责任在数额上不应超过履行利益。此处所谓履行利益,是指假如法律行为对被代理

---

① 这种选择权并非毫无意义,因为有时相对人认为消极利益更容易确定而且数额不低,比债务履行请求权及其衍生出来的履行利益赔偿请求权更容易把握。即便在合同有效的情况下,也有立法例规定债权人有权在履行利益损害赔偿与消极利益损害赔偿之间选择,如《德国民法典》第284条。

② Watter&Schneller,in:Basler Kommentar OR I,4. Aufl. ,2007,§39 Rn. 1 – 9.

③ 林诚二:《民法总则》(下),法律出版社2008年版,第459页;黄立:《民法总则》,中国政法大学出版社2002年版,第419页。

④ Jürgen Ellenberger,in:Palandt Kommentar BGB,79. Aufl. ,2020,§179 Rn. 2.

⑤ Eberhard Schilken,in:Staudinger Kommentar BGB,2014,§179 Rn. 20;Maier-Reimer,in:Erman Kommentar BGB,15. Aufl. ,2017,§179 Rn. 25.

人发生效力,相对人就可以从法律行为的履行中获得的利益,也就是《民法典》第 171 条第 3 款但书中的"被代理人追认时相对人所能获得的利益"。之所以无权代理人仅须承担不超过履行利益的消极利益损害赔偿责任,主要是因为相对人在基于对代理权的信赖而进行缔约或者履约投入时,应依成本收益法则予以核算,据此决定投入多少。如果投入金额超过履行利益,则应由相对人自行承担非理性决策的不利后果,无权代理人对超额损失无须赔偿。

(六)无权代理人对于恶意相对人的损害赔偿责任

《民法典》第 171 条第 4 款规定:"相对人知道或者应当知道行为人无权代理的,相对人和行为人按照各自的过错承担责任。"这表明,无权代理人对恶意(bösgläubiger)相对人的损害赔偿责任采用过错原则且适用过错相抵,①无权代理人如果没有过错,就无须向恶意相对人承担赔偿责任,由恶意相对人自担损失。在这方面,无权代理人对恶意相对人的赔偿责任与其对善意相对人的赔偿责任不同。后者不以无权代理人的过错为要件,体现了对善意相对人的优待,恶意相对人不能享受此种优待。因此,在无权代理纠纷中,一旦认定相对人并非善意,无论无权代理人是否存在过错,均不应适用《民法典》第 171 条第 3 款②。实际上,在对"善意"采用"不知道欠缺代理权且无轻过失"标准的情况下,《民法典》第 171 条第 3 款适用的概率相对较低,仅适用于因被代理人欠缺可归责性而不构成表见代理之情形以及构成表见代理但善意相对人可以选择主张无权代理人责任之情形。反之,该条第 4 款适用的概率更高。这是对《民法典》第 171 条第 3 款予以从

---

① 参见最高人民法院民法典贯彻实施工作领导小组主编:《中华人民共和国民法典总则编理解与适用》,人民法院出版社 2020 年版,第 860 页。

② 实践中有判例在认定相对人存在重大过失的情况下,依然适用《民法典》第 171 条第 3 款判令无权代理人承担损害赔偿责任,并且赔偿的是相对人的履行利益损失,而在确定赔偿具体数额时又按照该条第 4 款的过错相抵规则处理。在法律适用上显然有误。参见就某某与贾某某房屋买卖合同纠纷案,天津市高级人民法院民事裁定书(2019)津民申 1047 号。

严解释的结果,有助于克服该款规定无权代理人债务履行责任之弊端。

如果相对人明知道代理人欠缺代理权仍与之实施法律行为,代理人即便也明知道自己欠缺代理权,亦无须承担损害赔偿责任,[①]除非代理人曾经引发相对人某种特别信赖,比如承诺代理行为必定能获得被代理人事后同意。理由与前述被代理人对于相对人的损害赔偿责任相同,都因为欠缺因果关系。

(七)无权代理人责任与表见代理的关系

如前所述,在符合表见代理(权利表象责任)构成要件的情况下,相对人是否仍有权向无权代理人主张债务履行请求权,德国法上存在选择说与排他说之争。前者主张相对人有权选择适用表见代理或者适用无权代理人责任;后者主张表见代理排斥无权代理人责任。日本法上也存在选择说与排他说(表见代理优先说)之分歧,选择说是判例上的通说并且获得内田贵、几代通等学者支持[②]。我国学者大多采用排他说,[③]但也有学者采用选择说[④]。选择说可以避免相对人在诉讼法上的部分选择风险,至少相对人在选择起诉无权代理人时无须担心裁判者以构成表见代理为由驳回其诉讼请求。因此,从相对人保护的

---

① 有学说认为,相对人的明知自不应成为无权代理人免责的理由,此时亦应通过适用过失相抵进行责任分担。例如,在行为人亦明知自己欠缺代理权的场合,令双方平均分担责任可能较为妥当,允许行为人免责似有违反诚实信用原则之嫌。参见夏昊晗:《无权代理人对恶意相对人之责任》,载《比较法研究》2019 年第 5 期。

② 参见〔日〕山本敬三:《民法讲义 I:总则》(第 3 版),解亘译,北京大学出版社 2012 年版,第 356—357 页;〔日〕近江幸治:《民法讲义 I:民法总则》(第 6 版),渠涛等译,北京大学出版社 2015 年版,第 262 页。

③ 参见王利明主编:《中华人民共和国民法总则详解》,中国法制出版社 2017 年版,第 788 页(朱虎执笔);朱庆育:《民法总论》(第 2 版),北京大学出版社 2016 年版,第 372 页;纪海龙:《〈合同法〉第 48 条(无权代理规则)评注》,载《法学家》2017 年第 4 期;王泽鉴:《债法原理》(第 2 版),北京大学出版社 2013 年版,第 301 页(原则上否定选择权但承认例外)。

④ 参见李宇:《民法总则要义》,法律出版社 2017 年版,第 831—832 页;黄立:《民法总则》,中国政法大学出版社 2002 年版,第 412 页;陈聪富:《民法总则》,元照出版公司 2016 年版,第 359 页。

角度看,选择说更为可取。况且,就消极利益损害赔偿责任而论,相对人确实因信赖代理人享有代理权而支出缔约或者履约费用,此项信赖也确实因代理人欠缺代理权而落空。虽然法律上为其提供通过表见代理予以积极信赖保护之机会,但一则最终可否被认定为表见代理尚不确定,二则法律上的利益本就可以自由处分,所以,允许相对人放弃主张表见代理而请求无权代理人赔偿损害,未尝不可。法律上没必要为了使无权代理人免于向相对人承担责任而限制相对人的利益处分自由。在这方面,无权代理与有权代理不同。就有权代理而论,向被代理人主张法律行为效果既是相对人的权利,也是相对人的"负担"。代理权的存在以及代理权行使的公开性使相对人只能以被代理人为对方当事人,不能向代理人主张权利,代理权成为代理人的免责手段。反之,就无权代理而论,代理人欠缺代理权这一免责手段,相对人基于表见代理规则向被代理人主张法律行为效果纯属其权利,并非其对于代理人的"负担",所以相对人理应享有在被代理人与代理人之间进行选择的自由。

有疑问的仅为债务履行请求权与表见代理可否由相对人自由选择。债务履行请求权保护的是善意相对人的积极信赖利益,善意相对人信赖的内容是法律行为基于代理权可以归属于被代理人,所以信赖保护的结果本应是善意相对人享有对于被代理人的债务履行请求权,不应是其对于无权代理人的债务履行请求权。从这个意义上说,似乎没有理由允许善意相对人舍弃符合其信赖内容的表见代理而向无权代理人主张债务履行请求权。不过,相对人对于无权代理人的债务履行请求权与其信赖内容不匹配是该请求权面临的一般问题,并非无权代理人责任与表见代理选择说带来的特殊问题,所以不能成为舍弃选择说的充分理由。

(八)善意相对人行使撤销权对无权代理人责任的影响

依据《民法典》第 171 条第 2 款的规定,无权代理的法律行为被追认之前,善意相对人享有撤销(撤回)权。问题是,撤销之后,善意相对人是否仍有权主张无权代理人责任? 比较法上,德国民法学对此存在肯定说[1]与否定说[2]。撤销权旨在使善意相对人可以通过退出法律行为终结法律上的不确定状态,但在退出之前其已经因无权代理遭受一定损害。既然撤销权不能使善意相对人完全避免损害,则没有理由在允许撤销的同时剥夺其对无权代理人的请求权。撤销权与无权代理人责任具有不同的保护目的,善意相对人不可能因行使其中一个权利而完全实现目的,所以二者应当并行不悖。

否定说的主要理由是撤销权的行使剥夺了无权代理行为被追认从而代理人免于责任的可能性;撤销权的行使如果不能排除无权代理人责任,将导致相对人根据市场行情通过撤销逃避被代理人的追认[3]。此项理由缺乏说服力。一方面,在无权代理情形中没有必要为了免除无权代理人的责任而迫使善意相对人等待被代理人的追认。另一方面,撤销权的立法目的本来就包括允许善意相对人在发现陷入无权代理关系之后重新决定是否与没有授予他人代理权的被代理人缔结法律行为。被代理人是否授予他人代理权,是被代理人的两种状态,善意相对人在决策时可能将其作为重要因素,所以其与缔约自由具有关联性。既然撤销权给予善意相对人重新决策的机会,则其决策时兼顾市场行情无可厚非。

即便在符合表见代理构成要件的情况下,也没有理由不允许善意相对人行使撤销权之后主张无权代理人责任。对此,除了善意相对人的缔约自由可以正当化之外,前述无权代理人责任与表见代理选择说的理由也能提供足够支撑。

---

[1]　Helmut Köhler, BGB Allgemeiner Teil, 44. Aufl. ,2020, S. 187( § 11 Rn. 69).

[2]　Karl Heinz Schramm, in: Münchener Kommentar BGB, 5. Aufl. ,2006, § 178 Rn. 11.

[3]　参见纪海龙:《〈合同法〉第 48 条(无权代理规则)评注》,载《法学家》2017 年第 4 期。

（九）无权代理人责任与被代理人责任的关系

无权代理人责任不能排斥被代理人的损害赔偿责任。《民法典》第 171 条第 3 款、第 4 款仅规定无权代理人对于相对人的责任，只字未提被代理人对相对人应否承担责任。尽管如此，不能据此得出如下结论：在无权代理情形中，仅发生无权代理人责任，不发生被代理人责任。从本质上看，被代理人的损害赔偿责任并非无权代理情形中的特殊问题，无须在无权代理规则中予以特别规定，仅须适用责任法上的一般规则，如侵权责任规则、缔约过失责任规则①。《民法典》第 157 条规定法律行为无效、被撤销或者确定不发生效力后的损害赔偿责任包括了缔约过失责任。其中"确定不发生效力"指向效力待定的法律行为，包括无权代理的法律行为。最高人民法院《关于适用〈中华人民共和国民法典〉有关担保制度的解释》（法释〔2020〕28 号）第 7 条第 1 款规定公司法定代表人越权担保时公司须依第 17 条承担过错责任，尽管该规定系针对越权代表，但对于无权代理情形中被代理人的损害赔偿责任也有指导意义。

总之，被代理人依一般规则承担的损害赔偿责任与代理人依无权代理特殊规则承担的责任可以并存。两种责任目的一致，若因其中一项责任的承担完全实现救济相对人之目的，则另一项责任归于消灭，相对人不能获得重复救济。

## 四、无权代理人与被代理人的关系

（一）无因管理关系

无权代理行为可能构成对被代理人的无因管理。构成正当无因管理的，无权代理人对被代理人享有费用偿还及损失补偿请求权。例如，甲出门在外，其老母乙患病不能自理，丙以甲的名义雇佣丁照

---

① 参见〔德〕维尔纳·弗卢梅：《法律行为论》，迟颖译，法律出版社 2013 年版，第 964—965 页。

顾乙。此举符合甲的利益且通常符合甲的意思,即便丙订立雇佣合同时知道甲不愿意雇人照顾老母,由于甲的意思违背公序良俗,依据《民法典》第 979 条第 1 款结合第 2 款第 2 分句之规定,仍可认定丙的无权代理行为构成正当无因管理。因甲拒绝追认雇佣合同导致丙向丁履行债务或者赔偿损失的,丙有权依据无因管理规则向甲追偿。

（二）代理权授予行为无效时的损害赔偿责任

发生无权代理可能因为被代理人根本没有实施代理权授予行为,也可能因为被代理人实施了代理权授予行为但该行为存在效力障碍,比如无效或者被撤销。如果因代理权授予行为无效或者被撤销导致代理行为构成无权代理,则无权代理人对于被代理人可能享有法律行为(代理权授予行为)无效情形中的损害赔偿请求权。无权代理人的请求权基础是《民法典》第 157 条。请求损害赔偿的前提是被代理人对于代理权授予行为之无效或者可撤销存在过错。如果无权代理人对此也有过错,则适用过失相抵规则,被代理人仅须承担部分责任。被代理人的损害赔偿责任不以存在委托合同之类的基础关系为必要。在所谓"孤立的代理权"情形中,代理权授予行为无效或者被撤销,被代理人对此存在过错的,也应依据《民法典》第 157 条赔偿无权代理人的损失。由于代理权授予行为是单方法律行为,不是合同,所以,行为无效或者被撤销时被代理人依据《民法典》第 157 条对无权代理人承担的损害赔偿责任在性质上不是缔约过失责任,只能说是一种类似于缔约过失责任的民事责任。无权代理人有权请求赔偿的损害包括因其依据《民法典》第 171 条向相对人承担损害赔偿责任而遭受的损失。在构成表见代理且相对人向被代理人主张表见代理法律效果的,无权代理人无须向相对人承担责任,未遭受损失,所以无权请求被代理人赔偿。

（三）被代理人对无权代理人的追偿权

被代理人追认无权代理之法律行为的,[①]无权代理人免于向相对人承担责任。此时,被代理人可能对无权代理人享有追偿权,比如基础关系中的违约损害赔偿请求权、不当无因管理情形中的损害赔偿请求权、侵权损害赔偿请求权[②]。被代理人虽未追认无权代理但构成表见代理,相对人向被代理人主张表见代理法律效果的,被代理人对无权代理人也享有上述请求权。

## 第六节　表见代理

### 一、概念

在无权代理情形中,无权代理人的损害赔偿责任固然为相对人提供了保护,但有时相对人具有特别值得保护的信赖,需要在法律上为其提供更强有力的救济。表见代理就是这样的救济手段。所谓表见代理,又称为代理权表象责任,是指代理人虽然欠缺代理权,但存在代理权表象,为保护善意相对人的信赖,使代理人实施的法律行为对被代理人发生效力。表见代理在本质上也是一种无权代理,[③]但在法律行为归属上发生有权代理的法律效果。《民法典》第172条规定了表见代理。

---

① 《民法典》第984条规定,管理事务经受益人追认的,适用委托合同有关规定。此处所谓的追认未必等同于被代理人追认无权代理之法律行为或者所有权人追认无权处分行为。对无权代理之法律行为或者无权处分之法律行为的追认指向该法律行为的效力,使法律行为在追认人与第三人之间发生效力;对无因管理的追认则指向基础关系,使追认人与代理人或者处分人之间发生权利义务关系,如同追认人事先委托代理人或者处分人管理事务。

② Helmut Köhler,BGB Allgemeiner Teil,44. Aufl. ,2020,S.189( §11 Rn.74).

③ 参见〔日〕山本敬三:《民法讲义 I:总则》(第3版),解亘译,北京大学出版社2012年版,第322页。

## 二、构成要件

由于表见代理也是一种无权代理,所以须具备无权代理的构成要件,即符合代理的所有特征但代理人对所实施的法律行为欠缺代理权[1]。未经授权以他人名义实施准法律行为的,可以准用表见代理规则。实践中,法院也将表见代理规则适用于合同订立后的债务履行,未经授权的人以债权人名义受领给付的,债务人具有值得保护之信赖的,法院通常认定其受领行为构成表见代理,[2]债务因有效清偿而消灭。如果理论上不将履行行为定性为法律行为,则裁判上的此种做法亦属于表见代理规则的准用。

除符合无权代理的构成要件之外,构成表见代理还需要符合特别要件。此类特别要件使表见代理区别于狭义无权代理,得以发生不同的法律效果。至于表见代理的特别构成要件包括哪些,在民法学上多有分歧。《民法典》第 172 条关于表见代理的规定与《合同法》(已废止)第 49 条基本相同,并未以更为精细的规范消除学说争议。

(一)表见代理构成要件的争议

1. 学说发展

我国民法学界自 20 世纪 80 年代后期开始,关于表见代理的特别构成要件,形成单一要件说与双重要件说之对立。单一要件说认为,表见代理的成立只要求相对人无过失地信赖代理人享有代理权,或者说相对人有充分的理由相信代理人有代理权,不要求被代理

---

[1]　例如,最高人民法院在民事判决书(2015)民二终字 64 号、民事裁定书(2016)民申 2628 号中均强调表见代理的构成要件之一是代理人以被代理人名义实施民事法律行为,此项构成要件即为代理的一般构成要件,既适用于表见代理,也适用于狭义无权代理以及有权代理。

[2]　参见杨某某与商丘市中通房地产开发有限责任公司民间借贷纠纷案,最高人民法院民事裁定书(2020)最高法民申 168 号。

人有过失。① 双重要件说认为,表见代理有两个特别成立要件,一是被代理人的过失行为使相对人确信代理人有代理权;二是相对人不知也不应知代理人无代理权,即当时有充分理由相信代理人有代理权。② 两种学说的分歧在于是否要求被代理人具有过错,从这个意义上说,双重要件说可以称为被代理人过错必要说,单一要件说可以称为被代理人过错不要说。事实上,这样的表述更为贴切,因为无论是单一要件说还是双重要件说都仅涉及表见代理的主观要件,未涉及客观要件,如果将客观要件考虑在内,那么单一要件说与双重要件说都是不成立的。

《合同法》(已废止)第49条曾规定:"行为人没有代理权、超越代理权或者代理权终止后以被代理人名义订立合同,相对人有理由相信行为人有代理权的,该代理行为有效。"对于该条规定,我国民法学者一般认为,这是单一要件说。③ 不过,有些民法学者试图通过解释将双重要件说引入《合同法》(已废止)。例如,尹田教授认为,我国《合同法》(已废止)实际上并未采单一要件说,因为《合同法》(已废止)关于表见代理的构成要件并未确定为第三人之"无过错",而是确定为第三人相信代理人有代理权之"有理由",这种表述的概括性与模糊性给法律解释留下很大的空间。在司法实践中,对于第三人"有理由"之判

---

① 参见章戈:《表见代理及其适用》,载《法学研究》1987年第6期;孙鹏:《表见代理构成要件新论——以被代理人的过错问题为中心》,载《云南大学学报法学版》2004年第1期;佟柔:《中国民法学·民法总则》,中国人民公安大学出版社1990年版,第297页;马俊驹、余延满:《民法原论》,法律出版社1998年版,第306页;胡康生主编:《中华人民共和国合同法释义》,法律出版社1999年版,第85—86页;李锡鹤:《民法哲学论稿》(第2版),复旦大学出版社2009年版,第506—507页;梁慧星:《民法总论》(第4版),法律出版社2011年版,第241页。

② 参见尹田:《论表见代理》,载《政治与法律》1988年第6期;尹田:《我国新合同法中的表见代理制度评析》,载《现代法学》2000年第5期;吴国喆:《表见代理中本人可归责性的认定及其行为样态》,载《法学杂志》2009年第4期;龙卫球:《民法总论》(第2版),中国法制出版社2002年版,第589页;李开国:《民法基本问题研究》,法律出版社1998年版,第257页。

③ 参见胡康生主编:《中华人民共和国合同法释义》,法律出版社1999年版,第85页。

断,本人对于无权代理之发生有过失和本人与无权代理人之间存在特殊关系应当作为认定的基本事实依据。[①] 孙鹏教授认为,根据《合同法》(已废止)第48条的规定,狭义无权代理中,在被代理人追认无权代理之前,善意相对人有撤销的权利。这就意味着即便相对人善意,也不一定构成表见代理,同时也意味着第三人善意并非表见代理和狭义无权代理的最本质区别。而第三人善意也不构成表见代理,只能发生在被代理人对无权代理人的代理权外观形成无过错的情况,也就是说,从《合同法》(已废止)第48条、第49条这两条联合推论,可以发现《合同法》(已废止)认为表见代理应以被代理人有过错为构成要件。[②]

部分民法学者尝试对双重要件说予以改进。比如,叶金强教授认为,《合同法》(已废止)第49条之中虽没有提及本人归责性,但从文义、历史、比较法的角度展开的解释论,均可以确定本人归责性的要件地位。第49条之中的"行为人没有代理权"需限缩解释为授权表示型的代理权欠缺,因此,本条确定的表见代理类型为:授权表示型、权限逾越型、权限延续型。这三种类型之中均隐含了本人的归责性。但叶金强教授强调,本人的归责性并不限于本人有过错,它有强弱之分,本人惹起代理权外观、过错、制造外观的必要性程度、风险分配等因素决定了归责性的程度,应该对本人的归责性与相对人信赖的合理性进行综合考量,以决定是否成立表见代理,较弱的归责性与较高的信赖合理性相结合,或者较强的归责性与较低的信赖合理性相结合,均可以成立表见代理。[③] 王利明教授认为,将被代理人具有过错作为表见代

---

① 参见尹田:《我国新合同法中的表见代理制度评析》,载《现代法学》2000年第5期。

② 参见孙鹏:《表见代理构成要件新论——以被代理人的过错问题为中心》,载《云南大学学报·法学版》2004年第1期。不过,孙鹏只是在解释论层面上持双重要件说,在立法论层面上其论文主张单一要件说。

③ 参见叶金强:《表见代理构成中的本人归责性要件——方法论角度的再思考》,载《法律科学》2010年第5期。

理的构成要件是不妥的,因为,如果采用这一要件,被代理人就会千方百计地证明自己没有过错从而阻碍表见代理的成立,这显然会使设立表见代理制度的宗旨和目的落空,不利于保护具有合理信赖的第三人。基于此,不应以被代理人的过错作为表见代理的构成要件。不过,表见代理的成立仍应当以代理权外观的形成与被代理人具有关联性为要件,即要求代理权外观是因为被代理人的某种行为(不论是否有过错)引起的。① 这些观点可以称为"新双重要件说"。

近几年,表见代理的成立要求被代理人具有可归责性的观点在我国民法学界已经成为主流②。分歧仅仅在于,被代理人的可归责性应当采用何种认定标准。学界对此提出了过错说③、风险说、④代理权通知说⑤等不同观点。

2. 实务分歧

从最高人民法院关于中国银行合肥市桐城路分理处与安徽合肥东方房地产有限公司责任公司等借款、抵押担保合同纠纷上诉案的判决看,被代理人的过错并非表见代理的构成要件。最高人民法院在该案中仅以代理权的客观表象与相对人的善意且无过失为表见代理的

---

① 参见王利明:《民法总则研究》,中国人民大学出版社 2003 年版,第 674—675 页。

② 采用"新单一要件说"不以被代理人可归责性作为表见代理独立构成要件的观点,参见冉克平:《表见代理本人归责性要件的反思与重构》,载《法律科学》2016 年第 1 期;主张通过类型化而非通过可归责性要件来限制表见代理适用的观点,参见迟颖:《〈民法总则〉表见代理的类型化分析》,载《比较法研究》2018 年第 2 期。

③ 参见杨芳:《〈合同法〉第 49 条(表见代理规则)评注》,载《法学家》2017 年第 6 期。

④ 参见杨代雄:《表见代理的特别构成要件》,载《法学》2013 年第 2 期;朱虎:《表见代理中的被代理人可归责性》,载《法学研究》2017 年第 2 期。

⑤ 该说认为,相对人之所以"有理由相信行为人有代理权",是因为本人直接或间接、明示或默示地做出了代理权通知,比如出具授权委托书、交付印章等代理权凭证等。应当以代理权通知为基础判定被代理人的可归责性,对该通知类推适用意思表示效力规则。参见王浩:《表见代理中的本人可归责性问题研究》,载《华东政法大学学报》2014 年第 3 期。

构成要件,被代理人是否存在过错,在所不问。① 不过,在实践中,地方人民法院在审理涉及表见代理的案件中,有时却以被代理人的过错为构成要件之一。例如,广东省广州市黄埔区人民法院对李某与广州市黄埔农村信用合作社联合社存款纠纷案作出的(2004)黄民一初字第492号民事判决书;上海市第二中级人民法院对深圳发展银行股份有限公司上海杨浦支行与谢某某借款合同纠纷案作出的(2008)沪二中民三(商)终字第740号民事判决书。

最高人民法院《审理民商事合同案件指导意见》第12—14条要求人民法院正确把握法律构成要件,其中第13条第1句要求严格认定代理行为:"《合同法》第49条规定的表见代理制度不仅要求代理人的无权代理行为在客观上形成具有代理权的表象,而且要求相对人在主观上善意且无过失地相信行为人有代理权。"第14条规定:"人民法院在判断合同相对人主观上是否属于善意且无过失时,应当结合合同缔结与履行过程中的各种因素综合判断合同相对人是否尽到合理注意义务,此外还要考虑合同的缔结时间、以谁的名义签字、是否盖有相关印章及印章真伪、标的物的交付方式与地点、购买的材料、租赁的器材、所借款项的用途、建筑单位是否知道项目经理的行为、是否参与合

---

① 参见中国银行合肥市桐城路分理处与安徽合肥东方房地产有限公司责任公司等借款、抵押担保合同纠纷上诉案,最高人民法院民事判决书(2000)经终字第220号(法公布(2002)第30号)。在该案中,最高人民法院认为,本案的焦点在于合利公司的行为是否构成《合同法》(已废止)第49条规定的表见代理。构成表见代理应同时具备行为人具有代理权的客观表象和相对人善意无过失两个方面的要件。在本案中,合利公司在以东方公司名义向庐州信用社申请贷款和抵押的过程中,出具了东方公司的授权委托书、该公司的公章、财务专用章、合同专用章、营业执照副本、贷款证以及全套贷款资料,在客观上形成了合利公司具有申请贷款和提供抵押的代理权表象。但是,对于东方公司的首次大额贷款,庐州信用社在审查东方公司贷款资格时存在疏忽或懈怠。在合利公司以东方公司名义向庐州信用社申请贷款时,庐州信用社应当根据合利公司出具的《"翠竹园"小区整体转让协议》第5条关于合利公司根据东方公司的全权委托书,组建经营、管理、销售财务机构,以保证"翠竹园"小区项目的所有交接之规定,推定出东方公司出具的授权委托书并非全权授权而是有限授权,却仍同意接受存在权利瑕疵的抵押物并发放抵押贷款,可谓存在重大过失。因此,合利公司的无权代理行为不构成表见代理。

同履行等各种因素,作出综合分析判断。"总的来看,最高人民法院在《审理民商事合同案件指导意见》中强调的是代理权的表象以及相对人的善意且无过失,在表见代理的构成要件上基本上延续了其在(2000)经终字第 220 号判决中的立场。不过,其中"建筑单位是否知道项目经理的行为"也涉及被代理人的主观状态,这个因素被作为判定相对人是否善意且无过失时需要考虑的诸因素之一。

《审理民商事合同案件指导意见》发布后,最高人民法院的判例一般也未强调被代理人的可归责性,如(2009)民提字第 76 号民事判决、(2012)民抗字第 24 号民事判决、(2013)民提字第 95 号民事判决。三者均为《最高人民法院公报》刊载的案例,具有代表性。再如,在(2016)最高法民再 200 号民事判决中,最高人民法院认为构成表见代理需具备两个要件,一是行为人无代理权限,二是相对人自身在主观上善意且无过失地相信行为人具有代理权,根本未提及被代理人的可归责性。[1] 不过,在最近几年的若干判例中,最高人民法院明确指出表见代理的构成要件包括被代理人的可归责性。[2] 此外,以被代理人的可归责性作为表见代理构成要件的立场在部分地方法院的裁判中得以延续。例如,广东省高级人民法院(2015)粤高法民申字第 2724 号民事裁定、江苏省高级人民法院(2015)苏商终字第 00275 号民事判决、南京市中级人民法院(2016)苏 01 民终 2366 号民事判决。总的来看,承认被代理人的可归责性为表见代理构成要件已逐渐成为司法实践的趋势。

---

[1]　参见四川省泸州市第三建筑工程公司与四川青神新久源实业有限公司等债权转让纠纷案,最高人民法院民事判决书(2016)最高法民再 200 号。

[2]　参见江西某房地产开发有限责任公司与南昌县某小额贷款股份有限公司企业借贷纠纷案,最高人民法院民事判决书(2017)最高法民再 209 号;山东宝华耐磨钢有限公司、方大特钢科技股份有限公司买卖合同纠纷案,最高人民法院民事判决书(2018)最高法民终 122 号。

（二）被代理人方面的要件

1. 依风险原则确定被代理人方面的要件

表见代理究竟应该具备哪些特别要件，取决于对其本质与价值基础的认识。表见代理制度在本质上是法律行为归属的规则。法律行为归属的首要原则是意思自治原则。依该原则，当事人必须受自己或者自己授权的人在自由状态下作出的意思表示的约束，即承受由该意思表示认定的权利义务关系。如果该意思表示并非他在自由状态下作出的或者并非他授权的人在自由状态下作出的，他就不必承受相关的权利义务关系。据此，无权代理情形中的被代理人无须承受代理行为的法律效果。不过，某些时候，相对人对于代理权之存在及其范围确实产生了正当信赖，如果对其一概不予保护，显然有失公允。为实现正义，法律需要在这种情形中对发生冲突的被代理人之利益与相对人之利益进行考量，以决定是否由被代理人承受无权代理行为之效果。相对人的正当信赖需要保护，但也不能无条件地予以保护，否则就会走向与绝对意思自治相反的另一个极端。前述单一要件说就是如此，该说单纯依据相对人有正当信赖这一事实就判定应当由被代理人承受无权代理行为的法律效果，不考虑此种信赖的产生与被代理人之间是否存在关联性，这在某些情形中将会使无辜的被代理人承受不应有的不利益，这样的处理方式在法价值上难以正当化。

信赖这一要素只能解决信赖者为何值得保护以及为何赋予其一项请求权之问题，而不能解决为何信赖的后果应该由对方当事人承受之问题。[1] 由被代理人承受无权代理行为之法律效果并非对相对人之信赖予以保护的唯一方式，判定由无权代理人承担损害赔偿责任也是信赖保护的一种方式。选择第一种信赖保护方式而不是第二种信赖保护方式需要"正当信赖"这一因素之外的其他特殊理由。

---

[1] Claus-Wilhelm Canaris, Die Vertrauenshaftung im deutschen Privatrecht, 1971, S. 467 – 471.

从比较法上看,德国、日本以及我国台湾地区对于表见代理的成立,均要求相对人信赖的产生与被代理人之间具有某种关联性。

《德国民法典》第 170—173 条确立了代理关系中的权利表象原则。其中"第 170 条 + 173 条"规定的是外部授权内部撤回时第三人的信赖保护,即被代理人向代理人做出撤回代理权之意思表示,导致代理权消灭,但第三人不知道且不应当知道代理权已消灭,为了该第三人的利益,代理权视为仍然存在。"第 171 条 + 173 条"规定的是内部授权已通知第三人而后代理权又消灭的情况下第三人的信赖保护。"第 172 条 + 173 条"规定的是内部授权书向第三人出示而后代理权又消灭情况下第三人的信赖保护。德国大多数民法学者认为,上述条款既适用于被代理人曾经做出有效的授权行为但后来代理权归于消灭之情形,也适用于被代理人根本未进行授权或者授权行为无效之情形。① 前者属于"委托代理权继续存在的权利表象",后者属于"授予委托代理权的权利表象"。在两种情形中,都发生权利表见责任。②

很显然,《德国民法典》第 170—173 条规定的权利表象都是因被代理人而发生的,而且被代理人通常都是有过错的③,因为被代理人没有及时地以足以被第三人所知晓的方式撤回授权或撤回关于授权的通知,或者在根本未进行授权的情况下发出了已授权之通知。除了上述条文规定的代理权表象责任之外,德国民法判例和部分学

---

① Brox/Walker, Allgemeiner Teil des BGB, 44. Aufl. ,2020, S. 257(§25 Rn. 24).

② 参见〔德〕卡尔·拉伦茨:《德国民法通论》,王晓晔、邵建东等译,法律出版社 2003 年版, 第 887—896 页;Enneccerus/Nipperdey, Allgemeiner Teil des Bürgerlichen Rechts, 15. Aufl. ,1960, S. 1133;Karl Heinz Schramm, in: Münchener Kommentar BGB, 5. Aufl. ,2006, §173 Rn. 2;Brigitte Frensch, in: PWW Kommentar BGB, §173 Rn. 1;Jürgen Ellenberger, in: Palandt Kommentar BGB, 79. Aufl. ,2020, §170 Rn. 1。

③ 希尔施认为,即便被代理人对此无过错,也需要负责。Vgl. Christoph Hirsch, Der Allgemeine Teil des BGB, 6. Aufl. ,2009, S. 324.

说还承认存在另一种代理权表象责任,即所谓的"假象代理"(Anscheinsvollmacht),①我国学者通常译之为"表见代理",但它其实与我国民法上的表见代理不完全相同。② 按照承认假象代理之学说中的通说,假象代理的成立不仅要求存在权利表象事实,还要求该权利表象事实可归责于被代理人。对于归责原则,判例与通说并未采用单纯的引发原则(Veranlassungsprinzip),即诱因原则,而是一般采用过错原则。只有在被代理人如果尽到必要注意本来应当知道并且阻止某人以其代理人的身份行事的情况下,信赖事实才可以归责于他。③

《日本民法典》第 109 条、第 110 条、第 112 条规定了各种类型的表见代理。关于表见代理是否以被代理人的过错为构成要件,日本民法学界存在争议。传统理论持否定说,因为传统理论以交易安全作为表见代理的制度基础,据此,客观上存在代理权之外观,即应该保护无过失地信赖该外观的第三人。④ 这种观点也被称为交易安全说。晚近的民法理论更多地持肯定说,认为在表见代理制度的背后,存在表见法理——以作出违反真实的外观这种归责性为前提,保护有正当信赖

---

① 在德国法中,存在 Anscheinsvollmacht、Scheinvollmacht 与 Rechtsscheinsvollmacht 这三个术语。Scheinvollmacht 与 Rechtsscheinsvollmacht 同义,泛指因代理权表象而使被代理人承受代理行为之效果的各种情形。Anscheinsvollmacht 最初常与 Scheinvollmacht 混用(Vgl. Hans-Martin Pawlowski, Allgemeiner Teil des BGB, 5. Aufl. ,1998 ,S. 331 ,Fn. 151. ),因为在一般语言用法中,二者本来就是近义词。不过,在当下的法律文献中,Anscheinsvollmacht 是狭义的,专指《德国民法典》第 170—173 条规定的代理权表象责任以及容忍代理之外的代理权表象责任。Scheinvollmacht(Rechtsscheinsvollmacht)大体上相当于我国民法中的表见代理(权),Anscheinsvollmacht 在我国民法中没有对应的术语,姑且称之为"假象代理(权)"。

② 对假象代理持肯定说的著作如, Enneccerus/Nipperdey, Allgemeiner Teil des Bürgerlichen Rechts, 15. Aufl. , 1960, S. 1134; Karl Heinz Schramm, in: Münchener Kommentar BGB, 5. Aufl. ,2006, §167 Rn. 56; Maier-Reimer, in: Erman Kommentar BGB, 15. Aufl. ,2017, §167 Rn. 9. 对假象代理持质疑说的著作如, Eberhard Schilken, in: Staudinger Kommentar BGB, 2014, §167 Rn. 31; Werner Flume, Allgemeiner Teil des bürgerlichen Rechts, Bd. 2: Das Rechtsgeschäft, 4. Aufl. ,1992, S. 834。

③ Larenz/Wolf, Allgemeiner Teil des bürgerlichen Rechts, 9. Aufl. ,2004, S. 896.

④ 参见〔日〕我妻荣:《新订民法总则》,于敏译,中国法制出版社 2008 年版,第 339—341 页。

的第三人。这种观点也被称为表见法理说。按照这种观点,表见代理由三个要素构成:代理权外观的存在、对外观的正当信赖以及外观作出的归责性(被代理人的过错①)。②

我国台湾地区学界关于本人对代理权表象的产生是否须有过错,见解不一。有学者认为授权表示型表见代理(台湾地区"民法"第169条规定的第一种情形)的成立不以本人有过失为必要。③ 我国台湾地区法院有些判例亦采这种见解。④ 有学者认为此种表见代理的成立要求本人具有可归责性,即本人就防止行为人以其代理人身份为法律行为欠缺一般注意。⑤ 容忍型表见代理(台湾地区"民法"第169条规定的第二种情形)的成立要求本人主观上有过错,应无疑义。越权型表见代理与代理权消灭后的表见代理的成立是否要求本人有过错,台湾地区"民法"第107条并未明确规定,但就事物之本质而言,这两种表见代理产生的原因在于本人未将代理权之限制向第三人为妥善公示或者未将代理权已消灭之事实及时地通知第三人,一般来说本人对此是存在一定过失的,除非客观上无法及时地向第三人发出通知,比如无法确定代理人正在与何人商谈缔约。无论如何,在上述几种表见代理中,代理权表象的产生至少在客观上都是由本人的某种行为(作为或不作为)引发的。

总而言之,对于表见代理,德国、日本、我国台湾地区均采用限定类型主义的规范模式,即法律明确规定表见代理的若干类型,而不是

---

① 近江幸治认为可归责性要求被代理人积极参与权利外观的形成。参见〔日〕近江幸治:《民法讲义 I:民法总则》(第6版),渠涛等译,北京大学出版社2015年版,第261页。

② 参见〔日〕山本敬三:《民法讲义 I:总则》(第3版),解亘译,北京大学出版社2012年版,第322页。

③ 参见史尚宽:《债法总论》,中国政法大学出版社2000年版,第50页;林诚二:《民法总则》,法律出版社2008年版,第463页;陈聪富:《民法总则》,元照出版公司2016年版,第353页。

④ 参见王泽鉴:《债法原理》(第2版),中国政法大学出版社2013年版,第305页。

⑤ 参见黄立:《民法总则》,中国政法大学出版社2002年版,第411页。

从构成要件的角度对表见代理作出一般规定。关于各种类型表见代理的构成要件,法律条文往往并未作完整的规定,充其量只是明确规定了相对人的主观要件,其他要件只能从法律条文关于各种表见代理的外在表现形式之规定推断出来,或者由学说与判例予以补充。对于表见代理的成立是否以被代理人的过错为要件,主流的观点是肯定说,即要求被代理人对于代理权表象之发生具有过错,当然,也有一些学者认为只要被代理人的行为与代理权表象之发生存在因果关系即可成立表见代理。

那么,就我国民法上的表见代理而论,被代理人方面究竟应具备何种要件? 表见代理属于私法上信赖责任的一种,应该基于信赖责任的一般原理确定其构成要件。卡纳里斯对私法上信赖责任的一般原理做了比较透彻的研究。在他看来,不应采用所谓的引发原则,该原则实际上是结果责任原则( Prinzip der reinen Kausalhaftung)的另一种表述,而结果责任原则在现代民法中并非真正意义上的归责原则,对于信赖责任,如果采用该原则,就等于放弃了"可归责性"这一要件,从而使信赖责任丧失了正当基础。另外,信赖责任也不应该普遍采用过错原则,需要采用该原则的只是"基于伦理必要性而发生的信赖责任",其他信赖责任尤其是权利表象责任不应采用该原则,而应该采用风险原则( Risikoprinzip),因为风险原则有利于交易安全,符合权利表象责任的特殊目的。①

卡纳里斯的上述观点可资赞同。表见代理不必以被代理人有过错作为构成要件,只要代理权表象是由其风险范围内的因素造成的即可。主要理由是:以被代理人具有过错作为表见代理的构成要件,对于相对人而言过于苛刻。从利益—价值衡量的角度看,在无权代理情形中,对被代理人有利的因素是其未授权代理人实施某项法律行为,即该法律行

① Claus-Wilhelm Canaris, Die Vertrauenshaftung im deutschen Privatrecht, 1971, S. 473 – 481.

为不在其自由意志范围之内,对相对人有利的因素是其对代理权具有正当的信赖。权衡之下,相对人方面的价值分量略轻一些,因为与信赖相比,自由在法价值体系中处于更为重要的位置。为使双方的价值分量保持平衡,要么需要加重相对人方面的价值分量,要么需要减轻被代理人方面的价值分量。相对人方面的价值分量已无上升空间,因为其已经是善意的,没法做到更好。唯一可行的是减轻被代理人方面的价值分量,即认定被代理人方面存在某种负面因素。可供选择的有三种负面因素:被代理人客观上引发了代理权表象;代理权表象由被代理人风险范围内的因素造成;被代理人主观上具有过错。相较之下,第三种负面因素的分量更重,以之抵销被代理人原有的价值分量,属于矫枉过正,并不能使双方当事人的价值分量保持平衡。第一种因素欠缺必要的伦理内涵,将导致纯粹的结果主义。第二种因素以现代私法上的风险原则为价值基础,在法伦理上可以正当化,而且以之为表见代理的构成要件可以使被代理人与相对人之间实现价值平衡。

据此,表见代理的特别构成要件是:存在代理权表象;该代理权表象由被代理人风险范围内的因素导致;相对人对该代理权表象产生信赖且不存在过失。其中第二个要件是"被代理人方面的要件"。我国《民法典》第 172 条所谓的"相对人有理由相信行为人有代理权的"其实包含了上述第一个要件与第三个要件,即一方面客观上存在使相对人产生信赖的理由,另一方面相对人主观上确实产生了信赖,而由于该信赖是有充分理由的,所以相对人是无过失的。至于第二个要件,并不处于《民法典》第 172 条的文义范围之内,①只能通过漏洞填补确

---

① 相反,有学者认为"相对人有理由相信行为人有代理权的"包含两种规范意义:一是第三人"相信行为人有代理权"言之有据、符合常理;二是第三人的信赖是合理的、善意的。前一种规范意义就可以涵盖代理权外观与本人之间的关联性,即只有无权代理人制造的代理权外观能够追溯至本人的行为或表示,第三人的信赖才是合理的,否则就不构成善意无过失。此种观点值得商榷。参见冉克平:《表见代理本人归责性要件的反思与重构》,载《法律科学》2016 年第 1 期。

立该要件。

就第一个特别构成要件而言,代理权表象是一种状态,该状态包含如下意义:代理人对正在实施的法律行为享有代理权。尽管代理人实际上不享有代理权,但通过对该意义的理解,相对人可能产生信赖,认为代理人享有代理权。代理权表象以某些事实为基础,比如代理人持有代理权证书(授权委托书)、①公司印章②等凭证,③或者在被代理人为单位的情况下,代理人在其中承担某种通常包含代理权的职务。在此类情形中,即便没有授权行为、授权行为无效、授权被撤回或者代理人已被解除职务,前述事实也可能给人"代理人享有代理权"之印象。如果代理人在被代理人的经营场所实施法律行为,但其既非被代理人的员工亦未持有被代理人的印章、授权书等代理权凭证,则通常不应认定存在代理权表象④。

2. 风险分配的具体问题

关于上述第二个要件,需要解决如何划定被代理人风险范围之问题。对此,应当考察信赖责任被请求人是否加大了引发另一方当事人信赖之风险或者其是否比另一方当事人更容易支配该风险,以决定其应否承担信赖责任。⑤ 可以对此项风险原则予以具体化,针对表见代理问题确立一个风险分配基准体系,即在无权代理情形中,应当考察

---

① 参见孙某等与国泰租赁有限公司融资租赁合同纠纷案,最高人民法院民事判决书(2016)最高法民终789号;江苏大都建设工程有限公司、江苏大都建设工程有限公司靖江分公司建设工程施工合同纠纷案,最高人民法院民事裁定书(2019)最高法民申1614号。

② 参见江西建工第三建筑有限责任公司与郭某某民间借贷纠纷案,最高人民法院民事裁定书(2019)最高法民申4371号。

③ 在冯某与江苏久隆投资置业集团有限公司房屋买卖合同纠纷案,最高人民法院民事判决书(2018)最高法民申327号中,最高人民法院认为在与相对人达成解除合同之合意时,代理人持有被代理人的合同书原件以及此前曾为被代理人代领合同标的经营收益之事实构成代理权表象。

④ 参见曹某与重庆市万州区恒安地产开发有限公司商品房预售合同纠纷案,重庆市高级人民法院民事裁定书(2019)渝民申96号。

⑤ Claus-Wilhelm Canaris, Die Vertrauenshaftung im deutschen Privatrecht, 1971, S. 471 – 489.

如下因素以决定是否由被代理人承担代理权表象之风险：

其一，被代理人是否制造了不必要的风险。

依据这条基准，被代理人出于某种目的将公章借给他人导致该他人实施无权代理行为的，此种做法并非正常经营活动所必需，被代理人由此制造了不必要的风险，应当自己承受该风险，如果符合表见代理的其他构成要件，应当认定表见代理成立。在我国的实践中，借用公章订立合同的现象比较常见。最高人民法院曾于《关于在审理经济合同纠纷案件中具体适用〈经济合同法〉的若干问题的解答》(法〔经〕发〔1987〕20 号)(已废止)(以下简称《经济合同法解释》)第 2 条规定，如果公章借用人是单位的职工、下属单位或承包人，出借单位可能需要基于有效的合同承担违约责任，这样的结果实际上相当于表见代理。如果公章借用人与单位之间不存在上述关系，则借用公章订立的合同无效。依据借用人的身份对借用公章、合同专用章订立合同的法律效果予以区别对待，并无充分理由。无论单位将其公章借给何人，都在制造不必要的风险，理应自己承受该风险。在解释、适用《民法典》第 172 条时，不必依据借用人(代理人)的身份予以区别对待。从近年来法院的相关判例①看，法院有时不区分借用人的身份，一律依据最高人民法院《关于适用〈中华人民共和国民事诉讼法〉若干问题的意见》(1992 年)第 52 条②(2020 年修订后更改为第 65 条)的规定，判令公章出借人与借用人就合同义务的履行或者违约损害赔偿承担连带责任。这些判例承认公章出借人是有效合同的主体，这是值得肯定

---

① 比如郭某与张某、步某、临沂中大太阳能科学研究所专利实施加盟合同纠纷案，山东省高级人民法院民事判决书(2006)鲁民三终字第 100 号；樊某与陈某、资兴市城市建设综合开发公司商品房预售合同纠纷案，湖南省郴州市中级人民法院民事判决书(2011)郴民一终字第 409 号；北京卓越优识营销管理咨询有限公司、上海优识商务咨询服务中心与漯河联泰食品有限公司合同纠纷案，河南省漯河市中级人民法院民事判决书(2011)漯民二终字第 86 号。

② 该条规定："借用业务介绍信、合同专用章、盖章的空白合同书或者银行帐户的，出借单位和借用人为共同诉讼人。"

的,但未明确指出实体法(而不是诉讼法)上的依据。该依据只能从《民法典》第172条关于表见代理之规定中找到。

被代理人在空白证书上签章,也制造了证书滥用风险。如前所述,空白证书补全虽非严格意义上的代理,但与代理十分接近,所以应类推适用代理规则,包括无权代理规则与表见代理规则。证书滥用风险包括两种,一是获得授权的证书持有人违反约定或者指示滥用证书补全权;二是未获授权的人擅自补全空白证书,与相对人实施法律行为。第一种情形通过类推无疑具有构成表见代理的可能性,有疑问的是第二种情形。比较法上,德国法主流观点认为未获授权的人擅自补全空白证书对证书出具人不发生效力,因为其并非有意识地将权利表象事实构成投入交易领域①。此种观点是否妥当,值得推敲。如果甲授权乙补全空白证书,则甲通过向乙交付空白证书已经将其投入交易领域,其中蕴含了空白证书被乙之外的第三人擅自使用的风险,甲对此一概不承担不利后果并无充分理由。即便甲签署空白证书后未交付给任何人,仍然由此产生了空白证书被他人获得并滥用的风险。尽管提前签署空白证书可能给甲带来某种便利,但终究并非十分必要,不能不顾及空白证书流失后给他人造成的误导风险。此类风险并非一概不可归责于证书出具人。如果空白证书是代理权证书,代理人违反约定或者指示补全证书虽不能导致其代理权范围扩张(因为其作为代理权授予行为的相对人并非善意),但其向法律行为相对人出示补全后的代理权证书却导致后者对补全内容所描述的代理权范围产生信赖,应依表见代理规则保护此种信赖。已签署的空白代理权证书被未经授权的第三人获得并将自己记载为代理权人的,与该第三人实施法律行为的相对人也可能对所记载的代理权产生信赖,表见代理也应

---

① Claus-Wilhelm Canaris, Die Vertrauenshaftung im deutschen Privatrecht, 1971, S. 62; Werner Flume, Allgemeiner Teil des bürgerlichen Rechts, Bd. 2: Das Rechtsgeschäft, 4. Aufl., 1992, S. 253.

有适用余地。《九民纪要》第 41 条在规定盖章行为的效力时虽未明确提及盖章的空白合同书问题,但最高人民法院在编写的释义书中指出:"空白合同持有人确实具有代理权,或足以使交易相对人相信其有代理权的,在空白合同上添加的合同条款效力及于公司。"①这表明,最高人民法院的司法观点并未否定由未获授权的人补全空白合同书构成表见代理的可能性。

其二,被代理人与相对人相比,谁更容易控制产生代理权表象之风险。

依据这条基准,如果代理权表象由被代理人作出的有瑕疵的授权意思表示或者授权通知引发,则应由被代理人承受风险,因为只有他才有机会控制这种风险,预防瑕疵的产生。授权意思表示或者授权通知没有瑕疵但代理权消灭后被代理人未及时通知相对人或者未及时收回代理权凭证造成代理权表象的,也应由被代理人承受风险,成立表见代理,②因为采取此类措施对于被代理人而言通常比较容易。

因为被代理人所有的公章、营业执照、身份证等凭据被他人盗用或不当使用,从而引发代理权表象的,应否由被代理人承担风险,民法学界存在争议。在德国,对于盗用代理权证书订立合同,联邦最高法院认为不构成表见代理。③ 我国台湾地区有判例认为盗用他人印章实

---

① 参见最高人民法院民事审判第二庭编著:《〈全国法院民商事审判工作会议纪要〉理解与适用》,人民法院出版社 2019 年版,第 291 页。

② 在中十冶集团有限公司、夏某某建设工程施工合同纠纷案,最高人民法院民事判决书(2019)最高法民再 199 号中,最高人民法院认为,中十冶成都分公司以书面协议解除《通江县 S302 线县城过境公路建设项目工程施工内部承包协议书》,却放任袁某某持有中十冶成都分公司中十冶成分司发(2013)3 号文件、中十冶成分司发(2014)1 号文件,使袁某某具有代理中十冶成都分公司的授权表象,其有过错……夏某某属于善意第三方。综上,袁某某以中十冶成都分公司名义与夏某某签订《S302 线通江县城过境公路大房沟隧道工程劳务分包初步协议》以及向夏某某收取履约保证金 800 万元的行为,构成表见代理。本案最高人民法院虽然依据过错原则认定构成表见代理,但若依据风险原则,也可以得出相同结论。

③ Vgl. Larenz/Wolf, Allgemeiner Teil des bürgerlichen Rechts, 9. Aufl. ,2004, S. 895.

施法律行为有适用表见代理之余地。① 我国《经济合同法解释》(已废止)第 2 条第 3 款曾规定,盗用单位公章、介绍信、盖有公章的空白合同书等凭证签订合同,不成立表见代理,单位不必承担民事责任。按照最高人民法院《关于在审理经济纠纷案件中涉及经济犯罪嫌疑若干问题的规定》(法释〔1998〕7 号;法释〔2020〕17 号修正)(以下简称《经济纠纷涉嫌经济犯罪解释》)第 5 条的规定,盗用单位公章、介绍信及其他可以证明代理权的凭证以及私刻公章等情形构成犯罪的,一般由行为人承担民事责任;单位有明显过错时,对于所造成的经济损失应承担赔偿责任。② 该责任究竟是属于违约损害赔偿责任,还是属于侵权损害赔偿责任或合同无效后的缔约过失责任,《经济纠纷涉嫌经济犯罪解释》规定得不够明确。如果是第一种责任,那就意味着行为人订立的合同对单位有效,即构成表见代理;如果是第二种责任,那就意味着不构成表见代理。从适用该司法解释的判例看,法院倾向于按照第二种责任处理。③ 上述司法解释对于盗用公章签订合同的处理欠妥。单位的公章被盗用,其固然属于受害者,但对盗用者之代理权产生正当信赖的相对人是无辜的,相较之下,被盗用者更容易控制公章被盗用之风险,因为公章毕竟掌握在其手中,理应由其承受公章被盗

---

① 参见王泽鉴:《债法原理》(第 2 版),北京大学出版社 2013 年版,第 304 页。

② 在武汉市商业银行民主路支行与中国经济开发信托投资公司武汉证券业务部等确认担保效力纠纷案,最高人民法院民事判决书(1999)民终字第 52 号中,法院认为,依据职务关系而管理公章的人员私盖公章,不属于盗盖公章,如果相对人为善意,则会构成表见代理。

③ 参见招商银行股份有限公司佛山分行、中国工商银行股份有限公司应城支行财产损害赔偿纠纷案,最高人民法院民事裁定书(2018)最高法民再 313 号;中国建设银行福州市鼓楼支行与福建省华托经济贸易中心借款合同纠纷案,福建省高级人民法院民事判决书(2000)闽经终字第 114 号;中国光大银行与河南证券有限责任公司侵权赔偿纠纷案,河南省高级人民法院民事判决书(2002)豫法民二终字第 071、072、073、074 号。在这些判例中,法院并未依表见代理的原理认定合同有效,而是认定合同无效,单位对于相对人的损失承担的是法人侵权损害赔偿责任。

用的不利后果①。就私刻单位公章而言,如果公章使用人是从该单位获取公章或者公章印模并照此私刻公章,那么应当认定由该单位承受私刻公章之风险;②反之,如果公章使用人依据自身经验"凭空"私刻公章并且利用该公章制作授权书或者签订合同,则不应认定由该单位承受私刻公章之风险,因为该单位根本无法控制此种风险。同样的道理,如果无权代理人以高仿真的手段伪造了被代理人的身份证,并利用该身份证和其他凭证、材料实施代理行为,也不应该由被代理人承受风险。《经济纠纷涉嫌经济犯罪解释》第 5 条适用的前提是盗用公章等行为已经被认定为构成犯罪,不具备该前提的,应依民法一般原理与规则认定系争法律行为的归属与效力。

最高人民法院的某些判例在代理人私刻、伪造单位公章的情况下并未排除其行为构成表见代理的可能性。例如,在(2015)民申字第 1902 号民事裁定中,最高人民法院认为,即使鲍某某私刻、伪造公章属实,鲍某某签订、履行混凝土买卖合同的行为不是职务行为,在新都公司没有提出反证的情况下,也难以否定二审法院关于鲍某某的行为构成对新都公司的表见代理的认定。在(2019)最高法民申 288 号民事裁定中,最高人民法院认为,虽然周某某存在私刻桔洲公司公章的行为,但无证据证明正泰公司对此知情。即使周某某当时已不再具有相应的代理权,鉴于当时桔洲公司尚未向正泰公司明确告知撤销周某某在桔洲公司所任的总经理兼涉案项目经理职务,且周某某作为桔洲公

---

① 在合同书上盖章的人若为单位职工且所盖印章为单位的真实公章,单位未能证明该职工系盗用印章的,不构成盗用公章,应认定为经授权盖章。参见中建六局土木工程有限公司、中建六局土木工程有限公司宜昌分公司买卖合同纠纷案,最高人民法院民事裁定书(2019)最高法民申 817 号。

② 应当注意的是,如果私刻公章的行为人是单位的法定代表人或者是享有概括代理权的单位其他负责人,而且系争合同本就属于其代表权或者代理权范围之内,则其在合同书上加盖私刻的公章并不构成无权代表或者无权代理。参见最高人民法院《九民纪要》第 41 条;三一重工股份有限公司、三一清洁能源装备制造有限公司合同纠纷案,最高人民法院民事裁定书(2019)最高法民申 6906 号。

司代表自工程施工以来一直与正泰公司开展业务往来,正泰公司有理由相信周某某有权代表桔洲公司从事上述行为,故应认定该行为对桔洲公司发生法律效力。在(2015)民申字第 1620 号民事裁定中,最高人民法院也表现出类似立场。在(2018)最高法民终 509 号民事判决中,最高人民法院明确指出,分公司负责人私刻公章对外订立借款合同构成表见代理①。

总之,在判定是否构成表见代理时,不能仅依代理人持有公章或者加盖公章的空白合同书之事实即认定相对人具有值得保护的信赖,此类事实仅为代理权的部分表象,但也不能仅以公章系盗用、私刻、伪造为由一概排除表见代理。② 毋宁说,通常需结合公章使用与个案中的其他事实综合判断是否存在足以产生合理信赖的代理权表象以及该表象应否归责于被代理人。其他事实包括代理人持有其他凭证、代理人与被代理人之间的职务关系、此前持续的行为方式、代理行为实施的场所是否属于被代理人所有的经营场所③等。

---

① 参见韦某、晟元集团有限公司借款合同纠纷案,最高人民法院民事判决书(2018)最高法民终 509 号。

② 有学说认为,应当比照动产善意取得的风险规则确定被代理人的风险范围。动产善意取得中,无权处分人对物的占有可能构成处分权外观,权利人的可归责性以无权处分人是否基于权利人的意思而占有物作为标准。同理,如果行为人对授权书、公章、空白合同书、房产证、身份证等代理权外观证明是基于被代理人的意思而占有的,依据风险归责原则,此时行为人无权代理的风险应属于被代理人的风险领域。反之,行为人并非基于被代理人的意思而占有代理权外观证明的,例如代理权外观证明被伪造、盗窃或遗失,则无权代理行为通常不属于被代理人的风险领域(朱虎:《表见代理中的被代理人可归责性》,载《法学研究》2017 年第 2 期)。此种观点注意到表见代理与动产善意取得的评价统一问题,在方法论上值得肯定。当然,在动产善意取得制度中,脱手物可否适用善意取得,法价值上并非毫无疑问,而且究竟如何解释我国《民法典》第 312 条,亦存在争议。因此,以动产善意取得规则作为表见代理的评价基准,是否妥当,值得推敲。

③ 在肇庆市高要区振雄纺织有限公司、中山市颖欣化工有限公司买卖合同纠纷案,广东省高级人民法院民事裁定书(2018)粤民申 7936 号中,被代理人将经营场所出租给代理人,代理人私刻被代理人印章在该经营场所以被代理人名义与相对人订立买卖合同,相对人将货物送至该经营场所,法院认定构成表见代理。

其三,由哪一方承担风险更符合公平原则。

如果被代理人的雇员利用其特殊身份或者所掌握的某些凭证实施无权代理行为,产生代理权表象,应当由被代理人承担风险,[1]因为其长期以来从雇佣关系中获得利益,按照利益与风险相一致原则,由其承担风险更为公平。即便雇员的本职工作并非掌管代理权凭证,其擅自使用代理权凭证产生的风险也应由被代理人承担。被代理人作为组织体,理应为组织体成员的此类行为承担组织风险。

当然,在上述各种情形中,都需要考察相对人是否确实对代理权表象产生信赖并且对此不存在过失,才能判定是否成立表见代理。在个案中,对于表见代理的三个特别构成要件,应该首先考察第一个要件(代理权表象)和第三个要件(相对人善意),只有具备这两个要件时,才需要进一步考察是否具备第二个要件,即代理权表象是否由被代理人风险范围内的因素导致。一旦认定不存在充足的代理权表象(既包括根本不存在表象也包括仅存在部分表象),或者虽然存在代理权表象但相对人未产生信赖或者存在过失,即可否定表见代理的构成,无须审查代理权表象是否处于被代理人风险范围之内。

(三)相对人方面的要件

如前所述,表见代理的第三个要件是相对人对代理权表象产生信赖且不存在过失,即相对人是善意的。该要件的认定涉及如下具体问题。

---

① 参见中国石油天然气股份有限公司、贵州慧腾环球建设工程有限公司建设工程施工合同纠纷案,最高人民法院民事裁书(2018)最高法民申3773号。最高人民法院在裁定书中认为,栾某某在担任中石油绥化物流中心副经理期间,实施了伪造上级公司授权其全权负责油库项目建设的授权委托书、施工效果图及会议纪要等证明建设项目真实存在的相关文件材料,在其办公室签订案涉合同并加盖单位真实公章等不法行为……结合栾某某的职务身份、签订合同的特殊地点、任职公司真实的项目建设报批文件和单位公章等案件事实,足以使民事合同相对人贵州慧腾公司相信栾某某有权代表中石油绥化物流中心对外签约。原审据此认定,贵州慧腾公司与中石油绥化物流中心成立民事合同关系,具有事实依据。

1. 相对人"善意"的具体含义

相对人的善意首先指的是相对人对代理权表象产生信赖,以为代理人享有代理权,这一点没什么疑问。有疑问的是,相对人的善意是否还要求其不具备重过失(grobe Fahrlässigkeit)抑或轻过失。[①] 自罗马法以来,民法上的过失就被划分为重过失与轻过失。罗马法中的重过失是指行为人没有尽到一般人都具有的最起码的注意,只要其稍加注意,损害就不会发生。轻过失被细分为抽象轻过失与具体轻过失。抽象轻过失,是指行为人没有尽到"良家父"的注意,即具有一定知识、经验而且诚实、谨慎的人应有的注意。具体轻过失,是指行为人没有尽到与处理自己事务相同的注意,过失的认定标准是具体的,需要考虑到行为人的个人情况。[②] 在德国民法学说与判例中,重过失被定义为以非常严重的方式违反法律交往中必要的注意义务,忽视了在特定情形中对任何人都是显而易见的因素。比如,在床上吸烟,在有大雾的情况下超车。[③] 轻过失是指《德国民法典》第 276 条第 2 款规定的"疏于尽交往中必要的注意",相当于罗马法上的抽象轻过失,采用客观的判定标准,即一个品行端正、勤谨的交往参与者应有的注意。[④]

在德国民法中,动产善意取得中的善意指的是受让人不知让与人无处分权且没有重过失。我国《民法典》第 311 条对于善意取得仅规定受让人是善意的,未明确指出"善意"的确切含义。最高人民法院《关于适用〈中华人民共和国民法典〉物权编的解释(一)》(以下简称《民法典物权编司法解释(一)》)第 14 条第 1 款规定:"受让人受让不动产或者动产时,不知道转让人无处分权,且无重大过失的,应当认定

---

① 在我国民法中,"重过失"被称为"重大过失",如《民法典》第 897 条。

② 参见周枏:《罗马法原论》,商务印书馆 1994 年版,第 697—698 页。

③ Medicus/Lorenz, Schuldrecht I: Allgemeiner Teil, 18. Aufl., Verlag C. H. Beck, München,2008,S. 174 – 175.

④ Harm Peter Westermann in: Erman Kommentar BGB,15. Aufl.,2017,§ 276 Rn. 10 – 15.

受让人为善意。"此项解释是妥当的。那么,表见代理构成要件中的相对人善意是否也应该作同样的解释,即"相对人不知代理人无代理权且没有重过失"?笔者认为,不应作同样解释。尽管表见代理与善意取得都旨在保护第三人(就表见代理而言即代理行为的相对人)的信赖,但保护的力度应该有所区别。就善意取得而言,不动产登记与动产占有具备很强的公信力,一般情况下依据登记或占有足以断定处分人对标的物享有处分权,不会有太多的疑点。只要受让人没有对显而易见的疑点视而不见,即没有重过失,其就是善意的、值得保护的。与此不同,在无权代理情形中,作为法律行为实施者的代理人与作为法律行为名义载体的被代理人不是同一个人,在法律行为的实施与法律行为的效果归属之间多出了一个环节,即代理权。多一个环节就意味着多一分"节外生枝"的风险,这是任何相对人都知道的情况,这种情况本身就足以引起相对人的警觉,在实施法律行为时谨慎地审查代理人是否具备代理权。如果审查得不够仔细,遗漏了一个勤谨、理性的人本来可以发现并予以核实的疑点,其就不是善意的,此时,其过错程度是轻过失而不是重过失。

总之,由于无权代理情形中的权利表象通常弱于无权处分情形中的权利表象,所以第三人(相对人)的信赖需要更强的主观因素(即无过失)予以正当化。这决定了善意取得应该以受让人不具备重过失为主观要件,而表见代理应该以相对人不具备轻过失为主观要件。应该注意的是,最高人民法院《审理民商事合同案件指导意见》第 13 条规定表见代理的成立以相对人善意且无过失为要件,显然将"无过失"置于"善意"概念的外延之外,这种"善意"概念来源于日本民法,《日本民法典》第 192 条以受让人善意且无过失作为善意取得的构成要件。不过,我国民法上固有的"善意"概念却并非如此,《民法典》第 311 条(《物权法》(已废止)第 106 条)善意取得中的"善意"显然包含了"无过失"这一要素,《民法典》第 225 条、第 335 条、第 341 条、第 374 条、

第 403 条之"未经登记，不得对抗善意第三人"中的"善意"也是如此，都属于广义的"善意"概念。《民法典物权编司法解释（一）》第 14 条以及最高人民法院《关于适用〈中华人民共和国民法典〉有关担保制度的解释》（以下简称《民法典担保制度司法解释》）第 7 条第 1 款中的"善意"显然也包含了"无过失"要素。既然我国民法上固有的"善意"概念是广义的，那么，表见代理构成要件中的"善意"就不应使用日本式的狭义的"善意"概念，同一个民法体系中的概念应当保持同一性。

2. 相对人"善意"判定的时间标准

关于相对人"善意"判定的时间标准，民法学上有两种观点。第一种观点认为，相对人一直到无权代理之法律行为实施完毕（成立）时都必须是善意的，就合同而言，即承诺到达要约人之时。[①] 理由是：在法律行为实施完毕之前，相对人不应该对法律行为的效力产生信赖。[②] 第二种观点认为，不要求相对人一直到无权代理之法律行为实施完毕时都是善意的。需要考察的是在代理人作出或者受领意思表示时，相对人是否善意，在此后成就法律行为的其他要件时相对人变成恶意并不影响代理人行为的效果归属。[③] 具体言之，如果代理人向相对人作出意思表示，在该意思表示到达相对人之前或到达之时，相对人是善意的，则该意思表示对被代理人有约束力；反之，如果在该意思表示到达相对人之前或同时，相对人变成恶意的，那就相当于他已经接到一项撤回意思表示之通知，该意思表示对被代理人不生效力。也就是说，代理人向相对人作出意思表示的，相对人是否善意以意思表示到达的时间为判定标准。如果相对人向代理人作出意思表示，相对人必

---

① Bamberger/Roth/Valentin，§173 Rn. 6 – 7；Brigitte Frensch，in：PWW Kommentar BGB，§173 Rn. 4.

② Larenz/Wolf，Allgemeiner Teil des bürgerlichen Rechts，9. Aufl.，2004，S. 892.

③ Karl Heinz Schramm，in：Münchener Kommentar BGB，5. Aufl.，2006，§173 Rn. 4；Maier-Reimer，in：Erman Kommentar BGB，15. Aufl.，2017，§173 Rn. 7.

须一直到该意思表示到达代理人之时都是善意的,因为只有基于相对人的善意,代理人才能被视为具备意思表示受领权。如果该意思表示是合同的承诺,相对人在收到要约后发出承诺之前变成恶意的,该承诺不能对被代理人发生效力,除非相对人直接将承诺送达被代理人。①在德国民法学上,第一种观点是主流学说。

从文义上看,我国《民法典》第 172 条规定的"代理行为有效"中的"代理行为"既可以解释为合同行为的整体,也可以解释为要约行为与承诺行为。如果采用第二种解释,那么上述第二种观点也有适用之余地,因为要约行为或承诺行为是否构成表见代理在理论上是可以仅以该行为实施时相对人是否善意为准予以判定的,当然,这样处理是否妥当还有待于探讨。也就是说,在解释论层面上探讨上述两种观点的取舍对于我国民法是有必要的。

究竟以意思表示到达的时间还是以法律行为成立的时间为准判定相对人是否善意,这个问题仅对双方法律行为(即合同)有意义,因为对于有相对人的单方法律行为而言,意思表示到达的时间就是法律行为成立的时间,二者并无区别。就合同而言,"意思表示到达的时间"可以分为四种情形:一是代理人向相对人发出要约,该要约到达时相对人是否善意;二是代理人向相对人作出承诺,该承诺到达时相对人是否善意;三是相对人向代理人发出要约,该要约到达时相对人是否善意;四是相对人向代理人作出承诺,在承诺到达时相对人是否善意。在第二、四种情形中,承诺到达之时即为合同成立之时,因此,上述两种时间标准是重合的,究竟采用何种标准并无实质差别。在第三种情形中,判定相对人发出的要约是否构成表见代理没有意义,因为表见代理意味着把某种通常是不利的法律地位强加给被代理人,而相对人发出的要约对被代理人而言却是一种有利的法律地位,如果该要

---

① Karl Heinz Schramm, in:Münchener Kommentar BGB,5. Aufl. ,2006, § 173 Rn. 6.

约对被代理人发生效力,被代理人将取得一项承诺资格,即依其承诺使合同成立的资格。如果因为相对人在其要约到达时的善意使得该要约构成表见代理,那就等于说表见代理给被代理人造就了一种有利的法律地位,反之,给相对人造就了一种不利的法律地位(受要约的拘束)。这显然与表见代理的本旨背道而驰。因此,在决定相对人的善意究竟应该采用何种时间标准时,只需要考察上述第一种情形。

在上述第一种情形中,如果以合同成立的时间为准判定相对人是否善意,则相对人在合同成立之前或之时(即相对人的承诺到达之时)知道或应当知道代理人欠缺代理权的,不成立表见代理,合同不能对被代理人发生效力。如果以意思表示到达的时间为判定标准,相对人在承诺到达之前或之时变成恶意的,仍然可能成立合同的表见代理。这种可能性究竟有多大,取决于是否承认要约具备形式拘束力。所谓要约的形式拘束力,是指要约一经生效,要约人即受到要约的拘束,不得撤销或变更要约,亦称为要约的不可撤销性。与之不同的是要约的实质拘束力,它是指要约具有一经承诺即成立一份合同的效力。在英美法以及法国民法上,要约原则上不具有形式拘束力,联合国《国际货物销售合同公约》(CISG)亦持类似立场。德国民法与瑞士民法则承认要约具有形式拘束力。按照《德国民法典》第 145 条的规定,除非要约人已经表示排除要约的拘束力,否则要约到达受要约人之后,不能被撤销①。据此,代理人发出的要约到达相对人时,相对人如果是善意的,则该要约行为构成表见代理(前提是符合表见代理的其他要件),归属于被代理人,对被代理人产生形式拘束力与实质拘束力。被代理人原则上不得撤销该要约,他必须等待相对人的承诺。一旦相对人在

---

① 在德国民法上,要约到达之前与要约到达之后,要约人使要约丧失效力的行为都被称为 Widerruf,直译为"撤回",前者规定于《德国民法典》第 130 条第 1 款,与我国《民法典》第 475 条规定的要约撤回是同一个概念,后者与《德国民法典》第 145 条相关,相当于我国《民法典》第 476 条规定的要约撤销。为避免概念上的混淆,宜将第一种情形中的 Widerruf 译为"撤回",将第二种情形中的 Widerruf 译为"撤销"。

指定的期间或合理的期间内作出承诺,自承诺到达被代理人时合同成立并对被代理人发生效力。如果相对人是向无权代理人发出承诺,在承诺到达无权代理人之前或之时相对人变成恶意的,该承诺对被代理人不生效力,因为其到达无权代理人不等于到达被代理人,不能与归属于被代理人的要约达成合意。不过,恶意的相对人只要知道这条规则,必定会绕过无权代理人,直接把承诺送达给有受领资格的被代理人。

显然,如果以意思表示到达的时间作为相对人善意的判定标准,同时又承认要约具有形式拘束力,那么在相对人于承诺到达之前或之时变成恶意的情形中,合同因表见代理而成立的可能性很大。这对于被代理人而言似乎不太公平,被代理人即便早已知悉无权代理之事实也无能为力:既不能撤销要约,因为要约具有形式拘束力;也无法通过将相对人变成恶意者使其丧失承诺资格,因为要约具有实质拘束力,只能乖乖地等待承诺的到来,也就是灾难的降临。已经由善意转变为恶意的相对人得到过多的优待。那么,被代理人与相对人之间的利益格局能不能通过否定要约的形式拘束力而恢复平衡?我国《民法典》第 476 条就规定要约原则上是可撤销的。据此,如果以意思表示到达的时间作为相对人善意的判定标准,无权代理人发出的要约到达之后相对人才变成恶意的,该要约可以依表见代理规则归属于被代理人,被代理人原则上可以撤销要约,一经撤销,相对人即不能再予以承诺,合同不能因表见代理而成立。不过,如果被代理人因为不知道无权代理之事实而未撤销要约,收到要约之后已变成恶意的相对人仍然可以直接向被代理人作出承诺,使合同对被代理人发生效力。此外,在无权代理人于要约中确定了承诺期限或以其他方式明示要约不可撤销的情况下,被代理人即便知道无权代理之事实也不能撤销要约,最终还得承受表见代理之苦果。由此可见,即便原则上不承认要约的形式拘束力,以意思表示到达的时间作为相对人善意的判定标准仍然给被代理人造成不利后果,相对人仍然处于比较有利的地位。需要考量的是相对人获得此种有利地位是否有充分的正当基础。

由于无权代理违背了被代理人的本意,所以这种正当基础不可能存在于意思自治原则之中,只能存在于信赖保护原则之中。易言之,需要考察相对人是否对无权代理人发出的要约产生值得以赋予其上述有利地位的方式进行保护的信赖。对此,可以区分三种情形:其一,无权代理人向相对人发出要约,该要约并未确定承诺期限或以其他形式明示要约不可撤销,此前双方并无较长时间的磋商谈判,相对人在收到要约时虽为善意,但很快变成恶意的。此种情形中,相对人显然并无值得保护的信赖,在这么短的时间里,其通常并无信赖投入(Vertrauensinvestition)①。其二,无权代理人与相对人已经进行较长时间的磋商谈判,双方认为已经谈得差不多了,无权代理人遂正式地向相对人发出要约。该要约虽未确定承诺期限或以其他形式明示要约不可撤销,但相对人通常会对其产生信赖。在他看来,双方成交只是板上钉钉的事情,所以在收到要约的前后可能已着手为履约作准备,并且可能已经放弃其他订约机会,存在信赖投入,需要保护。其三,无权代理发出的要约确定了承诺期限或以其他形式明示要约不可撤销,此时,相对人将会对于该要约在指定期限内或合理期限内的不可撤销性产生信赖,他相信只要在该期限届满前自己作出承诺即可成立合同,据此,他可能已经为履行作准备,也可能放弃其他订约机会。

以上分析表明,在某些情形中,相对人对于无权代理人发出的要约存在值得保护的信赖。对于这种信赖有两种可供选择的保护方式。一是积极信赖保护,即承认对要约产生信赖的相对人具备承诺资格,该资格不因其后来变成恶意者而丧失。即便其已经变成恶意者,仍然

---

① 在信赖保护理论中,纯粹的内心信赖是不值得保护的,只有当它成为信赖人行为之基础时才受保护,也就是说,信赖人必须采取某种措施将其信赖客观化,此种措施即信赖投入。Vgl. Claus-Wilhelm Canaris,Die Vertrauenshaftung im deutschen Privatrecht,1971,S. 491f.

有权向被代理人作出承诺并使合同对被代理人发生效力,从而获得履行利益。二是消极信赖保护,即不承认在收到要约后变成恶意者的相对人具备承诺资格,其无权向被代理人作出承诺并使合同对被代理人发生效力,但对于其在变成恶意者之前的信赖投入,无权代理人或有过错的被代理人必须承担损害赔偿责任,即缔约过失责任。相较之下,采用消极信赖保护更为妥当。因为相对人在作出承诺之前的信赖投入一般仅限于消极的信赖利益,即如果没有产生信赖就不会遭受的损失,包括支出的缔约费用、准备履约之费用、丧失的其他订约机会等,对此,只要依缔约过失责任予以赔偿就够了。如果允许在收到无权代理人发出的要约后已经变成恶意的相对人向被代理人作出有效的承诺,将会使恶意的相对人获得其本不应该获得的利益,即超出其信赖投入的履行利益,这个结果在法价值上无法被充分正当化。

综上,以意思表示到达的时间作为表见代理构成要件中相对人善意的判定标准导致被代理人与相对人之间利益失衡。我国《民法典》第 476 条原则上否定要约的形式拘束力只能在一定程度上缓和该利益失衡状态,在这个方向上不能走得更远。要约的形式拘束力不能被彻底否定,因为在某些情形中(比如我国《民法典》第 476 条但书规定的情形)要约确实应该具备形式拘束力,其对于受要约人(尤其是直接与要约人或者与要约人的有权代理人进行交易的受要约人)的保护具有积极意义,不能专门为了保护无权代理情形中的被代理人而彻底否定要约的形式拘束力。既然无法通过彻底否定要约的形式拘束力使被代理人有机会以撤销要约的方式阻止已经变成恶意的相对人向其作出有效的承诺,那就只能将相对人善意之判定的时点推迟,即无权代理人向相对人发出要约的,相对人必须一直到承诺到达代理人或被代理人之时都是善意的,合同才能依表见代理规则对被代理人发生效力。易言之,关于表见代理构成要件中的相对人善意之判定,应当以法律行为成立的时间为准,而不是以意思表示到达的时间为准。

### 3. 相对人"善意"的证明责任

按照最高人民法院《审理民商事合同案件指导意见》第 13 条的规定,相对人主张构成表见代理的,不但须就代理权表象的存在承担证明责任,还必须就自己的善意承担证明责任。这种证明责任的分配是否妥当,值得商榷。从比较法上看,大陆法系民法上的表见代理通常要求被代理人就相对人的恶意承担证明责任,德国①、日本②、我国台湾地区③莫不如此。

从证明责任的基本原理看,现代法中处于通说地位的是德国法学家罗森贝克的规范说。按照该学说,主张某种权利的人需要就权利产生事实或者说权利形成规范中的要件承担证明责任,对方当事人需要就权利妨碍事实或权利消灭事实承担证明责任。④ 就动产善意取得而论,受让人取得所有权的权利产生事实是无权处分人占有动产并基于物权合意将动产交付给受让人,权利妨碍事实是受让人在取得占有时是恶意(非善意)的。就代理权表象责任(即我们所谓的表见代理)而论,相对人对于被代理人的请求权的权利产生事实是存在代理权表象而且该表象的产生可归责于被代理人,权利妨碍事实是相对人在实施代理行为时是恶意的。据此,动产善意取得中受让人的恶意应该由动产所有权人承担证明责任,表见代理中相对人的恶意应该由被代理人承担证明责任。⑤ 罗森贝克的上述观点是以《德国民法典》相关条款的结构为基础的。该法典第 932 条第 1 款第 1 句规定:"即使物不属

---

① Karl Heinz Schramm, in: Münchener Kommentar BGB, 5. Aufl. , 2006, §173 Rn. 11; Maier-Reimer, in: Erman Kommentar BGB, 15. Aufl. , 2017, §173 Rn. 10.

② 参见〔日〕山本敬三:《民法讲义 I: 总则》(第 3 版),解亘译,北京大学出版社 2012 年版,第 326 页。

③ 参见王泽鉴:《债法原理》(第 2 版),北京大学出版社 2013 年版,第 306 页;黄茂荣:《民法总则》(增订版),1982 年台北自版,第 1062 页。

④ 参见〔德〕莱奥·罗森贝克:《证明责任论》,庄敬华译,中国法制出版社 2002 年版,第 95—107 页。

⑤ 同上书,第 127—132 页。

于让与人，取得人也因依照第 929 条所为的让与而成为所有人，但取得人在依照该条的规定本来会取得所有权时非为善意的除外。"第 173 条规定："第三人在法律行为实施时知道或应当知道代理权的消灭的，不适用第 170 条、第 171 条第 2 款、第 172 条第 2 款的规定。"这些条款中的"除外""不适用……规定"表明相关事实属于例外情况，即作为权利产生事实之例外的权利妨碍事实。基于这样的立法表述，罗森贝克可以理直气壮地将第三人的恶意定性为权利妨碍事实。

不过，我国民法中关于善意取得与表见代理的条款却欠缺这样的表述。《民法典》第 311 条将受让人的善意规定为其主张善意取得的条件，《民法典》第 172 条亦将相对人的善意（隐含于"相对人有理由相信"这一表述之中）规定为其主张表见代理的条件。如果严格地以立法表述为准，"善意"应该定性为权利发生事实而不是权利妨碍事实，按照规范说，其证明责任应由受让人或相对人承担。这个结论令人难以接受，它表明罗森贝克的规范说并非完美无缺的，该学说过分依赖于法律条款的表述方式。事实上，即便在《德国民法典》使用比较严谨的立法表述的情况下，某些事实究竟属于权利发生事实还是权利妨碍事实仍然存在很大的争议，这也是罗森贝克的论敌攻击其规范说的一个重要理由[①]。从某种意义上说，权利妨碍事实是权利发生的消极要件，比如，被罗森贝克视为权利妨碍事实的相对人恶意从另一侧面上看就是相对人取得权利的消极要件：相对人只有在非恶意（即善意）的情况下才能取得权利。此时，究竟应该将其作为权利发生事实由相对人承担证明责任还是将其作为权利妨碍事实由被代理人（或无权处分中的所有权人）承担证明责任，仅凭规范说难以给出合理的解释，需要借助于其他标准来合理地分配证明责任。待证事实证明的难易性可以作为规范说的辅助性标准。据此，当待证事实究竟属于权利

---

① 关于规范说面临的挑战，参见〔德〕普维庭：《现代证明责任问题》，吴越译，法律出版社 2006 年版，第 321—324 页。

发生事实抑或权利妨碍事实有疑问时,应该考虑该事实究竟由原告证明更为容易还是由被告证明更为容易,以决定证明责任的分配。

就表见代理构成要件中的相对人"善意"或"恶意"而论,由被代理人予以证明更为容易。相对人只需要证明存在代理权之表象,一方面满足了表见代理的客观要件,另一方面也表明其当时客观上"有理由相信"代理人享有代理权,暂时推定其当时处于善意状态。被代理人为了否定该善意状态,必须提出证据证明相对人实施法律行为时知道或者应当知道代理人欠缺权或者超越代理权之范围。主要是证明当时存在一些疑点,据此,一个处于相对人位置的理性人通常会对代理权之存在或其范围产生怀疑从而有义务去调查核实。如果相对人在这种情况下未予以调查核实,即属于有过失,不能认定为善意,因为法律保护的是正当的信赖而不是轻信。由相对人举证证明当时不存在疑点,难度很大,因为可能构成疑点的因素是无数的,他需要逐个地举证加以排除。即便相对人证明了不存在部分疑点,被代理人还会主张可能存在其他疑点,相对人还需要不断地举证排除这些疑点,最终必然败诉,因为总有一些可能的疑点是无法由相对人举证加以排除的。从结果上看,对于相对人而言显然不公平,无异于完全否定表见代理成立的可能性。

实际上,在近年来的司法实践中,法院并未完全贯彻《审理民商事合同案件指导意见》第 13 条确立的证明责任分配规则。有些裁判文书将相对人善意与否的证明责任分配给被代理人,在被代理人未能证明相对人知道或者应当知道代理人欠缺代理权的情况下,认定构成表见代理①。按照《民法典担保制度司法解释》第 7 条第 3 款的规定,在法定代表人越权担保情形中,相对人有证据证明已对公司决议进行了

---

① 参见肇庆市高要区振雄纺织有限公司、中山市颖欣化工有限公司买卖合同纠纷案,广东省高级人民法院民事裁定书(2018)粤民申 7936 号;天津浩众汽车贸易服务有限公司、祝某某买卖合同纠纷案,天津市高级人民法院民事裁定书(2018)津民申 3067 号。

合理审查,人民法院应当认定其构成善意,但是公司有证据证明相对人知道或者应当知道决议系伪造、变造的除外。此项司法解释规定表明,表见代表构成要件中的"相对人善意"并非由相对人承担证明责任,毋宁由作为被代表人的公司负责证明相对人并非善意。相对人证明已对公司决议进行合理审查实际上系证明在订立担保合同时存在代表权表象,即公司股东会或者董事会对系争担保合同作出的表面上符合要求的决议。一旦相对人完成代表权表象的证明,即推定其为善意。此项司法解释虽然是关于表见代表中的"善意"的证明责任规则,但也可以适用于表见代理的证明责任分配。

### 三、关于容忍代理

(一)容忍代理、默示授权与表见代理的关系

容忍代理(Duldungsvollmacht),是指被代理人放任他人作为其代理人出现,相对人依据诚实信用可以而且事实上已经认为该他人被授予代理权,在法律上应当将该他人视为享有代理权。① 从比较法上看,无论是《德国民法典》②还是我国台湾地区"民法"③都将容忍代理视为表见代理(广义,即代理权表象责任)的一种。与其他类型的表见代理相比,容忍代理固然有其特殊的表现形式,但其归根结底也是对因代理权表象而引发的信赖予以保护,所以在本质上仍然属于表见代理。

《民法通则》(已废止)第66条第1款第3句曾规定:"本人知道他人以本人名义实施民事行为而不作否认表示的,视为同意。"20世纪90年代之后,对于该句规定的性质,我国民法学界逐渐形成五种观

---

① Christoph Hirsch,Der Allgemeine Teil des BGB,6. Aufl. ,2009,S. 318.

② Vgl. Karl Heinz Schramm, in: Münchener Kommentar BGB, 5. Aufl. , 2006, § 167 Rn. 50;Larenz/Wolf,Allgemeiner Teil des bürgerlichen Rechts,9. Aufl. ,2004,S. 894.

③ 我国台湾地区"民法"第169条第1句的后半句明确规定了容忍代理,将其定性为一种表见代理,其构成要件除了被代理人的主观要件之外,与其他情形中的表见代理相同。

点。第一种观点认为,该项规定属于表见代理的一种。[①] 第二种观点认为,该项规定不属于表见代理,而是与表见代理有所区别的容忍代理。[②] 第三种观点认为,该项规定属于无权代理完成之后,被代理人的默示追认,并认为该项规定已被《合同法》(已废止)第 48 条第 2 款取代。[③] 第四种观点认为,该项规定属于默示授权,理由是:容忍代理在性质上属于一种表见代理,在《合同法》(已废止)第 49 条已经对表见代理作专门规定的情况下,不宜再将《民法通则》(已废止)第 66 条第 1 款第 3 句之规定解释为容忍代理,否则法院在依据该项规定作出裁判时可能不为其补充构成要件,而是直接以被代理人对代理行为的容忍为由认定发生代理的效果,导致裁判结论欠缺妥当性。反之,将容忍代理纳入《合同法》(已废止)第 49 条,在表见代理的构成要件框架内判定是否构成容忍代理,更为稳妥。《民法通则》(已废止)第 66 条第 1 款第 3 句应该解释为默示授权,知情的被代理人对代理行为都没有表示反对,从中可推断出其具有授予代理权之意思。[④] 第五种观点认为,该项规定在文义上存在两种解释可能性,即容忍代理与拟制追认。[⑤]

《民法典》第 171 条在规定无权代理时并未将《民法通则》(已废止)第 66 条第 1 款第 3 句纳入其中,对于"本人知道他人以本人名义

---

① 参见佟柔:《中国民法学:民法总则》,中国人民公安大学出版社 1990 年版,第 297 页;郭明瑞主编:《民法》(第 2 版),高等教育出版社 2007 年版,第 140 页;张俊浩主编:《民法学原理》,中国政法大学出版社 2000 年版,第 276 页;龙卫球:《民法总论》(第 2 版),中国法制出版社 2002 年版,第 589 页;马俊驹、余延满:《民法原论》,法律出版社 1998 年版,第 307 页;孔祥俊:《表见代理的适用》,载《法学研究》1991 年第 1 期。

② 参见李永军:《民法总论》,法律出版社 2006 年版,第 706—707 页;李建华等:《民法总论》,科学出版社 2007 年版,第 202 页。

③ 参见梁慧星:《民法总论》(第 2 版),法律出版社 2001 年版,第 257 页;王利明:《民法总则研究》,中国人民大学出版社 2003 年版,第 691 页。

④ 参见杨代雄:《容忍代理抑或默示授权——〈民法通则〉第 66 条第 1 款第 3 句解析》,载《政治与法律》2012 年第 2 期。

⑤ 参见张家勇:《两种类型,一种构造?〈民法通则〉第 66 条第 1 款第 3 句的解释》,载《中外法学》2012 年第 2 期。

实施民事法律行为而不作否认表示"未作专门规定。如果仅仅将《民法通则》(已废止)第 66 条第 1 款第 3 句理解为容忍代理,那么不将其纳入《民法典》无可厚非,这样的规定纯属多余,①实践中对于容忍代理完全可以纳入《民法典》第 172 条关于表见代理的规范框架内予以裁断,②将容忍代理视为表见代理的一种类型③。然而,"本人知道他人以本人名义实施民事法律行为而不作否认表示"还可能构成默示授权,包括默示外部授权与默示内部授权。

默示外部授权与容忍代理的区别在于:默示外部授权往往要求被代理人有某种积极的行为,如对代理人与第三人此前订立的合同予以履行,而容忍代理只要求被代理人存在单纯的容忍,即不作为。④ 按照迪特尔·梅迪库斯的见解,默示外部授权相关行为的内涵是"正在授予代理权",而容忍代理之容忍行为的内涵是"已经授予了代理权,因此代理权是存在的",它更接近于内部代理权的外部告知,而不是外部代理权的授予行为,所以,容忍代理有别于默示外部授权。⑤ 拉伦茨、希尔施等人在论述容忍代理的法律依据时也认为,容忍代理类似于内部授权的外部通告,被代理人的容忍可以视为向第三人通告代理人已

---

① 参见谢鸿飞:《代理部分立法的基本理念和重要制度》,载《华东政法大学学报》2016 年第 5 期。

② 《合同法》(已废止)实施后,法院对于很多"被代理人知道无权代理而不作反对表示"的案件,依据《合同法》(已废止)第 49 条关于表见代理的规定判决由被代理人承受无权代理行为之效果,而不是依据《民法通则》(已废止)第 66 条第 1 款第 3 句之规定。参见信阳市平桥区申平砌块与中国建筑第七工程局第五建筑公司信阳广电中心综合楼项目经理部、中国建筑第七工程局第五建筑公司工程款纠纷案,河南省高级人民法院判决书(2008)豫民再字第 00107 号;何某、孙某等人财产损害赔偿纠纷案,海南省海南中级人民法院判决书(2002)海南民二终字第 262 号。

③ 体现此种立场的判例,参见海南陵水宝玉有限公司与李某某股权转让纠纷案,最高人民法院民事判决书(2019)最高法民终 424 号。

④ Karl Heinz Schramm, in: Münchener Kommentar BGB, 5. Aufl., 2006, § 167 Rn. 38 ff.

⑤ 参见〔德〕迪特尔·梅迪库斯:《德国民法总论》,邵建东译,法律出版社 2000 年版,第 709—710 页。

经被授予代理权。① 总体上看,默示外部授权与容忍代理的差别很小,在解释法律时几乎可以忽略不计。因此,在《民法典》未专门规定默示授权的情况下,将默示外部授权之案型视为容忍代理纳入《民法典》第172条未尝不可。不过,对于默示内部授权则不能如此处理。

默示内部授权与容忍代理存在两点区别:其一,默示内部授权要求代理人对被代理人可推断之授权意思表示产生信赖,而容忍代理没有这项要求,即便代理人知道被代理人并无授权之意,只要符合其他要件,也成立容忍代理。其二,默示内部授权不要求第三人对代理权之存在产生信赖,而容忍代理则有此要求。区别如此明显,在适用法律时自然不能等同处理。从代理人视角看,可否将被代理人"不作否认表示"解释为默示授权?单纯的"不作否认表示"仅仅是沉默。《民法典》第140条第2款规定:"沉默只有在有法律规定、当事人约定或者符合当事人之间的交易习惯时,才可以视为意思表示。"②据此,仅当被代理人此前多次以沉默的方式授予代理权从而在其与代理人之间形成交易习惯的情况下,才能再次将其"不作否认表示"视为默示内部授权。否则,仅当被代理人除了"不作否认表示"之外还有其他积极举动的情况下,才可以考虑认定为默示内部授权。

(二)容忍代理的构成

容忍代理在本质上是一种表见代理,所以需要符合表见代理的构成要件。当然,在某些构成要件上,容忍代理有特殊的表现形态。比如,"存在代理权表象"这个要件表现为:被代理人知道他人正在实施无权代理行为而不表示反对。也就是说,被代理人单纯的不作为即构成代理权表象。至于是否要求无权代理行为具有长期性与反复性,在

---

① 参见〔德〕卡尔·拉伦茨:《德国民法通论》,王晓晔、邵建东等译,法律出版社2003年版,第892页;Christoph Hirsch, Der Allgemeine Teil des BGB, 6. Aufl., 2009, S. 321。

② 关于此种规定之缺陷,详见杨代雄:《意思表示理论中的沉默与拟制》,载《比较法研究》2016年第6期。

学理上存在一定的争议。施拉姆在《慕尼黑民法典评注》中通过对相关判例的整理认为,在符合以下条件时,产生容忍代理权:(1)某人虽无代理权,但长期、反复地以代理人的身份出现;(2)被代理人知道这种情况但未加过问,尽管他本来能够过问;(3)相对人在实施系争法律行为时知道代理人长期以来的行为以及被代理人的容忍,如果相对人依据诚实信用原则并兼顾交易习惯可以将被代理人的容忍态度理解为代理人具备了代理权,而且相对人事实上已经作了这样的理解。①不过,有些学者认为,容忍代理权的成立不要求代理人长期、反复地以代理人的身份行事,有的时候代理人仅仅在某一次交易中以代理人的身份行事也能成立容忍代理权。②

在容忍代理情形中,代理权表象的成立不应以无权代理行为的长期性与反复性为必要,充其量只能将其作为判定相对人是否有过失的参考因素(而不是必备因素)。只要被代理人在无权代理人实施系争代理行为时容忍了该行为,即可认定为存在代理权表象。如果被代理人在此前多次容忍代理人的行为,而且相对人知道这种情况,那么据此即可以判定相对人无过失。否则,还需要考察其他情事以判定相对人是否存在过失,从而认定是否构成表见代理。

就容忍代理而论,只要认定存在代理权表象,即可同时认定该表象由被代理人风险范围内的因素导致,因为该表象之成立要求被代理人明知他人正在实施无权代理行为而不表示反对,被代理人当时只要表示反对即可阻止代理权表象之产生,这对其而言是轻而易举的,易言之,代理权表象是否产生完全由被代理人控制,当然应该由其自担风险。

---

① Karl Heinz Schramm, in:Münchener Kommentar BGB,5. Aufl. ,2006, § 167 Rn. 47.
② Reinhard Bork, Allgemeiner Teil des Bürgerlichen Gesetzbuchs,4. Aufl. ,2016,S. 607.

### 四、表见代理的法律效果

(一)概要

构成表见代理的,代理人实施的法律行为归属于被代理人,等同于被代理人自己实施法律行为。该法律行为不存在无效事由且未被撤销的,对被代理人发生效力,由被代理人享有权利、承担义务。该法律行为存在无效事由或者因欺诈、重大误解等事由被撤销的,对被代理人不发生效力,被代理人不享有法律行为上的权利,不承担法律行为上的义务,但可能需要承担法律行为无效或者被撤销时的返还义务与损害赔偿责任①。从这个意义上说,表见代理规则是法律行为归属规则,不是法律行为效果(效力)归属规则。因为符合表见代理构成要件的法律行为未必能够发生效果(效力);不发生效果,就不需要效果归属,但需要行为归属,并据此决定责任的承担。

表见代理效果与无权代理人责任的关系,已如前述,此处不再重复。

(二)表见代理的效果可否撤销?

学理上有争议的是,在因被代理人的某种明示或默示的表示行为或其他行为造成授权表象,依积极信赖保护原则认定构成表见代理后,被代理人可否主张其行为构成意思瑕疵,从而撤销该行为,借此消除表见代理的效果。对此,存在三种学说:可撤销说、不可撤销说与折中说。

20 世纪初期,就已经产生可撤销说与不可撤销说这两种对立的学说。可撤销说的早期代表是胡普卡(Hupka)、科勒(Kohler)、科萨克

---

① 参见中十冶集团有限公司、夏某某建设工程施工合同纠纷案,最高人民法院民事判决书(2019)最高法民再 199 号。在该案中,《隧道工程劳务分包初步协议》因违反法律强制性规定而无效,但构成表见代理,法院判令被代理人中十冶集团有限公司向相对人夏某某承担保证金本息返还义务。

(Cosack)、冯·图尔(von Tuhr)等人。① 该说最初成为通说,但很快就遭到韦斯帕赫强有力的批判。韦斯帕赫认为,在《德国民法典》第 172 条中,代理权证书作为一项既存的授权关系的外部构成事实,是信赖保护的基础。在容忍代理情形中,也有一项在交易上可据以推断出授权关系的外部构成事实,以及如同对于代理权证书之信赖那样值得保护的信赖。两种情形中的外部构成事实都不是意思表示,所以不能通过撤销予以消除。如果允许被代理人作出撤销的表示,那么授权连同与第三人缔结的法律行为就会全部无效,第三人只能向被代理人主张消极利益损害赔偿。这显然将开启一扇串通与狡辩的大门。② 韦斯帕赫的不可撤销说得到越来越多学者的赞同,至 20 世纪中后期,成为通说③。

不过,近年来又有很多学者主张可撤销说。④ 主要理由是:如果一项真正的外部授权是可撤销的,那么表象代理权也是可撤销的。表象代理权在法律效果上与一项被有效授予的代理权等同。只要外部授权适用关于意思瑕疵的规定(比如《德国民法典》第 116 条以下诸条),则内部授权的外部通知以及代理权证书的出具也适用这些规定。⑤ 当然,瑕疵应该存在于通知本身,关于所通知的代理权是否存在或是否有效之认识错误,仅仅是无关紧要的动机错误。如果授权通知

---

① Claus-Wilhelm Canaris, Die Vertrauenshaftung im deutschen Privatrecht, 1971, S. 37.

② Moriz Wellspacher, Das Vertrauen auf äußere Tatbestände im bürgerlichen Rechte, 1906, S. 98 - 100.

③ Enneccerus/Nipperdey, Allgemeiner Teil des Bürgerlichen Rechts, 15. Aufl., 1960, S. 1133.

④ Reinhard Bork, Allgemeiner Teil des Bürgerlichen Gesetzbuchs, 4. Aufl., 2016, S. 609 - 610; Hans-Martin Pawlowski, Allgemeiner Teil des BGB, 5. Aufl., 1998, S. 332 - 333; Jürgen Ellenberger, in: Palandt Kommentar BGB, 79. Aufl., 2020, § 171 Rn. 1, § 172 Rn. 8, 16; Heinz Hübner, Allgemeiner Teil des Bürgerlichen Gesetzbuches, 1984, S. 497; 〔德〕迪特尔·梅迪库斯:《德国民法总论》,邵建东译,法律出版社 2000 年版,第717—719 页。

⑤ 我国学者王浩博士也主张借鉴德国、日本相关民法学说,将意思表示瑕疵规则类推适用于我国民法上的表见代理。参见王浩:《表见代理中的本人可归责性问题研究》,载《华东政法大学学报》2014 年第 3 期。

不可撤销,就会发生评价上的矛盾:纯粹代理权表象的信赖者比依法律行为取得代理权情形中的相对人获得更优的待遇。某人在外部授权时说错话或写错字,本来想授予 Y 代理权,但却说成授予 X 代理权,他无疑可以依据民法上关于表示错误的规则撤销授权意思表示。对于仅仅就一项已经发生的授权而发出宣示性的通知,如果也存在同样的错误但却作不同处理,则违背相同事实相同处理的正义原则。①

　　部分学者提出折中说。其中有些学者区分两种情形:一是容忍代理与假象代理(Anscheinsvollmacht)情形中的代理权表象责任;二是依《德国民法典》第 171—173 条发生的代理权表象责任。就前者而论,被代理人不得以意思瑕疵为由撤销表象代理权。就后者而论,被代理人可以以意思瑕疵为由撤销授权通知或者出具代理权证书之行为。②卡纳里斯、拉伦茨等人则考虑到授权是否涉及众多第三人。拉伦茨区分了两种情形:一是被代理人以个别通知(也包括出具授权书)的方式将授权事实告知特定第三人,如果通知存在错误,允许被代理人撤销;二是被代理人以公告的方式将授权事实告知不特定第三人,为充分保护交易安全,如果公告存在错误,就不允许被代理人撤销。③卡纳里斯则未将不可撤销之情形限定于以公告方式通知授权事实,只要代理权旨在与不特定的众多第三人缔结法律行为,授权通知(也包括出具授权书)就不可撤销。④

　　当然,迄今仍有不少学者主张,任何情形中被代理人都不得通过

---

　　①　Karl Heinz Schramm, in: Münchener Kommentar BGB, 5. Aufl., 2006, §167 Rn. 53, §171 Rn. 8.

　　②　Eberhard Schilken, in: Staudinger Kommentar BGB, 2014, §167 Rn. 45, §171 Rn 9.

　　③　参见〔德〕卡尔·拉伦茨:《德国民法通论》,王晓晔、邵建东等译,法律出版社 2003 年版,第 889 页。

　　④　Claus-Wilhelm Canaris, Die Vertrauenshaftung im deutschen Privatrecht, 1971, S. 37.

行使撤销权摆脱代理权表象责任。①

不可撤销说的通说地位之所以被动摇,主要是因为其论据欠缺足够的说服力。其主要论据是:代理权表象的制造并非法律行为,所以不适用关于意思瑕疵的规定。就容忍代理与假象代理而言,该论据成立。但如果代理权表象是因被代理人发出授权通知或者出具授权书造成的,则该论据站不住脚。授权通知在性质上属于观念通知,即被代理人将其对于已经发生的授权事实的观念传达给第三人。出具授权书在被代理人与代理人之间要么是授权行为本身,要么是对已经作出的口头授权的确认。在外部关系上,授权书则是代理权的凭证,被代理人借此向第三人证明代理人已经被授予代理权。当代理人向第三人出示授权书时,实际上相当于向第三人送达一项关于代理权已经被授予的通知,在法律上应该与授权通知等同处理。授权通知虽然不是法律行为,但属于准法律行为,通常可以准用关于意思表示的法律规定,包括关于意思瑕疵的规定。如果被代理人发出授权通知时外在表示与内在观念不一致,似乎就没有理由不允许其撤销授权通知。可撤销说抓住这一点,对不可撤销说提出批判。

不可撤销说的另一个软肋是,其一方面认为授权通知不适用意思瑕疵之规定,另一方面又认为授权通知适用民法上关于行为能力之规定。这就等于说,一方面不把授权通知与法律行为等同处理,另一方面又把它与法律行为等同处理,存在自相矛盾之处,难以自圆其说。

可撤销说不但在批判性方面引人注目,其自身的核心论据看起来也难以辩驳。为确保评价上的无矛盾性,似乎只能得出"代理权表象

---

① Jauernig/Jauernig, §167 Rn. 7 – 9, §173 Rn 7;Dieter Leipold,BGB I:Einführung und Allgemeiner Teil,6. Aufl. ,2010,S. 371;Brox/Walker, Allgemeiner Teil des BGB,44. Aufl. ,2020, S. 263( §25 Rn. 40). 该书作者认为,在容忍代理与假象代理情形中,被代理人不享有撤销权,在代理权已经执行的情形中,被代理人不得以授权意思表示存在意思瑕疵为由撤销授权意思表示。据此可以推断,在已经实施代理行为的情况下,被代理人也不得以授权通知存在错误为由撤销授权通知,因为授权通知的撤销本来就是准用关于意思表示瑕疵之规定。

责任可以通过行使撤销权而被消除"的结论。依通说,授权表示可以因表示错误而被撤销,无论是外部授权还是内部授权。与此相应,存在表示错误的授权通知也应该可撤销。否则,收到授权表示的第三人的待遇还不如仅收到授权通知的第三人,或者说意思表示的效力弱于观念通知的效力。如果授权通知可撤销,那么在容忍代理中,作为"准授权通知"①的"容忍"也应该可撤销。否则,收到真正授权通知的第三人的待遇还不如仅收到"准授权通知"的第三人,或者说,真正授权通知的效力弱于"准授权通知"。

为破解上述论据链条,有学者干脆认为,代理行为已经实施的,不允许撤销授权表示。这样,有利于保护第三人的信赖以及代理人的利益。前者自不待言。就后者而论,如果授权表示因错误而被撤销,代理行为就变成无权代理,代理人必须向第三人承担损害赔偿责任。这对于无辜的代理人来说是不公平的。②仅从结果上看,这种观点具有合理性。但其终究是不完美的,因为其无法圆满地回答如下问题:同样都是意思表示,为何在买卖合同、租赁合同等情形中,即使合同已经履行,买受人、承租人也可以因表示错误撤销意思表示,而在代理权授予行为中,被代理人却被剥夺了撤销权?依民法一般原理,撤销权的行使不取决于相关法律行为是否已经实施。没有特别重大的理由,不应背离该原理。

看起来,我们似乎陷入了两难境地:一方面,民法一般原理要求允许被代理人以表示错误为由撤销授权表示,为了确保评价上的无矛盾

---

① 拉伦茨、希尔施、梅迪库斯等人在论述容忍代理的法律依据时认为,容忍代理类似于内部授权的外部通告,被代理人的容忍可以视为向第三人通告代理人已经被授予代理权。Vgl. Larenz/Wolf, Allgemeiner Teil des bürgerlichen Rechts, 9. Aufl., 2004, S. 894; Christoph Hirsch, Der Allgemeine Teil des BGB, 6. Aufl., 2009, S. 321; 〔德〕迪特尔·梅迪库斯:《德国民法总论》,邵建东译,法律出版社 2000 年版,第 709—710 页。

② Brox/Walker, Allgemeiner Teil des BGB, 44. Aufl., 2020, S. 262(§25 Rn. 39); Jens Petersen, Die Anfechtung der ausgeübten Innenvollmacht, AcP(201), S. 375ff, 仅有限地承认了授权表示的可撤销性。

性,也允许以同样的理由撤销授权通知;另一方面,撤销权的行使在结果上导致代理行为变成无权代理,如果仅赋予第三人消极信赖利益赔偿请求权,则表见代理(代理权表象责任)制度名存实亡,不符合现代法强化信赖保护的理念。两全其美的方案是:承认授权表示及授权通知(也包括出具授权书)可以因意思瑕疵而被撤销,但对于撤销的后果应该予以重新诠释。

授权表示包括内部授权表示和外部授权表示。被代理人撤销内部授权表示,如果当时代理行为尚未实施,应该同时撤回授权通知。否则,代理权虽因撤销而消灭,但授权通知产生代理权表象并引发第三人信赖,将会构成表象责任。如果当时代理行为已经实施,则授权通知不能撤回。被代理人撤销外部授权表示,应该向第三人作出撤销表示,因为授权意思表示是向第三人作出的,第三人是该表示的相对人。如果当时代理行为尚未实施,则撤销后代理权彻底丧失效力。如果当时代理行为已经实施,则撤销尽管也导致代理权消灭,但不影响代理行为实施时的代理权表象,那是不可磨灭的客观存在,第三人当时的信赖同样不容否定。其原理如同出卖人在标的物已经交付或办理移转登记之后撤销所有权让与行为,虽然导致买受人的所有权(包含处分权)"得而复失",但不影响善意第三人依善意取得制度取得标的物所有权,因为第三人取得标的物时存在买受人的处分权表象。曾经发生的代理权与曾经移转的处分权一样,都具备涉他性,都可能引发曾经的权利人与第三人之间的某种法律关系,该法律关系不能仅仅因为授权人或者出卖人的撤销表示而归于消灭。

授权通知的撤销也是如此。如果被代理人因授权通知本身存在表示错误(不是误以为授权有效而发出授权通知情形中的动机错误!),则准用关于意思表示错误的规定,被代理人可以撤销该通知。比如,甲授权乙向丙购买 100 吨大豆,但甲向丙发出授权通知时弄错了,称已经授权乙向丙购买 1000 吨大豆。授权通知的客观意义(内容)与通知行为人当时的内在观念不一致,构成表示错误。在乙与丙已经订立 1000 吨大豆买卖合同的情况下,尽管甲可以以表示错误为由撤销授权通知,使其丧失法律效力,但订立买卖合同时确实存在一项授权通知,哪怕无效的通知也是一个事实。代理权表象恰恰基于该事实本身而发生,不是基于其法律效力而发生。为保护第三人对该表象的信赖,仍应该成立代理权表象责任,即表见代理。如果被代理人是因为第三人(代理行为的相对人)的欺诈或胁迫而发出授权通知,被代理人当然可以以意思瑕疵为由撤销该通知,而且由于第三人不存在善意信赖,所以不构成表见代理。如果被代理人是因为代理人的欺诈而发出授权通知,则依民法上的"第三人欺诈"规则,当代理行为的相对人为恶意时,授权通知可以撤销,且不成立表见代理,因为不符合"相对人为善意的"这一要件;但当相对人为善意时,授权通知不可撤销,成立表见代理。如果被代理人是因为代理人的胁迫而发出授权通知,则依民法上的"第三人胁迫"规则,授权通知可撤销。不过,如果代理权已经行使,且当时代理行为的相对人具有善意的信赖,则通常应成立表见代理。

显然,在代理行为已经实施的情况下,无论撤销授权表示还是撤销授权通知,对善意第三人都无意义,不影响代理权表象责任的成立。关于容忍代理,即便认为"容忍"是准授权通知,对这种"准准法律行为"的撤销也不应影响代理权表象责任的成立。关于假象代理(Anscheinsvollmacht),由于代理权表象并非基于任何明示或默示的表示行为而发生,所以不可能准用意思瑕疵之规定。

可能对本书观点构成挑战的是如下质疑:在出卖人以错误为由撤销意思表示的情形中,买受人也曾对出卖人的表示产生信赖,其信赖为何不受积极保护,而授权表示或授权通知被撤销时,该代理行为相对人的信赖为何受积极保护?两种情形区别对待的主要原因在于:合同的生效需要两项有效的意思表示达成一致。就买卖合同而言,出卖人撤销意思表示导致该意思表示丧失效力,买受人尽管可能存在信赖,但其信赖不能使被撤销的出卖人的意思表示"死而复生",重新发生效力,一项无效的意思表示与一项有效的意思表示不能构成一份有效的合同。就代理而言,授权表示或授权通知被撤销后,不需要基于第三人的信赖使授权表示或授权通知"死而复生",重新发生效力。只要承认事实上曾经存在该表示或通知即可,该表示或通知造成了代理权表象,依信赖保护原则,善意第三人与代理人缔结的合同借助于表象代理权可以归属于被代理人。该合同本身因代理人的意思表示与第三人的意思表示达成一致而成立。被代理人撤销的是授权表示或授权通知,不是代理人的意思表示。要而言之,并非在法律上对代理行为的相对人予以特别关照,才使其享受到比买卖合同当事人更强有力的信赖保护,毋宁是因为法律关系构造上的差别,导致两种情形中信赖方的处境不同。区别不在于价值层面,而在于逻辑层面。

总之,在传统理论中,无论是可撤销说还是不可撤销说都不完美。可撤销说指责不可撤销说自相矛盾,但其实可撤销说本身也面临自相矛盾:其认为,内部授权的外部通知可因意思瑕疵而撤销,从而使被代理人免受代理行为的拘束。容忍代理权与假象代理权也可撤销。外部授权被内部撤回时,如果没有及时通知第三人,依《德国民法典》第170条,第三人可以信赖代理权未消灭,代理行为对被代理人发生效力。对此,可撤销说却不认为被代理人可以通过行使撤销权消除因未及时通知而造成的代理权表象,违背了类似情况相同处理的原则:外部授权一方面是意思表示,表达了授权给某人之意愿;另一方面,在其生效后,也是一项信息,表明授权行为的存在。当被代理人向代理人作出撤回授权的表示时,外部授权作为意思表示丧失效力,代理权消灭,但其作为信息依然存在,该信息就像授权通知那样,造成了代理权表象,使第三人产生信赖。如果授权通知可撤销,那么授权表示丧失效力后残余的信息也应该可撤销。但却没有任何人主张其可撤销。

传统可撤销说最大的缺陷是混淆了事实性与规范性,没有区分作为社会事实的授权表示或通知与具备法律效力的授权表示或通知,以为授权表示或通知一旦被撤销,就等于从来没有存在过,所以代理权表象无从发生。实际上,撤销仅仅否定授权表示或通知的法律效力,但其作为一项社会事实并未被消除,仍然可以作为第三人信赖的基础。从这个意义上说,在代理行为已经实施的情况下(学理上发生争议的恰恰是这种情况),授权表示或通知的撤销并无多少实益。主张其可撤销或者不可撤销在结果上不应该有本质区别。可撤销说与不可撤销说的对立可以被淡化甚至被消解。

## 第七节　无权代表与表见代表

### 一、代表行为与代理行为的关系

代表行为与代理行为之关系是私法学上的一个重大理论问题,该问题涉及法人本质论。关于法人本质,主要存在法人拟制说与法人实在说之对立。法人拟制说与法人实在说的根本区别在于是否承认法人具有行为能力(Handlungsfähigkeit)[①]。从这个意义上说,两种学说的争论可以表述为是否承认法人具有行为能力以及是否愿意基于法人的行为能力一以贯之地解释法人权利义务关系。按照法人拟制说的创立者萨维尼的观点,行为是以具备思维和意志的存在体即自然人为前提的,作为拟制主体的法人并不是这样的人。因此,关于法人,存在一个内在的矛盾:法人一方面被拟制为具备财产法上的权利能力,另一方面又不具备通过行为取得财产权的条件。在某些自然人身上,也存在这样的矛盾,比如未成年人、精神病人,他们具有广泛的权利能

———————

① 法人拟制说与法人实在说的其他区别,参见谢鸿飞:《论民法典法人性质的定位——法律历史社会学与法教义学分析》,载《中外法学》2015年第6期,第1520页。

力,但却不具有行为能力。这个矛盾需要借助于代理制度予以化解。

反之,法人实在说认为法人是具备一定组织结构的现实存在的独立主体,法人具备行为能力,可以通过法人的代表机关作出意思表示,代表机关的行为就是法人的行为。一如法人实在说的创立者之一基尔克所言,团体人(Verbandsperson)与个人一样,在本质上是真正的、完全的人,并非虚构的人。团体人具有行为能力,是活生生的实体,拥有意志且可以实施行为,无须由他人代理。当然,团体人只能通过由个人组成的机关实施行为。一如个人通过说话或者手势实施行为,团体人通过机关的行动(如股东会决议、董事会执行)得以直接体现。在此过程中发生的"代理"(Vertretung)并非一个人代理(Stellvertretung)另一个人,毋宁是整体通过部分表现出来,一如手、眼等器官对于人的"代理"(Vertretung)①。

法人拟制说与法人实在说是学理上法人关系的不同构造模式。构造模式的选择应当遵循如下原则:以体系瑕疵较少的构造模式为首选。"瑕疵较少"意味着规范群整体的评价更为融贯,逻辑更为严密。相较之下,法人拟制说的体系瑕疵较多,其所主张的"代理说"存在一些难以自圆其说之处。

首先,法人拟制说无法解释法人机关如何获得对法人的代理权。如果说法人机关对法人的代理是意定代理②,则需要法人将代理权授予法人机关,但法人却没有行为能力自己实施授权行为。即便认为法人机关对法人的代理是法定代理,也须以法人机关与法人之间的职务关系为基础推导出法定代理权。此项职务关系的产生离不开委任,③自然人只有被法人"委以重任",才能成为法人机关从而取得法定代

---

① Otto Gierke, Die Genossenschaftstheorie und die deutsche Rechtsprechung, Weidmannsche Buchhandlung, Berlin, 1887, S. 623.

② 参见殷秋实:《法定代表人的内涵界定与制度定位》,载《法学》2017 年第 2 期,第 27 页。

③ Günter Weick, in: Staudinger Kommentar BGB, 2005, Einleitung zu §§ 21 ff Rn. 52.

理权,而委任恰恰是一项法律行为。法人拟制说既然不承认法人具有行为能力,则法人在尚未有法定代理人的情况下,如何实施委任行为? 由此可见,法人拟制说本身包含一个悖论。通过将法人比作无行为能力的自然人并辅之以代理制度,无法完全解决法人的法律行为实施问题。无行为能力的自然人自出生时即身处亲属关系中,此种先天身份关系成为法定代理关系发生的基础,使无行为能力的自然人可以自动获得法定代理人。反之,法人机关与法人之间不存在此种先天身份关系,无从依法当然发生代理关系。尽管法人机关代表法人对外实施法律行为与代理人代表本人(被代理人)对外实施法律行为存在诸多共性,但在概念上,机关行为与代理行为仍然存在区别。

其次,法人拟制说无法解释法人如何终止自己。法人终止的方式主要包括法人解散与被宣告破产,解散的原因包括法人章程规定的存续期间届满或者章程规定的其他解散事由出现、法人被吊销营业执照、法人被责令关闭或者被撤销、法人权力机关决议解散等。存在疑问的是法人权力机关决议解散。决议解散在本质上是法人通过一项私法上的行为进行自我终止。按照法人拟制说,法人没有行为能力,只能通过代理人实施行为,但依代理的本质,代理人只能代理本人与第三人实施法律行为,不能代理本人终止本人的民事主体资格。因此,实证法上规定的法人权力机关决议解散不能被解释为法人权力机关以法定代理人的身份终止法人。

最后,法人拟制说无法圆满地解释法定代表人更换对法人主观状态的影响问题。例如,A 公司的法定代表人甲与 B 公司的代理人乙进行缔约磋商,在此过程中甲知道了 B 公司对乙的授权无效。此后,甲不再担任 A 公司的法定代表人,由丙继任,甲将业务移交给丙,丙在继续磋商后代表 A 公司与乙签订合同。关于乙欠缺代理权,丙不知情。在法人拟制说下,甲、丙仅为 A 公司的代理人。依代理法上的原则,法律行为当事人是否具有意思瑕疵以及对交易重要事实知悉与否,以代理人为准,由于在订立合同时 A 公司的代理人是丙,甲对于乙欠缺代理权的知悉不影响丙的主观状态,A 公司并非明知道乙系无权代理人。此种以代理法为基础的知情归属(Wissenszurechnung)难以正当化①。为何法人通过更换法定代表人可以使自己在同一项交易中由恶意相对人变为善意相对人?作为一个组织体,法人不应该因机关成员的变化而使自己前后判若两人。

法人拟制说面临上述困境的主要原因是:一方面承认法人具有权利能力;另一方面否认法人具有行为能力,权利能力与行为能力的非对称结构导致法人必须求助于外部力量才能参与私法活动,对外发生法律关系。在法人与第三人之间介入作为外部力量的法人机关,正所谓"节外生枝",需要予以解释与构造的不仅仅是法人与第三人之间的法律关系,还有法人与法人机关之间的法律关系以及法人机关与第三人之间的法律关系。私法上的问题,只要涉及三方关系,通常都十分复杂,教义学构造的难度较大。

法人拟制说在法人理论史上是一种不彻底的学说。从不承认团体具有权利能力到承认团体具有权利能力是私法史上迈出的重要一步,但若止步于此,则对于法人制度的发展显然不能提供足够的理论支撑。法人拟制说与法人实在说尚有一步之遥。若以自然人为参照,法人的权利能力确实只能算是拟制出来的。按照一般观念,真实存在的人当然仅限于有血有肉的自然人。团体终究是人为构造物,法律只是基于社会生活需要,比照自然人,将其视为法律上的人,赋予其主体资格。团体具备法律人格,本来就是法律拟制的结果。不过,既然可以拟制出法人的权利能力,为何不能更进一步,拟制出法人的思想意

---

① Karsten Schmidt,Gesellschaftsrecht,4. Aufl.,Carl Heymanns Verlag,2002,S. 286.

志以及以此为基础的行为能力?① 拟制应该彻底,自然人有什么法律属性,只要是法人参与社会生活所必需,法人也应该具有这些属性。从这个意义上说,法人拟制说如果更为彻底一些,在结果上就会走向法人实在说。或者说,法人实在说是加强版的法人拟制说。

我国《民法典》第 59 条规定法人具有民事行为能力,这是法人实在说在我国的实证法基础②。因法人有权利能力而无行为能力之内在矛盾带来的诸多教义学难题在法人实在说下迎刃而解。法人行为能力的载体是法人机关。机关是法人的组成部分,为法人实施法律上的各种行为。这些行为直接构成法人行为,无须借助于代理规则③。机关对于法律行为相关事实的认知构成法人的认知,无须借助于代理法上的知情归属规则。机关为法人承载意思与认知,使法人对外部事实具备辨识与选择的能力,法人因此具有过错能力,可以成为过错致害行为的主体,并为此承担责任。此项责任是法人为自己行为承担的责任,而非为他人行为承担的替代责任。

非法人组织在我国民法中也是民事主体,也具有民事权利能力与民事行为能力(《民法典》第 102 条)。按照《民法典》第 105 条之规定,非法人组织也可以确定一个或者数个代表人代表其从事民事活动。因此,代表规则既适用于法人,也适用于非法人组织,是团体法上的一般规则。

---

① 有学者倾向于法人拟制说,认为法人承担侵权责任完全是基于特定利益衡量的立法构造,与其意志的有无没有必然的关联,无须借助于法人实在说论证法人具有自己的意思和行为能力,仅须将法人机关的过错行为直接拟制为法人行为即可。参见蒋学跃:《法人侵权责任能力的理论预设与制度设计——以法人本质理论为线索》,载《现代法学》2007 年第 2 期,第 71 页。

② 参见王利明:《民法总则研究》(第 3 版),中国人民大学出版社 2018 年版,第 290 页。

③ 与此不同,有学者虽承认法人具有行为能力,但又认为法人的行为能力仅涉及法人的意思决定,即法人的权力机关可以在何种范围内为法人形成意思,不涉及法人的意思表达。法人的意思表达需要借助于代理规则,法定代表人是法人的代理人,与法人是各自独立的主体,二者的利益和意志存在差异。参见蔡立东:《论法人行为能力制度的更生》,载《中外法学》2014 年第 6 期,第 1553 页。

法定代表人作为法人或者非法人组织的代表机关,其以法人或者非法人组织名义实施的法律行为是代表行为,构成法人或者非法人组织自身的法律行为,并非法人或者非法人组织以外的人代理法人或者非法人组织实施的法律行为。代表行为与代理行为是两个不同的概念。《民法典》第 61 条对于法定代表人实施代表行为的法律后果承担做了专门规定;第 504 条对于无权代表与表见代表也做了专门规定,此类规定与第 162 条、第 170 条(职务代理)以及第 171 条、第 172 条并列,足以表明实证法对代表行为与代理行为采用区分模式。当然,代表行为与代理行为也存在某些类似之处:代表人的代表权与代理人的代理权都可能存在界限,所以二者都涉及越权行为的法律效果问题,处理此类问题的规则也存在某些共同要素。

**二、无权代表的法律效果**

(一)无权代表行为效力待定

无权代表有两种情形。其一,法定代表人以外的人无权代表,即某人未被有效委任为法定代表人或已被解除委任,但却以法定代表人身份代表法人订立合同。尽管《公司法》第 13 条规定公司法定代表人变更应当办理变更登记,《民法典》第 64 条也规定法人登记事项发生变化的应当申请变更登记,但这并不表明法定代表人的变更以登记为生效要件。《民法典》第 65 条中的"不得对抗善意相对人"表明包括法定代表人在内的法人应登记事项之登记仅具有对抗效力,登记的法定代表人未必是真实的法定代表人。譬如,公司章程规定董事长担任法定代表人,公司股东会选任董事长的决议无效或者被撤销,则被选任者即便已经被登记为法定代表人,其事实上却并非法定代表人①。

---

① 最高人民法院《关于适用〈中华人民共和国公司法〉若干问题的规定(四)》第 6 条之规定表明,只有善意相对人与基于无效或者被撤销决议担任法定代表人之人实施的法律行为才受到法律保护。

其二,法定代表人越权代表,即某人被有效委任为法定代表人且未被解任,但代表权受到限制,超出代表权范围订立合同。

《民法典》第504条仅规定在越权代表情形中相对人为善意时,代表行为有效,未明确规定相对人为恶意时代表行为的效力如何。从逻辑上看,依该条的规范结构,相对人为恶意时,代表行为并非有效。所谓"并非有效"存在两种可能性:一是无效;二是效力待定。相较之下,效力待定更符合法律目的。越权代表行为未必都对被代表人不利,如果被代表人事后认为代表行为有利可图,理应给予其通过追认使代表行为发生效力的机会,这也符合私法上的鼓励交易原则。因此,相对人为恶意时,越权代表行为的效力应当比照无权代理行为处理[①]。以公司为他人担保为例,如果被担保人知道或者因重大过失不知道公司法定代表人越权,则其可以催告公司在30日内作出是否追认的表示。关于追认的具体方式,如果系争担保行为的决议权属于股东(大)会,应由股东(大)会事后作出决议;如果系争担保行为的决议权属于董事会,应由董事会事后作出决议。不过,决议毕竟只是公司内部关系中的法律行为,而追认则是外部法律行为,所以,尚须由法定代表人依据该决议向被担保人表示追认。当然,法定代表人不需要有专门的追认言语,其将该决议向被担保人出示之行为亦可构成默示的追认表示。在被代表人不追认的情况下,越权代表行为对被代表人不发生效力。

法定代表人以外的人实施无权代表行为的,应当准用《民法典》第504条和第171条之规定。

(二)被代表人对于相对人的责任

1. 越权代表情形中的被代表人责任

如前所述,依法人实在说,法人具有行为能力,法人机关是法人行

---

① 参见朱广新:《法定代表人的越权代表行为》,载《中外法学》2012年第3期。

为能力的载体,也是法人过错能力的载体。因此,在越权代表情形中,代表行为即便因不构成表见代表且未获得法人追认而对法人不发生效力,法人也可能须为此向相对人承担责任。非法人组织的代表人越权代表的,亦然。为表述方便,以下重点阐述越权代表情形中作为被代表人的法人应否向相对人承担责任。

法人过错的承载者主要是法人的执行机关与代表机关,个别情况下也包括法人的权力机关①。代表机关的职权是对外代表法人实施法律行为,当然也包括为缔结法律行为而实施的沟通与磋商行为。执行机关则为法人实施其他行为,既包括内部管理行为,也包括实施具有外部效应的其他行为,如缔约准备、安排人员履行合同等。从机构设置与人员构成看,法人的代表机关与执行机关可能部分重叠,也可能完全重叠。第一种情形如在我国公司法中,公司设立董事会的,通常以董事长为公司法定代表人,即公司法人的独任代表机关,而董事会则为公司法人的执行机关。第二种情形如某些有限责任公司未设董事会,仅设置执行董事,该执行董事既为公司法人的代表机关,亦为执行机关。某些情况下,法人的代表机关与执行机关完全分离,比如,某公司以总经理为法定代表人,负责对外作出各种表示行为,以董事会为执行机关。无论如何设置,执行机关与代表机关皆为法人的行为机关。我国《民法典》第62条仅规定法定代表人因执行职务造成他人损害的,由法人承担民事责任,对于法人过错能力承载者的规定不够全面。

法人的行为机关在其权限范围内实施行为致人损害的,构成法人侵权行为或者其他违法行为,通常没有太大疑问。争议较大的是行为机关在其权限范围外实施行为致人损害是否构成法人侵权行为或者

---

① 冯·图尔持反对观点,认为社团法人的社员大会不可能存在过错,只有社员个人才可能存在过错。Vgl. Andreas von Tuhr, Der Allgemeine Teil des Deutschen Bürgerlichen Rechts, Bd. I, 1910, S. 539.

其他违法行为。乍看之下，容易产生如下认识：行为机关的权限划定了其可得实施的行为边界，只有边界内的行为才构成法人行为，由法人承担有利或者不利后果①。然而，此项认识未必恰切，机关权限与法人行为之间的关系远非如此简单。需要区分法律行为与违法行为。权限外法律行为原则上不属于法人行为，②不能在法人与相对人之间生效，除非构成表见代表。理由是：法律行为遵循私法自治原则，当事人通过自己的意思给自己创设特定法律效果，法定代表人是法人意思的代表机关，法人通过法定代表人的意思表示实现自治，为自己创设或者更改法律关系，代表权是沟通法人与法律效果的桥梁，代表权的范围划定了法人自治的边界。界限内，法定代表人作出的意思表示代表了法人的意思，属于法人意思表示，据此成立法律行为，意味着法人进行自治；界限外，法定代表人作出的意思表示不能代表法人的意思，不属于法人意思表示，不能据此在法人与相对人之间成立法律行为，否则等于把他人意思强加给法人，造成他治状态，违背自治原则。

与法律行为不同，权限外的侵权行为及其他违法行为之法律后果应否由法人承担，并非取决于私法自治，因为不涉及行为的意定效果，仅涉及行为的法定效果。因此，不能简单地依行为机关的权限范围划定法人违法行为的界限。在私法自治框架内，法人可以依其意愿决定哪些法律行为属于自己的法律行为，代表权范围体现了法人的此种意愿。反之，在私法自治框架外，法人不能依其意愿决定哪些违法行为属于自己的违法行为。即便法人有意通过划定行为机关的权限范围控制责任风险，在结果上也未必如其所愿。原因有二：一方面，法人是

---

① 参见高圣平、范佳慧：《公司法定代表人越权担保效力判断的解释基础——基于最高人民法院裁判分歧的分析和展开》，载《比较法研究》2019 年第 1 期，第 82 页。

② 有观点认为，法人代表机关实施的法律行为无论是否处于权限之内，皆为法人行为，由法人承担责任。参见邹海林：《公司代表越权担保的制度逻辑解析——以公司法第 16 条第 1 款为中心》，载《法学研究》2019 年第 5 期，第 73 页。

否仅在一定范围内承担责任,不仅涉及法人利益,还涉及受害人利益,当然不能仅由法人单方决定;另一方面,权限范围对行为机关之致害行为的控制效果比较有限。且不说权限范围可能模糊不清,即便不存在此种界定瑕疵,行为机关凭借对法人的高度掌控力实施越权致害行为,并非难事。一旦越权风险变成损害事实,则不能"一刀切"地使受害人独自承受损害结果。毋宁说,应该细致分析权限外违法行为的表现形态,考察其与行为机关之身份、地位及所掌握法人资源之关联性,据此决定该违法行为应否构成法人行为。《民法典》第62条第1款中的"因执行职务"不应解释为"在权限范围内"。此项立法表述旨在区分法定代表人为法人实施的行为与其为自己实施的行为,前者为法人行为,后者为个人行为。其重心在于强调损害与执行职务的关联性,不在于区分权限范围内与权限范围外。

实践中,法人行为机关权限外致害行为形态各异,其中最重要的一种致害行为是越权代表,尤为常见的是法定代表人超越权限以公司名义为他人债务提供担保。此类担保行为如果不构成表见代表,且未得到公司追认,则依《民法典》第504条对公司不发生效力。债权人固然可以依据《民法典》第171条第3款、第4款请求实施越权行为的法定代表人承担责任,但法定代表人作为自然人,未必有充足的财产可供承担责任。因此,债权人可否越过法定代表人请求公司承担损害赔偿责任,成为至关重要的问题。以往的司法实务中,法院经常依据《担保法解释》(已废止)第7条判令有过错的公司承担部分赔偿责任[1]。

---

① 代表性判例,参见通联资本管理有限公司与成都新方向科技发展有限公司等与公司有关的纠纷案,最高人民法院民事判决书(2017)最高法民再258号;安通控股股份有限公司、安康营业信托纠纷案,最高人民法院民事判决书(2019)最高法民终1524号;广发银行股份有限公司北京宣武门支行、大连大福控股股份有限公司金融借款合同纠纷案,最高人民法院民事裁定书(2017)最高法民申4786号以及北京市高级人民法院民事判决书(2016)京民终537号。值得注意的是,在这些判例中,法院通常并未明确指出公司过错体现在哪个公司机关的作为或者不作为之中,只是笼统指出公司存在过错。此种现象有待改进,离开法人机关,法人就无从存在,所以法人的行为与过错必须落实到法人机关头上,否则经不起推敲。

对此,学界褒贬不一①。最高人民法院《九民纪要》第 20 条规定越权担保合同对公司不发生效力的,公司应依《担保法》(已废止)及其司法解释关于担保无效之规定承担民事责任,除非债权人明知越权代表之事实。《民法典担保制度司法解释》第 7 条第 1 款第 2 项也规定法定代表人越权担保对公司不发生效力的,债权人有权依据该司法解释第 17 条请求公司承担赔偿责任。此项损害赔偿责任规则是否具有充分的法教义学基础,可否推广于越权担保之外的其他越权代表行为,不无疑问。

从过错形态看,法定代表人实施越权代表可能出于故意,也可能出于过失。过失者如法定代表人因疏忽未注意股东会的担保决议上附加了担保数额限制;或者误以为系争担保仅须经董事会决议而实际上必须经股东会决议;或者在公司为股东之债务提供担保的情形中,该股东参与了担保决议而法定代表人因疏忽对此未加纠正。在此类情形中,法定代表人作为公司法人过错的承载者,其过失构成公司法人的过失,没有太大问题。如果说此时法定代表人的过失不能认定为法人过失,则无异于彻底否定法人过失构成的可能性。争议较大的是法定代表人故意越权代表时,可否认定为法人过错。

首先可以肯定的是,不应仅依如下理由否定构成法人过错:法定代表人的故意是一种有意识的违法心态,体现了其个人意志,不能代表法人的意志,所以不构成法人故意。在实施违法行为时,法定代表人是否"有意识"对于法人过错的认定并无决定意义。如果法定代表人于权限范围内代表法人与相对人进行缔约磋商,在此过程中就标的物之品质或性能欺诈了相对人,则没有谁会否认法定代表人的欺诈之故意构成法人的欺诈之故意。此时,法人无疑需要为其法定代表人的

① 反对说,参见高圣平、范佳慧:《公司法定代表人越权担保效力判断的解释基础——基于最高人民法院裁判分歧的分析和展开》,载《比较法研究》2019 年第 1 期,第 84 页;石冠彬:《论公司越权担保的认定标准及法律效果》,载《法商研究》2020 年第 2 期,第 153 页。

故意欺诈向相对人承担缔约过失责任或者侵权责任。再如,作为 A 公司法定代表人的董事长甲决定超出 A 公司登记的经营范围制造一种侵害 B 公司专利权的产品,甲明知该产品侵权。如果仅因甲之故意而否定法人过错,导致 B 公司无权请求 A 公司承担侵权责任,显然不合理。在上述两种情形中,法定代表人究竟是故意还是过失侵害他人权益,并无本质区别。此外,法定代表人之故意究竟发生于其权限范围内抑或权限范围外,亦无本质区别。法人之所以需要为其法定代表人之故意承担责任,主要是因为故意致害行为与法定代表人的地位、职权具有密切关联性。就第一种情形而论,尽管法人在委任法定代表人时未必希望其为了法人实施欺诈行为,但既然将代表法人的权力赋予法定代表人,就给法定代表人不规范行使该权力制造了机会,而且,依社会一般观念,法定代表人因代表法人实施行为而欺诈他人并非十分罕见。因此,由法人为其法定代表人的欺诈行为承担责任,并无不妥之处。就第二种情形而论,即便认为公司法人的经营范围限制了董事长的职权①,但董事长凭借对公司经营活动的领导力超越经营范围决定并组织制造侵权产品,是一件比较容易的事情。将董事长的此类致害行为视为职务行为,无可置疑。

依据同样的原理,在法定代表人故意越权代表的情形中,法定代表人的故意也不应成为认定法人过错的障碍。工商登记及营业执照上对于法定代表人身份的记载、手中掌握的法人印章、对法人之人事和物资的支配力使得法定代表人有充分的机会故意超越代表权范围实施代表行为。故意越权代表显然与法定代表人的地位、权力具有密切关联性。从本质上看,故意越权代表也是一种欺诈,法定代表人故意捏造或者隐瞒事实,使相对人误以为其对系争法律行为享有代表权,最终因越权代表无效而遭受损害。如果说法定代表人在缔约过程

①  参见朱广新:《法定代表人的越权代表行为》,载《中外法学》2012 年第 3 期,第 502 页。

中就标的物品质或者其他交易因素欺诈相对人时法人应承担侵权责任或者缔约过失责任,那么法定代表人在缔约过程中就其代表权之有无欺诈相对人时,没有理由使法人免于侵权责任或者缔约过失责任。欺诈事项涉及代表权范围不能成为法人的挡箭牌,代表权之欠缺只能使法人获得一次保护,即免受法律行为约束,不应使其重复获得保护。

　　"越权代表情形中法人也是无辜的受害者",也不能成为法人免责的充分理由。一方面,法人的"无辜受害"仅仅意味着法人在其与法定代表人的内部关系中受法定代表人的不守规矩行为所害,此种损害应当通过法人追偿权在内部关系中予以救济,不应当以外部化的方式转嫁给相对人。另一方面,如果说在越权代表情形中法人是无辜受害者,那么在法定代表人于权限范围内实施欺诈等违法行为的情形中,也可以说法人是无辜受害者,因为此类违法行为也将给法人带来损失,比如交易失败、陷于损害赔偿责任,等等。难道在此类情形中法人也可以通过主张自己是"无辜的受害者"而免责?

　　从比较法看,在德国法上,关于法人应否为其行为机关的越权行为承担损害赔偿责任也存在争议。在审理涉及一个共同代表人伪造其他共同代表人签名并据此对外代表法人订立合同的案件时,德国联邦最高法院第二民事审判庭指出,共同代表之目的在于通过数人共同实施法律行为防止法人遭受损害,尤其是因某一个代表人的不法行为而遭受损害,如果伪造代表行为生效所需的其他签名借道《德国民法典》第31条导致法人责任,则此项目的就会落空[1]。反之,德国联邦最高法院第六民事审判庭在一则判例中认定,具有共同代表权的合作社法人董事在代表法人作出票据担保时谎称已经得到其他共同代表人同意,法人须依《德国民法典》第31条对此承担责任。[2] 此外,德国联

---

[1]　Günter Weick,in:Staudinger Kommentar BGB,2005,§ 31 Rn.17.

[2]　Werner Flume,Die juristische Person,1983,S.389.

邦最高法院第六民事审判庭在 1979 年 2 月 20 日的一份判决中认定,一个乡镇的长官伪造同意书,超越代表权以乡镇名义从银行骗取信贷,乡镇应依据《德国民法典》第 31 条、第 89 条、第 823 条向银行承担损害赔偿责任。该审判庭在判决中指出:"机关超越代表权,所以意思表示没有约束力,但这并不能排除法人责任。此外,乡镇的机关责任不能通过权限以及要式规范受到限制。"①自从 BGHZ 98,148 判例之后,德国联邦最高法院第二民事审判庭的上述观点就已经明确被放弃了②。目前,德国联邦最高法院第六民事审判庭的观点已经成为德国法上的通说③。

德国学说的上述争论牵扯出如下问题:越权代表情形中,代表人责任与法人(被代表人)责任关系如何? 使法人承担责任是否违背越权代表或者无权代理规则的立法目的④? 该问题对我国法律也有重要实践意义。以公司未经决议为他人担保为例,虽然在不构成表见代表的情况下担保合同对公司不发生效力,但如果以公司存在过错为由使公司对债权人承担损害赔偿责任,则在实际效果上相当于公司为他人债务承担了部分担保责任。《公司法》第 16 条对公司的保护机制似乎被此种责任击穿。这也是越权代表中的法人责任为人所诟病之处。如果仅使越权的代表人对外承担个人责任,则法人既不需要承受越权代表法律行为的效果,也不需要承担损害赔偿责任⑤。当然,这是否为越权代表或者无权代理规则的立法目的,并非毫无疑问。就无权代理

---

① BGH NJW1980,S. 115ff.

② Günter Weick,in:Staudinger Kommentar BGB,2005,§ 31 Rn. 17.

③ Karsten Schmidt,Gesellschaftsrecht,4. Aufl. ,2002,S. 280.

④ 我国《民法典》第 504 条仅规定越权代表情形中的合同效力,未专门规定代表行为对被代表人不发生效力的情况下代表人向相对人承担责任,对此,只能类推适用无权代理人向相对人承担责任之规则,所以对无权代理规则的立法目的与越权代表情形中的法人责任之关系,也应予以考察。

⑤ 参见张学文:《董事越权代表公司法律问题研究》,载《中国法学》2000 年第 3 期,第 111 页。

规则而论,其具有两个功能。一是法律行为归属阻却功能。据此,代理人欠缺代理权的,其以被代理人名义实施的法律行为不能归属于被代理人。二是责任分配功能。据此,在法律行为不能归属于被代理人时,使无权代理人于一定条件下向相对人承担责任。只有第一种功能对于被代理人与相对人之间的法律关系具有阻隔作用,使二者不能基于法律行为形成权利义务关系。第二种功能仅解决无权代理人与相对人之间的责任关系问题,未触及被代理人与相对人之间的关系,没有迹象表明立法者在无权代理规则中有意排除被代理人的损害赔偿责任。《民法典》第171条第1款明确规定代理行为未经追认对被代理人不发生效力,表明立法者有意否定被代理人承受法律行为上的权利义务。反之,《民法典》第171条第3款、第4款只字未提被代理人是否承担责任。被代理人的损害赔偿责任并非无权代理情形中的特殊问题,无须在无权代理规则中予以特别规定,仅须适用责任法上的一般规则,如侵权责任规则、缔约过失责任规则①。被代理人依一般规则承担的损害赔偿责任与代理人依无权代理特殊规则承担的责任可以并存,但二者目的一致,若因其中一项责任的承担完全实现救济相对人之目的,则另一项责任归于消灭。同理,在越权代表情形中,作为被代表人的法人应否向相对人承担损害赔偿责任,也应适用一般规则,不受无权代理规则的影响。甚至可以说,依据机关说,鉴于代表人与法人之关系比代理人与被代理人之关系更为密切,越权代表导致被代表的法人向相对人承担过错损害赔偿责任的理由更为充分。

在越权代表情形中,除了代表机关本身的过错依据机关说构成法

---

① 参见〔德〕维尔纳·弗卢梅:《法律行为论》,迟颖译,法律出版社2013年版,第964—965页。

人过错之外,法人其他机关也可能存在足以构成法人过错的过错①。比如,公司董事会已经察觉到法定代表人可能超越代表权限订立一份合同,但未及时予以制止;或者,法定代表人此前已有越权代表的前科,但公司董事会、股东会对其未予以必要处理,也未采取必要的防范措施,导致法定代表人再次实施越权代表行为;或者,股东会就公司为他人担保作出决议时,存在利害关系的股东未依据《公司法》第 16 条第 3 款之规定予以回避,决议不生效,导致此项担保成为越权担保②。此类情形中,作为法人执行机关的董事会或者作为法人权力机关的股东会对于越权代表行为之发生要么存在监督上的过失,要么存在授权上的过失,鉴于二者也是法人过错的承载者,所以,其过失构成法人过错。当然,在代表机关存在过错的情况下,即可认定法人存在过错,执行机关与权力机关之过错的意义主要体现为在过失相抵时可能加大法人过错所占的比重。无论如何,不能仅以法人的执行机关或者权力机关对法定代表人已经尽到选任与监督上的必要注意为由使法人免于责任。此项免责事由充其量仅适用于法人为其机关以外的其他职员之侵权行为承担的雇主责任,不适用于法人为其机关之致害行为承担的责任。因为,就雇主责任而论,作为雇主的法人已尽到选任与监督上的必要注意,意味着法人的任何机关均无过错;反之,就法人机关致害责任而论,法人执行机关或者权力机关已对代表机关尽到选任与

---

① 在最高人民法院民事判决书(2017)最高法民再 258 号中,最高人民法院认为久远公司未在章程中规定对公司股东、实际控制人提供担保议事规则,导致公司法定代表人使用公章的权限不明,法定代表人未经股东会决议授权,越权代表公司承诺对新方向公司的股权回购义务承担履约连带责任,久远公司对该担保条款无效也应按照《担保法解释》(已废止)第 7 条的规定承担相应的过错责任。此处所谓的公司过错,实际上指的是公司权力机关在公司运行规则设置上的过错。当然,就本案案事实而言,仅以章程欠缺关于公司为股东、实际控制人提供担保之议事规则为由认定公司存在过错,有些牵强。即便欠缺此类规则,有关各方也应知道依据《公司法》第 16 条之规定担保条款应当经过股东会决议,是否存在公司内部规则,并无决定意义。

② 参见招商银行股份有限公司大连东港支行与大连振邦氟涂料股份有限公司、大连振邦集团有限公司借款合同纠纷案,最高人民法院民事判决书(2012)民提字第 156 号。

监督上的必要注意,仅意味着执行机关与权力机关没有过错,并不意味着代表机关也没有过错。在越权代表致害情形中,代表机关的过错对于法人过错的成立恰恰起到关键作用。

综上,在越权代表情形中,不构成表见代表且未经追认的,代表人实施的法律行为不能归属于法人,但法人需要就其过错向相对人承担损害赔偿责任①。法人的过错体现为因故意或者过失向相对人提供关于代表人未越权的不实信息,误导相对人致其陷入越权代表的法律行为。法人过错既存在于法定代表人(代表机关)的行为中,也可能存在于法人执行机关或者权力机关的行为中。法定代表人向相对人提供关于其行为未越权的不实信息系因执行其代表机关职务而发生的,符合《民法典》第 62 条第 1 款规定的"因执行职务造成他人损害"之要件。

越权代表中法人责任可能是缔约过失责任,也可能是侵权责任。就缔约过失责任而论,在与相对人磋商缔结合同的过程中,法人负担先合同义务,包括提供与交易相关的重要信息之义务。此项义务由作为法人机关的法定代表人及其使用的辅助人履行。法定代表人因故意或者过失向相对人提供关于其代表权之有无的不实信息,意味着法人未履行先合同义务且有过错,须向相对人承担缔约过失责任。此项责任属于消极利益损害赔偿责任,赔偿目标是使相对人的利益回复至假如没有误导行为时本应具有的状态。就侵权责任而论,相对人因越权代表之法律行为不发生效力而遭受损失,本质上属于纯粹经济(财产)损失,并非所有权、用益物权等绝对权遭受侵害。因为,即便相对

---

① 越权代表的法人责任规则以法定代表人超越权限实施法律行为为适用前提,但实践中有的判例将越权代表的法人责任规则适用于法定代表人以外的代理人未经授权以法人名义实施法律行为之情形。参见罗某某、南昌绿地申人置业有限公司民间借贷纠纷案,最高人民法院民事裁定书(2018)最高法民申 5596 号以及江西省高级人民法院民事判决书(2018)赣民终 299 号;张某某、郴州互湘房地产有限公司民间借贷纠纷案,湖南省高级人民法院民事裁定书(2019)湘民申 3549 号。

人因该法律行为失去某物,当时也是基于其意思而处分该物的所有权,并非受他人侵夺。纯粹经济损失适用侵权责任须符合特别要件,如致害行为系故意违背公序良俗或者违反以保护他人为目的之法律①。在越权代表情形中,仅当法定代表人故意向相对人提供关于其未越权之不实信息时,才能认定构成欺诈。欺诈行为违背公序良俗,严重者亦违反刑法上关于禁止欺诈的保护性法律规定,尽管仅导致相对人遭受纯粹经济损失,仍构成侵权,法人须为其代表机关的欺诈行为承担侵权责任。因欺诈而缔结不生效力的法律行为,作为侵权行为人的法人须赔偿的损失仅限于消极利益损失,②在责任范围上与缔约过失责任并无本质不同,均以将受害相对人的利益回复至假如未受欺诈时本应具有的状态为赔偿目标。

如果相对人在实施法律行为时知道法定代表人越权,则无论法定代表人系故意抑或过失向相对人提供关于代表权之有无的不实信息,相对人均未因该不实信息陷入错误认识并据此决定缔结系争法律行为。法人的缔约过失责任或者侵权责任均因欠缺因果关系这一要素而不成立③。按照最高人民法院《九民纪要》第 20 条第 2 句的规定,公司举证证明债权人明知法定代表人超越权限或者机关决议系伪造、变造的,债权人无权请求公司承担越权担保合同无效后的民事责任。最高人民法院《民法典担保制度司法解释》第 7 条第 1 款第 2 项规定,公司越权担保时恶意相对人对公司的损害赔偿请求权参照适用该解释

---

① 参见〔德〕迪特尔·梅迪库斯:《德国债法分论》,杜景林、卢谌译,法律出版社 2007 年版,第 617 页。

② Hartwig Sprau, in: Palandt Kommentar BGB, 79. Aufl. , 2020, Einf v § 823 Rn. 24.

③ 代表性判例,参见沈阳水泥机械有限公司与朝阳金鹏电子实业有限公司、朝阳银行股份有限公司龙城支行金融借款合同纠纷案,最高人民法院民事判决书(2014)民提字第 166 号;新大洲控股股份有限公司、张天宇借款合同纠纷案,黑龙江省高级人民法院民事判决书(2019)黑民终 536 号;湖南立信融资担保有限公司等与彭某某股权转让纠纷案,湖南省高级人民法院民事判决书(2017)湘民终 356 号;重庆市国波房地产开发有限公司与垫江县中小企业公共服务中心等人民间借贷纠纷案,重庆市第三中级人民法院民事判决书(2019)渝 03 民终 1558 号。

第 17 条关于担保合同无效之责任的规定,虽然没有像《九民纪要》第 20 条第 2 句那样特别规定债权人明知道法定代表人越权时公司免责,[①]但《九民纪要》第 20 条第 2 句作为司法政策并未被该司法解释排除,其蕴含的司法精神对于今后涉及越权代表的司法裁判仍有指导意义。

在相对人仅具有过失的情况下,法人通过法定代表人实施的误导行为构成缔约过失或者侵权,相对人的过失不影响法人责任的成立,仅影响法人责任的范围,应适用受害人与有过错(过失相抵)规则。[②]

如果被代表人是非法人组织,其负责人亦为非法人组织的机关。该机关实施越权代表行为的,同样应由非法人组织向相对人承担责任。按照《民法典》第 108 条的规定,《民法典》关于非法人组织未专门规定的问题,参照适用《民法典》总则编第三章第一节关于法人的一般规定,其中包括《民法典》第 62 条法人责任规则。

2. 法定代表人以外的人无权代表情形中的被代表人责任

法定代表人以外的人实施无权代表行为,不构成表见代表且被代表人不予追认的,被代表人并非一概不承担责任。此时,行为人虽非被代表人的机关,其过错不构成被代表人之过错,但之所以发生无权代表行为,可能是因为被代表人的过错。例如,法人权力机关已经解任法定代表人,但没有及时地收回其掌握的法人印章,导致其仍然以法定代表人身份对外实施法律行为。对此,法人权力机关或者执行机关具有过错,构成法人过错,在不构成表见代表的情况下,法人须为此

---

① 《民法典担保制度司法解释》第 9 条针对上市公司为他人担保规定了一种特殊免责事由:相对人未根据上市公司公开披露的关于担保事项已经董事会或者股东大会决议通过的信息,与上市公司订立担保合同的,上市公司不承担赔偿责任。相对人与上市公司已公开披露的控股子公司订立担保合同,或者相对人与股票在国务院批准的其他全国性证券交易场所交易的公司订立担保合同的,亦然。

② 法人的责任范围,详见杨代雄:《越权代表中的法人责任》,载《比较法研究》2020 年第 4 期。

向相对人承担损害赔偿责任。

（三）无权代表人对于相对人的责任

《民法典》第 504 条未明确规定无权代表人应否向相对人承担损害赔偿责任。对此，应当准用《民法典》第 171 条第 3 款、第 4 款之规定。在越权代表情形中，法定代表人虽然在法人关系中构成法人机关，其过错构成法人过错，但从另外一个角度看，其自身亦为民法上的人，须为其致害行为承担责任。一如在债权法上履行辅助人的过错虽然归属于债务人，由债务人向债权人承担债务不履行责任，但该责任并不排斥履行辅助人自身依据侵权法规则向债权人承担损害赔偿责任。同理，越权代表中被代表人的责任也不排斥法定代表人自身依据《民法典》第 171 条第 3 款、第 4 款之规定向相对人承担责任。

相对人明知道实施代表行为的人对此欠缺代表权的，行为人无须向其承担责任。①

### 三、表见代表的构成要件

表见代表与表见代理类似。当然，在个别问题上，二者也存在差别。就表见代表的构成要件而论，与表见代理不尽相同。依《民法典》第 61 条第 3 款和第 504 条之规定，表见代表的构成也需要相对人是善意的。此外，依《公司法解释（四）》第 6 条之规定，股东（大）会决议被人民法院判决确认无效或者撤销的，公司依据该决议与善意相对人形成的民事法律关系不受影响。"民事法律关系不受影响"意味着法定代表人依据无效或后来被撤销的决议与相对人缔结的法律行为对公司发生效力，实际上就是表见代表的效力，但要求相对人是善意的。

---

① 在越权代表情形中，实务中有判例虽认定相对人明知道代表人越权，但仍判令代表人承担部分责任，值得商榷。参见浙江亨戈机械股份有限公司、中国建设银行股份有限公司杭州秋涛支行金融借款合同纠纷案，浙江省高级人民法院民事判决书（2020）浙民再 151 号。

所谓相对人善意即相对人不知道且不应当知道行为人对系争合同欠缺代表权。此处"不应当知道",即非因过失而不知道。一般认为,表见代理中的相对人过失是指轻过失,即一般意义上的过失;没有尽到普通人应有的平均水准的注意。不过,对于表见代表的构成应当降低要求,①以满足实践中更高的信赖保护要求,只要相对人并非故意且无重大过失,即可构成表见代表。据此,即便相对人没有尽到平均水准的注意,仍有可能成立表见代表,但如果其没有尽到最低限度的注意,则有重大过失,不成立表见代表。

从理论上看,表见代表在性质上也是信赖保护的法律效果,也需要存在信赖的客体,即权利表象。同时,该权利表象也须可归责于被代表人。在这方面与表见代理一样。只不过,就表见代表而论,代表人的行为满足这两个构成要件通常是显而易见的。在无权代表情形中,只要行为人被登记为法定代表人,即构成代表权表象。《民法典》第65条规定:"法人的实际情况与登记的事项不一致的,不得对抗善意相对人。"这表明法人登记簿上关于法定代表人的登记是可资信赖的表象。在越权代表情形中,一般而言,行为人被登记为法定代表人,也足以构成其对该合同享有代表权之表象,因为代表权通常不受限制。即便法人在事实上通过内部行为对代表权设定限制,该限制也未被登记机关登记,外部人通常无从得知,所以形成代表权未受限制之表象。《民法典》第61条第3款关于内部限制不得对抗善意相对人之规定就是这一原理的体现。从这个意义上说,与无权代表相比,越权代表情形中的表见代表通常并不要求存在额外的表象。依风险原则,上述表象显然系由被代表人风险范围内的因素导致,所以应由被代表人承担不利后果。当然,存在特殊情况。如果就某种交易的代表权存在法定限制,则任何人都应当知道此种限制,所以,行为人被登记为法

---

① 最高人民法院《九民纪要》第18条第2款中关于法定代表人越权担保情形中相对人注意义务"标准不宜太过严苛"之表述已经体现了这种倾向。

定代表人本身尚不足以表明其对此种交易具有代表权。

以公司为其股东或者实际控制人的债务提供担保(关联担保)为例,我国《公司法》第 16 条第 2 款就是对法定代表人代表公司提供担保之权利的限制,违反该款的担保行为属于越权代表的特殊情形。在订立此类担保合同时,除了法定代表人之登记外,该款规定的股东(大)会决议也应是代表权表象。该决议具有类似于代理关系中的授权书的功能,而授权书恰恰是最重要的代理权表象。据此,法定代表人代表公司为其股东或实际控制人提供担保时,被担保人除了应当查看公司法定代表人登记信息之外,还应当查看公司股东(大)会对此作出的决议,否则事后不得主张构成表见代表。当然,被担保人(债权人)首先需要判断公司提供的担保究竟是否属于关联担保。如果公司为其股东提供担保,则被担保人通过查阅工商登记即可获知此为关联担保,而如果公司为其实际控制人提供担保,则未必如此。依《公司法》第 216 条第 3 款的规定,实际控制人,是指虽不是公司的股东,但通过投资关系、协议或者其他安排,能够实际支配公司行为的人。比如,B 公司从 A 银行借款,B 公司是 C 公司的母公司,C 公司是 D 公司的母公司,由 D 公司为 B 公司的借款债务提供担保时,B 公司并非担保人 D 公司的股东,仅查阅 D 公司的工商登记无从得知其与债务人 B 公司的特殊关系。如果要求被担保人在查阅担保人的工商登记之外,再进一步查阅担保人各股东的工商登记甚至查询其他更复杂的持股关系,以确定债务人是否担保人的实际控制人,显然过于苛刻,有强人所难之嫌。因此,只要被担保人通过查阅担保人的工商登记得知债务人并非担保人的股东,即足以信赖此项担保并非关联担保,无须按照关联担保的特殊规则(《公司法》第 16 条第 2 款)办理。

对于股东(大)会决议在法律上是否成立以及是否存在效力瑕疵,

被担保人仅负担形式审查义务。① 最高人民法院《九民纪要》第 18 条明确承认了被担保人的形式审查义务。此处所谓的决议效力瑕疵既包括《公司法》第 22 条第 1 款规定的决议无效,也包括该条第 2 款规定的股东请求法院撤销决议使之溯及地丧失效力。有时,一项决议是否成立取决于公司章程关于出席者人数或所持表决权下限以及决议通过比例的规定。② 因此,在公司提供关联担保时,被担保人对股东(大)会决议的形式审查义务的范围应当包括审查公司章程是否存在关于出席者人数或所持表决权下限的规定。如果发现公司章程中存在此类规定,则须进一步审查股东(大)会决议是否符合该规定。至于决议上署名的股东是否确实在表决中作出意思表示及其意思表示是否存在瑕疵,则属于实质审查范畴,被担保人对此并无审查义务。

法定代表人订立合同是否构成表见代表,应由被代表人就相对人是否善意负担证明责任。易言之,推定相对人是善意的,被代表人必须提出证据推翻该推定。关于代表人以被代表人名义订立合同以及代表权表象的可归责性,通常显而易见,没有疑义。反之,对于代表权表象之存在,须由相对人负担证明责任。当然,对该要件的证明要求不宜过高。就法定代表人以公司名义提供关联担保而论,被担保人只要证明订立担保合同时代表人出具了公司章程、同意担保的决议等文

---

① 同样主张被担保人仅负担形式审查义务的,参见高圣平:《公司担保相关法律问题研究》,载《中国法学》2013 年第 2 期;梁上上:《公司担保合同的相对人审查义务》,载《法学》2013 年第 3 期;罗培新:《公司担保法律规则的价值冲突与司法考量》,载《中外法学》2012 年第 6 期。在光大银行与创智公司借款保证合同纠纷案中,最高人民法院也持这种观点;持相同立场的还有湖南省翔宇食品有限责任公司、湖南天行健置业有限公司与中国建设银行股份有限公司湖南省分行营业部金融借款合同纠纷案,湖南省高级人民法院民事判决书(2013)湘高法民二初字 2 号。

② 参见杨代雄:《公司为他人担保的效力》,载《吉林大学社会科学学报》2018 年第 1 期。

件即可①。这些文件哪怕是伪造、不成立或无效的,只要在外观上看起来像是真实、成立、有效的,即构成代表权表象。所谓"外观"包括文件上有必要的签章、决议包含同意担保之内容、决议符合所要求的通过比例、出席者人数或所持表决权符合章程的要求。文件上的签章是否真实不影响代表权表象的构成,②因为被担保人对此很难予以鉴别。剩下的事情是由公司举证证明被担保人当时并非善意——要么明知道股东(大)会决议不成立、无效或不真实;要么因重大过失而不知道该情况。如果公司未能证明被担保人并非善意,即成立表见代表,担保行为对公司发生效力。《民法典担保制度司法解释》第 7 条第 3 款基本上承认了上述证明责任分配规则,公司为了阻止担保合同对自己发生效力,须证明相对人(被担保人)知道或者应当知道决议系伪造或者变造。

## 第八节　使用他人名义实施法律行为
## 　　　　　(借名行为与冒名行为)

### 一、概念

代理的构成要求代理人"以他人名义实施法律行为"。实践中,除了"以他人名义实施法律行为"之外,还存在另一种情形,即"使用他人名义实施法律行为"。德国民法学者一般将前者称为"Handeln in

---

① 按照《民法典担保制度司法解释》第 9 条的规定,上市公司为他人担保的,相对人应当根据上市公司公开披露的关于担保事项已经董事会或者股东大会决议通过的信息,与上市公司订立担保合同,否则,担保合同对上市公司不发生效力。相对人与上市公司已公开披露的控股子公司订立担保合同,或者相对人与股票在国务院批准的其他全国性证券交易场所交易的公司订立担保合同的,亦然。这表明,相对人在此种情形中仅自己审查公司的担保决议不足以构成表见代表,唯有官方系统公开披露的担保决议信息才构成代表权表象。

② 有学者主张被担保人有义务审查决议上的签章是否真实,参见刘俊海:《新公司法的制度创新:立法争点与解释难点》,法律出版社 2006 年版,第 107 页。

fremdem Namen";把后者称为"Handeln unter fremdem Namen"。虽然二者仅一字之差,但却被赋予不同的内涵。在代理法上,要求"以他人名义实施法律行为"之目的在于公开代理关系,从一方面看,使代理人的意思表示可以正当地归属于被代理人而不是归属于其自身;从另一方面看,也可以正当地使被代理人而不是代理人成为相对人的交易伙伴,因为相对人知道代理人是为被代理人作出意思表示。① 代理关系公开性之要求在原则上排除了间接(隐名)代理,使得仅以自己名义实施的法律行为原则上不能对他人发生效力。从这个意义上说,"以他人名义实施法律行为"这一要件的主要功能是区分直接代理与间接代理。

一般而言,"以他人名义实施法律行为"意味着行为实施者(Handelnde)在行为过程中以文字、言语或其他方式向相对人表明其自身并非名义载体(Namensträger)而只是名义载体的代理人。② 如果以这种常态的代理为参照物,就可以把"使用他人名义实施法律行为"界定为:某人在行为过程中未以文字、言语或其他方式向相对人表明自己并非名义载体③。不过,这种意义上的"使用他人名义实施法律行为"实际上把某些以他人名义实施的法律行为(代理行为)包含在内。在某些情形中,代理人仅仅对外标示被代理人的名字而没有在身份上区分自己与被代理人,比如仅仅在合同文本上签署被代理人的名字。④ 这种非常态的代理行为无疑也属于"以他人名义实施法律行

---

① Vgl. Hans-Martin Pawlowski, Allgemeiner Teil des BGB, 5. Aufl., 1998, S. 323.

② Dieter Medicus, Bürgerliches Recht, 18. Aufl., Carl Heymanns Verlag, München, 1999, S. 53.

③ 德国有的民法学者就是这么界定"Handeln unter fremdem Namen"的,如 Dieter Giesen, BGB Allgemeiner Teil: Rechtsgeschäftslehre, 2. Aufl., Walter de Gruyter, Berlin, 1995, S. 287。

④ Medicus/Petersen, Allgemeiner Teil des BGB, 11. Aufl., 2016, S. 399.

为",日本民法学者山本敬三称之为署名代理①。由此可见,以常态的代理为参照物来界定"使用他人名义实施法律行为"是不够精确的。为使其与"以他人名义实施法律行为"的界限更加清晰,应当给其增加一个特性:行为实施者努力使自己表现为名义载体本身,即刻意混淆自己与名义载体之身份,以实现自己的某种利益。这样,就可以最大限度(但不可能绝对)地把"使用他人名义实施法律行为"与"以他人名义实施法律行为"区分开。两种情形皆涉及法律行为的归属问题,归属规则既有相同之处,也存在差别。

## 二、使用他人名义实施法律行为的类型

在实践中,使用他人名义实施法律行为有诸多表现形态,大体上可以归结为三种类型,分述如下:

其一,使用未特定化的他人名义实施法律行为。有时,"他人名义"是某个大众化的名字,如张华、王明,甚至是某个纯粹虚构出来的名字,不具有个性化特征。行为实施者在使用该名字时无意于将其与某个特定的人联系起来,他只是不想显露自己的真实名字而已。比较典型的是某人到医院做整容手术,为了避免被人知道其做过整容,当时使用了一个虚假的名字,后来整容失败,发生纠纷,医院否认与其存在医疗关系。有些民法学者将这种情形视为与"使用他人名义实施法律行为"相并列的案型,比如梅迪库斯、迪特尔·基森②。但更多的民法学者将其视为"使用他人名义实施法律行为"的一种,有人称之为"使用假名实施法律行为"(Handeln unter falschem Namen)③。严格地说,这种案型与其他情形中的"使用他人名义实施法律行为"有所不

---

① 参见〔日〕山本敬三:《民法讲义 I:总则》(第 3 版),解亘译,北京大学出版社 2012 年版,第 283 页。

② Medicus/Petersen, Allgemeiner Teil des BGB, 11. Aufl. , 2016, S. 398; Dieter Giesen, BGB Allgemeiner Teil: Rechtsgeschäftslehre, 2. Aufl. , Walter de Gruyter, Berlin, 1995, S. 287.

③ Helmut Köhler, BGB Allgemeiner Teil, 44. Aufl. , 2020, S. 162( §11 Rn. 23).

同,但考虑到它们面临一些共同的问题,因此将其统称为"使用他人名义实施法律行为"也未尝不可,只不过这种情形中的"他人"是未特定化的他人而已。

其二,借用他人名义实施法律行为,简称借名行为。借名购房、担保物权借名登记、借名持股(代持股)等都属于借名行为。借用他人名义从事居间活动亦然。例如,甲房地产中介公司与乙房地产经纪事务所订立协议,约定甲公司允许乙事务所使用其名称及备案合同文本。某日,乙事务所用甲公司的名义与丙订立房地产中介合同,丙让中介人转交一部分购房款,后因房屋买卖合同解除,丙要求甲公司返还其已经收取但尚未转交给出卖人的购房款,甲公司称其并未与丙订立中介合同,拒绝返还。不具备建筑施工资质的企业挂靠具备建筑施工资质的企业,使用其名义订立建筑施工合同,也属于借名行为。在订立合同时,挂靠企业的职员即便以代理人身份在合同上签名,该合同仍然属于挂靠企业对被挂靠企业的借名行为,因为该职员旨在代理挂靠企业实施借名行为。如果挂靠者是个人,则只能解释为个人代理被挂靠企业订立合同,不构成借名行为,因为个人无法"混淆自己与企业(名义载体)之身份"。

其三,冒用他人名义实施法律行为,简称冒名行为。近年来我国房地产业屡见不鲜的假按揭纠纷有不少就属于冒名行为。房地产公司利用员工、前员工或其亲属的个人资料,通过伪造个人签名的方式与银行签署购房贷款合同及抵押合同,从银行套取贷款,用于公司的资金周转。另一种比较常见的冒名行为是冒用财产所有权人的名义处分该财产(冒名处分)。在冒名行为中,被冒用的名义一般是个人姓名或企业名称,但有时也可能是某种与姓名具有同等的身份识别能力的符号。比如,某温泉洗浴中心给每位顾客发放一个手牌,牌上有编号,顾客的所有消费都凭手牌结算,顾客甲的手牌被顾客乙捡到并据此消费了 500 多元,乙称自己从未有此项消费并拒绝付款。

### 三、使用他人名义实施法律行为效果的判定基准

以上三种类型使用他人名义实施的法律行为在民法上究竟产生何种效果？民法学理上对此见解不一，而且尚未形成清晰的理论架构。德国民法学对于此类法律行为关注较多，比较有代表性的是艾森哈特、拉伦茨、海尔穆特·科勒、帕夫洛夫斯基、梅迪库斯、弗卢梅等学者的论述。

艾森哈特认为，对于使用他人名义实施法律行为的效果，应当区分以下几种情形：（1）使用虚假或大众化的名字实施法律行为，绝不会让人以为行为实施者与名义载体是同一个人，因此应当以行为实施者为法律行为主体。（2）使用他人名义实施法律行为，目的是把自己伪装成某个特定的他人，对此，需要进一步区分不同的情形：第一，如果对方当事人觉得与谁缔约都无所谓，那么法律行为在该当事人与行为实施者之间成立；第二，如果对方当事人看重的是与名义载体本人从事交易，那么应当着眼于对方当事人的利益，认定法律行为的主体是名义载体，因为通说认为，《德国民法典》第164条以下各条的适用并不取决于行为实施者是否有代理意愿，对此，解决方案如下：首先，如果行为实施者有代理权，却想借助于名义载体的身份为自己缔约，则法律行为在名义载体（被代理人）与相对人之间成立；其次，如果行为实施者无代理权，则按照无权代理的相关规定处理。[①] 显然，艾森哈特注重的主要是相对人的意愿，即其是否在乎行为人的身份，同时也考虑名义载体事后的意愿，因为上述最后一种情形按照无权代理规则处理，这意味着名义载体可以依据《德国民法典》第177条选择是否对该法律行为予以追认，若追认，则法律行为在名义载体与相对人之间成立；否则，即便相对人希望与名义载体交易，二者之间也不成立法律

---

① Ulrich Eisenhardt, Allgemeiner Teil des BGB, 3. Aufl. , C. F. Müller Juristischer Verlag, Heidelberg, 1989, S. 257 – 258.

行为。

　　按照拉伦茨的见解,以下几种情形中应当以名义载体为法律行为主体:其一,行为实施者主观上想为名义载体实施法律行为,相对人也想与名义载体缔结法律行为,而且名义载体授予行为实施者代理权或者追认了该法律行为;其二,行为实施者主观上想为自己实施法律行为,但他知道相对人只愿意与名义载体缔结法律行为,那么应以名义载体为法律行为主体,名义载体可以选择是否追认该法律行为;其三,书面形式的法律行为应当以署名为准,即把名义载体认定为法律行为主体,并由其决定是否追认该法律行为。拉伦茨认为,以下两种情形中应当或者可以以行为实施者为法律行为主体:其一,行为实施者当场作出意思表示,相对人并非只愿意与名义载体缔结法律行为,应当以行为实施者为法律行为主体;其二,行为实施者经常使用他人名义实施法律行为,该他人的名字就相当于行为实施者自己的名字,可以以行为实施者为法律行为主体。[①] 实际上,拉伦茨所说的应以名义载体为行为主体的第一种情形属于"以他人名义实施法律行为",因为行为实施者并未为了自己的利益刻意混淆自己与名义载体的身份,其行为仍然属于一种代理。其他几种情形属于"使用他人名义实施法律行为",对于其法律效果的判定,拉伦茨考虑的因素除了相对人的意愿与名义载体的意愿之外,还包括法律行为实施的方式,特殊情况下还考虑行为实施者的习惯,即其是否经常以他人名义实施法律行为。

　　对于使用他人名义实施法律行为的效果判定,海尔穆特·科勒认为,如果名义对于相对人而言并无个性化特征(Individualisierungs-merkmal),也就是说他并不在乎交易伙伴是谁,而且行为实施者主观上想为自己缔结法律行为,那么法律行为在行为实施者与相对人之间成立;如果情况表明相对人想与名义载体本人缔结法律行为,则类推

---

　　[①]　参见〔德〕卡尔·拉伦茨:《德国民法通论》,王晓晔、邵建东等译,法律出版社2003年版,第843—844页。

适用《德国民法典》第 177 条以下各条关于无权代理的规定,即由名义载体决定是否追认该法律行为,如果不追认,则由相对人选择要求行为实施者履行法律行为所创设的义务或承担损害赔偿责任。① 与其他学者不同,科勒除了考虑相对人的意愿与名义载体的意愿之外,还考虑行为实施者的意愿,即其究竟是想为自己还是想为名义载体缔结法律行为。

在这个问题上,梅迪库斯原则上只考虑一个因素,即名义载体的意愿。他认为,如果名义载体同意他人冒用(实际上是借用)自己的名义,则其应当直接承担该法律行为的效果;如果名义载体没有同意他人冒用自己的名义,则由名义载体决定是否追认该法律行为。在第一种情形中,起决定作用的是名义载体事前的意志;而在第二种情形中,起决定作用的是名义载体事后的意志。仅在个别情形中,梅迪库斯才考虑相对人的信赖因素,比如在网络交易中某人多次冒用他人账号订立合同。②

帕夫洛夫斯基与弗卢梅是从代理的视角探讨使用他人名义实施法律行为的效果问题的。帕夫洛夫斯基区分了五种情形:其一,就书面法律行为而言,代理人究竟是仅签署被代理人的名字还是同时载明其代理人身份,是无关紧要的;其二,如果合同因欠缺代理权而不能在名义载体与相对人之间成立,那么行为实施者究竟是仅签署被代理人的名字还是同时载明其代理人身份,对其责任的承担也是无关紧要的(都是依照《德国民法典》第 179 条处理);其三,如果某人用假名签订合同,或者使用一个对于相对人并无重要意义的他人名字签订合同,则该合同只能约束行为实施者自身;其四,使用他人名义签订合同,因为行为实施者觉得如果相对人把他当作交易伙伴而不仅仅是代理人就会缔约,否则就不会缔约,因为相对人看重的是行为实施者的个人

---

① Helmut Köhler, BGB Allgemeiner Teil, 44. Aufl. , 2020, S. 162( §11 Rn. 23).

② Medicus/Petersen, Allgemeiner Teil des BGB, 11. Aufl. , 2016, S. 399.

属性,而行为实施者也知道这一点,比如订立租赁合同、合伙合同,那么合同应当在行为实施者与相对人之间成立;其五,使用他人名义签订合同,因为行为实施者觉得相对人想跟名义载体缔约而不是跟他缔约,但他却想借此行使合同权利,其使用他人名义这一事实表明其具有为他人缔约的意愿,对此,应当按照无权代理规则处理。① 显然,帕夫洛夫斯基把使用他人名义实施法律行为视为代理(第一、二种情形)或者视为代理现象的延伸(第四、五种情形)。

弗卢梅走得更远,其认为在概念上没有必要区分"使用他人名义实施法律行为"与"以他人名义实施法律行为",因为代理法要求代理人"以他人名义实施法律行为"仅仅意味着从代理人的表示中可以看出,法律行为应该属于被代理人,如果代理人直接签署被代理人的名字或者以其他方式冒充被代理人,则与"以他人名义实施法律行为"同样具有上述意义。在弗卢梅看来,所谓"使用他人名义实施法律行为",要么认定为行为实施者以自己的名义实施法律行为,要么认定为其以他人名义实施法律行为。对此,应当通过意思表示解释予以确定,该解释仅仅取决于:相对人作为一个理智的人是如何理解该意思表示的。如果依据行为的内容,相对人并不看重与谁缔结法律行为,那么该法律行为应当认定为行为实施者自己的行为,反之,如果依据交易的类型,法律行为当事人的人身属性是重要的,比如创设继续性债务关系( Dauerschuldverhältnis)的法律行为,那么,通过解释加以确定的行为的意义通常是:该法律行为应当归属于名义载体。此时,"使用他人名义"就是"以他人名义"。如果行为实施者没有代理权,其责任的承担并不取决于其究竟是以自己的名义还是以他人的名义实施法律行为,其要么是因为将自身视为法律行为的主体而承担责任,要

---

① 　Hans-Martin Pawlowski, Allgemeiner Teil des BGB, 5. Aufl. , 1998, S. 327 – 328.

么依据《德国民法典》第 179 条作为无权代理人承担责任。①

弁卢梅的观点存在值得商榷之处。他的论述是结果取向的：凡是依价值评判应当归属于名义载体的法律行为就是"以他人名义实施法律行为"，凡是依价值评判应当归属于行为实施者自身的法律行为就是"以自己名义实施法律行为"，即便其使用了他人的名义。这实际上导致"以自己名义"和"以他人名义"这样的表述偏离了其本来的意义，不再是一个具有辨识功能的概念，"以自己名义"既可以包括用自己名义实施法律行为，也可以包括用他人名义实施法律行为，"以他人名义"实施法律行为的人（代理人）可能毫无代理的意思，在主观上并未把自己当作一个代理人，哪怕是无权代理人。事实上，"以自己名义实施法律行为"和"以他人名义实施法律行为"并不能涵盖法律行为实施方式的全部，某些情形难以纳入这两个概念，只能表述为"使用他人名义实施法律行为"，尽管在效果认定上可能与前两种情形有相似之处。

综观前述诸学说，可以发现有两个因素是学者们普遍注重的，即相对人的意愿与名义载体的意愿，这两个因素在很大程度上决定了使用他人名义实施法律行为的效果。而在其他因素上学者们并未达成共识，拉伦茨认为应当考虑行为实施的方式以及行为实施者的习惯，海尔穆特·科勒与帕夫洛夫斯基认为应当考虑行为实施者的意愿。本书认为，行为实施者的意愿是区分"使用他人名义实施法律行为"与"以他人名义实施法律行为"的标准：如果其主观上想为名义载体实施法律行为，就属于"以他人名义实施法律行为"，即代理；反之，如果其主观上想为自己实施法律行为，则属于"使用他人名义实施法律行为"，如同披着羊皮的狼。一旦依据该标准将某人的行为定性为"使用他人名义实施法律行为"，那么在认定该法律行为的效果时，其主观意

① Werner Flume, Allgemeiner Teil des bürgerlichen Rechts, Bd. 2: Das Rechtsgeschäft, 4. Aufl., 1992, S. 777 - 779.

愿就没什么意义了，不能再作为法律效果的判定基准。行为实施者的习惯，即其经常使用他人名义实施法律行为，也不能作为法律行为效果的判定基准，因为相对人未必知道此种情况，假如在不知情的情况下即令其接受行为实施者为法律行为的主体，与之发生权利义务关系，则不合情理。只有在行为实施者经常使用他人名义与同一个相对人实施法律行为的情况下，才能考虑将其本身认定为法律行为主体，承受权利义务关系，但此时起决定作用的实际上也是相对人的意愿，因为相对人既然已经多次与该行为实施者完成交易，就表明其很可能已经认可了该行为实施者的个人属性，愿意与具备此种属性的人缔结法律行为。行为实施的方式也不是使用他人名义实施法律行为效果的判定基准。当事人究竟是面对面进行交易还是远程交易，归根结底也只是认定相对人意愿时可资参考的因素。具体言之，如果是面对面的交易，相对人就有机会观察、了解行为实施者，所以可能对其产生信任，愿意与其本人缔结法律行为，当然也可能仍然只认可久仰其名的名义载体的资信或技能；如果是过程交易，相对人通常没有这样的机会，所以要么不在乎对方当事人是谁，要么只愿意与其有所了解的名义载体缔结法律行为。由此可见，行为实施方式只是外在表象，其所体现的相对人的意愿才是起决定作用的因素。

　　本书认为，除了相对人的意愿、名义载体的意愿这两个因素之外，在认定使用他人名义实施法律行为的效果时还应当考虑如下因素：相对人是否善意，即其是否知道或应当知道行为实施者与名义载体并非同一个人；名义载体是否有重大过错，即其是否知道其名义被他人使用；名义被他人使用是否由名义载体控制的风险范围内的因素造成。这五个因素共同构成使用他人名义实施法律行为效果的判定基准体系。名义载体的意愿与相对人的意愿作为判定基准，其伦理基础在于意思自治原则。法律行为是民事主体实现意思自治的途径，民事主体借此能够自由地与他人建立各种权利义务关系，从而在社会生活场域中处理自己的私人事务。法律行为效力的发生首先要求当事人之间存在自由且互相契合的意思表示,唯有如此,该法律行为才是当事人的自我立法(Selbstgesetzgebung)①。就使用他人名义实施法律行为而言,法律行为能否在名义载体与相对人之间成立并生效首先当然取决于该"双方当事人"的意愿。如果名义载体愿意与相对人缔结法律行为,而相对人也有此意,则法律行为在双方之间成立并生效。此处所谓"名义载体的意愿",指的是名义载体事后的意愿,即在其知道名义被他人使用后是否愿意对法律行为予以追认。如果其事前就有与相对人缔结法律行为的意愿,那就等于授权行为实施者与相对人交易,从而成立代理关系,不属于此处所探讨的使用他人名义实施法律行为。如果名义载体事后无此意愿,只是相对人单方面有此意愿,那就需要在意思自治原则的框架之外寻求法律行为的效力基础。在现代民法理论中,决定法律行为效果的除了意思自治原则以外,还有另外两项重要的原则,即信赖保护原则与公平原则。②在使用他人名义实施法律行为的情形中,这两项原则的适用需要考察相对人与名义载体是否善意或有过错。如果名义载体明知道行为实施者使用其名义实施法律行为而未阻止,那么法律行为应当在名义载体与相对人之间成立并生效,除非相对人当时也是明知道行为实施者与名义载体并非同一个人。因为相对人以为是名义载体向其作出意思表示,而名义载体对该观念的形成有重大过错,理应对此负责,受该意思表示的约束。如果名义载体不知道行为实施者使用其名义实施法律行为,则需要区分两种情况:其一,如果相对人当时知道或者应当知道行为实施者与名义载体并非同一个人,即存在过错,则相对人不受保护,法律行为不能拘束名义载体;其二,如

---

① Jan Schapp, Grundfragen der Rechtsgeschäftslehre, J. C. B. Mohr, 1986, S. 51.

② Franz Bydlinski, System und Prinzipien des Privatrechts, Springer-Verlag, 1996, S. 156 – 157.

果相对人不知道且不应知道行为实施者与名义载体并非同一个人，即不存在过错，则应当依风险原则决定名义载体应否受法律行为拘束，具体言之，如果名义被他人使用是由名义载体控制的风险范围内的因素造成的，则名义载体应受法律行为拘束，因为相对人对使用该名义作出的意思表示产生了值得保护的信赖，否则，该法律行为不能拘束名义载体。

### 四、各种使用他人名义实施法律行为的效果分析

运用以上所提出的判定基准体系，可以对各种类型的使用他人名义实施法律行为的效果进行分析。

（一）使用未特定化的他人名义实施法律行为的效果

就使用未特定化的他人名义实施法律行为而言，所谓的名义载体并非某一个特定的人，所以不存在名义载体的意愿，只需要考察相对人的意愿即可。相对人通常不会对行为实施者所使用的名义产生特殊的信赖，因为该名义一般不能让相对人联想到某一个他所知悉的人，有时甚至一看就知道是虚构出来的名字，该名义也并未伴随着一些特殊的身份信息。由此可以断定，相对人并非只愿意与所谓的名义载体缔结法律行为，而是根本就不在乎交易伙伴是谁，他只在乎谁事实上向他作出意思表示，所以，法律行为应该在行为实施者与相对人之间成立并生效。在前述匿名整容案中，医院与匿名患者之间已经成立有效的医疗合同关系，医院必须据此承担相应的责任。

（二）借名行为的效果

与使用未特定化的他人名义实施法律行为相比，借名行为的情况比较复杂，需要综合运用多个基准判定其法律效果。就相对人的意愿而言，大多数情况下相对人只愿意与名义载体缔结法律行为。行为实施者（借名人）之所以借用他人名义，通常是因为名义载体具备某种资质（如建筑施工企业资质、中介机构资质）或特殊的身份（比如可以享

受某种福利待遇的人），相对人往往看重这些属性。就名义载体的意愿而言，名义载体将其名义借给他人使用，并不意味着其愿意与相对人缔结法律行为，其当时只是想给行为实施者提供某种便利而已，而且相信行为实施者能够自己履行所缔结的法律行为，不会给其带来什么麻烦。有时，这种做法甚至已经成为某个行业内部的潜规则。也就是说，名义载体事前并无与相对人缔结法律行为的意愿，但事后可能有此意愿。如果名义载体事后承认使用其名义与相对人缔结的法律行为，那么，该法律行为应当认定为在名义载体与相对人之间成立并生效。

在实践中，借用他人名义购买具有福利因素的房屋（如单位集资房、经济适用房）或者适用限购令的房屋有时会发生纠纷，名义载体后来发现房屋大幅升值，想自己保有房屋，行为实施者称该房屋系自己实际购买的。在此种情形中，应当把名义载体认定为合同的主体，名义载体事后反悔，表明其具有与相对人缔结合同的意愿。行为实施者不具备法律、政策所要求的购房资格，以其为买卖合同主体将导致合同违反强制性法律规定或者违背公序良俗①。

如果借名购买的是不具有福利因素且不适用限购令的普通房屋，则出卖人的意愿存在两种可能性。一是只愿意与名义载体发生合同关系；二是不在乎与何人发生合同关系：无论是以名义载体作为买受人还是以"眼前与其实际打交道的这个人"作为买受人，并无实质区别，都可以接受。若出卖人于缔约时明知道借名购房之情事而仍然缔约，则表明其已经认可了眼前与其接触的这个借名人，可以认定其不在乎与何人发生合同关系。若出卖人于缔约时不知道借名购房之情事，由于买受人一方不涉及购房资格问题，所以通常也可以认定出卖

① 参见杨某飞、杨某新与海门市钢正金属制品有限公司执行异议之诉案，最高人民法院民事裁定书(2019)最高法民申 4757 号；辽宁中集哈深冷气体液化设备有限公司与徐某某执行异议之诉案，最高人民法院民事判决书(2020)最高法民再 328 号。

人不在乎与何人发生合同关系,除非相关情事表明出卖人特别看重名义载体的某些属性,尤其在出卖人此前认识名义载体的情况下,名义载体的品行、信誉、支付能力等个性化因素给出卖人留下深刻印象,促使其决定向名义载体出卖房屋。由此可见,一般而言,借名购买普通房屋的,出卖人的意愿是不在乎与何人发生合同关系。这样,其出卖(让与)意思表示可以解释为向借名人作出,该意思表示与借名人作出的购买(受让)意思表示达成合意。

比较困难的问题是,在此种情形中,房屋所有权归属于谁?借名人与出卖人之间是否具备物权变动的形式要件?在德国法上,有学者认为,使用他人名义受让不动产并且登记的,名义载体与借名人都没有取得所有权。名义载体之所以未取得所有权,是因为其并未与让与人达成物权合意。借名人之所以未取得所有权,是因为其并未被登记为所有权人。① 此种解释过于僵化,不能满足实践需要。在借名购房情形中,虽然看起来物权变动的形式要件与实质要件发生了错位,但如果能够将所有权移转登记的效果以某种方式归属于借名人,形式要件就与实质要件吻合,使借名人取得房屋所有权。在动产所有权取得情形中,物权变动的形式要件可以变通,民法原理已经承认向占有媒介人交付和指令取得(Geheißerwerb)这两种交付变通方式,其所体现的原则也可以适用于不动产所有人让与。该原则可以表述为:基于受让人的意思向受让人方面的人进行交付或移转登记,交付或登记的效果归属于受让人。借名人与名义载体之间存在类似于委托的无名合同,因此,名义载体系为借名人的利益承受房屋登记,是"借名人方面的人",可以称之为"取得媒介人",出卖人向其移转登记等同于向借名人移转登记。我国实践中,很多法院的判例基于利益考量确认借名

---

① Wacke, in: Münchener Kommentar BGB, 4. Aufl. , 2004, § 894 Rn. 12.

人为房屋所有权人。① 借名受让国有土地使用权,如果不涉及政策、法律限制,在有充分证据的情况下也可以认定借名人取得土地使用权。② 《民法典担保制度司法解释》第 4 条已经承认,在担保物权借名登记情形中,债权人(借名人)可以取得登记在他人名下的担保物权。此项司法解释满足了实践需要,而且在民法原理上也可以得到论证,值得肯定。③

对于借用他人名义订立建设工程施工合同案件,按照《民法典建设工程施工合同司法解释(一)》(法释〔2020〕25 号)第 1 条第 1 款第 2 项的规定,没有资质的实际施工人借用有资质的建筑施工企业名义订立建设工程施工合同的,应当依照《民法典》第 153 条第 1 款之规定认定合同无效。《民法典》第 153 条第 1 款的内容是违反强制性规定的法律行为无效,显然,对于借用有资质的建筑施工企业名义订立建设工程施工合同,最高人民法院是把实际施工人认定为合同主体,同时以该主体不具备建筑施工企业资质、违反相关的强制性规定为由,认定合同无效。该司法解释未考虑名义载体的意愿,是一个缺陷。如果有资质的建筑施工企业事后承认施工合同,应该将其视为合同主体,由于该企业有资质,未违反相关的强制性规定,所以合同有效。当

---

① 具有代表性的是中国银行股份有限公司大连西岗支行、鄂尔多斯市东胜城市建设开发投资集团有限责任公司执行异议之诉案,最高人民法院民事裁定书(2019)最高法民申 3846 号(最高人民法院认为《关于人民法院办理执行异议和复议案件若干问题的规定》第 28 条也适用于借名购房者排除对登记于名义载体名下之房产的强制执行,且《物权法司法解释(一)》(已废止)第 2 条适用于借名人确认自己为真实物权人);献县鑫瑞小额贷款有限公司、孙某案外人执行异议纠纷案,最高人民法院民事裁定书(2020)最高法民申 4 号。另见雷某某、深圳市京达旅业有限公司与谭某某房屋确权纠纷案,一审深圳市中级人民法院民事判决书(2007)深中法民五初字 209 号、二审广东省高级人民法院民事判决书(2009)粤高法民一终字 158 号以及再审最高人民法院民事裁定书(2011)民申字 261 号均以借名人实际出资和借名协议有效为由确认借名人为房屋所有权人。

② 参见彭甲与彭乙等建设用地使用权纠纷案,最高人民法院民事判决书(2017)最高法民再 169 号。

③ 关于借名购房及借名登记中的物权变动问题,详见杨代雄:《借名购房及借名登记中的物权变动》,载《法学》2016 年第 8 期。

然,有时相对人未必只愿意与名义载体缔结法律行为。如果名义载体并不具备某种特殊的身份或资质,行为实施者借用其名义只是为了隐藏自己的真实身份,那么相对人很可能根本就不在乎究竟与名义载体还是与行为实施者缔结法律行为。此时,原则上应该将行为实施者认定为法律行为主体,即便名义载体事后表示愿意承受该法律行为,因为在行为实施的当时,相对人具有与行为实施者缔结法律行为的意愿,其意思表示与行为实施者的意思表示已经达成一致,法律行为成立并生效,名义载体事后的意愿无法改变之,除非相对人事后明确表示他只愿意与名义载体缔结法律行为,这种表示足以推翻关于他当初不在乎与谁缔结法律行为的推定。

问题是,如果名义载体具备某种特殊身份或资质,而他事后又表示愿意与相对人缔结法律行为,但相对人此时却不想与其缔结法律行为,那么相对人可否以受欺诈为由主张撤销法律行为?比如建设工程发包人发现实际施工人与名义承包人不是同一人,想另找一个承包人。就名义载体与相对人之间的关系而言,相对人曾作出指向名义载体的意思表示,名义载体事后表示愿意与之缔约,二者之间成立法律行为。作为法律行为一方当事人的名义载体虽未直接实施欺诈行为,但他允许行为实施者使用他的名义,而且可能还提供了一些表征其身份的材料,对行为实施者的欺诈行为起了协助作用,可以认定为参与实施了欺诈行为,相对人可以受欺诈为由撤销法律行为。实际上,即便不能认定名义载体构成欺诈,由于作为第三人的行为实施者实施了欺诈,而名义载体对此是知情的,按照《民法典》第149条的规定,此时相对人也具有撤销权。

在借用他人名义实施法律行为案中,如果名义载体事后没有表达与相对人缔结法律行为的意愿,而相对人却表示只愿意与名义载体缔结法律行为,该如何处理?相对人不知道行为实施者系借用他人名义的,名义载体应该作为法律行为主体承受相应的法律效果,因为其明知道行为实施者在使用其名义,对于这项名实不符的法律行为的发生具有重大过错。在前述借用他人名义从事房地产中介案中,上海市静安区人民法院把出借名义的房地产中介公司认定为居间合同的主体,承担相应的民事责任。如果相对人知道行为实施者是借用他人名义,那么法律行为不能在名义载体与相对人之间成立。对此,应区分两种情况:要么认定法律行为在行为实施者与相对人之间成立并生效,因为相对人明知行为实施者借用他人名义而仍然与之开展交易,表明其并不在乎与谁缔结法律行为;要么认定法律行为不生效力,前提是该法律行为要求一方当事人具备特殊身份或资质而行为实施者并不具备,以行为实施者作为法律行为主体不合法。

### (三)冒名行为的效果

在冒名行为案中,一般而论,名义载体不知道行为实施者在使用其名义。因此,关于法律行为的效果,通常仅须考察相对人的意愿、名义载体事后的意愿、相对人是否善意以及风险分配这四个因素。多数情况下,名义载体事后不会追认法律行为,但有时名义载体发现该法律行为对其有利的,可能也会追认,此时如果相对人愿意与名义载体缔结法律行为,那么,法律行为在名义载体与相对人之间成立并生效①。

如果名义载体事后对法律行为不予追认,则应当区分三种情况:

其一,相对人只愿意与名义载体缔结法律行为,而且相对人是善意的,也就是说其对于此项名实不符的法律行为的发生没有过错,假如名实不符由名义载体风险范围内的因素所致,那么法律行为在名义载体与相对人之间成立并生效。相对人需要提出证据证明其在交易时客观上有充分理由相信行为实施者就是名义载体本人。所谓"充分

---

① 以冒名行为不同于无权代理为由否定名义载体享有追认权的判例,参见岳林公司、岳某、芦某与岳某杰公司决议效力确认纠纷案,广西壮族自治区高级人民法院民事裁定书(2019)桂民申 1266 号。

理由",一般是指名义载体的某种表征其身份的凭证被他人获取,此类身份凭证形成了一种法律表象,据此足以断定行为实施者就是名义载体。比如,在前述温泉中心手牌消费案中,手牌就是这样的凭证,依据此类特殊经营场所的惯例,消费过程认牌不认人,凭手牌即可确定交易当事人。再如,甲的银行账号及密码被乙获取,乙冒用该卡进行转账或消费,该银行卡及密码就是足以确定行为人身份的凭证,作为相对人的银行和经营者有充分理由相信正在进行交易的就是持卡人甲本身。至于银行卡冒名行为可否归属于持卡人,则还须考察银行卡信息被获取是否由持卡人风险范围内的因素所致。如果银行卡信息泄露归因于此类银行卡加密技术的安全性不足或者银行未提供足够安全的交易环境,甚至归因于银行职员的违法行为,则银行卡冒名行为并非持卡人风险范围内的因素所致,不能由其承受不利后果。反之,在上述情形之外,通常应认定银行卡信息被他人获取系持卡人风险范围内的因素所致。此时,即便持卡人没有过错,仍应承受银行卡冒名行为的不利后果。① 这是风险归责与过错归责的区别所在。例如,持卡人记载各种密码的记事本被其朋友偷窥,某日,朋友盗取其银行卡实施冒名刷卡。依过错归责原则,持卡人没有可归责性,无须承担冒名刷卡行为的不利后果;但依风险归责原则,银行卡及其密码被持卡人的朋友以此种方式盗用,系其风险范围内的因素所致,应由持卡人承受不利后果。

　　与银行卡及其密码不同,身份证、房产证并不必然具备这种意义上的身份表征力。甲持有乙的身份证与房产证,冒用乙的名义将乙的房屋转让给丙,丙当时有机会审核身份证上的照片与甲是否为同一个

---

① 在我国的司法实践中,对于此类案件,通常是判决丢失银行卡与密码的储户对由此造成的损失自行承担责任,如果有证据证明金融机构违规操作,金融机构承担次要责任。参见陈枝辉编著:《民商诉讼疑难案件裁判要点与依据》,人民法院出版社 2008 年版,第 172 页;廖某与上海银行股份有限公司普陀支行储蓄存款合同纠纷案,上海市高级人民法院民事裁定书(2019)沪民申 1281 号。

人,而其未经审核即与甲交易,主观上非属善意。如果甲以张冠李戴的方式高仿真伪造了一张乙的身份证,证上的照片是甲自己,并且伪造了乙的房产证,那么其冒用乙的名义实施的法律行为不能归属于乙,因为这两份假证都不是乙风险范围内的因素。如果甲持有高仿真的乙的假身份证以及乙的真实房产证、房屋钥匙与丙订立房屋买卖合同,并到房地产登记部门办理完毕过户登记手续,则丙通常应该认定为善意,①除非交易时存在某些应予重视的疑点,比如甲不带丙去看房或者带丙去看房时敷衍了事,或者甲卖房的价格明显偏低。不存在此类疑点的,应认定丙存在值得保护的信赖,甲冒用乙的名义实施的房屋处分行为应当在乙与丙之间发生效力。丙取得房屋所有权属于依有效的处分行为(所有权人乙是作为法律行为的处分行为之主体)取得,而不是无权处分情形中的善意取得②。

实际上,在冒名处分案中,善意取得并无适用的余地。③ 从比较法看,德国法有些判例认为,某些情形中相对人并不看重与名义载体本身缔结法律行为,从而可以主张与行为实施者(冒名人)之间成立一项处分行为,并以自己是善意为由主张善意取得;反之,有些判例则认为,相对人应该是看重与标的物所有权人本身缔结法律行为的,所以不能认定在相对人与行为实施者之间成立处分行为。④ 德国有些学者

① 参见王利明:《善意取得制度若干问题研究——从一起冒名顶替行为说起》,载《判解研究》2009 年第 2 辑。

② 我国民法学界主张冒名处分不动产案件(类推)适用善意取得的文献主要有戴永盛:《论不动产冒名处分的法律适用》,载《法学》2014 年第 7 期;石一峰:《再论冒名处分不动产的私法适用》,载《现代法学》2017 年第 3 期。

③ 我国民法学界主张冒名处分不动产案件不适用善意取得的文献主要有杨代雄:《使用他人名义实施法律行为的效果》,载《中国法学》2010 年第 4 期;傅鼎生:《不动产善意取得应排除冒名处分之适用》,载《法学》2011 年第 12 期;冉克平:《论冒名处分不动产的私法效果》,载《中国法学》2015 年第 1 期;孙维飞:《冒名出售房屋案型之法律适用》,载《法律适用(司法案例)》2017 年第 22 期,第 71—75 页。

④ Vgl. Dieter Giesen, BGB Allgemeiner Teil: Rechtsgeschäftslehre, 2. Aufl. , Walter de Gruyter,1995,S. 287;Christoph Hirsch, Der Allgemeine Teil des BGB,6. Aufl. ,2009,S. 463.

从不动产登记簿公信力的角度否定冒名处分构成善意取得。因为,不动产登记簿的公信力不涉及登记权利人与处分人的身份同一性,所以某人利用伪造的身份证冒用登记权利人名义处分不动产,不适用善意取得。[1]

本书认为,在冒名处分情形中,相对人当初在作出意思表示时应该是只愿意与名义载体缔结法律行为,因为名义载体是标的物的真实所有权人,唯其有权实施处分行为使相对人取得物权。相对人如果在知道真相后表示不在乎与何人缔结法律行为,从而主张适用善意取得,显然不符合事物本质,也有违诚信,不能予以认可。既然相对人只愿意与名义载体缔结法律行为,则在相对人善意且符合其他法律行为归属要件的情况下,只能认定冒名处分行为在名义载体与相对人之间成立。由于名义载体是房屋所有权人,以其为处分人的处分行为属于有权处分,[2]相对人基于有权处分行为取得房屋所有权,而非基于无权处分情形中的善意取得规则取得房屋所有权。[3] 在相对人并非善意的情况下,更不可能适用善意取得。退一步讲,即便承认冒名处分行为在行为实施者(冒名人)与相对人之间成立,也不构成善意取得。因为,在此前提下,行为实施者是处分人,而不动产登记簿上记载的房屋所有权人则是名义载体,既然处分人未被登记为房屋所有权人,就不

---

[1] Wacke, in: Münchener Kommentar BGB, 4. Aufl. ,2004, § 892 Rn. 26.

[2] 明确以冒名处分欠缺善意取得之"无权处分"要件为由认为不适用善意取得的判例,参见蒋某某与沈某某民间借贷纠纷案,浙江省杭州市中级人民法院民事判决书(2020)浙01民再3号;张某某与葛某某、蒋某某间借贷纠纷,江苏省南京市玄武区人民法院民事判决书(2017)苏0102民初2594号。

[3] 在彭某、都某某民间借贷纠纷案,最高人民法院民事裁定书(2019)最高法民申6149号中,最高人民法院认为不动产善意取得以存在登记错误为前提,不动产冒名处分不符合该前提条件,所以不适用善意取得。不过,最高人民法院认为不动产冒名处分也不适用表见代理,因为不符合代理的特征,即代理人与被代理人表现为两个主体,而冒名人与被冒名人却表现为一个主体。同样认为冒名处分不适用善意取得的判例,参见大新银行(中国)有限公司上海分行等与上海堂福电子有限公司等金融借款合同纠纷案,上海市第一中级人民法院民事判决书(2015)沪一中民六(商)终字第664号;嘉兴市佳实典当有限责任公司、葛某某民间借贷纠纷案,浙江省嘉兴市中级人民法院民事裁定书(2020)浙04民申20号。

可能基于登记公信力构成善意取得。相对人既已知道处分人并非登记的房屋所有权人，就不能认定为善意相对人，从而不符合善意取得构成要件中的"善意"要件。由此可见，冒名处分行为要么欠缺善意取得的"无权处分"要件，要么欠缺"登记错误"及"善意"要件，不构成善意取得。"善意取得说"的支持者始终纠缠于如下问题：在冒名处分情形中，相对人明明是善意的，为什么不能善意取得？之所以有此困惑，是因为其未区分善意取得中的善意与其他信赖保护领域的善意。所有权善意取得中的善意，是指对于处分人是否享有所有权的判断上的善意，而冒名处分情形中的善意则是指对于行为实施者与名义载体身份同一性的判断上的善意。此善意非彼善意，二者具有不同的功能与意义，不可混淆。

其二，相对人只愿意与名义载体缔结法律行为，但相对人不是善意的，那么该法律行为不能拘束名义载体，应该判定该法律行为不成立。以冒用他人名义的方式实施假按揭通常属于这种情形。开发商利用所掌握的名义载体的某些材料，甚至伪造这些材料并且伪造名义载体的签名与银行订立借款合同，银行本来应当严格审查、核对借款人的身份，但却未尽此项注意义务，存在过错，无权要求名义载体偿还贷款。伪造签名的假按揭借款合同应该是"不成立"而不是"无效"，因为就双方法律行为而言，其成立要求适格的双方当事人达成意思表示一致，开发商伪造他人签名与银行订立合同，只有银行这方当事人有意思表示，作为"另一方当事人"的名义载体本身并未作出意思表示，也没有别人作出可归属于他的意思表示，所以不具备合同成立要件。① 合同无效的前提是合同已经成立，但在法价值上对其作否定评价，既然合同不成立，则无所谓有效无效。

其三，相对人不在乎与谁缔结法律行为，那么法律行为应当在行

---

① 认为冒名订立的合同不成立的实践观点，参见彭某、都某某民间借贷纠纷案，最高人民法院民事裁定书(2019)最高法民申 6149 号。

为实施者与相对人之间成立并生效。因为相对人当时作出了可以解释为指向行为实施者的意思表示,而行为实施者也作出了相应的意思表示,双方的意思表示已经达成一致。如果行为实施者主张其当时系真意保留,并未打算让自己受该法律行为拘束,该法律行为的效力也不受影响,除非相对人当时明知行为实施者在冒用他人名义而仍然与之交易。

### 五、使用他人名义实施法律行为的法律适用

《民法典》并未针对借名行为、冒名行为等设置专门规定。在司法解释层面,《民法典担保制度司法解释》第 4 条明确规定担保物权借名登记可以使借名人(债权人)取得担保物权。在借名出资(代持股)情形中,《公司法司法解释(三)》第 24 条第 2 款规定投资权益(而不是股权)归属于借名人,第 3 款则规定借名人请求公司变更股东的须经其他股东半数以上同意(参照《公司法》第 71 条第 2 款股权转让之规定),第 25 条则规定名义股东处分股权的,按照无权处分与善意取得规则处理,第 26 条第 1 款又规定不履行出资义务的责任由名义股东承担。该司法解释究竟是否承认借名出资行为的效果归属于借名人,态度并不明朗。① 按照最高人民法院《九民纪要》第 28 条的规定,有限责任公司其他股东过半数知道实际出资事实且对其实际行使股东

---

① 代持股经常引发执行异议纠纷,名义股东的债权人申请对登记于其名下的代持股权予以强制执行,实际出资人提出执行异议。对此,最高人民法院通常认定实际出资人的投资权益不足以排除名义股东债权人的强制执行。参见新乡市汇通投资有限公司、韩某案外人执行异议纠纷案,最高人民法院民事判决书(2018)最高法民再 325 号;庹某某、刘某案外人执行异议纠纷案,最高人民法院民事判决书(2019)最高法民再 46 号(法院认为债权人在对代持股权采取强制执行措施时存在执行标的选择上的信赖利益);贵州雨田集团实业有限公司、逸彭(上海)投资管理合伙企业执行异议纠纷案,最高人民法院民事判决书(2020)最高法民终 844 号。不过,最高人民法院在个别判例中却认为实际出资人的投资权益足以排除名义股东债权人的强制执行。参见林某青、林某全案外人执行异议纠纷案,最高人民法院民事裁定书(2019)最高法民申 2978 号(法院认为信赖保护的前提是第三人与名义股东实施了以代持股权为标的的交易)。

权利未曾提出异议的,对实际出资人向公司提出的登记为股东的请求,人民法院应予支持。该条似乎表明,在一定前提下借名出资行为的效果归属于借名人,借名人相对于公司而言取得股东权利。

关于冒名出资,《九民纪要》第 28 条规定由冒名人承担股东责任,名义股东不承担责任,这表明冒名出资行为的效果不能归属于名义股东。①

对于司法解释尚未规定的其他类型的借名行为或者冒名行为,有的问题可以类推适用《民法典担保制度司法解释》第 4 条或者《公司法司法解释(三)》第 28 条,有的问题只能类推《民法典》第 171 条、第 172 条关于无权代理与表见代理的规定②。

---

① 在涂某某等与许某某等股权纠纷案,最高人民法院民事判决书(2011)民提字第 78 号中,最高人民法院认为冒名出资人是股权的权利人,其向第三人转让股权系有权处分。

② 类推适用无权代理与表见代理规则处理冒名行为的判例,参见廖某与上海银行股份有限公司普陀支行储蓄存款合同纠纷案,上海市高级人民法院民事裁定书(2019)沪民申 1281 号;雅安市天全县鑫诚小额贷款有限公司、杨某抵押合同纠纷案,四川省高级人民法院民事判决书(2018)川民再 450 号;蒋某某与沈某某民间借贷纠纷案,浙江省杭州市中级人民法院民事判决书(2020)浙 01 民再 3 号。

# 词语索引

# 法条索引

# 后　记

　　在十年前出版的《古典私权一般理论及其对民法体系构造的影响》著作中,我曾对法律行为理论的早期史进行考察,借此得以窥探法律行为理论的历史根基。自此而后,一直想在教义学层面对法律行为理论予以深入研究。最初计划先以一部专著考察意思与表示的关系,然后由此出发,将研究范围扩及于整个法律行为理论体系。为此,我于2012年8月赴德国科隆大学访学一年,打算在意思表示与法律行为理论的发源地为自己的研究做好知识与资料上的准备。归国后,一方面因为需要处理的资料数量庞大,耗时耗力;另一方面因为杂务缠身,能够用于写作的时间十分有限,所以《意思与表示》一书迟迟未能动笔。后者或许是更为重要的原因。每念及此,常有"心为形役"之痛。2015年,反复思量之后,决定无论如何都要完成法律行为理论研究计划,并且决定放弃《意思与表示》一书,改为一步到位,直接研究法律行为的整个理论体系。《法律行为论》一书的写作计划正式启动。正所谓"悟已往之不谏,知来者之可追"。此后排除纷扰,专心治学,经数年努力,终成本书。杀青之日,如释重负。

感谢我的妻子单可女士,一如既往地支持我的学术事业,使我有充分的时间和信心投入写作。感谢慕尼黑大学法学院陈岳同学为本书的写作提供最新德文资料。感谢吴宏乔、任我行、王珏、陈道宽、潘云哲、沈倩、谢德良、黄禄斌等同学为本书的索引制作、目录制作、文稿校对与审阅等工作提供的帮助。感谢陈天宇、赵晨伊、张静纯、张立群、金子文、周静隆、高乐、王翔、占俊、王祥、李馨怡、夏雪晴等同学为本书的写作提供案例检索与整理上的帮助。感谢李昊教授对我的写作事业提供的大力支持。

特别感谢敬爱的王泽鉴老师,在思想与方法上给我重大启发,而且一直对我的学术研究予以肯定与鼓励,成为我学术旅途上的指路明灯。

本书的部分内容是 2017 年度国家社科规划基金项目"意思表示解释的原理与方法研究"(17BFX192)的阶段性成果。

杨代雄

二〇二一年初夏

于上海苏州河畔格致楼

**图书在版编目(CIP)数据**

法律行为论 / 杨代雄著. -- 北京：北京大学出版社，
2021.9
ISBN 978 - 7 - 301 - 32519 - 3

Ⅰ.①法… Ⅱ.①杨… Ⅲ.①法律行为－研究
Ⅳ.①D90

中国版本图书馆 CIP 数据核字(2021)第 183864 号

| | | |
|---|---|---|
| 书　　　　名 | 法律行为论 | |
| | FALÜ XINGWEI LUN | |
| 著 作 责 任 者 | 杨代雄 著 | |
| 策 划 编 辑 | 刘文科 | |
| 责 任 编 辑 | 刘文科　沈秋彤 | |
| 标 准 书 号 | ISBN 978 - 7 - 301 - 32519 - 3 | |
| 出 版 发 行 | 北京大学出版社 | |
| 地　　　　址 | 北京市海淀区成府路 205 号　100871 | |
| 网　　　　址 | http://www.pup.cn　http://www.yandayuanzhao.com | |
| 电 子 邮 箱 | 编辑部 yandayuanzhao@ pup.cn　总编室 zpup@ pup.cn | |
| 新 浪 微 博 | @北京大学出版社　@北大出版社燕大元照法律图书 | |
| 电　　　　话 | 邮购部 010 - 62752015　发行部 010 - 62750672 | |
| | 编辑部 010 - 62117788 | |
| 印 刷 者 | 北京中科印刷有限公司 | |
| 经 销 者 | 新华书店 | |
| | 650 毫米×965 毫米　16 开本　45 印张　631 千字 | |
| | 2021 年 9 月第 1 版　2025 年 1 月第 5 次印刷 | |
| 定　　　　价 | 168.00 元 | |